Das deutsche Pfandleihrecht

Kommentar
zum preußischen Pfandleihgesetz
unter Berücksichtigung
der außerpreußischen Gesetze

von

Georg Lenzen
Rechtsanwalt und Notar

Berlin und Leipzig 1929
Walter de Gruyter & Co.
vormals G. J. Göschen'sche Verlagshandlung · J. Guttentag, Verlags-buchhandlung · Georg Reimer · Karl J. Trübner · Veit & Comp.

Druck von C. G. Röder, G. m. b. H., Leipzig.

Meiner Frau!

Vorwort.

Eccius sagt in seinem Preuß. Privatrecht, Bd. III, S. 543, Anm. 52 (7. Aufl., Berlin 1896) von dem preuß. Pfandleihgesetze: „Es ist ein gutes Zeichen für die Vertrauenswürdigkeit unserer Leihanstalten, daß eine so dunkle und widerspruchsvolle Gesetzgebung ohne erhebliche praktische Nachteile auf dem Papiere bestehen kann."

Ein hartes, aber berechtigtes Urteil.

Wenn trotzdem und, obwohl seit dem Erlasse des Gesetzes fast 50 Jahre verstrichen sind, bisher noch kein Kommentar zu dem Gesetze erschienen ist, so lag das wohl auch vor allem daran, daß die Materie eine etwas versteckte ist, der Kreis der Behörden und Gewerbetreibenden, die es betraf, ein verhältnismäßig enger war, und die Lücken und Widersprüche des Gesetzes durch einen Handelsbrauch teilweise beseitigt wurden, den der Verkehr sich im Laufe von Jahrzehnten schuf.

Wenn ich es unternehme, etwas zur Erläuterung des Gesetzes beizutragen, so geschieht dies, weil eine zwanzigjährige praktische Beschäftigung mit dem Pfandleihrecht darauf hindrängte, die gesammelten Erfahrungen nutzbar zu machen. Hierbei stand mir ein umfangreiches Material von nichtveröffentlichten gerichtlichen Entscheidungen zur Verfügung; ferner konnte ich aus nächster Nähe die Entwicklungen gewohnheitsrechtlicher Grundsätze und Handelsgebräuche verfolgen.

Der Schwierigkeiten meiner Aufgabe war ich mir bewußt, da ich in dem Buch alle für das Pfandleihgewerbe geltenden Rechtssätze zusammenfassen und erläutern wollte.

Das Gesetz selber und die GewO. vermengen öffentliches Recht mit Privatrecht. Es waren nicht bloß volkswirtschaftliche, kulturgeschichtliche und Rechtsprobleme zu behandeln, sondern auch die verschiedensten Rechtsgebiete, wie Gewerberecht, Verwaltungsrecht, Strafrecht sowie auch das Verhältnis des Landesrechts zu dem öffentlichen und privaten Reichsrecht mußten berührt werden;

ebenso mußte auch das materielle Pfandrecht des BGB., wenigstens in seinen wichtigsten Grundlagen, berücksichtigt werden, wenn das Buch für die Praxis brauchbar sein sollte.

Mein Wunsch war es, das gesamte deutsche Pfandleihrecht zum Gegenstand der Behandlung zu machen, zumal da die Zeit reif ist, in der eine einheitliche reichsrechtliche Kodifizierung dieser Rechtsmaterie ein Gebot der Notwendigkeit ist.

Die einzelnen Landesrechte bis in die kleinsten Details hinein zu verfolgen, mußte ich mir leider versagen. Denn sie bieten ein solch buntscheckiges Bild partikularistischer Gesetzgebungskunst, daß die Einheitlichkeit und Übersichtlichkeit des Werkes durch eine zu weitgehende Behandlung des außerpreußischen Rechtes gelitten hätte.

Das preußische Gesetz ist Grundlage und Vorbild für viele außerpreußische Länder gewesen, und da der größte Teil der öffentlichen Pfandleihanstalten wie der Privatpfandleiher dem preußischen Gesetze untersteht, habe ich dessen Erläuterung zum Kern des Buches gemacht. Trotzdem sind die wichtigsten außerpreußischen Abweichungen, wie z. B. die Zinssätze, der Lösungsanspruch, die Sachhaftung eingehend behandelt, so daß das Buch auch für denjenigen, der sich über das außerpreußische Recht Auskunft verschaffen will, eine Hilfe sein wird. Zu diesem Zwecke habe ich auch für die einzelnen Landesrechte dem allgemeinen Sachregister ein Spezialregister eingefügt.

Mein Bestreben war es, zunächst den Juristen „die dunkle und widerspruchsvolle Gesetzgebung" näherzubringen. Sodann aber habe ich auch mein Augenmerk darauf gerichtet, den öffentlichen Pfandleihanstalten, den Behörden und den Gewerbetreibenden eine Handhabe zu geben, um bei den täglich in der Praxis entstehenden Zweifelsfragen sich rasch zu informieren, und um sie von dem Gefühl der Rechtsunsicherheit zu befreien, das infolge der vielen Mängel des Gesetzes unter ihnen bestand. Aus diesem Grunde habe ich auch die allgemeinen Grundsätze des bürgerlichen Rechts, wie sie im Pfandleihbetriebe täglich in die Erscheinung treten, besonders behandelt und häufig durch Beifügung von Beispielen die Erläuterungen unterstützt.

So sehr ich bestrebt war, einem Materialienkultus aus dem Wege zu gehen, so war es doch unerläßlich, auf die gesetzgeberischen Vorarbeiten zum preußischen Gesetze überall einzugehen, wiewohl auch durch sie nicht immer völlige Klarheit über den Willen des Gesetzgebers zu erlangen war, z. B. bei der Behandlung des Charakters des Pfandscheins.

Für Kritiken und Anregungen aus dem Leserkreise werde ich stets dankbar sein.

Zum Schluß den Dank an meine Frau, welche mich bei der Herstellung des Buches in verständnisvoller Weise unterstützt hat.

Berlin C 25, im Herbst 1928.

Georg Lenzen,
Rechtsanwalt und Notar.

Zitate und Abkürzungen.[1])

AA. = preußische Ausführungsanweisung zur Gewerbeordnung für das Deutsche Reich vom 1. Mai 1904 (HMBl. 123).

aaO. = am angeführten Orte.

ABl. = Amtsblatt.

aE. = am Ende.

AG. = Amtsgericht oder Ausführungsgesetz.

AGzBGB. = Ausführungsgesetz zum BGB.

AH. = Abgeordnetenhaus.

Aktenz. = Aktenzeichen.

ALR. = Allgemeines Landrecht für die preußischen Staaten vom 5. Februar 1794.

aM. = anderer Meinung.

Aßmann = Wilhelm Aßmann Das Gewerbe des Pfandleihers. Bochum 1898.

AufwG. = Reichsgesetz über die Aufwertung von Hypotheken und anderen Ansprüchen vom 16. März 1925.

BA. = Bankarchiv, Zeitschrift für Bank- und Börsenwesen.

BayObLG. = Bayrisches Oberstes Landesgericht.

Begr. = Begründung zum Entwurf eines Gesetzes betreffend das Pfandleihgewerbe in den Stenographischen Berichten über die Verhandlungen der beiden Häuser des Landtags, Session 1880/81, gedruckt Berlin 1881 in der Reichsdruckerei, Nr. 5 S. 19—21. Siehe auch S. 23 des Textes.

Bek. = Bekanntmachung, insbesondere Bekanntmachung des Ministers des Innern betreffend den Geschäftsbetrieb der Pfandleiher vom 16. Juli 1881 (MBlfiV. 169) s. S. 243 des Textes.

BGB. = Bürgerliches Gesetzbuch.

Biermann = J. Biermann Das Sachenrecht des BGB. 3. Aufl. Berlin 1914.

BlfRpfl. = Blätter für Rechtspflege im Bezirk des Kammergerichts, herausgegeben von Dr. A. Hüssener.

v. Böhm-Bawerk = Eugen von Böhm-Bawerk Kapital und Kapitalzins. Jena 1921.

---

[1]) Die Abkürzungsweise, wie sie vom deutschen Juristentag, zweite Ausgabe (Berlin 1910, Verlag von J. Guttentag), vorgeschlagen ist, ist meist befolgt.

Breit	= James Breit Das Vinkulationsgeschäft. Tübingen 1908.
Brunner	= Heinrich Brunner Die Wertpapiere in Endemanns Handbuch Bd. II S. 140—235. Leipzig 1882.
Bußmann	= Johann Bußmann Gegen die öffentliche Hand in der Forderung des Borgunwesens. Bremen 1927.
Cohn, Georg	= Endemann S. 989ff.
Cohn, Gustav	= Gustav Cohn Nationalökonomie des Handels- und Verkehrswesens. Stuttgart 1898.
Conrads Jhrb.	= Conrads Jahrbücher für Nationalökonomie. Jena 1908.
Cosack	= Lehrbuch des Handelsrechts 10. und 11. Aufl. Stuttgart 1923.
Crome	= System des deutschen bürgerlichen Rechts Bd. III. Berlin 1905.
Crusen-Müller	= G. Crusen und G. Müller Das preußische Ausführungsgesetz zum BGB. Berlin 1901.
Dernburg prP.	= Lehrbuch des preußischen Privatrechts. 1894.
Dernburg	= Das bürgerliche Recht des Deutschen Reiches und Preußens 4. Aufl. 1908.
Deumer	= Die Geldvollstreckung in Wertpapiere. Leipziger juristische Dissertation. 1907.
DJZ.	= Deutsche Juristenzeitung.
Dove-Meyerstein	= Gutachten über Handelsgebräuche, erstattet von der Handelskammer zu Berlin, gesammelt von Dove und Meyerstein. Berlin.
Dörner-Seng	= Badisches Landesprivatrecht. Halle 1906.
Drucks. AH.	= Drucksachen des Abgeordnetenhauses in der Anlage zu den „Stenographischen Berichten" s. StenBer. (Siehe auch S. 23f. des Textes.)
Drucks. HH.	= Drucksachen des Herrenhauses, s. StenBer. (Siehe auch S. 23f. des Textes.)
Düringer-Hachenburg	= Das Handelsgesetzbuch auf der Grundlage des BGB. Bd. I 2. Aufl. Mannheim 1908.
Ebermayer	= Ebermayer, Lobe und Rosenberg, Kommentar zum StGB. 2. Aufl. Berlin und Leipzig 1922.
Eckstein	= Ernst Eckstein Die neuen Börsen-, Geschäfts- und Geldumsatzsteuergeschäfte. Berlin 1918.
EG.	= Einführungsgesetz.
Ehrenberg	= Handbuch des gesamten Handelsrechts. Bd. II 1918. Bd. IV 1917.
Ehret	= Friedrich Ehret Das Lombardgeschäft, insbesondere das Warenbeleihungsgeschäft. Heidelberger Dissertation. 1906.
Emmerich	= Hugo Emmerich Pfandrechtskonkurrenzen. Berlin 1909.
Endemann	= Handbuch des deutschen Handels-, See- und Wechselrechts, herausgegeben von W. Endemann. 1881—1885.
Enneccerus	= Enneccerus, Kipp und Martin Wolff, Lehrbuch des bürgerlichen Rechts. Marburg 1926.

Entsch. = Entscheidung.
Entw. = Entwurf.
Erl. = Erlaß.

Falkmann = Falkmann und Mugdan Die Zwangsvollstreckung 2. Aufl. Berlin 1914.
FGG. = Reichsgesetz über die Angelegenheiten der freiwilligen Gerichtsbarkeit vom 17. Mai 1898.
Fichtner = Rudolf Fichtner Das sächsische Pfandleihrecht. Leipziger juristische Dissertation. 1914.
Förster-Eccius = Preußisches Privatrecht auf der Grundlage des Werkes von Franz Förster, bearbeitet von M. E. Eccius 7. Aufl. Bd. III. Berlin 1896.
Frohnert = Julius Frohnert Die Rechtsnatur des Pfandleihgeschäftes. Breslauer Dissertation. Ohne Jahreszahl; wahrscheinlich 1927.
Funck = F. X. Funck Zins und Wucher. Tübingen 1868.

GA. = Gewerbearchiv für das Deutsche Reich, herausgegeben von Kurt von Rohrscheidt. Berlin.
Gauf, Ludwig Fuchs, Paul Wolf = Hessisches Landesprivatrecht. Halle 1910.
Gaupp-Stein s. Stein-Jonas.
Gebel = Kurt Gebel Das Lombardgeschäft in rechtsgeschäftlicher Entwicklung. Heidelberger juristische Dissertation. 1910.
Ges. = Gesetz.
GeschAnw. = Geschäftsanweisung.
GewArch. s. GA.
GewO. = Gewerbeordnung.
Gierke = Deutsches Privat- und Sachenrecht. Leipzig 1905.
GmbH. = Gesellschaft mit beschränkter Haftung.
GO. = Gewerbeordnung.
Goldmann-Lilienthal = Das BGB. systematisch dargestellt von E. Goldmann und L. Lilienthal Bd. II. Berlin 1912.
Gruchot = Beiträge zur Erläuterung des deutschen Rechtes, begründet von Gruchot.
Goltdammer-Archiv = Archiv für Strafrecht und Strafprozeß, begründet von Goltdammer, später herausgegeben von Kohler.
Grambkow = unter dem Titel „Leihhäuser" Bd. VI des Handwörterbuches der Staatswissenschaften. Jena 1925. S. 333—345.
Groschuff = Die preußischen Strafgesetze. Berlin 1904.
Großer = Heinrich Großer Der Pfandschein in Preußen. Erlanger juristische Dissertation. 1913.
GS. = Gesetzsammlung für die Preußischen Staaten.
GVBl. oder Samml. = Gesetzes- und Verordnungsblatt oder -Sammlung.

Hdw. d. Staatsw. = Elster, Weber und Wieser Handwörterbuch der Staatswissenschaften Bd. VI S. 860. Jena 1925.
Hampe = Das partikulare braunschweigische Privatrecht. Braunschweig 1901.
HansGerZtg. = Hanseatische Gerichtszeitung.

Heine	= Georg Heine 50 Jahre Kampf und Arbeit im Verein Berliner Pfandleiher E. V., gegründet 1876. Berlin 1926.
Hennerici	= Karl Hennerici Die Zwangsvollstreckung in Wertpapiere. Berlin 1908.
Hetzer	= Oscar Hetzer Das gegenwärtige öffentliche Leihhaus in Deutschland. Tübinger staatswissensch. Dissertation. 1907.
HGB.	= Handelsgesetzbuch.
HMBl.	= Ministerialblatt der Handels- und Gewerbeverwaltung.
Hoch	= Wilhelm Hoch Ist ein städtisches Leihhaus eine Notwendigkeit? Berlin 1928.
Hoffmann	= F. Hoffmann Der Geschäftsbetrieb der Versteigerer in Preußen. 3. Aufl. Berlin 1919.
Holdheim	= Monatsschrift für Handelsrecht und Bankwesen, seit 1897 Monatsschrift für Handelsrecht, begründet von Holdheim.
Jacobi, Ernst	= Das Wertpapier im bürgerlichen Recht. Jena 1901; Das Wertpapier als Legitimationsmittel. München 1906; in Ehrenbergs Handbuch des Handelsrechts Bd. IV Abt. 1. 1917.
JFG.	= Jahrbuch für Entscheidungen in Angelegenheiten der freiwilligen Gerichtsbarkeit und des Grundbuchrechts, herausgegeben von Ring. Fortsetzung der Sammlungen des RJA. und KGJ.
Iherings Jahrb.	= Iherings Jahrbücher für die Dogmatik des bürgerlichen Rechts.
JMBl.	= Justizministerialblatt.
Interessantes	= Interessantes vom Pfandleihgewerbe. 3 Vorträge von Georg Lenzen, Berlin, Otto Müller, Breslau, Johannes Bußmann, Bremen. Berlin 1925.
Johow-Ring	s. KGJ.
JW.	= Juristische Wochenschrift. Organ des deutschen Anwaltvereins.
KabO.	= Kabinettsorder.
Kähler	= W. Kähler Die Stellvertretung im Gewerbebetrieb. Leipzig 1894.
KG.	= Kammergericht.
KGJ.	= Jahrbuch für Entscheidungen des Kammergerichts in Sachen der freiwilligen Gerichtsbarkeit, begründet von Johow und Küntzel, später herausgegeben von Johow (†) und Ring, fortgesetzt seit 1920 in JFG.
Kloß	= R. Kloß Sächsisches Landesprivatrecht. Halle 1904.
KO.	= Konkursordnung.
Koch	= Sylvain Koch Italienische Pfandleiher im nördlichen und östlichen Frankreich. Breslauer Dissertation. 1907.
KommBer.	= Kommissionsbericht.
Kraus	= Karl Kraus Die gewerbliche Pfandleihe. Heidelberger juristische Dissertation. 1911.
Kröhne	= Maria Kröhne Großhandelsversteigerungen. Tübingen 1909.

Kürten	= Öffentliche und private Leihhäuser in Berlin. In den Berliner Wirtschaftsberichten 1925 S. 137ff.
Landmann	= Robert von Landmann und Gustav Rohmer Kommentar zur Gewerbeordnung für das Deutsche Reich. I. Bd. 1917. II. Bd. 1925. Zum Teil konnte von Bd. I auch noch die 8. Aufl. (1928) benutzt werden.
L.	= Das Leihhaus. Organ des Reichsverbandes der Pfandleiher Deutschlands E. V. Berlin.
Langheineken	= Anspruch und Einreden nach dem BGB. Leipzig 1903.
Lehmann-Ring	= K. Lehmann und Ring Das HGB. für das Deutsche Reich 2. Aufl. 1914.
LG.	= Landgericht.
Lindenberg	= Reichsgewerbeordnung. Berlin 1913.
Löffler	= Felix Löffler Die gewerbliche private Pfandleihe nach geltendem Reichs- und Landesrecht, nebst dem Anhange: Die rechtliche Natur des Pfandscheins. Berlin 1908.
Löwe-Rosenberg	= E. Löwe, Die Strafprozeßordnung für das Deutsche Reich, Kommentar; neubearbeitet von Werner Rosenberg. 17. Aufl. Berlin und Leipzig 1927.
Lüdicke	= Carl Lüdicke Die obligatorischen Verpflichtungen in Beziehung auf das Pfandrecht an beweglichen Sachen. Berlin 1906.
LVG.	= Gesetz über die allgemeine Landesverwaltung vom 30. Juli 1882.
LZ.	= Leipziger Zeitschrift für deutsches Recht.
Materialien	= Materialien des preußischen Ausführungsgesetzes zum BGB. Berlin 1899.
MBlfiV.	= Preußisches Ministerialblatt für die gesamte innere Verwaltung.
ME.	= Ministerialerlaß.
Merkel	= Johannes Merkel Das Pfandleihgewerbe in Bayern, in der Zeitschrift für Rechtspflege in Bayern. 1907, S. 36—39, 58—60.
Meyer, G.	= „Pfandleihgeschäft", in Conrads Handwörterbuch der Staatswissenschaften 3. Aufl. VI. Bd. S. 1034. Jena 1910.
Meißner	= Georg Meißner Die Haftung des persönlichen Schuldners beim Versatzpfandgeschäft. Mit einem Geleitwort von Prof. Reichel. Berlin 1926.
MinBek.	= Ministerielle Bekanntmachung. S. 243f. des Textes.
MindJ.	= Minister des Innern.
Mot.	= Motive zum (I.) Entwurfe eines BGB.
MotzEG.	= Motive zum Einführungsgesetz zum BGB.
Müllendorff	= Ernst Müllendorff Das Lombardgeschäft. Marburg 1910.
Nastvogel	= Philipp Nastvogel Die rechtliche Natur des Pfandscheins. Würzburger juristische Dissertation. 1911.

Nelken	=	Das Gewerberecht in Preußen. Berlin 1906; s. auch „Pfandleiher" in v. Stengel und Fleischmanns Wörterbuch des deutschen Staats- und Verwaltungsrechtes 3. Bd. S. 70. Tübingen 1914.
Neumann	=	Max Neumann Geschichte des Wuchers in Deutschland. Halle 1865.
Riedner	=	Das Einführungsgesetz zum BGB. 2. Aufl. Berlin 1901.
Nöldecke	=	A. Nöldecke Hamburgisches Landesprivatrecht. Halle 1907.
Obst	=	Die Wiege unsrer Leihhäuser, im Plutus, kritische Wochenschrift für Volkswirtschaft und Finanzwesen. Berlin 1909 S. 36ff.
Oertmann	=	Oertmann Bayrisches Landesprivatrecht. Halle 1903.
Oertmann	=	Oertmann Recht der Schuldverhältnisse. 3./4. Aufl. Berlin 1910.
OLG.	=	Die Rechtsprechung der Oberlandesgerichte, herausgegeben von Mugdan und Falkmann.
Olshausen	=	Die Regelung des Pfandleihgewerbes, in Schmollers Jahrbuch für Gesetzgebung, Verwaltung und Volkswirtschaft. Bd. 30 (Jahrg. 1906) S. 147ff.
Olshausen StGB.	=	Olshausen Kommentar zum Strafgesetzbuch für das Deutsche Reich 9. Aufl. 1912.
OVG.	=	Oberverwaltungsgericht oder Entscheidungen des preußischen Oberverwaltungsgerichts Berlin.
Patterson	=	W. R. Patterson Die gegenwärtige Lage der Leihämter in Deutschland, in Conrads Jahrbüchern 1898 III. Folge Bd. 15 S. 211ff.
Peschke	=	Kurt Peschke Was ist Zinswucher? Berlin 1926.
PolVO.	=	Polizeiverordnung.
PP.	=	Polizeipräsidium.
prFGG.	=	preußisches Gesetz über die Angelegenheiten der freiwilligen Gerichtsbarkeit.
Protokoll	=	Protokoll der Kommission für die II. Lesung des Entwurfs des BGB.
R.		s. Recht.
RAbgO.	=	Reichsabgabenordnung.
Recht	=	Das Recht. Rundschau für den deutschen Juristenstand, herausgegeben von Soergel.
RegBl.	=	Regierungsblatt.
Reger	=	Entscheidungen der Gerichte und Verwaltungsbehörden, herausgegeben von A. Reger.
Rehm	=	Die rechtliche Natur der Gewerbekonzessionen. München 1889.
RG.	=	Reichsgericht oder Reichsgesetz.
RGBl.	=	Reichsgesetzblatt.
RGRKomm.	=	(Reichsgerichtsrätekommentar), das BGB. erläutert von Dr. Busch, Erler, Dr. Lobe, Michaelis, Oegg, Sayn, Schliewen und Seyffarth. 6. Aufl. Berlin und Leipzig 1928.

RGRspr.	= Rechtsprechung des Reichsgerichts in Strafsachen, herausgegeben von Mitgliedern der Reichsanwaltschaft.
RGSt.	= Entscheidungen des Reichsgerichts in Strafsachen.
RGZ.	= Entscheidungen des Reichsgerichts in Zivilsachen.
RJA.	= Entscheidungen in Angelegenheiten der freiwilligen Gerichtsbarkeit und des Grundbuchrechts. Zusammengestellt im Reichsjustizamt. Seit 1924 fortgesetzt im JFG. (Ring).
ROHG.	= Entscheidungen des Reichsoberhandelsgerichts.
Rohrscheidt	= Kurt von Rohrscheidt Gewerbeordnung für das Deutsche Reich 2. Aufl. Leipzig 1912.
Roscher	= System der Armenpflege und Armenpolitik 3. Aufl. S. 299ff. Berlin 1906.
RVerf.	= Verfassung des Deutschen Reiches vom 11. August 1919.
SächsArch.	= Sächsisches Archiv für Rechtspflege. Leipzig.
Schachner	= Robert Schachner Die sozialpolitische Entartung der öffentlichen Leihhäuser in der Zeitschrift „Soziale Praxis" 1911, S. 1298.
Schecher	= Schecher Gewerbepolizeirecht. Tübingen 1910.
v. Schimpf	= Der Minderjährige als selbständiger Gewerbsmann. Leipziger juristische Dissertation. 1907.
Schmalenbach	= Hugo Schmalenbach Das Pfandrecht an beweglichen Sachen und Wertpapieren im Lombardverkehr der Banken. Heidelberger juristische Dissertation. 1907.
Schmoller	= Die öffentlichen Leihhäuser sowie das Pfandleih- und Rückkaufsgeschäft überhaupt, im Jahrbuch für Gesetzgebung, Verwaltung und Volkswirtschaft. Neue Folge IV. Jahrg. S. 87—123. Leipzig 1880.
Schröter	= Paul Schröter Die Rechtsnatur des Pfandscheins. Breslauer juristische Dissertation. 1926.
Schultzenstein	= Persönliche gewerbliche Konzession und Erbrecht, im „Verwaltungsarchiv" 1902 Bd. 10 S. 113ff.
Schwarze	= L. O. Schwarze Das (sächsische) Gesetz über das Pfandleihgewerbe. Bautzen 1882.
Senkpiehl	= Verkehrsrecht. Berlin 1914.
SeuffArch.	= J. A. Seufferts Archiv für Entscheidungen der obersten Gerichte.
SeuffBl.	= J. A. Seufferts Blätter für Rechtsanwendung.
Sörgel	= Rechtsprechung zum gesamten Zivil-, Handels- und Prozeßrecht, herausgegeben von Hans Th. Sörgel.
Spaett	= Ernst Spaett Der Leihhausschein in München. Erlanger juristische Dissertation. 1914.
Splittgerber	= Eugen v. Splittgerber Die soziale Mission des Pfandleihgeschäfts. Breslau 1906.
Staub-Bondi	= Staubs Kommentar zum HGB. Bd. I. §§ 1—104. 12. und 13. Aufl. Berlin und Leipzig 1926.
Staub-Koenige	= Staubs Kommentar zum HGB. Bd. III 12. und 13. Aufl. Berlin und Leipzig 1926.

Staub-Pinner	= Staubs Kommentar zum HGB. Bd. I. §§ 105—177, und Bd. II 12. und 13. Aufl. Berlin und Leipzig 1926.
Staudinger	= Kommentar zum BGB., herausgegeben in Gemeinschaft mit anderen von Julius v. Staudinger 9. Aufl. München 1925, 1926.
Stein-Jonas	= Kommentar zur ZPO., begründet von Gaupp, fortgeführt von Stein, jetzt von Jonas 12. und 13. Aufl. Tübingen 1925, 1926.
Stenglein	= M. Stenglein Die strafrechtlichen Nebengesetze des deutschen Reiches 3. Aufl. Berlin 1903.
StenBer. HH. oder AH.	= Stenographische Berichte über die Verhandlungen der beiden Häuser des Landtags, Session 1880/81, gedruckt Berlin in der Reichsdruckerei 1881[1]). A. Des Herrenhauses (HH.): a) Bd. I Verhandlungen S. 57—59, 113, 191. b) Bd. II Anlagen Nr. 5 S. 19—21. (Begr.) — Nr. 30 S. 275—286. (KommBer. HH.) Nr. 34 S. 292; Nr. 76 S. 457; Nr. 87 S. 481. B. Des Hauses der Abgeordneten (AH.): a) Verhandlungen Bd. II S. 905—909, 1762. b) Anlagen Bd. II Nr. 96 S. 1378—1380; Nr. 217 S. 2059—2070. KommBer. AH. Nr. 238 S. 2168; Nr. 243 S. 2175; Nr. 246 S. 2181.
StGB.	= Strafgesetzbuch.
Stier-Somlo und Elster	= Handwörterbuch der Rechtswissenschaft Bd. IV S. 455. Berlin 1927.
Stier-Somlo	= Handbuch des kommunalen Verfassungs- und Verwaltungsrechts 2. Bd. 2. Lieferung.
Stier-Somlo GO.	= Fritz Stier-Somlo Kommentar zur Gewerbeordnung 2. Aufl. 1923.
Stobbe	= Stobbe Die Juden in Deutschland während des Mittelalters. Braunschweig 1866.
StPO.	= Strafprozeßordnung.
Stranz-Gerhard	= Josef Stranz und Stephan Gerhard Das preußische Ausführungsgesetz zum BGB. Berlin 1900.
Strohal	= Das Sparkassenbuch im Sachenrecht im „Recht" 1901 S. 158.
ungedr.	= ungedruckt.
Veiel	= Die Reichsstempelabgaben. Stuttgart 1919.
VGH.	= Verwaltungsgerichtshof.
VO.	= Verordnung.
Warneyer Jahrb.	= Jahrbuch der Entscheidungen, herausgegeben von Warneyer.
Warneyer Rspr.	= Warneyer Rechtsprechung auf dem Gebiete des Zivilrechts.

[1]) Die Seitenzahlen in den zitierten Materialien weichen von denjenigen der StenBer. und Drucksachen ab, die das HH. selber herausgegeben hat. Nach den zitierten Stellen laufen die Seitenzahlen aller Drucksachen durch, während jede der vom HH. herausgegebenen Drucksache für sich paginiert ist.

Weyl	= Bernhard Weyl Hat der Pfandgläubiger das Recht der Weiterverpfändung? Erlanger juristische Dissertation. 1898.
WO.	= Wechselordnung.
Wunderlich	= Georg Wunderlich Verpfänder, Pfandeigentümer und Pfandschuldner. Berlin 1907.
Wolff, Martin	= Das Sachenrecht im II. Bd. des Lehrbuchs des bürgerlichen Rechts von Enneccerus, Kipp und Wolff. 1927.
Würzburger	= „Leihhäuser" in Conrads Handwörterbuch der Staatswissenschaften Bd. V S. 601 ff. Jena 1910.
Zach	= Lorenz Zach Das Münchner Pfandleihgeschäft. München 1911.
Zipper	= Bernhard Zipper Das Lombardgeschäft. Breslauer Dissertation. 1909.
ZPO.	= Zivilprozeßordnung.
ZustGes.	= Zuständigkeitsgesetz.

Inhaltsverzeichnis.

Seite

Vorwort . . . . V—VII
Zitate und Abkürzungen . . . . VIII—XVI
Inhaltsverzeichnis . . . . XVII—XXVI

Einleitung.

A. **Geschichte und Statistik des Pfandleihgewerbes** . . . . 1—15
Literatur.
I. Geschichte im Mittelalter . . . . 1—5
Frühes Mittelalter 1—2. — Entwicklung des Kreditbedürfnisses 2. — Lombarden und Juden 2—3. — Gründung kirchlicher Leihhäuser 4.
II. Geschichte der Neuzeit . . . . 5—7
Preußisches Leihreglement 5. — Errichtung öffentlicher Leihhäuser 5—6. — Die liberale Ära 6.
III. Das preußische Gesetz vom 17. März 1881 7
IV. Entwicklung des Pfandleihgewerbes in der Neuzeit . . . . 8—11
Die wirtschaftlichen Verhältnisse des Pfandleihgewerbes 8. — Die ethischen Zustände im Pfandleihgewerbe 9. — Das Pfandleihgewerbe in der Inflation 10.
V. Statistik . . . . 11—15
B. **Das heute in Deutschland geltende Pfandleihrecht** . . . . . . 15—24
Vorbemerkung . . . . 15—16
a) Die einzelnen Landesgesetze 16—23. — b) Die Geschichte des preußischen Gesetzes 23—24.
C. **Verhältnis der Landesgesetze zum Reichsrecht** . . . . 25—35
I. Das Verhältnis der Landesgesetze zum privaten Reichsrecht 25—32
II. Das Verhältnis der Landesgesetze zum öffentlichen Reichsrecht . . . . 32—35
a) Zur GewO. 32—33. — b) Zum StrGB. 33.
D. **Räumliche und zeitliche Wirkungen des preußischen Gesetzes** . 35—42
a) Räumliche Wirkung 35—40. — b) Zeitliche Wirkung 40 bis 42.

Hauptteil.

Das preußische Gesetz vom 17. März 1881.

§ 1 des Gesetzes . . . . 43—81
a) **„Der Pfandleiher"** . . . . 44—80
1. Einleitung 44
2. Entwicklung des Begriffes des Pfandleihers aus den Gesetzesmaterialien . . . . 44—45

Seite

3. aus dem Gesetzestexte . . . . 45—46
4. aus der Rechtsprechung . . . . 46—49
5. aus dem Vergleich mit anderen Landesgesetzen 49
6. aus dem Schrifttum . . . . 49—50
7. Feststellung des Begriffes des Pfandleihers . . . . 50—54
Unterschied vom bankmäßigen Lombardgeschäft . . . . . . 54—55
8. Die dem Pfandleihgeschäft ähnlichen Geschäfte . . . . . . 56—64

α) Das unechte Lombardgeschäft 56—60. — β) Das Lagergeschäft 60—61. — γ) Das Spediteurgeschäft 61. — δ) Das Pfandvermittlergewerbe 61—62. — ε) Das Rückkaufsgeschäft 62—63. — ζ) Die Sicherungsübereignungsverträge 63.

9. Die Kaufmannseigenschaft des Pfandleihers . . . . 64—72

α) Die Gewerbsmäßigkeit 65. Das Handelsgewerbe 65. Kein Mußkaufmann 65. Anschaffungsgeschäft 65. Unterschied des Pfandleihgeschäftes vom Bankgeschäft 65. — β) Das Unternehmen des Pfandleihbetriebes im Sinne des § 66 des Aufwertungsgesetzes 65—67. — γ) Der Pfandleiher als Sollkaufmann 67. — δ) Die Wirkungen der Kaufmannseigenschaft im allgemeinen 67. — ε) Im besonderen die Buchführungspflicht 67—69. — ζ) Die Firma 69—70. — η) Der Laden- und Namenszwang 71. — ϑ) Der gute Glaube des HGB. 71. Das kaufmännische Zurückbehaltungsrecht 71. Die kaufmännische Sorgfalt 71. — ι) Der Pfandleiher als Minderkaufmann 71.

10. Einfluß der persönlichen Eigenschaften des Pfandleihers auf seinen Gewerbebetrieb . . . . 72—74

α) Das Alter 72. — β) Der Tod 72. — γ) Das Geschlecht 73. — δ) Die Staatsangehörigkeit und Religion 74.

11. Unterarten des Begriffes Pfandleiher bzw. Pfandleihgewerbe 75

α) Das erlaubte (konzessionierte) Pfandleihgewerbe 75. Das verbotene Pfandleihgewerbe 75. — β) Die Unterarten des preußischen Gesetzes 75. Private Pfandleiher 75. Öffentliche Pfandleihanstalten 75. Privilegierte Anstalten 75. — γ) Öffentliche Pfandleiher im Sinne des § 290 StGB. 75.

12. „Der Pfandleiher darf sich an Zinsen nicht mehr ausbedingen oder zahlen lassen" . . . . 75—80

α) „darf" 76. — β) „nicht mehr" 76. — γ) „ausbedingen oder annehmen" 76—77. — δ) Die Zinsen 77. — ε) Keine gesetzlichen Zinsen 78. — ζ) Fälligkeit der Zinsen 78. — η) Vorausnehmen der Zinsen 78. — ϑ) Verjährung der Zinsen 78. Zinstabelle 79. — ι) Eigentümlichkeiten der Berechnung 79.

b) Der Abs. 2 . . . . 80—81

„zugleich" 80. — „ausbedingen" 80. — Die Prolongation 80.

c) Der Abs. 3 81
d) Der Abs. 4 81

Seite

Anhang zu § 1. Die behördliche Erlaubnis (Konzession) . . . . 81—95
I. Einleitung 81
II. Wer ist berechtigt, die Konzession zu beantragen? . . . . . . 81—83
a) Nur selbständige Gewerbetreibende 81. — b) Handelsgesellschaften 82. Stehender Gewerbebetrieb 82. Alter, Staatsangehörigkeit und Geschlecht 82. Stellenvermittler 82.
III. Wirkungen der Konzession . . . . 83—88
a) Das Gewerbe ist erlaubt 83. — b) Zeitliche und räumliche Wirkung 83. Das Geschäftslokal 84. — c) Zweigniederlassungen 85. — d) Sachliche Beschränkungen und Bedingungen 85. — e) Geschäftsrevisionen und Kontrollen 85—86. — f) Erteilung und Versagung der Konzession 86—87. — g) Die Bedürfnisfrage 87—88.
IV. Die Unübertragbarkeit der Konzession 88
V. Stellvertreterkonzession 89
VI. Erlöschen der Konzession . . . . 90—93
a) durch Nichtausübung 90. — b) durch Verzicht 90. — c) durch Zurücknahme 90. — d) durch Tod 91. Die Konzession der Witwen und Minderjährigen 91—93.
VII. Die wichtigsten Bestimmungen über das Verfahren . . . . . 93—94
a) bei Erlangung der Konzession 93. — b) bei Versagung 93. — c) bei Entziehung 93—94. — d) Aufsichtsmaßnahmen 94.
VIII. Strafrecht . . . . 94—95
IX. Stempel und Gebühren für die Konzessionsurkunde 95

§ 2. Die Berechnung der Zinsen . . . . 95—99
1. Entstehungsgeschichte 96
2. Entgegenstehende Vereinbarungen und Verhältnis zum BGB. 96
3. Der Tag der Hingabe des Darlehns wird nicht mitgerechnet (Ziffer 1) 96
4. Berechnung der Frist und ihrer Beendigung (Ziffer 2) . . . 96—98
5. Sonn- und Feiertage 98
6. Abrundung 99

Anhang zu § 2. Allgemeines über die im Pfandleihgewerbe vorkommenden Verträge . . . . 99—134
I. Einleitung . . . . 99—103
„Der Pfandleihvertrag" 99
Die tatsächlichen Vorgänge bei Vertragsabschluß 100
a) Antrag und Annahme 101. — b) Kontrahierungszwang 101. — c) Vorverträge 102. — d) Form der Verträge 103.
II. Subjektive Erfordernisse . . . . 104—118
a) Geschäftsunfähige (Geisteskranke usw.) 104. Nichtigkeit 105. Konversion, Ansprüche aus ungerechtfertigter Bereicherung, auf Schadenersatz gegen den Verpfänder 105. Gegen die Aufsichtsperson 106. Der Geschäftsunfähige als Bote 107. — b) Der beschränkt Geschäftsfähige 107. In Bayern und Hamburg 108. Unwirksamkeit des Vertrages 108. Ansprüche des Pfandleihers

Seite

109. Der beschränkt Geschäftsfähige als Bote 109. — c) Die Verfügungsmacht 109. Eheliches Güterrecht 110—111. Die Schlüsselgewalt der Ehefrau 111—112. — d) Anfechtbare Geschäfte 112—118. 1. Der Irrtum 113—116. In der Erklärungshandlung 113. Im Inhalt der Erklärung 113—114. Über Eigenschaften von Personen oder Sachen 114—115. Die Form der Anfechtung 115. Negatives Vertragsinteresse 115. 2. Arglistige Täuschung 116—118. Allgemeines 116. Die Täuschung eines Dritten 117. Wirkung der Anfechtung 117—118. Die Anfechtungsfrist 118.

III. Verbotene Verträge . . . . 118—123

a) Gesetzlich verbotene Verträge (§§ 134, 135, 136 BGB.) 118. Verpfändung von Militärgut, Schußwaffen und Kunstgegenständen 118—119. Verstöße gegen Steuer- und Zinsverbote 119. Rundfunkgerät 119. — b) Verbot der Abtretbarkeit der im Pfandleihbetriebe entstandenen Forderungen 119. Ausländische Verbote 119. Landesrechtliche Verbote 119. Verbote im besetzten Gebiete 119. — c) Verbot des Abhaltens vom Bieten; Kippemachen 119—120. — d) Die Verfallklausel 120. — e) Die Weiterverpfändung 120—123. — f) Die Handelserlaubnis 123. Die Metallgesetze 123.

IV. Der § 134 BGB. und das preußische Gesetz . . . . 123—125

a) Terminologie des preußischen Gesetzes 124. — b) Die zivilrechtlichen Wirkungen des Verstoßes gegen die preußischen Verbotsgesetze 124—125.

V. Gesetzliche Veräußerungsgebote 125

VI. Zusatz: **Die strafprozessuale Beschlagnahme** . . . . 125—130

a) Freiwillige Herausgabe 125. — b) Die Herausgabepflicht 126. Die Zwangsmittel 126. — c) Die Sicherstellung 126. — d) Die Ausführung der Beschlagnahme 126. — e) Die für die Beschlagnahme zuständige Behörde 126. — f) Rechtsmittel gegen die Beschlagnahme 126. — g) Die polizeiliche Recherche 127. — h) Rückgabe der beschlagnahmten Gegenstände 127—128. — i) Zivilrechtliche Wirkung der Beschlagnahme 128—130. 1. Besitzrechtliche Fragen 129. 2. Erwerb beschlagnahmter Sachen 129. 3. Klage auf Herausgabe trotz Beschlagnahme 129—130.

VII. Relative Veräußerungsverbote 130

a) Bei Ehefrauen, Vormündern und Erben 130. — b) Geschäfte mit Gemeinschuldnern 130. — c) Einstweilige Verfügungen 130.

VIII. Präsumptive Pfandleihverträge . . . . 130—131

IX. Das Trödelgeschäft . . . . 131—132

X. Der Erfüllungsort . . . . 132—134

a) Nach BGB. 132—133. — b) Nach preußischem Gesetz 133. Bringschuld für alle Leistungen 133. — c) Der vereinbarte Erfüllungsort 133—134. — d) Wirkung auf das örtlich anzuwendende Gesetz 134. — e) Gerichtsstand 134.

XI. Die Draufgabe 134

Seite

§ 3. **Das Verbot weiterer Vergütungen** . . . . 134—150
1. Entstehungsgeschichte 134
2. Das Ausbedingen und Annehmen jeder weiteren Vergütung 135
Die Arten der verbotenen Vergütung . . . . 135—136
3. Das Darlehn . . . . 136—140
a) Im allgemeinen 136. Gelddarlehn 136. Realvertrag 137. — b) Vorschüsse 137. — c) Prolongation 137—139. — d) Höhe des Darlehns 139. — e) Erfüllungsort 139. — f) Verjährung 139. — g) Quittung 139.
4. Besonderheiten des Pfandleihdarlehns . . . . 140—142
a) Hinsichtlich der Zinsen 140. — b) der Fälligkeit des Darlehns 140. — c) der Unabtretbarkeit 140. — d) Das Pfandleihdarlehn im Konkurs 141. — e) Sachhaftung 141—142.
5. Die Aufbewahrung . . . . 142—147
a) Im allgemeinen nach BGB. 142. — b) Im besonderen 142. — c) Alleinbesitz des Pfandleihers? 142—143. — d) Rechte und Pflichten aus der Verwahrung 143—144. — e) Umfang der Haftung des Pfandleihers 144. Ausschluß und Beschränkung der Haftung 144. — f) Hinterlegung bei Dritten 145. — g) Ersatz für Aufwendungen 145. — h) Haftung des Verpfänders 145. — i) Rückgabe des Pfandes 145. Lagergeld 145. — k) Vorlegung des Pfandes 146—147.
6. Die Erhaltung des Pfandes . . . . 147—149
a) Allgemeines 147. — b) Versicherung gegen Feuer und Einbruch 147—148. — c) Die Taxe 148. — d) Pfandscheinschiebungen 148—149. — e) Gefahrtragung 149.
7. Das Vorausnehmen von Zinsen 149
8. Außerpreußisches Recht 149

§ 4. **Die Fälligkeit des Darlehns** . . . . 150—151
1. Entstehungsgeschichte 150
2. Die Fälligkeit 150
3. Die Zweimonatsfrist 151
4. Die Mindestfrist 151

§ 5. **Die Entstehung des Pfandrechts** . . . . 152—163
1. Entstehungsgeschichte 152
2. Die Ergänzungen der ministeriellen Bekanntmachung vom 16. Juli 1881 . . . . 152—153
3. Entstehung des Pfandrechts 153
4. Verhältnis des § 5 zum bürgerlichen Recht . . . . 153—154
5. Die Pfandbucheintragung 154
6. Ihr Wesen und ihre Wirkung 154
7. Form der Pfandbucheintragung . . . . 155—156
8. Äußere Gestaltung der Eintragung 156
a) in ein Pfandbuch 156. — b) ein Pfandbuch 156. — c) Wer muß die Pfandbucheintragung vornehmen? 156. — d) Die

Seite

Sprache der Eintragung 156. — e) Aufbewahrung des Pfandbuches und seine Vernichtung 156—157. — f) Zeitpunkt der Eintragung 157.

9. Inhalt der Eintragung. Die einzelnen Rubriken 158

a) Laufende Nummer 158. — b) Ort und Tag des Geschäfts 158—159. — c) Vor- und Zuname des Verpfänders 159. — d) Stand und Wohnung des Verpfänders 159. Die Legitimation 159—160. — e) Betrag des Darlehns 160. — f) Betrag der monatlichen Zinsen 160. — g) Bezeichnung des Pfandes 160. — h) Zeit der Fälligkeit des Darlehns 160. — i) Eintragung der Prolongation 160. — k) Eintragung der Einlösung 160. — l) Eintragung des Verkaufs und Erwerbs 161.

10. Die Vorlegung des Pfandbuchs 161

11. Die Beweiskraft des Pfandbuchs 161

12. Pfändbarkeit und Konkursfähigkeit des Pfandbuchs 162

Der Verkauf eines Pfandleihgeschäftes 162

13. Außerpreußisches Recht . . . . 162—163

Anhang zu § 5. Das Pfandrecht nach BGB. . . . . 163—176

I. Allgemeines 163

a) Das Verhältnis zum BGB. 163. — b) Begriff und Wesen des Pfandrechts 163.

II. Besonderes . . . . 163—176

a) Gegenstände des Pfandleihpfandrechts 163—168. Nicht bloß Gebrauchsgegenstände 164. Auch Forderungen 164. Neue Sachen 164—166. Die Ungültigkeit der Bekanntmachung vom 4. Februar 1907 165—168. — b) Der gute Glaube beim Pfandrechtserwerb an fremden Sachen 168. Militärgut 168. 1. Der Begriff des guten Glaubens 168—169. Grobe Fahrlässigkeit 169. Die Nachforschungspflicht 169. 2. Wer muß den guten Glauben haben? 170. 3. Wann muß guter Glaube vorhanden sein? 170. 4. Worauf muß sich der gute Glaube beziehen? 170. — c) Die Wirkungen des redlichen Pfanderwerbes 170—176. 1. Bei gestohlenen, verlorenen oder sonst abhanden gekommenen Sachen 170—171. Kommissionswaren 171. 2. Der Herausgabeanspruch 171. Der Schadenersatzanspruch 171. Haftung des Pfandleihers von der Rechtshängigkeit an 171. Unredlicher Besitz 172. Konkurrierendes Verschulden des Eigentümers 172. 3. Verwendungsansprüche des Pfandleihers 172. 4. Andere als gestohlene, verlorene oder sonst abhanden gekommene Sachen 173. Besitzdiener 173. Versatz durch Ehefrauen 173—174. Durch Geisteskranke 174. 5. Der Lösungsanspruch 174—176.

§ 6. Die Pfandscheinübergabe . . . . 176—183

1. Entstehungsgeschichte 176

2. Die Verpflichtung zur Übergabe eines Pfandscheins und ihr Wesen 177

Seite

3. Die Form des Pfandscheins 177
4. Inhalt des Pfandscheins . . . . 177—178
5. Die Namensunterschrift . . . . 178—179
6. An wen ist der Pfandschein zu übergeben? 179
7. Der Pfandschein als Beweisurkunde . . . . 179—180
8. Zwiespalt zwischen dem Inhalt des Pfandbuchs und des Pfandscheins 180
9. Die dem Pfandleiher nachteiligere Feststellung 180
10. Die Nebenabreden 180
11. Wirkungen gegenüber Dritten 180
12. § 6 als Auslegungsregel 180
13. Folgen der nichtwörtlichen Abschrift des Pfandscheins . . . 181
14. Verweisungen 182
15. Außerpreußisches Recht 182

§ 7. Das Einlösungsrecht . . . . 183—187
1. Entstehungsgeschichte 183
2. Das Einlösungsrecht des Verpfänders 183
3. Der Einlösungsberechtigte 184
4. Das jederzeitige Einlösungsrecht . . . . 184—185
5. Das Wesen der Einlösung 185
6. Rückgabe seitens des Pfandleihers 186
7. Zahlung seitens des Verpfänders 186
8. Berechnung der Zinsen 187
9. Entgegenstehende Vereinbarungen 187

§ 8. Die Modalitäten des Einlösungsrechts . . . . 187—189
1. Entstehungsgeschichte 187
2. Die Drei-Wochen-Frist 188
3. Einlösung gegen Rückgabe des Pfandscheins . . . . 188—189
4. Erläuterungen zu Abs. 2 189

Anhang zu § 8. Der Pfandschein . . . . 189—205
I. Einleitung . . . . 189—190
II. Der Pfandschein eine Beweisurkunde 190
III. Ist der Pfandschein Inhaber-, Namens- oder Legitimationspapier? . . . . 191—205

a) Die gesetzgeberische Entwicklungsgeschichte 191—193. — b) 1. Kritik dazu 193—194. 2. Zusammenstellung aus Rechtsprechung und Schrifttum 194—195. 3. Weder Legitimationspapier noch Inhaberpapier 195—196. — c) Resultat 196—198. Zwei Besonderheiten: 1. § 808 Abs. 2 BGB. fällt fort 197. 2. Das Aufgebot fällt fort 197—198. — d) Die Wirkungen des Pfandscheins als Legitimationspapier 198—205. 1. Die Legitimationsprüfung seitens des Pfandleihers 198. 2. Die Rechte des Pfandscheininhabers 198. Keine Schuldübernahme 199. 3. Die Forderungsprätendenten 199. 4. Die Beziehungen zwischen Verpfänder und Pfandscheininhaber 199—200. 5. α) Der Handel mit Pfandscheinen 200. β) Der Pfandschein als Wertpapier 200—201. γ) Der Pfandschein als Schuldschein 201. 6. Der

Seite

Verkauf des Pfandscheins 200—202. 7. Pfandrecht am Pfandschein 202—205. α) Rechtsgeschäftliches Pfandrecht 202—204. β) Zurückbehaltungsrecht am Pfandschein 204. γ) Gesetzliches Pfandrecht am Pfandschein 204. δ) Pfändungspfandrecht am Pfandschein 204—205.

Vorbemerkungen zu den §§ 9—16 . . . . 205—207

§ 9. Die Berechtigung zum Verkauf des Pfandes . . . . 207—211
1. Entstehungsgeschichte 207
2. Die Verkaufsberechtigung 207
Die Zwangsvollstreckung 207
Der Bürge 207
Beneficium excussionis realis 207
Verkaufsberechtigung im Konkurs 207
3. Die Pflicht zum Verkaufe 208
4. Der Zeitpunkt der Verkaufsberechtigung 208
Die Androhung . . . . 208—209
5. Umfang der Haftung des Pfandes . . . . 209—210
6. Mitwirkung der Ortspolizeibehörde 210
7. Wirkungen der Zuwiderhandlungen gegen § 9 211
8. Außerpreußisches Recht 211

§ 10. Die Form des Pfandverkaufs . . . . 211—215
1. Entstehungsgeschichte 211
2. Allgemeines 212
3. Die öffentliche Versteigerung 212
4. Wer versteigert? . . . . 212—213
5. Die Rechtsstellung des Versteigerers 213
6. Der Verkauf . . . . 213—214
7. Das Mitbietungsrecht des Pfandleihers 214
8. Außerpreußisches Recht 215

§ 10 a. Markt- und börsenfähige Pfänder . . . . 215—216
1. Entstehungsgeschichte 215
2. Der Börsen- oder Marktpreis 215
3. Die Kannvorschrift 216
4. Die Voraussetzungen für den freihändigen Verkauf 216
5. Die Ausführung des freihändigen Verkaufs 216
6. Außerpreußisches Recht 216

§ 10 b. Gold- und Silbersachen . . . . 216—218
1. Entstehungsgeschichte 217
2. Der Begriff von Gold- und Silbersachen 217
3. Abschätzung 217
4. Versteigerung oder freihändiger Verkauf 217
5. Außerpreußisches Recht 218

§ 11. Ort der Versteigerung . . . . 218—220
1. Entstehungsgeschichte 218
2. Verhältnis des § 11 zum BGB. 218
3. § 11 eine zwingende Vorschrift 218

Seite

4. Die Gemeinde 218
Kein bestimmtes Lokal 219
5. Erläuterungen zu Satz 2 219
6. Folgen der Zuwiderhandlung 219
7. Außerpreußisches Recht . . . . 219—220

§ 12. Bekanntmachung der Versteigerung . . . . 212—222
1. Entstehungsgeschichte 220
2. Die Allgemeinbezeichnung des Pfandes 220
Zweckbestimmung 220
3. Die Bekanntmachung in einem Blatte 220
4. Name des Pfandleihers und fortlaufende Nummer in der Bekanntmachung 221
5. Die Höchst- und Mindestfristen des § 12 221
5. Vertagung eines Versteigerungstermins . . . . . . 221—222
7. Verstoß gegen § 12 222
8. Außerpreußisches Recht 222

§ 13. Verpfändung mehrerer Gegenstände . . . . 223—225
1. Entstehungsgeschichte 223
2. Gegenüberstellung des § 13 des Gesetzes und des § 1230 BGB. 223
3. Mehrere Gegenstände 223
4. Bestimmung der Reihenfolge 224
5. Die Einstellung des Pfandverkaufs 224
6. Verstöße gegen § 13 224
7. Außerpreußisches Recht 224

§ 14. Die Haftung des Pfandes für die Kosten und ihre Verteilung 225—226
1. Entstehungsgeschichte 225
2. Gegenüberstellung des § 14 des Gesetzes zu § 1210 BGB. . 225
3. Die Sammelversteigerung 225
4. Zuwiderhandlungen 225
5. Außerpreußisches Recht . . . . 225—226

§ 15. Behandlung des Pfandes nach erfolgtem Verkaufe . . . . . 226—234
1. Entstehungsgeschichte 226
2. Behandlung des Überschusses 226
3. Der Barerlös 227
4. Der Überschuß . . . . 227—229
a) Die Aufrechnungsbefugnis des Pfandleihers 227—228. — b) Das Zurückbehaltungsrecht am Überschuß 228—229.
5. Die Unverzüglichkeit 229
Benachrichtigung und Abholung 229
6. Die Zahlung an den Verpfänder 229
7. Die Hinterlegung . . . . 230—232
a) Ihr Charakter 230. — b) Ihre Modalitäten 230. — c) Wer hat zu hinterlegen? 230—231. — d) Was ist zu hinterlegen? 231. — e) Wo ist zu hinterlegen? 231. — f) Die Ortsarmenkasse 231. — g) Wie ist zu hinterlegen? 231. — h) Wann ist zu hinterlegen? 232.

Seite

8. Die Wirkungen der Hinterlegung 232
9. Die Stellung der Ortsarmenkasse zum Pfandleiher 232
10. Die Stellung der Hinterlegungsstelle zum Verpfänder . . 232—233
11. Zuwiderhandlungen 233
12. Außerpreußisches Recht . . . . 233—234

§ 16. Folgen der Zuwiderhandlungen gegen die Verkaufsvorschriften 234—236
1. Entstehungsgeschichte 234
2. Verhältnis des § 16 des Gesetzes zu §§ 1243 und 1244 BGB. 235
3. Voraussetzung des Schadenersatzanspruchs 235
4. Inhalt und Umfang des Schadenersatzanspruchs . . . . . 235—236
5. Entgegenstehende Abreden 236
6. Verjährung 236
7. Außerpreußisches Recht 237

§ 17. Die Rechte des Pfandscheininhabers 236

§ 18. Übergangsvorschrift 237

Vorbemerkung zu den §§ 19—22 . . . . 237—239
I. Allgemeines über öffentliche Pfandleihanstalten, ihre juristische Persönlichkeit . . . . 237—238
II. Die Frage der Gewerbsmäßigkeit der öffentlichen Pfandleihanstalten 239
III. Ihre Satzungen und das Landesrecht bzw. Reichsrecht . . . 239

§ 19. Die staatlichen Leihanstalten . . . . 240—241
Das staatliche Leihamt in Berlin 240

§ 20. Die Errichtung neuer kommunaler Leihanstalten 241
1. Entstehungsgeschichte 241
2. Die juristische Persönlichkeit der kommunalen Leihanstalten 241
3. Die Überschüsse der kommunalen Leihanstalten 241

§ 21. Neue kommunale Leihanstalten 242
1. Die Anwendung des preußischen Gesetzes auf sie 242
2. Die besonderen Versteigerungsbeamten 242

§ 22. Alte kommunale Leihanstalten 242
1. Entstehungsgeschichte 242
2. Die Anwendung des Gesetzes auf die alten kommunalen Leihanstalten . . . . 242—243

§ 23. Aufhebungsvorschriften 243

Anlage. Die preußische ministerielle Bekanntmachung vom 16. Juli 1881 (MBlfiVerw. S. 169) 243

Sachregister 245

Einleitung.

A. Geschichte und Statistik des Pfandleihgewerbes.

Literatur: Max Neumann Geschichte des Wuchers in Deutschland. Halle 1865. — Schmoller Die öffentlichen Leihhäuser sowie das Pfandleih- und Rückkaufsgeschäft überhaupt im Jahrbuch für Gesetzgebung, Verwaltung und Volkswirtschaft im Deutschen Reich. Herausgegeben von Holzendorff und Brentano. Neue Folge. IV. Jahrgang I. Heft S. 87—123. Leipzig 1880. — Paul Rehme Geschichte des Handelsrechts in Ehrenbergs Handbuch 1913 Bd. I S. 71, 76, 105, 127, 133, 171, 187. — Eugen von Böhm-Bawerk Kapital und Kapitalzins IV. Aufl. S. 9ff. Jena 1921. — Würzburger unter dem Titel „Leihhäuser" in Conrads Handwörterbuch der Staatswissenschaften 3. Aufl. Bd. V, S. 601f. Jena 1910. — L. X. Funk Zins und Wucher. Tübingen 1868. — W. R. Patterson Die gegenwärtige Lage der Leihhäuser in Deutschland in den Jahrbüchern für Nationalökonomie und Statistik III. Folge Bd. 15 S. 211—232. Jena 1898. — Stobbe Die Juden in Deutschland während des Mittelalters. Braunschweig 1866. — Walter Obst Die Wiege unserer Leihhäuser in Plutus, kritische Wochenschrift für Volkswirtschaft und Finanzwesen S. 36ff. 1909. — Lorenz Zach Das Münchner Pfandleihgeschäft S. 61ff. München 1911. — Karl Gebel Das Lombardgeschäft in rechtsgeschichtlicher Entwicklung. Diss. Heidelberg 1910 S. 1—17. — Sylvain Koch Italienische Pfandleiher im nördlichen und östlichen Frankreich. Diss. Breslau 1904.

I. Mittelalter.

So alt das Gewähren von Darlehen gegen Pfandsicherheit ist (über die gewerbsmäßigen Geldverleiher im 4. Jahrhundert v. Chr. in Griechenland und über die Argentarii im alten Rom s. Gustav Cohn Nationalökonomie des Handels- und Verkehrswesens III S. 551/553, Stuttgart 1898), so kann von einem Pfandleihgewerbe, das eine gesetzliche Regelung gefunden hatte, erst seit dem Ausgang des 18. Jahrhunderts gesprochen werden.

Im frühen Mittelalter, als Deutschland noch vorwiegend Agrarstaat, war natürlich ein Kreditbedürfnis vorhanden, aber ein Kreditverkehr entwickelte sich nicht, so daß in den älteren deutschen Rechtsquellen, den Volksrechten, den Kapitularien, den Stadtrechten, sich wenig über das Ausleihen von Geld auf Zinsen gegen Pfänder findet. Die Gründe hierfür lagen einmal in den unentwickelten kulturellen und wirtschaftlichen Verhältnissen, andererseits aber auch auf ethischem Gebiete. Es war das Verbot der katholischen Kirche, welche das Gewähren von Darlehen gegen Zinsen verpönte; ein Grundsatz, dem die damaligen weltlichen Gesetze Rechnung trugen (s. Neumann S. 37f.).

Dieses, der christlichen Sittenlehre entspringende Verbot war gegründet auf die Bibel (Ev. Lucas VI 34/35). Es galt der Grundsatz: mutuum date, nihil inde sperantes. An ihm hielt die Kirche mit bewundernswerter Energie fast anderthalb Jahrtausende fest; in einem steten und heftigen Kampfe gegen die andringenden Neuerungen, gegen die Macht des Verkehrs, ja gegen das Leben selber.

Mit der Entwicklung von Handel und Verkehr in Deutschland wuchs auch das Kreditbedürfnis. Dem Kreditbedürfnis des Schuldners aber stand das Sicherungsbedürfnis des Gläubigers gegenüber sowie das Verlangen desselben, aus dem Darlehn Nutzen zu ziehen; Bedürfnisse, die sich als unabweisbar herausgestellt hatten. Auf der anderen Seite war aber das kirchliche Zinsverbot eine ebensolche Macht, der man sich zu beugen hatte.

Dieser Kampf der weltlichen, oder wenn man will, auch kapitalistischen Anschauungen mit der kirchlich-ethischen kam nicht sogleich zur Austragung, da sich die Gelegenheit bot, ihn in der Praxis zum großen Teil auszuschalten.

Das Zinsverbot galt ja nur für die Christen; nicht auch für die Heiden, die mit ihnen in Gemeinschaft lebten. Das aber waren die **Juden**, die schon seit dem frühen Mittelalter unter ihnen wohnten (s. Neumann S. 294). Juden soll es schon im II. Jahrhundert n. Chr. in Worms gegeben haben. Ihnen war es gestattet, Zinsen zu nehmen.

Sie waren nun die einzigen in Deutschland, bei denen der Kreditbedürftige Gelder aufnehmen konnte. Und da die weltlichen Obrigkeiten sie sogar z. T. zwangen, den Christen Darlehen zu gewähren, gewannen die Juden mit dem zunehmenden Handelsverkehr geradezu eine Monopolstellung, und man stattete sie mit Privilegien aus (Judenprivileg Friedrichs II. 1236; Augsburger Stadtrecht 1276; Straßburger Judenordnung 1375). Kein Wunder, daß sich dann im Laufe der Zeit in den Händen der Juden ungeheure Reichtümer befanden (über die Zinsenhöhe s. Stobbe S. 110), wodurch sich dann wieder der Haß gegen das Zinsennehmen um so mehr verschärfte, bis er sich in den bekannten Judenverfolgungen entlud. Die angesammelten Schätze wurden den Juden geraubt, ihre Forderungen kassiert. Man rief die Juden aber bald wieder als unentbehrliche Geldgeber zurück, die Kaiser besteuerten sie und ihre Einnahmen, und so blieb es, bis ihnen eine Konkurrenz erstand in Gestalt der italienischen Kaufleute, die, wenn auch Christen, sich von dem kirchlichen Zinsverbot zu emanzipieren und das Darlehns- und Wechslergeschäft an sich zu reißen versuchten (Gebel S. 12ff.).

In Amalfi, Ankona, Venedig waren schon im 8. Jahrhundert Haupthandelsplätze entstanden, die namentlich z. Z. der Kreuzzüge und durch sie zur Blüte gelangt waren und bei dem beginnenden Handelsverkehr mit Deutschland namentlich in Süddeutschland vordrangen (Neumann S. 366f.). Man nannte diese Kaufleute nach ihrer Heimat „Lombarden“. Zu ihnen traten dann die sog. Kawertschen (der Name soll daher kommen, daß diese Kaufleute aus dem französischen Cahors stammten, Neumann S. 368 Anm. 6 und Würzburger S. 481; Kalischer Ztschr. f. Volkswirtschaft, Sozialpolitik und Verwaltung Bd. 17 S. 29ff. u. 201ff.; Paul Rehme in Ehrenbergs Handbuch f. d. gesamte Handelsrecht Bd. 1 S. 127), gleichfalls christliche Kaufleute, die, ebenso wie die Juden und Lombarden, Darlehns- und Geldwechslergeschäfte betrieben. Auch die Mediceer in Florenz sind wohl als die ersten internationalen Pfandleiher großen Stils im Mittelalter anzusprechen. Im heutigen England ist noch das Wahrzeichen der Pfandleiher (pawn broker) drei Kugeln, das Wappen der Mediceer (L. 1911 S. 22; Georg Cohn in Endemanns Handbuch Bd. III S. 987 Anm. 7).

Welchen Wandel das Geldleihgewerbe, insbesondere das Pfandleihgewerbe, nach der konfessionellen Seite im Laufe der Zeiten durchgemacht hat, geht am besten daraus hervor, daß unter den z. Z. in Deutschland vorhandenen Pfandleihern 50% Juden sind. Auch gibt es in Berlin einen Pfandleihverein, der überhaupt keine Juden als Mitglieder aufnimmt. —

Die katholische Kirche, immer noch an ihrem Grundsatz von der Verwerflichkeit des Zinsennehmens festhaltend, versuchte nun, dem sich heranbildenden privaten Pfandleihgewerbe — denn selbstverständlich wurden die Gelder nur auf Zinsen und gegen Pfandsicherheiten geliehen — nicht mehr bloß mit Worten entgegenzutreten, sondern ihnen praktische Taten entgegenzusetzen. Dies war um so notwendiger, als sich die Kreditentwicklung, gehemmt durch das Zinsverbot, wie eine Naturgewalt durchgebrochen hatte. Das Verbot wurde umgangen; man gab nicht Darlehn gegen Zins und Pfand, sondern der Gläubiger kaufte vom Schuldner eine Rente, oder man wählte die Form des Rückkaufgeschäftes. Dem trat die katholische Kirche entgegen, indem sie selbst zur **Gründung von Leihhäusern** schritt. Man nannte sie montes pietatis, Berge der Mildtätigkeit, die den Charakter sozialer Fürsorge hatten (die Geschichte der Montes pietatis und die weitere Entwicklung des katholischen Zinsverbotes geht über den Rahmen des hier gesteckten Zieles hinaus; es sei deshalb auf die obige Literaturangabe verwiesen, insbesondere auf Neumann und Schmoller). Auch Luther wetterte zunächst gegen das Zinsverbot in seiner Schrift vom Jahre 1534 von „Kauffhandlung und Wucher". Später milderte er seine Stellung zum Zinsennehmen und berichtigte sie (Neumann 480ff.). Das erste kirchliche Leihhaus entstand 1464 in Perugia (Obst S. 38). Der Kirche folgten dann Staaten und Städte mit der Gründung kommunaler Leihanstalten (Augsburg 1591, Nürnberg 1618, Wien 1707; über weitere Gründungen privilegierter öffentlicher Leihhäuser s. Kraus S. 18ff.).

Daneben blieb aber das **private Geldleihgewerbe** nach wie vor bestehen. Die Gründe dafür möchten wohl in denselben Tatsachen liegen, die auch heute noch das private Pfandleihgewerbe neben den staatlichen oder städtischen Leihhäusern bestehen lassen: bureaukratischer Betrieb, mangelnde Kulanz gegenüber der Kundschaft, verkehrte, dem Bedürfnis der Geldsuchenden nicht angepaßte Geschäftszeiten, örtliche Lage der Leihhäuser usw. In Berlin z. B. sah man von der Gründung eines staatlichen oder städtischen Leihhauses ab. Dagegen wurde dort im Jahre 1692 einem Privatmanne, einem Refugié mit Namen Nikolaus Ganget, die Erlaubnis gegeben, ein Privatunternehmen als Leihhaus zu gründen. Später kam es in die Hand einer Familie Humbert. Es hieß „Adreßhaus" und lag in der Kurstraße, später in der Jägerstraße (L. 1911 S. 59).

Nicht überall konnten sich diese öffentlichen Leihanstalten halten, zumal da der 30jährige Krieg sich auch hier auswirkte. Die Gewohnheit, bei privaten Pfandleihern Gelder aufzunehmen, blieb bestehen (Hetzer S. 82 und Zach S. 62).

II. Neuzeit.

Wie die Geschichte gelehrt hatte, war das Darleihen von Geld auf Zinsen gegen Pfand mit der Gefahr der Ausbeutung des Schuldners verbunden. Man erkannte, daß einerseits das Darlehnsgeschäft, auch wenn Zinsen und Pfänder genommen wurden, im wirtschaftlichen Leben seine Berechtigung hatte, daß man das eine zwar tun könne, das andere aber, den Schutz der wirtschaftlich Schwachen, nicht zu lassen brauche. Die Staaten griffen deshalb in die Regelung des Geldleihergewerbes mit Gesetzen ein.

Bayern hatte schon durch die Trödlerordnung vom 13. September 1760 versucht, einige Bestimmungen über das Pfandleihgewerbe zu geben. Ansätze zur Regelung des Pfandleihgewerbes finden sich auch im Preuß. ALR. 20 § 263—270, die vom „Pfandgewerbe" handeln (Zach S. 61). Eine eingehende Kodifizierung des gesamten Pfandleihrechtes aber schuf erst Preußen mit dem **Pfand- und Leihreglement** vom 13. März 1787 nebst Deklaration vom 14. April 1803 (beide abgedruckt im MBlfiV. 1846 S. 252ff.). Damit wurde zum erstenmal das Pfandleihgewerbe, das sich namentlich mit dem allgemeinen wirtschaftlichen Aufschwung Ende des 18. Jahrhunderts entwickelt hatte, als solches gesetzlich anerkannt. Das Reglement diente dann für die anderen Länder als Muster (Goltdammer 61, 169ff.). Auch hier hatten die Juden noch das Vorrecht, mehr Zinsen als die Christen zu nehmen, ein Privileg, das erst durch das Edikt vom 11. März 1812 und die allerhöchste Erklärung vom 20. April 1813 (GS. S. 77) aufgehoben wurde.

Der Staat versuchte nun dasselbe, was die katholische Kirche getan hatte: er suchte die Gründung öffentlicher, namentlich kommunaler Leihhäuser zu fördern. Zu diesem Zwecke erging die KabO. vom 28. Juni 1826 (GS. S. 81). Durch KabO. vom 25. Februar 1834 (GS. S. 25) errichtete der Staat selber in Berlin ein Leihhaus, das „Königliche Leihamt", jetzt „Staatliches Leihamt". Mit dem Sparkassengesetz vom 12. Dezember 1838 wurden ferner Erleichterungen zur Begründung kommunaler Leihhäuser für die Gemeinden geschaffen,

Die Sparkassen sollten den kommunalen Leihhäusern das Betriebskapital zur Verfügung stellen. Hiervon haben im Laufe der Zeit 80 Städte Gebrauch gemacht (Pattersen S. 217). Ein Teil hiervon ging jedoch wieder ein, weil einzelne Gemeinden die mit dem Betrieb der Leihhäuser verbundenen Kosten nicht erschwingen konnten (Hetzer S. 12; s. auch Hoch). Durch § 49 der Preuß. GewO. vom 17. Januar 1845 wurde dann weiter die „Kommunalisierung" des Pfandleihgeschäftes gefördert, indem bestimmt wurde, daß in Städten mit öffentlichen Leihhäusern keine privaten Pfandleihgeschäfte geduldet werden sollten.

Trotzdem erhielt sich das private Pfandleihgewerbe weiter, wiewohl es unter dem Konzessionszwang stand und einer strengen polizeilichen Kontrolle unterworfen wurde; es bewies damit seine große Bedeutung und seine wirtschaftliche Notwendigkeit (E. v. Splittgerber Die soziale Mission der Pfandleihgeschäfte, Breslau 1906; Drucks. AH. S. 2059; s. auch Hoch S. 4ff.).

Die liberale Ära der Gewerbefreiheit und Zinsfreiheit der sechziger Jahre des vorigen Jahrhunderts brachte auch für das Pfandleihgewerbe eine freiere Stellung, indem die Konzessionspflicht beseitigt und bestimmt wurde, daß jeder das Pfandleihgewerbe ausüben dürfe, es sei denn, daß er wegen Verbrechen oder Vergehen bestraft war, die aus Gewinnsucht begangen wurden. Eine sonstige Prüfung der persönlichen Zuverlässigkeit fiel weg (§ 35 der nordd. GewO. vom 21. Juli 1869).

Das Pfandleihgewerbe hat aber dieses Liberalisieren nicht vertragen (vgl. Begründung zur Novelle von 1879 zur GewO., Rohrscheidt S. 245). Standesorganisationen der Pfandleiher, die in ihren eigenen Reihen für ordnungsmäßigen Betrieb des Geschäftes und für die Ausschaltung unlauterer Elemente Sorge trugen, gab es damals noch nicht. Der Reichsverband der Pfandleiher Deutschlands eingetragener Verein wurde erst 1908 begründet. Im übrigen hatte man in einzelnen Landesteilen Mitte der siebziger Jahre mit lokalen Gründungen von Pfandleihvereinen begonnen (vgl. Heine S. 5ff.). Kein Wunder, daß mit der gewährten Freiheit Mißbrauch getrieben wurde. Insbesondere trat — genau wie im Mittelalter (Neumann 90ff.) — die Geschäftsform des Rückkaufsgeschäftes wieder auf — ein Geschäftstyp, der offenbar automatisch dann in

Erscheinung tritt, sobald Gesetzgebung und Verwaltung bewußt Freiheiten gewährten oder infolge ihrer Schwäche oder Lockerung den schädigenden Charakter dieser Manipulationen nicht mehr zu erkennen vermochten (im Jahre 1879 betrug in Berlin die Zahl der Rückkaufshändler das Sechsfache der Zahl der Pfandleiher, s. Rohrscheidt Bd. 1 S. 244). So war es auch in den Zeiten von 1920 (s. S. 13), als die Behörden trotz der seit 1879 geltenden Bestimmungen, welche das Rückkaufsgeschäft dem Pfandleihgeschäft gleichstellten, ziemlich kritiklos Konzessionen erteilten und unkonzessionierte Rückkaufshändler überhaupt nicht strafrechtlich verfolgten, bis die Standesorganisationen der Pfandleiher eingriffen (vgl. Erl. d. Min. d. Innern vom 4. Oktober 1921 II E. 2224 II MBlfiV. S. 337).

Durch die Novelle zum StGB. vom 26. Februar 1876 begann man in § 360 Ziff. 12 StGB. die Rückkaufsgeschäfte den Pfandleihgeschäften hinsichtlich der Kontrolle gleichzusetzen (geändert durch Art. 2 des RG. betr. den Wucher vom 24. Mai 1880), bis dann auch durch die Novelle zur GewO. vom 23. Juli 1879 die völlige Gleichsetzung beider Geschäfte stattfand.

III. Das preußische Gesetz vom 17. März 1881.

Da in Preußen neben dem Pfand- und Leihreglement von 1787 in einzelnen Landesteilen noch andere Gesetze bestanden, z. B. in Hannover (MinBek. vom 15. Oktober 1847), in Hessen-Nassau und Schleswig-Holstein sowie in den franz.-rechtl. Teilen der Rheinprovinz das Pfandleihgewerbe nur durch polizeiliche Verordnung geregelt war, entschloß man sich zu einer Kodifizierung des gesamten preußischen Pfandleihrechts, die ihren Niederschlag in dem Preuß. Ges. vom 17. März 1881 erhielt (GS. S. 169).

Mit der 1881 erfolgten Kodifikation des Pfandleihrechtes in Preußen waren die öffentlich-rechtlichen und die zivilrechtlichen Beziehungen im Pfandleihgewerbe in Preußen einheitlicher und über drei Jahrzehnte hindurch stabil geworden. Der festgesetzte Zinsfuß war den wirtschaftlichen Verhältnissen angemessen. Man sprach zwar zu gern noch vom „privilegierten Wucher“, übersah aber, daß die den Pfandleihern zugebilligten „Zinsen“ keine solchen waren, wie sie das Zivilrecht kannte, daß die Zinsen nicht bloß Kapitalmiete darstellten, sondern eine Vergütung, mit denen alle sonstigen Unkosten des Pfandleihers wie Geschäftslokal, Gehälter, Telephon, die Pflicht zu umständlicher Buchführung, die Pflicht zur pfleglichen Behandlung und Aufbewahrung der Pfänder, das Risiko von Ausfällen bei den Versteigerungen und unter dem BGB. die Gefahr des unentgeltlichen Herausgebens gestohlener, verlorener oder sonst abhandengekommener Pfänder mit abgegolten sein sollten. Mit Recht spricht denn auch schon die GewO. in § 34 von einer Vergütung und nicht von Zins.

IV. Entwicklung des Pfandleihgewerbes in der jüngsten Zeit.

Wie in anderen Geschäftszweigen äußerte sich auch im Pfandleihgewerbe der bis zum Weltkrieg dauernde wirtschaftliche Aufstieg. Die Lebenshaltung der ärmeren Klassen wurde im Durchschnitt eine bessere; die Folge davon war, daß der Abschluß der Pfandgeschäfte wohl relativ gemessen am Bevölkerungszuwachs in quantitativer Beziehung zurückging, die Pfänder aber, die zum Versatz kamen, qualitativ wertvoller wurden, was eine höhere Beleihungsmöglichkeit und damit einen größeren Gewinn den Pfandleihern einbrachte. Insbesondere trat auch eine andere neuartige Entwicklung des Pfandleihbetriebes zutage. Der Pfandleiher blieb nicht mehr bloß der „Bankier der kleinen Leute", sondern in zunehmendem Maße begann sich die Kundschaft des Pfandleihers auch aus Handel- und Gewerbetreibenden zu rekrutieren (Staub 8. Aufl. 1906 Anm. 69 zu § 1, OLG. Dresden GA. 12, 459; L. 1913 S. 3). Damit erweiterte sich auch der Kreis der Sachen, die Gegenstand von Versatzgeschäften wurden (Pattersen S. 220; Bußmann schätzt, daß 12% der Pfandleihkunden Produktivkredit aufnehmen). Es waren nunmehr nicht bloß Verbrauchsgegenstände des Verpfänders, sondern Waren, die Handwerker auf Vorrat gearbeitet hatten, und die nunmehr als totes Kapitel dalagen; oder Teile eines Warenlagers, die ein Kaufmann benutzte, um einem vorliegenden Kreditbedürfnis abzuhelfen (Hetzer S. 10 Anm. 5). Im Oktober 1892 befanden sich bei dem damaligen Kgl. Leihamt in Berlin unter 3000 Pfandgeschäften 1815, welche durch Handwerker, Handel- und Gewerbetreibende abgeschlossen wurden. Über die Verhältnisse im Jahre 1926 s. S. 14. Mit anderen Worten: der bisher vom Pfandleiher gewährte Konsumptionskredit wurde zu einem großen Teil Produktionskredit bzw. Kredit zum reproduktiven Konsum (RGSt. 60, 227, s. auch Hetzer S. 61), s. auch S. 14ff.

Dieser wirtschaftliche Aufschwung äußerte sich auch in der äußeren Form des Pfandleihgewerbes, unter der es betrieben wurde. Der größte Teil der Pfandleiher — früher als Krämer oder Trödler bezeichnet — wurde als Kaufleute in das Handelsregister eingetragen; die Pfandleihgeschäfte nahmen auch die Formen von G. m. b. H. und sogar von Aktiengesellschaften an. Ferner näherten sich die modernen Pfandleihbetriebe auch insoweit dem kaufmännischen, ja sogar dem Bankiergewerbe, als sie zum allergrößten Teil nicht mit eigenen, sondern mit „hereingenommenen" Kapitalien arbeiteten (Georg Cohn Anm. 19 S. 989). Auch in ethischer Beziehung waren Besserungen im Pfandleihbetriebe ganz unverkennbar (s. S. 6, 168). Das noch vom Mittelalter herrührende Vorurteil gegen das Gewerbe besteht nicht mehr zu Recht. Die Scheu vor dem Zinsnehmen ist im Zeitalter des hochentwickelten Kapitalismus geschwunden. Was inzwischen durch Krieg und Inflation an wucherlichen Erscheinungen zutage getreten ist, hat gelehrt, daß der dem Pfandleiher durch Gesetz als Privileg zugesicherte Zins als wucherlich nicht bezeichnet werden kann, zumal da es sich ja nicht um reinen Zins (vgl. hierzu Bußmann S. 7, 9, 12), d. h. Kapitalmiete, handelt. Über den wirtschaftlichen Rück- und Niedergang des Pfandleihgeschäftes während des Krieges vgl. Drucks. N. 2656 der verfassungsgebenden preuß. Landesversammlung 1919/20. Das staatliche Leihhaus arbeitete mit Verlusten von

31 739,69 M.	1916
138 063,65 M.	1917
316 818,77 M.	1918

Grambkow S. 341 bemerkt an den öffentlichen Leihhäusern der Nachkriegszeit, daß sie zwar Teile der öffentlichen Armenpflege sind, daß sie aber in Wirklichkeit sich mehr „als Kreditinstitute und Volksbanken für Jedermann" darstellen. Weiterhin ist auch von Wichtigkeit seine Feststellung, daß z. B. in Hamburg nicht in Zeiten, in denen der Handel stagniert, sondern in denen er blüht, die Leihhäuser den größten Verkehr aufzuweisen haben.

Hinzu kommt noch, daß die nach der liberalen Gesetzgebung einsetzende Kontrolle des Pfandleihgewerbes eine Prüfung des Menschenmaterials, aus dem es sich zusammensetzt, geschaffen und sich wohltuend sowohl für die Allgemeinheit wie für das Gewerbe ausgewirkt hat. Dadurch, daß der Gesetzgeber an die Charaktereigenschaften des Pfandleihers, seine wirtschaftlichen Kräfte besonders strenge Anforderungen stellt, sind die Auswüchse, von denen die Materialien zur Begründung der GewO. 1879 sprechen, daß nämlich vorbestrafte Personen, Dirnen usw. sich dem Gewerbe zuwandten, verschwunden. Von einer Kriminalität unter ihnen kann man überhaupt nicht sprechen. Hauptgefahren, die dieser Gewerbebetrieb mit sich bringt, bestehen darin, daß er der Hehlerei oder des Wuchers leicht verdächtigt werden kann. Trotz dieser Gefahren ist die Kriminalität unter den Pfandleihern eine geradezu verschwindende. Viel zu dieser ethischen Hebung des Gewerbes hat die von den Pfandleihern geschaffene Standesorganisation beigetragen, welche in Gemeinschaft mit den Behörden unlautere Elemente fernzuhalten sucht.

Eines wichtigen Umstandes zu der Entwicklungsgeschichte des modernen Pfandleihgewerbes muß hier noch gedacht werden: der **Inflation.** Der starre Grundsatz: Mark = Mark galt im Pfandleihgewerbe bis zur Durchführung der Stabilisierung der Mark. Während allenthalben der Kaufmann schon auf Dollarbasis oder nach Goldmark rechnete, der Beamte entsprechend dem Fallen der Mark seine angepaßten Gehälter erhielt, amtliche Gebühren und Taxen — wenn auch häufig verspätet — auf das Fallen der Mark Rücksicht nahmen, wurde der Pfandleiher während jener Zeit Objekt der Ausbeutung durch das Publikum. Zwar wurde durch Gesetz vom 7. Juli 1920 (GS. S. 387) der Minister ermächtigt, den Friedenszinssatz vom 1 bzw. 2% auf 2 bzw. 3% pro Monat heraufzusetzen, eine Ermächtigung, von der er auch am 23. Juli 1920 — II e 2539 (MBlfiV. 1920, 310) — Gebrauch gemacht hat, aber dabei blieb es auch. Und als die Wogen der Inflation ganz besonders hoch schlugen, wurde das Pfandleihgewerbe völlig vernichtet und bot den „Klugen" ein willkommenes Mittel, sich zu bereichern. Ein Beispiel erläutere dies: A verpfändet z. B. am 1. Februar 1923 bei dem Pfandleiher B. eine goldene Uhr und erhält darauf ein Darlehn von einer Million M. Die Papiermark hatte zu diesem Zeitpunkt einen Wert von x Goldmark. Diese Million legte der Verpfänder in Aktien oder sonst wertbeständig an. Einige Zeit später gab er dem Pfandleiher dieselbe

Million, die nunmehr nur noch einen Wert von $\frac{x}{2}$ Goldmark hatten, löste die Uhr mit dem schlechten Gelde ein, um sofort zum Pfandleiher C. zu gehen und seine Uhr gegen ein Darlehen von zwei Millionen M. zu verpfänden usw. (Berichte der Handels- und Industriekammer zu Berlin vom 6. Februar 1923 Journal N. 5271/23; Bußmann S. 14; ferner „Interessantes" Müller-Breslau S. 18). Der Pfandleiher war demgegenüber machtlos, wollte er sich nicht der Gefahr der Bestrafung wegen Wuchers und der zwangsweisen Schließung seines Geschäftes aussetzen. Die Folge davon war, daß die öffentlichen Leihhäuser ihre Pforten schlossen und die privaten Pfandleiher restlos zugrunde gerichtet wurden. Ein Teil von ihnen fiel der öffentlichen Wohlfahrtspflege zur Last, ein anderer Teil nahm Stellungen an. Erst mit der Preuß. VO. vom 23. November 1923 (GS. 534) (!!) wurde ihnen gestattet, mit dem Darlehnsnehmer zu vereinbaren, daß das „Darlehn dem Werte z. Z. der Hergabe entsprechend zurückgezahlt wird". Da war es aber zu spät (s. S. 65 f., 81). Man vgl. den in RGZ. 110 S. 251 entschiedenen Fall, bei dem es sich um einen Zinssatz von 575 % im November 1923 handelt, während der Pfandleiher nur höchstens 36 % pro Jahr nehmen durfte.

Ausgehend von dem auch bei Erlaß des preuß. Gesetzes ausgesprochenen Grundsatz, daß es dringend geboten erscheint, „dem Pfandleihgewerbe ehrliche und solide Elemente zuzuführen", und daß letzteres „nur dadurch erreicht werden könne, daß man dem Pfandleiher ein ausgiebiges Einkommen sichere", hat dann der Gesetzgeber durch VO. vom 11. Februar 1924 (GS. S. 113) das Pfandleihdarlehn mit einem monatlichen Zinssatz von 10 bzw. 9 % ausgestattet, der dann ständig abgebaut wurde (VO. vom 17. Dezember 1924 GS. S. 761: 6 bzw. 5 %; VO. vom 23. Juli 1925 GS. S. 94: 5 bzw. $4^1/_2$ bzw. 4 %). Zur Zeit gilt der Zinssatz, wie er durch die VO. vom 5. August 1926 (GS. S. 250) mit Gültigkeit vom 1. Oktober 1926 festgesetzt ist (s. S. 17).

V. Statistik.

Es existiert nur eine Statistik, die sich auf die öffentlichen Pfandleihanstalten bezieht. Das private Pfandleihgewerbe ist bisher statistisch überhaupt noch nicht erforscht. Das Institut für Konjunkturforschungen hat einige Erhebungen gemacht, welche im L. 1928 N. 9

veröffentlicht sind. Zur Zeit ist der Verfasser bei den vorbereitenden Arbeiten, um auch auf diesem Gebiete Zahlenmaterial zu erhalten und eine Statistik der privaten Pfandleihen zunächst für Berlin zu schaffen. Die Folge dieses zahlenlosen Zustandes ist, daß über die Anzahl der in Deutschland existierenden Anstalten die gewagtesten Zahlen auftauchen. Hetzer beziffert die Anzahl der im Jahre 1904 in Deutschland vorhanden gewesenen privaten Pfandleihen auf 2000 (Hetzer S. 84). Er entnimmt diese Zahl dem Weltadressenverlag Emil Reiß in Leipzig 1904. Nastvogel S. 23 Anm. 1 gibt sogar die Zahl von 3000 [!] privaten und 60 öffentlichen Pfandleihbetrieben; Unterlagen hierfür gibt er nicht an. Diese Grundlagen konnten nicht nachgeprüft werden, man kann sie auch als authentisch nicht anerkennen. Heute ist die Anzahl der privaten Pfandleihen in Deutschland rund ungefähr 1000. Bußmann S. 6 schätzt die Zahl der öffentlichen städtischen Leihhäuser für Deutschland auf etwa 60, die der privaten auf etwa 600 (L. 1928 N. 9). Nach einer von der Zentralstelle des Deutschen Städtetages 1910 veranstalteten Rundfrage ergab sich, daß 59 dem Städtetag angeschlossene Städte eine eigene Pfandleihanstalt besaßen (L. 1910 45/46). Roeren Art. „Leihhäuser" Staatslexikon v. Dr. Julius Bachem, Freiburg i. Br. 1910 Bd. III S. 826 f. gab als damalige Zahl der öffentlichen Leihhäuser 60 und der privaten Pfandleihhausanstalten ca. 1000 an.

Die einzig zuverlässige Ziffer ist zu entnehmen einer Aufstellung des Polizeipräsidiums über die privaten Pfandleihen in Groß-Berlin nach dem Stande vom 1. Januar 1925. Danach befanden sich in Groß-Berlin 313 Pfandleiher, unter ihnen 71 Frauen. (Ebenso auch Kürten S. 137 ff.)

Demgegenüber standen nach den Zahlen, die Hetzer (S. 85) gibt:

	1891	1892	1902
in Berlin	140	140	148
in Breslau . . .	31	35	40
in Hamburg . . .	29	32	39
in Leipzig	8	8	11

Dies entspricht auch für Berlin, Breslau und Hamburg für das Jahr 1896 der Ziffer, die in den statistischen Jahrbüchern der deutschen Städte 1898 S. 128 erscheint.

In München gab es 1911 nur drei private Pfandleihen (Bach S. 65), wie überhaupt in den süddeutschen Staaten das private

Pfandleihgewerbe lange nicht so stark vertreten ist wie namentlich in Mittel- und Norddeutschland, insbesondere in Preußen. In Mecklenburg-Schwerin gibt es überhaupt nur eine private Pfandleihe. — Nach einer vom Württembergischen Wirtschaftsministerium vom 25. Juli 1917 gemachten Mitteilung gibt es in ganz Württemberg nur zehn private Pfandleihgeschäfte.

Bei den oben erwähnten 313 Groß-Berliner Pfandleihen ruht die Konzession in mindestens 60 Fällen. Dies kommt daher, daß häufig die Ehefrauen von Pfandleihern zu einer Zeit, als in Berlin durch Ortsstatut noch nicht die Erteilung der Konzession vom vorhandenen Bedürfnis abhängig gemacht war, sich die behördliche Erlaubnis geben ließen, um im Falle des Todes ihrer Männer das Geschäft ohne besondere Formalitäten gemäß § 47 GewO. fortführen zu können. Sodann sind in der genannten Ziffer auch diejenigen Pfandleiher enthalten, die die Konzession in der Nachrevolutionszeit bis zur Inflation sich erteilen ließen (s. S. 7). Es waren dies zumeist Leute, deren Absicht gar nicht auf den reellen Betrieb eines Pfandleihgewerbes gerichtet war, sondern welche die Konjunktur durch Ausübung des Rückkaufshandels ausnutzen wollten, zu jenen Zeiten, als die alten Reichen ihre Kostbarkeiten, Mobilien usw. losschlagen mußten, um sich über Wasser halten zu können. Mit der Konsolidierung der wirtschaftlichen Verhältnisse haben auch diese Rückkaufshändler ihren Betrieb eingestellt, ihre Konzession aber nicht zurückgegeben.

Man wird also die Anzahl der in Groß-Berlin wirklich betriebenen privaten Pfandleihbetriebe auf rund 250 annehmen können.

Vergleicht man diese Zahl mit der Zahl 148 für Berlin aus dem Jahre 1902 und läßt man den Gebietszuwachs, der durch die Bildung der Gemeinde Groß-Berlin entstanden ist, außer Ansatz, so ergibt sich eine Zunahme von rund 60 %.

Demgemäß würden die in Breslau, Hamburg und Leipzig im Jahre 1902 vorhanden gewesenen 90 privaten Pfandleihen jetzt auch auf 144 gestiegen sein. Man würde also für die größten Städte auf eine Zahl von 250 + 144 = 394 kommen.

Die Privatpfandleiher sind organisiert in einem Reichsverband der Pfandleiher Deutschlands e. V. Nach einer Auskunft dieses Verbandes beträgt seine Mitgliederzahl ca. 402. Im Jahre 1926 richtete der genannte Verband (Bericht des 14. Verbandstages des Reichsverbands der Pfandleiher Deutschlands e. V. Breslau 1927 S. 8) an 523 Polizeiverwaltungen in Städten mit einer Einwohnerzahl über 10000 eine Rundfrage, wie viel öffentliche und private Pfandleihanstalten sich dort befänden. Das Resultat war:

Öffentliche Pfandleihanstalten	Private Pfandleihanstalten
56	595

Immerhin handelt es sich hier nicht um zuverlässiges Zahlenmaterial. Keineswegs ist jedenfalls die Zahl der privaten Pfandleihanstalten höher als auf 1000 zu schätzen (s. Stier-Somlo Handbuch unter „Leihhaus").

Interessant an der oben zitierten Kürtenschen Statistik für die privaten Pfandleihgeschäfte in Groß-Berlin ist, daß die größte Anzahl der Geschäfte ihren Sitz im Bezirke Berlin-Mitte (24,1 %) hat, während in den Vierteln mit starker Arbeiterbevölkerung gar nicht soviel private Pfandleihgeschäfte sind, wie man annehmen könnte (Neukölln 3,5 %, Wedding 2,1 %, Spandau 0,0 %, Lichtenberg 6 %). Hiermit stimmt ein Versuch überein, den die Gemeinde Weißensee im Jahre 1907 mit der Errichtung eines kommunalen Leihhauses daselbst machte. Der Versuch mißlang wegen zu geringer Inanspruchnahme (Kürten S. 313), obwohl auch in der genannten Gemeinde die ärmere Bevölkerung überwiegt.

Hieraus ist der Schluß zu ziehen, daß das Publikum, das die Leihhäuser aufsucht, sich nicht mehr so wie vor 50 Jahren aus Arbeitern zusammensetzt, weil eben offenbar auch der Kreis der kleinen und mittleren Gewerbetreibenden, die mit Bankkrediten nicht arbeiten, zu Kunden des Pfandleihers geworden ist (s. S. 8).

Damit stimmt auch die Zahl überein, die das staatliche Leihamt über die Gruppen ihrer Verpfänder gibt. Es befanden sich unter ihren Verpfändern in Hundertsätzen:

	1913	1920	1924	1926
a) Handwerker und Gewerbetreibende	60,2	43,0	34,0	12,91 + 20,35 33,26
b) Arbeiter	9,7	2,0	10,8	4,73
c) Professoren, Lehrer, Ärzte, Literaten	1,4	2,6	2,9	5,27
d) Beamte	4,6	11,0	11,9	7,0
e) Rentner und Personen ohne Beruf	—	—	—	30,65

(Ziffern über das Jahr 1927 gibt L. 1928 N. 9.)

Auch hieraus ist zu ersehen, daß die Arbeiter nur mit rund 10% beteiligt sind, und daß ihr Prozentsatz nach der Inflation ungefähr der gleiche geblieben ist wie vor dem Kriege.

Die statistischen Quellen für die öffentlichen Pfandleihanstalten fließen reichlicher. Eine umfassende Statistik aus dem Jahre 1907 gibt Hetzer S. 26 und die Beilagen.

Über das Münchner Leihhaus gibt Zach ausführliches statistisches Material aus dem Jahre 1911; dort befindet sich auch Zahlen material über öffentliche Pfandleihanstalten in 47 Städten und über Pfänderumsätze (Zach S. 35).

Ferner sei verwiesen auf die Ziffern, die in den statistischen Jahrbüchern der deutschen Städte enthalten sind (1898 S. 128) und endlich auch auf die in „Interessantes" pp. S. 25f. wiedergegebenen Zahlen, welche reichliche statistische Unterlagen geben für den internen Geschäftsbetrieb der privaten Pfandleihanstalten. Diese Zahlen beruhen auf einem Gutachten, das von der Detaillistenkammer in Hamburg veranlaßt worden ist und das Stichproben aus den privaten Pfandleihbetrieben entnommen hat und das Jahr 1924 betrifft. Für drei Geschäfte ergibt sich folgendes Jahresresultat:

Anzahl der Pfänder	3125	8932	29033
Gesamtumsatz	13000 RM	48000 RM	156000 RM
Durchschnittsdarlehn	4,37 RM	5,40 RM	5,39 RM
Uneingelöste Pfänder	9,11%	11,75%	10,81%
Um die Geschäfte betreiben zu können, war folgender Kapitalbedarf nötig	4000 RM	14000 RM	40000 RM

B. Das heute in Deutschland geltende Pfandleihrecht.

Das Pfandleihrecht hat seine Grundlage in §§ 34, 38 GewO. Soweit es bürgerliches Recht enthält, sind gemäß Art. 94 EG. zum BGB. die Landesgesetze, die früher galten, aufrecht erhalten worden, und den Landesgesetzen ist das Recht vorbehalten, das Pfandleihrecht von sich aus weiter zu regeln (Art. 3 EG. zum BGB.). Haben die Landesgesetze bisher keine Bestimmungen getroffen, können die Landeszentralbehörden dies noch tun, soweit sich die Regelung bezieht auf „den Umfang der Befugnisse und Verpflichtungen sowie über den Geschäftsbetrieb" der Pfandleihen (§ 35 GewO.).

Besteht in einem Lande kein Sondergesetz über das Pfandleihgewerbe, so können die Landeszentralbehörden positives Recht schaffen (RGSt. 58 S. 48). Sie können hierbei auch Verhältnisse regeln, die dem bürgerlichen Recht angehören, ohne daß es der gesetzgebenden Organe bedarf, die sonst nach Landesrecht zur Schaffung von Gesetzen berufen sind (Landmann Anm. 2 zu § 38; Lindenberg Anm. 3 zu § 38; Kraus S. 22).

Von diesem Delegationsrecht der GewO. hatten folgende Staaten überhaupt keinen Gebrauch gemacht: Mecklenburg-Schwerin (erst 1921!), Waldeck, Lippe-Detmold. Dort erschienen keine Landesgesetze, die das Pfandleihgewerbe regelten; infolgedessen sind die dortigen Landeszentralbehörden auch heute noch befugt, einschlägige Bestimmungen zu erlassen.

So hat in der jüngsten Zeit Mecklenburg-Schwerin durch Gesetz vom 22. Oktober 1921 (RegBl. S. 1015) von seinem Recht Gebrauch gemacht und das Pfandleihgewerbe geregelt. Lippe besitzt bis zum heutigen Tage weder ein Landesgesetz noch eine durch eine Zentralbehörde geschaffene Regelung des Pfandleihwesens; ebensowenig Waldeck. In diesen Ländern (s. S. 31) gilt gemeines deutsches Recht.

Bei dem nachstehend gegebenen Katalog der bestehenden einzelnen landesrechtlichen Pfandleihgesetze ist zu berücksichtigen, daß die Gesetzgebung noch keine stabile geworden ist. Das Zurückfinden in die alten Zinssätze bereitet bei dem schwankenden Geldmarkt noch Schwierigkeiten. Infolgedessen werden von Zeit zu Zeit durch die dazu delegierte Zentralbehörde (in Preußen: Ministerium des Innern) Verordnungen erlassen, durch welche die Zinssätze des Pfandleihgewerbes dem Stand der allgemeinen Wirtschaft angepaßt werden. Die einzelnen Verordnungen, die zu diesem Zwecke erlassen worden sind, können als der Vergangenheit angehörend fortgelassen werden. Nur für Preußen habe ich sie gegeben.

a) Die einzelnen Landesgesetze.

I. Preußen:

1. Gesetz betr. das Pfandleihgewerbe vom 17. März 1881 (GS. S. 265), abgeändert durch Art. 41 EG. zum BGB. vom 20. September 1899 (GS. S. 177).

2. Gesetz vom 7. Juli 1920 (GS. S. 387; s. oben S. 10).
3. VO. vom 23. Juli 1920 (MinBl. f. i. V. S. 310) Zinserhöhung.
4. NotVO. vom 23. November 1923 (GS. S. 534). Erlaubnis zum Abschluß von Darlehnsverträgen auf wertbeständiger Grundlage. Ermächtigung des Ministers, die Darlehnsfrist auf zwei Monate abzukürzen.
5. VO. vom 11. Februar 1924 (GS. S. 113). Der Minister macht von der zu 4. erwähnten Ermächtigung Gebrauch, setzt die Frist herab und den Monatszins auf 10 bzw. 9 % pro Monat fest mit Wirkung vom 18. Februar 1924.
6. VO. vom 17. Dezember 1924 (GS. S. 761). Die Zinsen werden auf monatlich 6 bzw. 5 % herabgesetzt mit Wirkung vom 1. Januar 1925.
7. VO. vom 23. Juli 1925 (GS. S. 94). Die Monatszinsen werden herabgesetzt mit Wirkung

vom 1. August 1925	auf 5	bzw.	$4^1/_2$ %
„ 1. September 1925	„ 5	„	4 %

8. VO. vom 5. August 1926 (GS. S. 250). Die Monatszinsen werden mit Wirkung vom 1. Oktober 1926 herabgesetzt auf

4 %	—	50 *RM*
$3^1/_2$ %	—	51—100 *RM*
$2^1/_2$ %	—	101—500 *RM*
2 %	über	500 *RM*

Wegen der Zinsen s. S. 75 ff.

Zu diesen Gesetzen treten noch folgende ministerielle Bekanntmachungen bzw. Verordnungen:

a) 16. Juli 1881 (MinBl. f. i. V. S. 169) betr. Ausübung des Pfandleihgewerbes (gültig nach RG. 2. Oktober 1884, Johow-Ring V, 234).
b) 11. Juli 1902 (MinBl. f. i. V. S. 135) betr. den Umfang der Befugnisse und Verpflichtungen des Pfandleihers.
c) 4. Februar 1907 (HMBl. S. 66, MinBl. f. i. V. S. 135) betr. den Gewerbebetrieb des Pfandleihers und dazu MinErl. vom 31. Juli 1907 (HMBl. 315). **Beide sind aufgehoben durch MinErl. vom 3. August 1928** (MinBl. f. i. V. S. 878), s. hierzu S. 164 ff.
d) 10. April 1908 (MinBl. f. i. V. S. 96; MinBl. f. H. u. Gew. S. 202) betr. den Gewerbebetrieb des Pfandleihers (Versicherung auch gegen Einbruch s. S. 147).

Die Zuständigkeit des Ministers des Innern an Stelle des an sich zuständig gewesenen Ministeriums für Handel und Gewerbe ergibt sich aus dem Erlaß vom 17. März 1852 (GS. S. 83).

Was die öffentlichen Pfandleihanstalten in Preußen betrifft, von denen nach Roeren im Staatslexikon von Dr. J. Bachem Bd. 3 S. 826 ff. im Jahre 1910 sechzig vorhanden waren, so ist das jetzige, zur Seehandlung ressortierende staatliche Leihamt in Berlin, beruhend auf KabO. vom 25. Februar 1834 GS. S. 23, noch berechtigt, auch gestohlene Gegenstände nur gegen Zahlung des gewährten Darlehns sowie der Zinsen herauszugeben; es ist dies das einzige staatliche Leihhaus in Preußen, das auch das genannte Privilegium besitzt. Das Nähere über die öffentlichen staatlichen und kommunalen Leihhäuser s. S. 237, 240 f. Über die städtischen Leihhäuser in Frankfurt a. M. und Hannover, welche gleichfalls den Lösungsanspruch als ihr Privileg behaupten, s. S. 175.

II. Anhalt:

1. Gesetz betr. das Pfandleihgewerbe vom 17. März 1899 (GS. S. 15). Grundlegendes Gesetz.
2. AusfVO. zum Reichsgesetz vom 30. Juni 1900 betr. die Abänderung der GewO. vom 1. Oktober 1900 (GS. S. 35). Es enthält Bestimmungen über das Konzessionsverfahren.
3. Gesetz zur Abänderung des Gesetzes über das Pfandleihgewerbe vom 13. März 1925 (GS. S. 7). Neuregelung der Zinsen und Fristen und Delegation an das Staatsministerium zu weiteren Änderungen derselben.
4. VO. des Staatsministeriums vom 14. Oktober 1926 über die Abänderungen der Zinssätze im Pfandleihgewerbe (Amtsblatt für Anhalt S. 305).

III. Bayern:

1. Bekanntmachung vom 11. Februar 1911 betr. das Pfandleihgewerbe (GVBl. S. 83 ff.), vgl. zu der alten Bekanntmachung vom 5. November 1906: Merkel Das Pfandleihgewerbe in Bayern in Zeitschrift für Rechtspflege in Bayern 1907 S. 36 ff., 58 ff.
2. Bekanntmachung vom 11. Februar 1911 betr. das Pfandvermittlungsgewerbe (GVBl. 94).

3. Bekanntmachung vom 8. Januar 1912 betr. das Pfandleihgewerbe und Pfandvermittlungsgewerbe (GVBl. S. 18).
4. Bekanntmachung vom 16. Februar 1907 betr. die Erhebung der Gebühr für die Hinterlegungen der Pfandleiher (JMinBl. S. 69).

Die bayrische Bekanntmachung vom 11. Februar 1911 stimmt im wesentlichen mit derjenigen vom 5. November 1906 überein, so daß die Ausführungen Merkels auch auf jene zutreffen. Neu sind nur die Bestimmungen, daß dem Pfandleiher verboten ist: Pfandscheine anzukaufen und zu belehnen; damit Handel zu treiben (§ 3 Ziff. 5); daß die Hinterlegung des Überschusses außer beim Amtsgericht auch bei der bayrischen Staatsbank erfolgen kann (§ 11 Abs. 1); daß Verpfänder Decknamen gebrauchen können unter Fortlassung der Wohnungsbezeichnung (§ 17); daß Vorschriften gegeben wurden zur Kontrolle der durch Pfandvermittler verpfändeten Gegenstände (§ 22 Abs. 2).

IV. Baden:

VO. vom 20. März 1900 betr. das Gewerbe der Pfandleiher und Trödler (GVBl. S. 533ff.).

V. Braunschweig:

1. Bekanntmachung vom 29. März 1911 über den Geschäftsbetrieb der Pfandleiher und Trödler (GVS. S. 155f.) in der neuen Fassung durch VO. vom 10. August 1925 (GVS. S. 191).
2. VO. vom 3. September 1926 über den Geschäftsbetrieb der Pfandleiher und Trödler (GVS. S. 189). Zinsregelung wie in Preußen unter I 8.

VI. Bremen:

1. Gesetz vom 16. Oktober 1881 betr. das Pfandleihgewerbe (GBl. S. 129).
2. Gesetz vom 20. November 1920 zur Abänderung des Gesetzes betr. das Pfandleihgewerbe (GBl. S. 543).

Die Pfandleihzinsen sind pro Monat:

a) 20 Pf. bis 3 RM, 30 Pf. bis 5 RM, 40 Pf. bis 10 RM,
b) 4 Pf. bei Darlehnsbeträgen von 10—100 RM,
c) 5 Pf. bei Darlehnsbeträgen über 100 RM.

Ferner darf der Pfandleiher noch Lager- und Schreibgebühren erheben.

VII. Hamburg:

1. Ortsstatut vom 13. Mai 1910 betr. die Erteilung der Erlaubnis zum Betriebe des Pfandleihgewerbes in der Stadt Hamburg (AmtsBl. N. 66).
2. Gesetz vom 14. März 1923 über das Pfandleihgewerbe (GV.-Bl. S. 239) Grundgesetz.
3. VO. vom 27. April 1923 über den Geschäftsbetrieb der Pfandleihen (GVBl. S. 347). Enthält Ausführungsbestimmungen des zu 2. erwähnten Gesetzes.
4. Bekanntmachung vom 5. November 1923 einer Abänderung der VO. über den Geschäftsbetrieb der Pfandleihen (GVBl. S. 1406). Es wird dem Pfandleiher gestattet, in Goldmark Darlehnsgeschäfte abzuschließen. (Man achte auf das Datum! Am selben Tage begann die Stabilisierung!)
5. Bekanntmachung vom 23. Oktober 1924 einer weiteren Abänderung der VO. über den Geschäftsbetrieb der Pfandleiher (GVBl. S. 634). Zinssätze werden auf 5% pro Monat festgesetzt; unter Fortfall der Dreimonatsberechnung.
6. Bekanntmachung vom 5. Juli 1927 betr. Abänderung der VO. über den Geschäftsbetrieb der Pfandleiher (GVBl. S. 345). Die Monatszinsen werden mit Wirkung vom 1. August 1927 festgesetzt auf:
   5% der Darlehnssumme bei Darlehnsbeträgen bis zu 100 RM;
   4% für die 100 RM übersteigenden Beträge der Darlehnssumme bis zu 300 RM;
   3% für die 300 RM übersteigenden Beträge der Darlehnssumme;
   2% der Darlehnssumme bei der Beleihung von Lagerscheinen und anderen Urkunden.
7. Für die öffentlichen Leihhäuser gilt die LeihhausVO. vom 21. Oktober 1927 (GVBl. S. 475ff.) sowie die allgemeinen Geschäftsbedingungen vom gleichen Datum (GVBl. S. 478ff.).

VIII. Hessen:

1. VO. vom 2. August 1899 betr. das Gewerbe der Pfandleiher und Trödler (RegBl. S. 421).
2. VO. vom 2. August 1922 (RegBl. S. 213).

IX. Lippe:

hat keine pfandleihrechtlichen Bestimmungen.

X. Lübeck:

1. Gesetz vom 30. Oktober 1899 betr. das Pfandleihgewerbe (Sammlung von lübeckischen VO. Bekanntmachung N. 69).
2. Nachtrag dazu vom 30. März 1921 (Sammlung von lübeckischen VO. N. 39).
3. Nachtrag dazu vom 14. November 1923 (Sammlung von lübeckischen VO. Bekanntmachung N. 317).
   Es wird das Recht zum Erlaß von Bestimmungen über Höhe, Berechnung und Erhebung der Zinsen dem Polizeiamt delegiert.
4. VO. des Polizeiamtes vom 19. Februar 1927 zur Ausführung der §§ 1 und 4 des Gesetzes über das Pfandleihgewerbe vom 30. Oktober 1899. Die für Preußen unter I. 8 bestimmten Zinssätze wurden übernommen.

XI. Mecklenburg-Schwerin:

hatte bis in die letzte Zeit überhaupt keine pfandrechtlichen Bestimmungen erlassen. Nunmehr gelten:

1. Gesetz vom 22. November 1921 über den Geschäftsbetrieb der Pfandleiher (RegBl. für Mecklenburg-Schwerin 1015).
2. Gesetz vom 15. Juni 1923 zur Abänderung des zu 1. erwähnten Gesetzes (RegBl. 408). Es gibt dem Ministerium des Innern das Recht, die Zinsen festzusetzen.
3. Bekanntmachung vom 6. Dezember 1926 über Monatszinsen der Pfandleiher (RegBl. für Mecklenburg-Schwerin S. 573). Sie setzt die Zinsen fest auf

5 %	für Darlehn	bis	50 RM
4½ %	„	„	100 RM
4 %	„	„	500 RM
3 %	„	über	500 RM.

XII. Mecklenburg-Strelitz:

Publikandum vom 19. Oktober 1869 betr. den Geschäftsbetrieb der Pfandleihen (offizieller Anzeiger für Gesetzgebung mit Staatsverwaltung S. 257).

XIII. Oldenburg:

1. Bekanntmachung vom 11. April 1892 (GBl. S. 624).
2. Bekanntmachung vom 3. Oktober 1895 (GBl. S. 863). Hier wird ein Zinssatz festgelegt, der bisher nicht bestand.

XIV. Sachsen:

1. Gesetz vom 21. April 1882 über das Pfandleihgewerbe (GVBl. S. 97) in der Fassung

   des Gesetzes vom 27. Mai 1910 GVBl. S. 87

   der Bekanntmachung vom 1. September 1910 GVBl. S. 88
2. Verordnung vom 21. April 1882 zur Ausführung des Gesetzes über das Pfandleihgewerbe (GVBl. S. 100).
3. Gesetz vom 29. März 1924 zur Abänderung des Gesetzes über das Pfandleihgewerbe vom 27. Mai 1910 (Sächs. GesBl. S. 229) nebst Bekanntmachung des Textes (ebenda S. 230ff.).
4. VO. vom 21. August 1925 über die Pfandleihgebühren (GBl. S. 233) aufgehoben durch:
5. VO. vom 8. Oktober 1926 über die Pfandleihgebühren (GBl. S. 407). Monatszinsen:

   5 % bis 30 RM
   4 % über 30 RM.

XV. Schaumburg-Lippe:

VO. vom 31. Mai 1888 (VerBl. S. 77).

XVI. Thüringen:

1. Gesetz vom 7. November 1922. Pfandleihverordnung (GS. f. Thüringen S. 543ff.).
2. VO. vom 30. April 1925 (GS. S. 132).
3. VO. vom 19. Oktober 1928 über die Ansprüche der Pfandleiher (GS. S. 241). Monatszinsen:

   4 % bis 50 RM
   3 % über 50 RM.

XVII. Waldeck

besitzt kein Gesetz. Durch § 13 des Staatsvertrages vom 23. März 1928 (GS. S. 179) wird jedoch spätestens vom 1. April 1932 ab das preuß. Gesetz auch dort gelten.

XVIII. Württemberg:

1. Verfügung vom 15. März 1882 des Ministeriums des Innern betr. den Gewerbebetrieb der Pfandleihen (RegBl. S. 83) abgeändert durch:
2. Verfügung vom 28. Mai 1882 (RegBl. S. 200). Ferner sind die Ausführungen zu § 34 GewO. ergangen:
3. Verfügung vom 9. November 1883 betr. den Vollzug der GewO. (RegBl. S. 234) in der Fassung der Vollzugsverfügung vom 28. September 1900 (RegBl. S. 753), geändert durch Bezirksverordnung vom 28. Juli 1906 (RegBl. S. 442) in Verbindung mit Vollzugsverfügung vom 30. Oktober 1907 (RegBl. S. 643).
4. VO. vom 4. April 1927 (Reg.Bl S. 132) des Wirtschaftsministeriums über den Gewerbebetrieb der Pfandleiher.
5. Erlaß vom 4. April 1882 des Innenministeriums betr. den Gewerbebetrieb der Pfandleiher (Amtsblatt des Innenministeriums S. 156).

b) Die Geschichte des preußischen Gesetzes.

Das preußische Gesetz vom 17. März 1881 hat nun im besonderen folgende Entwicklungsgeschichte gehabt (wegen der Abkürzungen s. S. VIII).

Vom 27. Oktober 1880 datiert die allerhöchste Ermächtigung an die Regierung, den Entw. eines Gesetzes betr. das Pfandleihgewerbe den Häusern des Landtages vorzulegen. Dies geschah am 28. Oktober 1880. Dem Entw. ist eine Begründung beigegeben. (Anlagen zu den Verhandlungen des Herrenhauses in der Session 1880/81 Berlin 1881 gedruckt in der Reichsdruckerei. Begr. S. 19—24.)

In der Sitzung des Herrenhauses vom 29. Oktober 1880 wurde beschlossen, den Entw. der Justizkommission zu überweisen (StenBer.

des Herrenhauses 1880/81 S. 9). Diese gab einen schriftlichen Bericht vom 13. Dezember 1880 ab unter Beifügung einer Zusammenstellung der Regierungsvorlage mit den Beschlüssen der Justizkommission (Drucks. N. 30 S. 275—286 = Kommissionsber. des Herrenhauses).

In der Sitzung vom 16. Dezember 1880 wurde die Vorlage im Plenum beraten (StenBer. S. 31—55), nachdem einige Änderungsanträge gestellt waren (Drucks. N. 34 S. 292). Nach einer eingehenden Spezialdebatte im Plenum unterblieb eine Abstimmung, weil Abänderungsanträge zur Annahme gelangt waren, die erst der Justizkommission noch zur Redaktion vorgelegt werden sollten.

Am nächsten Tage, dem 17. Dezember 1880, erfolgte die Fortsetzung der Beratung im Plenum (StenBer. S. 57—59), in welchem dann das Gesetz zur Annahme gelangte, nachdem der von der Kommission redigierte Entw. als Drucks. N. 35 dem Plenum vorgelegt war.

Am gleichen Tage übersandte das Herrenhaus die Vorlage dem AH. (Drucks. des AH. N. 96). In der Sitzung vom 11. Januar 1881 kam sie in erster Lesung zur Beratung (StenBer. 1880/1881 Bd. III S. 905 ff.), und es wurde beschlossen, den Entwurf der verstärkten Justizkommission zu überweisen. Diese beriet ihn in 5 Sitzungen in erster und zweiter Lesung und erstattete sodann schriftlichen Bericht vom 7. Februar 1881 (Drucks. des AH. N. 217 S. 2059 ff.). In der Sitzung des Plenums vom 12. Februar 1881 (StenBer. S. 1744 ff.) erfolgte die zweite Lesung des Entwurfes, der dann in der dritten Lesung der Sitzung vom 14. Februar 1881 definitiv angenommen wurde.

Da sonach das AH. den Beschlüssen des HH. nicht ohne Abänderungen beigetreten war, mußte die Vorlage verfassungsmäßig an das AH. zurückgehen. Dies geschah am 14. Februar 1881 (Drucks. des HH. N. 76); am selben Tage beschloß das HH., den abgeänderten Entwurf wieder der Justizkommission zu überweisen, die den Antrag stellte, dem vom AH. abgeänderten Entw. die verfassungsmäßige Zustimmung zu erteilen (Drucks. HH. N. 87).

In der Sitzung des HH. vom 18. Februar 1881 kam dann das Gesetz zur Annahme (StenBer. S. 191) und wurde ordnungsgemäß in der Preuß. GS. Jahrg. 1881 unter N. 13 S. 265 veröffentlicht.

C. Verhältnis der Landesgesetze zum Reichsrecht.

I. Das Verhältnis der Landesgesetze zum privaten Reichsrecht.

Das BGB. hat grundsätzlich im Art. 55 EG. zum BGB. die privatrechtlichen Vorschriften der Landesgesetze außer Kraft gesetzt. Soweit die Landesgesetze also öffentliches Recht enthalten — und das tun die Pfandleihgesetze in erheblichem Maße, da sie vielerlei Polizeirecht enthalten (Urteil des KG. vom 11. November 1925 ungedruckt 16U 6200/25, s. Begr. S. 7) — wurden sie auch vom Art. 55 EG. zum BGB. nicht betroffen. Für das Pfandleihrecht, soweit es Privatrecht enthält, hat aber der Art. 94 Abs. 1 EG. zum BGB. einen Vorbehalt gemacht und bestimmt, daß die landesgesetzlichen Vorschriften, welche den Geschäftsbetrieb der gewerblichen Pfandleihen und der Pfandleihanstalten betreffen, unberührt bleiben. Der Vorbehalt des Art. 94 ist kein allgemeiner, sondern ein spezieller (Niedner Anm. 5 zu Art. 55). Aus der Stellung des Art. 94 im System des EG. zum BGB. ergibt sich, daß sich der Vorbehalt vorzugsweise auf schuldrechtliche Verhältnisse bezieht, die im Art. 92—108 geregelt sind, während die sachenrechtlichen Vorbehalte in Art. 109—133 enthalten sind. Hieraus wird man folgern dürfen, daß die sachenrechtlichen Vorschriften des Landesrechts stärker vom BGB. beeinflußt werden als die schuldrechtlichen. Da sonach auch die Regelung der privatrechtlichen Verhältnisse im Pfandleihgewerbe der Landesgesetzgebung vorbehalten geblieben sind, sind die einzelnen Länder gemäß Art. 3 und 218 EG. zum BGB. auch befugt, weiterhin in neuen Gesetzen diese Materie von sich aus zu regeln. Und aus den angezogenen Bestimmungen des EG. zum BGB. ergibt sich ferner, daß nicht bloß die Landesgesetze im technisch formellen Sinne, d. h. die im Wege der Gesetzgebung verfassungsmäßig zustande gekommenen, aufrechterhalten sind, sondern da Art. 2 EG. zum BGB. unter Gesetz „jede Rechtsnorm" versteht, auch das **Gewohnheitsrecht** der einzelnen Länder, d. h. die im Pfandleihgewerbe auf Grund einer Volksüberzeugung im Verkehr fortdauernd als Recht geübte Regel weiter seine Geltung behält. Dies ist z. B. von Wichtigkeit für die Frage der Verwertbarkeit, Abtretbarkeit, Pfändbarkeit eines Pfandscheins — Rechtsvorgänge, über die sich Regeln im Verkehr seit fast 100 Jahren im Volke gebildet haben, und die man nicht schlechthin als bloße Usancen ansprechen kann. Es kann sich also auch in Zukunft solches Gewohnheitsrecht auf pfandleihrechtlichem Gebiete bilden, allerdings nur praeter legem. Landesgewohnheitsrecht, das gegen das BGB. verstößt, kann sich nicht bilden (Niedner Anm. II 5b, a. M. Holzendorf, Enzyklopädie 1914 Bd. II S. 209, ebenfalls a. M. Staub-Bondi Anm. 28 Allgemeine Einleitung). Es muß aber darauf hingewiesen werden, daß in erster Linie die Landesgesetze im Sinne des § 38 Abs. 1 GewO. in Betracht kommen. Darunter fällt aber auch das partikuläre Gewohnheitsrecht (Landmann Anm. 27, § 155). Es sind aber auch weiterhin aufrecht erhalten geblieben diejenigen Anordnungen der Verwaltungsorgane, die sich als Rechtsverordnungen darstellen (Niedner Anm. II 2 und 5 zu Art. 2), also in Preußen z. B. die ministerielle Bekanntmachung vom 16. Juli 1881. Darüber, daß die auf Grund des § 38 GewO. von den Landeszentralbehörden erlassenen Bestimmungen auch Vorschriften geben können, welche dem bürgerlichen Recht angehören, vgl. Landmann Anm. 2 zu 38, ebenso RG. 43, 375. Stenglein Strafrechtliche Nebengesetze Bd. III Anm. III zu § 38 GewO. Das Landesrecht, und zwar sowohl das vergangene wie das zukünftige, geht auch denjenigen allgemeinen Vorschriften vor, die im Reichsrecht enthalten sind. Es kommen jedoch die allgemeinen Bestimmungen des BGB., und zwar nicht bloß diejenigen des ersten Buches, beim Schweigen der Landesgesetze primär zur Anwendung (Merkel S. 38; Crusen-Müller III A. 4; Bayer. Gesetz § 26 Abs. 3; Staudinger Anm. 2a zu Art. 94; RG. vom 31. Juli 1925 in GA. Bd. 23 S. 527). Wenn also z. B. Preußen die Entstehung des Versatzpfandrechts von einer Eintragung in das Pfandbuch abhängig macht, so treten zu diesem Erfordernis die Vorschriften des BGB. hinzu, die für die Begründung eines Pfandrechts an einer Sache die Einigung und die Übergabe der Sache für erforderlich zu erklären. Das sprechen auch die gesetzgeberischen Materialien des Preußischen Gesetzes selber aus. In der Begründung der Regierungsvorlage S. 11 war allerdings gesagt, daß **durch** diese Formen (die Bucheintragung) auch alle übrigen Erfordernisse für die Entstehung des Pfandrechts erfüllt seien. Später aber erklärte der Regierungskommissar in der Justizkommission, daß hier ein Schreibfehler vorliege; es müsse heißen, daß **neben** dieser Form zugleich auch alle sonstigen Erfordernisse für die Entstehung des Pfandrechts zu erfüllen sind (RGZ. vom 12. März 1884 in Gruchot Bd. 28 S. 1044 ff.; Motive zu preuß. AG. zum BGB. S. 64). Ebenso KG. vom 11. November 1925 ungedruckt 16 U 6200/25: „diese weitere Geltung der Bestimmungen des Preußischen Gesetzes vom 17. März 1881 hat aber nur die Bedeutung, daß die Vorschriften dieses Gesetzes, insoweit in ihnen Bestimmungen über die Erfordernisse des Pfandleihgewerbes enthalten sind, neben den Bestimmungen des BGB. zur Anwendung zu bringen sind" (s. S. 153, 163 ff.).

Die Abgrenzung der Gültigkeit der landesrechtlichen Pfandleihgesetze gegenüber dem Reichsgesetz ist nun aber nicht immer eine leichte. Denn es sind nur diejenigen privatrechtlichen Vorschriften der Landesgesetzgebung vorbehalten, die sich auf den **„Geschäftsbetrieb"** der Pfandleiher beziehen. Die Pfandleihgesetze enthalten aber zum großen Teil Normen des öffentlichen Rechts; haben sie doch überhaupt ihren Ursprung in Bestimmungen, die auf dem Gebiete des Gewerberechts liegen. Dieses selber wieder ist öffentlichrechtlicher Natur, aber trotzdem seinerseits auch wieder mit rein privatrechtlichen Vorschriften durchsetzt (RGZ. 79, 364). Die Tendenz des Preußischen Gesetzes z. B. geht darauf, das Pfandleihgewerbe unter eine Kontrolle zu stellen (Drucks. HH. S. 276). Sein Zweck liegt in erster Linie auf polizeilichem Gebiete (s. obige Entsch. des KG.). Dieses greift aber auch in das Zivilrecht über, indem es berechtigt ist, die dem Privatrecht angehörigen Rechtsinstitute wie das Darlehn von sich aus zu regeln (KG. Strafsenat vom 31. Juli 1925 in GA. Bd. 23, 527; RGZ. 58, 71. Vgl. hierzu Staudinger Anm. V, 4 der Einleitung Bd. 1; s. auch Stenglein Strafrechtliche Nebengesetze 1913 Anm. 3 zu § 38).

Man wird also bei der Frage der Gültigkeit einer landesrechtlichen Norm von Fall zu Fall feststellen müssen:

a) ob es sich um eine öffentlich-rechtliche Norm handelt; in diesem Falle wird es vom Reichsrecht überhaupt nicht berührt,

b) ob es sich um eine privatrechtliche handelt, wobei wieder zu unterscheiden ist, ob diese

   1. den Geschäftsbetrieb des Pfandleihers betreffen,

   2. oder außerhalb desselben liegen.

Hervorgehoben jedenfalls muß werden, daß die Landesgesetze auf Grund der ihnen nach § 38 GewO. gegebenen Delegation auch Verhältnisse des bürgerlichen Rechts zu regeln befugt sind (vgl.

Landmann Anm. 2 zu § 34 GewO. und die dort angegebene Rechtsprechung). Liegt der Fall zu b 1 vor, so gilt Landesrecht ausschließlich. Ist durch die privatrechtlichen Normen der Landesgesetze der „Geschäftsbetrieb der Pfandleiher" nicht erschöpfend geregelt, wie z. B. in Preußen (KG. Johow-Ring Bd. 43, 375), so tritt Reichsrecht ergänzend hinzu (Crusen-Müller Anm. III A 4 S. 355; GewArch. 23, 537; Holzendorff Bd. II S. 214; Staudinger Anm. 2a zu Art. 94). Diese Absicht des Gesetzgebers ist besonders klar zum Ausdruck gebracht in den gesetzgeberischen Materialien zum AG. zum BGB. Dieses hat in Art. 41 das preußische Gesetz geändert, indem es z. T. wörtlich die Bestimmungen des BGB. in das preußische Gesetz aufnahm (jetziger § 10a, b). Hierbei ist ausdrücklich in der Begründung hervorgehoben, daß dies geschehen ist, um eine bloße Verweisung auf das BGB. zu vermeiden; eine solche unterblieb einmal der Deutlichkeit halber, und sodann auch, weil sie zu dem Mißverständnis hätte führen können, als seien nur die in bezug genommenen Vorschriften des BGB. auf das Pfandrecht des Pfandleihers anwendbar, während auch in anderen Beziehungen, namentlich in betreff der allgemeinen Voraussetzungen für die Entstehung des Pfandrechts, künftig das Reichsrecht maßgebend ist (Drucks. AH. 1899 I. Session 19. Legislaturperiode, Aktenstück zu N. 34; s. hierzu S. 205 ff.). Enthalten aber die privatrechtlichen Vorschriften der Landesgesetze Bestimmungen, die nicht den Geschäftsbetrieb der Pfandleiher betreffen, und verstoßen sie gegen das Reichsrecht, so sind sie ungültig, wenn auch das geregelte Verhältnis mit dem Geschäftsbetriebe in einem äußeren Zusammenhang steht. Nach dieser Richtung hin haben die Landesgesetze nicht immer sorgfältig die Kompetenz des Reichsrechts gewahrt (s. S. 29 f.). Die Landesgesetze enthalten, namentlich das preußische Landesgesetz, vorwiegend die Rechtsbeziehungen, die sich auf das Recht der Schuldverhältnisse und das Sachenrecht beziehen. Einzelne Landesrechte aber ordnen auch solche Rechtsverhältnisse, welche sogar im Widerspruch zu dem allgemeinen Teil des BGB. stehen. Die bayrische Bekanntmachung z. B. verordnet in § 3 Ziff. 1: dem Pfandleiher „ist verboten, mit jugendlichen Personen Pfandleihgeschäfte abzuschließen und von solchen Pfänder entgegenzunehmen, wenn ihm nicht die Einwilligung eines Elternteils oder des Vormunds vorgelegt wird".

Hierdurch werden Vorschriften getroffen, die z. T. privatrechtlichen Inhalts sind. Es wird z. B. der Begriff der jugendlichen Personen aufgestellt (Merkel S. 58: Personen im Alter von 14—16 Jahren), der dem BGB., insbesondere in seinen Bestimmungen über die Geschäftsfähigkeit, fremd ist, die ja doch auch den Schutz der Minderjährigen betreffen. Insofern ist die bayrische Bestimmung aber trotz BGB. gültig (Motive zu EG. zum BGB. S. 149); sie ist es aber auch, weil sie auf öffentlich-rechtlichem Gebiete liegt und offenbar polizeilichen Charakter hat, solche polizeilichen Bestimmungen aber auch positives bürgerliches Recht schaffen können (s. S. 27 f.). Anders ist es bei den in § 38 Abs. 4 geregelten Gewerben, bei denen die Landesgesetze nur den „Umfang und die Art" des Geschäftsbetriebes regeln dürfen (GewArch. 8 S. 279).

Dagegen überschreitet der genannte § 3 des bayrischen Gesetzes die Kompetenz des Reichsrechts insofern, als die Einwilligung des einen Elternteils als genügend erachtet wird, um ein wirksames Pfandrecht entstehen zu lassen. Denn nach §§ 1354, 1634 BGB. kommt es einzig und allein darauf an, ob der Vater — nicht auch die Mutter — dem Pfandgeschäft des Sohnes zustimmt; und willigte selbst die Mutter in das Geschäft ein unter dem Widerspruch des Vaters, so würde das vom Sohne abgeschlossene Pfandgeschäft unwirksam sein.

Diese Beeinträchtigung des BGB. durch das bayrische Gesetz ist, weil sie über den von Art. 94 EG. zum BGB. gezogenen Rahmen hinausgeht, unzulässig, und da im übrigen die angezogene Bestimmung von der unzulässigen nicht recht getrennt werden kann, entbehrt der § 3 Ziff. 1 des bayrischen Gesetzes seiner rechtlichen Grundlage, ist also unwirksam. Da die Tendenz der landesrechtlichen Pfandleihgesetze — sei es im Gesetze selber, sei es in den auf ihrer Grundlage ergangenen Bekanntmachungen und VO. — dahin geht, möglichst eingehend den Geschäftsbetrieb der Pfandleihen zu regeln und in diesem Bestreben häufig ihre Kompetenz überschritten wird (Holzendorff Enzyklopädie der Rechtswissenschaft 1914 Bd. II S. 204), so wird man stets bei den einzelnen Bestimmungen von Fall zu Fall prüfen müssen, ob sich die landesrechtliche Bestimmung mit denen in §§ 34, 38 GewO. und Art. 94 EG. zum BGB. vertragen. Übrigens besteht nach Art. 13

der Reichsverfassung vom 11. August 1919 jetzt die Möglichkeit, daß bei Zweifel, ob eine landesrechtliche Vorschrift mit dem Reichsrecht vereinbar ist, die Reichs- oder Landeszentralbehörde die Entscheidung eines Obersten Gerichtshofes anrufen kann. Nach dem Gesetz vom 8. April 1920 (RGBl. 510) ist dies das Reichsgericht.

Die Grenzen, die den Landesgesetzen gegeben sind, ergeben sich aus dem Zwecke, den der Reichsgesetzgeber verfolgt.

Wie aus den Motiven zur GewO. hervorgeht, wurde die besondere Regelung des Pfandleihgewerbes deshalb für erforderlich erachtet, weil es häufig zur Diebeshehlerei gemißbraucht werden könne (Rohrscheidt S. 244). Der preußische Gesetzgeber will deshalb das Pfandleihgewerbe einer strengen Kontrolle unterwerfen (Drucks. HH. S. 276), die Möglichkeit der Ausbeutung des Verpfänders beseitigen und deshalb auch dem Pfandleiher einen sicheren und auskömmlichen Verdienst sichern (StenBer. AH. S. 906, 1746; Drucks. AH. S. 2059). Es sind also drei fundamentale Grundsätze, auf denen das Pfandleihrecht beruht.

1. Das allgemeine Interesse soll gewahrt werden dadurch, daß die Möglichkeit hehlerischen Erwerbes am Pfand verhindert wird.
2. Die Interessen der Verpfänder sollen gewahrt werden dadurch, daß sie einen raschen Kredit erhalten und hierbei gegen Übervorteilungen geschützt werden (auf den Gesichtspunkt der Schnelligkeit der Kreditbefriedigung ist bisher in der Literatur und Judikatur zu wenig Gewicht gelegt worden. Nur Riedner, Anm. 1 zu Art. 94, weist auch auf die Schnelligkeit hin, mit der der Kredit gewährt werden soll. — Dieser Umstand wird wichtig bei der Nachforschungspflicht des Pfandleihers beim Annehmen des Pfandes).
3. Das Interesse des Pfandleihers soll gewahrt werden dadurch, daß die ihm zugewiesenen Vergütungen so beschaffen sein sollen, daß er bestehen kann und nicht der Gefahr der ungesetzlichen Ausbeutung seines Gewerbes ausgesetzt wird.

Trifft man also bei den Landesgesetzen auf privatrechtliche Bestimmungen, welche mit den drei genannten Grundsätzen nicht in Einklang zu bringen sind, so gehören sie nicht zu den Vorschriften, die „den Geschäftsbetrieb der Pfandleiher und der Pfandleihanstalten betreffen", und entbehren deshalb der Gültigkeit.

Ein Beispiel: Wenn dem Pfandleiher verboten ist, neue Sachen in Pfand zu nehmen und wenn, wie dies in Preußen durch eine Bekanntmachung geschehen ist, dies Verbot erging, um unlauterem Wettbewerb zu steuern, so fällt diese Bestimmung aus dem dem Landesgesetz durch Art. 94 EGzBGB sowohl wie der GewO. gegebenen Vollmacht heraus und entbehrt der Gültigkeit.

Hinzu kommt noch, daß es sich bei den Vorschriften über den Geschäftsbetrieb der Pfandleiher immer handeln muß, um die Beziehungen zwischen dem Verpfänder und dem Pfandleiher; Rechtsbeziehungen zu dritten jedoch fallen aus dem Rahmen des Geschäftsbetriebes heraus, können also von den Landesgesetzen nicht geregelt werden und unterliegen dem Reichsrecht. Dies gilt besonders für den am häufigsten vorkommenden Fall, daß ein Dritter an der Pfandsache Ansprüche erhebt und Herausgabe mit der Eigentumsklage verlangt (Niedner Anm. III, 3 zu Art. 94. Protokolle 8806, Löffler S. 59 Anm. 29; Crusen-Müller Anm. I 2 b S. 352. Anderer Meinung Stranz-Gerhard zu Art. 41 S. 254). Deshalb mußte auch im Art 94 Abs. 2 ausdrücklich hervorgehoben werden, daß der manchen öffentlichen Pfandleihanstalten als Privileg gewährte Lösungsanspruch aufrechterhalten blieb. Die Möglichkeit der Schaffung neuer Privilegien in Gestalt der Gewährung des Lösungsanspruches durch neue Landesgesetze ergibt sich an sich aus Art. 3 EG. zum BGB. Dies gilt jedoch nur für öffentliche Pfandleihanstalten, s. aber hierzu S. 237. Dagegen sind landesrechtliche Bestimmungen, welche — entgegen dem Prinzip des BGB. — die Sachhaftung eingeführt haben (Hamburg, Thüringen, Anhalt, Lübeck), gültig, weil sie die Beziehungen von Verpfänder und Pfandleiher regeln. Zur Regelung des Geschäftsbetriebes gehören weiter z. B. die Bestimmungen, daß der Pfandleiher ein anderes Gewerbe nicht betreiben darf (DJZ. 1904, 125), oder durch welche die Tätigkeit von Hilfspersonen oder Familienmitgliedern des Pfandleihers geregelt werden (GewArch. 5, 260).

Falls das Reichsrecht zur Anwendung kommt, so richtet sich nach diesem auch die Frage, ob BGB. oder HGB. anwendbar sind. Umgekehrt geht das preußische Gesetz als Sondergesetz auch einem Reichsgesetz wie dem HGB. vor.

Bestehen in einzelnen Ländern überhaupt keine pfandrechtlichen Sonderbestimmungen, so gibt es dort eben ein Pfandleihgewerbe im engeren technischen Sinne überhaupt nicht, d. h. die nach gemeinem Deutschen Recht mit dem Pfandleihgewerbe verbundenen privilegia favorabilia oder odiosa gelten nicht. In diesen Ländern ist also z. B. derjenige, der gewerbsmäßig Darlehn auf Pfänder gewährt, in der Vertragsfreiheit nicht beschränkt; er kann aber auch nicht die spezifischen höheren Pfandleihzinsen nehmen. Er untersteht dem BGB. bzw. dem HGB. (OLG. Rostock in GA. 21, 196).

Zur Kompetenz der Landesgesetze gehört endlich nicht die Regelung solcher Rechtssätze, welche bereits vor Erlaß des BGB. reichsrechtlich geregelt waren. Die einzige Bestimmung, die das Reichsrecht für das Pfandleihgewerbe gibt, ist die des § 34 Abs. 2 und des § 38 Abs. 1 Satz 2 und 3 GewO. In ihnen ist das **gewerbsmäßige Rückkaufsgeschäft** dem Pfandleihgewerbe gleichgestellt. Ein Landesgesetz, das diese Bestimmung beseitigen oder ändern wollte, wäre unwirksam. Mit Recht nimmt die größere Anzahl der Landesgesetze in ihrem Texte auf die genannten §§ als auf ihre eigene Grundlage Bezug.

II. Das Verhältnis der Landesgesetze zum öffentlichen Reichsrecht.

a) Wir sahen bereits, daß Art. 94 EG. zum BGB. auf die öffentlich-rechtliche Seite der Landesgesetze keinen Einfluß ausübt. Aber trotzdem sind die Landesgesetze nach einer anderen Richtung vom öffentlichen Rechte des Reiches abhängig. Denn sie haben sämtlich ihre Grundlage in § 34 und 38 GewO. Der erste Satz des Abs. 1 des § 38 GewO. räumt den Zentralbehörden der einzelnen Länder das Recht ein, Vorschriften über „Umfang und Befugnisse" sowie „über den Geschäftsbetrieb der Pfandleiher" zu erlassen. Man sieht hier sofort den Unterschied dieser Bestimmung von der des Art. 94 Abs. 1 EG. zum BGB. Hier spricht der Gesetzgeber nur von dem „Geschäftsbetriebe" der Pfandleiher, dort von „den Befugnissen und Verpflichtungen" sowie dem „Geschäftsbetriebe". Mit anderen Worten: die Befugnis der Landesgesetze, von sich aus das Pfandleihgewerbe zu regeln, ist auf dem Gebiete des privaten Rechts eine engere, auf dem Gebiete des öffentlichen Rechts aber eine weitergehende. Der Zweck des § 38 GewO. ist eben der, die Rechte und Pflichten des Pfandleihers den **Behörden und dem Publikum** gegenüber festzustellen (Reichstagsdrucks. 1879 N. 156, 1334). Also ein Landesgesetz kann, wie es Bayern (§ 12) tut, dem Pfandleiher die Verpflichtung auferlegen, eine Sicherheit zu leisten, die Pfandleihkonzession auf ein bestimmtes Geschäftslokal beschränken, oder Bestimmungen über die Buchführung des Pfandleihers erlassen; alles Vorschriften, die mit den privatrechtlichen Beziehungen zwischen Pfandleiher und Verpfänder unmittelbar nichts zu tun haben. Diese von der GewO. den Landesrechten delegierte Befugnis steht sowohl den Landeszentralbehörden wie den Landesgesetzen zu. Der Rahmen, der hier vom Reichsrecht den Landesgesetzen gegeben ist, ist ein so weiter, daß kaum an eine Überschreitung der Kompetenz gedacht werden kann. Deswegen kann auch die Landesgesetzgebung oder kann auch die Zentralbehörde z. B. Bestimmungen über solche Geschäfte treffen, die der Pfandleiher als Nebengeschäft zu seinem Pfandgeschäft betreibt (KG. vom 6. Februar 1908 GewArch. 7, 585), oder solche Bestimmungen, die sich auf das Hilfspersonal oder auf Familienangehörige des Pfandleihers beziehen (KG. 9. Oktober 1905 GewArch. 5, 260). Jedoch ist aber auch hier zu berücksichtigen, daß auch die Landesrechte an den Begriff „des Pfandleihers" gebunden sind, wie ihn sich die GewO. gedacht hat. Kommt man also zu einer fest umgrenzten Definition des Begriffes Pfandleiher im Sinne der GewO. (s. S. 55), und würde das Landesrecht Bestimmungen treffen, die mit diesem so festgestellten Begriffe nicht zu vereinigen sind, so entbehrte eine solche Bestimmung der Gültigkeit; z. B. wenn ein Landesgesetz das bankmäßige Lombardgeschäft dem Pfandleihgeschäft gleichstellen wollte.

b) Endlich seien hier noch die Beziehungen der Landesgesetze zum StGB. erörtert. Die größte Anzahl der das Pfandleihgewerbe betr. Landesgesetze sind leges imperfectae. Diese Gesetze und die auf ihrer Grundlage erlassenen VO. oder Bekanntmachungen enthalten strafrechtlich zu ahndende Normen, durch die der § 360 Z. 12 StGB. ausgefüllt wird (Groschuff, die preußischen Strafgesetze Berlin 1904 2. Aufl. S. 441). Ein Verstoß gegen die landesgesetzlichen Bestimmungen, auch wenn sie Zivilrecht enthalten, zieht eine Bestrafung nach der angezogenen Bestimmung des StGB. nach sich, die dem § 148 Z. 4a GewO. vorgeht (GewArch. 23, 527). Die auf Grund des § 38 GewO. erlassenen Bestimmungen eines Landes sind auch in einem anderen Lande anzuwenden, wenn in diesem die Straftat vollendet wird (GewArch. 13, 244; Landmann Anm. 9 zu § 38 GewO.). Der § 360 Ziff. 12 ist ein Blankettgesetz, das seinen

Inhalt erst zu empfangen hat durch landesgesetzliche Normen. Es sind Polizeidelikte, deren fahrlässige Regelung deshalb schon strafbar ist (Olshausen 9. Aufl. 1912 Anm. zu § 360 Ziff. 12). Enthalten die Landesgesetze strafprozessuale Normen, so gehen die Vorschriften der StPO. vor. Wenn z. B. in Ziff. 8 der preuß. Bekanntmachung vom 16. Juli 1881 den Polizeibehörden das Recht der jederzeitigen Revision des Geschäftsbetriebes eingeräumt wird und diese Revision sich als Durchsuchung oder Beschlagnahme darstellt, gilt die StPO. (KGJ. 12, 186), s. auch S. 86, 127. Auch sonst geht das Reichsstrafrecht den Landesstrafrechten vor. Der § 15 des alten sächsischen Gesetzes vom 21. April 1882 in der Fassung des Art. 51 AG. zum BGB. bestimmte z. B., daß der Pfandleiher, der ohne Zustimmung des Verpfänders das Pfand benutzt oder weiter verpfändet, nach § 360 Ziff. 12 StGB. zu bestrafen sei. Damit würde § 290 StGB. eliminiert sein. Die landesrechtliche Strafbestimmung ist deshalb ungültig (Ebermeyer Anm. 8b zu § 290). Im neuen sächsischen Recht ist diese Bestimmung nicht mehr enthalten. Wohl aber enthält die gleiche ungültige Bestimmung noch Anhalt (§ 21).

Im übrigen enthalten auch die von der Zentralbehörde erlassenen Bestimmungen gewerbepolizeiliche Vorschriften i. S. des § 151 GewO., welche nicht der Form bedürfen, die sonst nach § 136/140 LVG. gegeben ist (KGJ. 43, 375). Diese von den Landeszentralbehörden erlassenen Bestimmungen stellen sich auch als Anordnungen i. S. des § 360 Ziff. 12 dar, soweit sie gültig sind (Groschuff S. 441). Über die Frage, ob das im Betriebe eines Pfandleihgeschäftes gewährte Darlehn an eine Privatperson zu Verbrauchszwecken als eine Leistung zu betrachten ist, die zur Befriedigung des täglichen Bedarfes dient und infolgedessen auch nach § 4 Preistr. VO. von 1923 strafbar ist, vgl. RGStr. 60, 264 u. 216.

Die gezeigten Schwierigkeiten bei der Anwendung der Landesgesetze haben, abgesehen von der sonst schon bestehenden Zersplitterung auf dem Gebiete des Pfandleihrechts, eine erhebliche Rechtsunsicherheit zur Folge gehabt. Nur selten handelt es sich bei den im Pfandleihgewerbe entstehenden Streitigkeiten um Prozesse, die zum RG. gelangen. Die Rechtsprechung der OLG., z. B. bei der Beurteilung des Pfandscheins, ist keine einheitliche gewesen. Es ist also eine Kodifizierung des gesamten deutschen Pfandleihrechts in einem

Reichspfandleihgesetz ein dringendes Gebot. Schon in der Begr. zur Novelle der GewO. von 1879 war dieser Gedanke aufgetaucht (Begr. S. 25). Dieses Gebot ist heute um so dringender, als gerade im Pfandleihgewerbe die Verkehrsauffassung über wichtige Fragen sich von Grund auf geändert hat (s. S. 9).

Schon wenn in dem zu schaffenden Reichspfandleihgesetz eine authentische Festlegung des Begriffes des Pfandleihgewerbes, seine Abgrenzung von ähnlichen Institutionen erfolgt, eine klare Festlegung des Charakters des Pfandscheines gegeben wird, würde viel gewonnen sein (vgl. Hans Reichel in seiner Vorrede zu Georg Meißner Die Haftung des persönlichen Schuldners beim Versatzgeschäft; Berlin 1926; Kraus S. 33).

D. Räumliche und zeitliche Wirkung des preußischen Gesetzes.

a) Räumliche Wirkung.

Das preußische Gesetz gilt selbstverständlich nur innerhalb der Grenzen des preußischen Staates; alle nichtpreußischen Länder sind in diesem Sinne als Ausland zu betrachten. Es gelten auch für die räumliche Wirkung des preußischen Gesetzes die Grundsätze des internationalen Privatrechts; jedoch nicht ohne weiteres diejenigen des EG. zum BGB. Da es sich hier um eine Materie handelt, die der Landesgesetzgebung vorbehalten ist, kommen diejenigen Kollisionsnormen zur Anwendung, die das Landesrecht aufgestellt hat (Riedner Anm. 1, 4 Vorbem. S. 11, sowie Crusen-Müller S. 734). Es würden also zunächst die § 22—45 Einl. ALR. zur Anwendung kommen. Diese aber sind durch Art. 89 N. 1 AG. zum BGB. aufgehoben. An ihre Stelle sind ohne weiteres auch für die vorbehaltenen Gebiete reichsrechtliche Bestimmungen getreten (Begr. zu den Entw. eines AG. zum BGB. S. 214). Die hier einschlägigen Fragen können sehr wohl und leicht praktische Bedeutung bekommen. Man denke an Hamburg und Altona, in denen doch verschiedene Landesgesetze gelten. So haben wir das Bild vormärzlicher Kleinstaaterei; was in Hamburg rechtens ist, fällt in Altona unter das Strafgesetz; was dort vollwirksam sein kann, ist hier nichtig.

Maßgebend für die Frage, welches der Landesgesetze zur Anwendung kommt, ist der Ort der gewerblichen Niederlassung des Pfandleihers. Die Rechtsgeschäfte, welche der Abschluß eines Versatzgeschäftes mit sich bringt, sind der obligatorische Darlehnsvertrag und der dingliche Pfandvertrag. Gerade für obligatorische Rechtsverhältnisse fehlt es aber an einer positiven Kollisionsnorm (Niedner Anm. 1 zu Art. 11). Dies schadet im vorliegenden Falle nichts, denn man kann beim Pfandgeschäft den obligatorischen Darlehnsvertrag nicht vom dinglichen Pfandvertrag trennen. An und für sich würden der obligatorischen Darlehnsvertrag wie der dingliche Pfandvertrag gesondert nach ihren Statuten zu beurteilen sein, also der erstere nach dem Personal-, der letztere nach dem Sachstatut (RGKomm. Anm. 11 der Vorbem. zu § 104). Aber beide Verträge geschehen uno actu und bilden einen spezifischen Pfandleihvertrag, s. S. 99. Für den dinglichen Vertrag aber, namentlich für die Entstehung des Pfandrechts, und namentlich, wenn dieses, wie in Preußen, an die Form der Bucheintragung gebunden ist, kommt bei Statutenkolission die lex rei sitae zur Anwendung, d. h. dasjenige Recht, innerhalb dessen Geltungsbereich sich die Sache zur Zeit der Vornahme des Geschäfts befindet, also für Preußen zur Zeit der Eintragung in das Pfandbuch; und da ferner in fast allen Landesrechten der Grundsatz gilt, daß **alle** im Pfandleihbetriebe entstandenen Verträge im Geschäftslokal des Pfandleihers zu erfüllen sind, so kommt eben dasjenige Gesetz zur Anwendung, in dessen Bezirk der Pfandleiher seine gewerbliche Niederlassung hat (RGZ. 66, 75; 73, 387; 78, 59; 81, 274; 95, 164; 103, 261; JW. 1928, 1196[1] sowie Drucks. HH. S. 278). In Hamburg z. B. ist die Eintragung des Pfandleihvertrages in das Pfandbuch nicht Voraussetzung für die Entstehung des Pfandrechts. Wird der Hamburger Pfandleiher von seinem in Altona domizilierenden Kunden zum Zweck des Abschlusses des Geschäfts aufgesucht, so regelt sich das Rechtsverhältnis nach Hamburger Recht. Wollte der Hamburger Pfandleiher seinen Altonaer Kunden aufsuchen, erfolgt in Altona der Abschluß des Pfandleihvertrages, sowie die Übergabe des Pfandes, so kommt gleichfalls Hamburger Recht zur Anwendung. Denn der Ort des Vertragsabschlusses ist für das anzuwendende Recht nicht maßgebend (RG. 61, 345). Vielmehr wird auch hier Hamburg als Ort der gewerblichen

Niederlassung und damit als Erfüllungsort anzusehen sein. Und umgekehrt: sucht der Altonaer Pfandleiher den Kunden in Hamburg auf, erfolgt in Hamburg die Auszahlung des Darlehns und die Übergabe des Pfandes, so kann der preußische Pfandleiher sich nicht darauf berufen, daß in Hamburg die Pfandbucheintragung nicht konstitutiv wirkt, und daß er nach Hamburger Recht ein Pfandrecht erworben habe. Vielmehr kommt auch für dieses Geschäft das preußische Recht zur Anwendung. Er erwirbt also erst ein Pfandrecht durch die Eintragung in das Buch. An und für sich können Vertragsparteien vereinbaren, welches der verschiedenen Gesetze bei räumlicher Kollision zur Anwendung kommen soll. Jedoch darf eine solche Vereinbarung analog Art. 30 EG. zum BGB. gegen den Zweck eines Landesgesetzes nicht verstoßen. Die Vereinbarung des Hamburger Verpfänders mit dem Altonaer Pfandleiher, daß für das Versatzgeschäft Hamburger Recht gelten solle, wäre also unwirksam, weil dadurch gerade der Bucheintragungszwang des preußischen Rechtes vereitelt würde. Da das Gericht bei Zweifeln, welches Gesetz zur Anwendung kommt, den mutmaßlichen vernünftigen Willen der Parteien zu berücksichtigen hat (RGZ. 81, 273; 74, 174; 68, 203), werden die Streitfragen am leichtesten dadurch gelöst werden können, daß als Wille der Parteien anzunehmen ist, daß dasjenige Gesetz zur Anwendung kommt, das an dem Orte der gewerblichen Niederlassung besteht. Nicht erforderlich ist zum Abschluß der im Pfandleihbetriebe abzuschließenden Verträge die Anwesenheit beider Vertragsteile. Es können also auch die Verträge schriftlich oder telephonisch getätigt werden. Ihren Abschluß erreichen die im Pfandleihbetriebe abgeschlossenen beiden Verträge jedoch in der Regel durch die Perfektionierung des Pfandvertrages. Dieser setzt ein vorher schon entstandenes Forderungsrecht voraus. Der Pfandvertrag selber aber setzt sich aus den drei Akten: Einigung, Übergabe, Eintragung zusammen, die in der genannten Reihenfolge vor sich gehen. Mit der Eintragung des Pfandes in das Buch ist also der gesamte Komplex des Versatzgeschäftes, worunter sowohl das obligatorische wie das dingliche Rechtsgeschäft zu verstehen ist, vollzogen. Werden diese *Verträge nun unter Abwesenden* geschlossen, so fragt sich, welches Recht zur Anwendung kommt, wenn einer der Vertragsteile im preußischen Inlande, der andere Teil im nichtpreußischen Deutschland oder auch im nichtdeutschen Auslande sich befindet. Aus der Natur der Sache geht schon hervor, daß namentlich die Eintragung in das Pfandbuch im Geschäftslokal des Pfandleihers vor sich gehen muß. Dort hat er es jederzeit der Aufsichtsbehörde vorzulegen; in dem Buch sind die einzelnen Geschäfte unter fortlaufenden Nummern einzutragen. Ohne dieses Buch kann er überhaupt keine wirksamen Geschäfte abschließen. Pfandbücher in mehrfachen Exemplaren sind unzulässig (KGJ. 31. C 5). Gerade für die Begründung eines Pfandrechts an einer Sache gilt die lex rei sitae (vgl. auch RGZ. 28, 111; RGZ. 71, 249). Will also ein in München sich aufhaltender Kaufmann bei einem Berliner Pfandleiher seinen Brillantring versetzen, so kann die Willenseinigung über das Darlehn und die Bestellung des Pfandrechts brieflich, telegraphisch und auch fernmündlich erfolgen. Die Übergabe des Pfandes würde vollendet sein, wenn es von München nach Berlin gesandt und in den Besitz des Pfandleihers gelangt wäre, der dann das Pfandgeschäft in das Pfandbuch einzutragen hat. Das ganze Geschäft regelt sich dann nach preußischem Recht. Aber auch der umgekehrte Fall, daß der Pfandleiher im nichtdeutschen Auslande sich befindet und der Verpfänder im Inlande, kann von praktischer Bedeutung werden. Ein Beispiel aus der Praxis: Ein in London domizilierender Pfandleiher hat in Hamburg und in Berlin je einen Vertreter bestellt, und will Darlehn gegen Pfänder gewähren, weil der deutsche Zinssatz gegen den englischen einen großen Nutzen für ihn abwirft. Der deutsche Verpfänder bringt dem inländischen Vertreter ein Pfand und bittet um ein Darlehn. Das Geschäft wird in Deutschland so weit perfekt gemacht, daß der englische Pfandleiher es nur anzunehmen hat oder nicht, indem er sich zunächst von dem Wert des Pfandes überzeugt und danach bestimmt, ob das darauf zu gewährende Darlehn genügend gesichert ist. Zu diesem Zweck wird das Pfand — es handelt sich nur um hochwertige Kostbarkeiten — durch Flugpost nach England geschafft; und von dort aus erfolgt dann die telegraphische Genehmigungserklärung an den in Deutschland befindlichen Vertreter, der sie dem Verpfänder weitergibt und nunmehr das Darlehn auszahlt. Welches Recht kommt zur Anwendung? Das preußische bzw. hamburgische? Oder das englische? Würde das Geschäft ohne das Dazwischentreten des deutschen Vertreters abgeschlossen werden, also durch Briefe, Telegramme oder Telephon, so käme englisches Recht zur Anwendung.

Da aber der englische Pfandleiher in Hamburg und Berlin ein kaufmännisch eingerichtetes Unternehmen in Deutschland hat, so betreibt er — wenn auch von England aus — in Deutschland —, und wenn auch durch einen Vertreter — das Pfandleihgewerbe — und zwar, da weder er selber eine von einer deutschen Behörde erteilte Erlaubnis hat noch sein Vertreter eine Stellvertreterkonzession gemäß § 47 GewO. — ein unerlaubtes Pfandleihgewerbe. Der englische Pfandleiher macht sich also nach § 147 GewO. wegen Betreibens eines Gewerbes ohne die erforderliche Konzession strafbar; und seine hiesigen Vertreter machen sich der Beihilfe schuldig. A. M.: OVG. III A 85/26 und III A 97/26 vom 29. September 1927, das annimmt, der englische Pfandleiher betreibe im vorliegenden Falle sein Gewerbe in England, weil er dort den deutschen Kunden bedient. Es wird aber hierbei übersehen, daß die Bedienung des deutschen Kunden nicht „dort", sondern im Inlande durch einen Vertreter erfolgt. Dadurch wird aber der rechtliche Bestand des einzelnen, im Rahmen des geschilderten Betriebs abgeschlossenen Geschäfts nicht berührt. In zivilrechtlicher Beziehung mußte sich das einzelne Versatzgeschäft nach den oben dargelegten Grundsätzen nach englischem Recht richten. Hier greift nun aber der Art. 30 EG. zum BGB. ein, der bestimmt, daß die Anwendung des ausländischen Gesetzes ausgeschlossen ist, wenn sie gegen die guten Sitten oder gegen den Zweck eines deutschen Gesetzes verstößt (RGZ. 119, 263). Von einem Verstoß gegen die guten Sitten kann man nicht ohne weiteres reden; dies wäre der Fall, wenn der Engländer z. B. wucherliche Zinsen nähme, was nicht zutrifft. Dagegen würde ein Verstoß gegen das deutsche Gesetz vorliegen. Alle deutschen Pfandleihgesetze, sowie die ihnen zur Grundlage dienende GewO. verfolgen außer dem Schutz des Verpfänders gegen Ausbeutung auch noch einen kriminalpolitischen Zweck, nämlich die Verhinderung des hehlerischen Erwerbes, s. S. 30. Aus diesem Grunde werden an den Pfandleiher und seine Charaktereigenschaften besondere Anforderungen hinsichtlich ihrer Zuverlässigkeit gestellt; aus diesem Grunde befinden sich die inländischen Pfandbetriebe unter einer ständigen Kontrolle, die durch sehr eingehende spezialisierte Bestimmungen geregelt ist. Durch derartige ausländische Pfandleihbetriebe wird aber gerade eine Kontrolle ausgeschaltet und verhindert; strafprozessuale Sicherstellungen und Beschlagnahmen von Pfändern, bei denen der Verdacht besteht, daß sie aus einer strafbaren Handlung herrühren könnten, können gar nicht oder verspätet erfolgen. Der Anspruch von Eigentümern, denen das Pfand gestohlen, verloren oder sonst abhanden gekommen ist, wird illusorisch. Es müßte demnach, wenn der englische Pfandleiher vor einem deutschen Gericht z. B. seinen Ausfall einklagen wollte, der Richter die Anwendung des englischen Rechts ablehnen. Es käme dann das inländische Gesetz zur Anwendung, aus dem sich dieselben zivilrechtlichen Folgen ergeben wie beim inländischen unerlaubten Pfandgeschäft (vgl. S. 59 f., 75).

b) Zeitliche Wirkung.

Was die zeitliche Wirkung des preußischen Landesgesetzes anlangt, so hat es ausdrücklich eine Rückwirkung in § 18 abgelehnt. Ferner ist zu bemerken, daß auch § 21 Ges. des preußischen Gesetzes hinsichtlich der der von den Gemeinden oder von weiteren kommunalen Verbänden zu „errichtenden" Anstalten Anwendung findet. Diejenigen von den genannten Anstalten, die vor dem Inkrafttreten des preußischen Gesetzes bereits errichtet waren, unterstehen ihm also nicht (vgl. § 22 Ges.). Sonst ist über die zeitliche Wirkung des Gesetzes von 1881 nichts Besonderes zu sagen.

Aber die Pfandleihlandesgesetzgebungen sind noch z. Z. im Flusse, und namentlich die Normierung der Zinssätze hat noch den Charakter der vorübergehenden Bestimmungen. Sie sind deshalb in Preußen nicht vom Parlament erlassen; vielmehr ist, um eine raschere Anpassungsfähigkeit der Zinssätze an die allgemein-wirtschaftlichen Verhältnisse zu ermöglichen, in Preußen das Gesetz vom 7. Juli 1920 (GS. 387) erlassen worden, das den Minister des Innern ermächtigte, Erhöhungen der Zinssätze vorzunehmen und zu widerrufen. Das ist dann in mehrfachen Verordnungen des Min. d. Inn. geschehen (s. S. 17, vgl. Drucksache N. 2656 der verfassunggebenden preußischen Landesversammlung 1919/20). Die zeitliche Wirksamkeit dieser Verordnungen ist nicht immer zweifelsfrei gewesen. So bestimmt z. B. die VO. vom 5. August 1926 (GS. S. 250):

> Der Pfandleiher darf sich vom 1. Oktober 1926 ab nicht mehr ausbedingen oder zahlen lassen als ..... (es folgen nun die einzelnen Beträge).

Vor dem 1. Oktober 1926 galt die VO. vom 23. Juli 1925, welche den Zinssatz auf 4 bzw. 5 % pro Monat festsetzte. Es fragte sich nun, ob die neue VO. vom 5. August 1926 auch auf solche Versatzgeschäfte anzuwenden ist, die vor dem 1. Oktober 1926 zum Abschluß gelangt waren, d. h. also, ob der Pfandleiher auch noch für die Zeit nach dem 1. Oktober 1926 für das vorher schon abgeschlossene Darlehn die früheren höheren Zinsen nehmen durfte. Die Worte „sich zahlen lassen" deuten darauf hin, daß die VO. sich rückwirkende Kraft beilegen und eine Zahlung von höheren Zinsen als nach dem 1. Oktober 1926 zulässige verbieten wollte (s. LG. II Berlin 24 O 622/24 ungedruckt). Die sinngemäße Auslegung der Bestimmung ergibt aber, daß der Pfandleiher für die nach dem 1. Oktober 1926 abgeschlossenen Geschäfte sich nur diejenigen Zinsen berechnen und zahlen lassen darf, welche von diesem Zeitpunkt ab gelten sollen. Der Minister des Innern hat, um die Streitfrage beizulegen, in einem Erlaß vom 24. Februar 1926 (II E 509/25 III) eine authentische Auslegung seiner VO. gegeben. Danach sollen die Pfandleihverträge, welche vor dem Inkrafttreten der VO. über die Abänderung der Zinssätze geschlossen worden sind, von ihr **nicht** betroffen werden; vielmehr sollen die höheren damaligen Zinsen, wie sie z. Z. des Abschlusses des Pfandleihvertrages vorgeschrieben waren, weiter gelten. Allerdings schränkt er diesen weiteren Zinsenlauf insofern ein, als die höheren Zinsen nur bis zum Eintritt der Fälligkeit des Darlehns genommen werden dürfen, von da ab aber die niederen Zinsen; eine Auslegung, welche aber mit § 288 BGB. nicht in Einklang zu bringen ist. Nach der genannten Auslegung würden demnach die Monatszinsen für ein Darlehn von 75 *RM*, das der Pfandleiher am 20. September 1926 gewährt hat, folgende sein:

vom 20. September bis 20. November:

von 30 *RM* — 5 %
„ 45 „ — 4 %

vom 20. November ab:

von 50 *RM* — 4 %
„ 25 „ — $3^1/_2$ %

Die Streitfrage könnte jedoch bei einem zukünftigen Erlaß von VO. über Zinsherabsetzungen durch eine klare Übergangsvorschrift entschieden werden.

Allerdings sind die Verordnungen, die Zinsherabsetzungen verfügen, zwingendes Recht, da sie der Disposition der Vertragsparteien entzogen sind. Aber auch solche zwingenden Vorschriften haben keine rückwirkende Kraft, wenn sie der Gesetzgeber nicht ausdrücklich verleiht (RGZ. 42, 99. 43, 23). Aus der Fassung „sich ausbedingen und zahlen lassen" kann nicht gefolgert werden, daß die neue Vorschrift auch die unter der älteren Bestimmung entstandenen Rechtsgeschäfte berührt. (Näheres über die analoge Streitfrage der Wirkung des Herabsetzens des gesetzlichen Zinsfußes durch das BGB. auf vorher entstandene Zinsen vgl. Crusen-Müller Anm. IIIa zu Art. 10 AG. zum BGB.; RGKomm. Anm. 3 zu § 246 wendet auch Art. 170 EG. zum BGB. an. Es hält also die vor dem Inkrafttreten einer ZinsVO. gültigen Zinsen aufrecht.) Da aber das Gesetz zunächst aus sich selbst heraus erklärt werden muß, kommt für die Frage, ob die neu erlassenen ZinsVO. auch die schon vorher abgeschlossenen Geschäfte ergreifen, der § 18 des Gesetzes analog zur Anwendung. Wie aus der Begründung hervorgeht, ist gerade die Rückwirkung abgelehnt worden mit der Motivierung, daß die älteren Pfandverträge in verhältnismäßig kurzer Zeit abgewickelt sein würden, so daß es sich nicht empfehle, die gegebenen Zinsbeschränkungen auf sie anzuwenden (Begr. S. 23). Mithin werden diejenigen Geschäfte, welche vor Erlaß einer ZinsVO. entstanden sind, von dieser nicht berührt.

Hinzu kommt noch, daß die Pfandleihgesetze der Länder auf Grund des Vorbehalts des § 34 GewO. erlassen sind; ebensowenig wie die GewO. selber rückwirkende Kraft hat, können sie auch ihre Novellen nicht haben oder die zu ihrer Ausführung erlassenen Bestimmungen (s. auch Landmann Anm. 4 zu § 1).

Hauptteil.

Das preußische Gesetz vom 17. März 1881.

§ 1[1]).

Der Pfandleiher (§§ 34, 38 der GewO. vom 21. Juni 1869 [BGBl. S. 245] in der durch das Gesetz vom 23. Juli 1879 [RGBl. S. 267] bestimmten Fassung) darf sich an Zinsen nicht mehr ausbedingen oder zahlen lassen, als:

a) vier Reichspfennig für jeden Monat und jede Reichsmark von Darlehnsbeträgen bis zu 50 *RM*.

b) dreiundeinenhalben Reichspfennig für jeden Monat und jede den Betrag von 50 *RM* übersteigende Reichsmark bis zum Betrage von 100 *RM*.

c) zweiundeinenhalben Reichspfennig für jeden Monat und jede den Betrag von 100 *RM* übersteigende Reichsmark bis zum Betrage von 500 *RM*.

d) zwei Reichspfennig für jeden Monat und jede den Betrag von 500 *RM* übersteigende Reichsmark.

Der Pfandleiher kann zugleich ausbedingen, daß an Zinsen mindestens der Betrag für zwei Monate gezahlt werden müsse.

Der Minister des Innern wird ermächtigt, im Falle des Bedürfnisses die nach Abs. 1 zugelassenen Zinssätze zu erhöhen. Die Erhöhung kann widerrufen werden.

Der Pfandleiher kann mit dem Darlehnsnehmer vereinbaren, daß das Darlehn dem Werte zur Zeit der Hingabe entsprechend wertbeständig[2]) zurückgezahlt wird.

E. § 1. Begr. 21; Drucks. HH. S. 276; Sten. Ber. HH. S. 32; Sten. Ber. AH. S. 905 f, 1744 f., 1762; Drucks. AH. S. 2059, 2168; Drucks. Verf. geb. pr. Landesvers. 1919/20 N. 2656.

---

[1]) Der gesperrt gedruckte Text in Abs. 1 beruht auf der Verordnung vom 5. August 1926 (GS. S. 250); derjenige des neuen Abs. 3 auf Ges. vom 7. Juli 1920 (GS. S. 387) und Ver. vom 23. November 1923 (GS. S. 534).

[2]) Vgl. aber die Berichtigung GS. 1923 S. 550, mit der das Wort „wertbeständig" zu streichen ist.

a) „Der Pfandleiher."

1. Der **Begriff des Pfandleihers** wird weder im Gesetz noch in der GewO. definiert. Er ist also aus Sinn, Zweck, geschichtlicher Entwicklung der Gesetzgebung und dem Schrifttum sowie aus der Rechtsprechung zu entnehmen. § 1 des Gesetzes weist bei den Worten „der Pfandleiher" auf die §§ 34, 38 der GewO. hin. Das preußische Gesetz geht also von dem Begriff des Pfandleihers aus, wie ihn die GewO. auffaßt. Es kommen also zunächst für die Begriffsbildung nicht die spezifisch preußischen Anschauungen zur Geltung, sondern es muß festgestellt werden, wie im gemeinen deutschen Recht der Begriff des Pfandleihers sich entwickelt hat, da auch die GewO. selber eine Legaldefinition des Begriffes Pfandleiher nicht gibt. Nur für den Rückkaufshandel gibt der § 38 Abs. 2 der GewO. eine Begriffsbestimmung. Sie kann für die Bildung des Begriffs des Pfandleihers herangezogen werden, obwohl aber zu berücksichtigen ist, daß die Definition des Rückkaufshandels erst durch die Novelle vom 23. Juli 1879 zur GewO. Aufnahme in das Gesetz fand. Es muß also zunächst untersucht werden, was unter einem Pfandleiher im Zeitpunkt des Inkrafttretens der GewO. von 1869 zu verstehen war (RGSt. 8, 285; Sächs. Arch. X, 193).

2. Die **Motive** zur GewO. von 1869 sagen hierüber nichts. Sie scheinen den Begriff für bekannt oder feststehend vorausgesetzt zu haben. Die §§ 49 und 57 der allgemeinen GewO. in Preußen von 1845 geben gleichfalls keine Definition. Nur wies § 57 darauf hin, daß die sonstigen Vorschriften über die Pfandleiher, also namentlich das Pfandleihreglement von 1787 und die Deklaration vom 3. April 1803 aufrechterhalten bleiben sollten. Die preußische GewO. ging also vom Begriff des Pfandleihers aus, wie er in dem genannten Reglement gegeben war. Man kann aber nicht ohne weiteres annehmen, daß auch die GewO. des Norddeutschen Bundes sich die im preußischen Pfandleihreglement gegebene Definition hat aneignen wollen. Vielmehr wollte die GewO. von 1869 den Begriff des Pfandleihers ebenso verstanden wissen, wie er in den einzelnen Landesteilen jeweils galt. Man muß also, um zu einer Begriffsbestimmung zu kommen, wieder zum Landesrecht zurückkehren. Hier steht nun jedenfalls so viel fest, daß bis zum Erlaß des preußischen Pfandleihgesetzes in Preußen von dem Pfandleihreglement von 1787 auszugehen ist, wenn auch in § 23 des Gesetzes „alle bisherigen, den Gegenstand dieses Gesetzes betreffenden Vorschriften" aufgehoben wurden und dadurch die frühere Bestimmung des Pfandleihers beseitigt wurde, ohne eine neue dafür zu geben. Schon I, 20 § 263 ALR. hatte als Pfandleiher denjenigen bezeichnet, der „das Geldverleihen auf Pfänder als Gewerbe betreibt". Das Pfand- und Leihreglement von 1787 sprach in § 1 von „Geldverleihen auf Pfänder". Im übrigen definiert es in § 5 als Pfandleiher denjenigen, „der, ohne selbst Kaufmann zu sein, an einen Kaufmann oder andere Privatpersonen mehr als dreimal innerhalb Jahresfrist Geld auf Pfänder verliehen, oder auch bei einem gegen Pfand gegebenen Darlehn sich über 6% an Zinsen ausbedungen hat." Im übrigen finden sich in den gesetzgeberischen Vorarbeiten zum preußischen Gesetz keine Anhaltungspunkte dafür, wie der Begriff des Pfandleihers zu umgrenzen ist. Nur insofern ist die Frage gestreift, als man auch den Fall erwog, ob auch Forderungen zum Gegenstand des Pfandleihpfandrechts gemacht werden könnten oder ob sich das Pfandleihgewerbe nur auf die Beleihung von beweglichen körperlichen Sachen erstrecke(s. unten S. 8). Die Motive erkennen zunächst an, daß die bisherigen Vorschriften teils ungenügend, teils veraltet waren (Be-

gründung S. 7). Ebenda heißt es, daß das Gesetz solche Normen feststellen will, welche dem Zivilrecht angehören; und zu diesen zählt die Begründung: diejenigen Vorschriften, welche sich für das besondere Verfahren bei der Veräußerung der dem Pfandleiher verpfändeten Gegenstände beziehen. Hieraus ist zu entnehmen, was der Gesetzgeber sich als Objekt des Pfandleihpfandrechts gedacht hat. Er spricht nicht nur von „körperlichen Sachen", sondern auch von „Gegenständen". Weiterhin ist im Bericht der Justizkommission gesagt, daß die Gesetzesvorlage sich auf das Pfandleihgewerbe beziehe, „mag dasselbe in seiner eigentlichen Form der Gewährung eines Darlehns gegen Verpfändung einer beweglichen Sache oder in der gesetzlich gleichgestellten des gewerbsmäßigen Rückkaufshandels betrieben werden" (Drucksachen HH. S. 1). Hieraus wäre zunächst zu entnehmen, daß nicht alle Gegenstände, sondern nur bewegliche Sachen zum Objekt des Pfandleihpfandrechts gemacht werden können. Der letzteren Auffassung kann aber keine ausschlaggebende Bedeutung beigemessen werden. Sie ist zu eng gegenüber dem Wortlaut des Gesetzes selber. Denn wie aus diesem zu entnehmen ist, gehören sicherlich zum Objekte des Pfandleihpfandrechts auch Wertpapiere, wie dies aus dem § 10 des Gesetzes in der ursprünglichen Fassung vom 17. März 1881 auch bereits hervorging, der jetzt durch § 10a ersetzt ist. In der Justizkommission des Herrenhauses ist auch die Rede von Verpfändung von Pfandscheinen. Man vermißte eine Bestimmung hierüber im Gesetz und befürchtete, daß eine derartige Verpfändung eines Pfandscheins nicht unter das Gesetz fallen könnte, da Pfandscheine nicht in allen Landesteilen als bewegliche Sachen anzusehen seien. Dem wurde von anderer Seite widersprochen mit der Begründung, daß in den verschiedenen Rechtsgebieten, namentlich in denen des ALR. und des französischen Rechts in Preußen „Pfandscheine und Forderungen unzweifelhaft zu den beweglichen Sachen gehören (Drucksachen HH. S. 276). Hier ist also die Rede von beweglichen Sachen einerseits, andererseits von „Forderungen", die den Gegenstand des Pfandleihpfandrechts bilden können. In § 5 des Gesetzes, bei dem eigentliche Gelegenheit gegeben war, den Kreis derjenigen Gegenstände zu bestimmen, welche Objekt des Pfandleihpfandrechts sein können, ist wiederum nur die Rede von „Gegenständen". Ein Amendement, das zu § 5 beantragt war, aber abgelehnt wurde (Druckf. AH. S. 2060) sprach gleichfalls von den „zum Pfand empfangenen Gegenständen". Die Materialien gebrauchten also abwechselnd einmal das Wort „Gegenstand" und sodann auch wieder sprachen sie von „beweglichen Sachen". Aus ihnen kann also mit Sicherheit nicht entnommen werden, was Objekt des Pfandleihpfandrechts ist. Zumal da zur Zeit des Erlasses des Gesetzes die feststehende Terminologie, wie sie das BGB. kennt, welches zwischen Gegenständen und Sachen unterscheidet, nicht vorhanden war.

3. Unzweifelhaft steht fest, daß das Gesetz nur die gewerbsmäßig ausgeübte Tätigkeit der Beleihung von Pfändern treffen will. Denn die Grundlage des preußischen Gesetzes bildet die GewO. Es muß aber fernerhin sich auch um die gewerbsmäßige Gewährung von Darlehn handeln, wie aus §§ 1—5, 8, 9, 11 und 12, welche von Darlehn und Darlehnsbeträgen sprechen, hervorgeht. Nur in § 15 ist einmal das Wort „Pfandschuld" gebraucht. Endlich ist nach dem Gesetz zum Begriff des Pfandleihers erforderlich, daß es sich um eine gewerbsmäßige Gewährung solcher Darlehn handelt, bei denen der Gläubiger sein Recht auf Rückzahlung des Darlehns durch ein „Pfand" sich sichert. Im Gesetz selber ist der Begriff des Pfandes nicht näher bezeichnet mit Ausnahme des § 10a, wo Wertpapiere als Pfand vorausgesetzt werden. Im übrigen sagt aber das Gesetz nicht

positiv, was es als „Pfand" verstanden wissen will. § 3 spricht von „Aufbewahrung und Erhaltung des Pfandes" und scheint damit nur auf bewegliche Sachen hinzuweisen. § 5 Abs. 1 wieder spricht von den dem Pfandleiher „übergebenen Gegenständen". Auch in § 13 ist die Rede davon, daß durch dasselbe Geschäft „mehrere Gegenstände" zum Pfand bestellt werden. Auch das Gesetz selber gibt also keinen Anhaltspunkt dafür, was zum Objekt des Pfandleihpfandrechts gemacht werden kann, höchstens könnte man aus den Worten „Übergabe" oder „übergeben" des Pfandes folgern, daß der Gesetzgeber nur an bewegliche Sachen gedacht hat, obwohl nirgends im Gesetz das Wort „Sache" oder „Pfandsache" vorkommt. Für diese Annahme sprechen auch die Vorschriften, die für den Verkauf des Pfandes gegeben sind. Aber diese Annahme ist keine zwingende, weil in dem Gesetz nur die am häufigsten vorkommenden Fälle, nämlich die Verpfändung von beweglichen Sachen ihre Regelung gefunden haben, insbesondere hinsichtlich der Art der Verwertung der Pfänder. Dies konnte um so mehr geschehen, da ja auch zur Zeit des Erlasses des preußischen Gesetzes Forderungen zu den beweglichen Sachen gerechnet wurden.

Weiterhin könnte man aus dem Gesetzestexte zum Beweise dafür, daß das Gesetz an eine Verpfändung von nur beweglichen Sachen im engeren Sinne gedacht habe, auf § 3 verweisen. Dieser spricht von der „Aufbewahrung und Erhaltung des Pfandes". Allein auch Forderungen, die zum Pfande bestellt werden, müssen erhalten werden, indem der Pfandgläubiger für die ordnungsmäßige Einziehung zu sorgen hat (§ 1285 BGB.). Er muß, wenn ihm z. B. ein Pfandschein verpfändet ist, für dessen Prolongation oder Einlösung Sorge tragen. Das Wort „Aufbewahrung" eines Pfandes setzt allerdings eine körperliche Beziehung eines Raums zum Pfande voraus (Staudinger Anm. 2a zu § 1273); und man kann deshalb zunächst nur an eine bewegliche körperliche Sache denken. Aber auch bei Verpfändung von Rechten und Forderungen kann eine solche Aufbewahrungspflicht des Pfandgläubigers möglich sein, denn der § 1215, welcher die Verwahrungspflicht des Pfandgläubigers regelt, ist im § 1273 Abs. 2 Satz 2 BGB. von der Anwendung der Vorschriften über das Pfandrecht an Rechten und Forderungen nicht ausgeschlossen; und seine Anwendung ist geboten, wenn z. B. für das verpfändete Recht ein Schuldschein besteht.

So reichen denn alle die genannten Gesetzesstellen nicht aus, um zwingend die Überzeugung zu gewinnen, daß das Gesetz eine Verpfändung von Rechten und Forderungen hat ausschließen wollen. Richtig ist nur, daß der Gesetzgeber in erster Linie an den Regelfall gedacht hat, nämlich an die Verpfändung von beweglichen körperlichen Sachen, daß aber damit die Verpfändung von Rechten und Forderungen nicht hat begrifflich ausgeschlossen werden sollen. Man könnte auch darauf hinweisen, daß das preußische Gesetz häufig vom „Pfand" spricht und daß für die Begriffsentstehung dieses Wortes die Terminologie des BGB. anzuwenden ist. Dieses aber braucht das Wort „Pfand" nur bei der Bestellung eines Pfandrechts an beweglichen körperlichen Sachen, während es bei dem II. Titel des 9. Abschnittes, der das Pfandrecht an Rechten regelt, das Wort „Pfand" niemals gebraucht. Da aber das preußische Gesetz die gesamte Materie von sich aus in allen wesentlichen Teilen hat regeln wollen (Drucks. HH. S. 275), bevor das BGB. in Kraft trat, wird man dessen Terminologie zur Auslegung nicht heranziehen können. Das zur Zeit des Erlasses in Preußen geltende Recht jedoch hatte nicht die strenge Unterscheidung, die das BGB. aufweist.

4. Auch ein näheres Eingehen auf die Rechtsprechung führt zu keiner Klarheit über die streitige Frage. Schon das ROHG. beschäftigte sich mit der

Begriffsbestimmung des Pfandleihers in seiner Entscheidung vom 6. April 1878, und zwar in einer bayerischen Sache (Seuffert Arch. Bd. 34 N. 228), indem es den Unterschied zwischen Pfandleih- und Lombardgeschäften abzugrenzen suchte. Zu diesen zählt es die Beleihung von Kreditpapieren, Edelmetallen oder Handelsware, während es unter Pfandleihgewerbe versteht das „Leihen auf Pfänder sonstiger Art", wie Möbel, Kleidungsstücke u. dgl. Ob hierbei unter „Pfänder sonstiger Art" auch Rechte und Forderungen zu verstehen sind, ist nicht klar zu erkennen; immerhin deutet aber die erwähnte Exemplifikation darauf, daß es wohl nur an bewegliche körperliche Sachen gedacht hat. Der Strafsenat des RG. hat in seinem Urteil vom 24. April 1890 (RGSt. 20, 399) die Streitfrage insofern gestreift, als es den Erwerb eines Pfandscheins an einer gestohlenen Sache als Hehlerei an der Sache selber ansah (ebenso RGSt. 23, 27). RGSt. 12, 217 definiert das Pfandleihgewerbe als gewerbsmäßige Gewährung von Darlehn „auf Pfänder". Eingehend aber hat sich der Zivilsenat des RG. in seinem Urteil vom 26. Januar 1897 mit der Frage befaßt, ob im Betriebe eines Pfandleihgewerbes auch Forderungen verpfändet werden können (RGZ. 39, 350). Es handelte sich um einen preußischen Fall und um die Frage, ob der Pfandleiher berechtigt ist, eine Hypothekenforderung durch Pfandannahme eines Hypothekenbriefes zu beleihen. Dieses Urteil verdient eine besondere Würdigung, da es die Grundlage auch für spätere oberstrichterliche Entscheidungen ist. Das RG. untersucht, was unter einem Pfandleiher zu verstehen ist, geht zunächst auf §§ 34, 38 GewO. ein und stellt fest, daß bei deren Erläuterung in der Literatur unter den Geschäften des Pfandleihers regelmäßig nur das gewerbsmäßige Ausleihen von Geld gegen Verpfändung von Gebrauchsgegenständen verstanden wurde. Das RG. hält diese Begriffsbestimmung für zu eng und rechnet auch das Beleihen von Wertpapieren zu den Geschäften des Pfandleihers. Dagegen lehnt es die Anschauung ab, daß die Beleihung aller Werte, über die eine Urkunde ausgestellt ist, zum Pfandleihbetriebe gehört. Es beruft sich auf § 5 des preußischen Gesetzes dafür, daß es sich nur um Faustpfänder handeln könne, sowie darauf, daß die im Gesetz gegebene Bestimmung über die Realisierung des Pfandes sich an die Vorschriften, welche die ZPO. für die Zwangsvollstreckung in bewegliche Sachen gegeben hatte, anschließe. Es folgert daraus:

> Das Gesetz hat danach unter Pfandgegenständen nur bewegliche Sachen im Auge, und zwar nur solche, die nach der ZPO. im Falle der Zwangsvollstreckung von dem Gerichtsvollzieher nicht nur gepfändet, sondern auch verwertet werden können.

Es ist nicht klar, ob das RG. damit hatte sagen wollen, daß auch diejenigen Gegenstände, welche gemäß § 811 ZPO. der Pfändung nicht unterworfen sind, nicht Gegenstand des Pfandleihpfandrechts sein dürfen. Für eine solche Annahme findet sich in den Materialien nicht der geringste Anhaltspunkt. Eine im Wege der Zwangsvollstreckung unpfändbare Sache braucht deshalb noch nicht unverpfändbar sein (Biermann Anm. 2a zu § 1204; Staudinger Anm. I 1d zu § 1204 und Anm. IIe zu § 1233; Goldmann-Lilienthal S. 645 Anm. 38 und OLG. 1, 432). Das trifft auch für das Pfandleihgewerbe zu. Denn dieses ist ja gerade dazu geschaffen, daß die ärmere Bevölkerung auch Gegenstände, die ihnen nicht gepfändet werden dürfen, zur Befriedigung ihres Kredites verwerten kann (Löffler S. 66), s. auch S. 163.

Sodann aber übersieht das Urteil das bereits oben angeführte Zitat aus dem Bericht der Justizkommission, daß Pfandscheine und Forderungen unzweifelhaft zu den beweglichen Sachen gehören (Drucksachen HH. S. 276). Das preußische Gesetz wollte also gerade derartige Forderungen als bewegliche Sachen angesehen wissen. Daraus folgt, daß die **Verpfändung von Forderungen im Pfandleihbetriebe nicht ausgeschlossen** werden kann. Wenn weiterhin sich das Urteil darauf stützt, daß in § 5 des Gesetzes von denjenigen Gegenständen die Rede ist, die „übergeben" werden, so schließt auch dies nicht die Verpfändung von Forderungen aus. Zum Beispiel werden Forderungen, über die Urkunden bestehen, also namentlich Legitimationspapiere, wie Sparkassenbücher, Lebensversicherungspolicen, Pfandscheine und Hypothekenbriefe dadurch verpfändet, daß zum Zeichen des Abschlusses des Pfandvertrages diese Urkunden übergeben werden. Trotz der Übergabe muß allerdings noch die Anzeige an den Schuldner erfolgen. So hat auch das KG. im Urteil vom 20. März 1926 ungedruckt 30 U 9001/23 eine bei einem preußischen Pfandleiher vorgenommene Verpfändung eines Pfandscheins gebilligt. Es ging hierbei davon aus, daß in dieser Art der Verpfändung des Scheins entweder die Verpfändung des Rückgabeanspruchs des Verpfänders gegen das erste Leihhaus liegt, oder aber eine Verpfändung der Pfandsache selber, indem der mittelbare Besitz des Pfandes auf den zweiten Pfandleiher übertragen wird.

Weiterhin argumentiert das RG., daß, wenn man die Beleihung von Forderungen im Pfandleihbetriebe für zulässig halte, von einem Schutze des Verpfänders keine Rede sein könne. Denn der Pfandleiher kann dann nicht nur Werte an sich bringen, die seine Forderung vollkommen decken, sondern daneben sich auch noch als Ersatz eines ihm angeblich erlittenen Ausfalls eine Forderung verschaffen, die seiner ursprünglichen Forderung nahezu gleichkäme. Gerade umgekehrt argumentiert RG. in Warneyer **E** 1919 **N** 194. Das gleiche kann aber auch bei der Versteigerung von körperlichen Sachen geschehen, denn dem Pfandleiher ist das Recht eingeräumt, in der Versteigerung mitzubieten, und wenn in dieser kein genügendes Gebot gemacht wird, ist der Pfandleiher in der Lage, zu einem verhältnismäßig geringen Preise das vielleicht wertvolle Pfand zu ersteigern (vgl. auch RGZ. 80, 153; JW. 1919, 571[5]). Übrigens sei auch darauf verwiesen, daß **Württemberg** (§ 15 Abs. 2) sogar ausdrücklich von Beleihen von Forderungen im Pfandleihbetriebe spricht, und ebenso die **Hamburger** Verfügung vom 5. Juli 1927 (s. S. 20) von der Beleihung von Lagerscheinen und anderen Urkunden spricht, ja sogar auch die Beleihung von Sparkassenbüchern ausdrücklich zuläßt (Nöldecke S. 615 und Löffler S. 67). Wie sehr sich die Anschauungen über die Beleihbarkeit derartiger Forderungen im Pfandleihgewerbe seit dem Urteil des RG. geändert haben, beweist das neue Hamburger Gesetz (§ 17 Ziff. 1 Satz 3), das die Beleihung von Sparkassenbüchern und die Realisierung des Pfandrechts an ihnen besonders regelt, indem es die Verwertung dadurch vornehmen läßt, daß der Pfandleiher die zu seiner Befriedigung erforderliche Summe abheben darf (§ 19 ebenda).

Sodann hat auch der Strafsenat des RG. im Urteil vom 3. Januar 1912 (Goltdammer 61, 169 ff.) sich mit der Begriffsbestimmung des Pfandleihgewerbes befaßt. Er stellt fest, daß, wenn der Gesetzgeber von einer Begriffsbestimmung „Pfandleihe" absah, er sich „dem bisher in der Gesetzgebung üblichen Sprachgebrauch hat anbequemen wollen". Er erörtert sodann den Unterschied des Pfandleihgewerbes vom bankmäßigen Lombardgeschäft, indem er diesem die Beleihung von Edelmetallen, Wertpapieren und Handelswaren zuweist, jenem aber die Beleihung anderer beweglicher Gegenstände sowie auch die Beleihung von Wertpapieren. Ob auch Forderungen zum Gegenstand des Pfandleihpfandrechtes gemacht werden können, sagt das Urteil nicht. Offenbar will es aber dies verneinen, da es sich auf die Entscheidung RG. 39, 382 stützt. Weiterhin zitiert die Entscheidung ein Urteil des KG. vom 29. Februar 1904 (Johow-Ring Bd. 27 A 201). Dieses Kammergerichtsurteil engt den Begriff des Pfandleihers noch weiter ein, indem es nicht mehr bloß von beweglichen Gegenständen, sondern sogar nur von Gebrauchsgegenständen spricht. Dies alles jedoch, ohne auf die Motive des preußischen Gesetzes näher einzugehen, und wiederum gestützt auf RGZ. 39, 352 und RGSt. 12, 217. Das preußische OVG. definiert dahin, daß das Pfandleihgewerbe in der gewerbsmäßigen Beleihung von Geld gegen Verpfändung von beweglichen Gebrauchsgegenständen bestehe (OVG. 80, 382). Endlich sei verwiesen auf die Entscheidung des KG. vom 20. Januar 1913 (Johow-Ring 43, 375), in der deutlich ausgesprochen ist, daß das Gesetz keine Vorschriften über die Frage gibt, welche Gegenstände als Pfandstücke angenommen werden dürfen. Ganz im Gegensatz zu der reichsgerichtlichen Entscheidung steht das OLG. Dresden (OLG. 4, 335), das die Beleihung von Sparkassenbüchern im Pfandleihgewerbe für zulässig hält. Das bayerische OLG. (Reger 44, 11) spricht vom „gewerbsmäßigen Leihen von Geld gegen Verpfändung beweglicher Gebrauchsgegenstände".

5. Um zu einer Feststellung des Begriffs Pfandleiher zu kommen, muß man, wie dies auch das RG. (RGZ. 58, 74) getan hat, die außerpreußischen Landesgesetze zum Vergleiche mit heranziehen.

Nur ein einziges bringt klar zum Ausdruck, daß nur bewegliche Sachen Objekt des Pfandleihpfandrechts sein dürfen, nämlich das mecklenburg-schwerinsche Gesetz von 1921 (s. S. 21). Im Gegensatz hierzu bestimmt das Hamburger Gesetz von 1923 (s. S. 20) ausdrücklich die Zulässigkeit der Beleihung von Sparkassenbüchern im Pfandleihbetriebe, ebenso die Beleihung von Lagerscheinen und anderen Urkunden. In Hamburg bestand in dem alten Gesetz von 1880 (§ 1) eine Legaldefinition, die darauf hindeutet, daß der Hamburger Pfandleiher offenbar nur bewegliche Sachen beleihen durfte. Diese Definition findet sich aber in dem neuen Gesetz von 1923 nicht nur nicht mehr, sondern es ist in der angegebenen Weise der Kreis der im Pfandleihbetriebe beleihbaren Gegenstände erweitert worden. — Aus dem **Württemberger** Gesetz (§ 15 Abs. 2) ergibt sich sodann, daß Forderungen zum Gegenstand des Pfandleihpfandrechts gemacht werden können. — Andererseits ist aber der **bayerischen** Bestimmung (§ 3 Ziff. 5), die dem Pfandleiher das Beleihen von Pfandscheinen untersagt, zu entnehmen, daß auch der bayerische Gesetzgeber die Beleihung von Forderungen an und für sich für zulässig hält, nur aber insbesondere die Verpfändung der in den Pfandscheinen beurkundeten Forderungen verbietet. — **Hessen** (§ 7) spricht nur einmal von „Faustpfanddarlehn". — Die übrigen Landesgesetze schließen sich mehr oder weniger dem preußischen Gesetz an und sagen über die Beleihbarkeit von Forderungen im Pfandleihgewerbe nichts besonderes. — Nur die beiden Landesgesetze der früheren Bundesstaaten **Reuß ältere** und **Reuß jüngere Linie** definierten den Begriff des Pfandleihgewerbes dahin, daß sie darunter verstanden: „jede Person, welche gewerbsmäßig auf Pfänder Geld verleiht". Beide rechneten aber, wie aus § 1 Ziff. 4 bzw. § 2 Ziff. 4 hervorgeht, die Beleihung von Leihhausscheinen zum Betrieb des Pfandleihgewerbes.

6. In nachfolgendem sei eine Zusammenstellung des Schrifttums über den Begriff des Pfandleihgewerbes gegeben:

Landmann Anm. 2 zu § 34: „Gewerbsmäßiges Leihen von Geld gegen Verpfändung von Gebrauchsgegenständen"; ebenso Crusen-Müller S. 352;

Löffler S. 24; Handwörterbuch der Staatswissenschaften 4. Aufl. Jena 860ff. Diese Definition ist zu eng, schon weil sie die Wertpapiere nicht berücksichtigt, welche, wie aus § 10 des Gesetzes hervorgeht, sicherlich Gegenstand des Pfandleihpfandrechts sein können. Rohrscheidt Anm. 9 zu § 34: „Gewerbsmäßige Beleihung von Darlehn auf Pfänder." Martin Wolf Sachenrecht 1927 § 159 IV: „Beleihung von Mobilien aller Art." Stranz-Gerhardt Anm. 5 zu Art. 41: „Gewerbsmäßige Beleihung gegen Pfänder." Stier-Somlo GV. Anm. 1 zu § 34: „Wer gewerbsmäßig Geld für bewegliche Verbrauchsgegenstände ausleiht." Frohnert S. 6: „Wer es gewerbsmäßig in privater Absicht unternimmt, Geld gegen Verpfändung beweglicher Gebrauchsgegenstände oder von Wertpapieren als Darlehn zu geben." Kraus S. 6: „Beleihung beweglicher Sachen, meist Gebrauchsgegenstände im Kleinverkehr und insbesondere Nichtkaufleuten gegenüber." Zach S. 66 definiert wie Landmann und fügt nur hinzu, daß auch neue Waren Gegenstand des Pfandleihpfandrechts sein können. Fichtner S. 14 bemerkt richtig, daß der Begriff des Pfandleihers kein fester ist, sondern sich aus dem Wirtschaftsleben herausgebildet hat und sich weiter entwickelt. Konrads Jahrbücher Bd. 6 S. 1034: „Das gewerbsmäßig betriebene Geschäft, durch das Geld gegen Bestellung beweglicher Faustpfänder ausgeliehen wird." Schwarze S. 9 gibt zu, daß sich die Begriffsbestimmung des Pfandleihers kaum erschöpfend geben läßt. Auch sagt Patterson S. 220, daß der Kreis der im Pfandleihgewerbe beliehenen Gegenstände unbestimmbar ist. Hampe S. 69: „Darlehn gegen Faustpfänder." Staub-Bondi 1926 Anm. 69 zu § 1: „Das Beleihen beweglicher Pfänder, die nicht Wertpapiere, Edelmetalle oder Kaufmannsware sind." Düringer-Hachenburg 2. Aufl. 1908 Bd. 1 S. 121: „Beleihen von Mobiliarpfändern, die nicht Edelmetalle, Wertpapiere oder Kaufmannsware sind." Olshausen 9. Aufl. 1912 Anm. 2 zu § 290 StGB.: „Gewährung von Darlehn in mäßigen Grenzen gegen Verpfändung von beweglichen Sachen jeder Art." Nelken S. 641: „Gewerbsmäßige Beleihung von Darlehn, zu deren Sicherung der Schuldner einen beweglichen Gebrauchsgegenstand belastet." Lehmann-Ring 2. Aufl. 1914 Bd. 1 S. 32: „Beleihung auf Mobiliarpfänder, die gewöhnlich nicht Wertpapiere, Edelmetalle oder Kaufmannswaren sind."

Bei allen diesen Definitionen ist, sobald sie den Kreis der im Pfandleihgewerbe zu verpfändenden Sachen einschränken, nicht genügend auf die Verkehrsauffassung und die wirtschaftliche Entwicklung des Pfandleihgewerbes in den letzten 30 Jahren Rücksicht genommen worden, wie aus der neueren Geschichte des Pfandleihgewerbes (s. S. 8, 14) sowie aus Nachfolgendem hervorgeht.

7. Ein allgemeiner Begriff des Pfandleihgewerbes im gemeinen deutschen Recht hat sich nicht feststellen lassen. Für Preußen können die gesetzgeberischen Materialien zum Gesetz für die Begriffsbildung herangezogen werden. Diese aber deuten darauf hin, daß auch Forderungen im Pfandleihgewerbe beliehen werden können. Die Schwierigkeiten, zu einer Abgrenzung darüber zu gelangen, was im Pfandleihgewerbe verpfändet werden kann, rühren daher, daß das preußische Gesetz den Begriff der „Sache" und des „Gegenstandes" nicht so scharf trennt wie das BGB., in welchem das Wort „Sache" ja auch keineswegs eindeutig ist (Staudinger Bd. III Einleitung II, 1 S. 2/3). Nach preußischem Rechte verstand man unter Sachen alle wirtschaftlichen Güter, mit denen das Recht zu tun hat, und es wurden nicht bloß körperliche Sachen, sondern auch Rechte hierzu gerechnet (Dernburg Preußisches Privatrecht 1894 Bd. I § 60). Deshalb spricht auch das ALR. I 16 § 6 vom Eigentum an Sachen und Rechten; ebenso I 17 § 1.

Man kann aber nicht ohne weiteres den Sachbegriff des preußischen Landrechts auch auf das preußische Pfandleihgesetz anwenden, da zur Zeit seines Erlasses ja außer dem ALR. noch andere Rechtssysteme in Preußen bestanden. Es bleibt sonach nichts anderes übrig, als zu versuchen, festzustellen, was der Gesetzgeber im Jahre 1881 in den gesetzgeberischen Materialien unter Sachen verstanden wissen wollte. Denn im Gesetz selber kommt das Wort „Sache" überhaupt nicht mehr vor, vielmehr ist die Frage, was Gegenstand des Pfandleihpfandrechts sein kann, nur in der Kommission des Herrenhauses angeschnitten worden (Drucks. HH. 276), indem der Gesetzgeber auch davon ausging, daß nur bewegliche Sachen Gegenstand des Pfandleihpfandrechts sein dürfen. Deutlich aber ist zum Ausdruck gekommen, daß auch Forderungen zu den beweglichen Sachen zu rechnen sind. Der dort ausgesprochene Grundsatz, daß Forderungen unzweifelhaft zu den beweglichen Sachen gehören", ist bei der weiteren Beratung des Gesetzes niemals aufgegeben worden, und es hat sich auch nicht einmal ein Widerspruch gegen diese, in der Kommission dargelegte Auffassung erhoben. Man wird also diesen Begriff der beweglichen Sachen, von dem die Herrenhauskommission ausging, als Willen des Gesetzgebers anzusehen haben. Mit anderen Worten: **Das preußische Gesetz begreift, wenn es von Pfändern oder von den, dem Pfandleiher übergebenen Gegenständen spricht, darunter nicht bloß die körperlichen Sachen im Sinne des BGB., sondern auch Rechte und Forderungen.** Deshalb ist der grundlegenden Entscheidung des RGZ. nicht beizutreten. Dies entspricht auch der Verkehrsauffassung wie auch dem Sprachgebrauch, der unter Pfand alles dasjenige bewegliche oder unbewegliche Eigentum versteht, was als Sicherheitsleistung genommen oder gegeben wird (Grimm Deutsches Wörterbuch). Daselbst wird als Pfandleiher derjenige angesehen, der „auf Pfänder Geld leiht". Auch die Tendenz des Gesetzes zwingt zu einer derartigen weiten Auslegung. Man unterstelle, daß ein gewerbsmäßiger Geldverleiher sich lediglich darauf beschränkt, Rechte oder Forderungen zu beleihen. Gerade das kleine Publikum hat häufig seine Ersparnisse in Sparkassenbüchern angelegt. Diese rühren z. T. schon aus der Kindheit her. Wenn nun z. B. ein in Köln lebender Arbeiter, dem das Geld zur Zahlung der Wohnungsmiete am Fälligkeitstage fehlt, ein auf eine ostpreußische Sparkasse lautendes Sparguthaben hat, so kann er zur raschen Befriedigung seines Kredits das Buch nicht erst nach seiner Heimat schicken, er verpfändet vielmehr das Buch in Köln. Würde nun jemand sich darauf beschränken, derartige Sparkassenbücher zu beleihen, so würde die Gefahr der wirtschaftlichen Ausbeutung genau dieselbe sein, wie wenn der Kreditsuchende eine körperliche Sache verpfändete. Die Tendenz aller Pfandleihgesetze geht aber gerade dahin, eine derartige Ausbeutung zu vermeiden und diejenigen Gefahren, die mit der Gewährung von Darlehn an die ärmere Bevölkerung gegen Sicherheiten verbunden sind, dadurch einzuschränken, daß diese Darlehnsgeber unter eine Kontrolle gestellt werden und ihre Vertragsfreiheit beschränkt wird. Nach der Entscheidung des RGZ. 39 S. 350 würde ein gewerbsmäßiger Geldverleiher, der lediglich Forderungen zu Sicherheiten annimmt, nicht unter das preußische Gesetz und seine Ausführungsbestimmungen fallen. Was von dem Sparkassenbuche gesagt ist, gilt auch vom Pfandschein und ähnlichen Papieren, durch deren Verpfändung lediglich die darin beurkundete Forderung verpfändet wird. Da es nun nicht als Wille des Gesetzgebers anzunehmen ist, daß er einen derartig großen Kreis von Gegenständen, wie es Rechte und Forderungen sind, von der Kontrolle hat ausschließen wollen, ist eben der Schluß zwingend, daß das Pfandleihgesetz auch dann Anwendung findet, wenn der Pfandleiher Rechte und Forderungen beleiht, und daß auch eine derartige Beleihung zu seinem Betriebe gehört; als Beleg hierfür sei der obenerwähnte Bericht der Justizkommission des HH. wiedergegeben:

> Bei der zweiten Lesung des § 1 wurde von einer Seite das Bedenken erhoben, daß der Rückkaufshandel mit Pfandscheinen, welcher sehr häufig vorkomme, nicht unter das vorliegende Gesetz fallen dürfte, da Pfandscheine resp. Forderungen wohl nicht in allen Landesteilen als bewegliche Sachen anzusehen seien. Es wurde dem jedoch von mehreren Seiten widersprochen und dargelegt, daß in den verschiedenen Rechtsgebieten der Monarchie, namentlich des allgemeinen Landrechts und des französischen Rechts, *Pfandscheine und Forderungen unzweifelhaft zu den beweglichen Sachen gehören.*

Bei der Auslegung des Gesetzes aber sind seine Entstehungsgeschichte und sein Zweck zu berücksichtigen (*Goltdammer* Bd. 61 S. 169ff.). Dabei kommt man zu dem Resultat, **daß zunächst einmal Gegenstände aller Art Objekt des Pfandleihpfandrechts sein können,** s. S. 164. Ein ähnlicher Streit über die Auslegung des Begriffs „Sache" besteht auch bei der Auslegung des § 119 BGB. Auch hier wird der Begriff Sache weit ausgelegt und darunter auch Rechte und Forderungen verstanden (RG. Komm. Anm. 5 Abs. 3 zu § 119; *Staudinger* III 4 B i zu § 119; JW. 1914, 674[2]; RGZ. 103, 22).

Jedoch müssen nach zwei Richtungen hin Einschränkungen gemacht werden. Nach der oben gefundenen Definition würden auch Grundstücke und die ihnen gleichstehenden Rechte Gegenstand des Pfandleihpfandrechts sein. Dies entspricht aber nicht der Entwicklung des Immobiliarkredits und der Verkehrsauffassung. Der Beleihung von Grundstücken pflegen eingehende Recherchen vorauszugehen, und in den meisten Fällen dient der Immobiliarkredit nicht zur raschen Befriedigung eines Kreditbedürfnisses dergestalt, das Zug um Zug gegen Übergabe des zu kreditierenden Geldes und Bestellung des Pfandes seine Erledigung findet. *Die Schnelligkeit der Befriedigung des Kreditbedürfnisses ist gerade ein hervorstechendes Merkmal des Pfandleihgewerbes* (*Niedner* Anm. 1 zu Art. 94, *Hetzer* S. 10, 93; *Zach* S. 100 und 104). Weiterhin besteht noch der Unterschied, daß das Pfandleihversatzgeschäft stets unter einer gewissen Diskretion vor sich geht, während beim Immobiliarkredit gerade die Publizität des Grundbuches eine gewisse Rolle spielt. In Rechtsprechung und Schrifttum besteht auch kein Streit darüber, daß *die gewerbsmäßige Beleihung von Immobilien kein Pfandleihgewerbe ist.* — Sodann muß noch als Einschränkung hervorgehoben werden, daß zum Pfandleihgewerbe nicht gehört das *bankmäßige Lombardgeschäft*, obschon zwischen beiden große Ähnlichkeiten bestehen und die Grenzen zwischen ihnen flüssig sind. So bestand in der Vergangenheit ursprünglich ein Unterschied zwischen dem bankmäßigen Lombardverkehr und dem Pfandleiher überhaupt nicht (*Georg Cohn* S. 988 Anm. 13). Auch das Lombardgeschäft besteht in der gewerbsmäßigen Gewährung von Darlehn gegen Beleihung von Gegenständen. Es ist eine Unterart des oberen Begriffs Pfandleihe. Deshalb nennen auch größere Pfandleihbetriebe ihr Unternehmen „Lombardgeschäft", „Lombardhaus", „Lombardanstalt" und ähnlich, eine Verkehrssitte, die sich seit ungefähr 25 Jahren entwickelt hat. Über das unechte Lombardgeschäft s. Anm. 8; über die Firmierung „Lombardhaus" usw. s. S. 69. Das bankmäßige Lombardgeschäft unterscheidet sich vom Pfandleihgewerbe wesentlich durch die Art seines Betriebes, vor allem auch durch den engen Kreis der Gegenstände, die als Pfandobjekt angenommen werden. Der Begriff des Lombardgeschäfts ist eindeutig in Rechtsprechung und Schrifttum festgelegt, soweit man dabei „Geschäft" im Sinne von Rechtsgeschäft versteht. Nimmt man jedoch „Geschäft" im Sinne eines gewerblichen Unternehmens, so versteht man darunter den Betrieb des Pfandleihgewerbes. Eine Sache „lombardieren" heißt, sie verpfänden, sei es bei einem Bankier sei, es in einem Pfandleihbetriebe. Man versteht darunter die im Bankgewerbe vorkommende Gewährung von Darlehn gegen Verpfändung von Wertpapieren, Edelmetallen und Kaufmannswaren (ROHG. Bd. 24 S. 34; Lexis in Stengels Wörterbuch der Verwaltung Bd. II 233; KGJ. 27 A 201; Endemann Handbuch III S. 988ff.; Hanseatisches OLG. GewArch. 25 S. 536; Reichsbankgesetz vom 30. August 1924 [RGBl. II, 235] § 21 Abs. 1 Ziff. 3a—c; Breit S. 1ff.; OLG. München in Reger 44, 11; Ehrenberg 1918 Bd. II S. 38; Staub-Bondi Anm. 67 und 69 zu § 1; Cosack 1920 S. 263; Martin Wolff Sachenrecht 1927 § 159 IV; vgl. hierzu auch noch das Sonderschrifttum: Schmalenbach, Gebel, Zipper, Müllendorf). Auch im Sparkassenverkehr ist das bankmäßige Lombardgeschäft möglich (SparkVO. vom 22. März 1928 [RGBl. I S. 109] und VO. vom 4. Mai 1928 [RGBl. I 155]). Schon das preußische Pfandleihreglement unterschied das Pfandleihgewerbe vom Lombardgeschäft (§ 2). Wollte aber selbst ein Pfandleiher sein Gewerbe auf die Beleihung von Edelmetallen, Wertpapieren und Kaufmannswaren beschränken, so wird sein Geschäft dadurch noch nicht zum Lombardgeschäft, sondern lediglich ein spezialisiertes Pfandleihgeschäft (a. M. Georg Cohn Anm. 21 S. 989), denn die Beleihung von Wertpapieren wird erst dann ein Lombardgeschäft, wenn sie im Betriebe eines Bankgewerbes erfolgt, d. h.: das Spezifisch-Technische in der Geschäftsführung der Banken gibt diesen Lombardgeschäften erst ihr besonderes Gepräge (Dernburg Deutsches Privatrecht II S. 17; Seuffert Arch. Bd. 34 N. 228 gleich ROHG. 24, 34). Auch psychologische und soziale Momente mögen bei diesem Unterschied eine Rolle spielen, wenn z. B. Müllendorf S. 3 von den „erhöhten verantwortungsvollen Interessen der Banken" spricht. Man hat versucht, einen Unterschied zwischen dem bankmäßigen Lombardgeschäft und dem Pfandleihgeschäft in der Art des Kredits zu finden, den beide gewähren, indem man sagt, das Lombardgeschäft sei zur Befriedigung des Produktivkredits da, das Pfandleihgeschäft aber nur zur Befriedigung des Konsumtivkredits (Gebel S. 37). Auf derartig unbestimmte Anzeichen aber eine Differenzierung zu gründen, erscheint nicht angängig. Verpfändet ein Juwelier aus seinem Warenlager einen Brillantring, um seine Geschäftsschulden zu bezahlen, so soll das ein Lombardgeschäft sein; wenn aber derselbe Juwelier von seinem Finger zwei Brillantringe nimmt und sie verpfändet, um vielleicht Spielschulden zu bezahlen — dann soll ein Pfandleihversatzgeschäft vorliegen. Die Kreditart ist also kein Kriterium für die Unterscheidung des bankmäßigen Lombardgeschäfts vom Pfandleihgeschäft. Derjenige Bankier aber wieder, der gewerbsmäßig andere Gegenstände als Wertpapiere, Edelmetalle und Kaufmannswaren beleiht, also z. B. Automobile, Schmuckgegenstände und Pretiosen, wird Pfandleiher (GewArch. 25, 536; Georg Cohn S. 989). Völlig unhaltbar ist die Ansicht von Neumann-Hofer Depositengeschäfte und Depositenbanken 1894 S. 50, der bei der Verpfändung von Geräten, Schmucksachen usw. unterschieden wissen will: a) ob sie als Kostbarkeiten beliehen werden; dann sollen sie Gegenstände des Edelmetalllombards sein; b) ob sie nach Metallwert beliehen werden; dann sollen sie Gegenstand des Warenlombards sein; c) ob sie von einer Privatperson verpfändet werden; dann sollen sie zum Pfandleihgeschäft gehören.

Hierzu ist zu bemerken: zu a) auch Kostbarkeiten (über deren Begriff s. RGZ. 75, 194 und 105, 204) sind Gegenstand des Pfandleihbetriebs, weil dieses eben alle beweglichen Gegenstände beleiht; zu b) auch im Pfandleihbetriebe werden Gegenstände aus Edelmetall nur zum Metallwert beliehen; zu c) wenn der Juwelier aus seinem Geschäft sechs goldene Armbänder verpfändet, so geht er, obwohl er doch nicht als „Privatperson" handelt, sondern als Kaufmann, zum Pfandleiher. Kein Kriterium ist es endlich, wenn Zipper S. 31 annimmt, daß Gegenstand des Pfandleihgewerbes nur Gelegenheits- und Verlegenheitsverpfändungen sind. Die Unterschiede zwischen bankmäßigem Lombardgeschäft und Pfandleihgeschäft bestehen vielmehr nur in zwei Merkmalen, die zusammentreffen müssen, einmal:

a) daß das bankmäßige Lombardgeschäft sich nur auf Wertpapiere, Edelmetalle und Kaufmannswaren beschränkt;
b) daß es als bankmäßiges Hilfs- oder Nebengeschäft betrieben werden muß. (Über das nichtbankmäßige Lombardgeschäft, das sog. unechte Lombardgeschäft s. unten S. 56 f.)

Zu diesen beiden Indizien fügt Georg Cohn S. 999 noch ein drittes hinzu. Er bezeichnet es als dem bankmäßigen Lombardgeschäft eigentümlich, daß der Darlehnsvertrag zwischen Lombardeur und Verpfänder geschlossen sein muß, und sieht ein bankmäßiges Lombardgeschäft als nicht vorliegend an, sondern vielmehr ein reines Pfandleihgeschäft, wenn der zum Pfand gegebene Gegenstand für die Darlehnsschuld nicht des Verpfänders selber, sondern eines Dritten dienen soll (über die Ähnlichkeit des Pfandleihgeschäfts mit dem bankmäßigen Lombardgeschäft gemäß § 66 des Aufwertungsgeschäftes s. S. 65 ff.).

Auch nach einer anderen Richtung hin bedarf aber die oben gefundene Definition des Pfandleihgeschäftes noch einer Einschränkung bzw. einer Präzisierung; nämlich soweit das Wort „Darlehn" in Betracht kommt. In der Rechtsprechung und im Schrifttum ist von der Beleihung von Pfändern oder Darlehnsgewährung die Rede. Der Begriff des Darlehns ist im BGB. festgelegt. Der Begriff des im Pfandleihgewerbe üblichen Darlehns jedoch ist ein engerer. Bei diesem handelt es sich nicht um das Darleihen vertretbarer Sachen irgendwelcher Art, sondern einzig und allein nur um das Gelddarlehn. Dies ergibt sich bereits auch aus § 38 Abs. 2 der GewO., der den Rückkaufshandel auf die juristischen Elemente des Darlehnsvertrages zurückführt. Auch der Wortlaut des preußischen Gesetzes ergibt, daß der Gesetzgeber nur mit Gelddarlehn gerechnet hat, indem er im § 1 Ziff. a von den auf Mark lautenden Zinsen spricht, sowie in den §§ 9 und 13 vom Kapital. Dies gilt für alle auch außerpreußischen Pfandleihgesetze (über das Darlehn s. S. 136). Einen weiteren Unterschied vom gewöhnlichen Darlehn weist das Pfandleihdarlehn insofern auf, daß es erstens nicht zur Voraussetzung hat, daß es verzinsbar ist — das im Pfandleihgewerbe gewährte Darlehn jedoch ist stets verzinsbar. Die Darlehnshingabe geschieht gewerbsmäßig, d. h., der Darlehnsgeber versucht aus der Gewährung des Darlehns einen Gewinn zu erzielen. Selbst die als Anstalten der öffentlichen Wohlfahrtspflege anzusehenden Pfandleihanstalten wollen aus der Darlehnshingabe einen Gewinn erzielen, durch den sie mindestens ihre Unkosten decken wollen. Zinslose Darlehn gibt es weder im Privatpfandleihgewerbe, noch bei den öffentlichen Pfandleihanstalten (Merkel S. 60). Der entgegengesetzten Ansicht des KG. vom 27. Dezember 1906

(Reger 27, 371) kann nicht beigetreten werden. Die Entscheidung übersieht, daß sowohl die GewO. wie das preußische Gesetz eine „Vergütung", die dem Pfandleiher in Gestalt der Zinsen zu gewähren ist, als selbstverständlich voraussetzt, und übersieht vor allem gerade den Jahrtausende alten Kampf gegen die Verzinsbarkeit des Pfanddarlehns (S. 2 f.).

Es ergibt sich sonach die Feststellung des Begriffs wie folgt: **Pfandleiher ist derjenige, der, ohne das Lombardgeschäft bankmäßig zu betreiben, gewerbsmäßig gegen Zinsen Darlehn gewährt, bei denen der Anspruch auf Rückgabe des Darlehns durch Verpfändung von beweglichen Gegenständen aller Art — auch von Rechten und Forderungen — gesichert wird.**

Diese Begriffsbestimmung mag angesichts des RGZ. 39, 350 als zu weitgehend erscheinen. Es sei aber auch auf die Ausführungen von Schwarze S. 10 verwiesen, der mit Recht darauf hinweist, daß die mit dem Pfandleihbetriebe verbundene Gefahr der Ausbeutung dazu führt, das Pfandleihgewerbe überhaupt im ungünstigen Lichte zu sehen, und daß man deshalb „um so mehr geneigt ist, über das Ziel hinauszugehen und dem Pfandleiher allzu enge Schranken zu ziehen, ohne Rücksicht darauf, daß diese den Geschäftsbetrieb überhaupt unmöglich zu machen geneigt sind". Zumindest entspricht die engere Auffassung des oben zitierten Reichsgerichtsurteils nicht mehr der in den letzten 40 Jahren eingetretenen Entwicklung des Pfandleihgewerbes (s. S. 8 f., 14 f., 65 f.). Fichtner S. 19 steht sogar auf dem Standpunkt, daß der Begriff des Pfandleihers überhaupt kein fester ist, sondern sich aus dem Wirtschaftsleben herausgebildet hat und sich weiter entwickelt, und daß er sich deshalb „äußerst schwer in die Fesseln einer Definition bringen läßt". Wie recht er hat, ergibt ein Ausblick in die Zukunft, die voraussichtlich eine weitere Veränderung des Pfandleihbetriebes mit sich bringen wird. Dem Reichstag liegt ein Antrag vor, betr. den Entwurf eines Gesetzes über die Einführung des Registerpfandrechts (RG. Drucks. 1927 N. 1811). Hier soll von dem gewöhnlichen Grundsatz der Publizität des Pfandrechts abgegangen und ein Pfandrecht geschaffen werden, das dem Gläubiger Sicherung verschafft, dem Schuldner aber den Besitz an der Pfandsache überläßt. Bisher geschah dies im Wege der Sicherungsübereignung, die, wenn es vom Geldgeber auch gewerbsmäßig geschah, nach der bisherigen Rechtsprechung nicht unter das Pfandleihgesetz fiel (s. S. 63). Wird der Entwurf Gesetz, so würde das Registerpfand dem Faustpfand völlig gleichstehen und die Folge wäre die, daß auch der Betrieb des Pfandleihgewerbes ein anderes Aussehen erhielte. Wenn also die oben gefundene Definition mit den bisherigen Anschauungen bricht, so geschah dies, weil nicht bloß die dargelegten Gründe der Interpretation dazu zwangen, sondern auch die Rücksichtnahme auf die Verkehrsauffassung, die, wie gezeigt, stets im Fluß ist. Der Begriff des Pfandleihgewerbes ist also erfüllt, wenn:

a) positiv
   1. es sich um den Abschluß von verzinslichen Gelddarlehnsverträgen handelt;
   2. die Ansprüche des Gläubigers aus diesen Darlehnsverträgen durch Bestellung eines Pfandrechts gesichert sind;
   3. der Gegenstand des Pfandrechts bewegliche Sachen aller Art einschließlich Rechte und Forderungen sind;
   4. der Abschluß der durch Pfand gesicherten Darlehnsverträge ein gewerbsmäßiger ist;

b) negativ
   die Art der zu a erwähnten Geschäfte nicht bankmäßig betrieben wird.

8. Außer dem bankmäßigen Lombardgeschäft gibt es nun noch andere, dem Pfandleihgeschäfte ähnliche Geschäftsarten, die sogar trotz anderer Bezeichnung nichts anderes sind als Pfandleihgeschäfte.

α) Das unechte Lombardgeschäft. Da der Pfandleiher für die Aufbewahrung und Erhaltung des Pfandes außer den Zinsen keine weitergehende Vergütung verlangen darf (§ 3), so beschränkt er sich häufig auf die Annahme von Pfändern, die keinen besonders großen Raum einnehmen. Denn dieser ist namentlich in den Großstädten und den Handelszentren teuer, und die hohe Raummiete wird durch die Pfandleihzinsen nicht gedeckt. Andererseits besteht aber unter den Kreditsuchenden das Bedürfnis, auch solche sperrigen Gegenstände zum Versatz zu bringen; z. B. Klaviere, Flügel, Automobile. Die Schwierigkeit des pfandleihmäßigen Versatzes dieser Gegenstände und das vorhandene Bedürfnis, sie als Unterpfand zu geben, haben sich nun seit einiger Zeit verschiedene Unternehmungen zunutze gemacht, die ihr Gewerbe unter dem Namen „Lombardgeschäft" oder „Lagergeschäft" betreiben, indem sie sich auf die Beleihung solcher sperrigen Güter spezialisierten und ihre Lager- bzw. Speicherräume hierzu benutzten. Trotzdem sich diese Unternehmungen den Namen Lombardgeschäfte geben, haben sie mit dem bankmäßigen Lombardgeschäft nichts gemein, sondern sind nichts anderes als Pfandleihgeschäfte (vgl. zu folgendem meinen Aufsatz „Lombardgeschäfte" im „Bankarchiv" 1928 S. 311 ff.). Diese Art von Geschäften kam kurz vor dem Weltkriege auf. In Berlin gab es im Jahre 1907 von solchen Geschäften 26 und im Jahre 1913 schon über 50 (vgl. Dr. Lorenz Zach in der „Germania" vom 16. April 1914). Sie nahmen dann mit dem Kriege ein Ende, sind aber in der Nachinflationszeit wieder in der Zunahme begriffen, bis sie schließlich zu den in den Tageszeitungen bekanntgegebenen Skandalen geführt haben. Zu diesen wäre es nicht gekommen, wenn die Behörden die unechten Lombardgeschäfte als das angesehen hätten, was sie sind, nämlich als Pfandleihgeschäfte. Da dies nicht geschah, wurden sie betrieben, ohne daß die erforderliche behördliche Genehmigung vorlag, und infolgedessen war auch, da weder eine Kontrolle des Geschäfts, noch eine Prüfung der Persönlichkeiten seitens der Behörden vorgenommen wurde, dem Betrug Tür und Tor geöffnet; und zwar stellte sich hierbei das eigentümliche heraus, daß nicht bloß die Verpfänder die Geschädigten waren, sondern auch diejenigen, die den Inhabern der Lombardgeschäfte das Geld zur Verfügung stellten. Für diese Lombardgeschäfte bestanden die Zinsbeschränkungen der Pfandleihgeschäfte nicht. Sie gewährten meistenteils kurzfristige Darlehen von drei Monaten, während das Pfandleihgesetz zu damaliger Zeit sechs Monate vorschrieb, nahmen zu ihrer Sicherheit auch noch Wechsel und ließen sich außerdem auch noch Pfänder bestellen, die bei ihnen eingelagert wurden. Dies Einlagern war die Hauptsache, denn an den von ihnen erhobenen Lagerspesen, die der Pfandleiher überhaupt nicht besonders berechnen durfte, verdienten sie am meisten (vgl. BA. 1928 S. 313). Dagegen waren die Zinsen meistenteils erheblich niedriger als die Pfandleihzinsen. Ein typisches Beispiel dieser unechten Lombardgeschäfte bietet die Entscheidung des Reichsgerichts (JW. 1908 S. 142). Über die Bestrebungen der Behörden und Handelskammern, schon vor dem Kriege gesetzgeberische Maßnahmen gegen diese unechten Lombardgeschäfte zu treffen, vgl. BA. 1928 S. 312 und 314. Das unechte Lombardgeschäft unterscheidet sich nun von dem bankmäßigen Lombardgeschäft in folgendem:

Das bankmäßige Lombardgeschäft bezieht sich auf Edelmetalle, Wertpapiere und Kaufmannswaren, bei ihm wird jede der drei Pfandgattungen beliehen. Dem unechten Lombardgeschäft liegt nichts daran, nur Wertpapiere oder Edelmetalle in Pfand zu nehmen, bei denen ja nur durch die Zinsen verdient wird; nicht aber durch das Lagergeld, wie die Erfahrung lehrt. Deshalb hat auch das KG. vom 27. Dezember 1906 bei Reger 27, 370 das Vorliegen eines Pfandleihgeschäftes auch dann angenommen, wenn ein unechtes Lombardgeschäft für das Darlehn überhaupt keine Zinsen nahm, indem angenommen wurde, daß tatsächlich die Zinsen in dem Lagergeld liegen. Darüber, daß die so von den unechten Lombardgeschäften berechneten Lagerzinsen ungefähr das Dreifache der Pfandleihzinsen ausmachen, vgl. die Tabelle im BA. 1928 S. 313. Bei den unechten Lombardgeschäften ist also das Einlagern der Gegenstände die Hauptsache, das Beleihen derselben tritt dahinter zurück. Bei dem Pfandleihgeschäft und dem echten Lombardgeschäft dagegen ist der Abschluß des Darlehnsvertrages die wirtschaftliche Hauptsache, die Aufbewahrung der Pfänder ist nur Akzessorium. Nimmt ein Bankier lediglich Wertpapiere in Verwahrung oder in Depot, so ist dies nur ein Neben- oder Hilfsgeschäft (Staub-Bondi Anm. 68 zu § 1), während das Einlagern in Verbindung mit dem Darlehnsgeschäft Grundgeschäft des Bankiers ist (Staub-Bondi Anm. 67 zu § 1; Düringer-Hachenburg 1908 I 121). Beim bankmäßigen Lombardgeschäft liegt dem Gläubiger an der Einlagerung gar nichts, im Gegenteil, er lehnt sogar meistens die Verpflichtung zur Einlagerung der Ware durch Vereinbarung ab (Zipper S. 25).

Auch vom Standpunkt des Verpfänders aus gesehen, sind erhebliche Unterschiede zwischen dem unechten Lombardgeschäft und dem bankmäßigen Lombardgeschäft vorhanden. Er schließt das Geschäft ab, um ein Darlehn zu erhalten; für ihn sind die aus der Verwahrungspflicht des Pfandgläubigers (§ 1215 BGB.) sich ergebenden Rechte zunächst ohne Belang; die Verwahrungspflichten laufen neben den Pflichten aus dem Pfandvertrage von Gesetzes wegen einher. Anders bei dem unechten Lombardgeschäft. Hier wird zunächst ein selbständiger Verwahrungsvertrag abgeschlossen, der die Voraussetzung für den demnächst abzuschließenden Darlehns- und Verpfändungsvertrag ist. Charakteristisch für die unechten Lombardgeschäfte ist auch, daß sie gleichzeitig als Lagergeschäfte betrieben werden und der Lagerhalter schon an sich auf Grund des HGB. ein gesetzliches Pfandrecht erwirbt, zu diesem aber außerdem noch ein vertragsmäßiges Pfandrecht sich stellen läßt (Zipper S. 17). Diese unechten Lombardgeschäfte sind also nicht die gesetzlich sanktionierten bankmäßigen Lombardgeschäfte, sondern nichts anderes als Pfandleihgeschäfte, müssen also sowohl den Bestimmungen 34 und 38 der GewO. unterworfen werden, als auch den landesgesetzlichen Pfandleihgesetzen. In der bisher betriebenen Form sind diese unechten Lombardgeschäfte nichts anderes als Unternehmungen, deren Zweck auf die Umgehung des § 3 des Gesetzes gerichtet ist. Auch bei diesen unechten Lombardgeschäften liegt die Gefahr der Ausbeutung und des hehlerischen Erwerbes vor (s. BA. 1928 S. 313). Zu welchen kühnen juristischen Konstruktionen diese Art von unechten Lombardgeschäften führen, beweist folgender Fall: Ein unechtes Lombardgeschäft, das keine behördliche Erlaubnis hatte, belieh Fahrräder, Möbel usw., die bei ihm eingelagert wurden. Über das Lager- und Versatzgeschäft wurde ein Pfandschein ausgestellt, die Urschrift des Pfandscheins wurde aber nicht dem Verpfänder übergeben, sondern nur ein „Duplikat". Die Urschrift selber behielt der Lombardeur. Dieser seinerseits suchte nun Geldgeber, denen er eine höhere Verzinsung versprach, und zur Sicherheit verpfändete der Lombardeur seinem Geldgeber den Originalpfandschein, der dem Verpfänder hätte ausgehändigt werden müssen. Alles dies ist vom Standpunkt des Pfandleihgesetzes aus unzulässig und strafbar, insbesondere hätte auch die Verpfändung der dem Lombardeur zustehenden Rechte an dessen Geldgeber, die meistenteils Privatpersonen waren, überhaupt nicht erfolgen dürfen, wenn der Inhaber des Lombardgeschäftes die Pfandleihkonzession besessen hätte (vgl. RG. Bd. 58 S. 71). — Scheinbare Schwierigkeiten bei der Abgrenzung des bankmäßigen Lombardgeschäfts von dem unechten Lombardgeschäft ergeben sich nur bei der Beleihung von Kaufmannswaren, die ja Gegenstand des bankmäßigen Lombardgeschäfts sind. Der Begriff der Kaufmannsware ist kein eindeutiger; es fallen nicht darunter Möbel, Bücher, Kleider und Schmucksachen (Seuffert Arch.: 34, 324 und KGJ. 27 A 201). Die objektive Kennzeichnung der Kaufmannsware gibt aber keine sichere Grundlage für ihre Begriffsbestimmung ab. Denn auch antike Möbel z. B. und ganze Bibliotheken können Kaufmannsware sein, ebenso wenn eine Möbelfabrik ihre Fertigfabrikate, eine große Konfektionswerkstatt Posten von ihrem Lager, oder ein Juwelier hundert Kartons Uhren und Ringe verpfänden will. In solchen Fällen handelt es sich um Kaufmannsware. „Das bankmäßige Lombardgeschäft befaßt sich mit der Beleihung von Waren des Großhandels" (Martin Wolff Sachenrecht 1927 § 159 IV). Man wird also unter Kaufmannswaren verstehen müssen: alle Roherzeugnisse, Halb- und solche Fertigfabrikate, die noch nicht im Besitz des Verbrauchers oder des Detaillisten sind (Müllendorf S. 13). Bei dem bankmäßigen Lombardgeschäft wird deshalb auch häufig die Kaufmannsware gar nicht in den unmittelbaren Besitz des Bankiers übergehen; sehr häufig befindet sich die Kaufmannsware noch auf dem Transport oder lagert, weil sie noch nicht sofort zum Verarbeiten oder zum Absatz bereit zu sein braucht, in Speichern (vgl. hierzu die einleitenden Worte bei Breit „Das Vinkulationsgeschäft", die Lombardierung rollender Güter S. 1—10, Tübingen 1909). Die bankmäßige Verpfändung der Ware geschieht deshalb auch meist durch Übergabe von Dokumenten und Konnossementen. Auch handelt es sich beim bankmäßigen Lombardgeschäft meist um Gesamtheiten wie Wagenladungen und Warenlager. Mit anderen Worten: es handelt sich beim bankmäßigen Lombardgeschäft immer nur um einen Großverkehr, der sich mit der Verpfändung von einigen Ballen Stoffen und einigen Dutzend Serien neuer Möbel oder einigen Mille Zigarren nicht begnügt. Dies letztere ist aber gerade der Fall beim sog. Mittelstandskredit, den das unechte Lombardgeschäft gewährt, wie z. B. in der Beleihung von 3—6 Klavieren, 10 Fahrrädern u. ä. Ganz in die Augen tritt der Unterschied zwischen dem unechten Lombardgeschäft und dem bankmäßigen Lombardgeschäft, wenn man die besitzrechtliche Seite hervorhebt. Beim bankmäßigen Lombardgeschäft erwirbt der Gläubiger meistenteils keinen unmittelbaren Pfandbesitz, sondern wird mittelbarer Besitzer des bei einem Lagerhalter, bei einem Speicherunternehmen oder noch auf dem Transport befindlichen Pfandes (Zipper S. 22). Bei dem unechten Lombardgeschäft wird der Pfandgläubiger stets unmittelbarer Besitzer des Pfandes. — Auch die Höhe des Kredits, den das unechte Lombardgeschäft gewährt, ist kein Kriterium dafür, daß es sich vom Pfandleihgeschäft unterscheidet. Die von den Pfandleihern gewährten Darlehn bei hochwertigen Gegenständen sind durchaus nicht so gering, wie man annimmt. Einzelne Pfandgeschäfte haben sich sogar auf die Beleihung hochwertiger Pfänder spezialisiert und Versatzgeschäfte über mehrere tausend Mark sind durchaus nichts Außergewöhnliches. Man kann also nicht sagen, daß das unechte Lombardgeschäft kein Pfandleihgeschäft ist, weil die Kreditbedürftigen bei diesem nicht zu der ärmeren Bevölkerung gehören. Hierauf hat bereits besonders hingewiesen OLG. Dresden

3. Januar 1912 im GewArch. 12, 457. Für die Frage nun, ob ein Geschäftsbetrieb den §§ 34 und 38 der GewO. unterliegt, müssen die beiden Hauptzwecke der Gesetzgebung in Betracht gezogen werden, nämlich der Schutz der Verpfänder (RGZ. 87, 156ff.) und Verhütung von hehlerischem Erwerb (S. 30). Für den Gesetzgeber schied hier der Bankier bereits aus (Goltdammer 61, 169ff.). Man wollte wohl den Bankier nicht den Kontrollvorschriften unterwerfen, die für den Pfandleiher gegeben waren. Wenn nun Betriebe entstehen, die als Bankiergeschäfte nicht zu betrachten sind, so ist nicht einzusehen, weshalb bei dieser neuen Gattung von Geschäften, wie es die unechten Lombardgeschäfte sind, nicht auch Gefahren des hehlerischen Erwerbs und der Ausbeutung bestehen sollen. Darüber, daß die erste Voraussetzung beim unechten Lombardgeschäft vorliegt, vgl. die im BA. 1928 S. 312 und 314 wiedergegebenen Mitteilungen des Polizeipräsidiums zu Berlin. Die unechten Lombardgeschäfte sind nichts anderes als verschleierte Pfandleihgeschäfte; ähnlich wie auch die gewerbsmäßige Bevorschussung von Waren, die zum Zwecke der Versteigerung jemandem übergeben werden unter der Bedingung, daß der Darlehnsnehmer die Ware vor der Versteigerung durch Zahlung einer Lagergebühr zurücknehmen kann (OLG. München vom 9. März 1880; Reger Bd. 1 S. 122; 27, 370, 33, 33; JW. 1908 S. 142; Staub-Könige Anm. 3 zu § 416 und GewArch. Bd. 7, 589; 6, 425; 24, 377; 15, 278). In allen diesen Entscheidungen tritt die Tendenz zutage, daß alle auf Umgehung des § 3 des Pfandleihgesetzes gerichteten Geschäfte, mögen diese nun in Form des unechten Lombardgeschäftes oder der Lagerhalterei, ja sogar des Speditionsgeschäftes vor sich gehen, als unerlaubt angesehen werden. Ebenso das KG. vom 6. Mai 1915 Aktenzeichen 23 U 2125/14 ungedruckt. Dort sind die Geschäfte eines Kaufmanns, der sich als Inhaber einer „Lombardbank" und „Lagerspeicherei" bzw. eines „Lombard- und Lagerhauses" bezeichnete und auf Möbel Darlehn gewährt hatte, als Pfandleihgeschäfte angesehen worden. So ist auch das unechte Lombardgeschäft nichts anderes als ein Pfandleihgeschäft, das unter der Form eines Lagergeschäftes betrieben wird (s. auch S. 60 und das S. **136** zitierte Urteil des OVG.). Das schließt natürlich nicht aus, daß ein Lagerhalter auch einmal die bei ihm eingelagerten Güter bevorschußt. Tritt aber das reine Lagergeschäft hinter derartigen, auf die Beleihung eines Lagergutes gerichteten Geschäften zurück, so wird auch der Lagerhalter zum Pfandleiher (s. S. 60).

Verträge, welche auf Errichtung von unechten Lombardgeschäften ohne behördliche Erlaubnis abzielen, sind deshalb „rechtsgeschäftliche Schleichwege" (Staudinger Anm. 4b zu § 117) und als nichtig anzusehen (RGZ. 87, 156; 100, 212). Sie stellen einen Verstoß gegen § 147 GewO. dar. Der Inhaber des unechten Lombardgeschäftes betreibt ein unechtes Pfandleihgewerbe. — Damit ist aber die Frage nach der Wirksamkeit der einzelnen, im Betriebe eines unechten Lombardgeschäftes abgeschlossenen Darlehns- und Verpfändungsverträge noch nicht beantwortet. § 147 GewO. richtet sich nur gegen den einen Vertragschließenden, nämlich gegen den Pfandleiher, nicht aber auch gegen den Verpfänder, so daß sich die Nichtigkeit der einzelnen Darlehns- und Verpfändungsverträge aus § 134 BGB. nicht ohne weiteres ergibt. Dagegen ergibt sich ihre Nichtigkeit aus § 138 BGB. Die von dem Inhaber des unechten Lombardgeschäfts mit dem Verpfänder abgeschlossenen Verträge verstoßen gegen die guten Sitten. Dies ergibt sich aus der Zusammenfassung von Inhalt, Motiven und Zwecken der Pfandleihgesetzgebung. Durch die Novelle zur GewO. von 1879 wurde das Rückkaufsgeschäft dem Pfandleihgeschäft gleichgestellt. Hieraus ist der Wille des Gesetzgebers zu entnehmen, daß er verschleierte und verdeckte Pfandgeschäfte überhaupt nicht dulden wollte. Durch den Abschluß derartiger unerlaubter Versatzgeschäfte aber wird gerade ein „von der Rechtsordnung nicht zu duldender Zustand herbeigeführt". Immerhin wird es aber zweifelhaft sein, ob eine Nichtigkeit des einzelnen Versatzgeschäftes sich aus § 138 Abs. 1 BGB. ergibt, weil meistenteils nur der eine Vertragsteil unsittlich handelt. Treten jedoch noch subjektive Momente hinzu, dergestalt, daß, wie beim „Knebelungs-Vertrage" (RGZ. 97, 255; 86, 148) durch das Lagerhalterpfandrecht, das Faustpfandrecht, durch eingegangene Akzeptverpflichtungen, Höhe der Lagermiete, Berechnung von Abschlußprovisionen eine übermäßige Bindung des Verpfänders erfolgt und seine wirtschaftliche Bewegungsfreiheit gefährdet wird, so ist auch das einzelne Versatzgeschäft gemäß § 138 Abs. 2 BGB. nichtig, was von Fall zu Fall entschieden werden muß. Die Annahme des Wuchers wird sehr nahe liegen, wenn man die vom Verpfänder zu machenden Aufwendungen beim unechten Lombardgeschäft denjenigen gegenüberstellt, die er beim Pfandleihgeschäft hätte machen müssen. Aus dieser Gegenüberstellung wird sich ergeben, wo ein auffälliges Mißverhältnis zwischen Leistung und Gegenleistung besteht, und es wird von Fall zu Fall festzustellen sein, ob ein unabweisbares Kreditbedürfnis vorliegt und ob der Verpfänder sich in dringender Not befand (JW. 1908 S. 142). Über die Nichtigkeit des einzelnen Geschäfts aus § 134 BGB. s. auch S. 118f. Im Falle der Nichtigkeit des Pfandleihvertrages aus § 138 BGB. ist jedes einzelne Geschäft nichtig, und zwar sowohl das obligatorische Darlehnsgeschäft als auch der dingliche Pfandvertrag, da letzterer ja überhaupt nur wegen seiner akzessorischen Natur bestehen kann beim Vorhandensein einer Forderung. Über Leistungswucher s. RGSt. 60, 222, 225.

β) Die Kombination zwischen Pfandgeschäft und Lagergeschäft. Das Lagergeschäft besteht in der gewerbsmäßigen Lagerung und Aufbewahrung von Gütern (§ 416 HGB.). Dieses wird nun häufig, wie folgt, mit dem Pfandleihgeschäft kombiniert. Wenn im Pfandleihgewerbe ein Automobil zur Beleihung kommen soll, wird der Verpfänder zu einem Lagerhalter geschickt. Bei diesem wird das Automobil gegen die üblichen Lagerspesen eingelagert; und der darüber ausgestellte Lagerschein wird dann beim Pfandleiher verpfändet (GA. 15, 279). An den Lagerspesen ist nun der Pfandleiher häufig beteiligt. Hier liegt ein unzulässiges Pfandgeschäft vor. Der Lagerhalter ist lediglich Hilfsperson des Pfandleihers oder, wenn er sogar an den Lagerspesen beteiligt ist, sogar Gesellschafter. Die wirtschaftliche und natürliche Verbindung des Pfandleihgeschäfts mit dem Lagergeschäft liegt klar zutage; und es sind deshalb derartige Geschäfte als zur Umgehung der Vorschriften des Pfandleihgesetzes geschlossen anzusehen. Verträge zwischen dem Lagerhalter und dem Pfandleiher, die auf den geschilderten Geschäftsbetrieb abzielen, sind nichtig; wobei es nicht nötig ist, daß der gesamte Geschäftsbetrieb auf gemeinsame Rechnung geht (RGZ. 87, 156; GewArch. 15, 279; 24, 377). Das einzelne Versatzgeschäft ist hier nichtig, weil es sich um ein „Ausbedingen" handelt, das im § 3 des Pfandleihgesetzes verboten ist. Das LG. I Berlin (22 O 167/13 ungedruckt) hat in solchen Fällen das einzelne Versatzgeschäft auch gemäß § 134 und § 138 Abs. 1 für nichtig erklärt. Ebenso KG. vom 8. November 1909 (BlfRpfl. 1910 S. 11). In gleichem Sinne auch RGZ. in JW. 1908 S. 142 sowie Goltdammer Bd. 61 S. 169f. (s. hierzu auch S. 135). — Betreibt gar der Pfandleiher neben seinem Pfandleihgeschäft selber ein Lagergeschäft und weist er den Darlehnssucher darauf hin, daß dieser erst das Pfand bei ihm einlagern müsse, und dann erst der Lagerschein verpfändet wird, so liegt der Verstoß gegen § 3 des preußischen

Gesetzes noch klarer zutage (KGJ. 48, 320). In diesem Falle liegt überhaupt kein selbständiges Lagergeschäft vor, denn zum Begriff des Lagerhalters im Sinne des § 1 N. 6 HGB. gehört die selbständige entgeltliche Übernahme von Lagerung und Aufbewahrung von Gütern. Wird diese Tätigkeit in Ausübung eines anderen Gewerbebetriebes vorgenommen, so ist ein Lagergeschäft nicht vorhanden (Lehmann-Ring 2. Aufl. 1914 I S. 35). Die Nichtigkeit eines solchen Versatzgeschäftes ergibt sich in vorliegendem Falle auch schon aus § 134 BGB., denn das Verbot weiterer Vereinbarungen, als im § 3 des Pfandleihgesetzes vorgesehen, richtet sich gegen beide Vertragsteile, was aus dem Wortlaut „ausbedingen" hervorgeht. — Hat der Verpfänder Waren bei einem Lagerhalter eingelagert, so bleibt ihm natürlich das Recht, auch diese beim Pfandleiher zu verpfänden. Jedoch darf eben die Einlagerung und das Verpfändungsgeschäft nicht in einem von vornherein gewollten Zusammenhang stehen. — Endlich sei noch die Variation erwähnt, daß jemand neben dem konzessionierten Pfandleihgeschäft noch ein unechtes Lombardgeschäft betreibt. Dies ist nach der oben gegebenen Begriffsbestimmung unmöglich, da dieses Lombardgeschäft eben nichts anderes als ein Pfandleihgeschäft ist, wie ja überhaupt alle vom Pfandleiher abgeschlossenen Geschäfte präsumtiv als zu seinem Pfandleihbetriebe gehörig anzusehen sind. Dies folgt aus der Analogie des § 343 HGB. Vergleiche auch RGZ. 79, 363. Beleiht der Lagerhalter, ohne mit einem Pfandleiher in der geschilderten Weise ein Geschäft zu betreiben, gewerbsmäßig die eingelagerten Güter, so betreibt er das Pfandleihgewerbe und bedarf hierzu der Konzession (Staub-Könige Anm. 3 zu § 416; Reger 33, 33; GewArch. 6, 424; JW. 1908 S. 142; DJZ. Spruchsammlung 35, 114). Selbst dann, wenn der Lagerhalter sich überhaupt keine Zinsen gewähren läßt und die bei ihm eingelagerten Sachen gewerbsmäßig bevorschußt, liegt Pfandleihe vor (KG. vom 27. Dezember 1906; Reger 27, 370). Die Zinsen liegen hier im Lagergeld. Ähnlich hat das KG. in einem Urteil vom 6. Mai 1915 (23 U 2125/14 ungedruckt) entschieden. Dort lag der Fall so, daß der Inhaber einer „Lombard- und Lagerspeicherei" bzw. eines „Lombard- und Lagerhauses" auf Möbel Darlehne gewährte.

γ) Ähnlich sind die Fälle zu behandeln, in denen ein Spediteur gewerbsmäßig die ihm übergebenen Güter beleiht. Eine Bevorschussung dieser Güter im einzelnen Falle fällt natürlich nicht unter das Pfandleihgewerbe; geht jedoch diese Bevorschussung über den Rahmen des üblichen hinaus, und geschieht sie in der Absicht, aus wiederholter Beleihung der Güter sich eine Einnahmequelle zu verschaffen, so wird, ebenso wie der Bankier, der über den Rahmen des bankmäßigen Lombardgeschäftes hinausgeht, auch der Spediteur Pfandleiher und bedarf der Konzession (Goltdammer 61, 169; GA. 6, 425; 12, 454; Landmann Anm. 2 Abs. 3 zu § 34).

δ) Auch das Gewerbe des Pfandvermittlers kann zum Pfandleihgewerbe werden. Pfandvermittler ist, wer gewerbsmäßig im eigenen Namen, aber für fremde Rechnung, den Abschluß von Versatzgeschäften bei gewerblichen Pfandleihern vermittelt (Zach S. 85; Löffler S. 37; Nastvogel S. 81; Reger 28, 359; OVG. 80, 382 sowie auch die noch ungedruckte Entscheidung des OVG. vom 29. September 1927 Aktenzeichen III A 85 und 97/26). Der Pfandvermittler unterscheidet sich vom bloßen Boten oder Vertreter des Verpfänders dadurch, daß er das Versatzgeschäft im eigenen Namen, nicht auf den Namen des Verpfänders, abschließt. Das Institut des Pfandvermittlers ist namentlich in West- und Süddeutschland verbreitet, weniger in Norddeutschland. Auch das Gewerbe des Pfandvermittlers ist nach § 134 GewO. konzessionspflichtig seit der Novelle zur

GewO. vom 30. Juni 1900 (RGBl. 321). Über die Art, wie das Pfandvermittlergewerbe betrieben wird, s. L 1910 S. 47. Der Pfandvermittler erhält den zu verpfändenden Gegenstand vom Verpfänder übergeben, verpfändet ihn bei einem konzessionierten Pfandleiher auf seinen Namen und führt das ihm ausgezahlte Darlehn an den Verpfänder ab (Entscheidung des bayr. Obersten LG. München vom 23. November 1907 GA. 7, 589). Da der Zweck des Pfandleihgewerbes gerade in der raschen Befriedigung eines dringenden Kreditbedürfnisses liegt, kommt es häufig vor, daß der Pfandvermittler, bevor er das Versatzgeschäft beim Pfandleiher vornimmt, den Verpfändern Vorschüsse gewährt. Derartige Vorschüsse sind nichts anderes als Darlehn (RGSt. 3, 176). Erwirbt der Pfandvermittler für die von ihm gewährten Vorschüsse an dem Pfand oder an dem darüber ausgestellten Pfandschein eine Sicherheit, und bevorschußt er gewerbsmäßig in dieser Weise Pfänder oder Pfandscheine, so liegt in dieser Tätigkeit die Ausübung des Pfandleihgewerbes (GA. 7, 589). Daß der Pfandvermittler für die Gewährung der Vorschüsse sich Zinsen ausbedingt, ist nicht erforderlich. Es genügt, daß die gewerbsmäßige Gewährung von Vorschüssen als Mittel zur Erzielung seines Gewerbes dient, z. B. um den Kreis seiner Kunden zu vermehren oder zu erhalten (OLG. München vom 17. Januar 1882 und 20. November 1885; Reger 3, 19; 6, 383). Die dem Pfandvermittler gewährte Sicherheit in Gestalt der Überlassung des Besitzes am Pfand oder Pfandschein braucht nicht ausdrücklich bestellt zu sein; es genügt auch stillschweigende Übereinbarung (OLG. Köln vom 30. Oktober 1903; Goltdammer 51, 379). A. M. ist das preußische OVG. in der oben zitierten Entscheidung vom 29. September 1927, die die Einräumung eines Zurückbehaltungsrechtes am Pfand oder am Pfandschein nicht für ausreichend hält, um aus dem Pfandvermittlergewerbe ein Pfandleihgewerbe zu machen. Dieser Ansicht kann jedoch nicht beigetreten werden. Allerdings ist das Zurückbehaltungsrecht kein Pfandrecht, wohl aber ist es ein dem Pfandrecht ähnliches Recht (Staub-Könige Anm. 1 vor § 369). Es unterscheidet sich vom Pfandrecht vor allem dadurch, daß es nicht dinglich wirkt. Trotzdem kann auch die Einräumung eines derartigen Zurückbehaltungsrechtes sehr wohl Gegenstand des Geschäftsbetriebes einer Pfandleihe sein. Hat doch das sächsische OVG. vom 16. September 1913 (GA. 13, 589) sogar Sicherungsübereignungen, s. weiter unten zu ζ, als pfandrechtliche Geschäfte angesehen, die, wenn sie gewerbsmäßig betrieben werden, Pfandleihgeschäfte sind. (Ebenso StenBer. HH. S. 31 und RGSt. 48, 244.) Ganz deutlich tritt der pfandartige Charakter des Zurückbehaltungsrechtes dann zutage, wenn es sich um ein kaufmännisches Zurückbehaltungsrecht handelt, auf das gemäß § 371 HGB. die Vorschriften über das Pfandrecht Anwendung finden.

ε) Die geradezu klassisch und historisch gewordene Form der Umgehung des Pfandleihgeschäftes (s. S. 6, 32, 157) ist das Rückkaufsgeschäft. Auch das BGB. kennt diese Art des Kaufvertrages, nennt ihn aber Wiederkauf (§ 497 ff. BGB.). Das Rückkaufsgeschäft setzt den Abschluß eines Kaufvertrages voraus und gewährt dem Verkäufer die Befugnis, sich in dem Kaufvertrage das Recht vorzubehalten, die verkaufte Sache wieder vom Käufer zurückzukaufen. Die GewArch. kennt das Wort „Wiederkauf" nicht und spricht in § 34 Abs. 2 nur vom Verkauf beweglicher Sachen mit Gewährung des Rückkaufsrechtes. Trotz der Verschiedenheit der Rechtsform verfolgt das Rückkaufsgeschäft den gleichen Zweck wie das Pfandleihgeschäft. Nur daß die Form des gewerbsmäßigen Rückkaufsgeschäfts sich deshalb so gefährlich — und gefährlicher als das Pfandleihgeschäft — erweist, weil der Verpfänder zwar mehr Geld auf seine Sache erhält, aber dabei übersieht, daß sein Gläubiger nicht bloß das Pfandrecht, sondern das Eigentum erwirbt; und weil ferner die Möglichkeit, die Sache nach Verfall wieder einzulösen, so gut wie ausgeschlossen ist, während bei der Verpfändung die Vorschriften über den Pfandverkauf eine Gewähr dafür bieten, daß der Verpfänder auch nach Fälligkeit des Darlehns die verpfändete Sache noch jederzeit einlösen kann. Deshalb schritt der Gesetzgeber schon in der Novelle vom 26. Februar 1876 zum StGB. im § 360 Ziff. 12 zu einer Gleichstellung des Pfandleihgewerbes mit dem Rückkaufshandel. Deshalb erfolgte auch durch die Novelle vom 23. Juli 1879 zur GewO. in dem neuen § 34 Abs. 2 die Gleichstellung beider Geschäftsarten (wegen der Motive vgl. Rohrscheidt Bd. 1 S. 244ff.). Durch diese Novelle ist das gewerbsmäßige Rückkaufsgeschäft als selbständiges Rechtsinstitut beseitigt; es ist nichts anderes als Pfandleihgewerbe (Drucks. HH. S. 276; RGZ. 79, 361ff.). Die GewO. hat die zivilrechtlichen Elemente des gewerbsmäßigen Rückkaufsgeschäftes auf diejenigen des Pfandleihversatzgeschäftes zurückgeführt. Die gewerbsmäßig abgeschlossenen Rückkaufsverträge sind keine solchen mehr, sondern Pfandleihverträge, auch wenn sie sich den Namen des Rückkaufsgeschäftes geben. Dies kraft gesetzlicher Definition. Dies ergibt sich aus dem Wortlaut des § 34 Abs. 2 GewO. und ist in § 38 Abs. 2 Satz 1 und 2 nochmals hervorgehoben worden. Es handelt sich hier um eine vom Gesetz geschaffene praesumptio juris et de jure, und es gibt keine Möglichkeit, sie zu widerlegen (RGZ. 79, 363; RGSt. 8, 285; Georg Cohn III, 993; Frohnert S. 5). Auch das preußische Gesetz und alle übrigen Landesgesetze begreifen deshalb auch unter Pfandleihgewerbe den gewerbsmäßigen Rückkaufshandel. Es ist dies dadurch im Gesetz zum Ausdruck gelangt, daß hinter dem Worte „Pfandleiher" auf die §§ 34 und 38 der GewO. in der Fassung der obenerwähnten Novelle vom 23. Juli 1879 Bezug genommen ist. Außerdem ergeben dies unzweideutig die gesetzgeberischen Vorarbeiten (Begr. S. 21; Drucks. HH. S. 276; StenBer. HH. S. 22; RGSt. 4, 203). Der gewerbsmäßige Rückkaufshändler bedarf also zu seinem Betriebe der behördlichen Erlaubnis, er erwirbt ein Recht an der ihm übergegebenen Sache erst durch Eintragung des Geschäftes in ein von ihm zu führendes Pfandbuch und unterliegt sämtlichen strafrechtlichen und zivilrechtlichen Bestimmungen, welche für den Pfandleiher gegeben sind. Auch wenn der Rückkaufshändler die beliehene Sache im Gewahrsam des Verpfänders beläßt, bleibt § 34 GewO. anwendbar (Polizeipräsidium Berlin vom 9. November 1926 zu C 9).

ζ) Der Abs. 2 des § 38 GewO. hat Veranlassung gegeben, auch andere „verschleierte Pfandgeschäfte" den für das Pfandleihgewerbe gegebenen Bestimmungen zu unterwerfen (s. auch Staudinger 9. Aufl. I, 469). Ebenso ist die Frage streitig geworden, ob derjenige Rückkaufshändler auch Pfandleiher ist, der gewerbsmäßig auch Darlehn gewährt und zur Sicherheit dafür im Wege des Sicherungsübereignungsvertrages sich Gegenstände des constitutum possessiorum übertragen läßt. Der Strafsenat des OLG. Dresden vom 7. Mai 1913 (Sächsiches Archiv für Rechtspflege 10. Jahrg. S. 191 und GewArch. 14, 592ff) hat die Anwendung des Pfandleihgesetzes auf derartige Verträge verneint; mit der Begründung, daß es bei Sicherungsübereignungsverträgen an einer „Übergabe" fehle. In direktem Widerspruch zu der Entscheidung des OLG. Dresden steht aber die Entscheidung des sächs. OVG. vom 16. September 1913 (Reger 34, 444; GewArch. 13, 587). Es nimmt an, daß eine körperliche Übergabe nicht erforderlich ist, um den Tatbestand des § 38 Abs. 2 Satz 2 GewO. zu erfüllen. Es folgert vielmehr aus dem ganzen Inhalt und dem inneren Zusammenhang des § 38 GewO., daß der Gesetzgeber eine gesetzliche Regel darüber habe aufstellen wollen, „welche Bedeutung den einzelnen Rechtsvorgängen, aus denen sich der Tatbestand des Kauf- und Rückkaufsgeschäftes zusammensetze, vom gewerbepolizeilichen Standpunkt aus zukommen soll". Auch OLG. München (Reger 44, 11) hält die Gründe des OLG. Dresden nicht für überzeugend und schließt sich der Ansicht des sächs. OVG. an. Auch Crome III S. 885, § 509 scheint eine fiduziarische Übereignung als Verpfändungsgeschäft im Sinne des § 34 GewO. anzusehen. Ebenso auch die oben zitierte Ansicht des Polizeipräsidiums Berlin vom 9. November 1926 zu C 9. Das OVG. Dresden fährt fort, daß, wenn auch zur Bestellung eines Faustpfands das const. poss. nicht genüge, sich doch die Form der „Übergabe", wie sie § 38 GewO. meine, nicht nach diesen Vorschriften richte, vielmehr jede Ersatzübergabe auch möglich sei. — Der Ansicht des sächs. OVG. ist beizutreten, um so mehr, als sie dem Zweck und dem Inhalt des § 38 entspricht, der ja die Möglichkeit der Ausbeutung eines Schuldners durch einen gewerbsmäßigen Darlehnsgeber, in welcher Form auch immer, verhüten soll. Allerdings ist der Widerspruch dieser Auffassung zu § 1205 BGB. unverkennbar. Die GewO. hat jedoch mit dem Abs. 2 Satz 2 des § 38 bürgerliches Recht schaffen wollen und geschaffen (RGZ. 79, 364). Die Bestimmung ist durch das BGB. nicht aufgehoben. Sie gilt also als zivilrechtliches Sonder-Reichsgesetz weiter. Auch der preußische Gesetzgeber ging davon aus, daß, wenn es sich nicht um ein „wirkliches" Kaufgeschäft, sondern um einen „Sicherungsvertrag" handelte, ein verdecktes Pfandleihgeschäft vorlag (StenBer. HH. S. 31). Vgl. hierzu auch RGSt. 48, 244, das aber zu der zivilrechtlichen Frage, ob der Sicherungsübereignungsvertrag als Pfandleihvertrag anzusehen ist, eine eigenartige Stellung einnimmt. — Kein Rückkaufsgeschäft liegt vor, wenn, sei es auch gewerbsmäßig, es sich nicht um die Sicherung eines Darlehns handelt (Reger 44, 9; GewArch. 22, 30; s. auch GewArch. 17, 470). Verkauft jemand einen Gegenstand unter Kreditierung eines Kaufpreises, und läßt er sich zur Sicherung für die Zahlung des Preises andere Gegenstände verpfänden, so liegt kein Darlehn vor, das gesichert wird; infolgedessen entfällt die Anwendung des § 38 GewO. (RGSt. 12, 217). — Es fragt sich, ob der gewerbsmäßige Rückkaufshandel mit Gegenständen, die nicht körperliche Sachen sind, zulässig sind. Die Worte „bewegliche Sache" in § 34 Abs. 2 lassen eine Bejahung der Frage zu. Es würde demnach auf den ersten Blick der gewerbsmäßige Ankauf von Pfandscheinen gegen Gewährung eines Rückkaufsrechtes statthaft erscheinen. Es wird aber tatsächlich nicht die Forderung verkauft, sondern die verpfändete Sache selber, deren Übergabe durch die, in der Übertragung des Pfandscheines liegende Abtretung des Herausgabeanspruchs ersetzt wird. Die Streitfrage wird gelöst durch die oben S. 50f. gegebene Darstellung, was unter beweglichen Sachen im Sinne der GewO. und des Pfandleihgesetzes zu verstehen ist. Danach fallen auch Rechte und Forderungen darunter. Denn gerade dem An- und Rückkauf von Pfandscheinen wendet sich der gewerbsmäßige Rückkaufshandel mit Vorliebe zu. Deshalb ist auch in der Justizkommission des HH. bei der Spezialberatung des § 1 hervorgehoben worden, daß das Gesetz gerade den Rückkaufshandel mit Pfandscheinen treffen will, und daß gerade bei dem Rückkaufshandel mit „Pfandscheinen und Forderungen" diese „unzweifelhaft zu den beweglichen Sachen" gehörten und deshalb als verboten anzusehen seien.

9. Die Kaufmannseigenschaft des Pfandleihers.

a) Nicht jeder, der Gelder auf Pfänder ausleiht, ist Pfandleiher; er ist es nur dann, wenn er diese Tätigkeit als Gewerbe ausübt, d. h.: das Kreditieren muß geschehen durch eine dauernde, fortgesetzte, planmäßige, erlaubte, selbständige, nach außen in die Erscheinung tretende Arbeitstätigkeit, die auf Gewinnerzielung gerichtet ist (Staub-Bondi Anm. 6ff. zu § 1; Ehrenberg II, 16ff.; Rohrscheidt Anm. 3 zu § 1). Es betreibt also nicht das Pfandleihgewerbe, wer Gelder auf Zinsen gibt: 1. wenn dies nur gelegentlich geschieht, 2. wenn er dabei keinen Gewinn erzielen will, also z. B. Gefälligkeitsdarlehn gewährt, 3. wenn er als Angestellter dabei tätig ist, 4. wenn er seine Geschäfte so macht, daß sie nicht nach außen dem Publikum erkennbar sind (JW. 94, 19; 99, 282; a. M. Staub-Bondi Anm. 12 zu § 1), 5. wenn die genannte Tätigkeit keine an sich erlaubte ist. Der gewerbsmäßige Hehler z. B. betreibt deshalb kein Gewerbe, wohl dagegen betreibt der Pfandleiher ein Gewerbe, wenn er auch die behördliche Konzession nicht besitzt (Rohrscheidt Anm. 3a, b zu § 1; Ehrenberg II S. 156; Staub-Bondi Anm. 22 a. E. zu § 1; Anm. 2 zu § 7). Der Begriff der Gewerbsmäßigkeit kommt in der GewO., in dem HGB., in dem StGB. und in der Steuergesetzgebung vor. Er ist in den einzelnen Gesetzen nicht der gleiche (RGZ. 55, 167; JW. 1918, 776). Über die Frage, ob die öffentlichen Leihanstalten ein Gewerbe betreiben, s. S. 81, 239. Eine Genossenschaft, die lediglich an ihre Genossen Darlehne gegen Pfänder gewährt, betreibt kein Pfandleihgewerbe und ist deshalb auch nicht konzessionspflichtig (Reger 44, 13). Es fragt sich nun, ob das Pfandleihgewerbe auch als Handelsgewerbe anzusehen ist und der Pfandleiher Kaufmann im Sinne des HGB. ist. Nach § 1 HGB. liegt ein Handelsgewerbe vor kraft Gegenstand des Unternehmens (natürliches Handelsgewerbe, Muß-Kaufleute) oder gemäß § 2 HGB. kraft Anlage des Unternehmens und seiner Eintragung in das Handelsregister (künstliches Handelsgewerbe, Soll-Kaufleute). Muß-Kaufmann würde der Pfandleiher nur sein, wenn sein Betrieb zum Gegenstand hätte die Anschaffung und Weiterveräußerung von beweglichen Sachen (Waren) oder Wertpapieren (§ 1 Abs. 2 Ziff. 1 HGB.), oder wenn er ein Bankiergeschäft betreibt (§ 1 Abs. 2 Ziff. 4 HGB.). Es herrscht Einhelligkeit in Rechtsprechung und Schrifttum darüber, daß die Tätigkeit des Pfandleihers nicht auf den Umsatz von Waren oder Wertpapieren gerichtet ist. Zum Anschaffungsgeschäft ist die Absicht eines Eigentumserwerbs erforderlich (RGZ. 21, 36; 31, 18). Die Absicht des Pfandleihers ist, soweit das Pfand in Betracht kommt, nur auf die Erlangung eines Pfandrechts gerichtet. Infolgedessen fällt er nicht unter die Muß-Kaufleute des § 1 Abs. 2 Ziff. 1 HGB. (Staub-Bondi Anm. 36; 42, 85 zu § 1; Düringer-Hachenberg Anm. 16 zu § 1; Lehmann-Ring Anm. 40 zu § 1; Ehrenberg II S. 26; RJA. 4, 153). Dagegen kann es zweifelhaft sein, ob das Geschäft des Pfandleihers als Bankiergeschäft anzusehen ist. Die herrschende Meinung verneint dies (ROHG. 24, 34; Seuffert Arch. 34 N. 228; Staub-Bondi Anm. 69 zu § 1; Lehmann-Ring Anm. 40 zu § 1; Düringer-Hachenberg Anm. 2 zu § 1 und Anm. 14 zu § 2; Ehrenberg II S. 38; KGJ. 27 A 201; OLG. 8, 379, 43, 18; GA. 25, 536; Drucks. HH. S. 277). Da sonach der Pfandleiher kein Bankier ist, kommt die Vorschrift des § 367 HGB. nicht in Betracht, auch wenn er in das Handelsregister eingetragen ist. Allerdings wird man auch bei dem Pfandleiher Bösgläubigkeit annehmen, wenn er die ihm zugehenden polizeilichen Fahndungsblätter nicht genügend beachtet (s. S. 169).

β) Wenn nun auch die Frage nach der Bankiereigenschaft des Pfandleihers im Sinne des HGB. verneint wird, so ist damit noch nicht der Fall entschieden, ob auf dem Gebiete des Aufwertungsrechtes eine gleiche Entscheidung vorzunehmen ist. § 66 des Aufwertungsgesetzes spricht in seiner Überschrift von „Aufwertung von Bankguthaben". Es wird dort die Aufwertbarkeit ausgeschlossen bei Ansprüchen aus Darlehn, wenn sie sich gegen ein Unternehmen richten, dessen Geschäftsbetrieb der Anschaffung und Darleihung von Geld dient. Die erwähnte Überschrift spricht zunächst gegen die Auffassung, daß die Darlehnsgeschäfte des Pfandleihers unter § 66 fallen. Allein man wird bei der Auslegung des Aufwertungsgesetzes nicht die üblichen Auslegungsregeln anwenden können (RGSt. 61, 337). Das Aufwertungsgesetz hat die genügend bekannten Unklarheiten, Lücken und Widersprüche, die offenbar auf die Art seines Entstehens und dessen Schnelligkeit zurückzuführen sind (vgl. RG. V. Senat vom 17. Oktober 1927, Aktenzeichen V 539/26. Aufwertungskartothek zu § 66 Karte N. 4a). Wie man auch in früheren Gesetzen den Marginalien keine ausschlaggebende Bedeutung gab, so kann dies auch mit der erwähnten Überschrift nicht geschehen (JW. 1928, 483[16]). Vielmehr muß der Wille des Gesetzgebers aus dem Paragraphen selber und seinem Zwecke entnommen werden. Dabei kommt man aber zu dem Ergebnis, daß auch die im Pfandleihgewerbe entstandenen Forderungen von Geldgebern aus Darlehn gegenüber dem Pfandleiher nicht aufwertbar sind. Das Aufwertungsgesetz hat die Worte „Unternehmen, dessen Geschäftsbetrieb der Anschaffung und Darleihung von Geld dient“ dem Reichsstempelgesetz vom 25. März 1918 Tarifstelle 10 und § 76 entnommen (vgl. Schlegelberger S. 245). Indem damals schon das Reichsstempelgesetz nicht schlechthin vom bankmäßigen Anschaffungsgeschäft sprach, wollte es den Kreis der Geschäfte, die es treffen wollte, offenbar weiter schaffen (Eckstein Anm. 2 zu Tarifstelle 10, Veiel S. 213). Man wird deshalb auch unbedenklich den § 66 auf Vorschußvereine anwenden dürfen, obwohl diese kein Bankiergewerbe betreiben (Lehmann-Ring Anm. 4 zu § 1), vgl. auch JW. 28, 1591. Veiel (a. a. O.) hebt ausdrücklich hervor, daß zu diesen genannten Unternehmungen auch die Betriebe des gewerbsmäßigen Geldverleihers gehören, die sich von dritter Seite das auszuleihende Kapital beschaffen, also insbesondere die Pfandleiher. Auf einen ähnlichen Standpunkt hatten sich auch ein Teil der Finanzämter gestellt. — Dies mit Recht. Die bisher von dem Gesetz getroffene Regelung des Pfandleihgewerbes hatte stets nur die Aktivgeschäfte des Pfandleihers im Auge. Auf die Passivgeschäfte ist sowohl in den Landesgesetzen wie auch in der GewO. überhaupt nicht eingegangen, weil sie keiner besonderen gesetzlichen Regelung bedurften, und weil man wohl auch annahm, worauf Seuffert Arch. 34 N. 228 hinweist, daß der Pfandleiher nur mit seinem eigenen Geld arbeite. Dies ist jedoch keineswegs der Fall (Staub 8. Aufl. Anm. 69 zu § 1). Vielmehr lehrt die Erfahrung, daß die allergrößte Anzahl der Pfandleiher ständig ihre Aufmerksamkeit dahin richten, kurzfristige Darlehn aufzunehmen und das so erhaltene Geld in ihrem Geschäfte umzusetzen (Zach S. 37). Hierauf deuten auch die zahlreichen Annoncen in den Tageszeitungen hin, in denen die Pfandleiher Darlehnsgelder suchen (Arnold in L. 1926 N. 6). So berichtet auch das Institut für Konjunkturforschung (L. 1928 N. 9), daß die Finanzierung der privaten Leihhäuser zum geringsten Teil durch eigenes Betriebskapital (15—20%) geschieht, sondern hauptsächlich durch den privaten Geldmarkt. Auch der Zweck des § 66 rechtfertigt die Annahme, daß das Pfandleihgewerbe unter die genannte Bestimmung fällt. Die Ausnahme, die das Gesetz für Banken macht, hat ihren Grund darin, daß es ein Unding gewesen wäre, jede einzelne im Bankbetriebe während der Inflation auf ein Konto gemachte Einzahlung nach den Grundsätzen des Aufwertungsrechtes aufzuwerten (Schlegelberger S. 350). Man fürchtete einen Zusammenbruch der Banken (RGZ. 119, 26). Dasselbe trifft für das Pfandleihgewerbe zu. Eine Aufwertung derjenigen Darlehnsbeträge, welche die Pfandleiher während der Inflation den Verpfändern gegeben hatten, hat sich in der Praxis völlig erübrigt, denn in Gold umgerechnet wären es nur verschwindende einzelne Beträge. Als Korrelat dafür aber, daß auf diese Weise der Pfandleiher jedenfalls sein Vermögen eingebüßt hatte (vgl. oben S. 10f.), steht deshalb aber auf der anderen Seite die Unaufwertbarkeit der von ihm aufgenommenen Darlehnsschulden. Die Analogie rechtfertigt sonach die Anwendung des § 66 auch auf das Pfandleihgewerbe, zumal auch bereits anerkannt ist, daß § 66 nicht einschränkend auszulegen ist (BlfRpfl. 1927, 92). Zu einem gleichen Ergebnis kommt auch Mügel Nachtrag zum Aufwertungsgesetz Anm. zu § 66.

γ) Der Gewerbebetrieb des Pfandleihers ist aber andererseits ein solcher, daß er, gemäß § 2 HGB. Kaufmann ist (Soll-Kaufmann), wenn er nach Art und Umfang einen in kaufmännischer Weise eingerichteten Betrieb erfordert. Dies wird meistenteils der Fall sein, wenn sein Jahresumsatz ein bedeutender und sein Kundenkreis ein so großer ist, daß er eine größere Anzahl fremder Hilfskräfte halten muß und die ihm von Geldgebern zufließenden Gelder erhebliche Summen darstellen. Auch die Klasse, zu der er zur Gewerbesteuer veranlaßt ist, spielt hierbei eine Rolle (RJA. 4, 153ff.). In solchen Fällen ist der Pfandleiher verpflichtet (§ 2 Satz 2 HGB.), seine Eintragung in das Handelsregister herbeizuführen (KGJ. 27 A 201; Landmann Anm. 2 zu § 34; Staub-Bondi Anm. 69 und 85 zu § 1; Anm. 3 zu § 2; Seuffert Arch. 34 N. 228; OLG. 8, 379; 43, 18; Löffler 28ff.; 32; RJA. 11, 218; Düringer-Hachenberg 1908 I 133; a. M.: LG. I Berlin bei Holdheim 1901, 202 und Recht 1901, 170).

δ) Durch die Eintragung in das Handelsregister fällt das Erfordernis der behördlichen Erlaubnis zum Betrieb des Pfandleihgewerbes nicht fort. Allerdings erfolgt die Eintragung in das Handelsregister, ohne daß der Nachweis der behördlichen Erlaubnis geführt wird. Dies gilt jedoch nur für Einzel-Kaufleute, offene Handelsgesellschaften und Kommanditgesellschaften. Wird das Pfandleihgewerbe in der Form einer G. m. b. H., einer A.-G., einer Kommanditgesellschaft auf Aktien betrieben, so ist der Nachweis der behördlichen Erlaubnis dem Registerrichter zu erbringen, andernfalls er die Eintragung der genannten Gesellschaften in das Handelsregister ablehnen kann (§ 195 N. 6, § 320 Abs. 3 HGB.; § 8 N. 4 G.m.b.H.-Ges.). Betreibt der Pfandleiher als Einzelkaufmann auch ohne Konzession einen kaufmännischen eingerichteten Betrieb, so kann ihn der Registerrichter zur Eintragung in das Handelsregister zwingen (Lehmann-Ring Anm. 1 zu § 7; Ehrenberg II S. 155ff.; Düringer-Hachenburg Anm. 1 zu § 7) und umgekehrt: wenn einem in das Handelsregister eingetragenen Kaufmann die Konzession entzogen ist, er aber sein Gewerbe noch weiterbetreibt, so bleibt er dennoch Kaufmann (Staub-Bondi Anm. 2 zu § 7). Wird der Pfandleiher in das Handelsregister eingetragen, so bleibt nach wie vor das Sonder-Landesrecht für ihn maßgebend und nur subsidär kommt das HGB. zur Anwendung. Ohne Rücksicht darauf, ob der Pfandleiher in das Handelsregister eingetragen ist oder nicht, betrachtet der Erlaß des Ministers des Innern vom 16. November 1891 (MBl. f. i. Verw. 1892 S. 73) das Pfandleihgewerbe als ein Handelsgewerbe, auf das die Bestimmungen über die Sonntagsruhe Anwendung finden (Rohrscheidt S. 319).

ε) Aus der Kaufmannseigenschaft des Pfandleihers ergibt sich seine Buchführungspflicht (KGJ. 32 C 7). Diese besteht in der Führung von Handelsbüchern; daneben hat er aber auch das Pfandbuch zu führen (Reger 36, 24).

Dieses dient der polizeilichen Kontrolle und der Entstehung des Pfandrechts, betrifft also seine Passivgeschäfte. Die Handelsbücher aber sind dazu da, auch Aufzeichnungen über seine Aktivgeschäfte zu machen, also über den Verkehr mit seinen Geldgebern und seinen sonstigen Gläubigern (Holdheim 1901 S. 202; GA. 12, 460). Die Handelsbücher müssen die Lage seines Vermögens ersichtlich machen (§ 38 HGB.). Sie brauchen nicht polizeilich beglaubigt zu werden wie das Pfandbuch. Betreibt der in das Handelsregister eingetragene Pfandleiher noch das Trödelgewerbe und nimmt er z. B. Edelmetalle in Pfand, die er in der Versteigerung ersteht, so hat er einmal das Pfandgeschäft in das Pfandbuch, den Ankauf bei der Versteigerung in seine Handelsbücher und den Verkauf sodann auch in das Trödelbuch einzutragen (s. S. 132). Seine Buchführungspflicht ergibt sich ferner auch aus steuerlichen Gründen gemäß § 162 RAGO. Zur ordnungsmäßigen Buchführung ist erforderlich, daß jedes einzelne Geschäft dergestalt aufgezeichnet wird, daß ziffernmäßig die Einnahme oder Ausgabe, sowie die Vertragsparteien zur Eintragung gelangen (DJZ. 1909, 545). Das würde bedeuten, daß die Eintragungen in das Pfandbuch in den Handelsbüchern noch einmal wiederholt werden müßten. Das wird aber nicht notwendig sein, da das Pfandbuch als Bestandteil der Handelsbücher angesehen werden muß (Ehrenberg II, 480). Die Handelsbücher sind in lebender Sprache zu führen (§ 43 HGB.). Es ist also die deutsche Sprache nicht absolut nötig, lateinische und altgriechische Sprache sind unstatthaft. Die hebräische Sprache hat bisher nicht als eine lebende Sprache gegolten (Staub-Bondi Anm. 1 zu § 43; Lehmann-Ring Anm. 2 zu § 43; Düringer-Hachenburg zu § 43; a. M. Blau in Archiv für bürgerliches Recht 23, 177). Ob heute die hebräische Sprache eine lebende ist, kann zweifelhaft sein. **Hamburg** (§ 1) schreibt für das Pfandbuch die deutsche Sprache vor. Andere Schriftzeichen als die der lebenden Sprache, z. B. stenographische Schriftzeichen, sind nicht zulässig. Die preußische Bekanntmachung vom 16. Juli 1881 sagt über die zur Anwendung kommenden Sprachen oder Schriftzeichen bei der Eintragung in das Pfandbuch nichts (s. S. 156). Ist der Pfandleiher in das Handelsregister eingetragen, so werden die §§ 38ff. HGB. auch für das Pfandbuch angewendet werden müssen, dasselbe wird man aber auch annehmen müssen, wenn der Pfandleiher nicht Kaufmann ist. Denn der Zweck der Pfandbucheintragung ist ein polizeilicher, sie soll die rasche Kontrolle durch die Polizei gewährleisten, was aber erschwert oder verhindert wird, wenn der Polizeibeamte erst einen Dolmetscher hinzuziehen müßte. — Die Handelsbücher sind zehn Jahre lang — gerechnet von der letzten Eintragung an — aufzubewahren und können dann vernichtet werden (§ 10 HGB.). Das Pfandbuch jedoch darf ohne Genehmigung der Polizeibehörde überhaupt nicht vernichtet werden (Ziffer 1 der Bekanntmachung vom 16. Juli 1881). Ebenso wie die Handelsbücher muß der in das Handelsregister eingetragene Pfandleiher auch die empfangenen Briefe und die Abschriften der abgesandten Briefe zehn Jahre lang aufbewahren. Diese Aufbewahrungspflicht bezieht sich nicht auf sonstige Belege wie Quittungen und Fakturen. Dieser allgemeinen handelsrechtlichen Verpflichtung geht aber für den Pfandleiher die Sonderregelung vor, daß alle dem Pfandleiher von Behörden oder Privatpersonen zugehenden Benachrichtigungen über verlorene oder entfremdete Gegenstände aufzubewahren sind (Ziff. 5 a. a. O.) und daß der vom Verpfänder dem Pfandleiher zurückgegebene Pfandschein ein Jahr lang aufbewahrt werden muß (Ziff. 6 a. a. O.) In **Hamburg** (§ 7) sind diese Belege ein Jahr lang aufzubewahren. Ein alphabetisches Register zur Auffindung der Verpfänder ist nirgends vorgeschrieben und auch nicht erforderlich, da die Angabe der Pfandbuch-Nummer immer zur Auffindung der Eintragung genügen wird. Eine Verpflichtung, Listen über die in den Fahndungsblättern aufgeführten Gegenstände zu führen, wie sie das KG. z. B. dem staatlichen Leihamt auferlegt hat (BlfRpfl. 1902 S. 116) ist im Gesetz nicht begründet. Die kaufmännische Buchführung, die keine doppelte zu sein braucht, kann vom Registerrichter nicht erzwungen werden, dagegen stehen strenge Strafen auf ihr Unterlassen und auf Unordentlichkeit der Buchführung im Falle des Konkurses (239—241 KO.). Über das Pfandbuch s. S. 152 ff.

ζ) Wird der Pfandleiher in das Handelsregister eingetragen, so erwirbt er das Recht, eine Handelsfirma zu führen. Diese ist kein Rechtssubjekt, sondern nur ein Name, unter dem der Kaufmann seine Geschäfte betreibt und die Unterschrift im Handelsverkehr abgibt (§ 17 HGB.). Von der Firma ist zu unterscheiden der bloße Etablissements-Name (Staub-Bondi Anm. 6 zu § 17), z. B. „Leihhaus des Westens". Eine solche Bezeichnung kann auch der Nicht-Kaufmann für sein Geschäft benutzen, nur ist sie firmenrechtlich nicht geschützt. Betreibt der Pfandleiher sein Gewerbe allein, also als Einzelkaufmann, so kann er zur Führung seiner Firma nur seinen Familiennamen wählen, dem mindestens ein ausgeschriebener Vorname zugefügt werden muß (§ 18 HGB.), z. B. „Wilhelm Hoch". Abkürzungen des Vornamens, z. B. Willi Hoch), sind verboten. Dagegen kann er seinem Geschäft einen Zusatz zum Namen geben. Nur darf der Zusatz zur Firma kein solcher sein, der zur Täuschung über Art und Umfang des Geschäftes dient. So darf ein Pfandleiher nicht „Lombardbank" firmieren (Staub-Bondi Anm. 12b zu § 18; BlfRpfl. 1913 S. 53). Die bisher bei den Polizeibehörden (z. B. Polizeipräsidium Berlin, Verordnung vom 9. November 1926 zu C 2) weitverbreitete, auch von Rohrscheidt Anm. 6 zu § 34 wiedergegebene Ansicht, der Pfandleiher dürfe sein Geschäft nicht als „staatlich konzessioniertes Pfandamt" bezeichnen, beruht auf einer mißverstandenen Auffassung. OVG. 28, 328 streift nur die Frage unter Bezugnahme auf eine Entscheidung vom 19. Januar 1891. Diese letztere aber (ungedr. Aktenzeichen III 61) besagt das gerade Gegenteil und bezeichnet es als das gute Recht des Pfandleihers, sich als staatlich konzessioniert zu bezeichnen. Die Entscheidung hält auch den Gebrauch des Wortes „Pfandamt" für zulässig im Zusammenhang mit den Worten „staatlich konzessioniert". Gerade durch dieses Adjektivum komme zum Ausdruck, daß es sich nicht um ein vom Staat unterhaltenes Unternehmen handelt. Auch das Publikum spricht häufig von „Versatzamt" und „Leihamt", selbst wenn es sich um ein privates Unternehmen handelt. Die Bezeichnungen „Leihhaus" oder „Lombardhaus" sind für Pfandleihbetriebe durchaus gebräuchlich ohne Rücksicht auf den Umfang des Geschäftes. Das Wort „Haus" soll hier nicht wie bei „Warenhaus" oder „Kaufhaus" über die Größe des Unternehmens etwas sagen (OLG. Karlsruhe 30. September 1926; JFG. 4, 166; vgl. auch insbes. JW. 1928, 2638[1]), s. auch S. 52. Die vom Pfandleiher gewählte Firma kann auch einen Zusatz haben, der auf das Alter des Geschäftes hinweist, wenn damit nichts Unwahres gesagt wird, z. B. „Leihhaus Theodor Baumgarten, gegründet 1867" (RGZ. 44, 17). Auch Phantasienamen sind als Zusatz gestattet, z. B. „Elite-Leihhaus Eugen von Splittgerber". Verboten war bisher der Zusatz „Zentral-Leihhaus" (OLG. 40, 179). Siehe aber jetzt die Entscheidung des KG. in „Zeitschrift des Notariats-Vereins" 1928 S. 189 und JW. 1928, 2638[1], wo die neue Rechtsprechung des KG. der Tatsache Rechnung trägt, daß derartige reklamehafte

Übertreibungen vom Publikum auf das richtige Maß zurückgeführt zu werden pflegen. Der Zusatz der Firma kann sich auch auf die Person des Inhabers beziehen, z. B. „Philipp Pick senior" oder „Emil Albrecht Erben". Der Zusatz kann sich fernerhin auch auf die Herkunft des Firmeninhabers beziehen, z. B. „Lombardgeschäft Max Müller Breslau". Ändert sich der Name des Inhabers der Firma, z. B. „Auguste Schulz", weil sie einen Mann namens Lehmann heiratete, so kann sie trotzdem ihre alte Firma weiterzeichnen (§ 21 HGB.). Andererseits kann der wahre bürgerliche Name des Pfandleihers häufig nicht dazu ausreichen, um ihn als Firma zu verwenden — es muß jede Verwechslungsgefahr vermieden werden. Besteht also schon an einem Orte die handelsrechtlich eingetragene Firma „Georg Heine", so kann der Pfandleiher mit dem Namen Georg Heine nicht unter diesem Namen eine Firma errichten, auch wenn es sich um einen ganz anderen Geschäftszweig handelt. — Ist für den Pfandleiher in das Handelsregister eine Firma eingetragen, so hat er die Pflicht, diesen seinen Namen im kaufmännischen Leben auch zu benutzen (Lehmann-Ring Anm. 1 zu § 17). Dies gilt auch für den Fall des § 6 des Gesetzes, der vorschreibt, daß der Pfandschein vom Pfandleiher mit seiner Namensunterschrift zu versehen ist. Die Pfandscheine müssen also den Namen der Firma als Unterschrift aufweisen, s. S. 178 f. Hat z. B. der Pfandleiher Georg Albrecht von dem ins Handelsregister eingetragenen Pfandleiher „Richard Eichelmann" dessen Pfandleihgeschäft mit dem Rechte der Fortführung von dessen Firma erworben, und ist der Übergang der Firma auf Georg Albrecht in das Handelsregister eingetragen, so darf Georg Albrecht die Pfandscheine nur mit „Richard Eichelmann" unterzeichnen. — Vereinigen sich zwei oder mehrere Pfandleiher, die die behördliche Erlaubnis haben, zu einer offenen Handelsgesellschaft, und wird diese in das Handelsregister eingetragen, so muß diese Firme entweder die Namen aller Gesellschafter enthalten oder einen Namen mit einem das Gesellschaftsverhältnis bezeichnenden Zusatz, z. B. „Müller & Schulze" oder „Müller & Co." oder „Schulze & Co.". Der Vorname ist hier nicht erforderlich, wohl aber gestattet (§ 19 HGB.). Wird das Pfandleihgewerbe in Form einer A.-G. oder einer Kommanditgesellschaft auf Aktien oder einer G.m.b.H. betrieben, so muß die Firma vom Gegenstand des Unternehmens entnommen sein (Sach-Firma) und den Zusatz A.-G. oder Komm.-G. a. A. oder G.m.b.H. enthalten (§ 20 HGB.). Bei der G.m.b.H. kann die Firma sowohl aus dem Gegenstand des Unternehmens, wie aus dem Namen eines oder mehrerer Gesellschafter entnommen werden (§ 4 G.m.b.H.-Ges.). Über die Frage, auf welchen Namen die Konzession für ein in solchen Gesellschaftsformen betriebenes Gewerbe lauten muß, s. S. 82, 178. — Die Firma kann für sich allein nicht verkauft werden, sondern nur zusammen mit dem Handelsgeschäft, das unter ihr betrieben wird (§ 23 HGB.). Ein nur auf die Firma gerichteter Kaufvertrag ist nichtig (RGZ. 107, 31; 68, 49). Die Firma ist also kein besonderes Vermögensstück (Staub-Bondi Anm. 4 zu § 17), wohl aber gewinnt sie an Wert und wird auch im Kaufpreis besonders bewertet, wenn sie zusammen mit dem Geschäft verkauft wird (RGZ. 94, 106; 74, 380). Wer ein Handelsgeschäft mit Firma kauft, übernimmt damit alle im Betrieb des Geschäfts entstandenen Verbindlichkeiten des früheren Inhabers; ebenso auch seine Außenstände. Soll der Übergang der Aktiven und Passiven auf den Erwerber ausgeschlossen sein, so muß dies in das Handelsregister eingetragen und bekanntgemacht werden (§ 25 HGB.). Sind die Passiven mit übernommen, so haftet der frühere Inhaber noch weiter; die Ansprüche gegen ihn verjähren dann aber längstens in fünf Jahren, falls nicht nach den allgemeinen Vorschriften eine kürzere Verjährung eintritt (§ 26 HGB.).

η) Die handelsrechtlichen Bestimmungen über das Formenrecht finden ihre Ergänzung in gewerberechtlichen Vorschriften (§ 15 GewO.). Danach muß der Pfandleiher als Einzelkaufmann an der Außenseite oder am Eingang seines Geschäftslokals, wenn dieses ein Laden ist, seine Firma anbringen. Ergibt sich aus ihr sein bürgerlicher Name, so genügt diese Ladenbezeichnung, weicht aber die Firma vom bürgerlichen Namen ab, so muß er an das Ladenschild außer der Firma noch seinen bürgerlichen Namen anbringen. Bei offenen Handelsgesellschaften, Kommanditgesellschaften oder Kommanditgesellschaften auf Aktien muß in gleicher Weise der Name des persönlich haftenden Gesellschafters angegeben werden. Die Beseitigung eines falschen Ladenschildes kann polizeilich erzwungen werden (OVG. 55, 258). Dies alles gilt jedoch nur, wenn der Pfandleiher einen „offenen Laden" hat. Was unter einem Laden zu verstehen ist, ist streitig. Nach der einen Meinung genügt dazu eine feste Niederlassung in festen Räumen (Düringer-Hachenburg Vorbem. 4 zu § 17), nach Lehmann-Ring (Anm. 2 zu § 15a GewO. S. 101) genügt jede Räumlichkeit, die zum Feilhalten oder zur sonstigen Abwicklung der kommerziellen Tätigkeit dient. Der Laden muß aber ein „offener" sein, d. h. er muß so eingerichtet sein, „daß er zum freien Eintritt des Publikums einlädt" (Düringer-Hachenburg a. a. O.). Er muß für das Publikum zugänglich sein. Rohrscheidt Anm. 4 zu § 16 will unter einem offenen Laden überhaupt nur einen Verkaufsladen verstehen, in welchem Waren zum Mitnehmen an das Publikum verkauft werden. Staub-Bondi Anm. 3 zu § 37 will den Begriff des offenen Ladens auch auf Lokale solcher Gewerbetreibender angewendet wissen, in denen kein Verkauf stattfindet — also auch auf Pfandleiher. Das KG. (GewArch. 2, 385) versteht unter einem offenen Laden nur einen solchen, welcher der Feilbietung von Waren dient. Unter Berücksichtigung dieser Ansicht ist der Pfandleiher nicht verpflichtet, an der Außenseite seiner Geschäftsräume seinen Firmennamen gemäß § 15 GewO. anzubringen; dies auch dann nicht, wenn er sein Gewerbe in einer an der Straße zu ebener Erde gelegenen Räumlichkeit betreibt (Polizeipräsidium Berlin vom 9. November 1926 zu C I), **Hamburg** (§ 2) schreibt Führung eines Familiennamens, mit mindestens einem ausgeschriebenen Vornamen, mit dem Zusatze „Pfandleiher" vor.

ϑ) Ist der Pfandleiher in das Handelsregister eingetragen, so ist dies von besonderer Wichtigkeit für den gutgläubigen Erwerb des Pfandrechts an Sachen, welche dem Verpfänder nicht gehören (§ 366 HGB., s. hierzu S. 168). Ebenso ist der in das Handelsregister eingetragene Pfandleiher privilegiert hinsichtlich des kaufmännischen Zurückbehaltungsrechts. Auch haftet der in das Handelsregister eingetragene Pfandleiher nach § 347 HGB. für die Sorgfalt eines ordentlichen Kaufmanns, während der nicht in das Handelsregister eingetragene Kaufmann für die im Verkehr erforderliche Sorgfalt einzustehen hat.

ι) Der nicht in das Handelsregister eingetragene Kaufmann ist an sich nicht Minderkaufmann. Infolgedessen finden die Vorschriften über die Firma, Handelsbücher und Prokura auf den in das Handelsregister nicht eingetragenen Pfandleiher keine Anwendung; ebensowenig diejenigen Vorschriften, die sonst für die Minderkaufleute gelten, wie z. B. der erweiterte Schutz des guten Glaubens und des kaufmännischen Zurückbehaltungsrechtes. Es muß aber berücksichtigt werden, daß der Pfandleiher, um keinen Ausfall zu erleiden, bei der Versteigerung des Pfandes mitbieten muß und häufig den Zuschlag erhält. Die so ersteigerte Sache setzt er um; deswegen betreiben fast alle privaten Pfandleiher auch ein Verkaufsgeschäft. Er betreibt also sein Gewerbe mit der Absicht notfalls nicht nur ein Pfandrecht, sondern auch das Eigentum zu erwerben und das erworbene Pfand weiterzuveräußern. Er ist in den allermeisten Fällen dann zum mindesten auch Trödler (s. S. 131) und als solcher Minderkaufmann (Staub-Bondi Anm. 20 zu § 4).

10. Einfluß von Alter, Tod, Geschlecht und Staatsangehörigkeit auf den Betrieb des Pfandleihgewerbes.

α) Nach § 1 der GewO. ist der Betrieb eines Gewerbes „jedermann" gestattet. Das Alter des Inhabers eines Gewerbebetriebes spielt also keine Rolle. Es kann also auch ein Kind von noch nicht sieben Jahren oder ein Minderjähriger, der also das 21. Lebensjahr noch nicht vollendet hat, ein Gewerbe betreiben. Der zivilrechtliche Mangel der Geschäftsfähigkeit ist kein Hindernisgrund zur Errichtung und zum Betriebe eines Gewerbes (Rohrscheidt Anm. 15 zu § 1). Das gleiche gilt auch, wenn es sich um ein Handelsgewerbe handelt (Staub-Bondi Anm. 4 zu § 1; Düringer-Hachenburg Bd. 1 S. 88; Reger 36, 134). Kinder unter sieben Jahren können ein Gewerbe betreiben, wenn dies durch den Vater oder durch den Vormund geschieht. Allerdings „soll" die Errichtung eines neuen Erwerbsgeschäfts im Namen des Kindes ohne Genehmigung des Vormundschaftsgerichts nicht stattfinden. Unterbleibt die Genehmigung des Vormundschaftsgerichts, so sind die vom Vater oder Vormund innerhalb des Gewerbebetriebes für das Kind oder Mündel vorgenommenen Rechtsgeschäfte trotzdem wirksam. Nur bei einzelnen Geschäften des Vormundes oder des Vaters ist zu ihrer Wirksamkeit noch die besondere Genehmigung des Vormundschaftsgerichts absolut erforderlich. Dies gilt für die Aufnahme von Geld auf Kredit, Ausstellung eines Wechsels, Bürgschaft usw. Der Vater hat hierbei eine freiere Stellung als der Vormund (§ 1643, 1822 BGB.). Diese besondere Genehmigung ist auch dann erforderlich, wenn für einen Betrieb des Gewerbes der Vater oder der Vormund bereits die allgemeine vormundschaftsgerichtliche Genehmigung haben. Wenn also der Vater für sein Kind, der Vormund für sein Mündel ein Pfandleihgewerbe errichten will, bedarf er hierzu der vormundschaftsgerichtlichen Genehmigung. Erhält er diese, und will er im Betriebe des Unternehmens z. B. Gelder auf Kredit aufnahmen, so ist ein dahingehender Vertrag mit dem Geldgeber nur dann wirksam, wenn er besonders durch das Vormundschaftsgericht genehmigt wird.

β) Tod eines Pfandleihers hat hinsichtlich seines Gewerbebetriebes folgende Wirkungen. Wird ein Minderjähriger im Wege des Erbgangs Inhaber des Geschäfts, das sein Vater betrieben hat, und ist der Minderjährige sein einziges Kind, so kann er das Geschäft durch einen qualifizierten Stellvertreter für die Rechnung des Verstorbenen fortführen (§§ 46, 47 GewO.). Da § 46 GewO. nur von Erben spricht, gilt das Gesagte auch, wenn der Pfandleiher ohne Leibeserben verstirbt und im Testament einen Fremden als Erben eingesetzt hat, vorausgesetzt ist nur, daß auch dieser fremde Erbe minderjährig ist. Das gleiche gilt, wenn der Erbe z. Z. des Todes des Pfandleihers zwar empfangen, aber noch nicht geboren ist (Landmann Anm. 4 zu § 46). Gleichgültig ist es, ob der Minderjährige Vorerbe oder Nacherbe ist. Der qualifizierte Stellvertreter, der für einen solchen Erben das Geschäft betreibt, ist nicht identisch mit dem gesetzlichen Vertreter. Es kann also der Vater oder der Vormund des minderjährigen Erben eines Pfandleihers einen besonderen Stellvertreter im Sinne der GewO. bestellen lassen, wenn er sich nicht selbst bestellen läßt. Über die Frage der Konzession in diesem Falle

f. Anhang zu § 1. Endlich aber kann auch der minderjährige Erbe selber, falls er die zur Erteilung der Konzession erforderlichen Eigenschaften besitzt, das Gewerbe persönlich weiter betreiben (Landmann I S. 586). In diesem Falle muß er selber die behördliche Erlaubnis erwirken. Wird das im Wege des Erbganges auf einen Minderjährigen übergegangene Pfandleihgeschäft für seine Rechnung von einem Stellvertreter fortgeführt, so erlischt dieses Fortführungsrecht mit dem Eintritt der Volljährigkeit. Er muß dann die Erteilung einer behördlichen Erlaubnis für sich selber beantragen. Voraussetzung für die Fortführung eines Pfandleihgewerbes für einen minderjährigen Erben ist natürlich, daß der Erblasser selber im Besitz einer ordnungsmäßig erteilten Konzession war (OVG. 7, 294). Dagegen bedarf es, wenn der minderjährige Erbe das Geschäft des verstorbenen Pfandleihers gemäß § 46 GewO. fortsetzt, keiner besonderen neuen Anzeige bei der Polizeibehörde (Landmann Anm. 2 zu § 46; a. M. Rohrscheidt Anm. 7 zu § 14; KGJ. 2, 233). Einer solchen Anzeige bedarf es deshalb nicht, weil es sich nicht um ein neu angefangenes Geschäft, sondern nur um ein fortgeführtes handelt, was besonders deutlich wird, wenn das Geschäft des Erblassers im Handelsregister eingetragen war (§ 27 HGB.). Ist der Minderjährige Ausländer, so wird die Frage, wann er volljährig ist, an sich nach dem Rechte seines Staates beurteilt. Würde er demnach z. B. erst mit dem vollendeten 25. Lebensjahre volljährig werden, so würden trotzdem die von ihm im Inland abgeschlossenen Geschäfte wirksam sein, wenn er nur das 21. Lebensjahr vollendet hat (Art. 7 Abs. 2 EG. zum BGB.).

γ) Das Geschlecht. Auch Frauen können das Pfandleihgewerbe betreiben. Einer Frau darf wegen ihres Geschlechts die behördliche Erlaubnis nicht verweigert werden (OVG. 11, 324). Die unverheiratete Frau, die das Pfandleihgewerbe betreibt, steht also dem Manne völlig gleich. Dieser Grundsatz erleidet eine Modifikation bei verheirateten Frauen, welche das Pfandleihgewerbe betreiben. Ebenso wie nach bürgerlichem Recht die Ehe auf die Geschäftsfähigkeit der Frau keinen Einfluß ausübt, so ist auch die Eheschließung in gewerbepolizeilicher Beziehung ohne Bedeutung. War die Frau vor ihrer Verheiratung im Besitz einer behördlichen Erlaubnis, so geht diese durch ihre Eheschließung nicht verloren (Reger I, 3); sie kann ihr höchstens entzogen werden, wenn der Mann einen so schädlichen Einfluß auf die Frau ausübt, daß die Voraussetzungen für ihre Zuverlässigkeit nicht mehr gegeben sind. Auch wenn der Mann nach der Eheschließung der Frau den Weiterbetrieb des Pfandleihgewerbes verbietet, ist dies in gewerbepolizeilicher Richtung irrelevant (Reger 8, 329). Dagegen ist die Stellung der verheirateten Frau von Bedeutung in der Frage der Schuldenhaftung sowie in der weiteren Frage, ob und wie die Gläubiger der Frau sich aus den ihr gehörigen Gegenständen wegen ihrer Forderungen befriedigen können. Nach § 1354 BGB. steht dem Manne das Recht zu, zu bestimmen, ob die Frau ein vor Eingehung ihrer Ehe betriebenes Gewerbe fortsetzen oder neu betreiben kann. Ein Mißbrauch dieses Rechtes seitens des Mannes und ein Verstoß gegen ein berechtigtes Verbot seitens der Frau sind jedoch für die Berechtigung der Frau zum Betrieb eines Gewerbes ohne Einfluß. Ein trotz des ehemännlichen Verbotes von ihr errichtetes und betriebenes Pfandleihgewerbe berührt die Wirksamkeit der einzelnen von ihr abgeschlossenen Geschäfte in keiner Weise (Staub-Bondi Anm. 41 allg. Einl.). Ohne Rücksicht darauf, ob die Ehefrau ohne oder mit Genehmigung ihres Ehemannes das Pfandleihgewerbe betreibt, haftet jedenfalls der Ehemann für die im Betrieb seiner Ehefrau entstandenen Schulden mit seinem Vermögen nicht. Es haftet vielmehr nur das Vermögen der Ehefrau, wobei folgende Unterscheidung zu machen ist: Das Vermögen der Ehefrau zerfällt in das eingebrachte Gut und in das Vorbehaltsgut. Eingebrachtes Gut ist dasjenige Vermögen der Frau, an welchem der Mann die Verwaltung und Nutznießung hat (§ 1363 BGB.). Vorbehaltsgut ist das Vermögen der Frau, das nicht der ehemännlichen Verwaltung und Nutznießung unterliegt und das im einzelnen in den §§ 1366—71 BGB. aufgezählt ist. In dieses Vorbehaltsgut können die Gläubiger der Frau stets die Zwangsvollstreckung betreiben, auch wenn die Frau das Pfandleihgewerbe ohne Zustimmung des Ehemannes betreibt. Es können also die Gläubiger in diejenigen Vermögensstücke der Frau vollstrecken, welche in ihrem Geschäftsbetriebe von ihr erworben worden sind. Sie können also z. B. in die eingekauften Waren vollstrecken (§ 1367 BGB.; Staub Anm. 48 allg. Einl.). Einer Zwangsvollstreckung in das Vorbehaltsgut kann der Ehemann nicht widersprechen, wohl aber, wenn die Vollstreckungshandlung in das eingebrachte Gut der Frau erfolgt; unter der Voraussetzung, daß weder der Ehemann seine Zustimmung zum Betriebe des Pfandleihgewerbes gegeben, noch das einzelne Geschäft genehmigt hat oder gemäß § 1405 BGB. der Einspruch des Mannes in das Güterrechtsregister eingetragen ist. Liegt jedoch die ehemännliche Genehmigung des Gewerbebetriebes durch die Frau vor, welche schon in dem bloßen tatsächlichen Gestatten des Geschäftsbetriebes durch die Frau gesehen werden kann (§ 1405 Abs. 2 BGB.), so kann der Gläubiger der Frau auch in deren eingebrachtes Gut vollstrecken lassen, und ist der Ehemann verpflichtet, diese Zwangsvollstreckung zu dulden. Dies gilt für alle Forderungen, welche der Geschäftsbetrieb der Frau mit sich bringt, nicht jedoch für Privatschulden, welche die Frau eingegangen ist. Dies gilt ferner nur für den Fall, daß die Eheleute im gesetzlichen Güterstand leben, was der Normalfall ist. Für Ehen, die vor dem 1. Januar 1900 geschlossen sind, und für solche Ehen, in denen die güterrechtlichen Verhältnisse besonders geregelt sind, gelten die besonderen Bestimmungen über Gütertrennung, Gütergemeinschaft, Errungenschaftsgemeinschaft und Fahrnisgemeinschaft. Betreibt der Ehemann das Pfandleihgewerbe, so haftet im gesetzlichen Güterstande weder das Vorbehaltsgut, noch das eingebrachte Gut der Ehefrau für die Schulden des Mannes. Bei Gütergemeinschaft, die jedoch nur dann besteht, wenn sie durch Ehevertrag vereinbart ist, ist die Haftung der beiderseitigen Eheleute für die beiderseitigen Schulden die größte; bei Gütertrennung, die auch besonders durch Vertrag vereinbart und in das Güterrechtsregister eingetragen werden muß, die geringste. Besonderes gilt für ausländische Ehefrauen. Für ihre güterrechtlichen Verhältnisse sind im allgemeinen die ausländischen Gesetze maßgebend. Betreibt eine ausländische Ehefrau jedoch im Inlande selbständig ein Gewerbe, so ist es nach § 11a der GewO. auf ihre Geschäftsfähigkeit hinsichtlich des Gewerbes ohne Einfluß, daß sie ausländische Ehefrau ist. Auf das ausländische Güterrecht können sich die Eheleute nur dann berufen, wenn es im Güterrechtsregister eingetragen ist (Art. 16 EG. zum BGB.).

δ) Auch die Staatsangehörigkeit ist ohne Einfluß auf den Gewerbebetrieb eines Pfandleihers (Rohrscheidt Anm. 15 zu § 1; Landmann Anm. 21 zu § 1). Aus der Ausländereigenschaft kann ein Grund zur Verweigerung der behördlichen Erlaubnis nicht entnommen werden. Das gleiche gilt auch hinsichtlich der Religion. Durch das Reichsgesetz vom 3. Juli 1869 (RGBl. 292) sind alle aus dem religiösen Bekenntnis früher hergeleiteten Beschränkungen aufgehoben. Das früher den Juden hinsichtlich der Höhe der Zinsen zustehende Privileg (vgl. Pfandleihreglement von 1787) besteht gleichfalls nicht mehr.

11. Unterarten des Begriffes Pfandleiher. Innerhalb des Gattungsbegriffes Pfandleiher bzw. Pfandleihgewerbe unterscheidet man verschiedene Unterarten.

α) Das preußische Gesetz setzt voraus, wie aus dem Hinweis auf § 34 und § 38 GewO. und § 1 des Gesetzes hervorgeht, daß der Pfandleiher die gemäß § 34 GewO. erforderliche behördliche Erlaubnis besitzt. Nur auf solche konzessionierte Pfandleiher findet das preußische Gesetz Anwendung, nicht jedoch auf diejenigen Pfandleiher, die die behördliche Erlaubnis nicht besitzen (RGSt. 8, 283ff.). Die letzteren betreiben das verbotene Pfandleihgewerbe, es stellt sich als ein Vergehen gegen § 147 Ziff. 1 der GewO. dar. Verträge, welche auf Umgehung dieser Bestimmung errichtet sind, sind nichtig (Reger 27, 22), s. auch S. 59.

β) Das Gesetz spricht im allgemeinen vom „Pfandleiher" oder vom „Pfandleihgewerbe" und setzt diesem entgegen: 1. Die staatlichen Anstalten, die das Pfandleihgewerbe betreiben (§ 19; s. S. 18, 237, 240 f.), 2. diejenigen Pfandleihanstalten, welche seitens der Gemeinde oder weiteren Kommunalverbänden betrieben werden. Sie zerfallen wieder in alte und neue kommunale Pfandleihanstalten (§ 21 und § 22; s. S. 241). Diesen beiden Unterarten hat zwar das preußische Gesetz keinen gemeinsamen Namen gegeben, jedoch besteht in Anlehnung an die geschichtliche Entwicklung der Sprachgebrauch, diese Anstalten als öffentliche zu bezeichnen; wie auch Art. 94 EG. zum BGB. sowohl die staatlichen als auch die kommunalen Pfandleihanstalten als öffentliche ansieht (Löffler S. 20; Crusen-Müller Anm. 2 zu Art. 41). Über den Fall, daß der Staat das Pfandleihgewerbe in Form einer A.-G. betreibt, s. S. 237. Wird eine von der Gemeinde betriebene Pfandleihanstalt auf einen Privatmann übertragen, wie dies in Kiel geschehen ist, so verliert sie den Charakter der öffentlichen Pfandleihanstalt. Im Gegensatz zu diesen öffentlichen kommunalen oder staatlichen Anstalten nennt man die anderen, die das Pfandleihgewerbe betreiben, private Pfandleihen (Löffler S. 20; StenBer. HH. S. 31).

Man spricht auch von Pfandleihanstalten. Als solche „Anstalten" sind stets die öffentlichen anzusehen. Aber auch wenn ein privates Pfandleihunternehmen einen größeren Umfang hat, bezeichnet man es mit dem Worte „Anstalt", z. B. wenn es in der Form einer Aktiengesellschaft betrieben wird über die firmenrechtliche Seite s. S. 69 f. und das daselbst zitierte Urteil des OVG. vom 19. Januar 1891. Von den öffentlichen Pfandleihanstalten im allgemeinen sind wieder zu unterscheiden die privilegierten Pfandleihanstalten, denen insbesondere das Privileg des Lösungsanspruchs zusteht (s. S. 174 f.).

γ) In einem ganz anderen Sinne versteht der § 290 StGB. den Begriff des öffentlichen Pfandleihers. Hierunter ist auch der Privatpfandleiher zu verstehen. Vorausgesetzt ist bei diesem Begriff nur, daß das Pfandleihgewerbe als ein „jedermann zugängliches" betrieben wird, im Gegensatz zu demjenigen, der es geheim betreibt (RGSt. 8, 254). Weiterhin ist auch im Sinne des § 290 StGB. öffentlicher Pfandleiher derjenige, der überhaupt keine behördliche Erlaubnis besitzt, wenn nur von seinem Gewerbebetrieb Kenntnis in denjenigen Kreisen vorhanden ist, deren Vertrauen der Pfandleiher in Anspruch nimmt. Dagegen ist der Begriff des Pfandleihers im Sinne des § 360 Ziff. 12 StGB. der gewöhnliche wie in der GewO. und im preußischen Gesetz (RGSt. 8, 284).

12. „Der Pfandleiher darf sich an Zinsen nicht mehr ausbedingen und zahlen lassen . . ."

α) Der Pfandleiher darf nicht mehr Zinsen nehmen, als in § 1 Ziff. a—b zugelassen sind. Aus der Fassung ergibt sich, daß es sich um ein Verbotsgesetz handelt, und zwar um ein solches, das sich sowohl gegen den Verpfänder als auch gegen den Pfandleiher richtet, da vom „Ausbedingen" die Rede ist. Das Verbot will auch den Inhalt des Geschäftes selber treffen (s. S. 123). Die Vereinbarung, die sich auf die „mehr Zinsen" bezieht, ist gemäß § 134 BGB. nichtig; a. M. KG. in BlfRpfl. 1910 S. 11, das aber die Verstärkung des Verbotes durch § 3 des Gesetzes übersieht s. unten zu γ. Hinzu kommt noch, daß, wie aus der Entstehungsgeschichte des Gesetzes hervorgeht (s. S. 137), die Leistung „über das erlaubte Maß" als wucherlich vom Gesetzgeber angesehen worden ist, und daß die früheren Abs. 2 und 3 des § 3 dem Art. 3 des Reichsgesetzes betr. den Wucher vom 24. Mai 1880 (RGBl. S. 109) nachgebildet waren, wo ausdrücklich die Verträge wucherlicher Natur als ungültig bezeichnet wurden (s. Materialien zum Preuß. AusfG. S. 376). Ferner kommt hinzu, daß die genannten beiden Absätze zu § 3 mit Rücksicht auf § 817 Satz 1 und § 819 Satz 2 BGB. gestrichen wurden, da die genannte Bestimmung des Wuchergesetzes durch Art. 47 EinfG. zum BGB. in Fortfall gekommen war (Stranz-Gerhard Anm. 3 zu Art. 41 AusfG. zum BGB.). Hinzu kommt endlich noch, daß nach der Reichsverfassung Art. 152 Abs. 2 Satz 1 der Wucher schlechthin verboten ist. Das Rückforderungsrecht auf das unerlaubte Übermaß war früher an eine fünfjährige Verjährung geknüpft, die jedoch gestrichen wurde. Es gilt jetzt die dreißigjährige Verjährung des § 194 BGB. Bei Überschreitung des Zinsverbotes liegt eine Übertretung des § 360 Ziff. 12 des StGB. vor. Geschieht die Zinsübertretung in der Ausbeutung der Notlage, des Leichtsinns und der Unerfahrenheit des Verpfänders, so liegt Idealkonkurrenz mit § 302a StGB. vor (RGSt. 3, 178; 23, 121). Dagegen kann, wenn der allgemeine Zinsfuß auch noch so niedrig ist, in den von den Pfandleihern nach Maßgabe des Gesetzes vereinbarten Zinsen niemals ein Wucher liegen. Wohl aber ist der Tatbestand des § 302a StGB. gegeben, wenn der nichtkonzessionierte Pfandleiher die dem konzessionierten Pfandleiher zustehenden höheren Zinsen nimmt (RGSt. 8, 284; 60, 218; Peschke S. 20).

β) Der Pfandleiher darf „nicht mehr" Zinsen nehmen, als im § 1 festgesetzt ist. Dies bedeutet ein Zinsmaximum (Begr. S. 21). Es stellt eine höchste Vergütungsgrenze dar (Crome III, 509). Die Zinsbeschränkung wirkt also nur nach oben. Der Betrag der monatlichen Zinsen muß, auch wenn er niedriger bemessen wird, gemäß § 5 Ziff. 5 in das Pfandbuch eingetragen werden und nach § 6 auch auf dem Pfandschein erscheinen. Nach einer nicht zu billigenden Entscheidung des KG. (Reger 27, 370) ist das Zinsennehmen überhaupt nicht essentiell (s. hierzu S. 54).

γ) Das „sich ausbedingen oder zahlen lassen" ist verboten. Der Wortlaut stammt aus dem § 95 des Pfandleihreglements von 1787 und kehrt auch in den neuen Zinsverordnungen wieder (s. S. 17). **Thüringen** (§ 11 Abs. 1) spricht von „sich versprechen oder gewähren lassen". Auch die verstärkende Ausdrucksweise des Gesetzes will die absolute Nichtigkeit jedes auf „mehr Zinsen" sich beziehenden Rechtsgeschäftes aussprechen. Auch hieraus folgt, daß § 134 BGB. zur Anwendung kommt. Die Bestimmung ist eine gewollte und bewußte Ausnahme von dem bürgerlich-rechtlichen Grundsatz der Zinsfreiheit und wird auch nicht durch das, den § 247 BGB. einstweilen außer Kraft setzende Reichsgesetz vom 3. März 1923 (RGBl. I, 163) berührt. Das Verbot bezieht sich nicht bloß auf die Rechtsgeschäfte zwischen Verpfänder und Pfandleiher, sondern auch auf das Versprechen der Leistung zugunsten eines Dritten (§ 328ff. BGB.). Für die Erfordernisse des Ausbedingens sind die allgemeinen Vorschriften des BGB. anzuwenden. Das Nähere s. beim Darlehnsvertrag S. 136. Eine ausdrückliche Vereinbarung über die Höhe der Zinsen findet im allgemeinen nicht statt, vielmehr werden die Maximalzinsen vereinbart angesehen. Sie erscheinen auch auf dem Pfandschein, durch dessen widerspruchslose Annahme der Verpfänder sie stillschweigend genehmigt (LG. I Berlin ungedr. 76 O 767/25; JW. 1927, 3005).

δ) Der Ausdruck „Zinsen" ist ungenau. Zinsen im Sinne des BGB. sind Vergütungen für Überlassung eines Kapitals, die auf Bruchteile dieses Kapitals bemessen sind (RGZ. 86, 400). Im Pfandleihgewerbe kann auch eine Vergütung, selbst wenn sie nicht auf das Kapital bezogen ist, sondern nach einem anderen Maßstabe bemessen wird und sich z. B. in die Form eines Lagergeldes kleidet, als Zinsen im Sinne des Gesetzes angesehen werden (Reger 27, 370). Die Zinsen im Pfandleihgewerbe sind nicht bloß Vergütungen für den Gebrauch des Kapitals, vielmehr werden mit ihrer Zahlung auch die Geschäftsunkosten, das Risiko, die Verwahrung des Pfandes und die persönliche Arbeitsleistung des Pfandleihers zur Abgeltung gebracht (Drucks. HH. S. 275 Begr. S. 21; StenBer. AH. 905, 907, 1745ff.; Drucks. AH. 2059). Ebenso auch KG. Strafsenat vom 3. November 1884 ungedr. Aktenzeichen S 39/84. Auch bei der Beratung der Novelle zum Pfandleihgesetz vom 7. Juli 1920 (GS. S. 387) ist dieser Gedanke zum Ausdruck gekommen (Drucks. d. Verf. geb. preuß. Landesvers. 1919/20 Nr. 2656 S. 5). Es ist deshalb unrichtig, von den „Wucherzinsen der Pfandleiher" zu sprechen; einzelne Landesgesetze verwenden deshalb auch den Ausdruck „Zinsen" überhaupt nicht, sondern sprechen von „Vergütungen" (**Braunschweig** § 7). Das preußische Gesetz selber spricht im § 3 von einer „weiteren Vergütung". Ebenso erwähnt § 38 Abs. 1 Satz 3 GewO. nicht das Wort „Zinsen", sondern „Vergütung". Die scheinbare Höhe des Zinssatzes darf deshalb nicht dazu führen, sie als wucherlich zu bezeichnen. In **Hamburg** galten im Frieden 30% Jahreszinsen als nichts Außergewöhnliches (Kraus S. 55 und 131; vgl. hierzu auch Bußmann S. 7ff.). Die Höhe der dem Pfandleiher zugesprochenen Vergütung ergab sich aus der Notwendigkeit, ihm einen ausgiebigen Verdienst zu gewährleisten, um ihn so vor einem Mißbrauch seines Gewerbes zu wucherlichem oder hehlerischem Zweck abzuhalten (Begr. S. 21; Drucks. HH. S. 276; Drucks. AH. 2059; StenBer. AH. 905/906, 1745ff.). Seit dem Inkrafttreten des BGB. ist das Risiko des Pfandleihers bei seinen Geschäften noch erhöht worden. Bei noch so großer Vorsicht kann es vorkommen, daß der Pfandleiher auch ein gestohlenes, verlorenes oder sonst abhanden gekommenes Pfand annimmt, das er nach BGB. unentgeltlich herausgeben muß, während ihm nach ALR. I 20 § 80 ein Lösungsanspruch (s. S. 174ff.) zustand. Dieses Risiko ist gleichfalls durch die Höhe seiner Vergütung abgegolten. Auch das Publikum erblickt häufig in den dem Pfandleiher zu zahlenden Zinsen lediglich eine Vergütung für die Aufbewahrung des Pfandes. Es ist durchaus nichts Seltenes, daß wohlhabende Leute während der Sommerreise ihre Pelzsachen beim Pfandleiher versetzen, um dadurch Konservierungskosten zu sparen. Das Verlangen der Pfandleiher, angemessene Aufbewahrungsgebühr zu erhalten, das in wiederholten Petitionen zum Ausdruck gekommen ist, erscheint nicht unbillig, wenn man berücksichtigt, daß bei ähnlichen

Verwahrungsverträgen (Theatergarderobe; Handgepäck) erhebliche Aufwendungen gemacht werden müssen. Der Gesetzgeber selber ist auch davon ausgegangen, daß die normierten Zinsen dem Pfandleiher nur ein „begrenztes Einkommen verschaffen, das ihm lediglich eine einfache Lebenshaltung ermöglicht" (Drucks. 2656 d. Vers. geb. preuß. Landesvers. 1919/20). Daß die Gestehungs- und Werbungskosten gerade im Pfandleihgewerbe, im Gegensatz zu sonstigen Darlehnsgeschäften besonders hoch sind, ist auch vom RGSt. 60, 222 anerkannt. Es handelt sich also bei den Pfandleihzinsen weder um einen „Individualwucher", noch um einen „Sozialwucher" (RGSt. 60, 225). Vgl. hierzu auch die bei Peschke S. 52ff. wiedergegebene Tabelle von Bankzinsen für die Zeit kurz vor und nach der Markbefestigung. Auch der preußische Gesetzgeber hält es für unangebracht, die Vergütung des Pfandleihers lediglich „auf den Prozentsatz zurückzuführen" (StenBer. AH. S. 1749).

ε) Die Pfandleihzinsen sind keine gesetzlichen im Sinne des § 246 BGB. Sie müssen von Fall zu Fall ausbedungen werden (Stranz-Gerhard Anm. 4a zu Art. 10; Crusen-Müller I, 2a). Dieses Ausbedingen kann auch stillschweigend geschehen (JW. 27, 3005), s. oben S. 77, 80, 99, 101, 130. Art. 10 AusfG. zum BGB. kommt, weil es sich um vertragsmäßige Zinsen handelt, nicht zur Anwendung, ebensowenig § 352 HGB., auch wenn es sich um ein beiderseitiges Handelsgeschäft handelt. Die Höhe der Zinsen ist gemäß Ziff. 4 der Bekanntmachung vom 16. Juli 1881 durch eine auszuhängende Zinstabelle im Geschäftslokal des Pfandleihers bekanntzumachen. — Ist das Darlehn fällig und wird es vom Verpfänder nicht zurückgezahlt, so gerät er in Verzug. Die Verzugszinsen sind dann dieselben wie die vereinbarten Pfandleihzinsen (§ 288 BGB.). Sie ermäßigen sich also nicht etwa auf die gesetzlichen Verzugszinsen von 4%.

ζ) Über die Fälligkeit der Zinsen sagt das Gesetz nichts. Es kommt deshalb § 608 BGB. zur Anwendung. Sie müssen bei Rückerstattung der Hauptsumme gezahlt werden. Durch die bloße Zahlung der Zinsen erwirbt der Verpfänder nicht das Recht auf Prolongation des Darlehnsgeschäftes, auch wenn der Pfandleiher die Zinsen annimmt. Nach § 608 BGB. können die Vertragschließenden die Fälligkeit der Zinsen nach ihrem Belieben regeln. Dies ist nach dem Pfandleihgesetz jedoch nicht zulässig. Aus § 7 Satz 2 ist zu entnehmen, daß das preußische Gesetz die Fälligkeit der Zinsen von sich aus hatte regeln wollen, infolgedessen ist für die subsidiäre Anwendung des BGB. kein Raum. Im Falle des Konkurses des Verpfänders, hört der Zinsenlauf nicht auf, sondern dauert bis zur Pfandverwertung weiter (LZ. 1916, 1414). Über die Haftung des Pfandes für die Zinsen s. S. 209.

η) Über das Vorausnehmen der Zinsen s. § 3.

ϑ) Obwohl der Begriff der Zinsen des BGB. mit dem des preußischen Gesetzes sich nicht deckt, so ist doch für die Frage ihrer Verjährung das BGB. anwendbar, da das preußische Gesetz hierüber schweigt. Der Zinsanspruch unterliegt mithin der vierjährigen Verjährung (§ 197 BGB.), falls es sich um rückständige Zinsen handelt. Die Verjährung beginnt mit dem Schluß des Jahres, in dem die Fälligkeit eingetreten ist (§ 201 BGB.). Bei einem am 3. Januar 1927 auf zwei Monate gegebenen Darlehn sind die Zinsen am 4. März 1927 fällig, die Verjährung beginnt jedoch erst am 1. Januar 1928 und ist vollendet am 31. Dezember 1931. Die Verjährung von Pfandleihzinsen wird aber selten praktisch, da sie bei den kurzen Fristen des Pfandleihgesetzes durch die Versteigerung mit den Kosten vorweg zunächst aus dem Erlös getilgt werden (§ 1210 und 367 BGB.). Für verjährte rückständige Zinsen haftet das Pfand nicht (§ 223 Abs. 3 BGB). Wegen der Verjährung der Hauptsumme s. S. 139. Die Höhe der Pfandleihzinsen seit dem Inkrafttreten des preußischen Gesetzes ergibt sich aus nachfolgender Tabelle.

	von dem Betrage	pro Mark und Monat
Von 1881 bis Juli 1920	bis 30 RM	2 Pf.
	darüber	1 Pf.
Von Juli 1920 bis 10. März 1924	bis 30 RM	3 Pf.
	darüber	2 Pf.
Von 10. März 1924 bis 1. Januar 1925 . .	bis 30 RM	10 Pf.
	darüber	9 Pf.
Von 1. Januar 1925 bis 1. August 1925 . .	bis 30 RM	6 Pf.
	darüber	5 Pf.
Von 1. August 1925 bis 1. September 1925 .	bis 30 RM	5 Pf.
	darüber	4 Pf.
Von 1. September 1925 bis 1. Oktober 1926	bis 30 RM	5 Pf.
	darüber	4 Pf.
Von 1. Oktober 1926 bis heute	bis 50 RM	4 %
	von 51—100 RM	3½%
	von 101—500 RM	2½%
	über 500 RM	2 %

Die Entwicklung dieser Zinssätze befindet sich noch im Fluß. Um ihre jeweilige Änderung elastischer zu gestalten, ist durch Erlaß vom 7. Juli 1920 (GS. S. 387) der Minister des Innern ermächtigt worden, die Zinssätze zu erhöhen und ihre Erhöhung zu widerrufen. Dieses ist geschehen durch die auf S. 17ff. angeführten Verordnungen. Über die Frage der rückwirkenden Kraft dieser Zinsverordnungen s. S. 40ff.

ₑ) Fast alle deutschen Pfandleihgesetze haben die Eigentümlichkeit, den Zinssatz nicht durch einen Jahresprozentsatz festzulegen, sondern, ähnlich der römischen Berechnungsart, die Zinsen auf den Monat in Hundertstel (Pfennige) des Kapitals zu beziehen. Die in dem ursprünglichen Gesetz getroffene Staffelung von Darlehnsbeträgen bis 30 Mark und darüber ist auf § 91 des Pfandleihreglements von 1787 zurückzuführen, bei dem die Unterscheidungsgrenze zehn Taler war. Die vom Gesetz gegebenen Staffeln beziehen sich nicht auf die gesamte Höhe des Darlehnsbetrages. Wenn also bei einem Zinssatz von 2 Pfennig pro Monat und Mark bis 30 Mark und 1 Pfennig pro Mark und Monat von dem überschießenden Betrage ein Darlehn von 75 RM gewährt wird, so werden die Zinsen nicht etwa durchweg mit 1% berechnet, sondern vielmehr nach dem einzeln gestaffelten Darlehns„Betrage", also:

30 RM 2 Pf. pro Mark und Monat
45 „ 1 „ „ „ „ „

Diese Berechnungsart ist durch die Fassung der VO. vom 5. August 1926 (GS. S. 250) noch klarer geworden. Über die weitere Berechnungsart der Zinsen s. § 2. — Die Zinsen unterliegen nicht der Kapitalertragssteuer. Ebensowenig der Umsatzsteuer, da das Pfandleihgewerbe unter die Vorschrift des § 2, 2 des Umsatzsteuergesetzes fällt (Popitz, Kommentar zum Umsatzsteuergesetz von 1925 Anm. zum § 2). Zur Zeit ist die Höhe der Pfandleihzinsen in den einzelnen

Landesgesetzen im allgemeinen ähnlich wie in Preußen. **Waldeck** (s. S. 31) und **Lippe**, die überhaupt kein Pfandleihgesetz haben, kennen also auch keine Pfandleihzinsen. **Mecklenburg-Schwerin** gibt in seinem Pfandleihgesetz (s. S. 21) keine Vorschriften über die Höhe der Zinsen. Ebenso nicht das alte **Hamburger** Gesetz (s. S. 19; vgl. RGSt. 3, 1676). Die Bekanntmachung zum neuen **Hamburger** Gesetz differenziert die Zinsen nicht bloß nach der Höhe der Darlehnsbeträge, sondern auch nach dem Gegenstand des Pfandes, indem z. B. bei der Beleihung von Lagerscheinen und anderen Urkunden der Zinssatz auf 2% ohne Rücksicht auf die Höhe des Darlehns festgesetzt ist. Die Zinssätze in **Sachsen** sind 5% bis 30 Mark und 4% darüber pro Monat, während **Württemberg** ohne Rücksicht auf die Höhe des Darlehns einen Durchschnittszinssatz von 4% kennt. In **Thüringen** beträgt der Zinssatz jetzt bis 50 Mark 4%, darüber $3^1/_2$% pro Monat s. S. 22. — Eine Zusammenstellung der vor dem Kriege in 58 Staaten oder kommunalen Leihanstalten üblichen Zinssätze findet sich bei Hetzer S. 106ff.

b) Der **Abs. 2** ist durch die Beschlüsse der Justizkommission des AH. hinzugefügt worden. Er bezweckt, dem Pfandleiher bei der Mehrzahl der kleinen Darlehne die Möglichkeit zu geben, eine angemessene Vergütung zu erhalten, wenn vor Ablauf von zwei Monaten die Einlösung schon erfolgt ist (Begr. S. 22; Drucks. HH. S. 276; Drucks. AH. 2060). Das Wort „zugleich" ist nicht als Zeitbestimmung aufzufassen. Es bedeutet soviel wie „auch". Der Mindestlauf von zwei Monaten tritt nicht von Gesetzes wegen ein, sondern ist auszubedingen. Auch hier genügt eine stillschweigende Willenserklärung, die in der widerspruchslosen Annahme des Pfandscheins liegt und auf welchem der Mindestlauf der Zinsen von zwei Monaten angegeben ist (LG I. Berlin ungedr. 76, O 767/25). Hinzu kommt noch, daß im Pfandleihgewerbe die Verkehrssitte besteht, daß die im Gesetz angegebenen Höchstgrenzen als die normalen angesehen werden. Das Gesetz „garantiert" nicht, wie das KG. annimmt (KGJ 7, 234), dem Pfandleiher den Mindestzinssatz von zwei Monaten, sondern dieser muß eben vereinbart werden, wie durch das Wort „kann" hervorgeht. Durch das Wort „mindestens" soll gesagt werden, daß ohne Rücksicht auf die Dauer des Darlehns und seiner Rückzahlung Zinsen für zwei Monate zu zahlen sind. Nach § 7 Abs. 2 des Gesetzes braucht der Verpfänder die Zinsen nur bis zur Einlösung zu zahlen, wobei der angefangene Monat als voll zu gelten hat. Hat also das Versatzgeschäft am 16. März stattgefunden und löst der Verpfänder das Pfand am 1. April ein, so kann der Pfandleiher für volle zwei Monate die Zinsen berechnen. § 7 Abs. 2 gilt nur, soweit § 1 Abs. 2 nicht anwendbar ist, also erst nach Ablauf der ersten zwei Monate, gerechnet von der Hingabe des Darlehns an (Merkel S. 59). Erfolgt also die Rückzahlung des ihm am 16. März gegebenen und am 16. Mai fälligen Darlehns erst am 17. Mai, so sind die Zinsen für drei Monate zu entrichten (s. S. 98, 187). Die Vorschrift des § 1 Abs. 2 hat zur Zeit überhaupt keine praktische Bedeutung, nachdem die Dauer der Darlehnsfrist des § 4 von sechs Monaten auf zwei Monate durch die VO. vom 11. Februar 1924 (GS. S. 113) herabgesetzt ist. Zur Zeit fällt also die zweimonatige Frist des § 1 Abs. 2 für die Zinsen mit der Dahrlehnsfrist des § 4 zusammen. — Im Falle einer Prolongation des Geschäfts kommt § 1 Abs. 2 zur Anwendung. Die Prolongation ist nur eine Hinausschiebung des Rückzahlungstermins und kein neues Pfandgeschäft (KGJ. 7, 237). A. M.: Nastvogel S. 72, der in der Prolongation einen Wiederversatz der eingelösten Sache erblickt (vgl. hierzu auch S. 137). **Hamburg** (§ 15 Abs. 2) er-

erklärt ausdrücklich, daß jede Erneuerung eines Pfandvertrages als neue Verpfändung anzusehen ist.

c) Der **Abs. 3** beruht auf der Novelle vom 7. Juli 1920 (GS. S. 387). Zwischen dem jetzigen Satz 1 und 2 war ein die Erhebung der Zinsen betreffender weiterer Satz eingefügt, der durch § 4 des Gesetzes vom 23. November 1923 gestrichen worden ist (GS. S. 534).

d) Der **Abs. 4** gewährt dem Pfandleiher die Möglichkeit, die Darlehnsverträge mit dem Verpfänder auf wertbeständiger Basis abzuschließen. Die Bestimmung ist erst durch das oben erwähnte Gesetz vom 23. November 1923 geschaffen worden (§ 1). Sie trat erst am 26. November 1923 in Kraft! Zu diesem Zeitpunkt war die Befestigung der Mark schon eingetreten (s. S. 11). Die Vereinbarung der Wertbeständigkeitsklausel bedarf nicht der Eintragung in das Pfandbuch, da § 5 Abs. 2 diese erschöpfend regelt. Die Klausel ist jetzt in den meisten Pfandscheinvordrucken enthalten.

Anhang zu § 1.

Die behördliche Erlaubnis.

(Konzession.)

I. Nach § 1 der GewO. ist jedermann der Betrieb eines Gewerbes gestattet. Dieser Grundsatz der Gewerbefreiheit erleidet jedoch Einschränkungen, die sich die GewO. selber vorbehalten hat. Zu ihnen gehört auch der § 34 GewO. Danach darf das Geschäft eines Pfandleihers nur derjenige betreiben, der eine dazu erforderliche behördliche Erlaubnis (Konzession) besitzt. Diese ist ein subjektives Recht von wirtschaftlicher Bedeutung, ohne daß eine Verpflichtung zu ihrer Ausübung besteht (Reger 23, 29; GewArch. 8, 87; Landmann Anm. 2b zu § 1). Eine Ersitzung des mit der Konzession verbundenen Rechtes ist nicht möglich (OVG. 77, 410).

II. a) Nicht jeder, der Darlehne gegen Verpfändung von Gegenständen gewährt, ist Pfandleiher, sondern nur, wer dies gewerbsmäßig tut (s. S. 64). Wenn also öffentliche Pfandleihanstalten des Staates oder der Kommunen als Organe der öffentlichen Wohlfahrtspflege das Pfandleihgewerbe betreiben, so stellen sie in der Regel kein Gewerbe dar, sind also infolgedessen auch nicht konzessionspflichtig (s. S. 65, 239). Ebensowenig bedarf derjenige der behördlichen Erlaubnis, der das Pfandleihgewerbe nicht selbständig betreibt, sondern nur als Gehilfe. Über die Stellvertretung im Pfandleihgewerbe s. S. 89. Welchen Namen sich der Betrieb des Pfandleihgewerbes gibt, ist gleichgültig, z. B. Pfandleihgeschäft, Lombardgeschäft, Pfandhaus, Lombardhaus usw. (für Hamburg s. S. 71, 69). Auch wenn es sich um ein verschleiertes Pfandleihgeschäft handelt (s. S. 56ff.), unterliegt der Betrieb der Bestimmung des § 34 GewO. Gleichgültig für die Frage der Konzessionspflicht ist es auch, ob das Pfandleihgewerbe in das Handelsregister eingetragen ist oder nicht. Durch die Eintragung in das Handelsregister (s. S. 67) wird der Pfandleiher der Pflicht, die behördliche Erlaubnis einzuholen, nicht enthoben (§ 7 HGB.). Dies auch dann, wenn das Gewerbe in der Form einer offenen Handelsgesellschaft betrieben wird, in welchem Falle jeder der offenen Handelsgesellschafter die behördliche Erlaubnis haben muß (Oppenhoff 17, 763). Über die behördliche Erlaubnis als Voraussetzung zur Eintragung in das Handelsregister bei einer A.-G., Komm.-G. auf Aktien und G. m. b. H. s. S. 67.

b) Die Frage, ob überhaupt einer der zuletzt genannten Gesellschaften als solcher die Konzession erteilt werden kann und diese nicht vielmehr auf den Namen des vertretungsberechtigten Organes jener Gesellschaften zu lauten hat, war lange streitig. Die Frage ist nunmehr bejaht mit Rücksicht auf die Novelle zur GewO. vom 6. August 1906, welche die Konzessionsfähigkeit auch auf Vereine ausgedehnt hat (OVG. 56, 378; RGZ. 80, 111 und 427; GewArch. 24, 183). Vgl. hierzu auch die eingehenden Ausführungen bei Landmann Anm. 2h zu § 1, Anm. 15 zu § 33 und Anm. 2a zu § 45 der 8. Aufl., sowie die ungedr. Entscheidung des OVG. vom 24. November 1927 IIIA 45/27; a. M. Stier-Somlo, GewO. Anm. 1 zu § 45). Nach Landmann Anm. 6 zu § 33 müßte konsequenterweise auch einer offenen Handelsgesellschaft und sogar einem rechtsfähigen Verein die behördliche Erlaubnis erteilt werden. Der übliche Ausweg aus dem Dilemma, den die Praxis gewählt hat, ist der, daß ein Konzessionsberechtigter als Geschäftsführer, z. B. einer G. m. b. H., für diese das Pfandleihgewerbe betreibt. Dies ist jedoch nicht zulässig. Mit Recht hat OVG. in der oben zitierten Entscheidung vom 24. November 1927 ausgeführt, daß in einem solchen Falle der Pfandleiher selber seine Konzession nicht ausübt, sondern eine, wenn auch nicht rechtliche, so doch tatsächliche Übertragung der Konzession auf die G. m. b. H. vorliege, also ein unbefugter Gebrauch der Konzession. In solchen Fällen hat zwar der gesetzliche Vertreter die Konzession, es betreibt aber das Pfandleihgewerbe die G. m. b. H., die keine solche besitzt. Bei der Frage der Konzessionierung derartiger nichtphysischer Personen wird die Prüfung der persönlichen Eigenschaften, von denen die Konzession abhängig ist, auf die Persönlichkeiten aller gesetzlichen Vertreter zu erstrecken sein (Reger 35, 262; GewArch. 5, 579; 8, 425). — Das Pfandleihgewerbe ist ein stehender Gewerbebetrieb, weil er weder zum Marktverkehr rechnet, noch zu denjenigen Gewerbearten, welche gemäß § 55 GewO. im Umherziehen betrieben werden können. Aber auch innerhalb der gewerblichen Niederlassung seines Gemeindebezirkes wird der Pfandleiher sein Gewerbe nicht etwa in ambulanter Form, also z. B. nicht auf öffentlichen Plätzen, Straßen und Wegen ausüben (§ 42a, 42b GewO.) dürfen. Ebensowenig ist ihm gestattet, sein Gewerbe durch Handlungsreisende zu betreiben, auch nicht innerhalb des Geltungsbereiches seiner Konzession (§ 44 GewO.). — Das Alter ist grundsätzlich kein Hinderungsgrund dafür, daß einem Gewerbetreibenden die behördliche Erlaubnis versagt wird (Landmann Anm. 1 zu § 11). Für die Prüfung der Zuverlässigkeit des Minderjährigen werden auch hier die persönlichen Eigenschaften seines gesetzlichen Vertreters maßgebend sein. — Ebenso sind Staatsangehörigkeit, Stand und Geschlecht für die Frage der Konzessionserteilung irrelevant, so daß Frauen, verheirateten wie auch unverheirateten, und ebenso auch Ausländern die Konzession erteilt werden kann. Dies gilt insbesondere auch für Angehörige anderer Berufe und Gewerbebetriebe. Der gleichzeitige Betrieb verschiedener Gewerbe ist ausdrücklich gestattet (§ 3 GewO.). Dagegen kann die Konzessionsbehörde aus Gründen des öffentlichen Interesses die Erteilung der behördlichen Erlaubnis von der Bedingung abhängig machen, daß der Pfandleiher nicht gleichzeitig ein anderes Gewerbe betreibt (Rohrscheidt Anm. 1 zu § 3). Eine Ausnahme von diesem Grundsatz macht das Reichsgesetz vom 2. Juni 1910 (RGBl. 860), das verbietet, daß der Pfandleiher gleichzeitig das Gewerbe eines Stellenvermittlers betreibt. Die Bestimmung verliert aber ihre praktische Bedeutung durch das Arbeitsnachweisgesetz vom 22. Juli 1922 (RGBl. I, 657), welches mit dem 1. Januar 1931 jede gewerbsmäßige private Stellenvermittlung aufhebt und vom 1. Oktober 1922 ab jede neue Konzessionserteilung für Stellenvermittlung verbietet. — Den Auktionatoren ist in Preußen durch MinErl. vom 10. Juli 1902 (HMinBl. S. 279) in Ziff. 3 der Betrieb eines Pfandleihgewerbes untersagt, eine Bestimmung, welche rechtsgültig ist (GewArch. 3, 258 und 596). — Im übrigen ist es dem Pfandleiher gestattet, neben seinem Gewerbe auch ein Verkaufsgeschäft mit neuen Waren zu unterhalten, ohne daß sie bei ihm verpfändet waren. Nur darf durch die Verbindung beider Geschäfsarten beim Publikum nicht der Eindruck hervorgerufen werden, daß nur verfallene Pfänder verkauft werden und dadurch ein besonders günstiges Angebot (unlauterer Wettbewerb) vorgespiegelt wird (MinErl. vom 12. März 1907, HMinBl. 66; Reger 27, 501). **Hamburg** (§ 4) verbietet dem Pfandleiher, in demselben Hause, in dem er sein Pfandleihgewerbe betreibt, den An- und Verkauf von nicht versetzten Sachen zu betreiben. Die einzelnen Darlehnsverträge, welche unter Verletzung dieser Bestimmung abgeschlossen worden sind, sind nicht nichtig (HansGZ. 1926, 273). Die Gültigkeit einer solchen Bestimmung erscheint zweifelhaft, weil sie nicht in den nach § 38 GewO. gegebenen Rahmen paßt.

III. a) Die erteilte Erlaubnis zum Betriebe eines Pfandleihgewerbes hat zur Folge, daß nach rechtskräftiger Erteilung der Konzession das Unternehmen nunmehr ein gesetzliches und erlaubtes ist, und daß die landesrechtlichen Pfandleihgesetze jetzt auf das Unternehmen Anwendung zu finden haben (RGSt. 8, 283). Nur wenn Untersagungsgründe vorliegen, kann die Konzession entzogen werden, nicht jedoch auch aus politischen Gründen, z. B. zum Zwecke der Kommunalisierung des Pfandleihgewerbes. — Die Konzession ist meistenteils eine allgemeine. Sie lautet dahin, daß die Befugnis gewährt wird, das Gewerbe eines Pfandleihers auszuüben, meist wird auch noch formularmäßig die Formel hinzugefügt, daß die Befugnis zum gewerbsmäßigen Ankauf von beweglichen Sachen mit Gewährung des Rückkaufsrechts eingeräumt wird. Dieser Zusatz ist überflüssig, da der gewerbsmäßige Rückkaufshandel eben nichts anderes als Pfandleihgeschäft ist (s. S. 62 f.). Durch die Erteilung der behördlichen Erlaubnis wird der Pfandleiher nicht der Verpflichtung enthoben, den Beginn seines Gewerbebetriebes gemäß § 14 GewO. anzuzeigen. Die Anzeige hat zu erfolgen bei dem Gemeindevorstand, in Berlin bei der Verwaltung der staatlichen Steuern (preuß. AA. zur GewO. Ziff. 7). Diese Anzeigepflicht dauert so lange fort, wie das Gewerbe ausgeübt wird. Wird sie nicht bei Geschäftsbeginn erfüllt, so liegt eine Dauerstraftat vor, welche erst dann verjährt, wenn der Gewerbebetrieb aufhört. JW. 1928, 2637[23].

b) Eine zeitliche Beschränkung der Konzession ist nach § 40 GewO. nicht zulässig (GewArch. 2, 426). Wohl aber ergibt sich eine räumliche Beschränkung insofern, als die erteilte Konzession sich zunächst nur auf den Bundesstaat (Land) erstreckt, dem die erteilende Behörde angehört (Stier-Somlo GewO. Anm. 3 zu § 34). Die räumliche Wirkung der Konzession ist aber dann insofern noch eine engere, als sie sich nicht auf den ganzen Bundesstaat bezieht, sondern nur auf dasjenige Gebiet, für welches die Konzessionsbehörde zuständig ist. Dies ist auch Rechtens, wenn in der Konzessionsurkunde über den räumlichen Geltungsbereich nichts gesagt worden ist. Innerhalb dieses Gebietes der konzessionierenden Behörde gilt die Konzession für den Ort, an welchem der Gewerbebetrieb begonnen werden soll, da die spätere Verlegung des Betriebes nach einem anderen Ort als der Beginn eines neuen Gewerbes angesehen wird (Reger 6, 2; 7, 3). Insofern existiert also eine Freizügigkeit des Pfandleihgewerbes nicht. Innerhalb des Ortes aber, für den die Konzession erteilt ist, besteht sie. Hat nach erteilter Konzession eine Veränderung der Grenzen der konzessionierenden Behörden stattgefunden, so folgt die Freizügigkeit des Pfandleihgewerbes diesen Grenzen. Ist die Pfandleihkonzession z. B. für eine Gemeinde erteilt, wird von dieser aber ein Teil ausgemeindet, so erlischt für diesen letzten Teil die Konzession. Das Umgekehrte ist der Fall, wenn der Ort, für den die Konzession erteilt war, durch Eingemeindung vergrößert wird. Dann ist der Pfandleiher berechtigt, seinen Betrieb auch in den zugeschlagenen Gemeindeteilen zu errichten. Deshalb gelten auch in der jetzigen Gemeinde Groß-Berlin die vor Erlaß des preuß. Gesetz vom 27. April 1920 (GS. S. 123) erteilten Pfandleihkonzessionen innerhalb der neugeschaffenen Gemeindegrenzen. Eine Konzession, die bisher z. B. nur für die Gemeinde Lichtenberg erteilt war, gibt dem Pfandleiher das Recht, nunmehr auch in den anderen Bezirken von Groß-Berlin sein Gewerbe zu betreiben. Denn nach der Schaffung der Gemeinde Groß-Berlin gibt es nur einen einzigen und einheitlichen Stadtausschuß, wenn dieser auch für die einzelnen Verwaltungsbezirke in einzelne Abteilungen zergliedert ist (§ 40 Abs. 2 d. Groß-Berliner Ges.). Diese Auffassung ist um so eher begründet, als der Pfandleiher nach § 42 GewO. das Recht hat, innerhalb seines „Gemeindebezirkes" seiner gewerblichen Niederlassung sein Gewerbe auszuüben. In der früheren Fassung des § 42 GewO. hieß es „Ort" seiner gewerblichen Niederlassung (Landmann Anm. 1 Abs. 2 zu § 42; Anm. 3 zu § 55). Diese Neufassung erfolgte, damit nicht ferner Zweifel entstehen, wie es zu halten ist, wenn ein Gemeindebezirk aus mehreren mit eigenen Namen bezeichneten Ortschaften besteht. Hinzu kommt noch, daß die Tendenz des Gesetzes vom 27. April 1920 die ist, die bisher in Berlin und seinen Vororten vorhanden gewesene Zersplitterung kommunaler Angelegenheiten zu beseitigen. Auch aus der Begründung des genannten Gesetzes ergibt sich, daß durch die Gründung der neuen Einheitsgemeinde Groß-Berlin die einzelnen in ihr aufgegangenen Gemeinden und Gutsbezirke einschließlich der alten Stadtgemeinde Berlin ihre bisherige Selbständigkeit aufgegeben haben und ein neues kommunales Gebilde geschaffen worden ist, das in eine neue Einheits-Stadtgemeinde und in einen neuen Einheits-Stadtkreis zusammengefaßt worden ist, welche Gesamtrechtsnachfolgerin der gesamten bisherigen Gemeinden und Gutsbezirke geworden ist (Drucks. d. preuß. Verf. geb. Landesvers. Nr. 1286 von 1919, Spalte 41/42; OVG. 77, 310). Endlich sei hervorgehoben, daß nach der Übergangsbestimmung des § 58 Ziff. 12 des Groß-Berliner Ges. die bisher bestehenden Stadtausschüsse zwar weiter bestehen bleiben, aber als Abteilungen des Stadtausschusses der neuen Gemeinde Groß-Berlin zu gelten haben. Die vor dem Inkrafttreten des Groß-Berliner Ges. z. B. von dem Stadtausschuß Charlottenburg erteilte Pfandleihkonzession ist nunmehr so anzusehen, als ob sie von dem jetzigen Stadtausschuß der Gemeinde Groß-Berlin erteilt worden wäre. Sie gilt also in den jetzigen räumlichen Grenzen, für welche der Stadtausschuß von Groß-Berlin die behördliche Erlaubnis erteilen muß, d. h. für die Gemeinde Groß-Berlin. So hat auch der Bezirksausschuß Berlin in seinen beiden Urteilen vom 28. September 1928 (Aktenzeichen I B. 186/28) und vom 26. Oktober 1928 (Aktenzeichen I B. 202/28) anerkannt, daß die einzelnen Berliner Verwaltungsbezirke keine selbständigen Ortschaften darstellen, sondern daß sie lediglich Verwaltungsorgane der Gemeinde Groß-Berlin sind, und daß eine auf einen bestimmten Berliner Verwaltungsbezirk beschränkte Konzession nicht zulässig, vielmehr nur eine solche für Groß-Berlin ist. Zuständig für die Erteilung der

Pfandleihkonzession ist in Groß-Berlin für alle übrigen Verwaltungsbezirke der Stadtausschuß des Verwaltungsbezirkes Berlin-Mitte. — Im Gegensatz zu der Erlaubnis nach § 33 GewO. darf die Pfandleihkonzession nicht an ein bestimmtes Lokal gebunden sein. Eine solche Beschränkung auf ein bestimmtes Geschäftslokal ist nur zulässig, wenn dies in dem Landesgesetz ausdrücklich bestimmt wird, wie dies z. B. in **Hamburg** geschehen ist (§ 1).

c) Die Begründung von Zweigniederlassungen von Pfandleihbetrieben innerhalb des erlaubten Gemeindebezirkes ist zulässig. Das Recht hierzu ergibt sich aus § 3 der GewO. Dies gilt auch für konzessionspflichtige Gewerbe. Nur erleidet das Recht zur Errichtung von Filialen von Pfandleihen insofern eine Einschränkung, als für jede Zweigniederlassung eine besondere Stellvertreterkonzession vorhanden sein muß. Nicht jedoch darf dem Pfandleiher in solchem Falle eine zweite Konzession erteilt werden. Bei der Frage, ob in solchem Falle eine Stellvertreterkonzession zu erteilen ist, hat die Behörde das Recht, zu prüfen, ob auch ein Bedürfnis für die Stellvertretung gegeben ist; und zwar auch dann, wenn durch Ortsstatut in einer Gemeinde die Bedürfnisfrage nicht geregelt ist. — Die Frage, ob auf den Antrag eines Pfandleihers hin die Konzession, sei es in zeitlicher, räumlicher und sachlicher Beziehung, beschränkt werden kann, ist streitig; wenn also z. B. ein Pfandleiher beantragt, ihm die Konzession zur Beleihung von nur Automobilen, oder nur Kostbarkeiten, oder nur für ein bestimmtes Lokal, oder für einen bestimmten Verwaltungsbezirk zu erteilen. Das RG. bejaht diese Frage (GewArch. 9, 260), das OVG. verneint sie (OVG. 52, 374).

d) Würde eine Pfandleihkonzession z. B. nur für die Beleihung von Automobilen erteilt werden, so läge eine auflösend bedingte Konzession vor, welche, auch wenn sie rechtskräftig erteilt wäre, nichtig wäre und der Polizeibehörde das Recht gäbe, den Betrieb zu schließen (GewArch. 6, 37; 11, 449). Lautet die Konzessionsurkunde dahin, daß dem Antragsteller die Konzession erteilt wird, wird ihm aber gleichzeitig die Auflage gemacht, sich nur auf die Beleihung von Automobilen zu beschränken, so läge eine gültige Konzession vor. Kommt der Pfandleiher dann der Konzession nicht nach, so wäre ein Widerruf der Konzession nicht möglich, wohl aber eine Bestrafung aus § 147 Ziff. 1 der GO. Hier wird zwar von „Bedingung" gesprochen, gemeint damit sind aber nicht Bedingungen im Sinne des BGB., sondern Auflagen (Landmann Anm. 10f. zu § 30). — Wenn der Gesuchsteller schon in seinem Antrage eine Beschränkung der Konzession verlangt hat, so kann die Behörde ihm eine solche nicht von Amts wegen auferlegen, solange die im § 38 Abs. 1 erwähnten Zentralbehörden eine solche Beschränkung nicht ausdrücklich vorschreiben. So kann in Preußen die Erteilung einer Konzession nicht von der Stellung einer Sicherheit abhängig gemacht werden, wie dies z. B. in den Landesgesetzen von **Württemberg** (§ 1), in **Bayern** (§ 12) und in **Schaumburg-Lippe** (§ 1,2) ausdrücklich vorgeschrieben ist (vgl. Kraus S. 45; OVG. 69, 371).

e) Die erteilte Erlaubnis gibt dem Gewerbetreibenden das Recht auf ungestörte Ausübung seines Gewerbebetriebes. Nach Ziff. 60 der preuß. AA. zur GewO. vom 1. Juni 1904 (HMinBl. 123) hat die Ortspolizeibehörde das Recht, den Betrieb des Pfandleihgewerbes sorgfältig zu überwachen und auf seine Zuverlässigkeit zu prüfen. Dasselbe Recht ergibt sich auch aus Ziff. 8 der ministeriellen Bekanntmachung vom 16. Juli 1881 (über deren Gültigkeit s. KGJ. 5, 234). Berechtigt zu einer solchen Revision ist nicht jeder einzelne Polizeibeamte, denn dieser repräsentiert nicht die Ortspolizeibehörde (Ziff. 5 preuß. AA. vom

1. Juni 1904). Wenn es in Ziff. 8 der ministeriellen Bekanntmachung vom 16. Juli 1881 heißt, daß „jederzeit" die Revision vorgenommen werden kann, so ist der Zeitpunkt nach Treu und Glauben zu wählen. Außerdem treten hierbei die Vorschriften der §§ 98, 100 und 105 StPO. hinzu. Verlangt ein Polizeibeamter abends um $^1/_2$9 Uhr vom Pfandleiher die Wiedereröffnung seines Lokals zum Zwecke der Revision, so ist dies Verlangen unbegründet und die Weigerung des Pfandleihers straflos (KGJ. 12, 186). Vgl. auch die S. 127 zitierte Verfügung des Polizeipräsidenten in Berlin, die den Beamten bei den Revisionen gewisse Rücksichtnahmen auf den Geschäftsbetrieb der Pfandleiher auferlegt.

f) Die behördliche Erlaubnis muß erteilt werden; eine stillschweigende Erteilung ist unzulässig (OVG. 77, 410). Die Erteilung muß stattfinden, wenn keine Versagungsgründe vorliegen. Sind diese vorhanden, so hängt es nicht vom Ermessen der Behörde ab, ob sie trotzdem die Erlaubnis erteilen will, vielmehr muß sie in diesem Falle versagt werden. Versagungsgründe sind solche, welche die Unzuverlässigkeit des Nachsuchenden in bezug auf das Pfandleihgewerbe dartun. Die Kasuistik auf diesem Gebiete ist eine große, allerdings weniger hinsichtlich der Pfandleihkonzession als der Schankkonzession. Die Versagungsgründe liegen vor allem in der Person des Pfandleihers selber. Durch die Novelle zur GewO. zu § 1879 sind strengere Anforderungen an die Persönlichkeit und Makellosigkeit des Pfandleihers gestellt. Nicht jede allgemeine Unzuverlässigkeit des Charakters des Pfandleihers genügt zur Versagung der behördlichen Erlaubnis (GewArch. 3, 223). Andererseits brauchen sich die Versagungsgründe nicht bloß auf die Person des Pfandleihers zu beziehen, vielmehr kommt dabei auch unter Umständen die Unzuverlässigkeit seines Ehegatten in Betracht (Reger 11, 9; GewArch. 36, 151). Siehe auch die bei Rohrscheidt Anm. 15 zu § 35 und Anm. 46 zu § 33 zitierten Entscheidungen. Auch das Verhalten anderer Angehöriger, z. B. das des Bräutigams der Gesuchstellerin, kann Anlaß zur Versagung der behördlichen Erlaubnis geben (Reger 30, 389; GewArch. 12, 26; 23, 407); dasselbe gilt bei Geschwistern (GewArch. 10, 414). Ebenso kann das Gesuch eines Minderjährigen zum Betriebe eines Pfandleihgewerbes untersagt werden, wenn er von dem Vater nur vorgeschoben ist (Reger 14, 120; GewArch. 8, 425; 10, 591). Auch der geringe Bildungsgrad und mangelndes Rechtsgefühl des um eine Konzession Nachsuchenden kann zur Versagung führen (JW. 27, 2871), wie überhaupt auch sein ganzes Vorleben, sein guter oder schlechter Leumund für die Beurteilung der Zuverlässigkeit von Bedeutung ist, wobei es nicht nötig ist, daß der Antragsteller schon vorbestraft ist (Reger 5, 160; 7, 7; 33, 373; 34, 259). Bei einer G. m. b. H. oder einer A.-G. kommt es auf die persönliche Zuverlässigkeit des oder der gesetzlichen Vertreter an. Insbesondere ist dabei zu prüfen, ob die Befürchtung gerechtfertigt ist, daß der Antragsteller das Gewerbe zu hehlerischen Zwecken oder zur Ausbeutung der Verpfänder mißbrauchen könnte. Vorstrafen, die der Antragsteller wegen Straftaten erhalten hat, die aus Gewinnsucht oder Eigennutz begangen sind, werden also stets zur Versagung der behördlichen Erlaubnis führen, wobei sogar eine bedingte Begnadigung unberücksichtigt bleiben kann (Reger 29, 349). Aber auch Vorstrafen auf anderem Gebiete, z. B. Meineid, können einen Versagungsgrund abgeben (Reger 7, 367; 24, 27). Übertretungen von polizeilichen Vorschriften können zur Versagung führen, müssen es aber nicht (Reger 1, 357; DJZ. 1907 S. 972). Liegen die Vorstrafen schon erhebliche Zeit zurück, und hat der Antragsteller sich inzwischen einwandfrei betragen, so können sie nicht mehr zur Versagung der behördlichen Erlaubnis herangezogen werden

(GewArch. 12, 594; 14, 243); wohl aber im Zusammenhang mit anderen einschlägigen Verfehlungen (DJZ. 1896, 322). Unzuverlässigkeit liegt auch dann vor, wenn der Antragsteller moralische Defekte oder geistige Minderwertigkeit aufweist, durch welche das Gemeinwohl geschädigt werden kann (Kunze-Kautz 2, 376). Ist einem Pfandleiher seine Konzession entzogen und beantragt seine Ehefrau eine neue, so kann sie ihr versagt werden, wenn zu befürchten ist, daß sie bei der Führung ihres Geschäftes den schädlichen Einflüssen ihres Mannes unterliegen wird (Kunze-Kautz Erg.-Bd. 1900, 231).

g) Ohne Rücksicht auf diese Versagungsgründe kann die behördliche Erlaubnis auch dann versagt werden, wenn ein Bedürfnis zur Errichtung eines neuen Pfandleihbetriebes nicht nachgewiesen ist (§ 34 Abs. 1 Satz 2 GewO.). Dies jedoch nur dann, wenn die Landesregierungen dies bestimmt haben, mit der Maßgabe, daß für einzelne Ortschaften die Bedürfnisfrage durch Ortsstatut geregelt wird. In Preußen ist die ortsstatutarische Regelung der Bedürfnisfrage durch MinErl. vom 21. September 1879 (MinBl. f. inn. Verw. S. 253) und durch Ziff. 50 der preuß. AA. zur GewO. vorgesehen. Wegen der Staaten Bayern, Sachsen, Württemberg und Hessen s. Landmann Anm. 6 zu § 34. In **Groß-Berlin** ist die Bedürfnisfrage eingeführt durch Ortsstatut vom $\frac{\text{6. Februar}}{\text{14. Februar}}$ 1923. Hierbei sei bemerkt, daß das Berliner Ortsstatut auch die Bedürfnisfrage auf das Pfandvermittlergewerbe ausgedehnt hat. Insoweit ist das Ortsstatut unwirksam, da § 34 Abs. 1 Satz 2 GewO. nur vom Pfandleihgewerbe spricht (Rohrscheidt Anm. 7 zu § 34). Wird ein Ortsstatut erlassen, so sind, gemäß § 142 GewO., die beteiligten Gewerbetreibenden zu hören. Besteht an einem Orte kein Ortsstatut, das die Bedürfnisfrage eingeführt hat, so kann die bloße Tatsache, daß ein öffentliches Leihhaus an diesem Orte schon vorhanden ist, nicht ausreichen, um die behördliche Erlaubnis zu versagen, denn die eine solche Bestimmung enthaltende Ziff. 15 der Deklaration vom 28. Juni 1826 (GS. S. 81) ist durch die Novelle zur GewO. vom 21. Juni 1869 bereits aufgehoben worden (Begr. S. 24), sowie auch durch § 23 des preuß. Pfandleihgesetzes. In den Gemeinden, in denen die Bedürfnisfrage nicht durch Ortsstatut geregelt ist, kann die Versagung einer Pfandleihkonzession auch sonst nicht auf das mangelnde Bedürfnis begründet werden. Besteht jedoch ein solches Ortsstatut, so hat der Gesuchsteller darzutun, daß ein Bedürfnis zur Errichtung eines Pfandleihbetriebes vorhanden ist. Dieser Beweis wird stets dann als geführt anzusehen sein, wenn z. B. ein altes Pfandleihgeschäft verkauft wird und der Verkäufer auf seine Konzession verzichtet. Ob das verkaufte Geschäft betrieben worden ist oder nicht, ist gleichgültig. Denn durch die Nichtausübung der Konzession erlischt sie nicht. Da die auch jahrelang ruhende Konzession jederzeit wieder ausgeübt werden kann, wird durch die Erteilung einer neuen Konzession, unter Verzicht auf die alte, der Kreis der Konzessionsbeteiligten nicht vergrößert; infolgedessen kann auch die Bedürfnisfrage nicht verneint werden. Im übrigen entscheidet die Behörde nach freiem Ermessen unter Berücksichtigung aller örtlichen besonderen Verhältnisse, wobei natürlich ein zahlenmäßig begründeter Nachweis des Bedürfnisses nicht verlangt werden kann, wie umgekehrt auch die Behörde in ihren Gründen einen solchen nicht darzutun braucht. Aus der Dichtigkeit der Bevölkerung eines Ortsteils, aus ihrer sozialen Schichtung kann nicht ohne weiteres auf ein Bedürfnis geschlossen werden, denn die Erfahrung lehrt, daß das Publikum ungern die Pfandleihgeschäfte seiner Nachbarschaft aufsucht, weil der Kunde befürchtet, dort bekannt zu sein, oder andere bekannte Kreditsuchende daselbst anzutreffen. Vgl. die Statistik S. 14, aus der sich ergibt, daß gerade in den Bezirken Groß-Berlins, welche von der ärmeren Bevölkerung bewohnt werden, verhältnismäßig wenig Pfandleihgeschäfte bestehen. Immer aber wird man der Behörde das Recht einräumen müssen, bei Beantwortung der Frage, ob ein Bedürfnis vorhanden ist, zurückhaltend zu sein, denn eine allzu große Anzahl von Pfandleihanstalten und Pfandleihbetrieben reizt zur Aufnahme von Darlehen. So kann auch eine Behörde auf die Verhältnisse einer Nachbargemeinde zurückgreifen, wenn sie die Frage des Vorhandenseins eines Bedürfnisses entscheiden will (OVG. 10, 258). Auch die Landesgrenzen spielen hierbei keine Rolle (GewArch. 8, 411). Der Zeitpunkt, der für die Bedürfnisfrage maßgebend ist, ist der Moment der Urteilsfällung (GewArch. 10, 406).

IV. Die Konzession ist ein Vermögensrecht; sie genießt auch unter Umständen **den Schutz** des § 823 BGB. (RGZ. 58, 29 und Landmann Anm. 2b zu § 1.) Sie ist absolut an die Persönlichkeit des Berechtigten geknüpft (Schultzenstein S. 118) und kann infolgedessen weder durch Rechtsgeschäfte unter Lebenden noch durch letztwillige Verfügungen übertragen werden (RGZ. 91, 241; 113, 160). Auch die Ausübung der Rechte aus der behördlichen Erlaubnis kann auf einen Dritten nicht übertragen werden, es sei denn, daß er als Gehilfe oder Bote des Konzessionsberechtigten tätig ist, oder aber als Stellvertreter mit einer gewissen Selbständigkeit (RGZ. 58, 71; 39, 268; 67, 323; 84, 305). Verträge, welche eine verschleierte Übertragung der Konzession bezwecken, sind absolut unwirksam (Reger 20, 6; GewArch. 1, 253; 3, 37; 6, 408). Es kann also die Konzession als solche nicht verpachtet werden, es sei denn, daß der Pächter gleichfalls eine solche besitzt (Reger 2, 11 und 4, 21). Auch wenn das Geschäft im ganzen verkauft wird, geht die Konzession nicht auf den Käufer über. Ein solcher Kaufvertrag hat zivilrechtlich auch nur Wirksamkeit, falls der Käufer bereits im Besitz der Konzession ist. Gerade bei der Pfandleihkonzession ist darauf zu achten, daß eine Veränderung der Persönlichkeit des Geschäftsinhabers nicht ohne behördliche Erlaubnis vor sich gehen darf. Verträge, welche auf Umgehung der Konzessionspflicht gerichtet sind, sind deshalb auch nichtig (Reger 27, 22). Auch die Einbringung einer Konzession in eine Gesellschaft ist infolge ihrer Unübertragbarkeit unzulässig (RGSt. 61, 261). Das persönliche Moment spielt beim Betriebe des Pfandleihgewerbes eine so bedeutende Rolle, daß sogar die im Geschäftsbetriebe einer Pfandleihe entstandenen Forderungen des Pfandleihers nicht an einen anderen übertragen oder abgetreten werden können, der nicht auch die behördliche Erlaubnis besitzt (RGZ. 58, 71). Auch die sog. stille Zession solcher Forderungen ist unzulässig, bei der der Pfandleiher nach außen hin Gläubiger bleibt, aber tatsächlich nur Beauftragter des Zessionars ist (RGZ. 58, 75). Wohl aber ist es zulässig, daß der Pfandleiher auf seine Konzession zugunsten des Erwerbers seines Pfandleihgeschäftes verzichtet. Da beim Verkauf eines Pfandleihgeschäftes die Erteilung der behördlichen Erlaubnis für den Käufer häufig längere Zeit in Anspruch nimmt, kann für die Zeit zwischen dem Vertragsabschluß und der Erteilung der Konzession dem neuen Inhaber eine Vor- oder Notkonzession erteilt werden (Landmann Anm. 10b zu § 30). — Aus der Unübertragbarkeit der Konzession ergibt sich, daß sie auch nicht gepfändet oder verpfändet werden kann, sowie, daß an ihr kein Nießbrauch bestellt werden kann. Wohl aber gehört sie als Ausfluß eines öffentlichen Rechts zum Konkursvermögen des Pfandleihers. Über die Frage, ob im Falle des Konkurses eines Pfandleihers der Konkursverwalter eine Konzession für sich beantragen muß, s. S. 90, 141 (Ztschr. f. Zivilprozeß 31, 315; 33, 447).

V. Nur wer das Pfandleihgewerbe selbständig betreibt, erhält die Konzession. Damit ist nicht gesagt, daß er verpflichtet ist, jedes einzelne Versatzgeschäft selbständig und persönlich abzuschließen. Der Pfandleiher kann sich vielmehr hierzu auch Hilfspersonen nehmen, z. B. Buchhalter, Lagerverwalter, Taxatoren usw., die unter seiner Leitung das einzelne Geschäft im Pfandleihbetriebe vornehmen und abschließen (§ 41 GewO.). Auch seiner Familienangehörigen kann er sich hierbei bedienen, ohne daß es eines besonderen Angestelltenverhältnisses bedarf. Die Angestellten des Pfandleihers sind je nach ihrer Tätigkeit kaufmännische oder gewerbliche. Ihre Rechtsbeziehung zum Pfandleiher regelt sich dann nach dem HGB. bzw. der GewO. Streitigkeiten sind vor den Arbeitsgerichten auszutragen. — Überläßt jedoch der Pfandleiher einem Dritten die Leitung des Geschäftes, dergestalt, daß dieser es selbständig, wenn auch auf Rechnung und im Namen des Prinzipals verwaltet, so wird dieser, selbst wenn er ein Gehalt bezieht, zu seinem Stellvertreter (vgl. die bei Rohrscheidt Anm. 2 zu § 46a und Anm. 2a zu § 45 zitierten Entscheidungen). Dies kann auch der Fall sein, wenn ein Dritter einen Ausschnitt aus dem ganzen Komplex des Pfandleihbetriebes selbständig leitet, z. B. wenn ein Pfandleiher eine Filiale errichtet hat (s. S. 85). Stellvertreter ist z. B. auch der gesetzliche Vertreter, der für einen Minderjährigen das Pfandleihgewerbe betreibt (Landmann Anm. 2a zu § 45). Wird das Pfandleihgeschäft einem Dritten verpachtet, so ist dieser nicht Stellvertreter, da er das Geschäft auf eigene Rechnung betreibt. Der Pächter bedarf deshalb einer besonderen Konzession (Reger 2, 11; 4, 21; GewArch. 9, 613; 3, 275; 4, 395). — Im Gegensatz zu anderen konzessionspflichtigen Gewerben hat der Pfandleiher nicht einen Anspruch darauf, daß auch seinem Stellvertreter eine Konzession erteilt wird (§ 47 GewO.), vielmehr hat die Konzessionsbehörde nicht bloß darüber zu entscheiden, daß die Stellvertretungskonzession der Stellvertreter erteilt wird, sondern auch, ob sie überhaupt eine Stellvertretung für zulässig hält. Sie ist hierbei an die Versagungsgründe des § 34 Abs. 1 GewO. nicht gebunden, vielmehr entscheidet sie hierbei nach ihrem freien Ermessen (Landmann Anm. 2 Abs. 3 zu § 47; Rohrscheidt Anm. 2 Abs. 1 zu § 47). So kann die Behörde auch dort, wo durch Ortsstatut die Bedürfnisfrage nicht geregelt ist, eine Stellvertretung in einer zu errichtenden Filiale mit der Begründung versagen, daß kein Bedürfnis vorliegt. Dasselbe gilt auch, wenn eine Witwe oder minderjährige Erben eines Pfandleihers gemäß § 46 GewO. das Gewerbe ihres Erblassers fortsetzen wollen (Landmann Anm. 2 Abs. 4 zu § 47). Auf diese Weise kann die Behörde das Fortführungsrecht der Witwe bzw. der minderjährigen Erben vollkommen illusorisch machen. Da in § 40 auf diese Stellvertreterkonzession überhaupt nicht Bezug genommen ist, kommt auch nicht das Rekursverfahren zur Anwendung (Nelken Gewerberecht 1, 198). Bejaht die Behörde die Frage, ob überhaupt die Stellvertretung zulässig ist, so kann sie weiterhin prüfen, ob der Stellvertreter auch die persönlichen Eigenschaften besitzt, die zur Erteilung der behördlichen Erlaubnis erforderlich sind. Auch hier wieder entscheidet sie nach freiem Ermessen. Im Falle des Konkurses eines geschäftlichen Unternehmens, für das die Konzession erforderlich ist, fragt es sich, ob auf Grund der Konzession des Gemeinschuldners der Konkursverwalter das Geschäft fortführen kann (s. oben). Die Frage ist für die Schankkonzession verneint (Reger 8, 368; Ztschr. f. dtsch. Zivilprozeß 31, 315ff.; 33, 447). Die Entscheidung hat ihre Stütze in § 45 GewO. Es kann aber dasselbe nicht ohne weiteres auch für das Pfandleihgewerbe gelten.

Denn § 47 GewO. verlangt für die Stellvertreterkonzession im Pfandleihgewerbe strengere Voraussetzungen als § 46 GewO. (Landmann Anm. 2 Abs. 3 zu § 47). Man wird aber sagen müssen, daß die Frage, inwiefern für das Pfandleihgewerbe im Konkurse eine Stellvertretung zulässig ist, sich nicht nach der GewO., sondern nach der KO. beantwortet. Die Stellung aber, die der Konkursverwalter nach der KO. einnimmt, ist eine solche, daß er einer besonderen Konzession nicht bedarf. Über die sonstigen Wirkungen des Konkursverfahrens auf die Pfandleihdarlehne s. S. 141.

VI. Das Erlöschen der Konzession.

a) Die Pfandleihkonzession darf weder auf bestimmte Zeit erteilt werden, noch darf sie widerrufen werden (§ 40 GewO. GA. 2, 631). Die einer Konzession beigefügte zeitliche Beschränkung ist nichtig, braucht also vom Pfandleiher nicht beachtet zu werden. Die Konzession gilt dann als zeitlich unbeschränkt (Landmann Anm. 2b zu § 40). Auch wenn der Antragsteller selbst nur um eine zeitlich beschränkte Konzession nachsucht, ist die zeitliche Beschränkung unzulässig (GewArch. 8, 238; a. M. GewArch. 9, 260). Die Wirkung der einmal erteilten behördlichen Erlaubnis dauert also bis zum Tode des Berechtigten, ja sogar, wie aus § 46 GewO. hervorgeht, über dessen Tod hinaus (s. S. 91). Die Konzession erlischt also weder durch den Konkurs des Pfandleihers, noch auch wenn er unter Vormundschaft gestellt wird. Wohl aber können beide Fälle einen Grund zur Entziehung der Konzession abgeben. — Die behördliche Erlaubnis erlischt auch nicht dadurch, daß sie nicht ausgeübt wird. Sie gibt dem Berechtigten das Recht, das Pfandleihgewerbe zu betreiben, sie verpflichtet ihn aber nicht dazu. Die Behörde hat auch kein Mittel, die Eröffnung des Betriebes zu erzwingen, während bei anderen behördlichen Genehmigungen diese nach Ablauf von 3 Jahren erlöschen. Die in § 49 GewO. für das Erlöschen einer Konzession gegebenen Vorschriften beziehen sich nicht auf die behördliche Genehmigung, welche auf Grund von § 34 GewO. ausgestellt ist.

b) Wohl aber kann die Konzession durch Verzicht erlöschen (Landmann Anm. 8a zu § 49; Rohrscheidt Anm. 10 zu § 49). In der bloßen Nicht-Ausübung der Pfandleihkonzession liegt jedoch ein solcher Verzicht nicht (Recht 1915 Spalte 251). Der Verzicht muß vielmehr erklärt sein, und zwar der zuständigen Behörde gegenüber (RGSt. 36, 155; Reger 13, 226; GewArch. 8, 87). Die Verzichtserklärung kann auch durch konkludente Handlungen erfolgen, z. B. durch Rückgabe der Konzessionsurkunde (Reger 26, 213). Aus der Verzichtbarkeit der Konzession ergibt sich auch ihr Vermögenswert (Kähler S. 18 Anm. 12). Denn für den Verzicht kann ein Entgelt vom Pfandleiher verlangt werden. — Die behördliche Erlaubnis erlischt endlich, wenn sie von der Behörde rechtskräftig zurückgenommen ist (§ 53 GewO.).

c) Die Zurücknahme kann erfolgen, wenn die Unrichtigkeit der Beweise dargetan ist, auf Grund deren sie erteilt ist, oder wenn dem Pfandleiher die bürgerlichen Ehrenrechte aberkannt sind (§ 53 Abs. 1 GewO.). Die Zurücknahme ist ferner zulässig, wenn aus Handlungen oder Unterlassungen des Pfandleihers der Mangel derjenigen Eigenschaften klar hervortritt, die bei Erteilung der Konzession vorausgesetzt werden mußten (§ 53 Abs. 2 GewO.). Erfolgt die Rücknahme der Konzession auf Grund des § 53 Abs. 1 GewO., so darf die Verwaltungsbehörde das ausgesprochene Strafurteil nicht nachprüfen (GewArch. 1, 488; 2, 449; 8, 431). Wird die behördliche Erlaubnis wegen Aberkennung der bürgerlichen Ehrenrechte zurückgenommen, so gilt die Rücknahme nur für die Dauer des Ehrverlustes. Während dieser zeitweisen Entziehung der Konzession findet eine Stellvertretung nicht statt (Landmann Anm. 4 zu § 53). Erfolgt die Rücknahme der Konzession auf Grund des Abs. 2 des § 53, so bedarf es keiner vorherigen Verwarnung (GewArch. 8, 288). Zu den daselbst erwähnten Voraussetzungen gehören besonders dauernde Verstöße gegen die für die Pfandleiher erlassenen, polizeilichen Bestimmungen (GA. 7, 261), auch wenn es sich nur um Übertretungen handelt; ferner: unordentliche Führung des Pfandbuches, sowie solche Handlungen und Unterlassungen, die an sich nicht strafbar sind (Reger 24, 246), wie Händel und Streitsucht, Unordentlichkeit und Unsauberkeit bei der Verwaltung des Pfandlagers, sowie auch das Verhalten des unzuverlässigen Ehegatten des Pfandleihers (GewArch. 1, 674; 36, 151). Andererseits ist aus der Verletzung der für die Pfandleiher gegebenen Kontrollvorschriften nicht ohne weiteres Unzuverlässigkeit zu folgern, sondern erst dann, wenn sie der Ausfluß eines unreellen Geschäftsgebarens oder fortgesetzter Ordnungswidrigkeiten ist (DJZ. 1907 S. 972). Auch die mangelnde Beaufsichtigung eines vorbestraften Angestellten kann zur Konzessionsentziehung führen (GewArch. 25, 90; JW. 1928, 315).

d) Durch Tod erlischt die Pfandleihkonzession nur dann, wenn der Pfandleiher ohne Hinterlassung einer Witwe oder minderjähriger Erben verstirbt (OVG. 15, 351; vgl. zu folgendem: Wilhelm Kähler Die Stellvertretung im Gewerbebetriebe, Leipzig 1914; Schultzenstein Persönliche gewerbliche Konzession und Erbrecht im VerwArch. 1902 Bd. 10 S. 113ff.). § 46 GewO. gibt der Witwe eines Pfandleihers oder seinen minderjährigen Erben das Recht, das Gewerbe des Erblassers fortzuführen (GewArch. 22, 55). Diese Bestimmung ist ein Überbleibsel des alten Zunftsystems (Kähler S. 34) und verfolgt wohl den Zweck, der Witwe und den minderjährigen Erben, die ihres Ernährers beraubt sind, die Möglichkeit zu geben, auch über seinen Tod hinaus die Früchte seines Gewerbes zu ziehen (Schultzenstein S. 154). Bei Vorhandensein einer Witwe oder eines minderjährigen Erben wird das Geschäft des Pfandleihers, vorausgesetzt, daß ihm ordnungsmäßig eine Konzession erteilt war (OVG. 14, 315; 7, 294), fortgeführt, ohne daß die Witwe oder die minderjährigen Erben einer neuen Konzession bedürften (Schultzenstein S. 115). Auch ist in diesem Falle eine Anzeige gemäß § 14 GewO. nicht erforderlich, weil es sich nicht um die Erteilung eines neuen, sondern um die Fortführung eines bestehenden Gewerbebetriebes handelt (a. M. Rohrscheidt Anm. 6 zu § 14). Auch hier ist nicht erforderlich, daß z. Z. des Todes des Pfandleihers die Konzession auch wirklich ausgeübt war. Ihre urkundliche Legitimation haben die Witwe und die minderjährigen Erben in Gestalt der Konzessionsurkunde und des Erbscheins, bzw. der Personenstandsurkunden (Schultzenstein S. 138). Das Gesetz gibt nun das Fortführungsrecht nur der „Witwe". Es fragt sich, ob dasselbe Recht auch der Witwer hat, wenn seine Ehefrau die behördliche Konzession besaß. Die Frage dürfte zu bejahen sein, denn einmal kennt die GewO. keinen Unterschied der Geschlechter, und sodann ist nicht einzusehen, weshalb in einem solchen Falle nicht auch der Witwer das Recht haben soll, die Früchte des konzessionierten Gewerbes seiner Ehefrau zu ziehen. Die entgegengesetzte Auslegung bei Kähler S. 37 klebt am Worte „Witwe". Ist die Ehe z. Z. des Todes des Erblassers rechtskräftig geschieden oder für nichtig erklärt, so hat der frühere Ehegatte nicht die Stellung einer Witwe bzw. eines Witwers. Gleichgültig ist, ob die Witwe Erbin geworden oder nicht (Schultzenstein 119/120; Landmann Anm. 3 zu § 46; a. M. Kähler S. 36, 37). Sie hat also das Fortführungsrecht, selbst wenn sie vom Ehemann enterbt oder nur pflichtteilsberechtigt war. Sie erbt aber dann nur das Fortführungsrecht, nicht jedoch die einzelnen, im Gewerbebetriebe z. Z. des Erbfalls vorhanden gewesenen Vermögenswerte. Sie hat das Recht zur Fortführung auch nur so lange, als sie Witwe bleibt. Es erlischt also mit ihrer Wiederverheiratung. Will sie dann das Geschäft weiterbetreiben, so bedarf sie einer neuen, selbständigen behördlichen Erlaubnis. Sind neben der Witwe noch Kinder vorhanden, so ist zu unterscheiden, ob der Erblasser mit oder ohne Hinterlassung eines Testaments gestorben ist. Liegt kein Testament vor, so sind Erben die Witwe und die Kinder. Witwe und Kinder haben dann gemeinsam das Fortführungsrecht, falls und solange die Kinder minderjährig sind. Liegt ein Testament des Pfandleihers vor und hat dieser seine eigenen Kinder auf den Pflichtteil gesetzt oder enterbt, so haben sie nicht das Fortführungsrecht; wohl aber der minderjährige Testamentserbe, ohne Rücksicht, ob er mit dem Erblasser verwandt ist oder nicht. Sind neben der Witwe noch minderjährige Erben vorhanden, so üben sie das Fortführungsrecht gemeinsam aus, da das Wort „oder" im § 46 nicht zwei einander ausschließende Alternativen darstellt (Landmann Anm. 3a zu § 46; OVG. 34, 311). Witwe oder minderjährige Erben dürfen das Pfandleihgeschäft nicht einzeln für sich fortführen (Schultzenstein S. 121), vielmehr wird nur die einheitliche, dem Erblasser zugesprochene Konzession von ihnen ausgenutzt. Auf diese Gemeinschaft finden die Vorschriften der §§ 741 ff. BGB. Anwendung, und hieraus ergeben sich folgende Konsequenzen: befinden sich die Fortführungsberechtigten gleichzeitig in einer Erbengemeinschaft, z. B. Mutter und minderjährige Kinder als gesetzliche Erben, so ergeben sich ihre Anteile an der gemeinschaftlichen Konzession aus ihren Erbteilen. Ist die Witwe nicht Erbin geworden, wohl aber das minderjährige Kind, so ist nach § 742 BGB. anzunehmen, daß die Teilhaber gleiche Anteile an der Konzession haben. Jeder kann die Aufhebung der Gemeinschaft jederzeit verlangen (§ 749 BGB.). Da eine Teilung nicht erfolgen kann (§ 749 BGB.), ist bei einer Auseinandersetzung das gemeinschaftliche Fortführungsrecht unter den Inhabern zu versteigern (§ 753 BGB.). Scheidet eine Witwe, weil sie sich wieder verheiratet, oder ein Minderjähriger, weil er volljährig ist, aus der Gemeinschaft aus, so wächst der Anteil des Ausscheidenden dem übrigbleibenden Berechtigten zu (Landmann Anm. 4 Abs. 2 zu § 46). Das Gesetz spricht nur von Minderjährigen, es findet also nicht auf diejenigen Personen Anwendung, die infolge von Geschäftsunfähigkeit oder beschränkter Geschäftsfähigkeit den Minderjährigen gleichstehen (Schultzenstein S. 135). Ist die Witwe auch gleichzeitig minderjährige Erbin, so hat sie das Fortführungsrecht auch bei Eintritt ihrer Volljährigkeit so lange, bis sie sich wieder verheiratet. Schreitet sie noch vor Ablauf ihrer Minderjährigkeit zu einer zweiten Ehe, so steht ihr das Fortführungsrecht als einer Minderjährigen weiter zu (Schultzenstein S. 137). Erbe im Sinne des § 46 ist auch der Nacherbe und ebenso der Ersatzerbe (Schultzenstein S. 147). Stirbt also der Pfandleiher, der mit seiner Frau ein wechselseitiges Testament errichtet hat, in dem die Eheleute sich gegenseitig als Erben, ihre Kinder aber als Nacherben eingesetzt haben, so hat auch nach dem Tode beider Elternteile das minderjährige Kind das Fortführungsrecht (Schultzenstein S. 149). Volljährige Erben, auch wenn sie die eigenen Kinder des Pfandleihers sind, haben überhaupt kein Fortführungsrecht. Befinden sie sich in Gemeinschaft mit minderjährigen Erben, so haben diese letzteren allein das Fortführungsrecht. Die Fortführung erfolgt dergestalt, daß das Gewerbe auf Rechnung der Fortführungsberechtigten weiterbetrieben wird, jedoch nicht als eigenes Gewerbe, sondern als dasjenige des Erblassers. Die Fortführung hat durch einen Stellvertreter zu erfolgen, der die Witwe selber sein kann (OVG. 14, 316). Der Stellvertreter muß ein qualifizierter im Sinne des § 45 GewO. sein. Für diese Stellvertretung kommt § 47 GewO. gleichfalls zur Anwendung. Das, was für den Fall des Todes des Pfandleihers gesagt ist, gilt auch für den Fall, daß er wegen Geisteskrankheit, Geistesschwäche, Trunksucht oder Verschwendung entmündigt wird, oder eine Gebrechlichkeits- bzw. Abwesenheitspflegschaft für ihn eingeleitet wird (§ 46 Abs. 2 GewO.). In diesem Falle erfolgt die Fortführung des Gewerbes „für Rechnung einer Kuratel" (Landmann Anm. 7 zu § 46). — Endlich findet § 46 auch Anwendung auf den Fall einer Nachlaßregulierung; ohne daß es sich hierbei um eine gerichtliche Nachlaßregelung zu handeln braucht (Kunze-Kautz II, 289; Rohrscheidt Anm. 9 zu § 46). Landmann Anm. 8 nimmt in diesem Falle an, daß das Gewerbe fortgeführt wird „für Rechnung der ruhenden Erbschaft", will aber den § 46 nicht anwenden für den Fall der Nachlaßverwaltung und des Nachlaßkonkurses (a. M. VerwArch. 5, 123; Reger 22, 318).

VII. a) Zuständig für Erteilung, Versagung und Entziehung der behördlichen Erlaubnis ist in Preußen der Kreis- bzw. Stadtausschuß (§ 114 des ZustGes. vom 1. August 1883 GS. S. 237). Wegen der einschlägigen Bestimmungen in den anderen größeren Ländern vgl. Landmann (Anm. 3c zu § 34; Anm. 2 zu § 21; Anm. 6a zu § 40; Anm. 16 zu § 53). Die Behörde entscheidet auf das Gesuch im Beschlußverfahren. Wird die Erlaubnis versagt, so kann der Antragsteller binnen 2 Wochen Antrag auf mündliche Verhandlung im Verwaltungsstreitverfahren stellen. Die Behörde kann dann nur durch Urteil entscheiden auf Grund der mündlichen Verhandlung, nicht im Beschlußverfahren. Gegen dieses Urteil gibt es die Berufung an den Bezirksausschuß, der endgültig entscheidet (§ 114 Abs. 4 a. a. O.). Eine wie im § 33 Abs. 4 der GewO. für die Schankbetriebe vorgeschriebene angewendete Verpflichtung, die Ortspolizei und die Gemeindebehörde zu hören, besteht für das auf Erteilung einer Pfandleihkonzession sich beziehende Verfahren nicht.

b) Ein rechtskräftig zurückgewiesener Antrag auf Erteilung einer behördlichen Erlaubnis kann jederzeit wiederholt werden (OVG. 5, 291; a. M. ist z. T. **Braunschweig** und **Sachsen**, s. bei Landmann Anm. 3 zu § 20). Die Beschreitung des ordentlichen Rechtsweges bei Versagung einer Konzession ist unzulässig (RGZ. 68, 26). Der Antrag auf Erteilung einer Konzession muß auf Erteilung einer behördlichen Erlaubnis gehen, dagegen ist es nicht zulässig, wie bei der zivilrechtlichen Feststellungsklage, die Anerkennung einer bestimmten Berechtigung zu verfolgen (Reger 6, 379). Zulässig ist es, in einem neuen Gesuch die Erweiterung einer bereits verliehenen Konzession zu beantragen, z. B. in räumlicher Beziehung. Die behördliche Erlaubnis ist erteilt, sobald der Beschluß bzw. das Urteil die Rechtskraft erhalten hat. Einer Aushändigung der Konzessionsurkunde bedarf es nicht (GewArch. 10, 402).

c) Das Verfahren bei der Entziehung der Konzession ist durch Ziff. 60 der Preuß. AA. zur GewO. geregelt. Danach soll die Behörde, wenn sie bei ihren Geschäftsrevisionen festgestellt hat, daß ein Grund zur Entziehung der behördlichen Erlaubnis vorliegt, zunächst den Pfandleiher zur Einstellung seines Gewerbes auffordern. Die Vorschrift ist aber nur instruktionell (GewArch. 11, 279; 6, 266; 8, 288); kommt der Pfandleiher der Aufforderung nicht nach, so kann Klage auf Entziehung der behördlichen Erlaubnis erhoben werden. Zuständig ist der Kreisausschuß; in Stadtkreisen sowie in denjenigen Städten, die mehr als

10000 Einwohner haben und die zu einem Landkreis gehören, der Bezirksausschuß (§ 119 Ziff. 2 des ZustGes.). Befugt zur Erhebung der Klage ist die zuständige Ortspolizeibehörde. Es bedarf einer vorherigen Einholung der Ermächtigung des Regierungspräsidenten nicht (Ziff. 59 Abs. 1 Preuß. AA. zur GewO.). Eine Bewährungsfrist gibt es im Konzessionsentziehungsverfahren nicht (JW. 1927. 1287). Die gemäß Abs. 3 Satz 2 des § 53 GewO. vorgesehene Möglichkeit, dem Pfandleiher die Wiederaufnahme seines Gewerbes zu gestatten, wenn seit der rechtskräftigen Untersagung mindestens ein Jahr verflossen ist, bezieht sich nur auf solche Pfandleihbetriebe, welche vor dem 23. Juli 1879 das Gewerbe begonnen hatten. Für die nach diesem Zeitpunkte begonnenen Pfandleihbetriebe ist die Wiederaufnahme ausgeschlossen; ein solcher Pfandleiher kann nur die Erteilung einer neuen Konzession beantragen (GewArch. 9, 423).

d) Betreibt der Pfandleiher trotz rechtskräftiger Rücknahme der behördlichen Erlaubnis sein Gewerbe fort, so macht er sich nicht nur strafbar, vielmehr kann gemäß § 15 GewO. und Ziff. 8 und 61 Preuß. AA. zur GewO. durch Anwendung unmittelbaren Zwangs die Ortspolizeibehörde die Weiterführung des Betriebes verhindern (GewArch. 11, 415), d. h. das Geschäft schließen und die zum Betriebe erforderlichen Einrichtungen, wie Firmenschild usw., entfernen. Die Konzessionsurkunde ist dem Pfandleiher gemäß § 132ff. des Ges. üb. d. allg. Landesverw. (GS. 195) abzunehmen. Einer Abwicklung der laufenden Geschäfte jedoch dürfte die rechtskräftige Entziehung der behördlichen Erlaubnis nicht hinderlich sein (vgl. die S. 82 zitierte Entscheidung des OVG. vom 24. November 1927). Im Falle des Aufhörens seines Betriebes besteht sogar eine Verpflichtung des Pfandleihers, die Pfänder zu versteigern, s. S. 208. Vielmehr ist der Pfandleiher auch nach Erlöschen, Verzicht oder Entziehung der Konzession zur Abwicklung der schwebenden Geschäfte — und zwar gemäß den Bestimmungen des Pfandleihgesetzes — nicht nur berechtigt, sondern auch verpflichtet. Abgesehen von den im § 53 GewO. angegebenen Gründen zur Rücknahme einer behördlichen Erlaubnis kann auch die Behörde im Aufsichtswege eine Konzession anfechten. Diese Ansicht gründet sich auf § 126 des LandesverwGes., der dem Regierungspräsidenten bzw. dem Vorsitzenden des Stadtausschusses das Recht einräumt, endgültige Beschlüsse des Bezirksausschusses bzw. des Kreis- oder Stadtausschusses mit aufschiebender Wirkung anzufechten, wenn die Beschlüsse die Befugnis der Behörden überschreiten oder das bestehende Recht verletzen. Die Anfechtung erfolgt mittels Klage beim OVG. — So kann, wenn z. B. eine unzuständige Behörde die Konzession erteilt hat, diese angefochten werden (GewArch. 1, 427). Über das Konzessionsverfahren in Bayern s. Spaett S. 11ff., 22ff.

VIII. Wer unerlaubt das Pfandleihgewerbe betreibt, sei es, daß er überhaupt keine Konzession besitzt, sei es, daß sie ihm rechtskräftig entzogen ist, wird gemäß § 147 Abs. 1 Ziff. 1 GewO. mit 300 *RM* Geldstrafe, im Unvermögensfalle mit Haft bestraft. Die höchstzulässige Geldstrafe ist jetzt, nach § 27 StGB. in der Fassung der Verordnung vom 6. Februar 1924 (RGBl. I 44), 10000 *RM* und kann, da es sich meist dabei um ein Vergehen handelt, das auf Gewinnsucht beruht, auf 100000 *RM* erhöht werden. Es muß also in erster Linie auf Geldstrafe erkannt werden. Es handelt sich um ein Vergehen, das zur Kompetenz der Amtsgerichte gehört. Die Straftat verjährt in drei Monaten (§ 145 Abs. 2 GewO.). Die Verjährungsfrist wird von demjenigen Tage an gerechnet, an dem die Straftat begangen ist. Dies ist der Wortlaut des Gesetzes. Er steht im Gegensatz zur Verjährungsvorschrift des § 67 Abs. 4

StGB., die den Tag, an welchem die Handlung begangen ist, in die Verjährung mit einrechnet (Landmann Anm. 3 Abs. 2 zu § 145). Ob der unerlaubte Betrieb des Pfandleihgewerbes ein Zustandsdelikt ist, ist streitig, ebenso infolgedessen die Frage, ob die Verjährung so lange nicht beginnt, als der gesetzwidrige Zustand dauert (vgl. Landmann Anm. 10a und 10g zu § 30 GewO.; Anm. 2 zu § 147 und Nachtrag Bd. II S. 210; GA. 18, 30; 2, 708; 7, 546 und 590/91; RGSt. 8, 390). Über die Verjährung von Übertretungen gegen § 360 Ziff. 12 StGB. s. S. 160. — Zu den Vergehen aus § 147 Abs. 1 Ziff. 1 GewO. ist nicht Vorsatz erforderlich. Auch Fahrlässigkeit genügt (RGSt. 32, 255; GewArch. 6, 40; Reger 26, 181; a. M. KG. in GewArch. 9, 512). Befand sich der Pfandleiher in einem Irrtum, nahm er z. B. an, daß ihm die behördliche Erlaubnis erteilt oder ihre Entziehung oder Rücknahme noch nicht rechtskräftig sei, oder irrte er sich über den räumlichen Geltungsbereich der Konzession, so wird er dadurch nicht straffrei (Landmann Anm. 10 zu § 30 und die dort zitierten Entscheidungen, die z. T. auf anderem Standpunkt stehen). Unerlaubt ist der Betrieb des Pfandleihgewerbes auch dann, wenn der Pfandleiher die in der Konzession gemachten, gesetzlich zulässigen Auflagen nicht befolgt (Landmann 10ff. zu § 30). Für eine Bestrafung des Pfandleihers aus § 360 Ziff. 12 ist kein Raum, wenn sein Gewerbebetrieb ein unerlaubter ist.

IX. Die Erlaubnis wird erteilt in Form einer Urkunde. Hat ein Streitverfahren stattgefunden, so gilt sie als erteilt mit dem Eintritt der Rechtskraft des Urteils, wenn auch die Konzessionsurkunde später ausgefertigt wird. Denn die Urkunde hat nur den Charakter eines Beweismittels (GewArch. 2, 564; 3, 402; 8, 593; 10, 402). Außer dem Urkundenstempel von 3 *RM* wird in Preußen ein weiterer Erlaubnisstempel nicht mehr erhoben, da der früher in Tarifstelle 22 des Preuß. LandesstempelGes. in der Fassung der Bekanntmachung vom 16. März 1924 (GS. 134) vorgesehene Konzessionsstempel durch Gesetz vom 21. Oktober 1924 (GS. 611) beseitigt ist. Dafür wird aber, gemäß Tarifstelle 30 I h der Verwaltungsgebührenordnung vom 30. Dezember 1926 (GS. 327/340) eine Verwaltungsgebühr von 100—300 *RM* erhoben. Die Höhe der Gebühr ist abhängig vom Umfang und der Schwierigkeit der Sache, ihrer Bedeutung für das bürgerliche Leben und der Leistungsfähigkeit des Zahlungspflichtigen (§ 10 des Gesetzes vom 30. Dezember 1926). Gegen die Festsetzung der Verwaltungsgebühr gibt es Beschwerde im Aufsichtswege (§ 11 a. a. O.).

§ 2.

Bei der Berechnung der Zinsen kommen folgende Vorschriften zur Anwendung:

1. der Tag der Hingabe des Darlehns wird nicht mitgerechnet;
2. die Monate werden von dem auf den Darlehnstag (zu 1) folgenden Tage bis zu dem ziffermäßig dem Darlehnstage entsprechenden Tage des letzten Darlehnsmonats, bei dem Fehlen dieses Tages bis zum letzten Tage des letzten Monats berechnet;
3. jeder auch nur angefangene Monat wird als ein voller Monat berechnet;

4. läuft der Gesamtbetrag der Zinsen in einem Bruchpfennig aus, so wird dieser auf einen vollen Pfennig abgerundet.

E § 2 Begr. 21 Drucks. HH. 276/77; StenBer. HH. 33; Drucks. AH. 2060, 2181; StenBer. AH. 1750, 1762.

1. Der § 2 des Gesetzes entspricht dem Entwurfe, nur lautet die Ziff. 3 daselbst, daß jede auch nur angefangene Woche eines nicht vollendeten Monats einem Viertelmonat gleichzuachten sei und daß die angefangene fünfte Woche außer Betracht bleibe. In der Kommission des AH. erhielt dann die Ziff. 3 ihre jetzige Fassung. Ein Antrag, die jetzige Ziff. 4 des Paragraphen zu streichen, wurde abgelehnt.

2. § 2 gibt Bestimmungen über die Berechnung der Zinsen; sie beruhen auf der Absicht, eine Vereinfachung der Zinsberechnung herbeizuführen (Begr. S. 10). Es fragt sich, ob die Zinsberechnungen des § 2 durch Vereinbarung zwischen Verpfänder und Pfandleiher abgeändert werden können. Dahingehende Verbote, wie sie die §§ 1, 3 und 7 enthalten, gibt der § 2 nicht. Jedoch darf daraus nicht geschlossen werden, daß jede abweichende Vereinbarung über die Zinsberechnung zulässig ist. Sie ist stets unzulässig, wenn die von § 2 abweichende Vereinbarung eine höhere Belastung des Verpfänders darstellen würde; z. B. wenn vereinbart würde, daß der Tag der Darlehnshingabe mit zu rechnen ist. Eine derartige Vereinbarung würde ein Mehrausbedingen an Zinsen darstellen, das durch § 1 verboten ist, und würde infolgedessen gemäß § 134 BGB. nichtig sein. Dagegen würde eine vom § 2 Ziff. 3 abweichende Vereinbarung wirksam bleiben. Sie würde sich als ein Verzicht des Pfandleihers auf seine Mehrrechte darstellen. Die im BGB. für die Berechnung der Fristen gegebenen Auslegungsregeln (§ 186 BGB. ff.) haben subsidiär zu gelten. In erster Linie kommt aber § 2 hierbei zur Anwendung, der die Vereinfachung der Zinsberechnung bezweckt, also eine Vorschrift über den Geschäftsbetrieb des Pfandleihgewerbes darstellt und infolgedessen durch Art. 94 EG. zum BGB. gedeckt ist. § 2 bezieht sich nur auf die Berechnung der Zinsen und die dabei erforderlichen Fristen, während im § 4 von der Fälligkeit des Darlehns selber die Rede ist. § 2 spricht nur von der Berechnung der Zinsen, nicht auch von ihrer Fälligkeit. Diese richtet sich somit auch nach den allgemeinen Vorschriften des BGB.

3. Ziff. 1 regelt den Beginn des Zinsenlaufes, der vom Tage der Hingabe des Darlehns an gerechnet wird. Danach beginnt der Zinsenlauf mit dem Beginn desjenigen Tages, der auf den Tag der Hingabe des Darlehns folgt. Das Zustandekommen des Pfandvertrages ist für die Berechnung der Zinsen also unerheblich, falls z. B. die Darlehnshingabe nicht mit dem Abschluß des Pfandvertrages zusammenfällt, was aber meistenteils der Fall ist. Ob der Anfangstag ein Sonn- oder Feiertag ist, ist gleichgültig. Für ein am 24. Dezember gewährtes Darlehn beginnen also die Zinsen am 25. Dezember, dem ersten Weihnachtsfeiertag, zu laufen.

4. Ziff. 2 handelt von der Berechnung der Monatsfrist selber und ihrer Beendigung. Die Berechnung der Zinsen erfolgt „bis zum" ziffermäßig dem Anfangstage entsprechenden Tage des letzten Darlehnsmonats. Dieser letzte Tag wäre mit einzurechnen (RGZ. 95, 22; 105, 418ff.). Fehlt der ziffermäßig bestimmte, entsprechende Tag dem letzten Monate, so endet die Frist mit dem letzten Tage des letzten Monats. Auf den Text der Ziffer 2 findet jedoch die

Ecciussche Kritik des Gesetzes (s. Vorwort S. 1) Anwendung. Der Wortlaut ist „dunkel und widerspruchsvoll“. Was die Worte „Darlehnstag (zu 1)“ bedeuten sollen, ist unklar; man weiß nicht, ob der Tag der tatsächlich erfolgten Darlehnshingabe oder der darauffolgende gemeint ist. Auch ist nicht zu erkennen, ob bei dem weiteren nochmals wiederkehrenden Worte „Darlehnstag“ der eine oder der andere der in Betracht kommenden Tage gemeint ist. Die gesetzgeberischen Vorarbeiten geben gleichfalls keinen Aufschluß. Die Verkehrssitte ist, schon vor Inkrafttreten des BGB., in einer fast 50jährigen Übung, den Weg gegangen, den die Auslegungsregeln der §§ 188 und 187 Abs. 1 BGB. geben. Danach wird der Tag der Darlehnshingabe als derjenige, in den das Ereignis der Darlehnshingabe fällt, nicht mitgerechnet; und das Ende der Frist tritt ein mit dem Ablaufe desjenigen Tages des letzten Monats, der dem Tage entspricht, in welchen das Ereignis fällt. Beispiele:

a) Hingabe des Darlehns: 24. Dezember 1927. Beginn des Zinsenlaufes: 25. Dezember 1927 0 Uhr. Ende der beiden ersten Zinsmonate: 24. Februar 1928 24 Uhr. Erst mit dem 25. Februar 1927 beginnt der dritte Monat.

b) Hingabe des Darlehns: 30. Dezember 1927. Beginn der Frist: 31. Dezember 1927 0 Uhr. Ende der beiden ersten Zinsmonate: da es sich um ein Schaltjahr handelt, 29. Februar 1928 24 Uhr. Der dritte Monat beginnt also mit dem 1. März 1928.

c) Hingabe des Darlehns: 28. Februar 1927. Beginn der Frist: 1. März 1927 0 Uhr. Ende der beiden ersten Zinsmonate: 28. April 1927 24 Uhr. Der dritte Monat hat also mit dem 29. April begonnen.

d) Hingabe des Darlehns: 28. Februar 1927. Rückzahlung: 29. Februar 1928. Beginn der Frist: 1. März 1927 0 Uhr. Der 12. Monat läuft also am 28. Februar 1928 24 Uhr ab. Am 29. Februar 1928 hat der dreizehnte Monat begonnen.

e) Hingabe des Darlehns: 29. Februar 1928. Rückzahlung: 1. März 1929. Beginn der Frist: 1. März 1928 0 Uhr. Ende einer Jahresfrist: 28. Februar 1929 24 Uhr. Der Verpfänder hat also bei der am 1. März 1929 erfolgten Zahlung des Kapitals für volle 13 Monate Zinsen zu zahlen.

f) Hingabe des Darlehns: 15. März. Beginn der Frist: 16. März 0 Uhr. Löst der Verpfänder am selben 15. März das Pfand ein, an welchem er es versetzt hatte, so kann der Pfandleiher für volle zwei Monate Zinsen nehmen (§ 1 Abs. 2), obwohl der Zinsenlauf noch gar nicht begonnen hatte.

Wenn auch die Fristen mit dem Schluß des letzten Tages um 24 Uhr erst enden, so erleiden sie doch insofern eine Verkürzung, als die Grundsätze von Treu und Glauben berücksichtigt werden müssen (Seuffert 54 N. 178). Unter analoger Anwendung des § 358 HGB. hat die Leistung innerhalb der üblichen Geschäftszeit zu erfolgen (Staub-Könige Anm. 1 zu § 358). Der Verpfänder, der also z. B. um 10 Uhr abends des letzten Tages der Frist, Kapital und Zinsen bezahlen will, kann sich nicht darauf berufen, daß das Geschäftslokal geschlossen war, und wird, wenn der Pfandleiher erst am nächsten Tage die Zahlung annimmt, die Berechnung eines weiteren Zinsenmonats nicht verweigern dürfen (Seuffert 54 N. 78). Die Fristen enden also mit dem Schluß der gewöhnlichen Geschäftszeit des letzten Tages (RGZ. 92, 210). — Über den Fall, daß der Tag der Hingabe des Darlehns und der Eintragung des Geschäftes auseinanderfallen, s. S. 158. Wenn Ziff. 3 des § 2 dem Pfandleiher das Recht gibt, bei jedem auch nur *angefangenen Monat* die Zinsen für einen vollen Monat zu berechnen, so ist dieses Recht jetzt nur noch praktisch bei Darlehen, welche nach ihrer Fälligkeit zurückgezahlt werden; denn z. B. deckt sich die Zweimonatsfrist für die Rückzahlung des Darlehns (§ 4) mit der gleichen Frist des § 1 Abs. 2. Unter Monat im Sinne des § 2 ist nicht der Kalendermonat, sondern der Darlehnsmonat zu verstehen. Ist das Darlehn am 24. Dezember 1927 gegeben, so beginnt sowohl der Zinsenlauf als auch der Lauf der Darlehnsrückzahlungsfrist nach § 4 in Verbindung mit § 187 Abs. 1 BGB. am 25. Dezember 1927 und endet am 24. Februar 1928 um 24 Uhr. Erfolgt die Rückzahlung des Darlehns erst am 25. Februar 1928, so kann der Pfandleiher Zinsen bis zum 24. März 1928 berechnen. Die Bestimmung des § 7 Abs. 2, wonach der Pfandleiher die Zinsen nur bis zur Einlösung zu berechnen hat, steht nicht im Widerspruch zum § 2 Ziff. 3. Um diesen scheinbaren Widerspruch zu beseitigen, sollte dem § 7 Abs. 2 der Zusatz hinzugefügt werden: „unbeschadet des § 1 Abs. 2 und 3". Der Zusatz wurde jedoch nicht aufgenommen, weil man annahm, daß dies selbstverständlich sei (StenBer. HH. 280; Drucks. AH. 217, 2062). *Der § 2 Ziff. 3 geht sonach dem § 7 Abs. 2 vor* (s. S. 80, 187). — Die ganze Bestimmung über die Berechnungsart ist eine Anomalie gegenüber dem bürgerlichen Recht, nach welchem es durch die Rückzahlung der Hauptsumme auch einen weiterlaufenden Zinsanspruch nicht gibt (RGZ. 86, 219). Siehe auch S. 121, 140 und 150, 184. In **Hamburg** (Bek. vom 27. Juli 1927) sind die Zinsen zu berechnen von Monat zu Monat; **Sachsen** (§ 1 Abs. 2) schreibt vor, daß bei der Berechnung der Zinsen „der Tag der Hingabe und der Tag der Rückzahlung des Darlehns zusammen nur als ein Tag gerechnet werden".

5. Ist der letzte Tag der Frist, an welchem das Darlehn zurückzuzahlen ist, ein *Sonntag* oder ein am Leistungsort anerkannter *allgemeiner staatlicher Feiertag*, so kommt, da das Pfandleihgesetz hierüber schweigt, die Auslegungsregel des § 193 BGB. zur Anwendung, d. h. an Stelle des Sonntags oder des Feiertags tritt der nächstfolgende Werktag. Wann ein staatlich anerkannter allgemeiner Feiertag vorliegt, bestimmen die Landesgesetze (RGSt. 24, 268; 31, 221). Vgl. Art. 139 Reichsverfassung vom 11. August 1919 (RGBl. 1383). Aber auch die reichsrechtliche Bezeichnung eines Tages als Feiertag ist zulässig, wie z. B. für den 1. Mai 1919 durch Gesetz vom 17. April 1919 (RGBl. 393) bestimmt war. *Israelitische Feiertage* kommen für die Fristberechnung nicht in Betracht, da sie keine „allgemeinen" sind, und zwar auch dann nicht, wenn sowohl Verpfänder als auch Pfandleiher Israeliten sind (ROHG. 2, 411). In allen deutschen Staaten sind anerkannte Feiertage: der Neujahrstag, der Ostermontag, der Pfingstmontag, der Karfreitag, der Himmelfahrtstag und der 25. und 26. Dezember. Außerdem ist in Preußen noch staatlich anerkannter allgemeiner Feiertag: der Buß- und Bettag, sowie in der preußischen Rheinprovinz Allerheiligen. Wegen der Feiertage in anderen Ländern s. *Staudinger* Anm. 6 zu § 193. Ist der Tag, an dem das Darlehn fällig ist, der 2. April, dieser aber am Orte der Niederlassung des Pfandleihers ein staatlich anerkannter Feiertag, so braucht der Schuldner erst am nächstfolgenden Werktage zu zahlen. Trotzdem ist aber die Darlehnsfrist schon am 2. April abgelaufen, und durch die am 3. April erfolgende Leistung wird bewirkt, daß der Pfandleiher noch einen weiteren vollen Monat für Zinsen berechnen kann (*Örtmann* Anm. 4b zu § 193; Recht 1906, 1067). Ob § 193 BGB. nur zugunsten des Schuldners besteht, und ob auch der Gläubiger berechtigt ist, an einem Sonn- oder Feiertag die Leistung abzulehnen, ist streitig (JW. 1907, 705[6]; *Staudinger* Anm. 2 zu § 193 BGB.; RGKomm. zu § 193).

6. Falls der Gesamtbetrag an Zinsen in einem Bruchteil von Pfennigen ausläuft, werden diese auf einen vollen Pfennig abgerundet. Diese Berechnungsart bezieht sich nur auf den Gesamtbetrag der Zinsen. Laufen die einzeln monatlich zu berechnenden Zinsen auf einen Bruchpfennig aus, so bleibt es hierbei. Die Abrundung findet nach oben statt, weil das Gesetz von einem „vollen" Pfennig spricht.

Anhang zu § 2.

Allgemeines über die im Pfandleihgewerbe vorkommenden Verträge.

Einleitung.

I. Im Pfandleihgewerbe kommt es zum Abschluß folgender Verträge:

a) des Darlehnsvertrages,

b) des Verpfändungsvertrages, und zwar des schuldrechtliche Wirkungen erzeugenden Kausalgeschäftes, wodurch der Verpfänder sich verpflichtet, ein Pfand zu bestellen, und der Pfandleiher sich verpflichtet, es anzunehmen, sowie des abstrakten dinglichen Vertrages, nämlich der Einigung und der Übergabe.

Hierzu treten noch häufig Nebenabreden (s. S. 101, 133, 144, 154, 177 ff., 180)

Diese beiden Verträge vollziehen sich meist, ohne daß die Vertragsteile sie mit besonderen Worten erwähnen, oder ihre juristische Konstruktion besonders zum Ausdruck gelangt. Sie vollziehen sich meist stillschweigend, indem beide Vertragsteile sich für die Entstehung, Änderung und Aufhebung der gegenseitigen Rechte und Pflichten dem Gesetz und der geltenden Verkehrssitte unterwerfen. Eine feststehende Terminologie dieses Vertragstypus kennt das Gesetz nicht. § 5 Abs. 1 spricht schlechthin von „dem Geschäft" und „solchen Geschäften" (s. S. 154). § 15 spricht von einer „Pfandschuld", ähnlich § 6 und § 13. — **Bayern**, § 3, bezeichnet ganz irreführend das einzelne Versatzgeschäft als „Pfandleihgeschäft". Ebenso **Lübeck**, § 11. Die Materialien sprechen häufig von „Pfandverträgen", wobei sie offenbar sowohl den Pfandvertrag als auch den Darlehnsvertrag verstanden wissen wollen (Drucks. HH. 276; Drucks. AH. 2060). Auch im Schrifttum begegnet man einer ähnlichen, unscharfen Begriffsbestimmung, wenn z. B. unter „Pfandgeschäft" die gesamten Rechtsbeziehungen zwischen dem Pfandleiher und dem Verpfänder verstanden werden (Frohnert S. 9). Meißner S. 1 spricht von „Versatzgeschäft". Es scheint erforderlich, die Gesamtheit der Rechtsbeziehungen zwischen Gläubiger und Schuldner, Pfandleiher und Verpfänder, welche im Pfandleihgewerbe entstehen, unter einem allgemeinen Begriff zusammenzufassen, in welchem sowohl die schuldrechtlichen als auch die dinglichen Rechtsbeziehungen des Privatrechts zum Ausdruck kommen. Unter „Pfandleihgeschäft" versteht man im allgemeinen nicht so sehr die privatrechtlichen Beziehungen zwischen Pfandleiher und Verpfänder, als vielmehr das Unternehmen im gewerberechtlichen Sinne, das ein Pfandleiher betreibt. Es wird deshalb in nachstehendem stets der Komplex aller auf Vertrag oder Gesetz beruhenden Rechtsbeziehungen zwischen Pfandleiher und Verpfänder unter der Bezeichnung **„Pfandleihvertrag"** zusammengefaßt. Zu den genannten Verträgen tritt noch ein „Quasiverwahrungsvertrag" hinzu (s. S. 142). Trotzdem die im Pfandleihgewerbe zustande kommenden Verträge zeitlich und wirtschaftlich nicht einzeln hervortreten, darf man sie nicht als zusammengehörende Rechtsgeschäfte betrachten, dergestalt, als ob es sich um einen besonderen unbenannten Vertrag handle (a. M. Löffler S. 35; Frohnert S. 25). Vielmehr stehen Darlehnsvertrag und Verpfändungsvertrag im Verhältnis von Hauptgeschäft zu Nebengeschäft (RGZ. 108, 146; 86, 323ff.; Warneyer Rechtspr. 1912 Nr. 207). Über die akzessorische Natur des Pfandrechts s. S. 112, 137. In der Praxis vollziehen sich die Pfandleihverträge so, daß der Verpfänder im Geschäftslokal des Pfandleihers erscheint und ihm einen Gegenstand übergibt. Im Geschäftslokal muß an einer in die Augen fallenden Stelle ein Exemplar des Gesetzes, eine gedruckte Zinstabelle und ein Exemplar der ministeriellen Bekanntmachung vom 16. Juli 1881 ausgehängt werden, und zwar an einer für das Publikum sichtbaren Stelle (Ziffer 4 der min. Bek.). Damit ist seitens des Verpfänders schon der Antrag auf Abschluß eines Darlehns- und Pfandvertrages gestellt. Schon der äußere Umstand, daß jemand ein Pfandleihgeschäft aufsucht, läßt seinen Willen erkennen, einen Pfandleihvertrag abzuschließen. Der Vertrag kommt auch zustande, ohne daß es des Wortes „verleihen" oder „verpfänden" bedarf (Hans.GerZ. 1926, 274). Nach der Übergabe des Pfandes an den Pfandleiher bewertet dieser für sich das Pfand und fragt den Verpfänder, was er darauf beliehen haben will, oder gibt ihm selber an, was er als Darlehn geben will. Erfolgt eine Einigung über die Höhe des Darlehns, so wird das Geschäft in das Pfandbuch eingetragen, sodann erfolgt die Auszahlung des Darlehns und die Übergabe des Pfandscheins. Der Darlehnsvertrag ist mit der Auszahlung des Geldes, der Pfandvertrag mit der Eintragung des Geschäftes in das Pfandbuch perfekt geworden, dem die dingliche Einigung und Übergabe des Pfandes vorauszugehen hat. Die Einigung über die Pfandbestellung gilt als erfolgt durch die Auszahlung der Darlehnssumme (Frohnert S. 19 und 22ff.). Die Pfandleihverträge unterstehen, da im § 5 lediglich für die Entstehung des Pfandrechtes eine Sonderbestimmung gegeben worden ist, im übrigen den allgemeinen Bestimmungen des BGB. Die Übergabe des Pfandes muß vor allem zeitlich der Eintragung in das Pfandbuch vorausgehen. § 5 spricht von den „übergebenen" Gegenständen. Kommt es nach erfolgter Übergabe der Sache an den Pfandleiher nicht zu einer Einigung über Darlehns- und Pfandvertrag, so ist der Pfandleiher zur Rückgabe der Sache verpflichtet. Läßt der Verpfänder den Gegenstand im Besitz des Pfandleihers, ohne daß es zum Abschluß eines Pfandvertrages gekommen ist, will also z. B. die Verpfändende sich erst bei ihrem Ehemann erkundigen, ob er mit der Höhe des zu gewährenden Darlehns einverstanden ist, und beläßt sie solange das Pfand beim Pfandverleiher, so liegt lediglich ein unentgeltlicher Verwahrungsvertrag vor, bei welchem der Pfandleiher nur für diejenige Sorgfalt einzustehen hat, die er in eigenen Angelegenheiten anzuwenden pflegt (§ 690 BGB.). Ähnlich liegt der Fall, wenn Verpfänder und Pfandleiher sich über alle wesentlichen Punkte einig geworden sind, der Pfandleiher aber den Abschluß des Geschäfts noch von der Beibringung einer ordnungsmäßigen Legitimation abhängig macht. Hierbei sei darauf hingewiesen, daß das vorläufige Inverwahrungnehmen von Gegenständen, was häufig aus Entgegenkommen geschieht, für den Pfandleiher Gefahren in sich birgt; wenn sich nämlich herausstellt, daß das Pfand gestohlen war und der Diebstahl vor Eintragung in das Pfandbuch entdeckt wird. Durch eine derartige Gefälligkeit gerät sehr oft der Pfandleiher in den Verdacht der Hehlerei. Was die bei dem Abschluß eines Pfandvertrages in Betracht kommenden Personen anbelangt, so braucht der Verpfänder und der Schuldner nicht immer identisch zu sein, vielmehr kann der Pfandleiher mit A. den Darlehnsvertrag abschließen, während

B. über eine entweder ihm oder dem C. gehörige Sache den Pfandvertrag abschließt. Im Pfandleihgewerbe sind meist persönlicher und dinglicher Schuldner identisch.

a) Zum Zustandekommen eines Vertrages ist Willenseinigung erforderlich. Diese erfolgt durch einen Vertragsantrag und seine Annahme. Auch durch Stillschweigen kommt der Pfandleihvertrag zustande (OVG. 29. September 1927, IIIA 85 und 97/26). Der Antrag auf Abschluß des Pfandleihvertrages muß bestimmt sein, so daß mit seiner Annahme der Vertrag unmittelbar zustande kommt. Die Annonce eines Pfandleihers, daß er die ihm verpfändeten Sachen mit 75% ihres Wertes beleihe, ist kein Vertragsantrag, sondern nur eine Aufforderung zur Offerte (JW. 1905, 76[10]r; 1919, 325[3]; Frohnert S. 8). In der bloßen Bitte eines Kunden, einen Gegenstand zu taxieren, liegt kein Antrag auf Abschluß eines Pfandleihvertrages. In seiner Frage, wieviel der Pfandleiher auf einen Gegenstand beleihen will, liegt gleichfalls nur eine Aufforderung zur Offerte vor (Staub-Könige Anm. 10; Anhang zu § 361). Antrag und Annahme brauchen nicht unter gleichzeitiger Anwesenheit beider Vertragsteile vor sich zu gehen. Findet der Antrag gegenüber dem Pfandleiher unter Anwesenden statt, so hat dieser sich sofort zu erklären, ob er den Antrag annimmt oder ablehnt. Ein Schweigen des Pfandleihers gilt nicht ohne weiteres als Annahme. Die Ablehnung eines Antrages braucht nicht ausdrücklich zu erfolgen. Sie liegt schon in der Rückgabe des Pfandes seitens des Pfandleihers. Ein mittels Fernsprecher von Person zu Person gemachter Antrag kann nur angenommen werden, wenn dies sofort geschieht (vgl. hierzu RGZ. 90, 166ff., 104, 235). Erfolgt der Antrag auf Abschluß eines Pfandleihvertrages unter Abwesenden, übersendet z. B. ein Juwelier in München einem Pfandleiher in Berlin einen Posten Brillanten mit der Bitte, sie mit 2000 RM zu beleihen, so ist der Antragende an sein Angebot nur bis zu dem Zeitpunkt gebunden, an welchem er unter regelmäßigen Umständen eine Antwort erwarten darf (§ 147 Abs. 2 BGB.). Kommen die Vertragsteile über die wesentlichen Punkte eines Pfandleihvertrages zur Einigung, so erstreckt sich diese auch auf diejenigen Nebenabreden, die im Pfandleihgewerbe verkehrsüblich sind. Es gelten also auch die Zinsmaxima als vereinbart sowie die Minimalfristen, sowie auch eventuelle Haftungsbeschränkungen, die üblich sind. Dies auch dann, wenn der Antragende sie vorher gar nicht kennt (RGZ. 103, 66). Hat der Antragende für die Annahme des Antrages eine Frist bestimmt, und erfolgt seine Annahme erst nach Ablauf dieser Frist, so ist eine Willenseinigung nicht zustande gekommen, vielmehr gilt die Annahme als ein neuer Vertrag (§ 148, 150 BGB.).

b) Einen Kontrahierungszwang für das Pfandleihgewerbe kennt das preußische Gesetz nicht. Nur **Mecklenburg-Schwerin** (§ 1) verpflichtet den Pfandleiher, alle beweglichen Sachen, die einen schätzbaren Verkaufswert haben, zum Versatz anzunehmen. Da dem BGB. ein derartiger Zwang fremd ist (RGKomm. Anm. 4 vor § 145), und das Mecklenburg-Schwerinsche Gesetz den sonstigen Verpflichtungsinhalt des abzuschließenden Vertrages nicht festlegt und typisiert (Staudinger Anm. 2 der Einleitung vor § 145), z. B. nichts über die Höhe des zu gewährenden Darlehns vorschreibt, so scheint seine Rechtsgültigkeit äußerst zweifelhaft. Ebensowenig wie einen Kontrahierungszwang gibt es auch im Pfandleihgewerbe einen Prolongierungszwang. Der Pfandleiher ist also nicht verpflichtet — auch wenn er die fälligen Zinsen am Tage der Fälligkeit des Darlehns erhalten hat —, dieses weiter zu stunden (s. S. 138). Auch hier macht **Mecklenburg-Schwerin** (§ 14) eine Ausnahme, indem es den Pfandleiher verpflichtet, die Pfandzeit unter Umständen wenigstens sechsmal zu verlängern.

c) Da das preußische Gesetz Vorverträge nirgends verbietet oder sonst regelt, richtet sich ihre Beurteilung nach bürgerlichem Recht (s. S. 112). Durch den Vorvertrag verpflichten sich die Vertragschließenden, einen Hauptvertrag abzuschließen. In einem solchen Vorvertrage zu einem Pfandleihvertrage übernimmt der Pfandleiher die Verpflichtung, auf Grund eines abzuschließenden Darlehnvertrages dem Verpfänder ein Darlehn zu gewähren, während dieser sich verpflichtet, zur Sicherung seiner Darlehnsschuld ein Pfand zu bestellen (Frohnert S. 8). Zur Wirksamkeit solcher Vorverträge ist es erforderlich, daß der Gegenstand des Hauptvertrages in allen wesentlichen Punkten bestimmt oder wenigstens bestimmbar ist (RGZ. 66, 121; 72, 385). Es muß also in dem Vorvertrage mindestens über die Höhe des Darlehns und über den zu verpfändenden Gegenstand Einigung vorhanden sein. Zum Abschluß eines Vorvertrages zu einem Pfandleihvertrag bedarf es nicht der Eintragung in das Pfandbuch. Die Eintragung in das Pfandbuch enthält keine Formvorschrift im Sinne des § 125 BGB. Sie ist vielmehr ähnlich wie die Grundbucheintragung ein selbständiges Erfordernis für den Eintritt der beabsichtigten Rechtswirkung (Staudinger Anm. 1, 3 zu § 125 und Anm. C zu § 873). Soll durch einen Vorvertrag der Schuldner sich verpflichten, ein Pfandrecht an einem Rechte zu bestellen, für dessen Übertragung eine Formvorschrift gegeben ist, so bedarf es für den Vorvertrag nicht dieser Form (Staudinger 1a δ zu § 1274). Aus einem Vorvertrage können beide Vertragsteile auf Erfüllung klagen, also der Pfandleiher auf Übergabe des Pfandes, Zug um Zug gegen Zahlung des Darlehns; und der Verpfänder auf Auszahlung des Darlehns Zug um Zug gegen Übergabe des Pfandes, dies auch dann, wenn bei Erfüllung des Hauptvertrages Formvorschriften erforderlich sind, z. B. bei Verpfändung von G. m. b. H.-Anteilen (RGZ. 58, 223). Über Draufgabe bei Vorverträgen s. S. 134. Hat sich der Pfandleiher durch einen Vorvertrag verpflichtet, einen Gegenstand zu beleihen, so hat er das Recht, das von ihm abgegebene Versprechen zu widerrufen, wenn in den Vermögensverhältnissen des Verpfänders eine wesentliche Verschlechterung eintritt, durch die der Anspruch des Pfandleihers auf Rückerstattung des Darlehns gefährdet wird (§ 610 BGB.). Er hat das Widerrufsrecht jedoch nur, wenn das Pfand ihn nicht genügend decken würde, und wenn er das Darlehn gerade mit Rücksicht auf die persönliche Kreditwürdigkeit des Schuldners gegeben hat. Er hat es ferner nur dann, wenn die wesentliche Verschlechterung der Vermögensverhältnisse erst nach Abschluß des Vorvertrages eingetreten ist. War die Kreditunwürdigkeit des Verpfänders schon beim Abschluß des Vorvertrages vorhanden, hat der Pfandleiher sie aber nicht gekannt, so bleibt dem Pfandleiher höchstens das Recht, den Vorvertrag wegen Irrtums anzufechten (Staudinger III zu 4B des § 119). Kommt umgekehrt der Verpfänder der ihm durch Vertrag auferlegten Pflicht zur Bestellung eines Pfandes nicht nach, so kann der Pfandleiher, da die Übergabe des Pfandes zur Vorleistungspflicht des Schuldners gehört, vom Vertrage zurücktreten (RGZ. 60, 60). Der Anspruch des Darlehnsnehmers aus dem Vorvertrag auf Auszahlung des Darlehns ist weder übertragbar noch pfändbar (RGZ. 32, 364; 38, 311; vgl. aber auch RGZ. 66, 359; 68, 356; 77, 407). Durch den Abschluß eines Vorvertrages auf Bestellung eines Pfandrechtes werden nur schuldrechtliche Beziehungen geschaffen, dingliche Ansprüche an dem Pfand erwirbt der Pfandleiher durch den Vorvertrag nicht (Staudinger Vorbem. vor § 1204 Anm. IIIa).

d) Der Darlehnsvertrag bedarf keiner besonderen Form, nicht einmal der Schriftform. Das gleiche gilt grundsätzlich auch für den Verpfändungsvertrag

(Staudinger Anm. 1a β zu § 1205; Biermann Anm. 3 zu § 873). Dies gilt jedoch nur hinsichtlich beweglicher körperlicher Sachen. Handelt es sich um die Verpfändung von Rechten oder Forderungen, so kommen die für deren Übertragung geltenden Vorschriften zur Anwendung. Soll z. B. der Geschäftsanteil einer G.m.b.H. verpfändet werden (RGZ. 53, 107; 58, 224; 100, 275), so ist hierzu erforderlich einmal der Abschluß des Darlehnsvertrages, sodann der Abschluß des Verpfändungsvertrages, und zwar durch gerichtliche oder notarielle Beurkundung und endlich Eintragung des Geschäfts in das Pfandbuch. Sehr häufig muß nach den Satzungen der G.m.b.H. auch noch die Genehmigung der Gesellschafter oder ihrer Geschäftsführer hinzutreten; ähnlich bei Verpfändung vinkulierter Namensaktien (OLG. 26, 206). Bei Verpfändung von Hypotheken bedarf es, wenn es sich um eine Buchhypothek handelt, der Eintragung in das Grundbuch, wobei die Höhe der Forderung, derentwegen die Hypothek verpfändet wird, nicht eingetragen zu werden braucht (JFG. 44 A 269). — Einer Anzeige nach § 1280 BGB. bedarf es hierbei nicht (vgl. hierzu die Rechtsprechung bei Staub-Könige Anm. 1 zu § 368). Handelt es sich um die Verpfändung einer Briefhypothek, so ist der Abschluß des Darlehnsvertrages formlos. Der Abschluß des Verpfändungsvertrages jedoch bedarf der Schriftform (§ 1154 BGB.). Diese Schriftform wird nicht etwa durch die Eintragung des Geschäfts in das Pfandbuch ersetzt. Denn die Formvorschriften des § 126 BGB. werden durch die Pfandbucheintragung nicht erfüllt. Hinzutreten muß endlich noch zur wirksamen Verpfändung einer Briefhypothek die Übergabe des Hypothekenbriefes an den Pfandleiher. Bei unterbliebener Schriftform des Verpfändungsvertrages würde der Pfandleiher lediglich ein Zurückbehaltungsrecht am Hypothekenbrief erwerben (Staudinger Anm. I 1c zu § 1204). Sind die oben erwähnten Voraussetzungen für die Verpfändung einer Briefhypothek erfüllt, so kann außerdem der Pfandleiher noch die Eintragung in das Grundbuch betreiben (Staudinger Anm. 1d zu § 1274). Wird nur der Hypothekenbrief als solcher verpfändet, ohne daß eine schriftliche Verpfändungserklärung vorliegt, so entsteht ein Pfandrecht an der Hypothekenforderung nicht. Liegt aber eine schriftliche Erklärung vor, daß der „Hypothekenbrief" verpfändet sei, so ist auch darin die Verpfändung der Hypothekenforderung selber zu erblicken (RG. in Zeitschr. f. Rpfl. in Bayern 1, 430). Das Gesagte gilt auch bei der Verpfändung von Grund- und Rentenschulden (RGZ. 85, 431 ff.). Sollen nur die Rückstände von Hypothekenzinsen verpfändet werden, so gelten die Vorschriften über die Verpfändung von Forderungen. Die Frage, ob die dem Eigentümer eines Grundstückes nach dem Aufwertungsgesetz zustehende Grundschuld verpfändbar ist, ist streitig (JW. 27, 1013[1], 26, 1858; Mügel Nachtrag S. 254). Die bei der Verpfändung von Forderungen vorgeschriebene Anzeige (§ 1280 BGB.) ist keine Formvorschrift, sondern ein materielles Erfordernis. Bei der Verpfändung von Wechseln oder andereu Orderpapieren ist Indossierung erforderlich (§ 1292 BGB.). Bei Verpfändung von Forderungen, die in das Reichs- bzw. in das Staatsschuldbuch eingetragen sind, kommt die Eintragung der Verpfändung in die genannten Bücher zu den sonstigen Erfordernissen hinzu (Reichsges. vom 31. Mai 1891 und preuß. Ges. vom 20. Juni 1883 § 7 Abs. 3). Den vom Gesetz vorgeschriebenen Vorschriften stehen die durch Rechtsgeschäft bestimmten gleich. Schreiben z. B. die Versicherungsbestimmungen eines Lebensversicherungsvertrages vor, daß eine Verpfändung der Rechte des Versicherungsnehmers der Schriftform bedarf, so muß diese gewährt werden. Der Mangel der durch Gesetz oder Vertrag vorgeschriebenen Schriftform hat Nichtigkeit zur Folge. Es gibt auch keine Klage auf Vollziehung der Form (RGZ. 43, 140; 50, 48). Auch der Einwand der Arglist greift nicht durch. Wegen eventueller Schadenersatzansprüche gegenüber demjenigen, der bewußt einen formwidrigen Vertrag abgeschlossen hat, vgl. RGZ. 96, 315; 82, 304ff.; 107, 357ff. Über die Frage, ob § 5 des Gesetzes eine Formvorschrift enthält, s. S. 154.

II. a) Was die subjektiven Erfordernisse für den Abschluß des Pfandleihvertrages anlangt, so gibt das preuß. Gesetz im Gegensatz zu manchen anderen Landesrechten keine besonderen Bestimmungen. Die Vorschriften des BGB. über Geschäftsunfähigkeit und beschränkte Geschäftsfähigkeit gelten also auch für den Pfandleihvertrag. Als Besonderheit jedoch sei folgendes hervorgehoben: **Hamburg** (§ 9) verbietet jeglichen Geschäftsverkehr mit Kindern unter 15 Jahren und beschränkt solchen mit Personen zwischen 15 und 18 Jahren, sowie mit Hausangestellten. **Bayern** (§ 3) verbietet Verträge mit jugendlichen Personen ohne Einwilligung eines Elternteils (s. S. 28f.). Andere Landesgesetze sprechen Verbote aus, daß das Pfandleihgewerbe auch mit solchen Personen nicht kontrahieren darf, die nach dem BGB. nur beschränkt geschäftsfähig sind. Dadurch wird die Geschäftsfähigkeit der Verpfänder natürlich nicht berührt; diese Bestimmungen laufen jedoch auf eine Beschränkung derselben heraus, die an und für sich durch Art. 94 EinfG. zum BGB. nicht gedeckt ist, wohl aber ihre Berechtigung findet in den § 34 und 38 der GewO. (s. S. 29). Ist der Verpfänder geschäftsunfähig, so ist der gesamte Pfandleihvertrag absolut nichtig. Auf diese Nichtigkeit kann sich jeder berufen; nicht bloß der Verpfänder selber, sondern auch ein Dritter. Der gute Glaube des Pfandleihers an die Geschäftsfähigkeit des Vertragsgegners schützt ihn nicht. Hat z. B. ein sechsjähriges Kind einen Gegenstand unterschlagen und beim Pfandleiher verpfändet, so muß der Pfandleiher, trotzdem es sich um keine verlorene, gestohlene oder sonst abhanden gekommene Sache handelt und auch trotz seiner Gutgläubigkeit das Pfand dem Eigentümer herausgeben, weil der mit einem Geschäftsunfähigen abgeschlossene Pfandleihvertrag keine rechtlichen Wirkungen erzeugen kann. Auch eine Umdeutung (Konversion) eines so nichtigen Geschäfts kann nicht stattfinden (RGZ. 79, 309). Wohl aber ist eine solche Umdeutung zulässig, wenn die Nichtigkeit des Pfandleihvertrages auf einem Formmangel beruht. Der Pfandleihvertrag kann dahin umgedeutet werden, daß, wenn dem Pfandleiher auch kein Pfandrecht bestellt worden ist, er doch ein persönlich wirkendes Zurückbehaltungsrecht behält (RGZ. 66, 24; 68, 386). Da auch der wegen Geisteskrankheit Entmündigte geschäftsunfähig ist, sind auch Pfandleihverträge mit ihm nichtig (s. auch S. 174). Auch hier hilft die Unkenntnis des Pfandleihers von der Geisteskrankheit des Verpfänders und seiner Entmündigung ihm nichts. Die hierin liegende Härte des bürgerlichen Rechts zu beseitigen, ist trotz der Bestrebungen, die das Bankgewerbe nach dieser Richtung hin unternommen hat, nicht gelungen (BA. 1905 S. 153 und ebenda Bd. 11 S. 140). Da durch den Abschluß von Verträgen mit Geschäftsunfähigen eine Forderung des Pfandleihers gegen diese nicht entstehen kann, ist auch mangels Vorhandensein einer Forderung, eine Pfandbestellung ausgeschlossen (JW. 1909, 131[2]; OLG. 8, 422). Der gesetzliche Vertreter des geschäftsfähigen Verpfänders kann also die unentgeltliche Herausgabe des angeblichen Pfandes vom Pfandleiher verlangen (§ 985ff. BGB.). Ebenso hat er den Anspruch auf Herausgabe der Sache auf Grund der ungerechtfertigten Bereicherung, da der Pfandleiher den unmittelbaren Besitz an ihr ohne Rechtsgrund erlangt hat, der bloße Besitz aber gleichfalls Gegenstand des Bereicherungsanspruchs ist (Staudinger Anm. I 2c zu § 862). Umgekehrt hat auch der Pfandleiher gegenüber dem geschäftsunfähigen Verpfänder einen Anspruch aus der ungerechtfertigten Bereicherung. Jeder Teil kann in natura seine Leistung zurückfordern (RGZ. 94, 254; 96, 156; 96, 347). Hat also der geschäftsunfähige Verpfänder auf eine goldene Uhr die Summe von 100 *RM* erhalten, so ist er um diese Summe minus den Wert der Uhr bereichert; der Pfandleiher um den Wert der Uhr minus die 100 *RM*. Klagt der Vormund des Geschäftsunfähigen auf unentgeltliche Herausgabe, so kann der Pfandleiher das Zurückbehaltungsrecht an der Uhr geltend machen (RGZ. 72, 65; 108, 336 und RGKomm. Anm. 1 Abs. 4 zu § 273). Es handelt sich hierbei allerdings nicht um eine Zurückbehaltungseinrede im technischen Sinne (RGZ. 54, 141), und auch nicht um ein Zurückbehaltungsrecht im Sinne des § 273 BGB., sondern um ein Bestreiten der Klageforderung (JW. 1926, 2843; Warneyer 26, 55). Nach der Ansicht des KG. stellt der Besitzerwerb des Geschäftsunfähigen ohne Wissen und Genehmigung des gesetzlichen Vertreters keine Bereicherung des Mündelvermögens dar (OLG. 11, 79; 22, 356). Andererseits hat das RG. davor gewarnt, „den Schutz der Geisteskranken auf Kosten derjenigen zu überspannen, welche bona fide mit ihnen kontrahieren" (JW. 1905 S. 280). Über das Zurückbehaltungsrecht des Pfandleihers, falls der Darlehnsvertrag zwar wirksam zustande gekommen, ein Pfandrecht aber nicht zustande gekommen ist, s. S. 104, 156. Der Bereicherungsanspruch des Pfandleihers bezieht sich nur auf die Hauptsumme, nicht aber auch auf die Zinsen. Jeder Bereicherungsanspruch des Pfandleihers fällt weg, wenn der Verpfänder nicht mehr bereichert ist (§ 818 Abs. 3 BGB.), also wenn in obigem Beispiel der Verpfänder die 100 *RM* verloren hat. Wird aber das Geld wirksam in einer Weise verwendet, durch die dem Verpfänder anderweitige Ausgaben erspart werden (RGZ. 65, 298; 68, 270) oder wenn er ein anderes Vermögensobjekt dafür erhält, so bleibt er bereichert, da „eine Ausgleichung aller beiderseitigen, aus derselben Wurzel entsprungenen Vermögensab- und -zugänge stattfindet" (RGZ. 54, 140). Ist der Pfandleiher nicht mehr im Besitz der Sache, weil sie z. B. versteigert ist, so ist der reine Versteigerungserlös zum Ausgleich zu bringen. Das gleiche gilt, wenn das Pfand infolge Feuer oder Einbruchsdiebstahl nicht mehr herausgegeben werden kann, hinsichtlich der von der Versicherungsgesellschaft an den Pfandleiher gezahlten Summe. Hat der Pfandleiher die Sache versteigert und sie in der Versteigerung selbst erworben, so ist er doch zur Herausgabe der Sache imstande; und der Ausgleich hat dann so zu geschehen, wie wenn eine Versteigerung nicht stattgefunden hätte. Unter Umständen hat der Pfandleiher auch bei Nichtigkeit eines Vertrages mit einem Geschäftsunfähigen gegen diesen Schadenersatzansprüche in voller Höhe. Dieser Fall ist gegeben, wenn z. B. der geschäftsunfähige oder in der Geschäftsfähigkeit beschränkte Verpfänder durch das Versatzgeschäft selber sich strafbar gemacht hat. So z. B., wenn der wegen Verschwendung Entmündigte dem Pfandleiher die Tatsache seiner Entmündigung verschweigt. Es liegt dann strafrechtlicher Betrug vor (RGZ. 108, 90; LZ. 1912, 151[26]). Er erregt dadurch bei dem Pfandleiher den Irrtum, daß der Verpfänder voll geschäftsfähig sei. In einem solchen Fall hat der Pfandleiher einen Schadenersatzanspruch gegen den Verpfänder auf Grund der unerlaubten Handlung. Hier kann der Pfandleiher auch seinen entgangenen Gewinn, also die Zinsen, als Schaden geltend machen. Klagt der gesetzliche Vertreter des Verschwenders auf Herausgabe des Pfandes wegen Nichtigkeit des Pfandleihvertrages, so kann der Pfandleiher wegen jener Schadenersatzansprüche auch gemäß § 273 BGB. sein Zurückbehaltungsrecht geltend machen. Dieses Zurückbehaltungsrecht besteht, wenn die beiderseitigen Ansprüche auf einem innerlich zusammengehörigen Lebensverhältnis beruhen, wobei ein wirtschaftlicher oder natürlicher Zusammenhang bestehen muß, so daß es wider Treu und Glauben verstoßen würde, wenn der eine Anspruch ohne Rücksicht auf den andern verfolgt werden könnte (RGZ. 83, 268; 78, 334; 72, 65 und 103; 68, 33; 57, 5). Ist der Pfandleiher nicht mehr im Besitz der kondizierten Sache, und muß er nach den Vorschriften über die ungerechtfertigte Bereicherung ihren Wert erstatten, so kann er mit seiner Schadenersatzforderung aufrechnen. Das gleiche gilt auch bei sonstigen Geschäftsunfähigen, vorausgesetzt, daß z. B. bei einem wegen Geisteskrankheit Entmündigten seine Deliktsfähigkeit vorhanden ist (RGZ. 105, 272). Liegen also bei den wegen Geisteskrankheit Entmündigten die Voraussetzungen des § 51 StGB. nicht vor, so kann er trotz seiner Geschäftsunfähigkeit bestraft und aus der unerlaubten Handlung in Anspruch genommen werden; es sei denn, daß er gemäß § 827 BGB. für den Schaden nicht verantwortlich ist. Ist der Geisteskranke auch nicht einmal zivilrechtlich deliktfähig, so kann, wenn der Schadenersatz von einer aufsichtspflichtigen dritten Person nicht verlangt werden kann, Schadenersatz insoweit verlangt werden, als die Billigkeit nach den Umständen, insbesondere nach den Verhältnissen der Beteiligten eine Schadloshaltung erfordert und ihm nicht die Mittel entzogen werden, deren er zum standesgemäßen Unterhalt und der Erfüllung seiner gesetzlichen Unterhaltungspflicht bedarf. Besitzt also der Geisteskranke ein beträchtliches Vermögen, demgegenüber die Schadenersatzforderung des Pfandleihers nicht ins Gewicht fällt, so besteht ein Schadenersatzanspruch gegen ihn, wenn nicht der Schaden von der Aufsichtsperson zu erlangen ist. Eine solche Aufsichtspflicht haben in erster Linie die Eltern gegenüber ihren Kindern (RGZ. 50, 62). Sie verschärft sich, wenn es sich um Kinder handelt, die zu üblen Streichen neigen (Recht 1915 N. 525; 1921 N. 1366). Wird z. B. der Pfandleiher dadurch geschädigt, daß ein in Fürsorgeerziehung wegen begangener Eigentumsdelikte befindlicher Minderjähriger, der der Fürsorgeanstalt entwichen ist und sich bei den Eltern aufhält, von seinem Vater den Auftrag erhält, eine goldene Uhr zur Reparatur zu bringen, die der Sohn aber durch einen Dritten verpfänden läßt oder selber verpfändet, so kann der Vater das Eigentum an der Uhr gegenüber dem Pfandleiher geltend machen, dieser kann aber seine Schadenersatzansprüche dem Vater entgegensetzen. Weiß der Vater von seinem, unter seiner Aufsicht stehenden minderjährigen Sohn, daß er betrügerische Geschäfte betreibt, so haftet unter Umständen gleichfalls der Vater dem Pfandleiher, wenn der Minderjährige z. B. Pfandscheinschiebereien begeht (JW. 1924, 333). Ist die Aufsicht über einen Geschäftsunfähigen einem Dritten übertragen, z. B. durch Unterbringung in eine staatliche Irrenanstalt, so haftet der Staat für Schädigungen des Geisteskranken (RGZ. 108, 87). Auch der Lehrherr ist gegenüber einem minderjährigen Lehrling aufsichtspflichtig, selbst wenn er nicht bei ihm in Kost und Pflege steht (RGZ. 52, 73ff.). Dem Ehemann liegt hinsichtlich seiner Ehefrau keine Aufsichtspflicht ob. Unterläßt er es aber, seine geisteskranke Ehefrau, die z. B. an Kleptomanie leidet, in eine Heilanstalt unterzubringen, oder trifft er sonst keine Maßnahmen zur Überwachung ihres Stehltriebes, so kann, wenn sie dem Mann etwas stiehlt und beim Pfandleiher versetzt, dieser seinen Schaden gegen den Ehemann geltend machen, und zwar auf Grund von § 823 BGB. (RGZ. 70, 48) Bei einem volljährigen Entmündigten steht die Aufsichtspflicht dem Vormund zu. Ist jemand wegen Verschwendung entmündigt, so wird es zur Aufsichtspflicht des Vormunds gehören, dem Mündel keine wertvollen Vermögensstücke zu überlassen. Tut er es trotzdem, übergibt er z. B. dem Mündel eine kostbare Perlenkette zur Reparatur, die das Mündel dann versetzt, so hat der Pfandleiher dann sowohl gegen den Vormund als auch gegen das Mündel, beide als Gesamtschuldner, Schadenersatzansprüche. Ist der abgeschlossene Pfandleihvertrag nicht wegen Geisteskrankheit des Verpfänders nichtig, sondern weil dieser zur Zeit des Geschäftsabschlusses sich im Zustand der Bewußtlosigkeit befand, in den er sich z. B. durch Alkohol, Morphium oder Kokain ohne Verschuledn selbst versetzt hat, oder handelt er in einer von ihm selbst gewollten Hypnose, so ist der abgeschlossene Vertrag nach § 105 Abs. 2 nichtig; wohl aber ist er dann gemäß § 827 Satz 2 BGB. für alle von ihm in diesem Zustand widerrechtlich angerichteten Schäden verantwortlich, wie wenn ihm Fahrlässigkeit zur Last fiele. Kannte der Pfandleiher diesen Zustand bei Geschäftsabschluß, so liegt seinerseits ein Verstoß gegen die guten Sitten vor und damit entfallen auch Schadenersatzansprüche (JW. 1925, 2126[15]; 1915, 392[2]; RGZ. 67, 393; 72, 68). Ebenso wird der Abschluß von Verträgen mit Kindern, welche das siebente Lebensjahr noch nicht vollendet haben, als sittenwidrig angesehen werden. Nur wenn ein solches Kind lediglich als Bote mit dem Pfandleiher verhandelt, wie dies häufig in Arbeiterkreisen geschieht, indem solche Kinder zum Zwecke der Einlösung des Pfandes zum Pfandleiher geschickt werden, gilt das Kind als zur Empfangnahme des Pfandes berechtigt und ebenso auch zur Zahlung des Darlehns an den Pfandleiher. Das Einlösungsgeschäft ist hier voll wirksam; der Bote kann sogar geschäftsunfähig sein, wenn er nur die Übermittlungsfähigkeit besitzt (Staudinger Anm. 2 vor § 164; Enneccerus § 166 I 1a β). Irgendeine den Inhalt des Geschäfts beeinflussende selbständige Entscheidung des Kindes aber ist unwirksam. Es kann also ein siebenjähriges Kind auch als Bote einen neuen Pfandleihvertrag nicht abschließen oder prolongieren. Derartige Willenserklärungen eines siebenjährigen Kindes würden über den bloßen Rahmen der Willensübermittlung herausgehen. In **Hamburg** (§ 9) ist jeder Geschäftsverkehr mit Kindern unter 15 Jahren verboten, also auch die Prolongation oder Einlösung des Pfandes. **Bayern** (§ 3) verbietet dem Pfandleiher nur, mit jugendlichen Personen Pfandleihverträge „abzuschließen" und von solchen „Pfänder entgegenzunehmen", s. S. 104. Dadurch würde in Bayern die Einlösung und Prolongation durch ein siebenjähriges Kind als Bote zulässig sein. In **Sachsen** (§ 4 der VO.) besteht die Vorschrift, daß der Pfandleiher „sich mit Kindern niemals in ein Geschäft einlassen" darf. Bei älteren anscheinend aber noch unmündigen Personen darf er es; nur muß er darauf achten, daß die Einwilligung der „Eltern" oder des Vormundes erfolgt. Auch diese Bestimmung ist soweit sie die Einwilligung der „Eltern" vorschreibt, schwer mit dem BGB. in Einklang zu bringen und stellt einen Verstoß gegen den allgemeinen Grundsatz dar, daß der Inhaber der elterlichen Gewalt der Vertretungsberechtigte; also zunächst der Vater, während der andere Elternteil nicht in Betracht kommt. Die Gültigkeit des angezogenen § 4 muß deshalb ähnlich wie bei dem bayrischen Gesetze (s. S. 28ff.) angezweifelt werden. Vgl. auch GewArch. 8, 272.

b) Bei den in der Geschäftsfähigkeit beschränkten Personen, d. h. bei Minderjährigen, die das siebente Lebensjahr vollendet haben (§ 106 BGB.), sowie bei wegen Geistesschwäche, Trunksucht oder Verschwendung Entmündigten oder unter vorläufige Vormundschaft Gestellten (§ 114 BGB.) gilt hinsichtlich der Wirksamkeit der Verträge folgendes: Minderjährig ist, wer das 21. Lebensjahr noch nicht vollendet hat und auch nicht für volljährig erklärt worden ist. Heirat macht nicht mündig. Ein Ausländer, dessen Volljährigkeit nach seinem Heimatsstaate erst mit dem vollendeten 25. Lebensjahr eintritt, gilt als mündig, wenn er das 21. Lebensjahr vollendet hat, für alle von ihm im Inland abgeschlossenen

Geschäfte (Art. 3 EGzBGB.). **Hamburg** (§ 9) unterscheidet zwischen Kindern bis zu 15 Jahren und solchen von 15—18 Jahren. Ein Geschäftsverkehr mit den ersteren ist dem Pfandleiher dort schlechthin verboten, mit den letzteren nur insoweit gestattet, als es sich um die Einlösung von Pfändern oder die Erneuerung von Pfandgeschäften handelt. Würde in Hamburg also ein 17½jähriger Student das ihm zur freien Verfügung überlassene corpus juris versetzen, so wäre das Geschäft gemäß § 110 BGB. wirksam. Trotzdem macht sich der Hamburger Pfandleiher aber strafbar (§ 24 des Hamburger G.), und da es sich offenbar um ein Schutzgesetz im Sinne des § 823 BGB. handelt, auch schadensersatzpflichtig. Da das Verbot sich nur gegen den einen Vertragsteil richtet, kann von einer Nichtigkeit nach § 134 BGB. keine Rede sein. Umgekehrt würde in Hamburg der 17½jährige Student auf Grund eines Pfandscheins, der sich auf einen, mit einem Dritten abgeschlossenen, wirksamen Pfandleihvertrag bezieht, die Verlängerung mit dem Pfandleiher vereinbaren können. Es ist zunächst zu prüfen, ob dieses Rechtsgeschäft nach BGB. wirksam ist. Ist dies nicht der Fall, so kommt § 9 des Hamburger G. nicht zur Anwendung, denn dieser kann die Geschäftsfähigkeit, wie sie das BGB. regelt, nicht aufheben, weil sonst solche Bestimmungen über den Rahmen des Art. 94 EGzBGB. hinausgingen. Die Hamburger Bestimmung hat also zur Voraussetzung, daß es sich überhaupt um ein, nach bürgerlichem Recht wirksames Rechtsgeschäft handelt. Wenn Bayern den Abschluß von Geschäften mit jugendlichen Personen verbietet, so sind darunter zu verstehen solche zwischen 14 und 16 Jahren (Zeitschr. f. Rpfl. in Bayern 1917, 58). — Die in ihrer Geschäftsfähigkeit beschränkten Personen bedürfen zu ihrer Willenserklärung der vorhergehenden Zustimmung ihres gesetzlichen Vertreters. Liegt diese nicht vor, so tritt der Zustand schwebender Unwirksamkeit des Vertrages ein. Genehmigt der gesetzliche Vertreter einem in der Geschäftsfähigkeit beschränkten Verpfänder den Pfandleihvertrag, so wird er voll wirksam. Der Pfandleiher kann den gesetzlichen Vertreter zu einer Erklärung auffordern, ob er das Geschäft genehmigen will. Erfolgt eine solche Erklärung nicht innerhalb von zwei Wochen nach Empfang der Aufforderung, so gilt die Genehmigung als verweigert (§ 108 Abs. 2 BGB.). Bis zur Genehmigung kann der Pfandleiher das Geschäft widerrufen, es sei denn, daß er die beschränkte Geschäftsfähigkeit gekannt hat. Aber auch trotz Kenntnis kann der Pfandleiher den Widerruf aussprechen, wenn der Verpfänder, der Wahrheit zuwider, die Einwilligung des gesetzlichen Vertreters behauptet hat (§ 109 Abs. 2). *Der gute Glaube des Pfandleihers an die Volljährigkeit des Verpfänders nützt ihm nichts.* Der Einwilligung des gesetzlichen Vertreters bedarf es nicht, wenn der minderjährige Verpfänder die vertragsmäßige Leistung mit Mitteln bewirkt, die ihm zu diesem Zwecke oder zur freien Verfügung vom gesetzlichen Vertreter oder mit dessen Zustimmung von einem Dritten überlassen worden sind. Dies gilt namentlich für solche Minderjährige, die der unmittelbaren Aufsicht ihres gesetzlichen Vertreters nicht unterstehen, wie Dienstboten, Lehrlinge, Studenten, Schüler, Soldaten als Personen, die den Haushalt ihres Vaters nicht mehr teilen und selbst für ihre Bedürfnisse zu sorgen haben. Als zur freien Verfügung überlassen wird man den Monatswechsel oder das Taschengeld ansehen. Kauft der Student von seinem Monatswechsel ein Mikroskop, so tritt dies an Stelle des ihm zur freien Verfügung überlassenen Geldes. Er kann es also auch ohne Genehmigung seines gesetzlichen Vertreters wirksam verpfänden (*Staub-Bondi* Anm. 6 zu § 10), dies namentlich dann, wenn der Student das geliehene Geld zu wirtschaftlichen Zwecken verwendet. Das gleiche gilt, wenn ein Student durch

Nachhilfestunden mit Genehmigung seines gesetzlichen Vertreters Geld verdient. Kauft er sich von diesem Gelde ein Fahrrad, so kann er es wirksam zum Pfande geben, ebenso wenn ein minderjähriges Dienstmädchen das ihr von der Herrschaft gemachte Weihnachtsgeschenk verpfändet. Verwendet jedoch der Minderjährige das vom Pfandleiher erhaltene Geld zu unvernünftigen Zwecken, so kann angenommen werden, daß es ihm vom gesetzlichen Vertreter nicht zur freien Verfügung überlassen worden ist, und dann wäre das Geschäft unwirksam (RGZ. 74, 234). Dadurch würde allerdings, da der Pfandleiher nicht wissen kann, zu welchen Zwecken der Minderjährige das Geld verbrauchen will, eine Unsicherheit des Verkehrs herbeigeführt werden (DJZ. 1903, 565ff). Ist der Minderjährige von seinem gesetzlichen Vertreter mittellos gelassen, also wenn z. B. der Student seinen Monatswechsel nicht erhalten hat und er seine Miete nicht bezahlen kann, so ist ein Pfandleihvertrag auch über solche Gegenstände als wirksam anzusehen, die ihm nicht zur freien Verfügung überlassen worden sind. Es wird dann eine stillschweigende Zustimmung des gesetzlichen Vertreters angenommen werden müssen, auch über solche Gegenstände zu verfügen. Das gleiche gilt, wenn ein Vater seinen minderjährigen Sohn veranlaßt, sich seinen Lebensunterhalt selbst zu verdienen (Motive zum BGB. I 148). Das Gesagte gilt auch für den wegen Geistesschwäche, Trunksucht oder Verschwendung Entmündigten. Hierbei sei darauf hingewiesen, daß gemäß § 119a Abs. 2 Ziff. 2 der GewO. in Gemeinden oder weiteren kommunalen Verbänden durch Ortsstatut festgesetzt werden kann, daß der von minderjährigen Arbeitern verdiente Lohn an die Eltern oder Vormünder zu zahlen ist und nur mit deren schriftlicher Zustimmung an den Minderjährigen gezahlt werden darf. — Betreibt ein Minderjähriger ein Erwerbsgeschäft, so ist er für alle solche Rechtsgeschäfte unbeschränkt geschäftsfähig, die dieses mit sich bringt, wenn der gesetzliche Vertreter das Mündel zum Betrieb eines solchen Erwerbsgeschäfts ermächtigt und das Vormundschaftsgericht hierzu seine Genehmigung erteilt hat (§ 112 BGB.). Der Minderjährige kann so also z. B. Waren verkaufen. Dieser Grundsatz erleidet aber eine Ausnahme, wenn Geld auf den Kredit des Mündels aufgenommen wird. Hier genügt die generelle Ermächtigung des Vormundes und Genehmigung des Vormundschaftsgerichtes, daß der Minderjährige ein selbständiges Erwerbsgeschäft betreiben darf, nicht. Vielmehr muß hier eine besondere Genehmigung des Vormundschaftsgerichts herbeigeführt werden (§ 1643 und § 1822 Ziff. 8 BGB.). — Ist das Geschäft, das der Pfandleiher mit einem in der Geschäftsfähigkeit Beschränkten abgeschlossen hat, nicht wirksam geworden, so bleiben dem Pfandleiher und dem gesetzlichen Vertreter des Verpfänders nur die Ansprüche aus der ungerechtfertigten Bereicherung). Auch die Schadenersatzansprüche des Pfandleihers sind hier die gleichen wie bei den Geschäftsunfähigen (s. S. 105). Jedoch wird die zivilrechtliche Haftbarmachung des wegen Verschwendung oder wegen Trunksucht Entmündigten auf Grund der unerlaubten Handlung für den Pfandleiher leichter sein, da bei ihnen ohne weiteres zivilrechtliche Deliktsfähigkeit anzunehmen sein wird. — Anders, wie bei der Geschäftsunfähigkeit eines Boten (s. S. 107), schadet die beschränkte Geschäftsfähigkeit eines solchen nichts. Es kann also der Verpfänder sich durch einen Siebzehnjährigen dergestalt vertreten lassen, daß mit diesem ein wirksamer Pfandleihvertrag zustande kommt (§ 165 BGB.).

c) Von der Geschäftsfähigkeit ist zu unterscheiden die Verfügungsmacht, z. h. die rechtliche Befähigung auf einen Vermögensgegenstand einzuwirken (RGZ.

90, 399). Dazu gehört auch das Recht, einen Gegenstand zu belasten, also zu verpfänden. Es kann jemand voll geschäftsfähig sein, trotzdem aber hinsichtlich eines bestimmten Gegenstandes nicht verfügungsberechtigt. Es interessieren hierbei insbesondere folgende Fälle: 1. Verfügungen eines Nichtberechtigten über einen Gegenstand. Beispiel: A. verpfändet in eigenem Namen eine dem B. gehörige Uhr, ohne daß dieser zugestimmt hat (§ 185 BGB.); 2. eine Ehefrau verpfändet einen Gegenstand, der der Verwaltung des Ehemannes unterliegt, ohne seine Zustimmung (§§ 1395 ff., 1405, 1444 und 1516); 3. der Vorerbe verpfändet einen zur Erbschaft gehörigen Gegenstand ohne Genehmigung des Nacherben (§ 2120 BGB.); 4. ein in Konkurs befindlicher Schuldner verpfändet Gegenstände, die zur Konkursmasse gehören, ohne Einwilligung des Konkursverwalters (§ 6 KO.).

Es soll hier nur der besonders häufig vorkommende Fall 2 erläutert und davon ausgegangen werden, daß die Eheleute in gesetzlichem Güterstand leben (s. auch S. 170, 173 ff.). Wer mit einer Frau Geschäfte abschließt, muß sich vergewissern, ob sie verheiratet ist (Staub-Könige Anm. 36 zu § 366; RGZ. 100/194). Guter Glaube daran, daß die Verpfänderin nicht verheiratet ist, schützt den Pfandleiher nicht (§ 1404 BGB.). Die von einer Ehefrau ohne Zustimmung ihres Mannes abgeschlossenen Darlehnsverträge sind wirksam, jedoch kann der Pfandleiher, wenn er ein Urteil gegen die Ehefrau erwirkt, die Zwangsvollstreckung nur in solche Gegenstände vornehmen, welche dem ehemännlichen Verwaltungsrechte nicht unterliegen, nämlich in das Vorbehaltsgut (§ 1411 ff. BGB.). Vorbehaltsgut aber sind die ausschließlich der Frau zu ihrem persönlichen Gebrauch bestimmten Sachen, vorzüglich Kleider, Schmucksachen und ihr Arbeitsgerät (§ 1366 BGB.). Der Pfandleiher kann also den Gerichtsvollzieher beauftragen, den Pelz, die Schreibmaschine oder die Brillanten der Ehefrau zu pfänden, ohne daß der Ehemann der Zwangsvollstreckung widersprechen kann. Zum Vorbehaltsgut gehören auch diejenigen Gegenstände, die die Frau durch ihre Arbeit oder durch den selbständigen Betrieb eines Erwerbsgeschäfts erworben hat (§ 1367 BGB.), also z. B. kann der Pfandleiher die Ladeneinrichtung des von der Frau mit Zustimmung ihres Mannes betriebenen Modesalons, die von einer Schauspielerin von ihrer Gage angeschafften Möbel pfänden lassen. Vorbehaltsgut ist ferner, was durch Ehevertrag dazu erklärt ist (§ 1368 BGB.), oder was der Ehefrau durch Todesfall oder durch Schenkung zugewendet ist, wenn der Zuwendende dabei bestimmt, daß der zugewendete Gegenstand Vorbehaltsgut sein soll (§ 1369 BGB.). Endlich gehört zum Vorbehaltsgut das Surrogat von Gegenständen, die selber Vorbehaltsgut waren (§ 1370). Hat die Frau Gegenstände verpfändet, welche zu ihrem Vorbehaltsgut gehören, so bedarf es hierzu nicht der Zustimmung des Ehemannes. Gehört das Pfand zwar der Ehefrau zu Eigentum, unterlag es aber dem ehemännlichen Verwaltungsrecht (eingebrachtes Gut), so kann der Pfandleiher an ihm nur dann ein Pfandrecht erwerben und die Zwangsvollstreckung auch in das eingebrachte Gut betreiben, wenn der Ehemann zu dem von der Ehefrau geschlossenen Pfandleihvertrage seine Zustimmung gegeben hat oder wenn der Vertrag auch ohne seine Zustimmung ihm gegenüber wirksam ist (§ 1412 BGB.). Verpfändet also die Ehefrau ohne Zustimmung ihres Mannes das in ihrem Eigentum stehende Piano, das zum eingebrachten Gut gehört, so erwirbt der Pfandleiher kein Pfandrecht an ihm. Der Pfandleiher kann dann seine Befriedigung nur aus dem Vorbehaltsgut der Frau suchen. Wegen der Kosten eines solchen Prozesses haftet ihm allerdings auch das eingebrachte Gut (§ 1412 Abs. 2 BGB.).

War der Ehemann durch Krankheit oder Abwesenheit an der Abgabe einer Erklärung verhindert, oder war mit dem Aufschube des Geschäfts Gefahr verbunden (§ 1401 BGB.), so kann die Ehefrau auch allein über ihr eingebrachtes Gut wirksam verfügen. Unter Umständen genügt hierzu auch eine vorübergehende Verhinderung des Ehemannes (RGZ. 103, 127). — Für Verbindlichkeiten, welche die Ehefrau vor Eingehung der Ehe übernommen hat, haftet überhaupt nur das Vorbehaltsgut. Stimmt ein Ehemann dem von seiner Frau abgeschlossenen Pfandleihvertrage zu, so wird er dadurch nicht persönlicher Schuldner. — Verpfändet eine Ehefrau Gegenstände, die im Eigentum ihres Ehemannes stehen, so erwirbt der Pfandleiher, wenn er das Eigentum des Mannes kennt, nur dann ein Pfandrecht, wenn der Pfandleihvertrag mit ehemännlicher Zustimmung erfolgt ist. Wußte der Pfandleiher nicht, daß das Pfand im Eigentum des Mannes stand, und war ihm das auch nicht etwa nur infolge grober Fahrlässigkeit unbekannt geblieben, so kommen die Vorschriften über den gutgläubigen Erwerb zur Anwendung (s. S. 129, 168f., 173f.). Hierbei ist zu berücksichtigen, daß nach § 1362 Abs. 1 BGB. vermutet wird, daß alle im Besitz eines der Ehegatten befindlichen Gegenstände dem Mann gehören, und daß nach § 1362 Abs. 2 BGB. alle zum persönlichen Gebrauch der Frau bestimmten Sachen dieser gehören. — Umgekehrt: verpfändet der Ehemann Gegenstände, die zum Vorbehaltsgut seiner Frau gehören, so haftet die Frau überhaupt nicht, sondern nur der Mann. — Verpfändet die Ehefrau einen dem Mann gehörigen Gegenstand, den sie ihm gestohlen hat, so bleibt die Frau Schuldnerin des Pfandleihers und haftet nur mit ihrem Vorbehaltsgut. Der Ehemann aber kann nach § 935 und 1207 BGB. die unentgeltliche Herausgabe der ihm gestohlenen Pfänder verlangen, wobei es gleichgültig ist, daß der Diebstahl zwischen Gatten straflos ist (§ 247 Abs. 2 StGB.). Haben die Eheleute dabei in gewolltem oder bewußtem Zusammenwirken gehandelt, so liegt überhaupt kein Diebstahl vor; der Pfandleiher erwirbt an der angeblich gestohlenen Sache ein Pfandrecht. Außerdem steht ihm auf Grund des Betrugsversuches, den beide Eheleute wegen des fingierten Diebstahls dem Pfandleiher gegenüber begangen haben, gegen beide Eheleute als Mittäter ein Schadenersatzanspruch auf Grund der unerlaubten Handlung zu. Erforderlich ist, daß auch bei dem Diebstahl unter Ehegatten der volle Tatbestand des § 242 StGB. vorliegen muß; es muß also behauptet und bewiesen werden, daß der Dieb gehandelt hat in der Absicht der rechtswidrigen Zueignung. Diese wird sich aber gerade bei Diebstählen zwischen Ehegatten schwer nachweisen lassen. Fehlt dieser Nachweis, so ist die Sache keine gestohlene. — Zu Rechtsgeschäften, durch die sich die Ehefrau zu einer Leistung verpflichtet, ist an und für sich die Zustimmung des Ehemannes nicht erforderlich (§ 1399 Abs. 1 BGB.), es haftet dann aber auch nicht das eingebrachte Gut der Ehefrau. Stimmt der Ehemann dem Geschäfte zu, so haftet das eingebrachte Gut. Stimmt er ihm nicht zu, so muß er das Rechtsgeschäft nach den Vorschriften über die Herausgabe einer ungerechtfertigten Bereicherung gegen sich gelten lassen, soweit das eingebrachte Gut bereichert ist (§ 1399 Abs. 2 Satz 2 BGB.). Hat die Ehefrau z. B. bei einem Pfandleiher 100 RM Darlehn aufgenommen und dabei ein zum eingebrachten Gut gehöriges Piano verpfändet, mit dem erhaltenen Gelde dann den Mietzins, den der Mann zu entrichten hat, bezahlt, so muß bei einer Klage des Pfandleihers gegen die Ehefrau der Ehemann die Zwangsvollstreckung in das eingebrachte Gut dulden. — Gehört der Abschluß eines Pfandleihvertrages in den Rahmen der Schlüsselgewalt einer Ehefrau, so wird durch den Abschluß eines solchen Vertrages der Ehefrau lediglich der Ehemann

Schuldner des Pfandleihers. In den Rahmen der Schlüsselgewalt fallen alle diejenigen Geschäfte, die innerhalb des häuslichen Wirkungskreises der Frau liegen. Ob die hieraus entstehende Befugnis der Ehefrau nur dann besteht, wenn zwischen den Ehegatten eine häusliche Gemeinschaft besteht, ist bestritten (RGZ. 60, 15). Ist der Mann nur längere Zeit auf Reisen, so besteht die häusliche Gemeinschaft trotzdem. In den Rahmen des häuslichen Wirkungskreises der Frau fallen nun „alle den ehelichen Aufwand betreffenden Besorgungen, deren besondere Beschaffenheit nach bestehender Sitte auf die Erledigung durch die Frau hinweist" (RGZ. 61, 80), also z. B. Einkauf von Lebensmitteln, Beschaffung nötiger Kleidungsstücke. Nimmt die Ehefrau zu den gleichen Zwecken ein Darlehn auf, z. B. um für die Kinder Schuhe zu besorgen, so fällt dies in den Rahmen der Schlüsselgewalt (Goldmann-Lilienthal S. 66 Anm. 26; a. M. Staudinger 3a α Abs. 4 zu § 1357). Der ersten Meinung ist beizutreten. Wenn die Frau im Rahmen der Schlüsselgewalt berechtigt ist, zum Zwecke der Beschaffung von Schuhen für die Kinder einen Kaufvertrag abzuschließen und dabei die Ware auf Kredit entnimmt, so ist nicht einzusehen, weshalb umgekehrt, wenn die Frau erst den Kredit beim Pfandleiher aufnimmt und damit dann die Schuhe kauft, das Kreditgeschäft nicht auch in den Rahmen der Schlüsselgewalt fallen soll. Als im Rahmen der Schlüsselgewalt liegend wird ein Pfandleihvertrag — wobei es immer auf die Verhältnisse der Ehegatten im einzelnen Fall ankommt — (OLG. 3, 13) immer dann sein, wenn die Ehefrau auf den Namen ihres Mannes und ohne dessen Widerspruch wiederholt ähnliche Verträge beim Pfandleiher abgeschlossen hat. Einer Ehefrau steht jedoch die Schlüsselgewalt nie zu, wenn diese vom Mann beschränkt oder ausgeschlossen ist (§ 1357 Abs. 2 BGB.). Es geschieht dies wirksam dadurch, daß der Ausschluß oder die Beschränkung der Schlüsselgewalt auf Antrag des Mannes in das Güterrechtsregister eingetragen wird. Beschränkung und Ausschließung der Schlüsselgewalt kann aber auch dem Dritten gegenüber unmittelbar erfolgen, insbesondere auch durch Zeitungsanzeigen (RGZ. 60, 12ff.). Im letzteren Falle muß dem Dritten bewiesen werden, daß er die Anzeige gelesen hat. Spiegelt die Ehefrau dem Pfandleiher vor, daß sie die ehemännliche Genehmigung habe, so gilt das oben bei den beschränkt Geschäftsfähigen Gesagte.

d) Anfechtbare Geschäfte. Während nichtige Geschäfte als nie entstanden anzusehen sind, tritt bei den anfechtbaren Geschäften die gewollte Rechtswirkung zunächst ein, sie werden aber mit rückwirkender Kraft als von Anfang an nichtig angesehen werden, wenn sie mit einem Mangel behaftet waren, der einem Vertragsteil das Recht zur Anfechtung gibt, und wenn diese Anfechtung auch erklärt wird. Anfechtungsgründe sind: Irrtum, Täuschung und Drohung. Wird die Darlehnsforderung wirksam angefochten, so kann, da dann der Darlehnsvertrag als nicht abgeschlossen angesehen wird, auch ein wirksames Pfandrecht an der Darlehnsforderung nicht bestehen bleiben. Wird der Pfandvertrag angefochten, so bleibt an sich der Darlehnsvertrag bestehen. Wenn auch der Darlehnsvertrag zum Pfandvertrag im Verhältnis von Haupt- zu Nebenvertrag besteht (s. S. 100), so wird man doch annehmen müssen, da das Gewerbe des Pfandleihers nur in der Darlehnsgewährung gegen gleichzeitige Verpfändung besteht, daß die Anfechtbarkeit des Pfandvertrages auch das Darlehnsgeschäft ergreift (§ 139 BGB.), und daß im Zweifel anzunehmen ist, daß beide Vertragsteile ihre Willenserklärung als ein zusammengehöriges, einheitliches Ganzes betrachten wollen (BGB. 94, 149). Bei einem Darlehns vor vertrage jedoch wird unter Umständen die Nichtigkeit der Pfandbestellung, wenn das Darlehn später gegeben wird, die Wirksamkeit des Darlehnsvertrages nicht beeinträchtigen (RGZ. 86, 324; 108, 149). Die Anfechtungserklärung ist formlos und empfangsbedürftig (§ 130 BGB.).

1. Die Anfechtung wegen Irrtums (§ 119 BGB.) kann sich beziehen entweder auf die Erklärungshandlung, oder auf den Inhalt der Erklärung selber, oder auf solche Eigenschaften einer Person oder einer Sache, die im Verkehr als wesentlich angesehen werden. Der Pfandleiher gewährt dem Verpfänder ein Darlehn von 50 *RM* auf eine goldene Uhr. Im Pfandbuch und auf dem Pfandschein ist das Darlehn infolge Verschreibens mit 5 *RM* angegeben. Der Pfandleiher kann hier wegen Irrtums anfechten; das Darlehn wäre von Anfang an unwirksam, und zwischen den beiden Vertragsteilen müßte eine Ausgleichung nach den Regeln der ungerechtfertigten Bereicherung stattfinden. Eine Verpflichtung zur Anfechtung besteht nicht. Will der Pfandleiher bei dem Vertrage stehen bleiben, so genügt es, wenn er seinen Irrtum berichtigt. — Lautet die Eintragung im Pfandbuch auf 50 *RM*, der Inhalt des Pfandscheins aber auf 5 *RM*, so gilt gemäß § 6 die „dem Pfandleiher nachteiligere Feststellung". Selbst wenn man in dieser Gesetzesbestimmung eine unwiderlegliche Vermutung sieht (s. S. 181), so kann trotzdem der Pfandleiher die in dem Pfandschein irrtümlich niedergelegte Erklärung anfechten (Enneccerus Bd. 1 S. 379 III, 2). Kein Irrtum liegt vor, wenn z. B. ein Verpfänder dem Pfandleiher die Uhr übergibt mit den Worten: er „wolle sie los werden" und der Pfandleiher annimmt, daß er sie verkaufen will, der Verpfänder sie aber nur verpfänden will. Hier ist es zu einer Willenseinigung nicht gekommen, und infolgedessen ist auch kein Vertrag zustande gekommen (§ 150 BGB.). Ähnlich ist es, wenn der Verpfänder ein Autogramm von Strauß verpfändet, das von Johann Strauß stammt, der Pfandleiher aber glaubt, es rühre von Richard Strauß her. Kein Irrtum liegt vor, wenn der Verpfänder erklärt, er wolle über die Uhr einen Rückkaufsvertrag abschließen, der Pfandleiher aber einen Pfandleihvertrag tätigen wollte. Hier liegt nur eine falsche Bezeichnung des Rechtsgeschäftes vor, da der Rückkaufsvertrag des Pfandleihers kraft Gesetzes nichts anderes ist, als ein Pfandleihvertrag (§§ 34, 36 GewO.; s. auch S. 62 f.). Nur derjenige Irrtum gibt das Recht zur Anfechtung, der beachtlich ist. Glaubt der Pfandleiher, daß in Pfand gegebene Perlen Naturperlen seien, während es tatsächlich nur Zuchtperlen sind, so ist der Irrtum beachtlich, wenn der Wille des Pfandleihers, nur Naturperlen in Pfand zu nehmen, klar zum Ausdruck gekommen ist und dadurch Gegenstand des Rechtsgeschäfts geworden ist, z. B. wenn der Pfandleiher Naturperlen in das Pfandbuch eingetragen hat; und umgekehrt: glaubt der Pfandleiher, daß es nur Zuchtperlen seien, waren es aber tatsächlich Naturperlen, so hat er sich zwar geirrt — aber sein Irrtum war nicht beachtlich (Enneccerus Bd. 1 S. 424 II 1 b). Nicht beachtlich ist der Irrtum im Beweggrund, d. h.: die Vorgedanken, die den Abschluß des Pfandvertrages veranlaßt haben, aber für das Geschäft nicht wesentlich sind (Warneyer Rechtspr. 1910 N. 137). Der Irrtum im Beweggrund kann aber beachtlich werden, wenn die Grundlagen der Erklärung in einer dem Gegner erkennbar gewordenen Weise die Erklärung beeinflußt haben und Gegenstand der rechtsgeschäftlichen Erklärung geworden sind (RGZ. 94, 67). Nimmt der Pfandleiher bei der Abschätzung von Perlen an, es seien Naturperlen, und wird hierüber nicht gesprochen, werden sie dann gemäß § 5 Ziff. 6 nur als „Perlen" in das Pfandbuch eingeschrieben, und beleiht der Pfandleiher sie nach seiner im Innern vorgenommenen, aber nicht zum Ausdruck gebrachten Schätzung zu hoch, so liegt nur ein Irrtum in der Kalkulation vor, der keinen Anfechtungsgrund gibt, Dasselbe gilt, wenn er ein Bild in Pfand nimmt in dem Bewußtsein, daß es vielleicht ein Rubens sein könne, weil er doch mit der Möglichkeit rechnet, das Bild könne auch unecht sein. Es liegt hier kein Irrtum, sondern nur ein Zweifel vor (RGZ. 85, 324). Ebensowenig ist ein Grund zur Anfechtung gegeben, wenn der Pfandleiher bei Errechnung des Karatgewichts des Brillanten sich irrt, es sei denn, daß er dem Verpfänder gegenüber seine Kalkulation zum Gegenstand der rechtsgeschäftlichen Erklärung gemacht hat (RGZ. 90, 272). Schätzt der Pfandleiher einen dem Verpfänder gehörigen Trauring auf sein Goldgewicht nur oberflächlich, und irrt er sich hierbei über den Goldgehalt, so liegt kein Anfechtungsgrund vor (RGZ. 85, 325). Ein weiteres Beispiel: A. verpfändet bei dem Pfandleiher einen Ring mit Smaragden für 50 RM, B. kauft von A. den Pfandschein (über die Rechtsbedeutung des Pfandscheinkaufes s. S. 200), indem er an A. 10 RM zahlt, in der Erwägung, daß der Pfandleiher im allgemeinen derartige Gegenstände mit 50% ihres Wertes beleiht. B. löst darauf das Pfand gegen Zahlung von Kapital und Zinsen ein und sieht, daß der Ring zu seinem vollen Werte beliehen war. In diesem Falle kann B. die Zahlung gegenüber dem Pfandleiher nicht wegen Irrtums anfechten, weil nur ein Berechnungsirrtum vorliegt (JW. 1925, 1633[5]). Anders liegt der Fall, wenn B. auf Grund des Pfandscheininhalts einen Naturstein zu erhalten glaubte, der sich aber dann als synthetischer herausstellte. Hier handelt es sich um einen Irrtum über die Eigenschaften einer Sache. Ficht B. nach Einlösung des Steines die Zahlung an den Pfandleiher an, so muß dieser gegen Rückgabe des Pfandes die gezahlte Summe zurückgewähren. Verpfändet jemand 3 Dutzend Schuhe Größe 43 bei einem deutschen Pfandleiher, und stellt sich heraus, daß die Nummerngröße nicht dem deutschen, wohl aber dem türkischen Verkehrsgebrauch entspricht, so kann der Pfandleihvertrag vom Pfandleiher angefochten werden. Gewährt der Pfandleiher dem Verpfänder ein Darlehn von 30000 Sowjetrubeln, und vereinbaren beide, daß unter der Annahme, der Rubel sei z. Z. 25 Pf. wert, das Darlehn mit 7500 RM zurückzuzahlen ist; stellt sich aber heraus, daß z. Z. der Pfandbestellung der Sowjetrubel nur 1 Pf. wert war, die 30000 Rubel also nur 300 RM, so kann das Rechtsgeschäft angefochten werden (RGZ. 105, 406). — A. verpfändet einen Gegenstand bei dem Pfandleiher gegen ein Darlehn von 500 RM B. übernimmt für A. dem Pfandleiher gegenüber die selbstschuldnerische Bürgschaft. Stellt sich heraus, daß die Eintragung in das Pfandbuch unterblieben ist, also die Pfandbestellung nichtig ist, so kann, wenn der Pfandleiher den Bürgen in Anspruch nimmt, dieser seine Bürgschaftserklärung wegen Irrtums anfechten, denn der Bürge ging davon aus, daß der Pfandleiher ein ordnungsmäßiges Pfandrecht erworben hat oder erwerben würde; er war also im Irrtum, weil er eine unrichtige Vorstellung von den bestehenden, tatsächlichen und rechtlichen Verhältnissen hatte (RGZ. 75, 271ff.). Irrtum über wesentliche Eigenschaften einer Person oder Sache gilt als Irrtum über den Inhalt der Erklärung und gibt ein Anfechtungsrecht (§ 119 Abs. 2 BGB.). Beispiel: Will ein Verpfänder bei einem staatlichen Leihamt versetzen, gerät er aber irrtümlich in das Geschäftslokal eines privaten Pfandleihers, weil an seinem Firmenschild „staatlich konzessioniertes Leihhaus" steht (über die Zulässigkeit dieser Geschäftsbezeichnung s. S. 69), so kann er den Vertrag wegen Irrtums anfechten. Umgekehrt auch, wenn sich der Pfandleiher über wesentliche Eigenschaften der Person des Verpfänders irrt. Namentlich spielt hier die Kreditwürdigkeit des Verpfänders eine bedeutende Rolle, da der Pfandleihkredit keineswegs immer Realkredit ist und Fälle des persönlichen Kredits häufig sind (LG. I Berlin, ungedr. 31. O 317/21). In solchen Fällen wird die Pfandbestellung häufig nur zum Symbol, wenn z. B. ein Student als Pfand sein Testierbuch verpfändet. Unter solchen Umständen ist die persönliche Kreditwürdigkeit des Verpfänders eine wesentliche Eigenschaft von ihm (Staub-Könige Anm. 47 vor § 373). Jedoch kann auch der Irrtum über die Zahlungsfähigkeit des Verpfänders ein mit ihm abgeschlossenes Rechtsgeschäft anfechtbar machen (RGZ. 105, 207). Auch die Geschäftsfähigkeit des Verpfänders gehört zu seinen wesentlichen Eigenschaften. Ebenso auch die Verfügungsmacht des Verpfänders, denn nicht nur die natürlichen Eigenschaften einer Person kommen beim Irrtum in Betracht, sondern auch tatsächliche und rechtliche Verhältnisse, die in ihren Beziehungen zu anderen Personen oder Sachen wurzeln (RGZ. 99, 214). — Irrtum über die Konfession eines der Vertragsteile ist unbeachtlich. Denn die Frage, ob die Eigenschaft einer Person für den Geschäftsabschluß wesentlich ist, darf nicht nach „Eigensinn, subjektiven Launen oder törichten Anschauungen" beurteilt werden (RGZ. 62, 206). Der Antisemit kann also einen Pfandleihvertrag nicht anfechten, weil er nicht gewußt hat, daß der Pfandleiher Jude ist. — Zu den wesentlichen Eigenschaften einer Sache, die zur Anfechtung wegen Irrtums berechtigen, gehört z. B. die Echtheit eines Bildes, eines Natursteines im Gegensatz zum synthetischen Stein, einer Metallgattung, z. B. Platin gegenüber Weißgold; die Herkunft des Pfandes, z. B. die eines Zeiß-Trieders gegenüber einem minderwertigen Objekt. Neben dem Anfechtungsrecht hat der Pfandleiher das Recht, die Erfüllung des abgeschlossenen Vertrages zu verlangen. Ist z. B. die Bestellung des Pfandrechts an einem zweikaratigen Brillanten vereinbart, hat der übergebene Stein aber nur ein geringeres Gewicht, so kann der Pfandleiher auf Übergabe eines Steines mit dem zugesicherten Gewichte klagen. Auch Gewährleistungsansprüche wegen Sachmangelhaftung stehen dem Pfandleiher zu (§ 493 BGB.). Allerdings ist die Pfandbestellung als solche keine entgeltliche, es genügt aber, wenn der Vertrag, zu dessen Verstärkung die Pfandbestellung dient, ein entgeltlicher ist (Staudinger 1b zu § 493; RGZ. 9, 100; 29, 300). Das Pfandleihdarlehn aber ist stets verzinsbar (s. S. 54, 150) und deshalb als entgeltlich anzusehen. — Die Anfechtung wegen Irrtums muß unverzüglich erfolgen, nachdem dem Berechtigten der Irrtum zum Bewußtsein gelangt ist (RGZ. 85, 223). Trotz der Unverzüglichkeit ist eine Anfechtung nicht verspätet, wenn eine gewisse Überlegungszeit verstrichen ist (RGZ. 64, 161). Einer bestimmten Form bedarf die Anfechtung nicht; es genügt, wenn aus der Anfechtungserklärung hervorgeht, daß der Berechtigte den Vertrag nicht gelten lassen will. Erklärt der Anfechtende, daß er vom Vertrage „zurücktreten" will, so ist das keine Anfechtung (RGZ. 105, 206; 103, 405; 65, 88). Im übrigen aber muß die Anfechtung klar und unbedingt sein (RGZ. 66, 153; JW. 1906, 10[5]). Wird die Anfechtung gegenüber einem Abwesenden erklärt, so kommt für die Frage der Rechtzeitigkeit die Absendung der Erklärung nicht erst ihr Zugang in Betracht (§ 121 Abs. 1 Satz 2 BGB.). In der Anfechtung eines Rechtsgeschäftes wegen Betruges liegt regelmäßig auch die Anfechtung wegen Irrtums (RGZ. 57, 358). Ist die Anfechtungserklärung wegen Irrtums erfolgt, so kann der Anfechtende nicht einseitig auf sein Anfechtungsrecht verzichten, wenn er das angefochtene Geschäft bestehen lassen will; er muß es dann von neuem vornehmen (RGZ. 74, 3; 61, 264). Ficht der Pfandleiher einen Vertrag wirksam wegen Irrtums an, so kann der Anfechtungsgegner den Ersatz desjenigen Schadens verlangen, der ihm dadurch entstanden ist, daß er auf die Gültigkeit des Vertrages vertraute (§ 122 BGB.). (Negatives Vertragsinteresse.) Ein Verschulden des Pfandleihers ist hierbei nicht erforderlich (RGZ. 94, 197; 81, 398; 60, 345). Der Schaden ist dem Anfechtungsgegner jedoch nur in Höhe desjenigen Interesses zu erstatten, das der Verpfänder an der Gültigkeit der Erklärung hatte. Hatte z. B. der Verpfänder das Pfand dem Pfandleiher von München nach Berlin übersandt, so haftet der Pfandleiher, wenn er wegen Irrtums den Pfandleihvertrag anficht, wegen der Übersendungskosten. Der Schadenersatzanspruch des Anfechtungsgegners fällt fort, wenn er selber den Grund der Anfechtung kannte oder kennen mußte (§ 122 Abs. 2 BGB.). In diesem Falle wird der Anfechtungsgegner seinerseits schadenersatzpflichtig, wenn er es war, der in dem Pfandleiher den Irrtum erregte (RGZ. 81, 395), wobei es gleichgültig ist, ob das Verhalten des Verpfänders auf Fahrlässigkeit beruht oder nicht.

2. Arglistige Täuschung. Wenn jemand zur Abgabe einer Willenserklärung durch arglistige Täuschung oder Betrug bestimmt wird, so kann er sie gleichfalls anfechten. Die Täuschung geschieht, indem entweder ein Irrtum hervorgerufen wird (JW. 1909, 308[1]), oder ein bereits vorhandener wesentlicher Irrtum arglistig ausgenutzt wird (RGZ. 77, 314; 62 150). Der zivilrechtliche Betrug unterscheidet sich in wichtigen Punkten von dem strafrechtlichen (§ 263 StGB.). Bei jenem ist die Absicht der Vermögensbeschädigung nicht erforderlich (JW. 1925, 2755[5]), ebensowenig, daß der Betrüger die Absicht hat, sich oder einem Dritten einen rechtswidrigen Vermögensvorteil zu verschaffen (Recht 1923 N. 1000). Das Bewußtsein allein, daß der Vertragsgegner durch die Täuschung in seinen Entschließungen zu seinem Nachteil beeinflußt wird, genügt zur arglistigen Täuschung (RGZ. 62, 150); ebenso genügt auch dolus eventualis (RGZ. 76, 319). Der Begriff der arglistigen Täuschung deckt sich nicht mit dem Verstoß gegen die guten Sitten (RGZ. 67, 147). Die Täuschungshandlung erfolgt entweder durch Vorspiegelung unrichtiger oder durch Verschweigung wahrer Tatsachen. Verpfändet jemand Sachen, die er gestohlen hat, und erklärt er auf Befragen, daß er Eigentum daran habe, so liegt gleichfalls die Vorspiegelung einer falschen Tatsache vor. Arglistige Täuschung liegt auch stets dann vor, wenn der Verpfänder zur Verdeckung der Mängel des Pfandes besondere Veranstaltungen getroffen hat (RGSt. 14, 310), z. B. wenn er einen „geklebten" Brillanten verpfändet oder eine goldene Uhr, in deren Deckel oder Gehäuse ein Bleiring eingearbeitet ist. Liegt Verschweigen einer wahren Tatsache vor, so ist es arglistige Täuschung, wenn der Täuschende die Offenbarungspflicht hatte. — Solche ist vorhanden, wenn sie in der Verkehrssitte liegt oder durch die Rücksicht auf Treu und Glauben geboten ist, insbesondere wenn der Verschweigende Tatsachen nicht mitteilt, obwohl er sich nach Treu und Glauben sagen muß, daß sie für den anderen bei seinen Entschließungen ausschlaggebend sind (RGZ. 62, 150 und 302; 70, 427; 77, 314). Wer also einen gefälschten Stein in Pfand gibt, hat die Pflicht, dies zu offenbaren, sonst verschweigt er arglistig eine wahre Tatsache (JW. 1921, 680[8]). Ob in der Verschweigung der Vermögensverhältnisse des Verpfänders eine Verletzung der Offenbarungspflicht liegt, ist von Fall zu Fall zu entscheiden (RGZ. 69, 13ff.). Im allgemeinen geht der Pfandleiher davon aus, daß die Vermögensverhältnisse des Verpfänders keine günstigen sind. Wird jedoch das Darlehn dem Verpfänder auf Grund seiner ausdrücklich von ihm wider besseres Wissen erklärten Kreditwürdigkeit gewährt, so liegt Betrug vor (RGZ. 66, 385; 105, 208). Verschweigt der Verpfänder, daß das Pfand weder ihm gehört, noch daß er über dasselbe nicht verfügen darf, z. B. daß es ihm nur zur Reparatur übergeben ist, daß er minderjährig ist, daß es von einem Diebstahl herrührt, daß er entmündigt ist, so erregt er in dem Pfandleiher den Irrtum, als ob durch das Pfand dessen Forderung gesichert sei, und zwar unter Verletzung seiner Offenbarungspflicht

(JW. 1904, 113[9]). Es wird hierbei auf die reichhaltige Rechtsprechung verwiesen, die sich auf das arglistige Verschweigen von Mängeln beim Kaufvertrage beziehen, dessen Vorschriften gemäß § 493 BGB. auch auf Pfandbestellungsverträge im Pfandleihgewerbe entsprechend Anwendung finden.

Wenn die arglistige Täuschung von einem Dritten ausgeht, d. h. von einer am Rechtsgeschäft nicht beteiligten Person, so ist dadurch eine Willenserklärung auch wegen Betruges anfechtbar. Vertreter und Bevollmächtigte eines Vertragsteiles gelten nicht als Dritte (RGZ. 76, 107). Ist die durch den Betrug eines Dritten beeinflußte Willenserklärung keine empfangsbedürftige, so ist der Gegenkontrahent des Getäuschten wegen seines guten Glaubens geschützt. Hat er aber die Täuschung des Dritten gekannt oder hätte er sie kennen müssen, dann wirkt auch die Anfechtung gegen ihn. Beispiel: A. will bei dem Pfandleiher ein Darlehn von 100 RM aufnehmen, kann aber kein Pfand als Sicherheit bieten. Sein Freund B. erbietet sich, als Sicherheit einen ihm, dem B., gehörigen Ring zu verpfänden, den er als massiv-golden bezeichnet, obwohl B. weiß, daß er nur aus Doubleegold besteht. B. ist hier Dritter. Der Pfandleihvertrag, den der Pfandleiher mit A. abschließt, ist nur dann anfechtbar, wenn A. den Betrug des B. kannte, oder er ihm aus grober Fahrlässigkeit unbekannt geblieben war. Ähnlich liegt der Fall, wenn B. den Pfandleiher dadurch täuscht, daß er ihm arglistig vorspiegelt, er wisse, daß A. ein reicher Mann sei, und daß der Pfandleiher ihm auch ohne Realsicherheit Kredit gewähren könne. Anfechtbar wegen Betruges ist auch der Pfandleihvertrag, bei dem ein Angestellter des Pfandleihers absichtlich im Interesse und mit Wissen des Verpfänders das Pfand zu hoch taxiert. Ein vorheriges Zusammenwirken des Verpfänders mit dem Angestellten ist hierzu nicht erforderlich. Umgekehrt kann auch dem Pfandleiher gegenüber eine Anfechtung wegen Betruges vorgenommen werden, wenn der Verpfänder den Pfandleiher veranlaßt, ein Pfand über seinen wahren Wert zu taxieren, in der Erwartung, daß der Käufer des Pfandscheines im Vertrauen auf die auf dem Pfandschein befindliche Taxe einen höheren Kaufpreis für den Pfandschein bezahlt (Pfandscheinschieberei s. S. 148, 178, 200). Hier ist der Pfandleiher Mittäter des Verpfänders und haftet aus § 830 und 840 BGB. (RGZ. 103, 153). Hier liegt ein strafrechtlicher gemeinsamer Betrug des Pfandleihers und des Verpfänders vor. Ein anderer Fall: A. hat dem Pfandleiher ein Perlenkollier verpfändet und will den Pfandschein für 500 RM an B. verkaufen. B. leistet zunächst dem A. eine Teilzahlung von 100 RM auf den Kaufpreis und erkundigt sich sodann bei dem Pfandleiher über die Beschaffenheit des Pfandes. Gibt nun der Pfandleiher, der befürchtet, daß das Pfand von A. nicht eingelöst werden würde, und daß er bei der Versteigerung einen Verlust erleiden könne, dem B. die wahrheitswidrige Auskunft, es handle sich um Naturperlen, und löst sodann B. das Pfand ein, so kann er den Kaufvertrag dem A. gegenüber anfechten, wenn dieser die Täuschung des Pfandleihers kannte oder kennen mußte. Kannte A. diese Täuschung nicht oder hätte er sie nicht kennen müssen, so ist der Kaufvertrag über den Pfandschein unanfechtbar; der Pfandleiher aber haftet dem B. auf Schadenersatz.

Die Wirkungen der Anfechtung wegen arglistiger Täuschung sind dieselben wie bei der Anfechtung wegen Betruges; jedoch steht hier dem Anfechtenden außer dem Bereicherungsanspruch auch der Schadenersatzanspruch zu, und zwar dann, wenn in der arglistigen Täuschung eine vorsätzliche, gegen die guten Sitten verstoßende Handlung (§ 826 BGB.) oder strafrechtlicher Betrug liegt, oder wenn in analoger Anwendung des § 493 BGB. die Vorschriften über die Gewährleistungsansprüche gegeben sind. Diese Schadenersatzansprüche sind nicht davon abhängig, daß auch die Anfechtung wegen Betruges erfolgt (RGZ. 103, 159). Die Schadenersatzansprüche sind also auch gegeben, wenn z. B. die Anfechtungsfrist versäumt ist. Über die Frage, ob im Falle des Schadenersatzanspruchs der Berechtigte das negative Vertragsinteresse oder aber das Erfüllungsinteresse verlangen kann, vgl. Staudinger VI, 3 zu § 123 (RGKomm. Anm. 5 zu § 123; Enneccerus I; 164). Die Schadenersatzansprüche aus unerlaubter Handlung fallen fort, wenn die Anfechtung wirksam erfolgt ist (RGZ. 75, 333; 74, 1ff.). Über gutgläubigen Erwerb einer Pfandsache, die der Verpfänder auf Grund eines anfechtbaren Geschäfts erworben hat, s. S. 174.

Die Frist zur Anfechtung wegen arglistiger Täuschung beträgt ein Jahr, gerechnet von dem Zeitpunkt, an welchem der Anfechtungsberechtigte die Täuschung entdeckt (§ 124 BGB.). Sie ist eine Ausschlußfrist. Im Falle der Anfechtung wegen Drohung beginnt die Frist mit dem Zeitpunkt, an welchem die Zwangslage aufhört.

III. Verbotene Verträge.

Sowohl das BGB. als auch das Pfandleihgesetz enthalten Bestimmungen, die eine Ausnahme von dem sonst herrschenden Grundsatz der Vertragsfreiheit darstellen. So können Sachen, welche nicht verkehrsfähig sind, z. B. die dem Gottesdienst oder dem öffentlichen Gebrauche gewidmeten Gegenstände, nicht verpfändet werden, wenn sie durch die Verpfändung ihrem Zweck entfremdet werden (RGZ. 31, 217; JW. 1925, 775). **Mecklenburg-Schwerin** schließt z. B. vom Versatz aus „Sachen, die mit dem Stempel einer Behörde versehen sind".

a) So ist ein Rechtsgeschäft nichtig, das gegen ein gesetzliches Verbot verstößt, wenn sich nicht aus dem Gesetz ein anderes ergibt. Verbotswidrig sind auch diejenigen Rechtsgeschäfte, welche Verträge zum Gegenstand haben, durch die die öffentlichen Rechtsbestimmungen der GewO. umgangen werden sollen (verschleierte Pfandleihgeschäfte), also z. B. Gesellschaftsverträge, Bürgschaften zur Umgehung der §§ 34 und 38 GewO. (BlfRpfl. 1910, 11; RGKomm. Anm. 1 Abs. 4 zu § 134) sowie die unechten Lombardgeschäfte (JW. 1908, 142; RGZ. 87, 156). Vgl. hierzu auch oben S. 56f., 60f. (Lagergeschäfte), 61 (Spediteure und Pfandvermittler), 62 (Rückkaufsgeschäfte), 63 (Sicherungsübereignung). Auf ein verbotswidriges Geschäft im Sinne des § 134 BGB. bezieht sich auch die im Reichsgesetz vom 21. März 1923 (RGBl. I, 242) verfügte Bestimmung über die Verwertung von Militärgut. Nimmt also ein Pfandleiher ein Fernglas in Pfand, so muß er sich überzeugen, ob es Militärgut ist; trifft es zu, so erwirbt er kein Pfandrecht, und zwar auch dann nicht, wenn er glaubte, es sei kein Militärgut. Bei einer verbotswidrigen Verpfändung von Militärgut entsteht zwar kein Pfandrecht, der Darlehnsvertrag bleibt aber bestehen (RGZ. 86, 323). Wegen des nichtigen Pfandvertrages hat der Pfandleiher gegen den Verpfänder einen Anspruch auf das negative Vertragsinteresse (§ 309, 307 BGB.). Auch wenn das verpfändete Militärgut versteigert wird, erwirbt der Ersteher kein Eigentum an ihm. Wird der Pfandleiher vom Militärfiskus auf Herausgabe des Glases verklagt und besitzt er es nicht mehr, so tritt die verschärfte Haftung aus § 819 Abs. 2 BGB. ein. — Vom 1. Oktober 1928 ab gehört durch Reichsgesetz vom 22. April 1928 (RGBl. S. 143) auch die Verpfändung von Schußwaffen und Munition zu den verbotswidrigen Geschäften. Unter Schußwaffen sind auch solche zu verstehen, bei denen durch Luftdruck das Geschoß durch den Lauf getrieben wird (RGSt. 61, 306). Die Beleihung von Schußwaffen ist vom 1. Oktober 1928 ab auch dann verboten, wenn der Verpfänder im Besitz eines Waffenscheines ist. Hat ein Pfandleiher bereits ein Waffenlager in Pfand, d. h. besitzt er mehr als fünf Schußwaffen der gleichen Art, so muß er sich hierzu die Genehmigung der zuständigen Behörde beschaffen; unter Umständen können sie beschlagnahmt werden. Der Handel mit Schußwaffen im Trödelgewerbe ist absolut verboten. — Zu beachten ist auch die Verordnung vom 8. Mai 1920 über den Schutz von Denkmälern und Kunstwerken (RGBl. 913). Danach dürfen Körperschaften, Anstalten und Stiftungen des öffentlichen Rechtes Gegenstände, welche einen wissenschaftlichen, geschichtlichen oder künstlerischen Wert haben, nur mit Genehmigung der Landeszentralbehörde verpfänden. Ein Verstoß gegen dieses Verbot hat schwebende Unwirksamkeit zur Folge, die durch nachträgliche Zustimmung der Behörde geheilt werden kann. Ein verbotswidriges Geschäft ist auch die Inpfandnahme unversteuerter Zigaretten (OLG. 42, 259). Ebenso ist verbotswidrig die Verpfändung von unverzollt eingeführtem Gute (RAbgO. § 101). Die Verpfändung von Waren, die einem Einfuhrverbot unterliegen, hat nicht ohne weiteres Nichtigkeit zur Folge (RGZ. 102, 292; Staub-Könige Anm. 25 zum Anhang von § 346). Nimmt der Pfandleiher unversteuerten Schaumwein in Pfand, so ist der Pfandvertrag nur nichtig, wenn die Verpfändung in der Absicht geschah, die nach dem Schaumweinsteuergesetz vom 26. Juni 1918 fällige Steuer zu hinterziehen (Recht 1922 N. 1132). Über die Beleihung von Rundfunkgerät eines Schwarzhörers s. meinen Artikel im L. 1928 N. 9. Beleiht der Pfandleiher Rundfunkgerät eines Schwarzhörers, so kann es trotz der Gutgläubigkeit eingezogen werden; das Pfandrecht erlischt (§ 4 der Ver. zum Schutze des Funkverkehrs vom 8. März 1924) an rechtskräftig eingezogenem Gerät.

b) Die Unabtretbarkeit von Forderungen. Die Unabtretbarkeit von Forderungen (§ 399 BGB.) enthält gleichfalls ein gesetzliches Verbot im Sinne des § 134 BGB. (RGKomm. Anm. 1 zu § 399). Zu diesen unabtretbaren Forderungen gehören auch diejenigen Forderungen des Pfandleihers, die er gegenüber seinem Verpfänder hat. Ein Pfandleiher kann die in seinem Geschäft begründeten Forderungen nicht an einen anderen abtreten, wenn dieser nicht gleichfalls konzessionierter Pfandleiher ist (RGZ. 58, 71). Über die Pfändbarkeit solcher Forderungen der Pfandleiher s. S. 140. Ausländische Verbote haben für das Inland nicht ohne weiteres verbindliche Kraft (RGZ. 108, 243). Enthalten die Anordnungen der fremden Besatzungsbehörden Verfügungsgebote, so fallen sie nicht unter § 134 BGB. (RGZ. 107, 173). Dagegen ist es gleichgültig, ob das Verbotsgesetz auf Reichsrecht oder auf Landesrecht beruht.

c) So enthält der § 270 des preuß. StGB. vom 14. April 1851 ein Verbotsgesetz, in dem es denjenigen mit Strafe bedroht, der einem anderen durch Vertrag Vermögensvorteile verspricht, um ihn vom Mitbieten in einer öffentlichen Versteigerung abzuhalten. Diese Bestimmung ist noch in Kraft (RGSt. 35, 393). Die frühere Ansicht (RGZ. 51, 401), daß ein solcher Vertrag nichtig sei, hat das RG. in seiner Plenarentscheidung (RGZ. 60, 273) aufgehoben, weil es annahm, daß die erwähnte preuß. Bestimmung nicht den Inhalt des Gesetzes selber treffen, sondern nur einen der beiden Kontrahenten mit Strafe belegen will. Trotzdem kann in dem Abhalten vom Mitbieten ein nach § 138 BGB. nichtiges Geschäft erblickt werden, wenn es unsittlichen Charakter hat (RGZ. 58, 393; Seuffert 62 N. 160), wenn z. B. Personen zum Schein mitbieten oder wenn vereinbart ist, daß ein zur Versteigerung gelangender Gegenstand einem Bieter unter dem Wert zugeschlagen werden soll (RGZ. 58, 393; JW. 1907, 201). Derartige, auf eine Versteigerung sich beziehenden Verträge werden stets einen unsittlichen Charakter haben, wenn dadurch der Zweck der öffentlichen Versteigerung, nämlich einen angemessenen Preis im öffentlichen Wettbewerb zu erreichen, vereitelt wird (RGZ. 58, 399; JW. 1905, 682[3]; 1907, 201[5]). Das Verbot des Abhaltens vom Mitbieten ist jedoch ein Schutzgesetz im Sinne des § 823 Abs. 2 BGB. und führt deshalb zur Schadenersatzpflicht des Täters (JW. 1911, 291[34]; 1912, 44[42]). Vgl. hierzu auch die Geschäftsanweisung der Gerichtsvollzieher vom 24. März 1914 (JMBl. S. 343 § 123 Ziff. 4; sowie Ziff. 13 der Vorschriften über den Umfang der Befugnisse und Verpflichtungen sowie über den Geschäftsbetrieb der Versteigerer vom 10. Juli 1902 (HMBl. 270). — Dagegen ist das sog. „Kippemachen", d. h. die Vereinbarung zwischen den Teilnehmern einer Versteigerung, daß einer von ihnen auf seinen Namen, aber auf gemeinsame Rechnung den Zuschlag erhalten soll, erlaubt (Staub-Könige Anm. 19 zum Anhang zu § 346). Wird ein Pfand versteigert oder sonst gemäß § 10a verkauft, so darf der mit der Vornahme oder Leitung des Verkaufes Beauftragte oder der von ihm zugezogene Gehilfe den Gegenstand weder für sich persönlich, noch durch einen anderen, noch als Vertreter eines anderen kaufen (§ 456, 457 BGB.). Ein unter Verletzung dieser Vorschriften erfolgender Verkauf kann aber wirksam werden, wenn die Beteiligten ihm zustimmen (§ 458 BGB.). Als Beteiligte kommen in Betracht: der Pfandleiher, der Verpfänder und, falls ihm das Pfand nicht gehört, der Eigentümer. Bei Widerspruch auch nur eines Beteiligten wird die Unwirksamkeit des Kaufes absolut und der Gegenstand muß von neuem zur Versteigerung gebracht werden, deren Kosten und Mindererlös der frühere, verbotswidrige Käufer zu erstatten hat (§ 458 Abs. 2 BGB.).

d) Verboten ist auch der Verfall-Vertrag, d. h. die vor dem Eintritt der Verkaufsberechtigung getroffene Vereinbarung zwischen Verpfänder und Pfandleiher, daß, falls dieser nicht oder nicht rechtzeitig befriedigt wird, das Eigentum an dem Pfande ihm zufallen oder übertragen werden soll (§ 1229 BGB.). Im Zweifel hat die Nichtigkeit des Verfallvertrages nicht auch die Nichtigkeit der ganzen Pfandbestellung zur Folge (Seuffert 65 N. 131). Kein Verfallvertrag liegt vor, wenn der Pfandschuldner dem Pfandgläubiger das Recht einräumt, das Pfand aus freier Hand zu verkaufen (Gruchot 48, 409). Inwiefern dieses Recht auch dem Pfandleiher zusteht s. S. 187).

e) Zu den reichsrechtlichen Verbotsgesetzen gehört auch die Bestimmung des § 290 StGB., der die unbefugte Ingebrauchnahme eines Pfandes seitens des Pfandleihers unter Strafe stellt. Unter Ingebrauchnehmen ist nicht bloß der körperliche Gebrauch des Pfandes zu verstehen, sondern auch jede rechtliche Verwertung desselben, also z. B. die Weiterverpfändung (RGSt. 8, 269, LZ. 1916, 942). Hat der Pfandleiher bei der unbefugten Weiterverpfändung gar nicht die Absicht gehabt, das Pfand seinerseits einzulösen, so kommt nicht § 290 zur Anwendung, vielmehr liegt dann Unterschlagung vor (RGSt. 15, 147). Die Weiterverpfändung ist jedoch keine unbefugte, wenn der Verpfänder ihr zustimmt (LG. III Berlin 32 S 467 und 468/26; Ebermeyer Anm. 6 zu § 290). Der Strafsenat des KG. hat sich auf den Standpunkt gestellt, daß eine solche Einwilligung des Verpfänders im Pfandleihgewerbe nicht möglich sei, weil sie gegen § 7 des Gesetzes verstoße (GewArch. 23, 527). Es führt aus, daß durch solch eine Weiterverpfändung dem Verpfänder das Recht genommen werde, „jederzeit" das Pfand beim Pfandleiher einzulösen; denn wolle der Verpfänder es einlösen, so müsse der Pfandleiher, der es weiterverpfändet habe, es seinerseits doch erst bei seinem Pfandgläubiger einlösen; damit sei aber die „Jederzeitigkeit" des § 7 nicht gewährt, in dessen Absatz 2 ausdrücklich gesagt sei, daß entgegenstehende Vereinbarungen nichtig seien. — Die Entscheidung verkennt aber den Begriff der Jederzeitigkeit im Sinne des § 7. „Jederzeit" heißt hier so viel wie „bis zum Zuschlage". Diese letzten Worte sollten auch an Stelle von jederzeit in das Gesetz aufgenommen werden (Drucks. HH. 280; StenBer. HH. 35). Jederzeit, d. h. bis zum Zuschlage, hat hier nur die Bedeutung, daß der Verpfänder das Recht hat, das Pfand auch schon vor Fälligkeit des Darlehns einzulösen; und der Regierungskommissar gab dem dem jetzigen § 7 entsprechenden § 8 die Auslegung, daß durch das jederzeitige Einlösungsrecht des Verpfänders „Verabredungen über die Zeit der Einlösung für den Darlehnsnehmer nicht bindend sind" (vgl. hierzu auch S. 185). Jederzeit heißt also hier so viel wie „ohne Einhaltung einer Kündigungsfrist" (Meißner S. 31; Frohnert S. 20/21). Der zweite Zivilsenat des KG. betrachtet auch die mit Zustimmung des Verpfänders erfolgte Weiterverpfändung des Pfandes seitens des Pfandleihers für zulässig, macht sie aber von einer Eintragung in das Pfandbuch abhängig (Urteil vom 6. März 1928 ungedr. 2 U 7476/27; s. hierzu S. 154). — Durch die Hinzufügung des Wortes „jederzeit" in § 7 sollte eine Ausnahme von den Vorschriften des BGB. über das Darlehn getroffen werden (Crusen-Müller Anm. III A 2 c zu Art. 41; Niedner Anm. 3 I b zu Art. 94; s. auch S. 98, 150, 160, 183, 184). Nach § 609 BGB. wäre, da die gesetzliche Darlehnsfrist mindestens 2 Monate beträgt, der Verpfänder nicht verpflichtet, vor Ablauf der Frist das Darlehn zurückzuzahlen. Nach § 271 Abs. 2 BGB. wäre er aber berechtigt hierzu. Diese Berechtigung könnte nach bürgerlichem Rechte durch eine Vereinbarung zwischen Verpfänder und Pfandleiher ausgeschlossen werden, und eben einen solchen Ausschluß wollte § 7 verhindern, so daß trotz entgegenstehender Vereinbarung der Verpfänder das Recht hat, das Pfand jederzeit einzulösen. Da aber die Pfandleihdarlehen stets verzinslich sind und auf bestimmte Zeit laufen, ist nach bürgerlichem Recht in der Regel eine vorzeitige Rückzahlung ausgeschlossen (Enneccerus § 363 Anm. 2). § 271 Abs. 2 enthält eine Auslegungsregel, die bei derartigen verzinsbaren Darlehn auf bestimmte Zeit nicht gilt (Löffler S. 49/50). — Zur Feststellung, was unter dem jederzeitigen Einlösungsrechte des Verpfänders zu verstehen ist, muß man auch die außerpreußischen Gesetze zum Vergleich heranziehen, wie dies auch RGZ. 58, 74 tut. Der § 6 des **bayrischen** Gesetzes z. B. lautet:

> „Der Verpfänder ist berechtigt, das Pfand jederzeit bis zum Abschluß des Verkaufs einzulösen. Zugunsten des Pfandleihers darf ein früherer Zeitpunkt der Fälligkeit der Pfandforderung als sechs Monate nach Hingabe des Darlehns nicht ausbedungen werden."

Dies entspricht dem oben wiedergegebenen Sinn des § 7 des preuß. Gesetzes. Trotzdem schreibt das bayr. Gesetz in § 3 Ziff. 3 vor:

> „Dem Pfandleiher ist verboten: 3. Das Pfand ohne Zustimmung des Verpfänders zu benutzen, an Dritte zu überlassen oder weiter zu verpfänden."

Würde man den § 6 des bayr. Gesetzes im Sinne der KG.-Entscheidung auffassen, so wäre der spätere § 3 Ziff. 3 des bayr. Gesetzes überflüssig und widersinnig. Gerade aus der Bestimmung des § 3 Ziff. 3 ergibt sich, daß durch den § 6 das vom Verpfänder genehmigte Weiterverpfändungsrecht des Pfandes überhaupt nicht berührt werden sollte. Dies ist auch der Sinn des § 7 des preuß. Gesetzes. Dasselbe trifft zu für **Lübeck.** Der § 8 daselbst gibt gleichfalls dem Verpfänder das Recht der jederzeitigen Einlösung, bestimmt aber im § 10 ausdrücklich:

„Der Pfandleiher darf das Pfand ohne Erlaubnis des Verpfänders nicht weiter verpfänden."

Etwas Ähnliches gilt für **Baden,** das im § 11 dem Verpfänder das Recht der jederzeitigen Einlösung gibt, im § 8 aber noch vorschreibt:

„Der Pfandleiher darf Gegenstände, die ihm zum Pfand gegeben sind, nicht weiter verpfänden."

Enthält der Pfandscheinvordruck die Klausel der Weiterverpfändungsberechtigung, und ist diese selbst unzulässig, so bleibt der Pfandleihvertrag ohne die Klausel weiterbestehen (KG. vom 30. November 1927 ungedr. 24 U. 8358/27).

Ebenso **Württemberg** § 12 und § 13. Auch das sächs. Gesetz vom 2. April 1882 gab im § 4 dem Verpfänder das Recht der jederzeitigen Einlösung, stellte aber im § 15 die Weiterverpfändung ohne Zustimmung des Verpfänders unter Strafe. Diesen Ländern gegenüber verbietet **Hessen** (§ 8) und **Schaumburg-Lippe** (§ 13) die Weiterverpfändung ausdrücklich und schlechthin. — Das preuß. Gesetz enthält ein derart ausdrückliches Verbot der Weiterverpfändung nicht; und ein solches aus § 7 herauszulesen, erscheint nach dem oben angeführten als unbegründet. Bei entsprechender Anwendung des Urteils des Strafsenats des KG. würde dem Pfandleiher auch die Möglichkeit genommen werden, mit dem Verpfänder z. B. zu vereinbaren, daß ein Pfand nicht bei ihm aufbewahrt werde, sondern im Interesse des Verpfänders in einer Konservierungsanstalt, weil z. B. Pelze gegen Mottenschäden durch häufiges Ausklopfen dort besser bewahrt werden, während eine so weitgehende Verpflichtung des Pfandleihers nicht besteht (LG. I Berlin, ungedr. 20 S 103/111). Es kommt auch häufig vor, daß der Verpfänder den Wunsch ausspricht, daß ein besonders hochwertiges Pfand nicht im Geldschrank des Pfandleihers, sondern im Safe einer Bank verwahrt werden soll (s. S. 145, 180). In beiden Fällen wird auch dem Verpfänder das Recht der jederzeitigen Einlösung genommen. In beiden Fällen ist zur Einlösung des Pfandes auch die Mitwirkung eines Dritten — der Konservierungsanstalt oder der Bank — erforderlich, die z. B., wenn der Dritte ein Zurückbehaltungsrecht geltend machen sollte, zumindest eine Herausgabe des Pfandes verzögern kann. Das gleiche gilt, wenn die Herausgabe seitens des Pfandleihers sich dadurch verzögert, weil das Pfand mit Einwilligung des Verpfänders im Besitze eines Dritten ist. Hat der Verpfänder zur Weiterverpfändung seine Zustimmung gegeben, so ist der Pfandleiher berechtigt, das Pfand gegen ein höheres Darlehn, als er seinerseits dem Verpfänder gegeben hat, weiter zu verpfänden. Derartige Weiterverpfändungen ergeben sich, wenn es sich namentlich um ein hochwertiges Pfand handelt und der Pfandleiher sich nicht zu sehr auf längere Zeit von größeren Beträgen eigenen Geldes entblößen will. Er schließt dann mit dem Verpfänder den Pfandleihvertrag ab, zahlt aus seinem eigenen Geld eine größere Summe, um am folgenden Tage durch Weiterverpfändung, sei es bei einem Privatmann, sei es bei einem anderen Pfandleiher, sich wieder Geld zu beschaffen. Da der Pfandleiher seinerseits bei dem zweiten Pfandleiher gleichfalls die Pfandleihzinsen zu zahlen hat, würde bei dem ganzen Geschäft, das er mit dem Verpfänder abschließt, für ihn keinerlei Verdienst entstehen; er würde, wenn die Weiterverpfändung wegen desselben Betrages erfolgte, den der Pfandleiher dem Verpfänder gegeben hat, ohne jeden Zwischendienst lediglich der Bote oder Vermittler, wie in dem RGZ. 118, 34ff. entschiedenen Falle, zwischen dem zweiten

Pfandleiher und dem Verpfänder sein. Der Verdienst des Pfandleihers liegt nun eben darin, daß er bei der Weiterverpfändung von dem zweiten Pfandleiher ein höheres Darlehn erhält, das er nun seinerseits in seinem Geschäftsbetrieb wieder ausleiht und an dessen Zinsen er verdient. Deshalb liegt, wenn in der Vereinbarung zwischen Verpfänder und Pfandleiher nichts besonderes darüber gesagt worden ist, in der Zustimmung zur Weiterverpfändung auch die vom Verpfänder erteilte Befugnis, das Pfand zu einem höheren Darlehn weiter zu verpfänden, als der Verpfänder selber erhalten hat (s. auch LG. III Berlin, 32 S 467 und 468/26). — Es sei auch verwiesen auf die Entscheidung des OLG. Karlsruhe, das in seinem Urteil vom 22. Dezember 1922 (OLG. 43, 18) ohne weiteres von der Zulässigkeit einer Weiterverpfändungsbefugnis des Pfandleihers ausgeht, trotz des oben zitierten § 8 des badischen Gesetzes. Auch aus Ziff. 3 der preuß. Bekanntmachung vom 16. Juli 1881 kann nicht die Verpflichtung gefolgert werden, daß das Pfand vom Pfandleiher als „Allein-Verwahrer" aufbewahrt werden müsse. Die fragliche Bekanntmachung will nur eine räumliche Abgrenzung der einzelnen Pfandgegenstände voneinander. Es ist dort nur die Rede davon, daß der Pfandleiher das Pfand in einem besonderen Raum aufzubewahren hat; daß über diesen Raum auch der Pfandleiher allein verfügungsberechtigt ist, ist dort nicht gesagt. Die Polizeikontrolle im Falle der Weiterverpfändung ist dadurch gewährleistet, daß der Pfandleiher die Belege über die Unterbringung des Pfandes an dritter Stelle, wie Bankquittung, Pfandschein und Konservierungsschein, aufzubewahren hat und mit der korrespondierenden Nummer des Pfandbuches zu versehen hat. — Die Genehmigung zur Weiterverpfändung erfolgt häufig durch Aufdruck auf dem Pfandschein. Siehe hierüber S. 101, 135, 144, 154, 178, 180. Gegen das obenerwähnte Urteil des KG. vom 6. März 1928 hat neuerdings das LG. III Berlin im Urteil vom 22. Oktober 1928 (30 T 432/28) mit sehr beachtenswerten Gründen bewußt Stellung genommen und die Eintragungspflicht der Weiterverpfändungsklausel verneint.

f) Als ein Verbotsgesetz kommt für das Pfandleihgewerbe auch noch in Frage das Gesetz über den Verkehr mit Edelmetallen, Edelsteinen und Perlen in der Fassung vom 29. Juni 1926 (RGBl. I, 321). Die in der früheren Fassung des Gesetzes vom 11. Juni 1923 (RGBl. I, 369) vorgesehene Groß- und Kleinhandelserlaubnis ist fortgefallen. Dagegen enthält der jetzige § 1 noch das Verbot, von Personen, die das 18. Lebensjahr noch nicht vollendet haben, Edelmetalle, Edelsteine und Perlen zu erwerben. Die nach dem Reichsgesetz über den Verkehr mit unedlen Metallen (s. S. 132) in der Fassung vom 23. Juli 1926 (RGBl. I, 915) vorgeschriebene Groß- und Kleinhandelserlaubnis ist seit dem 30. Juni 1928 in Wegfall gekommen. Dieses Gesetz verbietet nicht bloß das Kontrahieren mit Personen, welche das 18. Lebensjahr noch nicht erreicht haben, sondern auch Verträge mit Minderjährigen überhaupt. Soweit Verträge unter Verletzung der Vorschriften über die Handelserlaubnis abgeschlossen werden, sind sie jedoch nicht ohne weiteres nichtig, vielmehr folgt ihre Nichtigkeit aus Art. III der Wuchergerichtsordnung vom 27. November 1919 (RGBl. I, 1909); vgl. RGZ. 105, 288, 366, 410 und 106, 413.

IV. Was das Verhältnis des § 134 BGB. zum Gesamtinhalt des preußischen Pfandleihgesetzes anlangt, so untersteht letzteres im ganzen Umfang der Bestimmung des § 360 Ziff. 12 StGB. Danach sind verboten alle Zuwiderhandlungen des Pfandleihers, die er sich bei der Ausübung seines Gewerbes gegenüber den darüber erlassenen Anordnungen zuschulden kommen läßt. Hierzu gehören nicht bloß die Landesgesetze im engeren Sinne, sondern auch die dazu erlassenen Bekanntmachungen der Landeszentralbehörden (Groschuff S. 441). Damit ist nicht gesagt, daß ohne weiteres jeder Verstoß gegen die pfandleihrechtlichen Bestimmungen Nichtigkeit nach § 134 BGB. nach sich zieht. § 134 BGB. erklärt nur dann einen rechtsgeschäftlichen Verstoß gegen ein gesetzliches Verbot für nichtig, wenn sich nicht aus dem Gesetz ein anderes ergibt. Bezweckt die Strafbestimmung nur das Verbot des rechtsgeschäftlichen Handelns und trifft sie nicht auch den Inhalt des Rechtsgeschäfts selber, so ist dieses nicht nichtig. Ob dieser Fall vorliegt, ist zunächst aus dem Gesetz selber zu entnehmen (RGZ. 100, 239). Das Pfandleihgesetz enthält nun sowohl öffentliches Recht als auch materielles bürgerliches Recht (s. S. 25 f.; KG. ungedr. vom 11. November 1925 16 U 6200/25; KG. 43, 375; GewArch. 23, 527; RGZ. 79, 364; 58, 71; Begr. S. 7; Rohrscheidt Anm. 3 zu § 38). Es ist deshalb bei jeder einzelnen Bestimmung des Pfandleihgesetzes und der Bekanntmachungen dazu zu prüfen, ob sie rein polizeilichen Charakter haben oder solche sind, mit denen der Inhalt des Rechtsgeschäftes selber getroffen werden sollte.

a) Die Terminologie des preuß. Gesetzes selber gibt hierzu in erster Linie eine Handhabe; das Gesetz gebraucht z. B. in den §§ 4 und 7 die Worte: „entgegenstehende Verabredungen sind nichtig". Hier liegt ein Verbotsgesetz vor, das selber die Nichtigkeit ausspricht. Ebenso enthält ein klares, zur Nichtigkeit führendes Verbotsgesetz der § 3 (Frohnert S. 20). — Eine andere Form des Verbots enthält § 1, der die Wendung „darf nicht" enthält. Auch hierin liegt ein den Inhalt des Rechtsgeschäfts selber treffendes und deshalb zur Nichtigkeit führendes Verbot (Stranz-Gerhard Anm. 3 zu Art. 41; a. M. BlfRpfl. 1910 S. 11; s. S. 136). — Auch § 10b enthält ein Verbot in der Form des „nicht dürfens". Dieser Paragraph ist dem § 1240 Abs. 1 BGB. angepaßt worden. Man wird also hier die Terminologie des BGB. anwenden können (Staudinger 6 C zu § 134). Aus den Worten „nicht dürfen" ist aber für die nach dem BGB. erlassenen Gesetze nicht ohne weiteres die Nichtigkeit eines Zuwiderhandelns zu entnehmen (RGKomm. Anm. 1 a. E. zu § 134). Vielmehr liegt diese erst dann vor, wenn neben der „Darf nicht"-Vorschrift selber das Gesetz die Folgen der Zuwiderhandlung regelt, wie z. B. in § 1238 Abs. 1 BGB. im Zusammenhang mit § 1238 Abs. 2 BGB., dessen Verletzung nach § 1243 Abs. 2 BGB. nur zum Schadensersatz verpflichtet (OLG. 6, 126). Ähnlich gibt § 16 des Pfandleihgesetzes dem Verpfänder nur einen Schadenersatzanspruch im Falle des Verstoßes gegen §§ 10b und 11. Daraus ist zu folgern, daß die Verletzung der im § 16 angezogenen Bestimmungen nicht die Nichtigkeit zur Folge hat. Die Strafandrohung des § 360 Ziff. 12 StGB. ist nur eine solche polizeilicher Natur, die sich nicht auf den Inhalt des Rechtsgeschäftes bezieht, und deren Verletzung nicht ohne weiteres die Nichtigkeit zur Folge hat. Denn gerade diese Strafandrohung richtet sich immer nur gegen den einen der Kontrahenten, nämlich gegen den Pfandleiher, und in solchen Fällen hat das RG. in ständiger Rechtsprechung die Anwendung des § 134 BGB. verneint (RGZ. 60, 275; 78, 353; 98, 1, 293; 100, 40, 239; 101, 418; 102, 294; 103, 110; 104, 53, 107; 105, 65; 106, 317; Staub-Koenige Anm. 24 Anhang zu § 346; RGKomm. Anm. 1 Abs. 2 zu § 134). Das gleiche trifft zu bei Verletzung der ministeriellen Bekanntmachung vom 4. Februar 1907 (KG. 6. Oktober 1926; ungedr. 16 U 9082/26; LG. I Berlin 19 Q 127/26), welche durch Erlaß vom 3. August 1928 aufgehoben worden ist. Siehe S. 17, 164 ff.

b) Die Wirkungen eines nach § 134 BGB. nichtigen Geschäftes sind die, daß die beiden Vertragsteile nur gegeneinander Ansprüche aus der ungerechtfertigten Bereicherung haben (s. S. 105). Kannte ein Vertragsteil jedoch die Verbotswidrigkeit des Vertrages oder mußte er sie kennen, so haftet er dem andern Teil auf das negative Vertragsinteresse (§ 307, 309 BGB.), es sei denn, daß auch dieser sie kannte oder kennen mußte (RGZ. 110, 55).

V. Verstößt die Verfügung über einen Gegenstand gegen ein gesetzliches Veräußerungsverbot, das nur den Schutz bestimmter Personen bezweckt, nicht auch den Schutz der Allgemeinheit, so tritt nur relative Unwirksamkeit ein (§ 135 BGB.). Ob im § 135 BGB. der Schutz bestimmter einzelner Personen gemeint ist (Staudinger Anm. 2 zu § 135), oder ob auch ein bestimmter Kreis von Personen hierzu genügt (Enneccerus § 135 II 1b Anm. 4), kann zweifelhaft sein. Die pfandleihrechtlichen Verbote bezwecken nicht den Schutz bestimmter Personen, sondern den der Allgemeinheit. Dies ergibt sich schon daraus, daß sie ihre Grundlagen im öffentlichen Recht der GewO. haben. Es kommt noch hinzu, daß das Landesgesetz durch die Einrichtung eines geordneten Geschäftsbetriebes, durch Konzessionspflicht, Buchungspflicht und Beschränkung der Vertragsfreiheit Einrichtungen schaffen wollte, welche im Interesse der Allgemeinheit liegen, insbesondere zur Verhütung hehlerischen Erwerbes und der Ausbeutung von Schuldnern dienen sollten (Begr. S. 20ff. Drucks. H. H. 276; Begr. zu GewO. von 1879 bei Rohrscheidt zu § 34; RGZ. 58, 71; s. auch S. 30). Soweit also die Pfandleihgesetze Veräußerungsverbote enthalten, fallen sie nicht unter § 135 BGB., sondern unter § 134, sofern die Voraussetzungen hierzu gegeben sind. So entnimmt namentlich das RG. auch die Gründe für die Unübertragbarkeit der im Pfandleihgewerbe entstandenen Forderungen des Pfandleihers (s. S. 119) dem öffentlichen Recht (RGZ. 58, 71).

VI. **Zusatz: Die strafprozessuale Beschlagnahme.**

Zu den absoluten Veräußerungsverboten gehört die strafprozessuale Beschlagnahme. Und zwar sowohl die Beschlagnahme des ganzen Vermögens (§ 93 StGB. und § 290ff. StPO.), als auch diejenige einzelner Gegenstände (§ 94ff. StPO.). Von letzterer soll hier nur die Rede sein.

Gegenstände, welche als Beweismittel für eine strafprozessuale Untersuchung von Bedeutung sein können oder der Einziehung unterliegen, können von der beschlagnehmenden Behörde in Verwahrung genommen oder in anderer Weise sichergestellt werden. Die Beschlagnahme ist ein Zwangsakt; sie ist auch dann zulässig, wenn der Besitzer der in beschlagzunehmenden Sache an dem Strafverfahren gar nicht beteiligt ist. Sie bezweckt nicht den Schutz einer bestimmten Person, auch wenn z. B. durch die Sicherstellung der gestohlenen Sachen dem Eigentümer mittelbar die Verfolgung seiner zivilrechtlichen Ansprüche erleichtert wird. Ihr Zweck liegt vielmehr lediglich im öffentlichen Interesse. Ein Verstoß gegen sie zieht die absolute Nichtigkeit nach sich.

a) Verlangt die Behörde die Herausgabe des mit Beschlag zu belegenden Gegenstandes von dem Pfandleiher, so kann er diesem Verlangen freiwillig nachkommen. Dann liegt eine Beschlagnahme im Sinne des § 94 StPO. nicht vor. Durch eine derartige freiwillige Herausgabe des Pfandes erlischt nicht etwa das Pfandrecht, weil es sich nicht um die Rückgabe an den Verpfänder oder Eigentümer handelt (§ 1253 Abs. 1 BGB.). Das Pfandrecht erlischt auch dann nicht, wenn die Behörde irrtümlich das Pfand später dem Verpfänder oder Eigentümer herausgibt. Da aber § 1253 Abs. 2 BGB. die widerlegbare Vermutung aufstellt, daß, wenn das Pfand sich im Besitz des Verpfänders oder Eigentümers befindet, es ihm vom Pfandleiher zurückgegeben worden ist, so wird der Pfandleiher guttun, in eine

Herausgabe des Pfandes an die Behörde nicht ohne weiteres zu willigen. Eine Einwilligung hierin kann auch im bloßen Schweigen erblickt werden (Löwe-Rosenberg Anm. 2 zu § 94), weshalb ein ausdrücklicher Protest gegen die Wegnahme des Pfandes zum Zwecke der Beschlagnahme praktisch ist.

b) Gibt der Pfandleiher das Pfand nicht freiwillig heraus, so kann die Behörde Zwangsmittel anwenden (§ 95 Abs. 2; § 70 StPO.). Der Pfandleiher kann dann durch Haft oder Geldstrafe zur Herausgabe angehalten werden. An Stelle dieser Maßregel kann aber auch eine zwangsweise Wegnahme des Pfandes erfolgen.

c) In der Regel schreitet die Behörde bei dem Pfandleiher nicht zur Besitzentziehung, sondern begnügt sich mit der Sicherstellung des Pfandes. Dies geschieht in der Weise, daß der Beamte einen Vermerk in das Pfandbuch einträgt, der auf die Beschlagnahme hinweist. Hier liegt dann das gerichtliche Veräußerungsverbot vor (RGSt. 52, 117). Zur Beschlagnahme genügt auch der mündliche Befehl des von der Behörde Beauftragten, über den Gegenstand nicht zu verfügen (Reger 13, 236).

d) Weil mit der strafprozessualen Beschlagnahme Privatinteressen überhaupt nicht berührt werden sollen (RGZ. 108, 251), sind die Polizeibeamten auch oft angewiesen, bei der Beschlagnahme von Gegenständen im Pfandleihbetriebe sich einer Beurteilung der zivilrechtlichen Verhältnisse zu enthalten. Sie sollen z. B. den angeblich Bestohlenen nicht auf die Bestimmungen der §§ 935ff. und 1207 BGB. hinweisen, sondern vielmehr die Beteiligten auf den Weg des Zivilprozesses verweisen; auch sollen sie die Pfänder bei den Pfandleihern, wenn irgend möglich, durch einfache Sicherstellung belassen und sie nicht herausfordern; so der Polizeipräsident von Berlin vom 14. Oktober 1920 in der Samml. d. dienstl. Verf. d. Polizeipräsidiums Berlin S. 764, 765, abgedruckt L 1920 S. 4 und 5. Ferner ist dort auch angeordnet, daß die bei den Pfandleihern beschlagnahmten Gegenstände nach erfolgter Freigabe an diese wieder zurückgegeben werden sollen.

e) Nicht jeder Polizeibeamte ist zur Beschlagnahme oder Sicherstellung befugt (KG. vom 2. Juli 1891 ungedruckt S. 380/91). Sie steht nur dem Richter zu; bei Gefahr im Verzuge auch der Staatsanwaltschaft und denjenigen Polizeibeamten, welche als Hilfsbeamte der Staatsanwaltschaft ihren Anordnungen Folge zu leisten haben (§ 98 Abs. 1 StPO.). Wer ein solcher Hilfsbeamter ist, ergibt sich aus § 152 GVG. und den darüber erlassenen landesrechtlichen Bestimmungen. Vgl. hierzu ReichsKrimPolGes. vom 21. Juli 1922 (RGBl. I, 593) und die preuß. Verfügung vom 15. Juni 1923 (JMinBl. 445). Vgl. ferner für Preußen die Zusammenstellung der als Hilfsbeamten der Staatsanwaltschaft zugelassenen Beamtenklassen (Schlegelberger-Nagel GVG. nebst EinfG. 1925 Anm. III, I—IV zu § 152). Diese Beamten dürfen nicht selbständig das ihnen zustehende Beschlagnahmerecht auf einen anderen Beamten übertragen (Goltdammer Arch. 55, 231). Ob Gefahr im Verzuge vorliegt und infolgedessen die Staatsanwaltschaft oder ihre Hilfsbeamten die Beschlagnahme ohne richterliche Anordnung vornehmen können, unterliegt der Beurteilung derjenigen Organe, welche mit der Maßnahme in Eilfällen betraut sind (RGSt. 23, 334).

f) Geht die Anordnung der Beschlagnahme nicht von einem Richter aus, so „soll" der beschlagnehmende Beamte binnen drei Tagen die Bestätigung des Richters nachsuchen, wenn bei der Beschlagnahme weder der davon Betroffene noch ein Angehöriger anwesend war, oder wenn eine der genannten Personen gegen die Beschlagnahme ausdrücklich Widerspruch erhoben hat (§ 98

Abs. 2 Satz 1 StPO.). Unterläßt der Beamte die Herbeiführung der richterlichen Bestätigung der Beschlagnahme, so bleibt sie wirksam (Annalen des OLG. Dresden 7, 301). Dagegen kann der Betroffene jederzeit, also ohne an eine Frist gebunden zu sein, seinerseits eine richterliche Entscheidung darüber herbeiführen, ob die Beschlagnahme oder Sicherstellung aufrecht zu erhalten ist oder nicht. Gegen die Entscheidung des Richters gibt es dann die Beschwerde (§ 304 StPO.).

g) Von der Beschlagnahme zu unterscheiden ist die Revision des Geschäftsbetriebes des Pfandleihers, die gemäß § 8 der Bekanntmachung vom 16. Juli 1881 der Ortspolizei zusteht. Da es sich hierbei um eine Bestimmung handelt, welche ihre Grundlage in den §§ 34, 38 GewO. hat, kommt für die Zuständigkeit der Behörde Ziff. 5 der preuß. AA. zur GewO. vom 1. Mai 1904 (HMinBl. 123) zur Anwendung. Zuständig für die Revision ist also derjenige Beamte oder diejenige Behörde, welcher die Verwaltung der örtlichen Polizei obliegt (KGJ. 12, 186). Danach repräsentiert nicht jeder einzelne Schutzmann die Ortspolizeibehörde; und ferner ist bei einer solchen Geschäftsrevision auch die Form der §§ 98, 100 und 105 StPO. innezuhalten. Ferner besagt die Entscheidung, daß der Beamte sich als zur Vornahme der Recherche vorschriftsmäßig berechtigt zu legitimieren hat. Der von dem KG. entschiedene Fall lag so, daß der Beamte notfalls zu einer strafprozessualen Beschlagnahme eines gestohlenen Gegenstandes schreiten sollte. Liegt bei der Recherche nicht auch die Absicht einer Beschlagnahme vor, sondern erfolgt sie nur zum Zwecke der Revision des Geschäftsbetriebes, der Prüfung des Pfandlagers oder des Pfandbuches, so kann die Ortspolizeibehörde „jederzeit" diese Revision vornehmen; jedoch ist auch hier nach Treu und Glauben vorzugehen, also innerhalb der üblichen Geschäftszeit. Außerhalb derselben, namentlich zur Nachtzeit, würde die Revision den Charakter einer Haussuchung annehmen (s. S. 34, 86). Weiter geht der Strafsenat des KG. in einem Urteil vom 26. März 1920 ungedruckt S 156/20, das den Pfandleiher für verpflichtet hält, wenn bei der Revision des Betriebes Kunden zu bedienen sind, erst den revidierenden Beamten abzufertigen. Vgl. aber die jetzt den Beamten eine größere Rücksichtnahme auferlegende Verf. des Polizeipräsidenten Berlin vom 25. Juni 1926 (Aktenzeichen 667. IV. Ka. 26).

h) Die Rückgabe des beschlagnahmten Gegenstandes hat an den Verletzten stattzufinden (§ 111 StPO.). — Ist der Pfandleiher, bei dem ein Pfand beschlagnahmt oder sichergestellt worden ist, nicht Beschuldigter in dem Strafverfahren, sondern Dritter, d. h. ist er an der den Gegenstand der Tat bildenden Untersuchung weder als Teilnehmer noch als Begünstigter noch als Hehler beteiligt, so darf die Behörde die Herausgabe des beschlagnahmten Pfandes an den Verletzten, z. B. den angeblich Bestohlenen, nur dann anordnen, wenn der Pfandleiher ausdrücklich seine Zustimmung dazu gibt (Löwe-Rosenberg Anm. 1 Abs. 2 zu § 111 und die daselbst angeführten Entscheidungen). Widerspricht der Pfandleiher der Herausgabe des Pfandes an den angeblich Verletzten, so muß es an den Pfandleiher zurückgegeben werden. Auch wenn es sich um eine gestohlene Sache handelt, darf der Richter sich nicht auf den Standpunkt stellen, daß der Pfandleiher an gestohlenen Sachen kein Pfandrecht erworben hat. Denn der Strafrichter ist zur Entscheidung zivilrechtlicher Ansprüche zwischen den Prätendenten nicht in der Lage und auch nicht befugt. Um den Fiskus nicht Regreßansprüchen auszusetzen, erfolgt deshalb im allgemeinen die Rückgabe auch des angeblich gestohlenen Pfandes an den Pfandleiher, denn ihm steht als letztem Besitzer die Vermutung der §§ 1006 und 1227 BGB. zur Seite. Will der Bestohlene seine Rechte am

Pfand geltend machen, so kann er dies durch einstweilige Verfügung tun (Löwe-Rosenberg Anm. 7 zu § 111). Ist die Beschlagnahme oder Sicherstellung nicht vom Richter vorgenommen, so erfolgt ihre Aufhebung von derselben Behörde, die sie verfügt hat. Andernfalls hat über die Aufhebung der Richter zu entscheiden, gegen dessen Beschluß die Beschwerde gegeben ist. — Eine Herausgabe des beschlagnahmten Pfandes an den Verletzten hat immer zur Voraussetzung, daß der betreffende Gegenstand dem Verletzten durch die strafbare Handlung entzogen worden ist. Hat also ein Dieb bares Geld gestohlen, sich davon einen Brillantring gekauft und diesen dann verpfändet, so wird, wenn der Ring für die Untersuchung von Bedeutung war und deshalb beschlagnahmt worden ist, nicht die Rückgabe an den Verletzten erfolgen. Anders liegt der Fall, wenn der Dieb einen gestohlenen Ring bei dem Pfandleiher A. verpfändet hat; hier kann der Pfandschein, wenn er bei dem Dieb beschlagnahmt wird, nach Aufhebung der Beschlagnahme dem Verletzten zurückgegeben werden (Rechtsprechung des RG. in Strafsachen 2, 162). Hat aber der Dieb seinerseits den Pfandschein bei dem Pfandleiher B. verpfändet, und erfolgt bei diesem die Beschlagnahme des Scheins, so ist nach dem oben Gesagten der Pfandschein nach Aufhebung der Beschlagnahme an den Pfandleiher B. zurückzugeben. — Zieht sich die Dauer des Untersuchungsverfahrens lange hin, z. B. weil der Dieb eines versetzten, beim Pfandleiher beschlagnahmten und von ihm an die Behörde herausgegebenen Perlenkolliers in das Ausland geflüchtet ist, so kann die Behörde trotzdem vor Beendigung des Strafverfahrens das Pfand an den Pfandleiher herausgeben; und zwar „geeignetenfalls". Durch ein jahrelanges Liegenlassen derartiger Asservate kann dem von der Beschlagnahme unmittelbar betroffenen Pfandleiher ein großer Schaden entstehen, weil z. B. die Ware im Preise gefallen ist und die Pfandleihzinsen erheblich anwachsen, so daß der Pfandleiher dadurch bei der späteren Versteigerung einen Ausfall haben kann. Deshalb ist in Preußen bestimmt (Allgem. Verf. vom 15. Februar 1922; JMinBl. 50), daß eine unnötig lange Verzögerung in der Aufrechterhaltung der Beschlagnahme vermieden werden soll.

i) Die zivilrechtliche Wirkung der Beschlagnahme ist die, daß durch sie der Staat verpflichtet wird, für eine ordnungsmäßige Verwahrung der Sache Sorge zu tragen (BlfRpfl. 1911, 48; RGZ. 51, 221; 42, 415; 48, 256; 84, 338; 105, 339; 108, 250ff. und über die neuste Auffassung RGZ. 115, 421). Verletzt hierbei die Behörde ihre Obhutspflicht, geht z. B. das Pfand bei ihr verloren, wird es an einen Nichtberechtigten ausgehändigt, vertauscht oder infolge nichtsachgemäßer Lagerung verschlechtert, so haftet der Staat. Der Rechtsweg gegen den Fiskus ist zulässig; eine Verpflichtung, die beschlagnahmte Sache zu übersenden, besteht für ihn nicht (Seuffert Arch. 72, N. 4). Gegenüber den Schadenersatzansprüchen des Pfandleihers kann der Fiskus einwenden, daß, weil das Pfand gestohlen war, der Pfandleiher kein Pfandrecht erworben habe, und infolgedessen auch durch den Verlust des Pfandes ihm kein Schaden entstanden ist (LG. Breslau 11 S 179/15). In dem hier zur Entscheidung gekommenen Fall hatte die Staatsanwaltschaft das gestohlene, aber von der Behörde in Verwahrung genommene Pfand als Fundsache gemäß § 983 BGB. versteigern lassen. Dies geschah aber zu Unrecht, weil die Voraussetzung des § 983 BGB. nicht vorlag, nämlich, daß die Herausgabepflicht nicht auf einem Vertrage beruhen darf. Durch die Beschlagnahme aber wird ein dem Verwahrungsvertrag ähnliches Rechtsverhältnis geschaffen. Zudem ist ein der Behörde bekannter Empfangsberechtigter in der Person des Pfandleihers vorhanden für den zunächst die Vermutung aus § 1006 und § 1227 BGB. stritt.

1. Was die Besitzverhältnisse anlangt, welche durch eine Beschlagnahme geschaffen werden, so entsteht durch sie kein Verhältnis im Sinne des § 868 BGB. (Warneyer Rechtspr. 1925 N. 25; RGZ. 94, 341; a. M. Martin Wolff § 8, I, 2c). Der Pfandleiher bleibt mittelbarer Besitzer. Er bleibt auch gegenüber der Eigentumsklage legitimiert (Staudinger II 2b zu § 985; RGZ. 105, 21; JW. 1910, 111[10]; OLG. 5, 154; 31, 325).

2. Rechtsgeschäfte, durch die gegen eine Beschlagnahme verstoßen wird, haben die Nichtigkeit nach § 134 BGB. zur Folge. Außerdem erfolgt die Bestrafung desjenigen Pfandleihers, der z. B. ein beschlagnahmtes Pfand zur Versteigerung bringt, nach § 137 StGB., und der Pfandverkauf selber ist kein rechtmäßiger, eben weil er gegen ein gesetzliches Verbot verstößt (Staudinger Anm. 1e zu § 1243). Durch einen derartigen Verstoß macht sich der Pfandleiher schadensersatzpflichtig, sowohl auf Grund der unerlaubten Handlung als auch aus § 1243 BGB. Der gutgläubige Ersteher einer beschlagnahmten Sache in der Versteigerung, d. h. derjenige, der auch den Pfandverkauf für rechtmäßig hielt, wird Eigentümer des Pfandes. Ist es der Pfandleiher selber, der eine bei ihm beschlagnahmte Sache in der Versteigerung erwirbt, so erwirbt er, weil er nicht gutgläubig ist, kein Eigentum. Dies bleibt vielmehr beim Verpfänder, ebenso wie das Pfandrecht des Pfandleihers bestehen bleibt (§ 1242 und § 1244 BGB.). Über Rundfunkgerät, das der Einziehung unterliegt, s. S. 119.

3. Klagt der Eigentümer, dem eine Sache gestohlen worden war, und die dann bei dem Pfandleiher verpfändet wurde, welche im Strafverfahren gegen den Dieb aber von der Behörde sichergestellt worden war, gegen den Pfandleiher auf unentgeltliche Herausgabe des Pfandes, so kann der Pfandleiher sich zunächst damit verteidigen, daß mit dem Herausgabeanspruch von ihm eine Verfügung verlangt wird, welche gemäß § 134 BGB. verboten ist. Der klagende Eigentümer kann sich nicht darauf berufen, daß die Beschlagnahme zu seinen Gunsten wirkt, da sie, wie oben dargetan, nicht den Schutz des Eigentümers bezweckt, sondern lediglich strafprozessuale Zwecke verfolgt. Die Klage des Eigentümers muß dann abgewiesen werden (Recht 1909 N. 2119). Ändert der Kläger seinen Antrag dahin, daß die Herausgabe erfolgen soll, sobald die Beschlagnahme oder Sicherstellung aufgehoben ist, so muß sich der Pfandleiher schlüssig werden, ob er den Klageanspruch des Eigentümers anerkennen will oder nicht. Wird der Pfandleiher zur Herausgabe einer Sache verurteilt, die z. Z. der Zwangsvollstreckung noch sichergestellt oder beschlagnahmt ist, so darf der Gerichtsvollzieher sie nicht wegnehmen. Der Pfandleiher kann dann beim Vollstreckungsgericht die Erinnerung erheben (§ 766 ZPO.), s. S. 171. — Der Klage des Eigentümers gegen den Pfandleiher auf Herausgabe eines angeblich gestohlenen Pfandes geht, wenn eine Beschlagnahme und Sicherstellung nicht stattgefunden hat, meist eine Aufforderung zur Herausgabe voraus. Der Pfandleiher braucht aber nicht früher die Sache herauszugeben, als bis ihm glaubhaft gemacht worden ist, daß der Kläger Eigentum an der Sache hatte, und daß sie ihm gestohlen, verloren oder sonst abhanden gekommen war (s. S. 172). Ähnlich wie bei Interventionsklagen wird man auch hier zur Glaubhaftmachung eidesstattliche Versicherungen verlangen können. Liegen die Besitzverhältnisse nicht klar, behauptet z. B. ein Ehegatte, vom anderen Ehegatten bestohlen worden zu sein, s. S. 111, 168 f., 173 f., oder der Vater behauptet das von seinem Sohn, oder ist mit der Möglichkeit zu rechnen, daß kein Diebstahl, sondern nur Unterschlagung vorliegt, so wird der Pfandleiher gut tun, dem angeblichen Eigentümer anheimzugeben, eine einstweilige Verfügung gegen ihn zu erwirken. Die Tatsache, daß eine Beschlagnahme wegen Diebstahls stattgefunden hat, reicht zur Glaubhaftmachung eines solchen nicht aus; andererseits kann der Pfandleiher nicht verlangen, daß der Diebstahl erst durch eine Verurteilung des Diebes festgestellt wird.

VII. Bei den relativen Veräußerungsverboten, welche nur den Schutz einer bestimmten Person bezwecken, sind die Rechtsgeschäfte, die dagegen verstoßen, nur relativ wirksam. Diesen Veräußerungsverboten stehen die Erwerbsverbote gleich (RGZ. 117, 291ff.). Von diesen relativen Verboten seien besonders folgende hervorgehoben:

a) Die Beschränkungen der Verfügungsmacht von Ehefrauen (s. S. 110ff.). Hierher gehören auch die Veräußerungsverbote, die für den Vormund, den Inhaber der elterlichen Gewalt, sowie für den Erben bestehen, falls ein Testamentsvollstrecker ernannt ist (§ 1649ff., 1802ff und 2211 BGB.).

b) Ferner enthalten die §§ 6 und 7 KO. ein relatives Veräußerungsverbot (RGZ. 71, 38). Verpfändungen, die ein Gemeinschuldner vorgenommen hat, nachdem das Konkursverfahren über sein Vermögen vorgenommen worden ist, sind den Konkursgläubigern gegenüber unwirksam (RGZ. 83, 189).

c) Hierher gehören auch einstweilige Verfügungen. Diese sind zulässig, wenn in Beziehung auf eine Sache zu besorgen ist, daß durch eine Veränderung des bestehenden Zustandes die Verwirklichung des Rechts einer Partei vereitelt oder wesentlich erschwert werden könnte (§ 935 ZPO.). Der häufigste Fall ist der, daß der Eigentümer einer Sache, die ihm gestohlen, verloren oder sonst abhanden gekommen ist, vom Dieb aber bei dem Pfandleiher verpfändet worden ist, zur Sicherung seines Herausgabeanspruchs ein gerichtliches Verbot erwirkt, dahingehend, daß dem Pfandleiher jede Verfügung über das Pfand verboten wird. Der Richter kann die einstweilige Verfügung erlassen, ohne den Pfandleiher zu hören, wenn nur der Eigentümer seinen Anspruch und die Dringlichkeit des Falles glaubhaft macht. Der Pfandleiher kann gegen die einstweilige Verfügung Widerspruch erheben, der an eine Frist nicht gebunden ist. Erfolgt dann die Aufhebung der einstweiligen Verfügung, weil sie sich als von Anfang an ungerechtfertigt erweist, so ist der Antragsteller verpflichtet, dem Pfandleiher den Schaden zu ersetzen, der ihm aus der Vollziehung entstanden ist. Umgekehrt: beachtet der Pfandleiher die einstweilige Verfügung nicht, die ihm eine Verfügung über das Pfand untersagt, versteigert er also das Pfand, so wird er dem Antragsteller gegenüber schadenersatzpflichtig.

VIII. Kommen zwischen einem Pfandleiher und einem Anderen Darlehns- und Verpfändungsverträge zustande, so sind diese präsumtiv Pfandleihverträge, die nach der Sondergesetzgebung zu beurteilen sind. Die Vermutung für das Vorliegen eines Pfandleihvertrages ergibt sich aus den Umständen, z. B. daraus, daß die Verträge im Geschäftslokal des Pfandleihers abgeschlossen werden (LG. I Berlin 83 S 120/27). Gibt der Pfandleiher z. B. während seines Sommeraufenthaltes irgend jemandem ein Darlehn, so wird, wenn der Verpfänder den Pfandleiher als solchen kennt, auch angenommen werden müssen, daß das abgeschlossene Geschäft nach dem Pfandleihrecht zu beurteilen ist. Kennt der Verpfänder die Pfandleiheigenschaft des Darlehnsgebers nicht, so richtet sich das Geschäft nach den Vorschriften des BGB. Auch wenn dann nachträglich der Pfandleiher das Geschäft in sein Pfandbuch einträgt, kann er die privilegierten Pfandleihzinsen nicht verlangen. Übersendet er aber dem Verpfänder den Pfandschein über die Bucheintragung und schweigt dieser, so hat er damit sein Einverständnis gegeben, daß er das Geschäft nach den pfandleihrechtlichen Bestimmungen beurteilt wissen will. Liegt die Darlehnshingabe eines Pfandleihers außerhalb des Rahmens seines Geschäftskreises, gibt er z. B. auf ein Grundstück ein Darlehn, so gehört das Geschäft nicht zu seinem Geschäftsbetriebe (Crusen-Müller Art. 41 Anm. 1). Man wird analog der Bestimmung des § 343 HGB. sagen können, daß Pfandleihverträge alle diejenigen sind, welche zum Betriebe des Pfandleihgewerbes gehören. Aber auch ein aus Freundschaft vom Pfandleiher gegebenes Darlehn wird als zum Pfandleihbetrieb gehörig angesehen werden müssen, eine Vermutung, die notfalls die Gegenpartei zu widerlegen hat (Drucks. HH. 277).

IX. Der Pfandleiher ist häufig gezwungen, um keinen Ausfall zu erleiden, ein Pfand selber zu ersteigern; ein Recht, das ihm § 10 Abs. 2 ausdrücklich zubilligt. Die so erworbene Sache sucht er dann zu veräußern. Er kommt dadurch in die Lage, gebrauchte Kleider, Betten oder Wäsche zu veräußern. Es fragt sich, ob infolgedessen der Pfandleiher auch das Trödelgewerbe (§ 35 Abs. 2 GewO.) betreibt. Die GewO. versteht darunter den Handel mit den genannten Gegenständen sowie „den Kleinhandel mit altem Metallgerät, mit Metallbruch oder dergleichen". Dadurch, daß der Pfandleiher häufig in die Lage kommt, mit den genannten Gegenständen Handel zu betreiben, wird er aber nicht ohne weiteres zum Trödler. Beschränkt sich z. B. der Pfandleiher auf die Beleihung von Automobilen — auch gebrauchten —, Brillanten, Edelsteinen, Edelmetallen oder Briefmarken, so ist er zur Führung eines Trödelbuches nicht verpflichtet, denn die genannten Gegenstände gehören nicht zum Trödelhandel. Im übrigen ist der Kreis derjenigen Sachen, welche zum Trödelhandel gehören, ein weiter und schwer zu bezeichnender, wie aus dem Zusatz „oder dergleichen" hervorgeht. Die Rechtsprechung hat zu den gebrauchten Kleidern auch altes Schuhwerk gerechnet (Reger 24, 249; GewArch. 16, 405, 598), ferner den Kleinhandel mit gebrauchten Büchern, Möbeln, Spiegeln, Waffen, Bildern, Kinderwagen, Fahrrädern und alten Uhren (Reger 9, 209; 11, 266; 21, 14; 27, 373; GewArch. 5, 582; 6, 272; 7, 253; 11, 83). Sogar der Handel mit Bruch und Gerät von Edelmetallen ist vom KG. mit Rücksicht auf den sicherheitspolizeilichen Zweck des § 35 GewO. zum Trödelhandel gerechnet worden (Goltdammer 43, 272), wobei es sich fragt, ob diese Ansicht mit Rücksicht auf das Metallgesetz noch aufrechtzuerhalten ist (Reger 43, 508). Der Handel mit Antiquitäten ist kein Trödelhandel (KGJ. 18, 228). Die Tatsache, daß der Pfandleiher die zum Trödelhandel gehörigen Sachen nicht im freien Handel, sondern auf dem Wege der Versteigerung erwirbt, nimmt diesem Handel nicht den Charakter des Trödelhandels (DJZ. 1905, 966; GewArch. 13, 242). Pfandleiher, deren Betrieb so eingerichtet ist, daß sie die unter den Trödelhandel fallenden Gegenstände beleihen und infolgedessen auch häufig in der Versteigerung erwerben, sind sonach Trödler und haben den Beginn des Trödelhandels der Ortspolizeibehörde ihres Wohnortes anzuzeigen (§ 35 Abs. 2 GewO. und § 7 des preuß. AA. zur GewO.). Die Anzeige ist auch zu erstatten bei Verlegung des Gewerbes in einen anderen Ort (OVG. 11, 318; RGSt. 16, 393). Dagegen bedarf es einer besonderen Konzession für den Trödelhandel nicht. Wohl aber kann die Behörde einem Pfandleiher den Trödelhandel untersagen, wenn Tatsachen vorliegen, welche seine Unzuverlässigkeit dartun (GewArch. 16, 396, 398, 405, 595; 18, 53). Die rechtskräftig festgestellte Untersagung des Trödelhandels gilt allgemein, und nicht bloß für den Ort, in dem der Trödelhandel betrieben wurde (OVG. 26, 286). Sie erstreckt sich auch auf das ganze Reich (Goltdammer 53, 84). Die Überwachung des Trödelhandels erfolgt gemäß § 60 preuß. AA. zur GewO. Über die Untersagung des Trödelgewerbes entscheidet der Kreis- bzw. Bezirksausschuß auf

Klage der Ortspolizeibehörde (§ 10a 59 preuß. AA. zur GewO. und § 119 preuß. Zuständigkeitsgesetz vom 1. August 1883). Die Bestrafung des unerlaubten Trödelhandels erfolgt aus § 148 Ziff. 1 GewO. — Wer den Trödelhandel betreibt, hat in Preußen den für den Geschäftsbetrieb der Trödler auf Grund des § 38 Abs. 4 GewO. ergangenen MinErl. vom 30. April 1901 (HMinBl. 48) zu beachten. Er ist geändert am 26. Juli 1902 (HMinBl. 299), am 24. August 1910 (HMinBl. 483) und am 30. April 1914 (HMinBl. 210). Die Hauptpflicht eines Trödlers ist die Führung eines formularmäßig vorgeschriebenen Trödelbuches, das vor dem Gebrauch polizeilich abgestempelt werden muß. Alle Ein- und Verkäufe sind dort einzutragen, auch wenn es sich um den Ankauf neuer Kleider handelt (GewArch. 12, 630; a. M.: KGJ. 10, 176). Von einem Trödelhandel kann aber nicht gesprochen werden, wenn der Pfandleiher neben seinem Pfandleihgeschäft ein vollkommen eingerichtetes Konfektionsgeschäft betreibt. Wenn ein Pfandleiher ab und zu einmal auch eine neue Sache an- oder verkauft, mag, wenn sonst die Voraussetzungen für das Trödelgewerbe vorliegen, auch dies unter den Trödelhandel fallen. Wenn aber der Umfang des Geschäfts, das der Pfandleiher nicht mit gebrauchten, sondern mit neuen Sachen betreibt, ein großer ist, so fällt die Anwendung der Vorschriften über den Trödelhandel auf diese neuen Sachen fort. Nur darf, wenn der Pfandleiher ein Geschäft mit neuen Sachen betreibt, dies nicht zu Zwecken des unlauteren Wettbewerbes geschehen, indem der Eindruck erweckt wird, als ob es sich bei den neuen Sachen um verfallene Pfänder und ein besonders günstiges Angebot handle (Reger 27, 501). § 35 GewO. spricht gerade vom Handel mit gebrauchten Kleidern. — Im Gegensatz zu den Vorschriften über die Eintragungen in das Pfandbuch müssen die Eintragungen in das Trödelbuch in deutscher Sprache gehalten sein. Derjenige, der im Trödelhandel eine Sache verkauft, muß sich legitimieren. Ein solcher Legitimationszwang besteht jedoch nicht gegenüber demjenigen, der eine Sache im Trödelhandel ankauft, weil das vorgedruckte Schema des Trödelbuches eine Legitimation nicht vorsieht. Die Eintragung in das Trödelbuch hat keine konstitutive Bedeutung. Die frühere Bestimmung der Ziff. 9, die dem Trödler das Kontrahieren mit Minderjährigen ohne ausdrückliche Genehmigung der Eltern oder Vormünder verbot, hat das KG. für ungültig erklärt (GewArch. 8, 272). Der Trödelhandel mit Schußwaffen ist jetzt absolut verboten (s. S. 118). Zuwiderhandlungen gegen die Bestimmungen des MinErl. werden nach § 148 Abs. 1 Ziff. 4a GewO. bestraft, auch wenn sie fahrlässig, z. B. durch Unterlassung der Bewachung von Angestellten, begangen werden (GA. 8, 78). — Die Bestimmungen der §§ 35 und 38 GewO. und die zur Ausführung erlassenen landesrechtlichen Bestimmungen über den Trödelhandel sind, soweit es sich um unedle Metalle handelt, durch § 14 des Reichsgesetzes vom 11. Juni 1923 während der Dauer dieses Gesetzes außer Kraft gesetzt. Dieses Gesetz gilt vorläufig noch bis zum 30. Juni 1929 (RGBl. 1928, 412). Die in Preußen hierzu erlassene Ausführungsbestimmung datiert vom 21. Juni 1923 (HMinBl. 217).

X. Bei dem Erfüllungsort der durch den Abschluß des Pfandvertrages entstehenden Leistungen ist zu unterscheiden:

a) Nach BGB. hat der Pfandleiher, soweit er Schuldner ist, die Leistung an demjenigen Orte vorzunehmen, an welchem er zur Zeit der Entstehung des Schuldverhältnisses seine gewerbliche Niederlassung hatte (§ 269 BGB.). Dort hat er das Darlehn auszuzahlen und das Pfand zurückzugeben. — Dagegen ist der Leistungsort für den Verpfänder nach bürgerlichem Recht nicht ohne weiteres dort, wo der Pfandleiher seine gewerbliche Niederlassung hat. Für die Verpfändung kommt als Ort der Leistung derjenige in Betracht, an welchem sie stattfand (RGZ. 28, 111). Nach § 270 BGB. hat allerdings der Verpfänder auf seine Gefahr und seine Kosten dem Pfandleiher das Darlehn nach dem Ort zu übersenden, wo der Pfandleiher seine gewerbliche Niederlassung hat. Dadurch aber wird der Leistungsort nicht geändert (§ 270 Abs. 4 BGB.), der der Wohnort oder die gewerbliche Niederlassung des Darlehnsschuldners ist. Man wird aber für die Verpflichtung sowohl aus dem Darlehnsvertrage als auch aus dem Pfandvertrage einen einheitlichen Leistungsort annehmen müssen, ähnlich wie im Geschäftsverkehr des kreditsuchenden Privatpublikums mit einer kreditgebenden Bank (ROHG. 21, 290; Enneccerus § 247 II b). Die Einheitlichkeit des Leistungsortes ergibt sich auch daraus, daß die Rückzahlung des Darlehns und die Rückgabe des Pfandes auf eine Zug-um-Zug-Leistung hinauslaufen; allerdings ist für die Pfandeinlösung die Pflicht zur Rückzahlung des Darlehns eine Vorleistungspflicht (§ 1223 BGB.).

b) Daß für den Erfüllungsort beim Pfandleihvertrag stets derjenige Ort anzusehen ist, an welchem der Pfandleiher seine gewerbliche Niederlassung hat, ergibt sich noch ganz besonders aus dem preußischen Gesetz. Dies spricht weder von der Rückgabe des Pfandes, noch von der Rückzahlung des Darlehns, sondern von der Einlösung des Pfandes (§ 7 und § 8). Unter Einlösen ist zu verstehen: die Erfüllung der beiderseitigen Verpflichtungen des Pfandleihers und Verpfänders aus dem bestehenden Pfandleihvertrage. Da § 15 von denjenigen Beträgen spricht, welche der Verpfänder nicht „abgehoben" hat, so ist hieraus zu folgern, daß die Schuld des Pfandleihers gegenüber dem Verpfänder auf Herausgabe des Pfandes keine Bringschuld, sondern eine Holschuld ist (KG. Strafsenat ungedr. 27. Februar 1928 3 S 5/28; ebenso Löffler S. 43 Anm. 12, S. 96 Anm. 198). Auch die Materialien zum preuß. Gesetz ergeben, daß für alle Verbindlichkeiten, welche im Betriebe eines Pfandleihgeschäfts entstanden sind, der Erfüllungsort das Geschäftslokal des Pfandleihers ist. „Bei der Art des Verkehrs der Darlehnsnehmer mit den Pfandleihern kann dem letzteren die Aufsuchung des Verpfänders in keinem Falle zugemutet werden" (Begr. S. 22; s. auch LG. I Berlin ungedr. 91 O 651/26 und 34 S 46/27). Auch besteht ein dahingehender Handelsbrauch (Gutachten der Industrie- und Handelskammer Berlin vom 14. Januar 1927 J Nr. C 34904/26). Der Handelsbrauch hat auch dann seine Wirksamkeit, wenn ein Vertragsteil ihn gar nicht kennt (RGZ. 95, 243). Dieser Erfüllungsort gilt sowohl für die Hauptverpflichtung als auch für die Nebenverpflichtungen (RGZ. 55, 105), also z. B. auch bei Klagen auf Zahlung von Zinsen, Rückgabe des Pfandscheins, Zahlung von Ausfällen, Rückgabe des Pfandes, Kosten der Versteigerung sowie für alle Schadenersatz- und Unterlassungsansprüche. Hat dagegen ein Dritter für die Schuld des Verpfänders eine Bürgschaft übernommen, so ist der Ort der Leistung aus dieser Bürgschaft der Wohnsitz, bzw. die gewerbliche Niederlassung des Bürgen (RGZ. 54, 311; 73, 262). Ist jedoch zwischen dem Hauptschuldner und dem Gläubiger ein besonderer Erfüllungsort vereinbart, so ist er auch für den Bürgen maßgebend (RGZ. 34, 17). Auch für eine Klage auf Vorlegung der Pfandsache (§ 809 ff. BGB.) geht der nach dem preuß. Gesetz geschaffene Erfüllungsort demjenigen des § 811 BGB. vor, da die Regelung des Erfüllungsortes zu dem Geschäftsbetrieb des Pfandleihgewerbes gehört und die landesrechtliche Vorschrift dem Reichsrecht vorgeht (Art. 94 EG. z. BGB.). Über die Vorlegungspflicht s. S. 161.

c) Häufig wird der Erfüllungsort auch zwischen Pfandleiher und Verpfänder noch vereinbart. Die Vereinbarung erfolgt dadurch, daß auf dem

Pfandschein als besondere Bedingung z. B. die Klausel: Erfüllungsort Berlin, vorgedruckt wird. Da der Pfandschein nur eine wortgetreue Abschrift des Pfandbuches darstellt, ist er eine Urkunde, die sich über ein bereits abgeschlossenes Geschäft verhält (s. S. 177 f.). Die auf ihm vorgedruckten Bedingungen sind beim Abschluß des Pfandvertrages noch nicht Vertragsbestandteil geworden. Sie können es aber werden, wenn der Verpfänder widerspruchslos den Pfandschein mit den vorgedruckten Bedingungen annimmt und dazu schweigt (LG. I Berlin 76 O 767/25). Ebenso LG. III Berlin ungedr. 30 O 432. Dieses Urteil sagt: „Solche Pfandscheine sind dazu da, daß sie vom Verpfänder gelesen werden. Wenn er dies unterlassen und auch sonst keine Erklärung abgegeben hat, aus welcher zu entnehmen ist, daß er sich den üblichen Bedingungen nicht unterwerfen wollte, so muß sein Verhalten nach Treu und Glauben so ausgelegt werden, daß er den gesamten Inhalt des Pfandscheins als für sich verbindlich anerkennen wollte." Dies gilt ganz besonders gegenüber solchen Verpfändern, welche häufig Pfandleihverträge abschließen (vgl. Staub-Könige Anm. 28 und 38c Anh. zu § 372).

d) Über die Frage, welchen Einfluß der Leistungsort auf das anzuwendende örtliche Recht hat, s. S. 36 ff.

e) Als Ort der Niederlassung ist die Ortschaft zu verstehen, innerhalb der sie gelegen ist. Ist die Ortschaft, wie in Berlin, in mehrere Gerichtsbezirke geteilt, so kommt es darauf an, in welchen Bezirken sich die Niederlassung befindet (OLG. 40, 345). Erfüllungsort und Gerichtsstand für die Klage eines Pfandleihers, welcher z. B. seine Niederlassung im Bezirke des Amtsgerichts Charlottenburg hat, ist also nicht etwa der Bezirk des Amtsgerichts Berlin-Mitte.

XII. Wird ein Pfandleihvertrag von einem Pfandleiher außerhalb seines Geschäftslokals abgeschlossen, so daß nicht die sofortige Eintragung des Geschäfts in das Pfandbuch erfolgen kann, so kann es vorkommen, daß der Pfandleiher das Pfand übernimmt und dem Verpfänder ein „Angeld" leistet, das als Zeichen des Vertragsabschlusses gelten soll (§ 336 BGB.). Solange aber das Geschäft nicht in das Pfandbuch eingetragen ist, erwirbt der Pfandleiher an dem ihm übergebenen Gegenstande kein Pfandrecht, sondern nur ein Zurückbehaltungsrecht. Die Draufgabe ist höchstens ein Zeichen des Abschlusses des Vorvertrages.

§ 3.

Das Ausbedingen oder Annehmen jeder weiteren Vergütung für das Darlehn oder für die Aufbewahrung und Erhaltung des Pfandes sowie das Vorausnehmen der Zinsen ist verboten.

E. § 5 Begr. S. 21; Drucks. HH. S. 277; StenBer. HH. S. 33; Drucks. AH. 2060; StenBer. AH. S. 1750 und 1762.

1. Im ursprünglichen Gesetz von 1881 hatte der § 3 noch einen Abs. 2 und 3. Sie enthielten Vorschriften über die Rückgewähr dessen, was über das erlaubte Maß geleistet wurde, über die Verzinsung der zurückzugewährenden Beträge und über die Verjährung der Rückforderungsansprüche des Verpfänders. Beide Absätze wurden durch Art. 41 Ziff. 1 AusfG. zum BGB. gestrichen, weil sie dem Art. 3 des Reichsgesetzes betr. den Wucher vom 24. Mai 1880 (RGBl. S. 109) nachgebildet waren, dieser aber durch Art. 47 EG. z. BGB. aufgehoben war, in der Absicht, bezüglich der zivilrechtlichen Folgen bei Zuwiderhandlungen gegen das Wucherverbot es künftig bei den allgemeinen Vorschriften des BGB. bewenden zu lassen, und ferner, weil der Inhalt der beiden gestrichenen Absätze sich mit § 817 Abs. 1 und § 819 Abs. 2 BGB. decke (Begr. zum AusfG. zum BGB. S. 1585).

2. Das Ausbedingen und das Annehmen jeder weiteren Vergütung ist verboten. § 3 enthält also ein reines gesetzliches Verbot im Sinne des § 134 BGB. Seine Verletzung bewirkte absolute Nichtigkeit zunächst des unzulässigen Vertragsbestandteiles (s. S. 124). 'Durch das verbotene Annehmen oder Ausbedingen einer weiteren Vergütung wird jedoch sodann auch der ganze Pfandleihvertrag nichtig (Drucks. HH. S. 277) und nicht bloß der verbotene Teil des Geschäfts (§ 139 BGB.). Der Zweck des Gesetzes ist der, schon einen Versuch des Pfandleihers zu vereiteln, über das erlaubte Maß hinaus aus dem Geschäfte Nutzen zu ziehen; insbesondere wird es sich bei dem Verstoß gegen das Verbot des § 3 um Zinsüberschreitungen handeln (s. S. 76). Diese verbotenen Zinsüberschreitungen gewähren nicht bloß eine condictio des gezahlten Übermaßes, sondern im Zusammenhang mit § 3 verbietet auch ganz besonders der § 360 Ziff. 12 StGB. das Mehrnehmen von Zinsen. Hinzu kommt noch, daß auch aus § 138 Abs. 2 BGB. sich die Nichtigkeit des ganzen Geschäftes ergeben würde (Staudinger Anm. II 3a und 4c zu § 138; a. M. BlfRpfl. 1910 S. 11; Löffler S. 48). — Erfolgt das Annehmen oder Ausbedingen, das gegen § 3 verstößt, jedoch erst nach Abschluß des Pfandvertrages, so ist nur diese Abrede nichtig, im übrigen bleibt aber der vorher abgeschlossene Pfandleihvertrag wirksam (Staudinger a. a. O.). Unter Umständen verstößt aber auch das Ausbedingen und Annehmen von weiteren Vergütungen gegen § 3 der Preistreibereiverordnung von 1923 (RGSt. 60, 216 und 264; s. hierzu auch S. 34). — Im Gegensatz zu § 1 verbietet der § 3 nicht bloß das „sich zahlen lassen", sondern die Annahme jeder weiteren Vergütung. Also auch eine Vergütung in Gestalt von Naturalien oder Dienstleistungen fällt unter § 3. Verboten sind danach Vereinbarungen über Gewinnbeteiligung, Provisionen, partiarische Darlehen und ähnliches. Eine Einschreibegebühr kennt Preußen nicht, wohl aber **Württemberg** (§ 18). In **Lübeck** (Ges. vom 30. März 1921) bekam der Pfandleiher vorübergehend eine Lager- und Schreibgebühr. Das Gesetz gilt aber nicht mehr. **Hessen** (§ 2) kennt noch eine Gebühr von 50 Pf. für Ausstellung und Erneuerung des Pfandscheins. Ebenso **Bremen** (Art. I des Ges. vom 16. Oktober 1881). Ebenso **Baden** (§ 2). Dagegen ist die Vereinbarung eines Nutzungspfandrechts zulässig (s. Löffler S. 74, 75). Unter Umständen kann sogar die Nutzung des Pfandes zu den Aufbewahrungspflichten des Pfandleihers gehören (Staudinger Anm. 1 zu § 1213; Biermann Anm. 2 zu § 1213). Deshalb ist auch die Weiterverpfändung des Pfandes, wenn der Verpfänder ihr zustimmt, gestattet (s. S. 120f.). Die nach § 248 BGB. an und für sich nach Fälligkeit der Zinsen zulässige Vereinbarung, daß diese wieder Zinsen tragen sollen (Zinseszins), verstößt gegen § 3 (s. auch S. 56ff.). Ebenso ist eine Vereinbarung dahingehend, daß eine Zinserhöhung für den Fall nicht rechtzeitiger Zahlung stattfinden soll (Strafzinsen), und welche nach BGB. keinen Zinseszins darstellt (RGZ. 37, 274ff.), nach § 3 nichtig. Das gleiche trifft zu für die Vereinbarung, daß die rückständig werdenden Zinsraten als Darlehn gelten sollen und diese wieder zu verzinsen sind (OLG. 35, 321). Dagegen stellt es keine Vergütung im Sinne des § 3 dar, wenn der Pfandleiher für seine Forderung sich eine Bürgschaft leisten läßt.

Ob die Vergütung für das erlaubte Übermaß dem Pfandleiher unmittelbar zugute kommt oder nicht, ist für die Anwendung des § 3 gleichgültig. Eine Vereinbarung des Pfandleihers mit dem Verpfänder, dahingehend, daß ein Dritter die Vergütung erhält, ist also nichtig. Deshalb ist auch die Kombination von Pfandleihgeschäft und Lagergeschäft (Urt. des OVG. vom 24. November 1927 III A 71/26 und III A 45/27, abgedr. im Preuß. VerwBl. vom 5. Mai 1928 N. 32) oder Speditionsgeschäft und insbesondere das unechte Lombardgeschäft verbotswidrig und nichtig (s. S. 56ff. und die dort zitierten Entscheidungen; insbesondere KG. in GA. 24, 377). Über die Vergütung bei Verträgen außerhalb des Pfandleihvertrages, insbesondere für die Versicherungsgebühren s. S. 147. Indem das Gesetz von einer weiteren Vergütung spricht, hebt es hervor, daß die Pfandleihzinsen keine Kapitalzinsen sind, sondern auch die Vergütung darstellen für Lagermiete, Abschätzung des Pfandes, Schreibgebühren sowie sonstige Geschäftsunkosten des Pfandleihers, insbesondere auch die für die Verwahrung und Erhaltung des Pfandes (s. S. 8, 57, 59f.). — Zu den weiteren Vergütungen des § 3 gehören nicht die baren Auslagen (s. S. 210), welche der Pfandleiher im Interesse des Verpfänders macht (s. das S. 147 zitierte Urteil des KG.), z. B. auch nicht die Kosten der Beförderung des Pfandes (KG. 14. Dez. 1927 ungedr. 24 U 8353/27) oder Garagenmiete (s. S. 143, 172). — § 3 hat zur Voraussetzung, daß ein ordnungsmäßiges Pfandrecht entsteht. Ist dies nicht entstanden, weil es sich um ein gestohlenes Pfand handelt, so wird dadurch der Pfandleiher nicht gehindert, wegen etwaiger Verwendungsansprüche gegenüber dem Eigentümer sein Zurückbehaltungsrecht geltend zu machen. — Über das Verbot der Verfallklausel s. S. 120, 187. — Über die Verschiedenartigkeit von „Gebühren", welche die alten öffentlichen Leihhäuser nehmen, z. B. „Pfandscheingebühr", „Versteigerungsgebühr", „Schätzungsgebühr", „Verfallgebühr", „Klopfgebühr" bei Pelzsachen s. L. 1926 N. 4. Da die §§ 1—18 auch für die alten kommunalen Leihanstalten gelten (s. § 22 S. 243), verstoßen diese Gebühren gegen § 3. Verboten sind ferner im Pfandleihgewerbe Vertragsstrafen (Merkel S. 59), denn dies würde auf eine unzulässige Stipulierung von Strafzinsen hinauslaufen.

3. Verboten ist jede weitere Vergütung für das Darlehn. Der Begriff des Darlehns ergibt sich nicht aus dem Pfandleihgesetz. Er ist somit aus dem BGB. zu entnehmen. Danach liegt ein Darlehn vor, wenn jemand Geld oder andere vertretbare Sachen empfängt und verpflichtet ist, das Empfangene in Sachen von gleicher Art, Güte und Menge zurückzuerstatten (§ 607 BGB.). Diese weitgehende Begriffsbestimmung des BGB. wird aber durch das Pfandleihgesetz eingeengt; diese Einengung findet auch ihre Deckung in Art. 94 EGzBGB.; denn der Abschluß von Darlehnsverträgen gehört zum Geschäftsbetrieb des Pfandleihers. Das Pfandleihdarlehn bezieht sich nur auf Geld und nicht auf andere vertretbare Sachen, wie Getreide, Kohlen usw. Dies folgt aus der Berechnung der Zinsen, die auf Mark abgestellt ist (s. § 1). Ferner folgt dies auch aus § 1 der Verordnung vom 23. November 1923, die den Abschluß des Darlehnsvertrages auf wertbeständiger Basis zuläßt. Schon nach BGB. ist das Darlehn im Zweifel in barem Gelde zu gewähren (RGZ. 56, 236). Dies gilt für das Pfandleihdarlehn erst recht (Löffler S. 25; RGSt. 12, 216). Die Zahlung der Darlehnsvaluta kann durch Zuzahlung der Geldstücke oder deren Übersendung, oder durch jede sonstige Art der Übereignung erfolgen, z. B. durch Überweisung auf eine Bank, oder durch Auszahlung der Valuta auf Anweisung des Verpfänders an einen seiner Gläubiger (JW. 1913, 264[3]; 1914, 76[8]). Anstatt der Übergabe des

baren Geldes kann das Darlehn aber auch durch eine Vereinbarung zustande kommen (Vereinbarungsdarlehn). Dies geschieht dann, wenn der Verpfänder dem Pfandleiher aus einem anderen Schuldgrunde Geld schuldet. In diesem Falle kann vereinbart werden, daß das vom Verpfänder geschuldete Geld als Darlehn geschuldet wird (§ 607 Abs. 2 BGB.). — Der Darlehnsvertrag ist sonst ein Realvertrag (s. hierzu die bei Frohnert S. 19 Anm. 2 wiedergegebene Zusammenstellung der Literatur). Der Darlehnsvertrag kommt durch die Hingabe des Geldes an den Schuldner zustande (RGZ. 86, 309. 323). Das Darlehn ist ein streng einseitig verpflichtender Vertrag. Dadurch, daß der Verpfänder seinerseits sich zur Bestellung eines Pfandrechts verpflichtet, entsteht noch kein gegenseitiger Vertrag (Warneyer Rechtspr. 1912 N. 207; 1914 N. 7; s. auch S. 99f.). Das Zustandekommen des Darlehnsvertrages ist für den Bestand des Pfandrechts von Wichtigkeit. Ist jener nichtig oder wird er wirksam angefochten, so ist auch das Pfandrecht nicht zur Entstehung gelangt, während umgekehrt der Darlehnsvertrag von der Nichtigkeit oder Anfechtbarkeit des Pfandvertrages nicht berührt wird. Nichtig ist z. B. das Darlehn, das ein Pfandleiher, der im Spielklub im Gewinn ist, seinem Mitspieler an barem Gelde gewährt, damit dieser aus dem Gelde die Spielschuld an ihn bezahlt (§ 762 BGB.; JW. 1902, 369[34]; OLG. 8, 83). Ob es sich im vorliegenden Falle überhaupt um ein präsumtives Pfandleihdarlehn handelt, s. S. 130. Dagegen macht die Kenntnis des Pfandleihers davon, daß ein Verpfänder das aufgenommene Darlehn z. B. zum Spiel oder zur Wette verwenden will, den Darlehnsvertrag noch nicht nichtig (RGZ. 70, 1; 67, 355; JW. 1914, 296[3]), wie überhaupt der Zweck des Darlehns im Pfandleihgewerbe keine Rolle spielt. Daß seine Hingabe „zum wirtschaftlichen Verbrauche" erfolgen müsse, wie Stier-Somlo GewO. Anm. 1 zu § 38 annimmt, gehört nicht zum Begriffsmerkmal des Pfandleihdarlehns (s. S. 8 u. 53). Aber auch ein solches zu Spielzwecken gewährtes Darlehn kann wegen Verstoßes gegen die guten Sitten (§ 138 Abs. 1 BGB.) zur Nichtigkeit des Darlehnsvertrages führen, wenn dadurch der Verpfänder als Unerfahrener z. B. zum Spiel angereizt wird oder der Pfandleiher noch besondere, mit dem Spiel zusammenhängende eigennützige Absichten verfolgt (OLG. 5, 103; 6, 448; 18, 34; 40, 335). Auch die Gewährung eines Darlehns an den Unternehmer eines Spielklubs zu Zwecken des Spiels oder an jemanden zum Zwecke der Begründung eines Spielklubs kann nichtig sein (Staub-Könige Anm. 202 Anhang zu § 376). — Über den Vorvertrag beim Darlehn s. S. 102, 112.

b) Vorschüsse, die in der Absicht der Kreditgewährung gegeben werden, sind Darlehen (RGSt. 3, 176; RG.Komm. Anm. 2 vor 607; Staub-Könige Anm. 10 zu § 354; GewArch. 7, 589; Reger 3, 19). — Der gewerbsmäßig abgeschlossene Rückkaufsvertrag ist kraft Legaldefinition (§ 34 und 38 GewO.) Darlehnsvertrag (s. S. 62). — Auch der Kaufpreis beim Sicherungsübereignungsvertrage kann Darlehn im Sinne des Pfandleihgesetzes sein (s. S. 63). — Wegen der Formfreiheit des Darlehnsvertrages s. S. 102 f.

c) Die Prolongation eines alten Darlehns ist, nach Ansicht des KG., kein neues Vereinbarungsdarlehn. Durch sie wird lediglich der Verfalltag des alten Darlehns weiter hinausgeschoben (KGJ. 7, 234; vgl. hierzu auch S. 80). Das KG. übersieht aber, daß Ziff. 2 der Bekanntmachung vom 16. Juli 1881 vorschreibt, daß, „falls das Geschäft zur Verlängerung eines früheren Geschäftes dient", ein Hinweis auf die Nummer des früheren Geschäftes eingetragen werden soll. Des weiteren ist dort bestimmt, daß in einer Spalte 9 des Pfandbuches auch der Hinweis darauf eingetragen wird, unter welcher Nummer eine Verlängerung des Geschäftes eingetragen worden ist. Das preußische Gesetz und die ministeriellen Bekanntmachungen behandeln also das Prolongationsgeschäft als ein neues Darlehnsgeschäft. Denn sonst wäre es nicht verständlich, weshalb eine Neueintragung unter einer neuen Pfandbuchnummer erfolgen müßte. Schließt man sich dieser Ansicht an, daß das Prolongationsgeschäft ein selbständiges, neues Geschäft ist, so ist der Pfandleiher auch berechtigt, die ihm nach § 1 Abs. 2 zustehenden Zinsen für mindestens zwei Monate zu verlangen. Das KG. versagt dem Pfandleiher dieses Recht (a. M. Nastvogel S. 72, der in der Prolongation einen „sofortigen Wiederversatz" sieht; s. auch S. 80). Gegenüber der Ansicht des KG. muß aber folgendes bemerkt werden: Die Entscheidung des KG. gibt der Bekanntmachung vom 16. Juli 1881 nur den Charakter einer „reglementarischen Kontrollvorschrift einer Verwaltungsbehörde". Die Bekanntmachung ist jedoch von einer Zentralbehörde erlassen, die gemäß § 38 GewO. auch berechtigt ist, positives bürgerliches Recht zu schaffen (s. S. 28; KGJ. 43, 375). Auch das **Hamburger** Gesetz behandelt das Prolongationsgeschäft als ein völlig neues Darlehnsgeschäft (s. weiter unten). Dasselbe tut auch der Handelsbrauch. Dadurch, daß die ministerielle Bekanntmachung für die Prolongation eine besondere Eintragung in das Pfandbuch verlangt, muß auch gemäß § 5 Abs. 2 Ziff. 7 „die Zeit der Fälligkeit des Darlehns" auch für das Prolongationsgeschäft eingetragen werden. Diese beträgt aber nach § 4 mindestens zwei Monate. Kommt aber § 4 zur Anwendung, so ist nicht einzusehen, weshalb nicht auch die Mindestfrist des § 1 Abs. 2 auf das Prolongationsdarlehen angewendet werden muß. — In pfandrechtlicher Beziehung äußert die Prolongation keinen Einfluß auf die Pfandhaftung. Sind der Verpfänder und der persönliche Schuldner nicht identisch, so wirkt die vom Pfandleiher mit dem Schuldner vereinbarte Prolongation nicht auch ohne weiteres gegen den Verpfänder (§ 1210 BGB.). Das Pfand haftet also auch in diesem Falle nicht für die durch die Prolongation entstandenen Mehrzinsen. Beispiel: A. verpfändet zugunsten des B., der ein Darlehn von 100 *RM* erhält, seine Uhr. Bei Fälligkeit des Darlehns vereinbart B. mit dem Pfandleiher, daß das Geschäft prolongiert wird. Die bisher aufgelaufenen Zinsen und Versicherungsgebühren von 4 M. werden beim Prolongationsdarlehn zum Kapital zugeschlagen, so daß sich das neue Darlehnsgeschäft auf 104 *RM* bezieht. Für die hierdurch entstandenen Mehrbeträge, welche der persönliche Schuldner schuldet, haftet das Pfand nicht. Ist der persönliche Schuldner im Besitz des Pfandscheins, den ihm der Verpfänder überlassen hat, so wirkt die vom persönlichen Schuldner dann vorgenommene Prolongation auch gegen den Verpfänder (Löffler S. 112). In dem Prolongationsgeschäft liegt auch keine Vereinbarung, welche gegen § 248 Abs. 1 BGB. verstößt, wenn die Prolongation stattfindet, nachdem der ursprüngliche Darlehnsvertrag fällig geworden ist. — Eine Verpflichtung des Pfandleihers, eine Prolongation vorzunehmen, besteht in Preußen nicht, ebensowenig ein Handelsbrauch. Auch wenn der Verpfänder ihm die Zinsen rechtzeitig zahlt, besteht eine solche Prolongationspflicht für den Pfandleiher nicht. Anders in **Mecklenburg** (§ 14), wo dem Pfandleiher sogar die Pflicht zu einer sechsmaligen Verlängerung auferlegt ist, während in **Hamburg** (§ 15 Abs. 2) bestimmt ist, daß „jede Erneuerung eines Pfandvertrages als eine neue Verpfändung" angesehen wird. Bei dem staatlichen Leihamt (§ 16) in Berlin ist der Verpfänder berechtigt, eine Prolongation des Geschäfts vorzunehmen, wenn eine neue Taxe ergibt, daß das Pfand noch den bei der ersten Verpfändung eingenommenen Wert hat. —

Folgt man der Ansicht des KG., so würde, falls zur Zeit des Abschlusses des Prolongationsgeschäftes der Verpfänder geschäftsunfähig war oder über ihn das Konkursverfahren eröffnet war, die Forderung aus dem ursprünglichen Darlehn und das zu seiner Sicherheit eingeräumte Pfandrecht wirksam bleiben. Folgt man der entgegengesetzten Ansicht, so blieben dem Pfandleiher nur die Ansprüche aus der ungerechtfertigten Bereicherung bzw. würde er nur gewöhnlicher Konkursgläubiger sein. — Ein Kontrahierungszwang für den Pfandleiher mit der Verpflichtung, Darlehnsgeschäfte abzuschließen oder zu prolongieren, besteht in Preußen nicht (s. S. 101). Auch besteht hinsichtlich der Höhe des Darlehns völlige Vertragsfreiheit (LG. III Berlin ungedr. 31 O 317/21).

d) Die Höhe des Darlehns bemißt der Pfandleiher meist nach dem Werte des Pfandes. Aber auch hier ist er völlig frei, so daß, wenn er mit der persönlichen Kreditwürdigkeit des Verpfänders rechnet, er ein Darlehn gewähren kann, das zum Werte des Pfandes in gar keinem Verhältnis steht, so daß häufig das Pfand zu einem bloßen Symbol wird. Ebensowenig besteht für den Pfandleiher die Pflicht, sich das Darlehn durch ein Pfand sichern zu lassen. Allerdings bildet die Sicherung des Darlehnsvertrages die Regel. Ebenso wie aber auch dem Pfandleiher das Recht zusteht, jederzeit auf sein Pfandrecht zu verzichten, so kann er dies auch von vornherein tun. Gewährt ein Pfandleiher ein Darlehn ohne Pfandsicherung, so kann er die Pfandleihzinsen trotzdem annehmen. Es bedarf dann auch nicht der Eintragung in das Pfandbuch, denn diese Eintragung ist nur für die Entstehung des Pfandrechts erforderlich. Es steht auch im Belieben des Pfandleihers, ob er auf mehrere Gegenstände ein Darlehn geben will, so daß ein einheitliches Geschäft entsteht, das unter einer Pfandbuchnummer eingetragen wird, oder ob er das Geschäft in mehrere Darlehnsverträge zerlegt, s. S. 157, 178. Er darf dies natürlich nur tun, wenn der Verpfänder damit einverstanden ist. Dies geschieht aber häufig auch im Interesse des Verpfänders selber, weil diesem dadurch die Erleichterung gegeben wird, einzeln die verschiedenen Pfänder wieder einzulösen oder sonst über sie zu verfügen (Drucks. AH. S. 2063). Will also ein Verpfänder auf eine Brillantnadel und auf eine Brosche 150 RM geliehen haben, und vereinbart er mit dem Pfandleiher, daß auf die Nadel 100 RM und auf die Brosche 50 RM geliehen werden, so ist diese Teilung zulässig (auch LG. III Berlin 18 Q 12 und 14/28), s. S. 157. Widerspricht der Verpfänder aber, so kommt dieser Vertrag nicht zustande. Über die Frage, ob das Pfandleihdarlehn immer ein verzinsliches ist, s. S. 54, 150.

e) Über den Erfüllungsort beim Darlehnsvertrage s. S. 132f.

f) Da die Landesgesetze über die Verjährung des Darlehns keine besonderen Vorschriften geben, gilt die Verjährungsfrist von 30 Jahren (§ 195 BGB.). — Wegen der Verjährung der Zinsen s. S. 78.

g) Bei der Rückzahlung des Darlehns kann der Schuldner verlangen, daß ihm eine Quittung erteilt wird (§ 368 BGB.). Die Pflicht zur Quittungserteilung ist in Ziff. 6 der Bekanntmachung vom 16. Juli 1881 dem Pfandleiher noch besonders auferlegt. — Die Erfüllung des Darlehnsvertrages seitens des Schuldners erfolgt durch Rückzahlung der Valuta, Teilzahlungen kann der Pfandleiher zurückweisen (§ 266 BGB.). Nimmt der Pfandleiher eine Teilzahlung an, ohne daß der Schuldner sagt, worauf die gezahlten Beträge zu verrechnen sind, so hat der Pfandleiher das Recht, zunächst darauf die Kosten, sodann die Zinsen und sodann die Hauptsumme zu verrechnen (§ 367 Abs. 1). Bestimmt der Verpfänder eine andere Reihenfolge der Verrechnung, so kann der Pfandleiher die Annahme der

Leistung verweigern (§ 367 Abs. 2). Beispiel: Beträgt das Darlehn 40 RM und die fälligen Zinsen 3,20 RM und zahlt der Verpfänder ohne nähere Anweisung 5 RM, so ist das Kapital nur noch 38,20 RM. War das Pfand versteigert und beliefen sich die Kosten der Versteigerung auf 4 RM und die Zinsen auf 4,80 RM, so beläuft sich die gesamte Schuld des Verpfänders auf 48,80 RM. Zahlt hierauf der Verpfänder ohne nähere Anweisung 5 RM, so schuldet er auf die Zinsen noch 3,80 RM und außerdem die volle Darlehnssumme, während die Kosten in Höhe von 4 RM getilgt sind. War die Teilzahlung im genannten Falle 10 RM, so sind damit zunächst 4 RM Kosten und 4,80 RM Zinsen getilgt und von der Hauptsumme 1,20 RM, so daß das Restkapital 38,80 RM beträgt, deren Verzinsung weiterläuft (s. S. 78).

4. Für das Pfandleihdarlehn gelten folgende Besonderheiten:

a) Der Grundsatz der Zinsfreiheit, der im § 247 BGB. eingeschränkt war, eine Einschränkung, welche durch das Reichsgesetz vom 3. März 1923 (RGBl. 1, 163) fortgefallen ist, gilt für das Pfandleihgewerbe nicht.

b) Auch die Bestimmungen des § 609 BGB. über die Fälligkeit des Darlehns gelten für das Pfandleihdarlehn nicht (§ 4, s. S. 150, 183, 184).

c) Eine weitere Besonderheit weist das Pfandleihdarlehn sodann insoweit auf, als es in seiner Übertragbarkeit beschränkt ist (RGZ. 58, 71; s. S. 119). Ob in Konsequenz der genannten Entscheidung die Forderungen des Pfandleihers aus dem Darlehn auch pfändbar sind, ist aus § 851 Abs. 1 ZPO. zu beurteilen. Das Reichsgericht folgert die Unübertragbarkeit der Darlehnsforderung aus dem öffentlichen Recht und läßt es dahingestellt sein, ob sie sich nicht auch aus § 399 BGB. herleiten läßt. Diese öffentlich-rechtlichen Bestimmungen der § 34 und 38 GO. und der auf ihrer Grundlage erlassenen landesrechtlichen Anordnungen sind „besondere Vorschriften" im Sinne des § 851 Abs. 1 ZPO. Dieselben Gründe, die das RG. dazu geführt hat, die Unübertragbarkeit von Pfandleihdarlehnsforderungen anzunehmen, nämlich, daß durch eine Abtretbarkeit derartige Forderungen „die Wege zur Umgehung der Gesetzgebung durch Einschiebung verantwortungsfreier Hintermänner und Forderungsinhaber eröffnet werden können", treffen auch für die Pfändung dieser Forderungen zu. Würde ein Gläubiger des Pfandleihers dessen im Geschäftsbetrieb entstandene Darlehnsforderungen pfänden, so würden auch die damit verbundenen Pfandrechte auf den Pfändungsgläubiger übergehen (Stein-Jonas Anm. 3 a. E. zu § 829 ZPO.). Der Pfändungsgläubiger hätte nach erfolgter Überweisung das Recht, vom Pfandleiher die Herausgabe des Pfandes zu verlangen (§ 1251 BGB.). Allerdings gibt § 838 ZPO. dem Pfandleiher das Recht, die Herausgabe des Pfandes zu verweigern, bis ihm Sicherheit geleistet ist. Dies ist aber nur ein Recht des Pfandleihers und nicht auch ohne weiteres eine Pflicht des Pfändungsgläubigers. Durch eine derartige Verpfändung könnten die Rechte des Verpfänders in gleicher Weise geschädigt werden wie im Falle der vertraglichen Abtretung. Es muß deshalb in Konsequenz des vom RG. ausgesprochenen Grundgedankens die Pfändung für unzulässig erachtet werden, es sei denn, daß der Pfändungsgläubiger gleichfalls konzessionierter Pfandleiher ist. Dem Gläubiger eines Pfandleihers kann deshalb nur im Wege der Sequestration geholfen werden. Zu demselben Resultat gelangt man auch, wenn man die öffentlich-rechtlichen Bestimmungen der § 34 und 38 GewO. als Veräußerungsverbote im Sinne der §§ 135, 136 BGB. ansieht (§ 772 ZPO., s. auch S. 240 f.).

d) Die relative Übertragbarkeit der Pfandleihdarlehnsforderung zwingt aber nicht zu der Annahme, daß sie nicht auch zur Konkursmasse gehöre. Der Konkursverwalter steht nicht dem pfändenden Gläubiger oder Zessionar gleich. Er ist auch nicht Vertreter der Gläubiger und übt die Befugnis des Kridars bei Ausübung des Gewerbebetriebes aus. Es ergreift also das Konkursverfahren über das Vermögen des Pfandleihers auch die in seinem Betriebe entstandenen Darlehnsforderungen. Über die Stellung des Konkursverwalters im Pfandleihgewerbe s. auch S. 88, 90 sowie die HansGZ. 1904 N. 164.

e) Eine weitere Besonderheit des Pfandleihdarlehns besteht in einzelnen Landesrechten noch insofern, als die Rückzahlungspflicht des Verpfänders wegfällt und die reine Sachhaftung angeordnet ist, d. h. der Verpfänder haftet nur mit dem Pfand und nicht auch persönlich. Eine solche Sachhaftung kennt jedoch das preuß. Gesetz nicht (Martin Wolff 1926 S. 608 IV) und hat auch zur Geltungszeit des ALR. nicht gegolten (Meißner S. 23). Es haftet also in Preußen der Schuldner aus dem Darlehn mit seinem ganzen Vermögen und nicht bloß mit dem Pfande (Löffler S. 95; Meißner S. 16 und 24; Drucks. AH. S. 2063). Eine Beschränkung der Haftung des Schuldners auf das Pfand ist zwar zulässig, bedarf jedoch einer ausdrücklichen Vereinbarung. Ein Handelsbrauch dahingehend, daß eine solche Vereinbarung zu unterstellen ist, besteht in Preußen nicht. Der preußische Pfandleiher hat also die Wahl, ob er den Verpfänder aus dem Darlehn verklagen und in sein sonstiges Vermögen vollstrecken will, oder ob er sich aus dem Pfand befriedigen und den etwaigen Ausfall einklagen will. Wählt er den ersteren Weg, so kann der Verpfänder den Pfandleiher auf das Pfand verweisen (Meißner S. 19; § 777 ZPO. s. S. 207). In Preußen kennt nur das staatliche Leihamt in Berlin die reine Sachhaftung (§ 17 Abs. 5 der KabO.; Meißner S. 24). **Sachsen** (§ 12) enthält eine der Sachhaftung ähnliche Bestimmung. Sie verbietet nicht dem Pfandleiher die Vollstreckung in das ganze Vermögen des Verpfänders, sondern bestimmt nur, daß dem Pfandleiher „eine Klage gegen den Verpfänder nicht zusteht". Das sächsische Gesetz betrachtet also die Forderung des Pfandleihers aus dem Darlehnsvertrage als eine Naturalobligation. Hierfür spricht auch die Terminologie der sächsischen Bestimmung, die nach Erlaß des BGB. durch das sächs. Gesetz von 1924 die gleiche ist wie im BGB. Ist also einem sächsischen Pfandleiher das Pfand untergegangen, so kann er vom Verpfänder das Darlehn nicht im Wege der Klage zurückverlangen. Schuldet aber der Pfandleiher aus einem anderen Rechtsgeschäft dem Verpfänder Geld, so kann jener mit der Pfandleihforderung aufrechnen (Meißner S. 10; Kloß S. 273; Fichtner S. 32 nehmen für Sachsen reine Sachhaftung an). Ob nach dem alten Hamburger Gesetz Sachhaftung gilt, ist streitig (HamburgerGZ. 1906 Beiblatt N. 7 Fall 25 S. 37 und Beiblatt 1907 N. 50 Fall 203 S. 299; Nöldecke S. 618; Kraus S. 72 Anm. 195). In dem **neuen Hamburger Gesetz** von 1923 (§ 8) besteht nunmehr reine Sachhaftung („der Verpfänder haftet aus dem Darlehnsgeschäft nicht persönlich"). S. auch Meißner S. 24ff. Weiterhin gelten reine Sachhaftung in **Anhalt** (§ 17); hier heißt es nicht etwa nur wie in Sachsen, daß dem Verpfänder eine „Klage" nicht zustehe, sondern „ein Anspruch aus dem Darlehnsvertrage" (Meißner S. 11). Noch deutlicher spricht **Lübeck** (§ 11) die Sachhaftung aus, indem es bestimmt, daß „der Pfandleiher wegen seiner Ansprüche aus dem Pfandleihgeschäft sich nur an das Pfand halten kann"; ebenso **Thüringen** (§ 15). Eine etwas modifizierte Sachhaftung enthält **Mecklenburg-Schwerin** (§ 19). In den Ländern, in denen reine Sachhaftung besteht, kann die persönliche Schuld auch nicht durch besondere Vereinbarung übernommen werden (Meißner S. 13;

über die Sachhaftung im allgemeinen vgl. Martin Wolff § 174 IV S. 645). Über die Aufrechnungsunmöglichkeit in den Ländern der reinen Sachhaftung s. S. 228, 236. In den andern als den eben angeführten Ländern, in denen die Sachhaftung nicht besteht, also namentlich in Preußen, gilt das BGB. subsidiär (Meißner S. 16).

5. a) Indem das Gesetz von der Aufbewahrung des Pfandes spricht, wollte es keine besonderen Bestimmungen über die Pflicht des Pfandleihers zur Aufbewahrung, deren Wirkungen und Grenzen geben. Es ging vielmehr davon aus, daß das gemeine bürgerliche Recht, das zur Zeit des Erlasses des Gesetzes bestand, eine solche Aufbewahrungspflicht festsetze (Begr. S. 21). Deshalb ist auch ein Antrag, der bestimmte, daß der Pfandleiher das Pfand mit der „Sorgfalt eines guten Hausvaters zu verwahren und vor Verderben zu schützen" habe, unter Verweisung auf das gemeine bürgerliche Recht im AH. abgelehnt worden (Drucks. AH. 2061). An Stelle der früheren landesrechtlichen Bestimmungen über die Verwahrungspflicht sind jetzt diejenigen des BGB. getreten, insbesondere § 1215 BGB. Des Abschlusses eines besonderen Verwahrungsvertrages zwischen Pfandleiher und Verpfänder bedarf es also nicht (s. S. 57, 100).

b) Ziff. 3 der Bekanntmachung vom 16. Juli 1881 bestimmt, daß der Pfandleiher das Pfandstück in einem besonderen Raume oder Behältnis, getrennt von anderen Gegenständen, aufzubewahren habe. Damit sind keine zivilrechtlichen Bestimmungen gegeben, wozu an sich die Landeszentralbehörde befugt gewesen wäre (s. S. 26). Da der Gesetzgeber auf die Vorschriften des Verwahrungsvertrages nach bürgerlichem Recht verwiesen hat, konnte im vorliegenden Fall die Verwaltungsbehörde abweichende Bestimmungen nicht treffen. Ziff. 3 der Bekanntmachung enthält also lediglich Polizeirecht. Sie wollte auch gar nicht in den Kreis der mit der Verwahrung des Pfandes verbundenen Rechte und Pflichten eingreifen, sondern gibt nur technische Vorschriften über die Art der Aufbewahrung. Wenn von einem „Raum" die Rede ist, so ist dies unklar. Es ist nicht zu ersehen, von welchem Raum der als Pfandlager dienende Raum abgesondert werden soll. Sinn und Zweck der Bestimmung ist offenbar, die leichte Auffindbarkeit des Pfandes zu gewährleisten und eine Vermischung der Pfänder mit den im Eigentum des Pfandleihers stehenden Gegenständen oder Waren zu verhindern, z. B. bei Münzen, die verpfändet werden. Die Vorschrift dient also nur zur leichteren Identifizierung des Pfandes sowie der in Ziff. 8 der Bekanntmachung den Polizeibehörden zustehenden Erleichterung der Revision (s. S. 127). Der Lagerraum des Pfandleihers braucht nicht in unmittelbarem Zusammenhang mit seinem Geschäftslokal zu stehen. Es ist also zulässig, wenn dieses im ersten Stockwerk eines Vorderhauses liegt, die Pfänder aber, namentlich sperrige Güter, in einem Schuppen auf dem Hofe oder sonst in der Nähe des Geschäftes aufbewahrt werden. — Nach dem Gesagten kommt Ziff. 3 der Bekanntmachung nur zur Anwendung, falls für den Pfandleiher überhaupt eine Verwahrungspflicht besteht, d. h. daß er alleiniger und unmittelbarer Besitzer des Pfandes ist, nicht jedoch auch, wenn die Entstehung des Pfandrechts durch Einräumung des Mitbesitzes erfolgt oder sonstwie durch Übergabeersatz, so besonders auch in dem Falle, daß, wenn ein Versatzgeschäft in Gestalt eines Rückkaufgeschäftes getätigt wird und das Pfand im Gewahrsam des Verpfänders bleibt (PolPräsid. Berlin 9. November 1926 C 9).

c) Die Regel im Pfandleihgewerbe ist es, daß der Pfandleiher alleiniger, unmittelbarer Besitzer des Pfandes wird. Eine Pflicht des Pfandleihers zum ausschließlichen und unmittelbaren Besitz am Pfande kennt das Gesetz nicht. Der entgegengesetzten Ansicht des KG. (GA. 23, 527) kann nicht beigetreten werden, denn sonst könnten alle durch Besitzkonstitut abgeschlossenen Pfandverträge nicht unter das Pfandleihgesetz fallen; s. hierzu S. 63f. Das KG. weist darauf hin, daß durch Art. 94 EG. z. BGB. das preußische Recht aufrechterhalten, daß Ziff. 3 der ministeriellen Bekanntmachung vom 16. Juli 1881 dem Pfandleiher die Pflicht zur getrennten Aufbewahrung auferlegt und folgert hieraus, daß der Pfandleiher die Pflicht des Alleinverwahrers habe. Es übersieht aber, daß die Bekanntmachung sich nicht in Widerspruch setzen darf zum Gesetz selber. Dieses aber hat, wie aus den Motiven klar hervorgeht, und was das KG. übersieht, ausdrücklich auf das gemeine bürgerliche Recht verwiesen (s. S. 153). Wo also das BGB. die Bestellung eines Pfandrechts durch Übergabeersatz oder Einräumung des Mitbesitzes zuläßt, gilt dies auch für das Pfandleihpfand. Über die mißverständliche Auslegung des Wortes „jederzeit" im § 7 durch die zitierte Entscheidung s. S. 121, 184f., s. auch insbesondere die Entscheidung des sächs. OVG. bei Reger 34, 445 und RGSt. 33, 37. Erfolgt die Pfandrechtsbestellung durch Einräumung des Mitverschlusses oder dadurch, daß das Pfand im Besitz eines Dritten bleibt, die Herausgabe aber nur an den Verpfänder und den Pfandleiher gemeinschaftlich erfolgen kann (Merkel S. 59 Anm. 1), so ist die Verwahrungspflicht des Pfandleihers zunächst ohne Inhalt (RGKomm. Anm. 1 zu § 1215; Biermann Anm. 2 zu § 1215; Staudinger 2d zu § 1215); sie entsteht vielmehr erst, sobald der Pfandleiher unmittelbarer Alleinbesitzer des Pfandes wird. Wird das Pfandrecht durch Einräumung des Mitbesitzes bestellt (§ 1206 BGB.) und befindet es sich unter Mitverschluß des Gläubigers, so ist der Pfandleiher zur Verwahrung des Pfandes nicht verpflichtet. Mitbesitz (§ 866 BGB.) unter Mitverschluß bedeutet die Unmöglichkeit des Verpfänders, ohne die Mitwirkung des Pfandleihers über die Sache zu verfügen (RGZ. 53, 221). Die durch die Verwahrung im Falle des Mitverschlusses entstehenden Kosten gehen dann auch zu Lasten des Verpfänders, so daß z. B. bei Verpfändung eines Automobils durch Einräumung des Mitverschlusses in der Garage eines Dritten der Verpfänder die Miete für die Garage zu zahlen hat. Eine dahingehende Vereinbarung fällt nicht unter § 3. Die Realisierung eines durch Mitverschluß begründeten Pfandrechtes richtet sich nach § 1231 BGB.

d) Die Rechte und Pflichten aus der Verwahrung eines im unmittelbaren Alleinbesitz des Pfandleihers befindlichen Pfandes ergeben sich aus den entsprechend anzuwendenden Vorschriften des BGB. über den Verwahrungsantrag (RGZ. 12, 87; RGKomm. Anm. 2 zu § 1215; Staudinger Anm. 1 Abs. 2 zu § 1215). Die Pflicht des Pfandleihers besteht einmal in der Hergabe des Raumes und sodann in der Obhut über das Pfand. Voraussetzung für diese Pflichten ist, daß ein Pfandvertrag zustande gekommen ist. Bei Pfändern, die zum Zwecke des Abschlusses eines Pfandvertrages oder aus Gefälligkeit vom Pfandleiher vorläufig verwahrt werden, gilt dies nicht (s. S. 100). Die Gefahr des Untergangs oder der Verschlechterung des Pfandes trägt in erster Linie der Verpfänder. Wird es aber durch Verschulden oder Fahrlässigkeit des Pfandleihers herbeigeführt, so haftet dieser (§ 690 BGB.). Diese Haftung ist nun beschränkt insofern, als der Pfandleiher zunächst für diejenige Sorgfalt einzustehen hat, die er in eigenen Angelegenheiten anzuwenden pflegt. Dies trifft jedoch nur zu, wenn die Verwahrung im Interesse des Hinterlegers erfolgt und nicht auch im Interesse des Verwahrers (OLG. 29, 380). Dieser letzte Fall ist aber beim Pfandleihpfand der regelmäßige, so daß der Pfandleiher für Vorsatz und jede Fahrlässigkeit haftet (§ 276 BGB.).

Dies um so mehr, als die Verwahrung beim Pfandleiher keine unentgeltliche ist, das Entgelt vielmehr schon in den Zinsen liegt (s. S. 77 und 136). Der Begriff der Unentgeltlichkeit im Sinne des § 690 BGB. darf nicht zu eng ausgelegt werden (RGZ. vom 17. Oktober 1922; VII 490/21). In **Bayern** (§ 1) ist dem Pfandleiher sogar eine Lagergebühr ausdrücklich zugebilligt worden, so daß dort die Entgeltlichkeit der Verwahrung keinem Zweifel unterliegt. Bei der Verwahrung hat der Pfandleiher ein Verschulden seiner gesetzlichen Vertreter oder seiner Erfüllungsgehilfen wie sein eigenes zu vertreten. Stiehlt der besonders mit der Bewachung des Pfandlagers betraute Angestellte des Pfandleihers ein Pfand, so haftet der Pfandleiher dem Verpfänder gegenüber (RGZ. 101, 348). Verletzt der Pfandleiher bei seiner Verwahrungspflicht die im Verkehr erforderliche Sorgfalt, so handelt er fahrlässig (§ 276 BGB.) und haftet dem Verpfänder. Es kommt hierbei nicht bloß die verkehrsübliche Sorgfalt in Betracht, sondern die im Verkehr erforderliche Sorgfalt (RGZ. 105, 83). Ebenso ist die Berücksichtigung der in bestimmten Kreisen geltenden Anschauungen hierbei nicht ausgeschlossen, und es sind die Erfordernisse desjenigen Verkehrs maßgebend, der bei dem Typus des einzelnen konkreten Rechtsverhältnisses in Betracht kommt (RGZ. 95, 17). So ist bei der Verwahrungspflicht des Pfandleihers darauf Rücksicht zu nehmen, daß er die verschiedenartigsten Gegenstände in Pfand nimmt, z. B. Edelsteine, Präzisionsapparate, Betten, Bücher, Musikinstrumente, Rauchwaren, Fahrräder usw. Für das Maß von Sorgfalt, das der Pfandleiher bei der Verwahrung dieser Gegenstände aufzuwenden hat, kommen deshalb nicht die Verkehrsanschauungen in Betracht, die für einen Gewerbetreibenden gelten, welcher besonders mit den Gegenständen umzugehen versteht. Die Sorgfalt eines Pelzwarenhändlers bei der Konservierung von Rauchwaren ist also eine andere als die des Pfandleihers, der einen Pelz in Pfand genommen hat. So genügt der Pfandleiher seiner Verwahrungspflicht, wenn er einen versetzten Pelz „in geeigneten, gegen schädliche Einflüsse möglichst geschützten Räumen aufbewahrt" (LG. I Berlin 20 S 103/11) oder wenn der Pfandleiher seine Lagerräume, um sie vor Mottengefahr zu schützen, mindestens zweimal im Jahre mit Schwefeldämpfen durchräuchert (s. das eben zitierte Urteil). Ein regelmäßiges Ausklopfen von Pelzsachen oder Kleidern, wie es bei Kürschnern oder Konservierungsanstalten üblich sein mag, ist dagegen dem Pfandleiher nicht zuzumuten (s. das eben bezeichnete Urteil des LG. I Berlin, sowie Amtsgericht Berlin-Mitte 42 C 2143/11 und 66 C 2136/13). Fahrlässig handelt also der Pfandleiher erst dann, wenn er diejenige Sorgfalt außer acht läßt, die gerade in seinem Betriebe ihm anzusinnen ist (RGZ. 64, 257).

e) Eine Beschränkung oder ein Ausschluß der Haftung kann durch Vertrag vereinbart werden, jedoch nur hinsichtlich der Haftung für Fahrlässigkeit, nicht auch wegen Vorsatzes (§ 276 Abs. 2 BGB.). Eine solche Haftungsbeschränkung oder solcher Haftungsausschluß findet sich meist in den auf dem Pfandschein vorgedruckten Bestimmungen, welche Inhalt des Vertragsbestandteiles werden, wenn der Verpfänder nach Übergabe des Pfandscheins keine Einwendungen erhebt (s. S. 134, 154, 178, 180). Solche Bestimmungen sind dazu da, daß sie vom Verpfänder gelesen werden, unterläßt er dies, oder gibt er sonst keine Erklärung ab, so ist sein Verhalten nach Treu und Glauben dahin auszulegen, daß er den gesamten Inhalt des Pfandscheins als verbindlich anerkennt (LG. I Berlin, 76 O 767/25; LG. III Berlin 32 S 467 und 468/26; LG. III Berlin 30 O 432/28). Auch durch deutlich lesbaren Aushang im Geschäftslokal kann die Haftung wegen Fahrlässigkeit beschränkt oder ausgeschlossen werden (RGZ. 113, 425). Eine solche Nebenabrede bedarf, da sie nicht zu den Essentialien des Pfandleihvertrages gehört, nicht der Eintragung in das Pfandbuch. Die Beschränkung der Haftung erfolgt meist in der Weise, daß der Pfandleiher nur in Höhe der „Taxe" haftet, die den Wert angibt, zu dem das Pfand gegen Feuer und Einbruch als versichert zu gelten hat (über die Taxe s. weiter unten S. 148). Geht das Pfand durch Zufall unter, so haftet in Preußen der Pfandleiher nicht und wird andererseits auch der Schuldner von der Rückzahlung des Darlehns nicht befreit (Meißner 36 und 37). Besondere Bestimmungen hierüber gibt **Hamburg** (§ 22), das den Ausschluß oder die Beschränkung der Haftung ausdrücklich zuläßt, ferner jede Haftung des Pfandleihers ausschließt, wenn der Verpfänder nach Empfang des Pfandes den Geschäftsraum des Pfandleihers verlassen hat, es sei denn, daß arglistige Täuschung vorliegt, und im Falle einer Schadenersatzpflicht des Pfandleihers denjenigen Wert „unter Ausschluß des Nachweises eines anderweitigen Wertes" zugrunde legt, mit dem das Pfand versichert ist; die Versicherung hat zum doppelten Betrage des Darlehns zu erfolgen.

f) Nach § 691 BGB. ist der Verwahrer im Zweifel nicht berechtigt, die Hinterlegungssache bei einem Dritten zu hinterlegen; er darf dies nur, wenn es ihm vom Hinterleger gestattet ist. Nach RGKomm. Anm. 2 zu § 1215 soll diese Auslegungsregel auf die Verwahrungspflicht des Pfandgläubigers nicht anwendbar sein (a. M. Staudinger Anm. 2c zu § 1215; Biermann Anm. 1 zu § 1215). Wohl aber kommt § 692 BGB. zur Anwendung. Danach kann der Pfandleiher die Art der Aufbewahrung ändern, wenn anzunehmen ist, daß der Verpfänder die Veränderung billigt. Hat z. B. der Pfandleiher ein Klavier in Pfand genommen und es in einem Schuppen aufbewahrt, der feucht geworden ist, so kann er es in seine geheizten Geschäftsräume nehmen. Von der Veränderung hat er dem Verpfänder Anzeige zu machen. Eine zulässige Hinterlegung bei einem Dritten wird stets dann anzunehmen sein, wenn der Verpfänder dem Pfandleiher gestattet hat, das Pfand weiterzuverpfänden (s. S. 120 ff., 135, 145, 154).

g) Was den Anspruch auf Ersatz von Verwendungen anlangt, so werden diese durch § 1216 BGB. geregelt. Inwieweit diese Bestimmung auf den Pfandleihvertrag auch Anwendung findet, s. S. 210 u. 172.

h) Dagegen haftet der Verpfänder dem Pfandleiher gegenüber für denjenigen Schaden, der dem Pfandleiher durch die Beschaffenheit des Pfandes entsteht (§ 694 BGB.), z. B. der Verpfänder gibt Kleidungsstücke in Pfand, die mit Krankheitskeimen behaftet sind. Die Schadensersatzpflicht des Verpfänders tritt jedoch nicht ein, wenn er bei der Übergabe des Pfandes dessen gefahrdrohende Beschaffenheit weder kannte noch kennen mußte, oder wenn er sie dem Pfandleiher angezeigt hat, oder dieser sie ohne Anzeige gekannt hat.

i) Die Rückgabe des Pfandes hat unter analoger Anwendung des § 697 BGB. an dem Ort zu erfolgen, an welchem das Pfand aufzubewahren war. Es liegt seitens des Verpfänders eine Holschuld vor (s. S. 133, 186). Eine Pflicht des Pfandleihers, dem Verpfänder das Pfand zu übersenden, besteht also nicht. Lehnt der Verpfänder die Abholung des Pfandes ab und zahlt er auch nicht Kapital und Zinsen, so kann der Pfandleiher zur Versteigerung schreiten. Eine Übersendungspflicht besteht für den Pfandleiher auch dann nicht, wenn Kapital und Zinsen voll gezahlt sind, vielmehr kann er das Pfand weiter bei sich liegen lassen, und da durch die Tilgung der Darlehnsschuld das Pfandrecht erloschen ist und ein Pfandleihvertrag nicht mehr besteht, infolgedessen § 3 nicht mehr zur Anwendung kommen kann, Lagergeld gemäß § 354 HGB. beanspruchen; in diesem Falle liegt in der Aufbewahrung eine Geschäftsbesorgung für den Verpfänder vor. Dieser Anspruch auf Lagergeld steht dem Pfandleiher auch dann zu, wenn er nicht in das Handelsregister eingetragen ist (Staub-Könige Anm. 1 zu § 354). — Kommt jedoch der Pfandleiher dem Wunsch des Verpfänders nach, und übersendet er ihm das Pfand, so liegt das nicht mehr im Rahmen des Pfandleihvertrages; wohl aber erfüllt er damit einen Werk- oder Dienstvertrag, der gleichfalls eine Geschäftsbesorgung im Sinne des § 675 BGB. zum Gegenstand hat. Für die ordnungsmäßige Übersendung haftet dann der Pfandleiher gemäß § 276 BGB. Eine Pflicht zur Versicherung des Pfandes gegen Verlust und Beschädigung wegen des Transportes besteht aber nicht (OLG. 43, 18). Bei drohendem Verderb des Pfandes hat der Pfandleiher dem Verpfänder sofort Anzeige zu machen (§ 1218 Abs. 2 BGB.).

k) Häufig verlangt der Verpfänder, der die verpfändete Sache verkaufen will, vom Pfandleiher die Vorlegung des Pfandes, damit der Käufer es besichtigen kann. Dieser Anspruch des Verpfänders gründet sich auf § 809 BGB. Der Verpfänder hat ein Besichtigungsinteresse, da die Vorlegung des Pfandes gegenüber dem Käufer eine Voraussetzung des abzuschließenden Kaufvertrages ist. Der Pfandleiher braucht dann allerdings das Pfand nur dem Verpfänder vorzulegen, dem Käufer jedoch nur dann, wenn er eine Vollmacht des Verpfänders beibringt. Die Vorlegung ist keine Herausgabe der Sache. Durch die Vorlegung soll das Pfand dem Verlangenden tatsächlich nur zur Hand oder vor Augen gestellt werden (RGZ. 56, 66). Kommt der Pfandleiher dem Vorlegungsverlangen nicht nach, so macht er sich schadenersatzpflichtig. Ist das Vorlegungsverlangen des Verpfänders ein schikanöses, behauptet er z. B., der Pfandleiher hätte das Pfand mit einem anderen vertauscht, so scheitert es (§ 226 BGB.). — Auch Dritten gegenüber, mit denen der Pfandleiher in keinem Vertragsverhältnis steht, ist er zur Vorlegung des Pfandes verpflichtet. Beispiel: Dem A. ist eine goldene Uhr gestohlen und der Dieb behauptet, er habe sie bei dem Pfandleiher versetzt. Dann ist A. Eigentümer geblieben und hat einen Anspruch in Ansehung der Sache sowie auch ein Besichtigungsinteresse. Behauptet aber A., die Uhr sei ihm von B. unterschlagen, B. habe sie an C. verkauft und C. habe sie dem Pfandleiher verpfändet, so hat A. kein Vorlegungsrecht. Der Pfandleiher ist, falls der Vorlegungsanspruch begründet ist, nicht verpflichtet, das ganze Pfandbuch vorzulegen. Der Vorlegungsanspruch muß hinsichtlich der Sache genau und bestimmt gestellt werden (RGKomm. Anm. 1 zu § 811), damit der Pfandleiher ihn erfüllen kann. Man wird ihm nicht zumuten können, namentlich bei häufig zum Versatz vorkommenden Gegenständen sein ganzes Pfandlager zu durchsuchen. Die Vorlegung des Pfandes ist an dem Orte vorzunehmen, an welchem es sich befindet. Der Vorlegungsersucher kann, wenn ein wichtiger Grund vorliegt, auch die Vorlegung an einem anderen Orte verlangen (§ 811 Abs. 1 Satz 2 BGB.). Diese Bestimmung des bürgerlichen Rechts kommt aber für den Pfandleiher nicht zur Anwendung. In diesem Falle geht die Sonderbestimmung des Landesrechts vor, welche davon ausgeht, daß für alle Ansprüche aus dem Pfandleihvertrage das Geschäftslokal des Pfandleihers der Leistungsort ist (s. S. 133). Wollte selbst ein Dritter die Vorlegung an einem anderen Orte verlangen, wird man annehmen müssen, daß dem § 811 BGB. die Bekanntmachung vom 16. Juli 1881 als Spezialgesetz vorgeht, die dem Pfandleiher die Pflicht auferlegt, das Pfand aufzubewahren und es jederzeit für die Revision der Polizeibehörde zur Verfügung zu halten. Die Erfüllung dieser Pflicht wird ihm unmöglich, wenn man den Vorlegungsanspruch Dritter vorgehen läßt. — Weiter geht die Pflicht des Pfandleihers, das Pfand dem kontrollierenden Polizeibeamten vorzulegen. Hierbei ist sogar der Pfandleiher zu einer, dem Verlangen des Beamten entgegenkommenden, die Revision erleichternden Tätigkeit verpflichtet (KG. vom 26. März 1920; ungedr. S 156/20).

6. a) Das Pfandleihgeschäft legt dem Pfandleiher keine Pflicht zur Erhaltung des Pfandes auf. Das Pfand- und Leihreglement von 1787 bestimmte, daß der Pfandleiher das Pfand mit Sorgfalt zu bewahren und in Obacht zu halten habe (§ 97). In das preußische Gesetz sollte eine ähnliche Bestimmung aufgenommen werden (Drucks. AH. 2061). Man nahm davon Abstand, weil man es hinsichtlich der Erhaltung des Pfandes bei dem allgemein geltenden Recht belassen wollte (Begr. S. 21). Wenn trotzdem Ziff. 3 der Bekanntmachung vom 16. Juli 1881 dem Pfandleiher die Pflicht auferlegt, das Pfand gegen Feuer, und der ministerielle Erlaß vom 10. April 1908 (HMinBl. 202) gegen Einbruch zu versichern, so steht diese Bestimmung zunächst im Widerspruch zum preußischen Gesetz, das, wie erwähnt, die Entscheidung dieser Frage dem gemeinen bürgerlichen Recht überließ. Die Landeszentralbehörde, die allerdings auch bürgerliches Recht schaffen durfte (Landmann Anm. 2 zu § 38), durfte dies nur tun, soweit das Landesgesetz selber keine anderweitigen Bestimmungen erlassen hat. Wenn nun auch im Landesgesetz die Verweisung auf das bürgerliche Recht nicht mit Worten zum Ausdruck gekommen ist, so ergibt sich doch der Wille des Gesetzgebers, wie oben dargetan. Infolgedessen hat die Landeszentralbehörde ihre Regelungsbefugnis sachlich überschritten.

b) Wenn trotzdem eine Versicherung gegen Feuer und Einbruch seitens des Pfandleihers unter Berücksichtigung der erlassenen Bekanntmachung erfolgt ist und sich als Handelsbrauch herausgebildet hat, so handelt der Pfandleiher als Geschäftsführer ohne Auftrag. Die durch die Versicherung vom Pfandleiher aufgewendeten Beträge hat der Verpfänder ihm zu erstatten. Diese anteiligen Versicherungsaufwendungen gehören nicht zu den Vergütungen, die der § 3 untersagt. Das KG. hat dem Pfandleiher das Recht gegeben, die für die Versicherung aufgewendeten Beträge besonders zurückzuverlangen, da „die Versicherung ganz außerhalb des Pfandleihkontraktes stehe", und da diese Aufwendungen nicht unter § 3 fallen (KG. 20. Februar 1883 ungedr. U 1741 82 VI). Es hat auch ferner ausgesprochen, daß Ziff. 3 der Bekanntmachung vom 16. Juli 1881 diesem Aufwendungsanspruch des Pfandleihers nicht entgegenstehe. Auch der Strafsenat des KG. in seiner Entscheidung vom 3. November 1884 (ungedr. S. 391/84) hat in gleichem Sinne entschieden. Die Entscheidung besagt, daß durch die in der Bekanntmachung angeordnete Versicherungspflicht dem Pfandleiher eine über seine bloße Aufbewahrungspflicht hinausgehende Mehrverpflichtung auferlegt ist, die dadurch über den Rahmen des Gesetzes hinausgehe. Die Versicherung sei eine mit Kosten verbundene Auflage, die nicht zu den Geschäftsunkosten gehöre, sondern im Interesse des Verpfänders als Träger der Gefahr aufgewendet werde; es handle sich um bare Auslagen, die der Pfandleiher für den Verpfänder mache. Von dem gleichen Standpunkt geht auch der obenerwähnte Erlaß vom 10. April 1908 aus, der auch ausdrücklich dem Pfandleiher das Recht zuspricht, sich die von ihm verauslagten Versicherungsgebühren vom Verpfänder zurückerstatten zu lassen. Für diese Versicherungsbeiträge haftet dann auch das Pfand. Nach bürgerlichem Rechte besteht für den Pfandgläubiger eine Verpflichtung in der Regel nicht, das Pfand gegen Feuer oder Einbruch zu versichern (RGKomm. Anm. 2 zu § 1215; Staudinger Anm. 2ff. zu § 1215; Biermann Anm. 3 zu § 1215; Martin Wolff

S. 614 Anm. 4; RGZ. 77, 14; Seuffert 43, S. 12 und S. 397). — Was die Höhe der vom Verpfänder zu erstattenden Versicherungsbeträge anlangt, so muß berücksichtigt werden, daß der Pfandleiher sein gesamtes Pfandlager in Bausch und Bogen bis zu einer Maximalsumme versichert hält. Nimmt der Pfandleiher einen Gegenstand in Pfand, so taxiert er ihn und hält ihn je nach Vereinbarung zum 2—3fachen Werte des Darlehnsbetrages versichert. Die Höhe der Versicherung wird auch im Pfandschein ersichtlich gemacht. Nach der oben zitierten Entscheidung des KG. vom 3. November 1884 soll der Pfandleiher „eine angemessene Repartition der von ihm gezahlten Versicherungsprämien" vornehmen. Hierbei ist das Verhältnis des Wertes der Pfandstücke und der Lagerzeit gebührend zu berücksichtigen. Dies stößt in der Praxis auf Schwierigkeiten. Eine bloße Umlage der verauslagten Prämien nach der Anzahl der in einem Versicherungsjahr abgeschlossenen Versatzgeschäfte wäre unmöglich, da die Anzahl der noch zum Abschluß kommenden Pfandleihverträge nicht feststeht, und da ferner durch eine derartige Umlage der Verpfänder, dessen Pfand nur geringwertig ist, schlechter gestellt wäre als der, der ein hochwertiges Pfand verpfändet hat. Eine minutiöse Berechnung der anteiligen Versicherungsbeiträge führt aber zu Unmöglichkeiten. Hierbei kämen bei niedrigen Pfändern häufig Bruchteile von Pfennigen heraus. Der Pfandleiher muß die Jahresprämie im voraus bezahlen. Da das Geld aber für ihn eine Ware ist, so erleidet er durch die Verauslagung der Prämie für den Verpfänder einen Zinsverlust. Wollte man auch diesen Zinsverlust genau ausrechnen und repartieren, so würde eine kleinliche Pfennigrechnung herauskommen, welche den ganzen Geschäftsbetrieb eines Pfandleihers lahmlegen würde. Das entspräche aber nicht dem Zweck und dem Sinn der Pfandleihgesetze, die gerade darauf bedacht waren, den Verkehr zwischen dem Pfandleiher und dem Verpfänder möglichst einfach zu gestalten (StenBer. AH. 1746). In **Hamburg** (Ziff. 5 der Bekanntmachung vom 27. April 1923 Ges. u. VOBl. S. 348 in der Fassung der Bekanntmachung vom 23. Oktober 1924 Ges. u. VOBl. S. 633) kann der Pfandleiher die durch die Versicherungskosten gemachten Aufwendungen bis zum Höchstbetrage von 5% des Darlehnsbetrages ersetzt verlangen und sogar weiter verlangen, daß diese ihm im voraus gegeben werden (§ 22). Ähnlich **Lübeck**, das den Versicherungsbetrag von 1% pro Monat des Darlehns für angemessen hält.

c) Die Taxe auf dem Pfandschein soll angeben, zu welchem Betrage das Pfand als versichert gilt. Sie hat nichts zu tun mit der Abschätzung, welche gemäß § 10b vor der Versteigerung von Gold- oder Silbersachen vorgenommen wird (s. S. 217). Diese Versicherungstaxe ist nirgends vorgeschrieben, aber üblich. Ein Antrag in der Justizkommission des HH., auch die Werttaxe zu den Essentialien des § 5 Abs. 2 aufzunehmen, wurde abgelehnt, um nicht den Pfandleihvertrag noch mit weiteren Taxkosten zu belasten (Drucks. HH. S. 278 und Begr. 22; Löffler S. 40; Nastvogel S. 11). Schweigt der Verpfänder zu der vom Pfandleiher angenommenen Versicherungstaxe, so gilt sie als genehmigt (vgl. oben S. 144, 178). Im Versicherungsfall kann der Verpfänder sich also dann nicht darauf berufen, daß der Pfandleiher das Pfand zu gering versichert hat (Amtsgericht Berlin-Wedding 20 C 1191/12).

d) Die Taxe gibt häufig Anlaß zu den sog. Pfandscheinschiebungen (s. Zach S. 100 Anm. 1; s. S. 117, 178, 200). Häufig werden Pfandleiher über den Wert der zum Versatz gelangenden Gegenstände getäuscht, sei es, daß die extra zum Zweck der Täuschung angefertigte Ware in Pfand gegeben wird, z. B. goldene Uhren mit eingearbeiteten Bleiringen, sei es, daß die dem Pfandleiher mangelnde Spezialkenntnis vom Verpfänder ausgenutzt wird, z. B. bei unechten Bildern, Porzellanen, geklebten Steinen usw. (s. Zach S. 101 L 1910 S. 45; Berliner Tageblatt vom 20. September 1910, s. auch S. 117). Die Pfandleiher taxierten und beliehen dann die Pfänder höher als ihr objektiver Wert war. Diese hohe Taxe nutzten dann die Verpfänder dazu aus, um einen Dritten zu veranlassen, unter Hinweis auf den hohen Wert des Pfandes dieses zu kaufen. Ein Betrug, den der Verpfänder sowohl dem Pfandleiher als auch dem Käufer gegenüber beging. Die Taxe auf dem Pfandschein ist keine Zusicherung über den Wert des Pfandes, ebensowenig wie die sonstigen Angaben über Art und Beschaffenheit desselben. Der das Pfand einlösende Käufer hat, da er nur Rechtsnachfolger des Verpfänders ist, gegenüber dem Pfandleiher keinerlei Ansprüche, wenn das Pfand sich als minderwertig herausgestellt hat (Amtsger. Charlottenburg 34 C 595/08). Nur wenn der Pfandleiher in gewolltem oder bewußtem Zusammenwirken mit dem Verpfänder eine unrichtige Taxe abgegeben hat, liegt Betrug vor, der den Pfandleiher auch gegenüber einem Dritten schadenersatzpflichtig macht.

e) Im übrigen trägt die Gefahr des zufälligen Unterganges oder der zufälligen Verschlechterung des Pfandes der Verpfänder.

Beispiel: Wird das Pfand nicht durch Feuer oder Einbruch, sondern durch Hauseinsturz vernichtet. Über die Rechte und Pflichten bei drohendem Verderb oder Wertverminderung bestimmen die §§ 1218 und 1219 BGB., welche analog anzuwenden sind. Im Anschluß hieran sei auch bemerkt, daß, wenn ein Pfandleiher seinerseits eine Versicherungspolice in Pfand nimmt, er für die rechtzeitige Entrichtung der Prämie nicht ohne weiteres haftet (Seuffert 43 Nr. 8). Unter Umständen ergibt sich aus der Natur der Pfandsache ihre Unterhaltungspflicht, z. B. wenn lebende Tiere oder Pflanzen in Pfand genommen werden (RGKomm. 2 am Ende zu § 1215). Über die Erhaltung des Pfandes bei Verpfändung eines Pfandscheins s. S. 203.

7. Das Vorausnehmen von Zinsen ist in § 3 ausdrücklich verboten. Die Bestimmung erscheint überflüssig; ob nun der Pfandleiher sich die Zinsen bei der Hingabe des Darlehnsbetrages von diesem gleich abzieht, oder von dem ausgezahlten Darlehn sich den Betrag gleich zurückzahlen läßt oder vor Abschluß des Pfandleihvertrages sich die Zinsen vom Verpfänder aus dem in seinem Eigentum stehenden Gelde zahlen läßt, immer läge eine weitere Vergütung vor, die nach dem übrigen Inhalt des § 3 verboten ist oder sich nach § 248 Abs. 1 BGB. als nichtig erwiese.

8. Was das außerpreußische Recht anlangt, so gelten die für Preußen gegebenen Bestimmungen auch für **Anhalt** (§ 3), **Baden** (§ 2 Abs. 2), **Braunschweig** (§ 7 Abs. 2), **Bremen** (§ 3 Abs. 1), **Hessen** (§ 2 Abs. 2), **Mecklenburg-Schwerin** (§ 28). Ähnlich lauten die Bestimmungen in **Bayern** (§ 2 Abs. 3 und § 4), **Oldenburg** (§ 3 der Bekanntmachung vom 3. Oktober 1895), **Schaumburg-Lippe** (§ 3 Abs. 3), **Thüringen** (§ 11 Abs. 3), **Württemberg** (§ 3 Abs. 4). Wegen **Hamburg** und **Lübeck** s. oben S. 148. Nach **sächsischem** Recht (§ 12) trägt der Pfandleiher die Gefahr des Unterganges oder der Verschlechterung des Pfandes. Er hat dem Verpfänder den Unterschied zwischen dem Werte des Pfandes und der Darlehnsforderung zu erstatten, auch wenn das Pfand durch Zufall untergegangen ist. Als Wert des Pfandes wird der $1^1/_2$fache Betrag des Darlehnsbetrages vermutet (§ 13), eine Vermutung, die von beiden Teilen widerlegt werden kann.

§ 4.

Die Fälligkeit des von einem Pfandleiher gegebenen Darlehns tritt nicht vor Ablauf von sechs Monaten seit dessen Hingabe ein. Entgegenstehende Verabredungen sind nichtig.

Der Minister des Innern wird ermächtigt, im Falle des Bedürfnisses die nach Abs. 1 zugelassene Frist von 6 Monaten bis auf höchstens 2 Monate zu verkürzen. Die Verkürzung kann widerrufen werden.

E. § 3 Begr. 21; JustKomm. HH. 277, 283; StenBer. HH. 33; Drucks. AH. N. 217 S. 2060; StenBer. AH. 1750, 1762.

1. Der jetzige § 4 Abs. 1 entspricht dem § 3 des Entwurfes, der ohne Veränderung Gesetz wurde. Der Abs. 2 beruht auf § 2 der mit Gesetzeskraft versehenen VO. vom 23. November 1923 (GS. S. 534). Auf Grund dieser letzteren VO. erging dann die VO. des Ministers des Innern vom 11. Februar 1924 (GS. 113), welche im § 1 bestimmt, daß die im § 4 Abs. 1 des Gesetzes bezeichnete Frist von 6 Monaten bis auf weiteres auf 2 Monate festgesetzt wird.

2. Das Gesetz weicht von der Vorschrift des BGB. über das Darlehn ab, soweit es sich um dessen Fälligkeit handelt. Nach § 609 Abs. 1 BGB. ist eine Kündigung des Darlehns vorgesehen, sei es, daß sie vom Schuldner, sei es, daß sie vom Gläubiger ausgeht. Vorausgesetzt ist hierbei, daß eine Zeit für die Fälligkeit des Darlehns nicht bestimmt ist. Die Kündigungsfrist beträgt nach BGB. bei Darlehn von mehr als 300 RM 3 Monate, sonst einen Monat. Sind Zinsen nicht bedungen, so ist nach BGB. der Schuldner berechtigt, auch ohne Kündigung das Darlehn zurückzuerstatten. Der § 4 geht dem § 609 BGB. vor (Crusen-Müller III A 2c zu Art. 41 und Riedner 3 Ib; s. S. 98, 121, 160, 183, 184, 210). Die vom Gesetz jetzt festgesetzte Frist von 2 Monaten ist nur eine zeitliche Minimalgrenze für die Rückzahlungspflicht (Begr. S. 21). Es kann also eine längere Rückzahlungsfrist als 2 Monate vereinbart werden, nicht jedoch eine kürzere Frist. Die im Gesetz festgesetzte Mindestgrenze ist in der Praxis in der Regel die Höchstgrenze. Die Zeit der Fälligkeit des Darlehns wird gemäß § 5 Abs. 2 Ziff. 7 in das Pfandbuch eingetragen und erscheint demgemäß auch auf dem Pfandschein (§ 6). Es ist Handelsbrauch, daß ohne ausdrückliche Willenserklärung das Darlehn sich stets auf die gesetzliche Frist des § 4 erstreckt. Eine dahingehende Vereinbarung kommt auch dadurch zustande, daß der Verpfänder den Pfandschein mit dem darin enthaltenen Fälligkeitsdatum widerspruchslos annimmt (s. S. 134, 144, 148). Die Fälligkeitsfrist des § 4 gilt jedoch nur für den Pfandleiher und bedeutet, daß dieser das Darlehn nicht vor Ablauf von 2 Monaten zurückverlangen kann. Wohl aber kann der Verpfänder schon vor Ablauf dieser Frist das Darlehn zurückzahlen (§ 7). Die Frist ist also eine Mindestfrist zum Schutz des Verpfänders, kann also durch Vereinbarung auch verlängert werden (KG. vom 20. März 1926 ungedr. 30 U 9001/26). § 609 Abs. 3 BGB., der von zinslosen Darlehn spricht, kommt für das Pfandleihgewerbe nicht in Betracht. Denn ein zinsloses Darlehn ist kein Pfandleihdarlehn (s. S. 54 und 115). Wird zwischen dem Pfandleiher und dem Verpfänder vereinbart, daß das Darlehn nach Ablauf von 2 Monaten zurückgezahlt werden soll, ohne daß die über 2 Monate laufende Frist fixiert wird, so würde die Abrede, soweit sie sich auf die Frist über 2 Monate bezieht, unwirksam sein und das Darlehn gemäß

§ 4 nach Ablauf von 2 Monaten fällig werden. Aus § 5 Abs. 2 Ziff. 7 ergibt sich, daß das Pfandleihgesetz ein Darlehn auf unbestimmte Zeit für unzulässig hält. Dies übersieht Löffler S. 50. — Über den Fall der Prolongation s. S. 80 137.

3. Bei der Berechnung der Zweimonatsfrist ist von der Hingabe des Darlehns auszugehen. Dies fällt meist mit dem Abschluß des Pfandleihvertrages zusammen (s. auch S. 96 f.). Sie beginnt mit dem Beginn desjenigen Tages, der dem Tage der Darlehnshingabe folgt. Ist das Darlehn also am 24. Dezember gegeben, so beginnt der Lauf der Frist am Anfang des 25. Dezember. Für die Berechnung der Frist gibt das Gesetz keine Bestimmung, im Gegensatz zu der Berechnung für die Fristen des Zinsenlaufes (§ 2). — Das Ende der Frist darf nicht eintreten vor Ablauf von 2 Monaten. In dem obengenannten Beispiel würden also die 2 Monate unter Anwendung der Grundsätze des BGB. mit dem Ablauf des 24. Februar enden (vgl. hierzu S. 96 ff.). Das Gesetz geht von der „Hingabe" des Darlehns aus, regelt also nicht den Fall des Vereinbarungsdarlehns (§ 602 Abs. 2 BGB.). Die Frist für ein solches Darlehn beginnt dann in analoger Anwendung des § 4 mit demjenigen Tage, welcher dem Tage der Vereinbarung folgt. Ist also das Darlehn am 24. Mai auf 2 Monate gegeben, so läuft die Frist am Ende des 24. Juli ab. Wird an diesem Tage eine Prolongation vorgenommen oder sonst ein Vereinbarungsdarlehn abgeschlossen, so beginnt die neue Zweimonatsfrist mit dem 25. Juli und endet mit dem Ablauf des 25. September (Staudinger Anm. 1 zu § 190). War das ursprüngliche Darlehn am Ostersonntag fällig, so beginnt bei einer an diesem Tage stattfindenden Prolongation die neue Frist am nachfolgenden Ostermontag, obwohl dieser ein Feiertag ist (Staub-Könige Anm. 31 Anhang zu § 359). — Da die Fälligkeit des Darlehns von seiner Hingabe abhängt, so kann es vorkommen, daß der Tag, an welchem der Pfandleihvertrag zustande kommt, verschieden ist von dem Tage des Abschlusses des Darlehnsvertrages, z. B. wenn der Pfandleiher das Darlehn gegeben hat, bevor er das Pfand erhalten hat, und bevor das Geschäft in das Pfandbuch eingetragen worden ist. Die Pfandbucheintragung selber hat auf die Wirksamkeit des Darlehnsvertrages keinen Einfluß, sondern nur auf diejenige des Pfandvertrages. Ist das Darlehn z. B. im Vertrauen auf die Kreditwürdigkeit des Verpfänders am 2. Mai gegeben worden, das Pfand dem Pfandleiher aber erst am 5. Mai übergeben und an diesem Tage die Eintragung in das Pfandbuch erfolgt, so läuft die Darlehnsfrist mit dem Ende des 2. Juli ab. Trägt der Pfandleiher jedoch als Tag der Hingabe des Darlehns den 5. Mai in das Pfandbuch ein (§ 5 Abs. 2 Ziff. 2), so liegt darin ein Verzicht auf Zinsen vom 3. bis 5. Mai, und das Darlehn gilt dann als am 5. Mai hingegeben. Die Zweimonatsfrist beginnt dann mit dem 6. Mai, das Darlehn kann also frühestens vom Pfandleiher am 6. Juli zurückgefordert werden. Zahlt der Verpfänder erst am 7. Juli das Darlehn zurück, so kann der Pfandleiher gemäß § 2 Ziff. 3 für den neu angefangenen vollen Monat die Zinsen verlangen (s. S. 97).

4. Im Gegensatz zu den im § 3 ausgesprochenen Verboten, deren Zuwiderhandlung nach seinem Wortlaut und seiner Entstehungsgeschichte zur Nichtigkeit des ganzen Pfandleihvertrages führt (s. S. 135 ff.), macht eine Vereinbarung, welche gegen § 4 verstößt, nicht das ganze Geschäft nichtig; vielmehr erfaßt die Nichtigkeit nur diejenigen Abreden, welche die im § 4 festgesetzte Mindestzeit überschreiten. Das Darlehn mit der gesetzlichen Mindestfrist bleibt dann wirksam. Eine nach § 4 unzulässige Verabredung wird nach § 360 Ziff. 12 bestraft.

§ 5.

Der Pfandleiher erwirbt ein Pfandrecht an den ihm übergebenen Gegenständen erst dadurch, daß er das Geschäft in ein über alle solche Geschäfte nach der Zeitfolge derselben zu führendes Pfandbuch einträgt.

Die Eintragung muß enthalten:

1. eine laufende Nummer;
2. Ort und Tag des Geschäfts;
3. Vor- und Zunamen des Verpfänders;
4. den Betrag des Darlehns;
5. den Betrag der monatlichen Zinsen;
6. die Bezeichnung des Pfandes;
7. die Zeit der Fälligkeit des Darlehns.

E. § 6 Begr. S. 22; Drucks. HH. S. 277; StenBer. HH. S. 33; Drucks. AH. S. 2060; StenBer. AH. S. 1750, 1762.

1. Der jetzige § 5 entspricht dem § 6 des Entw. Dieser ist bis auf eine Abänderung Gesetz geworden. Diese Abänderung besteht darin, daß im Entw. der Abs. 2 acht Ziffern enthielt, darunter unter Ziff. 6 die Bestimmung, daß auch die bedungene Einschreibegebühr (eine solche existiert noch in **Württemberg** § 18) in das Pfandbuch eingetragen werden sollte. Da die im § 4 des Entw. vorgesehene Einschreibegebühr aber gestrichen worden war, weil sonst der Überschreitung des Zinsfußes Tür und Tor geöffnet worden wäre (Drucks. HH. S. 276), mußte auch die genannte Ziff. 6 fortfallen. Durch das AusfG. zum BGB. und die seit 1920 erlassenen Gesetze oder VO. ist der § 5 nicht berührt worden.

2. Dagegen ist der § 5 durch Ziff. 2 der Bekanntmachung vom 16. Juli 1881 noch in verschiedenen Punkten ergänzt worden. Diese Ergänzung hat das KG. für rechtsgültig erklärt (KGJ. 7, 234). Durch diese Bekanntmachung sind noch folgende Rubriken für das Pfandbuch vorgeschrieben:

3b. Stand und Wohnung des Verpfänders, Angabe, wie er sich legitimiert hat (s. S. 159),

8. falls das Geschäft zur Verlängerung eines früheren Geschäftes dient: Hinweis auf die Nummer der Eintragung des früheren Geschäftes (s. S. 160),

9. Tag, an welchem die Einlösung des Pfandes erfolgte, eventueller Hinweis auf die Nummer, unter welcher eine Verlängerung des Geschäftes bemerkt ist (s. S. 160 f.),

10. Tag, an welchem der Verkauf des Pfandes erfolgte; Name, Stand, Wohnung des Erwerbers, Betrag des Kaufpreises (s. S. 160 f.).

S. auch S. 155.

Durch die ministerielle Bekanntmachung vom 11. Juli 1902 (MinBl. f. inn. Verw. 135, s. auch GewArch. 2, 66) sind die Ortspolizeibehörden ermächtigt worden, für die Ziff. 6 des § 5 noch weitere vier Unterabteilungen vorzuschreiben, nämlich:

1. Gegenstand,
2. Besondere Kennzeichen,
3. Buchstaben,
4. Zahlen.

Hiervon hat der Berliner Polizeipräsident durch die Bekanntmachung vom 28. August 1902 (Norddeutsche Allg. Ztg. N. 205) Gebrauch gemacht. Mit derselben Bekanntmachung war auch die Führung doppelter Pfandbücher vorgeschrieben worden. Diese letztere Bestimmung entbehrt jedoch der Rechtsgültigkeit (KGJ. 31 C 5; GewArch. 6, 57; vgl. S. 156). Die Frage, ob der Minister des Innern überhaupt eine Delegationsbefugnis an die untergeordneten Polizeiorgane hat, ist in dem Urteil nicht entschieden worden. Angesichts des § 38 GewO. und des § 136 des Gesetzes über die allgemeine Landesverwaltung kann eine derartige Delegationsbefugnis nicht anerkannt werden. Die in der **sächs.** AusfO. (§ 11) enthaltene Delegationsbefugnis zum Erlasse örtlicher Regulative erscheint deshalb auch bedenklich.

3. Was die Entstehung des Pfandleihpfandrechts anlangt, so geht der Gesetzgeber davon aus, daß hierfür besondere Vorschriften gegeben werden müßten, welche vom gemeinen bürgerlichen Recht abweichen. Die strenge Kontrolle des Gewerbebetriebes erfordert eine gehörige Buchführung, welche die Grundlage bilden sollte für den Pfandverkauf. Um diese Kontrolle durchzuführen, glaubte man, daß Strafvorschriften nicht genügten; man wollte vielmehr das eigenste pekuniäre Interesse des Pfandleihers dazu benutzen, um eine ordnungsmäßige Buchführung zu gewährleisten (Begr. S. 22; Drucks. AH. S. 277; StenBer. HH. 33; Drucks. AH. S. 2061). Die Pflicht des Pfandleihers, ein Pfandbuch zu führen, unterscheidet sich deshalb von der Buchführungspflicht des Kaufmannes. Diese dient dazu, Klärung über seine Vermögenslage zu schaffen, jene lediglich der polizeilichen Aufsicht (Zach S. 73, s. auch S. 67 f.).

4. Durch die Sondervorschriften, welche das Gesetz für die Entstehung des Pfandrechts gibt, werden die Vorschriften des BGB nicht beseitigt. In der Begr. S. 22 war gesagt, daß „durch" die im Pfandleihgesetz gegebenen Sondervorschriften alle übrigen Erfordernisse für die Entstehung und Fortdauer eines Pfandrechts erfüllt werden. In der Justizkommission erklärte aber der Regierungskommissar, daß hier ein Schreibfehler vorliege, und daß es statt „durch" heißen müsse „neben" (Drucks. HH. S. 276). Dieser Auffassung schlossen sich die übrigen gesetzgeberischen Faktoren an. Es kommen also für die Entstehung des Pfandrechts in erster Linie die Vorschriften des bürgerlichen Rechts zur Anwendung und ergänzend hierzu die Bestimmung des § 5 (Gruchot 28, 1044; OLG. Köln im Rhein. Archiv 101, 252; Reger 44, 11; Löffler S. 58; Frohnert S. 26). Die bei Crusen-Müller Anm. III A 2 zu Art. 41 vertretene Ansicht, daß das Pfandrecht durch die Eintragung statt der Übergabe und Einigung entsteht, beruht also auf einem Irrtum (s. S. 26 f.). Es ist also zur Entstehung des Pfandrechts erforderlich die Einigung und die Übergabe, welche entweder durch Einräumung des unmittelbaren Besitzes, Übertragung des mittelbaren Besitzes nebst Anzeige oder durch Einräumung des Mitbesitzes erfolgt (§§ 1204, 1205, 1206 BGB.; Reger 44, 11). Hierzu tritt dann noch die Pfandbucheintragung. Gänzlich unberührt bleiben durch die Sondervorschriften des § 5 die Bestimmungen des BGB., soweit Rechte dritter Personen an dem Pfande in Betracht kommen, also namentlich die Rechtsfolgen, welche durch Verpfändung seitens eines Nichtberechtigten eintreten (Niedner Anm. 3, III zu Art. 94; Stranz-Gerhard Anm. 5 und 7 zu Art. 41 AusfG.; Crusen-Müller III A 4 zu Art. 41 AusfG.; Martin Wolff 1927 S. 645). Auch wenn der Pfandleiher als Kaufmann in das Handelsregister eingetragen ist, kommt § 5 zur Anwendung (Staub-Könige Anm. 3 zu § 416; Lehmann-Ring 1914 S. 169; ebenso Drucks. HH. S. 278). Durch die kaufmännische Buchführung wird der Pfandleiher der Pflicht zur Führung eines Pfandbuches nicht enthoben (KGJ. 32 C 7). — Einzutragen ist „das Geschäft". Wie aus Abs. 2 hervorgeht, sind damit die Essentialien sowohl des Pfandvertrages als auch des Darlehnsvertrages gemeint. Das für den Pfandleiher entstehende Pfandrecht an getrennten Früchten bedarf nicht der Eintragung. Die Eintragungspflicht bezieht sich auch nur auf die Essentialien, nicht dagegen auf Nebenabreden, wie z. B. Vereinbarungen über den Erfüllungsort, Schiedsgerichtsklauseln und Weiterverpfändungsbefugnis (s. S. 120, 123, 134 178, 180). Das KG. spricht in einem Urteil vom 6. März 1928 (ungedr. 2 U 7476/27) den Grundsatz aus, daß eine Weiterverpfändungsabrede zwischen dem Pfandleiher und Verpfänder in das Pfandbuch einzutragen sei. Diese Ansicht findet weder im Gesetz noch in den Motiven ihren Anhalt. Die im § 5 aufgezählten Eintragungspflichten sind nicht beispielshalber aufgeführt (s. auch unter N. 6 dieses Paragraphen), wie aus dem Wort „muß" hervorgeht. Aus den gesetzgeberischen Vorarbeiten ergibt sich auch, daß man ausdrücklich anderweitige Eintragungserfordernisse ablehnte (Drucks. HH. 278). Der Kreis dieser Erfordernisse steht also nach dem Gesetz fest und kann weder durch die Zentralbehörden noch durch Parteivereinbarungen erweitert werden. Hierzu kommt noch, daß das Recht der Weiterverpfändung überhaupt erst dann eingeräumt wird, nachdem der Pfandleihvertrag perfekt geworden ist, also auch die Eintragung des ursprünglichen Pfandrechts in das Pfandbuch erfolgt ist. Eine Spalte „Veränderungen" oder „Nebenabreden" kennt weder das Pfandleihgesetz noch auch die ministerielle Bekanntmachung (s. auch S. 120ff., 180). Es ist deshalb unzulässig, zu sagen, daß die Weiterverpfändungsbefugnis ein wesentlicher Bestandteil des Verpfändungsgeschäftes sei. Tatsächlich ist sie nur eine Nebenabrede zum Hauptvertrag und bedarf niemals der Eintragung in das Pfandbuch. So auch neuerdings Urteil des LG. III Berlin vom 22. Oktober 1928, das im bewußten Gegensatz zum Urteil des KG. mit zureichender Begründung eine Eintragungspflicht der Weiterverpfändungsklausel verneint.

5. In der Begründung (S. 22) sowohl als auch in dem Bericht der Justizkommission (Drucks. HH. S. 277 und 278) wird die Pfandbucheintragung einmal als „Form" bezeichnet, ein andermal als „Niederschreibung des Pfandvertrages". Wäre es lediglich eine Formvorschrift, so könnte bei ihrer Verletzung gemäß § 141 Abs. 1 BGB. eine Bestätigung durch die Vertragsteile vorgenommen werden. Die Bucheintragung ist aber mehr als eine bloße Vollzugsform. Sie ist, ähnlich wie bei der Grundbucheintragung, ein neben der Einigung und Übergabe gleichwertiges Vertragselement. Es ist deshalb auch in den Materialien davon die Rede, daß die Pfandbucheintragung „Vorbedingung" für die Entstehung des Pfandrechtes ist (StenBer. HH. S. 33). Die bei der Schriftform gegebene Vermutung der Vollständigkeit und Richtigkeit eines Rechtsgeschäftes trifft also die Bucheintragung nicht. Nur bei einem Widerstreit des Inhalts des Pfandbuches mit dem des Pfandscheines gilt die Auslegungsregel des § 6 (s. dort). Deshalb sind auch Nebenabreden, die eben keine Essentialien sind, auch ohne Eintragung in das Pfandbuch wirksam (so auch LG. I Berlin 76 O 767/25 und LG. III Berlin 32 S 468/26). Anders **Braunschweig** (§ 3), das Nebenabreden überhaupt verbietet, während **Württemberg** (§ 6 Ziff. 8) „Nebenberedungen" ausdrücklich für eintragungspflichtig erklärt (s. auch hierzu S. 132 f. über Erfüllungsort, über Haftungsausschluß S. 144).

6. Es war beabsichtigt, zu den Essentialien des Gesetzes, und deshalb auch zur Eintragungspflicht, die Angabe des Ortes, an dem das Pfandgeschäft zustande kommt, sowie die Angabe der Wohnung des Verpfänders in das Gesetz aufzunehmen. Da es aber nicht angebracht erschien, „die Essentialien des Verpfändungsgeschäftes ohne Not zu vermehren", wurden diese Anträge abgelehnt (Drucks. HH. 278). Aus demselben Grunde wurde auch eine besondere Rubrik für die Werttaxe im Pfandbuch abgelehnt. Wenn demgegenüber die preuß. Bekanntmachung vom 16. Juli 1881 trotzdem in Ziff. 2 vorschreibt, daß unter 3b auch die Wohnung des Verpfänders in das Pfandbuch einzutragen ist, so kann hierin nur eine instruktionelle Vorschrift erblickt werden; essentiell ist jedenfalls die Eintragung der Wohnung des Verpfänders für die Entstehung des Pfandrechts nicht. Trotzdem muß natürlich auch diese instruktionelle Vorschrift insoweit befolgt werden, als die durch die ministerielle Bekanntmachung angeordnete weitere Bestimmung unter 3b auch in den Pfandschein mit aufgenommen werden muß, weil dieser eine wortgetreue Abschrift der Bucheintragung sein soll (LG. I Berlin vom 6. Dezember 1889 ungedr. O III 66/89; s. auch KGJ. 5, 234).

7. An die Pfandbucheintragung darf man keine überspannten Forderungen stellen. Eine allzu wörtliche Auslegung des Paragraphen würde zu einem Formalismus führen, der nicht im Sinne des Gesetzgebers lag. In der Justizkommission wurde unter allgemeiner Billigung darauf hingewiesen, daß „einzelne Unrichtigkeiten in dem Inhalt der Ziff. 1—7 des § 5 die Gültigkeit des Pfandrechtes nicht tangieren können". Der Regierungskommissar erwiderte hierauf und verwies auf die „allgemeinen Rechtsgrundsätze, deren verständige Anwendung von den Gerichten zu erwarten sei" (Drucks. AH. S. 2060). Man wird also bei Auslegung des Wortlautes des § 5 und etwaiger Verstöße dagegen stets auf den Sinn und Zweck der Bestimmungen zurückgehen müssen. Dieser bestand darin: überhaupt eine urkundliche Niederlegung des abgeschlossenen Geschäftes zu erreichen, sodann der Ausbeutung des Verpfänders, z. B. durch längere Vordatierung des Geschäftes mehr Zinsen zu nehmen, oder dem hehlerischen Erwerb, z. B. durch unrichtige Angaben über den Pfandgegenstand, vorzubeugen, sowie endlich eine Unterlage für die Befolgung der Vorschriften des Pfandverkaufes zu haben (Begr. S. 22; Drucks. HH. S. 278). Wo also der Wille zur Ausbeutung oder zum hehlerischen Erwerb durch eine objektiv falsche Eintragung klar zutage tritt, wird man bei einem Verstoß gegen § 5 die Entstehung des Pfandrechtes verneinen müssen; andererseits aber bloße Nachlässigkeiten in der Eintragung für unschädlich halten (so auch Dernburg 4. Aufl. 1908 S. 938 Anm. 5; Löffler S. 58; KG. vom 20. März 1926 ungedr. 30 U 9001/23). — Das Wort „muß" in Abs. 2 des § 5 darf nicht dazu verleiten, die Auslegungsvorschriften des BGB. anzuwenden. Zur Zeit des Erlasses des Gesetzes hatte sich die feste Terminologie, wie sie das BGB. kennt, und die bei Verletzung einer Mußvorschrift zur Nichtigkeit des Geschäftes führt, noch nicht gebildet, sonst wäre der obenerwähnte Hinweis des Regierungskommissars auf die allgemeinen Rechtsgrundsätze überflüssig gewesen. Hinzu kommt noch, daß Abs. 2 des § 5 offenbar nur ordnungspolizeilichen Charakter hat, während der Abs. 1 den Inhalt des Pfandvertrages selber treffen will. — Das Gesagte gilt insbesondere hinsichtlich der durch die ministerielle Bekanntmachung vom 16. Juli 1881 noch hinzugefügten 4 weiteren Eintragungserfordernisse (s. oben S. 152). Danach soll z. B. in das Pfandbuch auch der Tag eingetragen werden, an welchem die Einlösung des Pfandes erfolgte. Unterstellt man, daß irrtümlich ein falscher Einlösungstag eingetragen wäre, oder diese Rubrik überhaupt nicht ausgefüllt wäre, was ja doch eigentlich erst nach Abwicklung des Pfandgeschäftes geschehen kann, so wäre die Behauptung des Verpfänders, er hätte auf Grund eines nichtigen Geschäftes bezahlt, wohl kaum beachtlich. — Der weitere Zweck der Eintragungs-

erfordernisse ist der, da die Eintragung unabhängig vom Verpfänder vor sich geht, der Pfandleiher dagegen verpflichtet ist, eine wortgetreue Abschrift von der Pfandbucheintragung in Gestalt des Pfandscheines dem Verpfänder zu geben, daß der Verpfänder auch eine Beweisurkunde in die Hand bekommen soll. Diese wortgetreue Abschrift kann sich natürlich nur auf diejenigen Eintragungen in das Pfandbuch beziehen, die z. B. des Abschlusses des Pfandleihvertrages bereits vorhanden waren. Die durch die Bekanntmachung vom 16. Juli 1881 als Rubrik 8, 9 und 10 angeordneten Eintragungen beziehen sich aber überhaupt auf eine Zeit, die erst nach dem Abschluß des Pfandleihvertrages fällt. — Sind die Verstöße gegen § 5 Abs. 2 wesentlich, so wird dadurch nur der Bestand des Pfandvertrages, nicht aber auch derjenige des Darlehnsvertrages berührt (StenBer. HH. S. 41). In diesem Falle hat der Pfandleiher nur ein Zurückbehaltungsrecht am Pfande, ähnlich wie wenn Ansprüche aus einem Versicherungsvertrage verpfändet werden, ohne daß der Verpfänder gegenüber dem Versicherer eine Anzeige gemäß § 1280 BGB. machte (Seuffert 73 N. 226; RGZ. 51, 87; ebenso auch Drucks. HH. S. 278). Dieses Zurückbehaltungsrecht ist jedoch nicht dinglich, kann also nur dem Verpfänder gegenüber geltend gemacht werden. Infolgedessen besteht auch für den Pfandleiher in diesem Falle bei einem Konkurs des Verpfänders kein Recht auf abgesonderte Befriedigung.

8. Die Pfandbucheintragung ist eine nicht empfangsbedürftige Willenserklärung des Pfandleihers. Hinsichtlich der äußeren Gestaltung des Pfandbuches gilt folgendes:

a) Die Eintragung hat zu erfolgen in einem Pfandbuch. Für dieses gibt die Ziff. 1 der Bekanntmachung vom 16. Juli 1881 gewisse Vorschriften. Es muß dauerhaft gebunden und durchweg mit Seitenzahlen versehen sein. Eine Registratur in Form einer Kartothek oder gar die Eintragung des Geschäftes auf losen Zetteln ist also unzulässig. Diese beiden Erfordernisse sind von der Ortspolizeibehörde vor der Ingebrauchnahme zu prüfen und ihr Vorhandensein zu beglaubigen. Zu diesem Zwecke muß das Pfandbuch der Ortspolizeibehörde vorgelegt werden; in Berlin geschieht dies gegenüber den Reviervorständen. Für die Beglaubigung ist eine Verwaltungsgebühr zu bezahlen (PP. Berlin vom 9. November 1926 C 3). Rasuren im Pfandbuch sind ebenso verboten wie unleserliche Eintragungen. Bleistifteintragungen können leicht zu einer solchen Unleserlichkeit führen (ROHG. 18, 231). Die Eintragung mit Tinte ist im Gesetz nicht vorgeschrieben, wohl aber ergibt sich eine solche aus § 162 Abs. 6 RAO. Das in ein nicht vorschriftsmäßiges Pfandbuch eingetragene Geschäft läßt ein Pfandrecht nicht entstehen (KGJ. 31 C 5). Über das Pfandbuch als Handelsbuch s. S. 67 ff.

b) Die Eintragung hat stattzufinden in einem Pfandbuch. Eine zur Bequemlichkeit der kontrollierenden Behörde erlassene Bestimmung, daß zwei Pfandbücher zu führen sind, ist ungültig (KGJ. 31 C 5; ebenso Urteil des KG. vom 28. Januar 1904 ungedr. S. 1584/03).

c) Die Eintragung in das Pfandbuch braucht der Pfandleiher nicht persönlich vorzunehmen, er kann sich hierzu eines Gehilfen bedienen. Auf die Führung des Pfandbuches selber hat der Verpfänder keinerlei Einfluß (StenBer. HH. S. 34).

d) Schriftzeichen und Sprache, die bei der Eintragung anzuwenden sind, müssen deutsch sein (s. S. 68), obwohl dies weder im Gesetz noch in der Bekanntmachung vom 16. Juli 1881 vorgeschrieben ist; anders **Hamburg** (Ges.- u. VOBl. 1923 S. 347 Ziff. II), das die deutsche Sprache verlangt.

e) Das Pfandbuch ist im Geschäftslokal des Pfandleihers aufzubewahren und muß jederzeit zur Hand sein. Die Aufbewahrungspflicht ergibt sich aus Ziff. 1

Satz 3 der ministeriellen Bekanntmachung vom 16. Juli 1881, die die ganze oder teilweise Vernichtung des Pfandbuches ohne Genehmigung der Ortspolizeibehörde verbietet. Den Fall des Verlustes oder der zufälligen Vernichtung des Pfandbuches sieht weder das Gesetz noch die ministerielle Bekanntmachung vor. Die Wirksamkeit des bereits eingetragenen Pfandleihvertrages wird durch einen solchen Verlust des Pfandbuches nicht berührt, vielmehr wird nur der Beweis der Eintragung erschwert. Durch den Verlust des Pfandbuches wird die Herstellung einer ortspolizeilich beglaubigten Liste, wie sie Ziff. 7 der Bekanntmachung vom 16. Juli 1881 als Voraussetzung für die Pfandversteigerung vorschreibt, unmöglich. Es muß dann versucht werden, das Pfandbuch zu rekonstruieren, z. B. durch Wiederherstellung der Pfandbucheintragungen aus den ausgegebenen Pfandscheinen. Im Fall eines solchen Verlustes des Pfandbuches wird der Pfandleiher gut tun, eine geraume Zeit über die im § 11 festgesetzte Frist hinaus, gerechnet vom Verlust des Pfandbuches ab, zu warten. Ist der Pfandleiher in das Handelsregister eingetragen, so tritt das Recht, seine Handelsbücher 10 Jahre nach der letzten Eintragung zu vernichten (§ 44 HGB.) hinter der Bestimmung der ministeriellen Bekanntmachung zurück, welche eine Vernichtung ohne ortspolizeiliche Genehmigung für unzulässig erklärt. Das gleiche gilt, wenn die Polizeibehörde die Vernichtung des Pfandbuches schon vor Ablauf der zehnjährigen Frist genehmigt hat. Über die Abwicklung des Pfandleihvertrages nach Aufgabe des Gewerbebetriebes s. S. 94.

f) Die Eintragungen in das Pfandbuch müssen derart erfolgen, daß alle solche Geschäfte dort eingetragen werden. Unter „solchen" Geschäften sind diejenigen zu verstehen, welche auf Abschluß eines Pfandleihvertrages gerichtet sind, also auch die sog. Rückkaufsgeschäfte, s. S. 62. Bei diesen wird der Kaufpreis in die Spalte „Betrag des Darlehns", die Kaufsache in die Spalte „Bezeichnung des Pfandes", die Differenz zwischen Kaufpreis und Rückkaufpreis in die Spalte „monatliche Zinsen", also auf einen Monatszins umgerechnet, eingetragen, s. S. 160. — In das Pfandbuch dürfen aber auch nur Pfandleihverträge eingetragen werden, also Eintragungen, die in das Trödelbuch gehören, haben im Pfandbuch keinen Platz. Sie sind zwar zivilrechtlich unschädlich, würden aber zur Bestrafung des Pfandleihers wegen ordnungswidriger Buchführung führen. — Wie das Geschäft sich im einzelnen gestaltet, hängt von den Vereinbarungen zwischen den Vertragsteilen ab. Über eine Zerlegung eines Geschäftes in mehrere Geschäfte s. S. 139, 178. — Weiter ist erforderlich, daß die Eintragung der Geschäfte nach ihrer Zeitfolge vor sich geht. Damit ist nichts darüber gesagt, zu welchem Zeitpunkt die Eintragung vor sich gehen muß. Ziff. 2 der Bekanntmachung vom 16. Juli 1881 schreibt vor, daß dies „prompt" zu geschehen habe. Man wird nicht fehlgehen, wenn man diesen Ausdruck dem Worte „unverzüglich", wie es das BGB. kennt, gleichsetzt. Damit ist nicht gesagt, daß die Eintragung in das Pfandbuch stets an demselben Tage auch erfolgen muß, an dem das Geschäft zum Abschluß gelangt, wie dies z. B. in dem Edelmetallgesetz und in dem Gesetz über unedle Metalle (RGBl. 1923 S. 366 und 369) ausdrücklich vorgeschrieben ist. Die Eintragung muß also ohne schuldhaftes Zögern erfolgen. Ist die letzte Seite eines Pfandbuches schon vollgeschrieben, ist der Pfandleiher aber infolge Verzögerung auf der Polizei noch nicht in dem Besitz des neuen abgestempelten Pfandbuches gelangt, so kann er trotzdem einen Pfandvertrag abschließen und die Eintragung in das neue Pfandbuch, das er am folgenden Tag erst erhält, vornehmen. Das Pfandrecht kommt aber erst dann mit der geschehenen Eintragung zustande. Als Tag der Eintragung ist dann derjenige Tag einzutragen, an dem tatsächlich die Niederschrift in das Pfandbuch erfolgt. Hatte der Pfandleiher die Eintragung eines Geschäftes mit dem Verpfänder A., das am 10. Februar zustande kam, irrtümlich unterlassen, trotzdem aber dem Verpfänder den Pfandschein N. 2000 ausgehändigt, und trägt er ein anderes Versatzgeschäft mit dem Verpfänder B. am nächstfolgenden Tage, dem 11. Februar, unter der gleichen N. 2000 in das Pfandbuch ein, so hat der Pfandleiher dem Verpfänder A. gegenüber kein Pfandrecht erworben, wohl aber dem B. gegenüber. Er muß dann das mit A. abgeschlossene Geschäft unter dem neuen Datum des 11. Februar unter N. 2001 in das Pfandbuch eintragen. Dadurch wird die Eintragung nicht etwa eine falsche, denn die vorbereitenden rechtsgeschäftlichen Erklärungen brauchen überhaupt nicht eingetragen zu werden, sondern nur das wirksam zustande gekommene Geschäft. Erforderlich ist endlich, daß die Eintragung in das Pfandbuch erst vor sich gehen darf, wenn das Pfand dem Pfandleiher übergeben worden ist, „erst" dadurch entsteht das Pfandrecht. Sowohl die Übergabe wie deren Surrogate müssen also der Pfandbucheintragung vorausgehen.

9. Der Inhalt der Eintragung in das Pfandbuch ergibt sich aus Abs. 2 des § 5 und Ziff. 2 der Bekanntmachung vom 16. Juli 1881 (s. S. 152). Im einzelnen ist hierzu folgendes zu bemerken:

a) Die Ziff. 1: Laufende Nummer. Sie ist erforderlich, weil sie die Grundlage des Pfandverkaufs bildet (§ 12 Abs. 2). Wenn infolge eines Versehens ein wirksam abgeschlossener Pfandleihvertrag z. B. unter N. 2000 hätte eingetragen werden müssen, ein anderes Geschäft aber diese Pfandbuchnummer erhalten hat, so ist es unschädlich, wenn der Pfandleiher, um die Zeitfolge zu wahren, unmittelbar hinter 2000 das vergessene Geschäft als 2000a einträgt.

b) Die Ziff. 2: Ort und Tag des Geschäftes. Die Angabe des Ortes ist vom Gesetzgeber für wesentlich erklärt worden, da die Gültigkeit der Pfandbestellung von dem Landesrecht des betreffenden Ortes abhängig ist (Drucks. HH. S. 278). Die Bestimmung ist aber überflüssig, da das Pfandbuch im Geschäftslokal des betreffenden Pfandleihers aufbewahrt werden muß und infolgedessen auch alle Geschäfte dort zustande kommen. Wollte also selbst der Altonaer Pfandleiher mit seinem Pfandbuch nach Hamburg gehen — ein Fall, der übrigens kaum praktisch wird, einmal weil die Pfandbücher schwer zu transportieren sind, und sodann, weil bei einer Entfernung des Pfandbuches aus dem Geschäftslokal dort inzwischen keine anderen Pfandleihverträge zum Abschluß gebracht werden können — und wollte er dort in Hamburg ein Geschäft in sein Pfandbuch eintragen, so käme trotzdem nicht das hamburgische, sondern das preußische Pfandleihgesetz zur Anwendung (s. S. 36 f.). Die Bestimmung erscheint auch deshalb überflüssig, weil die z. Z. des Erlasses des Gesetzes bestehenden Vorschriften über die materiellen Erfordernisse bei der Entstehung des Pfandrechtes, welche in den einzelnen Partikularrechten verschieden waren, durch das BGB. jetzt beseitigt worden sind. — Der Tag des Geschäftes ist derjenige, an dem es zum Abschluß gelangt, d. h. der, an dem die Eintragung erfolgte. Er kann von dem Tage der Darlehnshingabe verschieden sein, nur darf letzterer nicht nach der Pfandbucheintragung liegen. Denn der Darlehnsvertrag ist das Primäre, ohne ihn kann ein Pfandrecht nicht bestellt werden. Da durchschnittlich in einem Pfandleihgeschäft täglich 30—50 einzelne Geschäfte zur Eintragung gelangen, hat sich der Handelsbrauch gebildet, daß in der Spalte „Tag des Geschäftes" die Angabe des Datums nicht immer wiederholt wird. Es wird in der Spalte das Datum bei jedem ersten Geschäfte an einem Tage eingetragen, dieses Datum dann unterstrichelt oder überhaupt freigelassen, so daß das letzte im Pfandbuch eingetragene Datum auch als Zeitangabe für alle nachfolgenden Geschäfte anzusehen ist bis zu dem Datum des nächstfolgenden Tages. Irgendein unzulässiges Dazwischenschieben eines vorher oder nachher abgeschlossenen Geschäftes ist ja nicht möglich, da sonst die „laufende Nummer" nicht stimmen würde.

c) Ziff. 3: Vor- und Zuname des Verpfänders. Nicht einzutragen ist der Name des Eigentümers des Pfandes, auch nicht der des Darlehnsschuldners, sondern nur der Name des Verpfänders, wenn der Verpfänder nicht identisch mit dem Darlehnsschuldner und dem Eigentümer ist. A. verpfändet eine dem B. gehörige Uhr für ein von C. aufzunehmendes Darlehn. Verpfänder ist derjenige, der mit dem Pfandleiher den Pfandvertrag abschließt, im vorliegenden Falle also A. Die Angaben über seine Persönlichkeit entnimmt der Pfandleiher der ihm vorzulegenden Legitimation (s. Ziff. 3b). Diese Angaben sind häufig objektiv falsch, da die Scheu des großen Publikums vor dem Besuch des Pfandhauses und die weitere Scheu, daß der Name des Verpfänders in dem Pfandbuch eingetragen wird und dieser dann in weiteren Kreisen, z. B. durch Vorlegung des Pfandbuches bei Gericht, bekannt werden könnte, daß der Name dem Versteigerer bekannt wird und ebenso auch der Ortsarmenverwaltung eine sehr große ist; alle diese Umstände bringen es mit sich, daß fast in der Regel der dem Pfandleiher angegebene Name nicht richtig ist, s. S. 162, 169, 209.

d) Spalte 3b: Stand und Wohnung des Verpfänders, Angabe wie er sich legitimiert hat (Ziff. 2 der Bekanntmachung vom 16. Juli 1881). Die Eintragung der Wohnung des Verpfänders ist nicht essentiell, sondern nur instruktionell (s. S. 155). Die Angaben über den Stand haben sich auf die Berufstätigkeit des Verpfänders oder seine sonstige Stellung im gesellschaftlichen Leben zu beziehen. Der Stand wird sich meist aus den vorgelegten Legitimationspapieren ergeben. Durch die Verwendung üblicher Abkürzungen wie Kfm., Arb., Stud. usw. erfüllt der Pfandleiher seine Pflicht zur Angabe des Standes. Dasselbe gilt auch für die Angaben, wie der Verpfänder sich legitimiert hat. Es genügen also z. B. die Bezeichnung Invkrte = Invalidenkarte, Pers.A. = Personalausweis, SteuerK. = Steuerkarte, HeiratsU. = Heiratsurkunde, ReiseP. = Reisepaß; bek. = bekannt, da der Zweck und Sinn der Bestimmung der ist, den Polizeiorganen die Kontrolle des Buches zu ermöglichen, da Kenntnis und Bedeutung gebräuchlicher Abkürzungen aber auch bei ihnen vorausgesetzt werden kann. Die Legitimation selbst wird durch Urkunden geführt. Diese können dem ausgesprochenen Zwecke der Legitimation dienen, wie Pässe, Personalausweise usw. Es können aber auch sonstige Urkunden sein, die einem Dritten nicht überlassen zu werden pflegen. Sehr häufig wird hierbei übersehen, daß Standesamtsurkunden keine Legitimationskraft haben. Im Pfandleihgewerbe sind sie aber handelsüblich. Die zur Legitimation dienenden Urkunden brauchen keine öffentlichen zu sein, auch Mietsverträge, Anstellungsverträge, Straßenbahnabonnements reichen aus. Endlich genügt es auch zur Legitimation des Verpfänders, wenn dieser dem Pfandleiher persönlich bekannt ist oder ihm durch eine dem Pfandleiher bekannte dritte Person vorgestellt wird, nur muß die Art, wie die Legitimation geführt wird, aus der Spalte 3b des Pfandbuchs ersichtlich sein. Eine Nachforschungspflicht darüber, ob die Angaben des Verpfänders über seine Persönlichkeit der Wahrheit entsprechen, liegt dem Pfandleiher nicht ob. Jedoch kann eine Fahrlässigkeit bei Prüfung der Persönlichkeit des Verpfänders leicht dazu führen, daß der auf das Eigentum des Verpfänders oder seine

Verfügungsberechtigung am Pfande gerichtete gute Glaube des Pfandleihers angezweifelt wird. Hat z. B. der Verpfänder die von ihm zur Legitimation vorgelegte Invalidenkarte derart verfälscht, daß er das Datum ändert und damit die Beurkundung seiner Minderjährigkeit beseitigte, und war die Fälschung eine offensichtliche, so liegt keine genügende Legitimation vor und der Pfandleiher handelt fahrlässig, wenn er an der Fälschung keinen Anstoß nimmt (KG. vom 19. Februar 1927 ungedr. 4 U 12791/26). Wenn dem Pfandleiher auch keine Nachforschungspflicht hinsichtlich der Angaben über die Person des Verpfänders obliegt, so besteht doch eine gewisse Prüfungspflicht hinsichtlich der Persönlichkeit. So wird man auch von dem Pfandleiher eine gewisse Menschenkenntnis verlangen. Macht der Verpfänder den Eindruck, als ob er noch nicht volljährig ist, so wird der Pfandleiher durch näheres Befragen die Zweifel aufklären und insbesondere auch darauf hinwirken müssen, zu erfahren, ob der gesetzliche Vertreter des Verpfänders ihm das Pfand zur freien Verfügung überlassen hat (s. S. 107f.). Über die zivilrechtliche Bedeutungslosigkeit eines Verstoßes gegen eine objektiv falsche Eintragung s. S. 155. Strafrechtlich fällt ein Verstoß gegen die Eintragungspflicht unter § 360 Ziffer 12 StGB. Er ist ein Dauerdelikt. Dieses verjährt jedoch schon nach 3 Monaten; denn eine nachträgliche Erfüllung der Eintragungspflicht ist mindestens von dem Augenblick an gegenstandslos, zu welchem dem Verpfänder der Pfandschein ausgehändigt wurde; vgl. hierzu RGSt. 62, 214; s. auch S. 94f.

e) Spalte 4: Betrag des Darlehns (s. hierzu S. 136ff.).

f) Spalte 5: Betrag der monatlichen Zinsen. Es ist nicht der Geringste, dem Pfandleiher nach § 1 Abs. 2 zustehende Zweimonatszinssatz einzutragen, sondern der rechnerisch aus § 1 Abs. 1 sich ergebende Betrag für einen Monat. Ist der Pfandleihvertrag in Gestalt eines Rückkaufgeschäftes abgeschlossen, so ist der monatliche Zinssatz aus der Differenz des Kaufpreises und Rückkaufpreises zu errechnen, s. S. 62f., 157.

g) Spalte 6: Bezeichnung des Pfandes. Über die Frage, welche Gegenstände Objekt des Pfandleihpfandrechts sein können, s. S. 163ff. Das Pfand ist so zu bezeichnen, wie es z. Z. der Übergabe vorhanden war; im übrigen ist eine umständliche Beschreibung des Pfandes nicht erforderlich. Das Pfandleihreglement schrieb eine „genaue" Beschreibung vor. Das preußische Gesetz verlangt also weniger, weil es die Nutzlosigkeit der alten, ängstlichen Vorschrift einsah und sie hat fallen lassen (LG. I Berlin O Ia 33/90). Wird z. B. ein Pfandschein verpfändet und ist damit die Verpfändung des Pfandgegenstandes selber gemeint, so braucht dieser nicht in das Pfandbuch eingetragen zu werden, es genügt vielmehr, wenn als Gegenstand des Pfandrechts der Pfandschein als solcher bezeichnet wird (KG. vom 20. März 1926 ungedr. 30 U 9001/23). — Zur Individualisierung des Pfandes sind die in der ministeriellen Bekanntmachung (s. S. 152) vorgeschriebenen Merkmale zu beachten. Da im Pfandleihgewerbe häufig Gegenstände gleicher Art und Beschaffenheit, z. B. Trauringe, Fahrräder, Uhren usw., von den verschiedensten Verpfändern verpfändet werden, soll durch eine besondere Beschreibung des Pfandes einer Verwechslungsgefahr vorgebeugt und die Ermittlung gestohlener Pfänder auch dadurch erleichtert werden. Nicht nötig ist, daß auch Emballagestücke, wie Kartons, Etuis usw., in das Pfandbuch eingetragen werden, da sie meist als wertlos anzusehen sind und nicht als mitverpfändet gelten (LG. I Berlin O IIId 66/89).

h) Spalte 7: Zeit der Fälligkeit des Darlehns (s. hierzu S. 150).

i) Spalte 8: Prolongation (Ziff. 2 der ministeriellen Bekanntmachung vom 16. Juli 1881; s. hierzu S. 80, 137 f. und 151).

k) Spalte 9: Tag, an welchem die Einlösung des Pfandes erfolgte, evtl. Hinweis auf die Nummer, unter welcher eine Verlängerung des Geschäftes bemerkt ist (Ziff. 2 der ministeriellen Bekanntmachung vom 16. Juli 1881; vgl. hierzu S. 156, 185).

l) Spalte 10: Tag, an welchem der Verkauf des Pfandes erfolgte, Name, Stand, Wohnung des Erwerbers, Betrag des Kaufpreises (Ziff. 2 der Bekanntmachung vom 16. Juli 1881).

10. Die Eintragungen in das Pfandbuch können dazu führen, daß in einem Zivilprozeß sich für den Pfandleiher die Verpflichtung ergibt, das Buch dem Gericht vorzulegen (§ 422 ZPO.). Diese Pflicht besteht dann, wenn der Beweisführer nach den Vorschriften des BGB. die Vorlegung einer Urkunde verlangen kann (s. hierzu S. 146). Die Eintragungen in das Pfandbuch sind solche, die im Interesse des Verpfänders erfolgt sind. Die Eintragung in das Pfandbuch ist also eine Urkunde, die auch für den Verpfänder als Beweismittel dienen soll (RGZ. 69, 401). Daß mit dem Eintragungszwang noch andere Zwecke vom Gesetz gewollt sind, die im öffentlichen Interesse oder im Interesse des Pfandleihers liegen, hindert die Annahme nicht, daß sie auch im Interesse des Verpfänders zu erfolgen hat (RGZ. 50, 334). Die Pflicht zur Vorlegung des Pfandbuches ergibt sich aber für den Pfandleiher auch aus § 810 BGB. Der Verpfänder ist sonach berechtigt, wenn er z. B. den Pfandschein verloren hat und sich über die Fälligkeit oder die Höhe des Darlehns vergewissern will, vom Pfandleiher die Einsicht in das Pfandbuch zu verlangen (s. S. 146). Er hat aber hierbei nicht das Recht, daß ihm das ganze Pfandbuch vorgelegt wird, sondern nur derjenige Teil, in dem sich die Eintragungen aus der in Betracht kommenden Zeit befinden; und wenn der Verpfänder die Pfandbuchnummer angeben kann, so bezieht sich sein Vorlegungsrecht nur auf diese besondere Eintragung (vgl. hierzu auch RGZ. 1, 424), sonst würde durch die Vorlegung des Pfandbuches der Pfandleiher zur Offenbarung der übrigen Pfandbucheintragungen gezwungen werden, die mit der Verschwiegenheitspflicht des Pfandleihers gegenüber seinen Kunden nicht zu vereinen wäre (s. § 46 HGB.). Über den Ort der Vorlegung des Pfandbuches s. S. 133, 146. Die Praxis hilft sich, da das Pfandbuch schwer aus dem Geschäftslokal entbehrt werden kann, häufig damit, daß die Gerichte sich mit einem polizeilich beglaubigten Auszug aus dem Pfandbuch zufriedenstellen. Auch ein notarielles Zeugnis über die Eintragung ins Pfandbuch würde eine Vorlegung desselben ersetzen (RGZ. 15, 379). Das Vorlegungsrecht steht jedoch einem Dritten, der z. B. feststellen will, ob bei einem Pfandleiher ein ihm gehöriger, aber ihm gestohlener Gegenstand verpfändet worden ist, auf Grund des § 810 BGB. nicht zu; infolgedessen kann auch der Eigentümer nicht die Vorlegung des Pfandes gemäß § 422 ZPO. verlangen. Hat ein Dritter sich für die Darlehnsschuld verbürgt und klagt der Pfandleiher gegen ihn aus der Bürgschaft, so kann er zum Beweis für die durch den Hauptschuldner geleistete Zahlung sich auf das Pfandbuch berufen, in dessen Spalte 9 die Einlösung eingetragen werden mußte (RGZ 56, 112). Ist der Pfandleiher in das Handelsregister eingetragen, so kann gemäß § 45 HGB., da das Pfandbuch Bestandteil der Handelsbücher geworden ist, jederzeit im Laufe eines Rechtsstreites, sei es auf Antrag, sei es von Amts wegen, die Vorlegung des Pfandbuches angeordnet werden, und zwar ohne Rücksicht darauf, ob die Voraussetzungen des § 810 BGB. gegeben sind oder nicht (Staub-Bondi Anm. 2 zu § 45 HGB.). Die Vorlegungspflicht bezieht sich aber nur auf den Streitpunkt, nicht auch auf die übrigen Eintragungen (§ 46 HGB.). Diese Vorlegungspflicht darf aber nicht dazu dienen, um dem Prozeßgegner des Pfandleihers erst die Unterlagen für die Substanzierung seines Anspruchs zu geben (Staub-Bondi ebenda). Dies alles gilt jedoch nicht, wenn der Pfandleiher nicht auch in das Handelsregister eingetragen ist, da § 45 HGB. nicht auch für Minderkaufleute, sondern nur für Vollkaufleute gilt (JW. 1903, 421[7]), der Pfandleiher aber nicht einmal Minderkaufmann ist (s. S. 71).

11. Das ordnungsmäßig geführte Pfandbuch besitzt volle Beweiskraft (vgl. Staub-Bondi Anm. 4 Anhang zu § 47). Über den Zwiespalt der Pfandbucheintragung mit dem Inhalt des Pfandscheins s. § 6. Den Beweis aus §§ 361 und 381 ZPO. erbringt die Pfandbucheintragung nicht, da sie in Preußen keiner Unterschrift bedürfen, wie z. B. in **Mecklenburg-Strelitz** (§ 2h; s. StenBer. HH. S. 36).

12. Nach § 811 Ziff. 11 ZPO. sind die in Gebrauch genommenen Geschäftsbücher eines Schuldners nicht pfändbar. Darunter fallen auch die Geschäftsbücher eines Nichtkaufmanns (RGZ. 51, 165; Stein-Jonas IV 11 zu § 811). Das Pfandbuch kann also nicht gepfändet werden. Wohl aber gehört es zur Konkursmasse des Pfandleihers (§ 1 Abs. 3 KO.). Veräußert der Pfandleiher sein Geschäft, so geht das Pfandbuch auf den Erwerber über, soweit es zur Fortsetzung der geschäftlichen Beziehungen notwendig ist (ROHG. 19, 419). Dies wird stets der Fall sein, wenn der Käufer das Pfandlager, d. h. die im Geschäft begründeten Forderungen, übernimmt bzw. sich abtreten läßt. Wegen der beschränkten Abtretbarkeit dieser Forderungen s. S. 119. Aber auch wenn die Übergabe des Geschäftes an den Käufer erst dann erfolgt, nachdem der Verkäufer sämtliche Pfandleihverträge abgewickelt hat, wird man das Pfandbuch als Bestandteil des Geschäftes ansehen müssen (ROHG. 7, 74). Die dem Verkäufer obliegende Verwahrungspflicht hinsichtlich des Pfandbuches geht auf den Käufer über (Staub-Bondi Anm. 26 zu § 22). Dies alles gilt ohne Rücksicht darauf, ob der Pfandleiher in das Handelsregister eingetragen ist oder nicht. Dem Verkäufer des Pfandleihgeschäftes steht auch nach Aushändigung des Pfandbuches an den Erwerber das Recht auf Einsichtnahme des Buches aus den oben S. 161 erwähnten Gründen zu.

13. Sämtliche außerpreußischen Gesetze ordnen die Führung eines Pfandbuches an. Der Grundsatz jedoch, daß die Eintragung in das Pfandbuch eine Voraussetzung für die Entstehung des Pfandrechtes ist, ist im deutschen Pfandleihrecht nicht allgemein. Der preuß. Grundsatz gilt nur noch in **Bremen** (§ 5) und **Lübeck** (§ 5). In den anderen Staaten fehlt der Eintragung in das Pfandbuch jeder konstitutive Charakter. **Anhalt** (§ 6) ordnet die Eintragung über das bereits „abgeschlossene" Geschäft an. Ebenso **Baden** (§ 5), **Bayern** (§ 19), **Braunschweig** (§ 3), **Hamburg** (§ 5), **Hessen** (§ 5), **Mecklenburg-Schwerin** (§ 26), **Mecklenburg-Strelitz** (§ 2), **Oldenburg** (§ 2), **Sachsen** (§ 5) (vgl. Fichtner S. 35), **Schaumburg-Lippe** (§ 6), **Thüringen** (§ 7) und **Württemberg** (§ 6). — Eine Anomalie weist **Bayern** (§ 13) insofern auf, als es die Führung zweier Pfandbücher vorschreibt, von denen das eine für Juwelen, Gold- und Silbersachen und das andere für sonstige Pfänder bestimmt ist; s. für Preußen S. 156. Was den Inhalt der Eintragungen in das Pfandbuch in den außerpreuß. Ländern anlangt, so bleiben sie z. T. hinter den Vorschriften des preuß. Rechtes zurück, z. T. gehen sie darüber hinaus. **Anhalt** (§ 6) sagt über den Inhalt der Eintragung überhaupt nichts. **Baden** (§ 5) verlangt „wahrheitsgemäße" Angaben im Pfandbuch, insbesondere bei Juwelen, Gold- und Silbersachen die Angaben des Gewichtes. **Bayern** (§ 13) gestattet Decknamen (s. S. 159, 169, 209). **Braunschweig** (§ 1) verlangt „deutliche, vollständige und wahrheitsgetreue Eintragungen" sowie Angabe der Taxe. **Hamburg** (VO. vom 27. April 1923 Ziff. II) verlangt deutliche Beschreibung des Pfandes, enthält aber über die Eintragungen, welche die Persönlichkeit des Verpfänders betreffen, überhaupt nichts, so daß der Name gar nicht in das Pfandbuch eingetragen wird, und ordnet im übrigen eine zehnjährige Aufbewahrung des Buches an. **Hessen** (§ 5) ähnlich wie Baden. **Lübeck** (§ 5) enthält Bestimmungen ähnlich den preuß., aber nicht so streng. **Mecklenburg-Schwerin** (§ 26) ähnlich wie Preußen. **Mecklenburg-Strelitz** (§ 2) verlangt Angaben des Feingehaltes von Gold- und Silbersachen, Angaben der Werttaxe, Beglaubigungsvermerk des Pfandgebers mittels dessen eigenhändiger Gegenunterschrift oder, falls derselbe des Schreibens unkundig ist, Unterschrift eines volljährigen, unverdächtigen Zeugen. **Oldenburg** (§ 3) schreibt vor, daß der Pfandleiher sich über die Richtigkeit der gemachten Angaben zu vergewissern hat. **Sachsen** (§ 2) ähnlich wie Preußen. **Schaumburg-Lippe** (§ 6) ebenso, verlangt aber außerdem die Unterschrift des Verpfänders im Pfandbuch. **Thüringen** (§ 7) ähnlich wie Preußen. Für **Württemberg** (§ 6) ist besonders hervorzuheben, daß Nebenabreden gleichfalls in das Pfandbuch einzutragen sind und daß der Verpfänder auch seine Unterschrift im Pfandbuche zu geben hat.

Anhang zu § 5.

Das Pfandrecht nach BGB.

I. Allgemeines.

a) Verhältnis des preußischen Rechts zum BGB.[1]).

Neben der im § 5 des Gesetzes bestimmten Eintragung in das Pfandbuch sind auch die Voraussetzungen zu erfüllen, die nach dem BGB. für die Entstehung des Pfandrechts maßgebend sind; s. S. 26 f. (Begr. z. AusfG. zum BGB. S. 1585; Gruchot 28, 1047; OLG. Köln, Rhein. Arch. 101, 252, s. auch S. 153.)

b) Begriff und Wesen des Pfandrechts. Danach ist auch das Pfandleihpfandrecht ein Pfandrecht an beweglichen Sachen, Rechten, Forderungen und Wertpapieren s. S. 51 ff. D. h.: das dingliche Recht an einem fremden Gegenstande, das dem Gläubiger einer Forderung zu deren Sicherung die Befugnis zur Befriedigung aus dem Gegenstande gewährt (Reger 44, 11).

II. Besonderes.

Aus dem Komplex der Fragen des materiellen Pfandrechts seien im nachstehenden nur behandelt die Frage der Verpfändbarkeit neuer Sachen und der gute Glaube beim Erwerb eines Pfandrechts.

a) Nach den oben S. 51 ff. gemachten Ausführungen ist das Pfandleihgewerbe keineswegs darauf beschränkt, daß in seinem Betrieb nur körperliche Gegenstände, also bewegliche Sachen, oder gar nur gebrauchte Sachen oder solche des täglichen Verkehrs oder solche, die nur Gebrauchsgegenstände sind, oder gar nur im Sinne des § 811 ZPO. pfändbare Sachen (s. S. 47) zum Pfand genommen werden; vielmehr sind die Objekte, welche Gegenstand eines im Pfandleihbetriebe begründeten Pfandrechts sein können, ihrer Art und Gattung nach unbeschränkt, soweit nicht das allgemeine bürgerliche Recht Grenzen zieht (Patterson S. 220). Insbeson-

[1]) Eine eingehende Darstellung des materiellen Pfandrechts unter besonderer Berücksichtigung des Pfandleihgewerbes bleibt einer besonderen Schrift vorbehalten.

dere ergibt sich aus dem Gesetz selber, daß die Beleihung von Wertpapieren zulässig ist (s. § 10a). Fernerhin ergibt sich aus den gesetzgeberischen Vorarbeiten, daß die Beleihung von Rechten und Forderungen als zum Pfandleihgewerbe gehörig anzusehen ist (Drucks. HH. S. 276). Dort war der Zweifel aufgetaucht, ob Pfandscheine (s. S. 47, 51) und Forderungen gleichfalls verpfändet werden könnten. Der Zweifel wurde dadurch beseitigt, daß man davon ausging, daß sowohl Pfandscheine als auch Forderungen zu den beweglichen Sachen gehörten und deshalb auch unter das Pfandleihgewerbe fallen. Auch hinsichtlich der Alters der Sachen bestehen keine Beschränkungen. Der Pfandleiher kann also sowohl gebrauchte als auch neue Sachen in Pfand nehmen. Wenn man früher annahm, daß nur gebrauchte Sachen Gegenstand des Pfandleihpfandrechts sind, so ist dies, wie oben S. 52ff. dargetan, falsch. Es ist nicht einzusehen, weshalb jemand nicht seinen neuen Frack oder ein neues, unaufgeschnittenes Buch verpfänden kann. Auch darauf kommt es nicht an, ob die in Pfand gegebene Sache zu den Gebrauchsgegenständen des Verpfänders gehört. Ein Kaufmann kann also von seinem Warenlager neue Sachen, sei es verarbeitet, sei es unverarbeitet oder mögen es Halbfabrikate sein, beim Pfandleiher verpfänden. Einige Landesgesetze haben jedoch hierbei einschränkende Bestimmungen erlassen. **Bayern** (§ 3 Ziff. 2) verbietet z. B. dem Pfandleiher, „neue Waren gleicher Gattung in größeren Mengen, dann ganze Warenposten und Partiewaren in Pfand zu nehmen". **Braunschweig** (§ 4) gibt im Gesetz eine Bestimmung, welche der inzwischen durch MinErl. vom 3. August 1928 aufgehobenen preuß. Bekanntmachung vom 4. Februar 1907 (s. unten S. 165) gleichkommt und die Annahme neuer Sachen zum Pfand von der schriftlichen Genehmigung der Ortspolizeibehörde abhängig macht. Als neue Sachen definiert es dort: „Handelswaren vor ihrem Übergange in das Eigentum des Konsumenten zum Zwecke des Gebrauchs oder Verbrauchs". **Thüringen** (§ 3) verbietet die Annahme von neuen Sachen als Pfänder, die nicht zu den Gebrauchsgegenständen des Verpfänders gehören, oder neuer Waren in größeren Mengen ohne Bescheinigung der Ortspolizeibehörde.

Es kann zweifelhaft sein, ob diese auf neue Sachen sich beziehenden Bestimmungen gültig sind. Im Wesen des Pfandleihgewerbes liegt es jedenfalls nicht, daß neue Sachen, auch wenn sie Kaufmannswaren sind, vom Versatz beim Pfandleiher ausgeschlossen sind (Zach S. 66). Hinzu kommt noch, daß es häufig unmöglich ist, festzustellen, ob eine Sache — z. B. lose Edelsteine und Perlen — neu ist oder nicht. Auch Goldsachen, wenn sie noch so alt sind, können durch einfaches Polieren den Anschein der Neuheit absolut wiedererhalten. Ihr Wert besteht ja gerade in ihrer Seltenheit und ihrer Unabnutzbarkeit. Nur wenn Etikette oder Plomben vorhanden sind, kann man erkennen, daß es sich um neue Handelsware handelt. Die Zweifel an der Gültigkeit der genannten Bestimmungen ergeben sich aber auch aus Art. 94 EGzBGB.; denn sie haben mit dem spezifischen Geschäftsbetrieb des Pfandleihgewerbes nichts zu tun. Das ergibt der Anlaß und der Zweck dieser Bestimmungen. Sie sind nicht dazu geschaffen, um einen hehlerischen Erwerb neuer Sachen zu verhindern; träfe dies zu, so wären sie durch Art 94 EGzBGB. gedeckt, weil die Sondergesetzgebung im Pfandleihgewerbe aller Länder die Tendenz hat, einmal den Verpfänder vor Ausbeutung zu bewahren und sodann dem beim Pfandleihgewerbe leicht vorkommenden hehlerischen Zweck vorzubeugen. Die Bestimmungen über die Inpfandnahme neuer Sachen aber verdanken ihre Entstehung gewissen unlauteren Machenschaften (KG. Urteil v. 18. Oktober 1928, ungedr. 3 S 599/28), welche völlig außerhalb des Pfandleihgewerbes liegen und in dem ersten Jahrzehnt des neuen Jahrhunderts auftauchten. Es hatten sich in der Schweiz ganze Schwindelindustrien aufgetan, welche goldene Uhren herstellten, deren Werke minderwertig waren; es war auch vorgekommen, daß in die Uhrgehäuse Bleiringe hineingearbeitet waren, um dadurch einen schwereren Goldgehalt vorzutäuschen. Mit diesen Fabrikaten wurden die deutschen Pfandleiher überschwemmt, indem die Agenten jener Fabriken sie versetzten. Die Pfandleiher waren also die ersten, die durch diese unlauteren Machenschaften getäuscht und geschädigt wurden (vgl. das Nähere hierzu bei Zach S. 96ff. L 1914 S. 41, 1928 N. 10 und die eingehende Kritik daselbst an dem Gebaren der Uhrenfabrikanten und Grossisten). Geschädigt wurde dann weiter das Publikum, wenn es von den gewissenlosen Agenten die Pfandscheine kaufte. Diesem Unfug sollten nun die Bestimmungen über den Versatz neuer Sachen abhelfen. Deshalb bestimmte auch die nunmehr aufgehobene (s. S. 17, 167) preuß. Bekanntmachung vom 4. Februar 1907, daß die Ortspolizeibehörde die Erlaubnis zu versagen hat:

1. wenn die Sachen zum Zwecke der Verpfändung angeschafft oder hergestellt,
2. wenn es an einem hinreichend begründeten Anlaß für die Verpfändung fehlt, insbesondere wenn die Verpfändung zum Zwecke des Vertriebs der Sachen erfolgen soll,
3. wenn ein nach Fälligkeit des Darlehns erfolgender Verkauf der Pfandstücke durch den Pfandleiher eine empfindliche Schädigung der angesessenen Gewerbetreibenden herbeiführen würde.

Gedacht war hierbei an den Massenversatz gleichartiger Waren; und verboten ist danach den Pfandleihern nicht schlechthin die Inpfandnahme neuer Sachen, sondern solcher neuer Sachen, deren Herkunft oder Verpfändungszweck sich aus den oben angegebenen drei Gründen ergibt. In diesem Sinn ist der Begriff der „neuen Sachen" gemäß Ziff. 1 a. a. O. auszulegen (L 1912 S. 6). Diese Bestimmungen charakterisieren sich also als solche, die auf dem Gebiete des unlauteren Wettbewerbs liegen, haben aber nichts spezifisch pfandleihgewerbliches an sich, insbesondere sind sie nicht zum Schutze des Eigentums erlassen (LG. III Berlin 20, O 1141/26), weshalb ihre Gültigkeit, weil nicht durch Art. 94 EG. z. BGB. gedeckt, angezweifelt werden muß. Auch das KG. in seinem Urteil vom 18. Oktober 1928 (ungedr. 3 S 599/28) nimmt an, daß der Zweck der ministeriellen Bekanntmachung der war, „einem wirtschaftlich nicht gerechtfertigten Wettbewerb der Pfandleiher mit anderen Gewerbetreibenden" vorzubeugen. Außer den oben angeführten Landesgesetzen enthalten die übrigen Landesgesetze in ihren Gesetzen selber keine ähnlichen Bestimmungen. Z. T. sind jedoch solche Bestimmungen durch die Landeszentralbehörden erlassen. So in Preußen die ministerielle Bekanntmachung vom 4. Februar 1907, **die jetzt aber aufgehoben ist** (s. S. 17, 167).

Nimmt man nun selbst an, daß, soweit die Landesgesetze solche Bestimmungen über die Inpfandnahme neuer Sachen geben, diese gültig sind, so sind die von den Landeszentralbehörden inhaltlich gleichen Bestimmungen nicht gültig, weil sie die ihnen durch § 38 GewO. gegebene Vollmacht überschreiten. Danach ist den Landeszentralbehörden das Recht eingeräumt, über den Umfang der Befugnisse und Verpflichtungen sowie über den Geschäftsbetrieb der Pfandleiher Vorschriften zu erlassen, soweit darüber die Landesgesetze nicht Bestimmungen treffen. Das preußische Gesetz schweigt nun darüber, welche Sachen Gegenstand des Pfandleihpfandrechts sein dürfen und welche nicht. Damit ist aber nicht gesagt, daß das preußische Gesetz über den Kreis der verpfändbaren Sachen nichts hat bestimmen wollen. Es kommt hier auf den Willen des Gesetzgebers an. Dieser ging dahin, daß, wo das preußische Gesetz keine bürgerlich-rechtlichen Vorschriften gibt, das gemeine bürgerliche Recht zur Anwendung kommen sollte. Dieser Grundsatz bestand z. Z. des Erlasses des preußischen Gesetzes namentlich hinsichtlich der Frage der Entstehung des Pfandrechts (Begr. S. 21, Drucks. HH. 275/276, 277; StenBer. HH. S. 33; Drucks. AH. 2060). Er ist dann noch einmal betont worden, als das preußische Gesetz durch Art. 41 AusfG. zum BGB. dem neuen bürgerlichen Recht angepaßt werden sollte (Anl. 7 StenBer. AH. 1899 III. Bd. Aktenstück N. 34 S. 1585). Der Gesetzgeber wollte, daß die Verpfändungsfähigkeit der Sache sich nach dem allgemeinen bürgerlichen Recht richte. Ging dieser Wille aber dahin, so bleibt für Bestimmungen der Landeszentralbehörden, welche dem gesetzgeberischem Willen entgegenlaufen, kein Raum. Wo das Landesgesetz nicht differenziert, darf es die Landeszentralbehörde nicht tun. Deshalb muß die ministerielle Bekanntmachung vom 4. Februar 1907 als nicht gültig angesehen werden, um so mehr, da, wie oben dargelegt, die Frage, welche Gegenstände für die Verpfändung tauglich sind, nach Reichsrecht beurteilt werden muß. Ebenso Löffler S. 65. Danach aber sind alle Gegenstände zur Verpfändung tauglich, welche eine Befriedigungskraft besitzen (RGKomm. 4 zu § 1204). Hinzu kommt noch, daß gerade für die Frage der Entstehung des Pfandrechts die gesetzgeberischen Faktoren den Landeszentralbehörden nur insoweit Raum zu Ausführungsbestimmungen geben wollten, als diese sich nur auf die Formen des Geschäftsbetriebes erstrecken sollten (Begr. 23), daß „alle wesentlichen Fragen des Pfandleihbetriebes landesgesetzlich geregelt" werden sollten, und daß „den Bestimmungen der Zentralbehörden hauptsächlich der Erlaß des Ausführungsreglements übrigbleiben solle" (Drucks. HH. S. 276), daß es „den Zentralbehörden überlassen bleiben sollte, über die Formen des Geschäftsbetriebes weitere Vorschriften zu erlassen", daß derartige „Reglements, welche Bestimmungen über die Paraphierung der Bücher, Angaben des Erlöses des verkauften Pfandes, Zeitpunkt der Auszahlung oder Zinsbetrag usw. enthalten", erlassen werden würden (Drucks. HH. S. 278, ebenso StenBer. HH. S. 34).

In der Entscheidung des KG. 20. Januar 1913 (KGJ. S. 43, 375) ist gesagt: „Es kann somit dahingestellt bleiben, ob die N. 1 (sc. der MinBek. vom 4. Februar 1907) in der Tat geeignet ist, zivilrechtliche Wirkungen zu äußern." Dann aber heißt es weiter, daß die vom Beschwerdeführer gegen die Bekanntmachung geltend gemachten Gründe nicht dazu führen können, die N. 1 der Bekanntmachung für ungültig zu erklären. Auch den weiter dort geltend gemachten Einwand, daß die Bekanntmachung gerade den Massenversatz (s. oben den Text des bayrischen Gesetzes) verhindern wolle, beim Versatz einzelner neuer Sachen jedoch nicht zutreffe, weist das KG. zurück. Überzeugende Klarheit über die Frage ist jedenfalls durch das KG. nicht geschaffen.

Tatsächlich hat denn auch schon der Minister des Innern in einem Erlasse vom 31. Juli 1907 (HMinBl. 315), von dem man wohl annehmen muß, daß er nur eine authentische Interpretation enthalten soll, angeordnet, daß, wenn unter den zum Versatz gebrachten neuen Sachen unverarbeitete Sachen sich befinden, wie Leinen, Kleiderstoffe, und daß, wenn der Verpfänder glaubhaft machen kann, daß sie für seinen Gebrauch bestimmt sind, von der Beibringung der ortspolizeilichen Bescheinigung abzusehen ist.

Durch die Bekanntmachung vom 4. Februar 1907 wurde auch ein schwerer Eingriff in die Rechte der Verpfänder vorgenommen. Durch sie wurde zunächst die Schnelligkeit, mit der der Pfandleihkredit vom Verpfänder verlangt wird (s. Niedner Anm. 1 zu Art. 94) auf das schwerste getroffen; auch der bei den gesetzgeberischen Vorarbeiten zum Ausdruck gekommenen Tendenz, eine möglichst große Vereinfachung des Geschäftsverkehrs im Pfandleihgewerbe herbeizuführen (StenBer. AH. 1796), arbeitet die ministerielle Bekanntmachung entgegen. Ferner übersieht die Bekanntmachung, daß gerade der Kaufmann, der, wenn z. B. ein Wechsel zum Protest geht, rasch einige Stücke von seinem Warenlager verpfänden wollte, es als eine Zumutung ansieht, wenn er bei den untergeordneten Polizeiorganen seine augenblickliche Geldverlegenheit offenbaren sollte, und diese schließlich vermutlich nichts anderes tun, als entweder die Erlaubnis formularmäßig erteilen, oder, da sie sich nicht mit der Sache in besonderen Recherchen befassen können, sie ablehnen. So kam es, daß derartige Waren meist bei den unechten Lombardgeschäften (s. S. 56f.) Unterschlupf fanden, die sich überhaupt jeder polizeilichen Kontrolle entzogen und nicht einmal eine Pfandleihkonzession besaßen, Zustände, die dann zu den bekannten Lombardhausskandalen im Frühjahr 1928 führten. Und weiterhin kam es in Berlin so weit, daß sowohl bei den Pfandleihern als auch bei den untergeordneten Polizeiorganen die ganze ministerielle Bekanntmachung als obsolet angesehen wurde, nachdem sich fast ein Jahrzehnt hindurch die Ortspolizeibehörde geweigert hatte, überhaupt in die Prüfung der Erlaubnisgesuche einzutreten. Diesem Zustande trugen dann auch die Gerichte Rechnung, indem sie einer Verletzung der Bestimmungen der ministeriellen Bekanntmachung keinerlei zivilrechtliche Bedeutung beilegten. (Vgl. Urteil LG. I Berlin vom 1. März 1921 31 O 164/13, worin festgestellt wird, daß die ministerielle Bekanntmachung „im Einverständnis mit der Polizeibehörde in der Praxis nicht angewandt wird" vgl. LG. I Berlin 80 S 102/27.) Die soeben geschilderten Verhältnisse haben denn auch dazu geführt, daß die ministerielle Bekanntmachung vom 4. Februar 1907 ebenso wie der ministerielle Erlaß vom 31. Juli 1907 aufgehoben wurde. **Die Aufhebung ist erfolgt durch MinErl. vom 3. August 1928** (N. 33 S. 878). Die Landesgesetze in Bayern, Braunschweig und Thüringen, welche Bestimmungen über die Inpfandnahme neuer Sachen enthalten, datieren aus der Zeit nach dem 4. Februar 1907. Sie lehnen sich offenbar an die preußische Bekanntmachung an; es bleibt abzuwarten, ob jene Landesgesetze nun auch dem preußischen Beispiele folgen werden.

Hält man die ministerielle Bekanntmachung für gültig, so wird ein Verstoß gegen sie aus § 360 Ziff. 12 StGB. bestraft. Zivilrechtlich übt ein solcher Verstoß auf die Wirksamkeit der Darlehns- oder Pfandgeschäfte überhaupt **keine Wirkung** aus; sie werden **nicht etwa nichtig**, denn § 134 BGB. findet keine Anwendung (KG. vom 6. Oktober 1926 16 U 9082/26; LG. I Berlin 19 Q 123/26; 80 S 102/27). Daß der polizeilichen Genehmigung konstitutive Wirkung für die Entstehung des Pfandrechts an neuen Sachen beigelegt werden sollte, ist aus ihr nicht zu entnehmen, und würde wohl auch über den Rahmen einer Ausführungsverordnung hinausgehen. Die ministerielle Bekanntmachung trifft das Pfandrecht überhaupt nicht, „da sie den § 5 des Gesetzes nicht materiell abändern wollte und konnte" (LG. I Berlin 19 Q 127/26). Vgl. auch die oben S. 167 zitierte Entscheidung des KG., die anzweifelt, ob der § 1 der Bekanntmachung in der Tat geeignet ist, zivilrechtliche Wirkung zu äußern. Die Bekanntmachung will nicht den Inhalt des Vertrages treffen, sondern wendet sich mit ihrem Strafverbot nur an den einen Vertragsteil, den es vom Abschluß eines Pfandvertrages über neue Sachen abhalten will. Vgl. die auch hier zutreffenden S. 124 zitierten Entscheidungen der RGZ. Auch stellt die ministerielle Bekanntmachung keine den Schutz des Eigentümers enthaltende Bestimmung dar (LG. III Berlin 200 1141/26). Über die auf Gesetz beruhenden Verbote der Verpfändung von Militärgut, Schußwaffen, Kunstgegenstände s. S. 118.

b) Der gute Glaube. Auch wenn das Pfand dem Verpfänder nicht gehört, erwirbt der Pfandleiher ein Pfandrecht. Voraussetzung dabei ist immer, daß er in gutem Glauben ist. Ist der Pfandleiher bösgläubig, so kann er niemals ein Pfandrecht erwerben, ganz gleichgültig, ob es sich um gestohlene Sachen oder nur um unterschlagene, oder ob es sich um Geld oder Inhaberpapiere handelt. Andererseits erwirbt der Pfandleiher, auch wenn er in gutem Glauben ist, kein Recht am Pfande, wenn das Pfand dem Eigentümer gestohlen, verloren oder sonst abhanden gekommen ist. Hiervon gibt es wieder eine Ausnahme: nämlich wenn es sich beim Pfand um Geld, Inhaberpapiere oder solche Sachen handelt, die im Wege öffentlicher Versteigerung veräußert sind. An ihnen erwirbt der Pfandleiher ein Pfandrecht, auch wenn sie gestohlen sind. Aber auch hier immer wieder nur unter der Voraussetzung, daß er in gutem Glauben gehandelt hat. Das preußische Gesetz schweigt über den Fall, daß der Verpfänder nicht Eigentümer des Pfandes ist; es kommen also die §§ 1207 und 932, 934 und 935 BGB. zur Anwendung. In diesem Fall erwirbt der Pfandleiher auch ein Pfandrecht an den dem Verpfänder nicht gehörigen Sachen, wenn er in gutem Glauben ist (§ 932 Abs. 1 Satz 1 BGB.). Hierbei sei noch auf die weitere Ausnahme hingewiesen, daß selbst bei gutgläubigem Erwerb an Militärgut niemals ein Pfandrecht entstehen kann (VO. vom 21. März 1923 RGBl. 244).

1. Begriff des guten Glaubens. Guter Glaube ist der nicht grob fahrlässige Glaube an das Eigentum des Verpfänders. Bei der Frage, ob ein auf Fahrlässigkeit beruhender guter Glaube vorliegt, kommt es zunächst auf die Persönlichkeit des Pfandgläubigers an. Häufig begegnet man hier dem mehr oder weniger ausgesprochenen, meist unbegründeten Vorurteil, als ob der Pfandleiher besonders dem hehlerischen Erwerb zugeneigt wäre (über moralische Qualitäten der Pfandleiher s. S. 9). Eine derartige Verallgemeinerung führt aber zu weit. Sie führt häufig zu einer Überspannung derjenigen Nachforschungspflichten, welche man einem Pfandgläubiger auferlegen kann (Urteil des KG. vom 11. November 1925 ungedr. 16 U 6200/25, bestätigt durch RG. vom 20. April 1926 ungedr. VI 45/1926). Auch dem Pfandleiher gegenüber gilt der Grundsatz, daß der gute Glaube zu vermuten ist (Wolff S. 209; JW. 1909 474; RGZ. 71, 340; Warneyer Jahrb. 1912 N. 167; Staudinger II 3 zu § 932; Staub-Könige Anm. 51a zu § 366). Zu berücksichtigen ist hierbei, daß der Zweck des Pfandleihgewerbes in der Beschaffung eines schnellen Kredits besteht (Niedner Anm. 1 Art. 94 EinfG. zum BGB.). Einholung von Auskünften oder Referenzen sind im Pfandleihgewerbe deshalb nicht erforderlich und auch nicht üblich (Dove-Meyerstein Bd. III 1926 S. 481 N. 2548; so auch Meißner S. 1 und 2). Die Entscheidung des KG. (BlfRpfl. 1910 S. 11) ist zwar im Endeffekt richtig, stellt aber hinsichtlich des Pfandrechtserwerbes im Pfandleihgewerbe besonders strenge Anforderungen auf, die eben eine Überspannung darstellen, da sie mit dem geltenden Grundsatz „Hand wahre Hand“ und „Wo du deinen Glauben gelassen hast, da sollst du ihn suchen“, nicht in Einklang zu bringen sind. Hinzu kommt noch, daß nicht jede Fahrlässigkeit, die auf der Unkenntnis des Pfandleihers beruht, bösgläubig macht, sondern nur grobe Fahrlässigkeit, d. h. also: eine besonders schwere Verletzung der im Verkehr erforderlichen Sorgfalt (JW. 1911, 36; 1912, 856;

RGZ. 68, 423; Warneyer Jahrb. 1913 N. 325 und 359). Grobe Fahrlässigkeit wird man im Pfandleihgewerbe stets dann annehmen können, wenn entweder aus der Beschaffenheit der Sache oder aus der Persönlichkeit des Verpfänders der Pfandleiher Verdacht schöpfen muß, daß dieser nicht Eigentümer bzw. nicht Verfügungsberechtigter ist. So muß der Pfandleiher z. B., wenn er ein Klavier in Pfand nimmt, nachsehen, ob das Instrument einen Stempel enthält, der auf einen Verkauf unter Eigentumsvorbehalt hindeutet. Im übrigen aber ist er nicht verpflichtet, zu vermuten, daß eine verpfändete Sache unter Eigentumsvorbehalt verkauft sei und daß von dem Käufer der Kaufpreis noch nicht voll bezahlt ist. Bloße Fragen nach dieser Richtung hin seitens des Pfandleihers an den Verpfänder sind meist überflüssig, da sie der Verpfänder, wie die Erfahrung lehrt, stets bejaht. Eine Verpflichtung, bei den auf den versetzten Gegenständen angegebenen Firmen Erkundigungen einzuziehen, z. B. bei Schreibmaschinen, Fahrrädern, Nähmaschinen, Automobilen, besteht für den Pfandleiher nicht (vgl. das oben S. 168 zitierte Urteil vom 11. November 1925 des KG. und das Urteil des RG. vom 20. April 1926 VI 45, 1926, das sich mit Automobilbeleihung befaßt, ebenso LG. I Berlin 38 Q 134/26 80 S. 102/27). Grob fahrlässig handelt der Pfandleiher, wenn er aus der ihm vom Verpfänder vorgelegten Legitimation oder Urkunde Verdacht schöpfen muß, z. B. wenn diese Spuren der Fälschung zeigt (KG. vom 17. Februar 1927 ungedr. 4U 12791/26). — Der gute Glaube braucht sich immer nur auf das Eigentum oder die Verfügungsberechtigung des Verpfänders zu beziehen, jedoch nicht auf die Kenntnis oder Unkenntnis von Tatsachen, die geeignet sind, den Eigentumserwerb des Verpfänders auszuschließen (RGZ. 74, 356; Warneyer Jahrb. 1914 N. 253). Wie weit im übrigen die Nachforschungspflicht geht, ist von Fall zu Fall zu entscheiden. Sie darf jedoch „nicht zu ängstlich genommen werden" (Staudinger Anm. II 1b zu § 932). Grob fahrlässig handelt der Pfandleiher, wenn er die Legitimation des Verpfänders nicht gehörig prüft (Ziff. 2 der Bekanntmachung vom 16. Juli 1881). Eine solche Prüfung ist nicht erforderlich, wenn der Verpfänder dem Pfandleiher bekannt ist. Ob persönliches Bekanntsein vorliegt, oder in welcher Weise der Verpfänder sich legitimiert hat, ist aus dem Pfandbuch zu ersehen. Insoweit gehen die Pflichten eines Pfandleihers weiter, als beim Erwerb eines Pfandrechts seitens eines Nichtpfandleihers, der sich um die Legitimation nicht zu kümmern braucht. Andererseits ist wieder im Pfandleihgewerbe die Tatsache, daß der Verpfänder in schlechter Vermögenslage ist, nicht ohne weiteres ein Verdachtsmoment dafür, daß der Verpfänder nicht Eigentümer des Pfandes ist. Denn sehr häufig bringt es die allgemeine Scheu im Publikum, seinen Namen nicht im Pfandbuch eines Pfandleihers zu wissen, mit sich, daß der Eigentümer auf den Namen von Dienstmännern oder eigener Dienstboten oder sonstiger Mittelspersonen das Pfandgeschäft abgeschlossen haben will (s. hierzu S. 159, 162, sowie LG. III Berlin 10 O 373/26). Durch die Kriegs- und Nachkriegszeit und durch die Umschichtung der gesellschaftlichen Verhältnisse sind die Fälle sehr häufig, daß die früheren Reichen in den ärmlichsten Verhältnissen noch Schmuckstücke aufbewahrt haben, welche sie dann als letzte Rettung zum Pfandleiher bringen, so daß auch der äußere Habitus des Verpfänders nicht immer einen Rückschluß gewährt, ob der Verpfänder Eigentümer oder Verfügungsberechtigter ist. Ein gesetzliches Beispiel von Bösgläubigkeit gibt § 367 HGB. Dieser trifft aber für den Pfandleiher nicht zu, auch wenn er ins Handelsregister eingetragen ist, da er ja nicht Bankier ist (s. S. 65).

2. Wer muß den guten Glauben haben? Es kommt nicht auf die Gutgläubigkeit des Verpfänders, sondern des Pfandleihers an. Erfolgt der Abschluß des Pfandgeschäftes durch einen Vertreter des Pfandleihers, so kommt der gute Glaube des Vertreters in Betracht, nicht derjenige des Vertretenen. Handelt der Vertreter jedoch nach bestimmten Weisungen des Pfandleihers, hat er also z. B. nicht die Stellvertreterkonzession, oder ist er nicht gesetzlicher Vertreter oder Generalbevollmächtigter des Pfandleihers, sondern nur ein gewöhnlicher Angestellter desselben, so kommt es bei der Inpfandnahme nicht auf die Gutgläubigkeit des Vertreters, sondern des Vertretenen an. War also der Angestellte gutgläubig, der Pfandleiher jedoch nicht, so entsteht kein Pfandrecht. War der Angestellte bösgläubig, so schadet diese Bösgläubigkeit auch dem Pfandleiher, auch wenn er seinerseits gutgläubig war (Staudinger Anm. 7 zu § 166). Betreibt der Pfandleiher sein Geschäft als Gesellschafter mit einem anderen Pfandleiher zusammen oder in der Form einer G. m. b. H., oder einer A.-G., und wird die Gesellschaft durch mehrere Personen vertreten, so genügt schon die Bösgläubigkeit oder die auf grober Fahrlässigkeit beruhende Gutgläubigkeit auch nur eines Vertretungsberechtigten, um die Entstehung des Pfandrechts zu verhindern (Staub-Bondi Anm. 9 zu § 48 HGB.).

3. Wann muß der gute Glaube vorhanden sein? Der gute Glaube muß vorhanden sein in dem Zeitpunkte, in dem das Pfandrecht entstehen würde, wenn der Verpfänder wirklich Eigentümer wäre (RGKomm. Anm. 4 zu § 932). War der Pfandleiher vor der Verpfändung schon im Besitz des Pfandes, so muß hier zu dem guten Glauben noch das Erfordernis hinzutreten, daß er auch den Besitz vom Verpfänder erworben hatte (§ 932 Abs. 1 Satz 2 BGB.). Erfolgt die Verpfändung durch Abtretung des Herausgabeanspruchs, so muß der gute Glaube in dem Zeitpunkt vorhanden sein, in welchem die Anzeige dem unmittelbaren Besitzer zugeht (Martin Wolff S. 610 Anm. 19; RGKomm. Anm. 3 zu § 1207; Staudinger Anm. 1b zu § 1207). Tritt die Bösgläubigkeit des Pfandleihers nach dem Zeitpunkt ein, der für die Gutgläubigkeit nach obigem maßgebend ist, so schadet sie dem Pfandrechtserwerb nichts (RGZ. 56, 317; Warneyer Jahrb. 1911 Nr. 157).

4. Worauf bezieht sich der gute Glaube? Der gute Glaube bezieht sich nur auf das Eigentum. Der gute Glaube bezieht sich nicht auf die Geschäftsfähigkeit des Verpfänders, auch nicht auf seine Vollmacht. Der gute Glaube gilt nur für den Erwerb des Pfandrechts an beweglichen Sachen, nicht auch für das Pfandrecht an Rechten und Forderungen (RGZ. 115, 307). Für anfechtbare Geschäfte, durch die der Verpfänder die Sache erlangt hat, s. § 142 Abs. 2 BGB., für gutgläubigen Erwerb von kaufmännischen Orderpapieren oder Wechseln s. § 365 HGB. und Art. 74 WO., für Verpfändung durch Ehefrauen s. § 1404 BGB. (s. auch S. 110 ff., 173). Ein Rechtsirrtum des Verpfänders bei seiner Gutgläubigkeit ist unter Umständen beachtlich (RGZ. 39, 94 und 99; 58, 164). Eine Erleichterung des gutgläubigen Erwerbs tritt ein, wenn ein Kaufmann im Betrieb seines Handelsgewerbes eine ihm nicht gehörige Sache verpfändet. Hier braucht sich der gute Glaube des Pfandleihers nur auf die Befugnis des Verpfänders zu beziehen, über die Sache für den Eigentümer zu verfügen (§ 366 HGB.).

c) Wirkungen des redlichen Pfanderwerbes bei gestohlenen, verlorenen oder sonst abhanden gekommenen Gegenständen.

1. Nimmt der Pfandleiher vom Nichteigentümer einen Gegenstand in Pfand, der dem Eigentümer verloren, gestohlen oder sonst abhanden gekommen ist, so

erwirbt er kein Pfandrecht, auch wenn er gutgläubig ist (§ 1207 und 925 BGB.). Dieser Grundsatz gilt jedoch nur für körperliche Sachen, nicht auch für die Verpfändung von Rechten und Forderungen (Sörgel Rspr. 1908, 329). Zu gestohlenen, verlorenen oder sonst abhanden gekommenen Sachen gehören alle diejenigen, an welchen der Eigentümer unfreiwillig den Besitz aufgegeben hat. Sind jedoch die gestohlenen, verlorenen oder sonst abhanden gekommenen Sachen Geld oder Inhaberpapiere oder solche Sachen, die im Wege öffentlicher Versteigerung veräußert wurden, so erwirbt der Pfandleiher trotzdem ein Pfandrecht, vorausgesetzt, daß er in gutem Glauben ist. Ebenso erwirbt er stets ein Pfandrecht an denjenigen Sachen, die der Eigentümer freiwillig aus der Hand gegeben hat, also insbesondere an den auf Abzahlung dem Verpfänder überlassenen, den ihm kommissionsweise, leihweise oder mietweise überlassenen, sowie auch an solchen Sachen, an denen der Verpfänder durch einen dem Eigentümer gegenüber begangenen Betrug den Besitz erlangt hat. Der Grundgedanke ist der, daß der Eigentümer, der selber seine Sache aus der Hand gibt, dadurch dem Empfänger die Gelegenheit gibt, sie weiter zu veräußern, und daß er dadurch mit verursacht, daß der gutgläubige Erwerber über das Recht des Verpfänders getäuscht wird (RGKomm. Anm. 1 zu § 935). Das Risiko, das der Eigentümer durch ein Aus-der-Hand-geben der Sache läuft, hat dieser in erster Linie zu tragen (RG. vom 20. April 1926 VI 45/1906). Immer aber ist auch hier Gutgläubigkeit des Pfandleihers Voraussetzung.

2. War das Pfand gestohlen, verloren oder sonst abhanden gekommen, und war es weder Geld noch Inhaberpapiere, noch in der Versteigerung veräußert, so ist der Pfandleiher zur unentgeltlichen Herausgabe verpflichtet. An Stelle des Herausgabeanspruchs des Eigentümers tritt der Anspruch auf Schadenersatz, wenn die Herausgabe dem Pfandleiher unmöglich geworden ist. Gegenüber einer derartigen Schadenersatzklage des Eigentümers kann der Pfandleiher unter Umständen auch ein konkurrierendes Verschulden des Eigentümers geltend machen (RG. 93, 281 ff., s. S. 172). Je nachdem nun die Unmöglichkeit des Pfandleihers, das gestohlene Gut herauszugeben, von ihm verschuldet ist oder nicht, richtet sich die Schadenersatzpflicht. Ist der Pfandleiher redlicher Besitzer geworden, so kann der Bestohlene nur nach den Vorschriften über die ungerechtfertigte Bereicherung vom Pfandleiher Ersatz verlangen, d. h. der Pfandleiher ist, wenn das gestohlene Pfand von ihm versteigert worden ist, verpflichtet, den Erlös an den Eigentümer herauszugeben (RG. 106, 45). Ist die gestohlene Sache noch im Besitz des Pfandleihers, so erschöpft sich seine Verpflichtung, sie unentgeltlich herauszugeben, darin, daß er sie dem Eigentümer zur Abholung zur Verfügung hält (OLG. 26, 176). Ist die herauszugebende Sache beschlagnahmt oder sichergestellt, so kann er diesen Umstand der Klage entgegenhalten (vgl. R. 1909 N. 2119). Außerdem ist er berechtigt, falls trotzdem ein Urteil gegen den Pfandleiher auf Herausgabe einer beschlagnahmten oder sichergestellten Sache ergeht, die Zwangsvollstreckung dadurch zu verhindern, daß er gemäß § 776 ZPO. eine Erinnerung gegen die Art und Weise der Zwangsvollstreckung erhebt (RG. 108, 262), vgl. auch S. 129). Ist der Pfandleiher Besitzer eines gestohlenen, verlorenen oder sonst abhanden gekommenen Pfandes und wird er vom Eigentümer auf Herausgabe verklagt, so haftet er vom Eintritt der Rechtshängigkeit ab für allen Schaden, der dadurch entsteht, daß infolge seines Verschuldens das Pfand verschlechtert wird, untergeht oder sonst von ihm nicht herausgegeben werden kann (§ 989 BGB). Versteigert also der Pfandleiher ein Pfand, auf dessen Herausgabe er verklagt ist, so haftet er dem Eigentümer für jeden

Schaden (RG. 56, 316; Warneyer Jahrb. 1924 N. 125), auch evtl. für den entgangenen Gewinn (R. 1909 N. 2660). Der Pfandleiher kann hierbei sich nicht etwa auf die Taxe berufen und nur auf deren Höhe den Schadenersatz beschränken. Häufig wird der Anspruch des Eigentümers auf Herausgabe der Sache von ihm schon vorher durch einstweilige Verfügung gesichert, durch die dem Pfandleiher verboten wird, über das Pfand zu verfügen. In solchem Falle muß der Pfandleiher die Versteigerung oder sonstige Verfügung über das Pfand unterlassen. Schäden, welche ihm hierdurch entstehen, kann er von dem Eigentümer ersetzt verlangen, wenn sich nachträglich herausstellt, daß die einstweilige Verfügung zu Unrecht ergangen war (§ 943 ZPO.). Dadurch, daß der Eigentümer den Pfandleiher auf Herausgabe des Pfandes verklagt, wird letzterer nicht ohne weiteres zum unredlichen Besitzer; namentlich wenn die Berechtigung des Klageanspruchs erst im Prozesse geklärt werden soll (JW. 1905 S. 494; 1911 S. 1015). Ist der Pfandleiher über die Rechtslage im ungewissen, so muß er z. B. durch Befragung eines Rechtsanwalts Erkundigungen einziehen, auf die er sich dann verlassen kann (RG. 104, 111). Setzt der Eigentümer den Pfandleiher in Verzug, was stets erfolgt, wenn Klageerhebung erfolgt, so haftet ihm der Pfandleiher für jede Fahrlässigkeit, ja sogar für zufälligen Untergang des Pfandes. Beispiel: A. verpfändet ein von ihm dem B. gestohlenes Fahrrad bei dem Pfandleiher P., der dies wußte oder hätte wissen müssen. Fordert B. den P. zur unentgeltlichen Herausgabe des Fahrrades auf, verweigert sie ihm P. und wird das Rad nunmehr dem P. gestohlen oder durch Feuer vernichtet, so hat er dem B. den vollen Schaden zu ersetzen. Dies gilt erst recht, wenn B. gegen den P. schon die Klage erhoben hatte. Zur In-Verzug-Setzung des Pfandleihers wird, ähnlich wie in Interventionsprozessen, von dem Eigentümer die Glaubhaftmachung seines Eigentums erforderlich sein (OLG. 2, 267). War jedoch das Fahrrad beschlagnahmt oder sichergestellt, so durfte P. dem Verlangen des B. auf Herausgabe nicht nachkommen. Unterbleibt dann die Herausgabe des Rades, so geschieht dies infolge eines Umstandes, den P. nicht zu vertreten hatte (§ 285 BGB). Der Pfandleiher kommt dann nicht in Verzug und haftet infolgedessen auch nicht etwa für zufälligen Untergang (Staudinger 3a zu § 990). Über konkurrierendes Verschulden des Eigentümers s. RG. 93, 281; 119, 155. Liegt nicht bloß Unredlichkeit im Besitze bei dem Pfandleiher vor, sondern hat er sich den Besitz am Pfande durch eine strafbare Handlung verschafft (§ 992 BGB.), so haftet er gemäß § 823ff. BGB. Es kommen hierbei jedoch nicht bloß polizeiliche Kontraventionen, Übertretungen oder sonstige Kontrollvorschriften in Betracht (RG. 105, 86), sondern nur solche strafbare Handlungen, welche sich gegen die Besitzverschaffung als solche richten (Staudinger 1b zum § 992), also insbesondere Hehlerei. Der Ansicht, daß dieser Anspruch schon in 3 Jahren verjährt (Staudinger 3 zum § 992; Wolff § 85 II 4), hat sich das RG. 117, 425 nicht angeschlossen (vgl. hierzu RGKomm. Anm. 1 zum § 992, wo die Entscheidung für bedenklich gehalten wird).

3. Dem Anspruch des Eigentümers auf unentgeltliche Herausgabe des Pfandes steht der Anspruch des Pfandleihers auf Ersatz der notwendigen Verwendungen gegenüber (§ 994 BGB.). Der § 3 des preuß. Gesetzes kann hier nicht zutreffen, da er die Entstehung eines Pfandrechtes zur Voraussetzung hat (s. S. 136 und 145). Hat z. B. der Pfandleiher einen gestohlenen Hund in Pfand genommen, so braucht er ihn dem Eigentümer nur herauszugeben gegen Erstattung der aufgewendeten Futterkosten. Dasselbe gilt für die Aufwendung durch Konservierung des Pfandes oder Reparaturen, Safemiete oder Garagenmiete. Voraussetzung hierbei ist, daß der Pfandleiher redlicher Besitzer ist, und daß die Aufwendungen dem wirklichen oder mutmaßlichen Willen des Eigentümers entsprochen haben (§ 1216, 683 BGB.). War der Pfandleiher in das Handelsregister eingetragen, so kann er auch unter Umständen das ihm gemäß § 354 des HGB. zustehende Lagergeld verlangen. Wegen der ihm zustehenden Verwendungsansprüche hat der Pfandleiher ein Zurückbehaltungsrecht (§ 1000 BGB.). Die Verwendungsansprüche erlöschen innerhalb eines Monats nach Herausgabe (§ 1002 BGB.). Dieselben Ansprüche, die der bestohlene Eigentümer gegen den Pfandleiher hat, stehen auch dem Pfandleiher selber zu, wenn ihm seinerseits ein Pfand gestohlen wird (§ 1227 BGB.). In solchen Fällen streitet auch für ihn die Vermutung des § 1006 BGB., daß er ein Pfandrecht hat.

4. Andere, als gestohlene, verlorene oder sonst abhanden gekommene Sachen. Nicht abhanden gekommen ist eine Sache dem Eigentümer, der nur mittelbarer Besitzer ist, wenn der unmittelbare Besitzer sie ohne oder gegen den Willen des ersteren aus den Händen gegeben hat (RG. 54, 68). Hat also A. sein Fahrrad bei B. in Verwahrung gegeben, und verpfändet B. es trotz des Widerspruchs des A., so erwirbt der Pfandleiher ein Pfandrecht, wenn er gutgläubig war. Es gehören also alle diejenigen Sachen, die der unmittelbare Besitzer sich aneignet oder unterschlägt, nicht zu den abhanden gekommenen Sachen (Staudinger I 2 a α zu § 935). Das gleiche gilt für die durch Untreue erlangten Sachen. War aber die Sache in den Händen eines Besitzdieners oder Besitzmittlers, d. h. übte dieser die tatsächliche Gewalt für einen anderen aus, und zwar in dessen Haushalt oder Erwerbsgeschäft, oder in einem ähnlichen Verhältnis, bei dem er den Weisungen des Eigentümers Folge zu leisten hatte (§ 855 BGB.), so hatte er überhaupt keinen Besitz. Eignet er sie sich widerrechtlich an, so begeht er Diebstahl, nicht Unterschlagung. Deshalb kann der Inhaber eines Geschäftes an denjenigen Sachen, welche seine Angestellten sich aneignen und beim Pfandleiher versetzen, die unentgeltliche Herausgabe des Pfandes verlangen. Das gleiche gilt, wenn Dienstboten sich die Sachen ihrer Herrschaft aneignen. Dadurch, daß der Haushaltungsvorstand oder der Geschäftsinhaber auch längere Zeit von der Wohnung oder dem Geschäft fern bleibt, z. B. auf Reisen geht, verliert er nicht den unmittelbaren Besitz; auch in diesem Falle bleiben die Angestellten nur Besitzdiener, also bloßes Werkzeug bei der tatsächlichen Ausübung der Gewalt. Auch wenn die Aneignung durch einen Dienstboten oder durch einen Geschäftsangestellten nicht in der Wohnung des Hausherrn oder im Geschäftsraum stattfindet, bleibt er Besitzdiener (RGZ. 71, 248; 106, 4; OLG. 4, 296; 34, 182; 39, 225; JW. 1922, 585; Warneyer Jahrb. 1926 N. 48; RGSt. 50, 183 und 60, 272). Beispiel: Ein Reisender verpfändet die Musterkoffer seines Prinzipals auf der Reise. Hier erwirbt der Pfandleiher kein Pfandrecht (JW. 1909, 416[14]). Andererseits ist es auch nicht ausgeschlossen, daß Angehörige eines Hausstandes, z. B. Dienstboten, Besitz an den Sachen ihres Hausherrn haben können. Z. B.: wenn sie ihnen von dritter Seite, nicht vom Hausherrn, anvertraut sind (RGZ. 106, 136), so hört der Dienstbote auf, Besitzdiener zu sein, und wird unmittelbarer Besitzer; ebenso wenn der Hausherr ihm eine Sache übergibt mit dem Auftrage, sie im eigenen Namen, d. h. im Namen des Dienstboten, zu verpfänden. — An eingebrachten Sachen, die im Eigentum der Ehefrau stehen, hat der Ehemann regelmäßig unmittelbaren Besitz (s. hierzu S. 110, 170). Verpfändet sie der Mann, so sind sie der Ehefrau nicht abhanden gekommen (Staudinger I 2 Abs. 5 § 935). Leben Eheleute in gesetzlichem Güterstand und hat der Mann eine Sache der Frau zum unmittelbaren Besitz überlassen, sie später aber ohne Zustimmung der Frau beim Pfandleiher verpfändet, so ist die Sache der Ehefrau nicht abhanden gekommen und der Pfandleiher erwirbt, Gutgläubigkeit vorausgesetzt, ein Pfandrecht (Recht 1917 N. 1424). Nimmt jedoch der Mann, der mit seiner Frau in Gütertrennung lebt, eine der Frau gehörige Sache weg und verpfändet sie gegen deren Willen, so ist sie ihr abhanden gekommen (Warneyer Jahrb. 1922 N. 16; a. M.: LZ. 1925, 1274[8]). Hat der Mann, bei gesetzlichem Güterstande, ein der Frau zu ihrem Vorbehaltungsgut gehöriges Piano auf ihren Namen verpfändet, ohne daß die Ehefrau etwas davon weiß, so ist das vom Pfandleiher mit der Ehefrau, angeblich vertreten vom Ehemann, abgeschlossene Versatzgeschäft unwirksam. Denn der Ehemann hatte keine Vertretungsmacht, und auf diese konnte der gute Glaube sich nicht beziehen (s. S. 110). Verpfändet aber der Ehemann das Piano im eigenen Namen, und war der Pfandleiher zu der Annahme berechtigt, daß es im Eigentum des Mannes stünde, so erwirbt er ein Pfandrecht, auch wenn es der Frau gehört (Staub-Könige Anm. 36d zu § 366). Lebt die Ehefrau von ihrem Manne getrennt, so hat sie an ihren in ihrer Wohnung befindlichen Sachen unmittelbaren Besitz, ebenso auch an den dort befindlichen Sachen des Mannes (LZ. 1921 S. 725). Abhanden gekommen ist auch eine Sache demjenigen, der ihren Besitz gar nicht freiwillig aufgeben kann, z. B. weil er willensunfähig ist. Verpfändet also ein Geisteskranker oder völlig Betrunkener einen Gegenstand, so entsteht kein Pfandrecht, weil die Sache ihm abhanden gekommen ist (OLG. 15, 356). Dies ist auch dann der Fall, wenn der Pfandleiher gutgläubig ihn für geschäftsfähig hielt (RGZ. 101, 225; BankArch. 10, 172). Hat z. B. A. seine Sachen einem geschäftsunfähigen B. übergeben und dieser verpfändet sie dann, so sind sie dem A. nicht abhanden gekommen, wohl aber dem B. (Staudinger Anm. i 2b zu § 935; Staub-Könige Anm. 48 zu § 366). Hat der Eigentümer den Besitz durch ein anfechtbares Geschäft aufgegeben, so hat er doch mit seinem Willen den unmittelbaren Besitz verloren, auch wenn der Wille fehlerhaft war; in solchem Falle erwirbt der gutgläubige Pfandleiher auch ein Pfandrecht, weil das Pfand nicht abhanden gekommen war (KG. BlRpfl. 1908 S. 57). Hat z. B. A. von B. ein Klavier auf Abzahlung und unter Eigentumsvorbehalt gekauft, in der Absicht, es sofort zu verpfänden, und verpfändet er es dann auch beim Pfandleiher, so erwirbt dieser ein Pfandrecht, obwohl B. den Vertrag mit A. wegen Betruges anfechten kann.

5. Der Lösungsanspruch. Einen Lösungsanspruch, wie ihn das ALR. kannte, kennt das BGB. nicht. D. h.: der Pfandleiher kann, auch wenn er gutgläubig ist, von dem bestohlenen Eigentümer nicht verlangen, daß er ihm gegen Herausgabe des Pfandes das erstattet, was der Pfandleiher für den Erwerb der Sache geleistet hat. Wegen der Bestrebungen, einen solchen Lösungsanspruch wieder für die konzessionierten Pfandleiher einzuführen, vgl. Drucks. d. Reichstags N. 435, XII. Legislaturperiode, II. Session 1909/1910 und die daselbst behandelte Petition des Verbandes der Pfandleiher Deutschlands vom 29. November 1909, Breslau. Die Petition ist dem Reichskanzler als Material für den Fall einer zukünftigen allgemeinen Revision des BGB. überwiesen worden. Es sind im Laufe von ungefähr 10 Jahren ca. 2000 Fälle vorgekommen, in denen konzessionierte Pfandleiher und öffentliche Pfandleihanstalten die Pfänder trotz Gutgläubigkeit unentgeltlich herausgeben mußten. In der Petition wird darauf hingewiesen, daß durch §§ 1207 und 935 BGB. dem Betrug Tür und Tor geöffnet seien. Wenn z. B. A. sich von seiner Ehefrau „bestehlen“ läßt (s. S. 111, 129) und später sodann das Pfand bei dem Pfandleiher vindiziert. Sie weist ferner darauf hin, daß durch

den Fortfall des Lösungsanspruchs die Diebstähle nicht etwa abgenommen haben, das gestohlene Gut aber bei der Vorsicht der Pfandleiher häufig von ihnen abgelehnt und dafür bei gewerbsmäßigen Hehlern abgesetzt würde, die keiner Kontrolle unterstehen, und daß dadurch dem Eigentümer die Möglichkeit genommen würde, durch Zahlung des doch immerhin niedrigen Pfandschillings seine Sache wieder zu erhalten. Hierbei sei auch verwiesen auf eine Petition einzelner Städte, die eine gesetzgeberische Maßnahme verlangten, daß den öffentlichen kommunalen Leihanstalten der Lösungsanspruch wieder zugebilligt werden soll (vgl. Drucks. N. 157 des AH., 20. Legislaturperiode, III. Session 1907). — Durch Art. 94 Abs. 2 EG. z. BGB. ist der Lösungsanspruch nur noch insoweit bestehen geblieben, als bei Inkrafttreten des BGB. Vorschriften bestanden, nach denen öffentlichen Pfandleihanstalten (s. S. 75) das Recht zustand, die ihnen verpfändeten Sachen dem Berechtigten nur gegen Zahlung des auf die Sache gewährten Darlehns herauszugeben. Nicht alle öffentlichen Leihanstalten besitzen also den Lösungsanspruch, sondern nur diejenigen, denen ein solches Recht durch ausdrückliche Vorschrift erteilt worden ist. Im Gebiete des preuß. Rechtes (ALR. I, 20; §§ 80, 83, 91) hatten die öffentlichen Leihanstalten den Lösungsanspruch auf Grund der angezogenen, allgemein geltenden Bestimmungen; nicht jedoch auf Grund von Vorschriften, die speziell den Lösungsanspruch den öffentlichen Pfandleihanstalten gaben (Riedner Anm. 4 zu Art. 94 EG. z. BGB.; Löffler S. 22/23). Öffentliche Pfandleiher im Sinne des Art. 94 EG. z. BGB. sind sowohl die staatlichen als auch die kommunalen (Löffler S. 22; Kraus S. 39; Stranz-Gerhard Anm. 8 zu Art. 41). Eine öffentliche Leihanstalt besitzt jedoch den Lösungsanspruch nur dann, wenn er ihr durch besondere landesgesetzliche Vorschriften zugesprochen ist. Das ist in Preußen der Fall bei dem früheren königlichen, jetzt staatlichen Leihamte in Berlin (Reglement des königl. Leihamts zu Berlin, KabO. vom 25. Februar 1834 GS. S. 23). Im § 20 daselbst, welcher das Marginale „Vorrechte des Leihamts" trägt, ist dem Leihamt das Recht zugesprochen worden, daß es an niemanden das Pfand „anders als gegen vollständige Befriedigung des Kapitals, der Zinsen und der etwaigen Kosten auszuliefern verpflichtet ist". In Abs. 3 wird dieses Recht dann auch gegenüber dem Vindikanten nochmals hervorgehoben. Dies übersieht Stranz-Gerhard Anm. 8 zu Art. 41, indem dort dem staatlichen Leihamt das Privileg, so nennt Langheineken S. 334 den Lösungsanspruch, abgesprochen wird (s. auch Crusen-Müller Anm. IIIB 2 zu Art. 41, der eine ähnliche Ansicht vertritt). Die hier vertretene Ansicht wird auch geteilt von Löffler S. 64, OLG. Köln, Rhein.-Arch. 101, 252 sowie Drucks. des AH. N. 157, XX. Legislaturperiode, III. Session 1907 S. 4. Hier ist allerdings die Aufrechterhaltung des Lösungsanspruches für das staatl. Leihamt in Berlin nicht auf die Erteilung eines Privilegs, sondern auf „Zufall in der Rechtsentwicklung" zurückgeführt. Es wird der Lösungsanspruch des staatl. Leihhauses in Berlin als ein „wohlerworbenes, spezielles Individual-Recht" bezeichnet. Ebenso wie die hier vertretene Ansicht LG. I Berlin 80 S 85, 09, welches in dem § 20 der KabO. ein reines Privileg erblickt. Derselben Ansicht ist das KG. (BlfRpfl. 1902, 116), dort ist auch ausgeführt, daß bei Fahrlässigkeit eines Beamten des staatl. Leihhauses der Lösungsanspruch fortfällt. — Außer dem staatl. Leihamt zu Berlin besitzt auch noch das städt. Leihamt zu Frankfurt a. M. auf Grund des Art. 21 des Frankfurter Gesetzes vom 19. April 1864 N. 21 sowie das städt. Leihamt in Hannover auf Grund des landesherrlichen Patents vom 7. bzw. 18. November 1729 den Lösungsanspruch (vgl. Drucks. AH.

N. 157, XX. Legislaturperiode, III. Session 1907). Die Ansicht von Hetzer S. 22, daß sämtliche öffentliche Leihanstalten den Lösungsanspruch haben, ist falsch.

Bayern hat von dem Vorbehalt des Art. 94 Abs. 2 EG. z. BGB. Gebrauch gemacht und in Art. 91 AusfG. zum BGB. den öffentlichen Leihanstalten einen weitgehenden Lösungsanspruch gewährt (Wolff Anm. 7 zu § 174; Zach S. 93; Oertmann Bayr. AusfG. S. 537ff.; Seuffert BlfRA. Bd. 76 S. 178; Meißner S. 28).

Wegen der öffentlichen Leihanstalten in **Baden** vgl. Löffler S. 35; Kraus S. 40, 93; Doerner-Seng S. 616 und Meißner S. 27; in **Braunschweig:** Hampe S. 370; Kraus S. 40, 93; in **Hamburg:** Nöldecke S. 614.

Das **hessische** AusfG. (§ 23) läßt den Lösungsanspruch der öffentlichen Leihanstalten Mainz, Offenbach und Darmstadt, der ihnen nach Statut zusteht, bestehen (Gauf-Fuchs-Wolff S. 511). Wegen **Lübeck** s. Kraus S. 40, 93.

In **Sachsen** hat das öffentliche Leihhaus in Dresden einen Lösungsanspruch (Sächs. Arch. 13, 94; Kloß S. 274; Kraus S. 40, 93). Ob dies aber noch angesichts des § 19 des neuen Gesetzes vom 29. März 1924 besteht, ist zweifelhaft.

§ 6.

Der Pfandleiher ist verpflichtet, dem Verpfänder einen Pfandschein zu geben, welcher eine wörtliche Abschrift der auf das Geschäft bezüglichen Eintragung im Pfandbuch enthält und mit der Namensunterschrift des Pfandleihers versehen ist.

Weicht der Inhalt des Pfandscheins von dem Inhalte des Pfandbuchs ab, so gilt die dem Pfandleiher nachteiligere Feststellung.

E. § 7 Begr. S. 22; Drucks. HH. S. 278; StenBer. HH. S. 34; Drucks. AH. S. 2060.

1. Der § 6 entspricht dem § 7 des Entw.; der erste Absatz ist unverändert aus dem Entw. herübergenommen. Dagegen enthielt der § 7 des Entw. als Abs. 2 die Bestimmung, daß, falls der Inhalt des Pfandscheins von dem des Pfandbuchs abweicht, der Pfandleiher den ersteren gegen sich gelten lassen müsse. Die später Gesetz gewordene Änderung, daß bei einem Zwiespalt zwischen Pfandbuch und Pfandschein die nachteiligere Feststellung für den Pfandleiher Geltung haben soll, wurde durch die JustKomm. des HH. aufgenommen (Drucks. HH. S. 278). Es sollte damit vermieden werden, daß „eine vom Pfandleiher in seinem Pfandbuch gemachte, dem Verpfänder günstige Niederschreibung des Pfandvertrages dadurch nicht zum Vorteil des Pfandleihers unwirksam werden soll, daß er dem Verpfänder eine unrichtige Abschrift des Inhalts seines Pfandbuchs gibt". Der Entwurf enthielt sodann noch einen Abs. 3 des Inhalts, daß der Verpfänder zur Ausübung seines Rechtes des Pfandscheins nicht bedürfe (Begr. S. 19). Dieser Absatz wurde jedoch gestrichen und sein Inhalt bei den §§ 8 und 17 des Gesetzes zum Gegenstand der Beratung gemacht (Drucks. HH. a. a. O.). Das Gesetz behandelt im Abs. 1 die Verpflichtung der Pfandscheinübergabe und den Inhalt des Pfandscheins sowie seine Unterschrift; und sodann im Abs. 2 den Fall, daß der Inhalt des Pfandscheins von der Pfandbucheintragung abweicht, während über die Funktionen des Pfandscheins in den §§ 8 und 17 Bestimmungen gegeben sind.

2. Der Pfandleiher ist **verpflichtet**, dem Verpfänder einen **Pfandschein zu geben**. — Diese Verpflichtung ist nur eine obligatorische. Die Übergabe des Pfandscheins ist kein Essentiale des Pfandvertrags. Die Entstehung des Pfandrechtes ist also von der Ausstellung und Übergabe des Scheins unabhängig (Löffler S. 59; Nastvogel S. 71). Die Erteilung des Pfandscheins ist, wie die Begr. S. 22 sich ausdrückt, „nur als zivilrechtliche Verpflichtung behandelt". Die Ausstellung des Pfandscheins ist nicht etwa bloß wie bei der Quittung (§ 368 BGB.) von dem Verlangen des Verpfänders abhängig, sondern muß auf jeden Fall erteilt werden. Der Pfandschein hat also keine konstitutive, sondern nur deklaratorische Wirkung (RG. vom 12. März 1884 bei Gruchot III. Folge 8. Jahrg. 6. Heft und 28. Jahrg. S. 1045; JW. 1884, 123; Martin Wolff S. 645). Abschriften von Pfandscheinen braucht der Pfandleiher weder bei der Entstehung des Geschäfts noch später, z. B. wenn die Urschrift des Pfandscheins verlorengegangen ist, zu geben. Sog. Duplikate oder Interimsscheine sind nicht geeignet, das Original zu ersetzen. Weigert sich der Pfandleiher, dem Verpfänder einen Pfandschein zu geben, so kann dieser darauf klagen. Sämtliche deutschen Landesrechte kennen den Pfandschein, nur in **Mecklenburg-Strelitz** ist er unbekannt (s. S. 182). Aber auch dort ist die Ausstellung und Übergabe eines Pfandscheins handelsüblich geworden (Nastvogel S. 7). Auf die Ausstellung und Übergabe des Pfandscheins kann der Verpfänder verzichten. Das geschieht häufig auf seinen Wunsch oder in seinem Interesse, wenn er z. B. befürchtet, er könne den Pfandschein verlieren. Ist der Pfandschein so im Besitz des Pfandleihers geblieben, so darf er über ihn nicht verfügen und muß ihn dem Verpfänder zur jederzeitigen Einlösung bereithalten. — Nach Übergabe des Pfandscheins an den Pfandleiher hat dieser ihn ein Jahr lang aufzubewahren (Ziff. 6 der Bekanntmachung vom 16. Juli 1881). Sind Verpfänder und Darlehnsschuldner verschiedene Personen, so hat die Übergabe des Pfandscheins an den Verpfänder zu erfolgen.

3. Unter **Pfandschein** versteht man im allgemenen eine **Urkunde**, die im Pfandleihbetrieb gegeben zu werden pflegt. In Süddeutschland heißt er auch „Pfandzettel", „Pfandgegenschein", „Faustpfandurkunde". Etwas irreführend bezeichnet auch die Reichsbank in ihren Lombardbestimmungen die von ihr über die Verpfändung von Waren ausgestellten Urkunden als „Pfandschein", ebenso die preuß. Staatsbank (Müllendorf S. 56ff.; Staub-Könige Anm. 14 zu § 424). Die dem Verpfänder auszuhändigende Urkunde braucht nicht das Wort „Pfandschein" zu enthalten, es genügt, wenn der Inhalt der Urkunde den gesetzlichen Vorschriften nachkommt. Die meisten Pfandscheine bezeichnen sich aber als solche in einer Überschrift, um die Urkunden leichter von anderen Papieren zu unterscheiden (Nastvogel S. 8). Aus welchem Material der Pfandschein bestehen muß, und über die Art, wie sein Inhalt niedergelegt werden soll, enthält das Gesetz keine Vorschriften. Vordrucke sind also zulässig und die Regel.

4. Als **Inhalt des Pfandscheins** schreibt das Gesetz vor, daß er eine wörtliche Abschrift der auf das Geschäft bezüglichen Eintragung in das Pfandbuch enthalten soll. Danach müssen die im § 5 Abs. 2 des Gesetzes sowohl als auch die durch die Bekanntmachung vom 16. Juli 1881 vorgeschriebenen Eintragungen (s. S. 152) im Pfandschein wiederkehren. Die formularmäßige Eintragung, wie sie im Pfandbuch mit den vielen Spalten vor sich geht, braucht im Pfandschein nicht wiederholt zu werden, da nur eine Abschrift der **Eintragung** im Pfandschein liegen soll. Infolgedessen brauchen auch Nebenabreden (s. S. 154, 180), die

nicht eintragungspflichtig sind, im Pfandschein nicht enthalten zu sein. Diese befinden sich meist auf der Rückseite des Pfandscheins, auf welche die Vorderseite ausdrücklich hinweist. Über das Zustandekommen solcher Nebenabreden durch die Vordrucke auf den Rückseiten der Pfandscheine s. S. 133f., 144, 154, 180. Enthält der Pfandschein Zusätze, welche im Pfandbuch nicht eingetragen sind und deren Eintragung nicht erforderlich ist, so liegt auch keine Abweichung des Scheins von der Pfandbucheintragung im Sinne des Abs. 2 vor. Die meisten Pfandscheine enthalten z. B. eine Taxe, zu der das Pfand gegen Feuer und Einbruch als versichert zu gelten hat, obwohl eine derartige Angabe nirgends vorgeschrieben ist (s. S. 148). — Die Angaben im Pfandschein sind, da sie nur eine wörtliche Abschrift aus dem Pfandbuch sind, kein Leistungsversprechen, und noch viel weniger ein Gewährleistungsversprechen, so daß, wer einen Pfandschein ankauft, auf welchem als Gegenstand des Pfandes ein goldener Ring angegeben ist, hierin keine Zusicherung über die Eigenschaften des Pfandes liegt und der Käufer auf Grund der Erklärungen im Pfandschein, wenn die angegebene Eigenschaft nicht der Wahrheit entspricht, keine Ansprüche gegen den Pfandleiher hat. Hat jedoch der Pfandleiher in gewolltem oder bewußtem Zusammenwirken mit dem Verpfänder absichtlich falsche Angaben über die Beschaffenheiten im Pfandbuch und im Pfandschein gemacht (Pfandscheinschieberei s. S. 117, 148, 200), so liegt strafrechtlicher Betrug vor. — Der Pfandschein muß sich endlich auf „das Geschäft" beziehen. Es muß also für jedes unter einer besonderen Pfandbuchnummer eingetragene Geschäft ein besonderer Pfandschein gegeben werden. Über Zerlegung der Geschäfte s. S. 139, 157. Was den Zweck des Pfandscheins anlangt, so dient er der Erleichterung, wenn nicht überhaupt der Ermöglichung eines geordneten Pfandleihbetriebes. Die in diesem Betrieb abgeschlossenen Geschäfte sind durch die einzelnen Landesgesetze formalisiert und typisiert. Auch die Gegenstände der Pfandleihgeschäfte sind sehr häufig dieselben, wie Trauringe, Fahrräder usw. In einem Durchschnittsbetriebe eines großstädtischen Pfandleihgeschäfts werden mindestens täglich 30—50 gleichartige Geschäfte abgeschlossen, so daß die Anzahl der Jahresgeschäfte sich also auf rund 10000 beläuft (Hetzer S. 24). Ihre Abwicklung erstreckt sich über Monate. Bei der Gleichartigkeit der Geschäfte und Gegenstände sowie bei der Länge der Zeit hat sich deshalb zur Unterstützung des Gedächtnisses eine urkundliche Niederlegung des abgeschlossenen Geschäftes von selbst als notwendig herausgestellt. Eine solche Urkunde war deshalb um so unentbehrlicher, als bei Einlösung der Pfänder sich hinsichtlich der Legitimation Schwierigkeiten ergeben mußten, wenn der Einlösende nicht im Besitz einer Urkunde war (Löffler S. 111; Schröter S. 7). Der Zweck des Pfandscheins ist also erstens eine Beweisurkunde zu schaffen, und sodann auch, dem Pfandleiher die Legitimationsprüfung seines Gegenkontrahenten zu erleichtern (Begr. S. 23; Drucks. HH. S. 34).

5. Der Pfandschein ist mit der Namensunterschrift des Pfandleihers zu versehen; das heißt also desjenigen, der im Besitz der behördlichen Erlaubnis ist. Der Vorname ist nicht vorgeschrieben. Ist der Pfandleiher in das Handelsregister eingeschrieben, so muß er seine Namensunterschrift so leisten, wie er seine Firma zeichnet. Ist der Pfandleiher eine G. m. b. H. oder eine A.-G. (s. S. 70), so hat die Zeichnung gemäß den Vorschriften des HGB. zu erfolgen. Wörtliche Übereinstimmung der Firma mit der Unterzeichnung ist jedoch nicht nötig, geringfügige Abweichungen schaden nichts (RGZ. 73, 281). Wird das Pfandleihgewerbe durch einen mit einer Konzession versehenen Stellvertreter ausgeübt (s. S. 89), so genügt dessen Unterschrift. Das Gesetz schreibt nicht vor, daß die

Namensunterschrift des Pfandleihers eine eigenhändige sein soll, oder daß überhaupt für die Unterschrift die Schriftform erforderlich ist. Die Verwendung von faksimilierten Namensstempeln ist also zulässig, ebenso wenn die Namensunterschrift unterdruckt ist, da „der urkundliche Wert der Pfandscheine als verpflichtende Urkunden über das Verpfändungsgeschäft dadurch nicht beseitigt wird, daß die Unterzeichnung des Namens mittels mechanischer Vervielfältigungen herbeigeführt ist" (LG. I Berlin ungedr. O IIId 66/89; Verfügung des Polizeipräsidenten Berlin 9. November 1926 C 4; vgl. auch RGSt. 10, 306). Der Pfandschein ist keine Quittung im Sinne des § 368 BGB. darüber, daß der Pfandleiher das im Pfandschein angegebene Pfand erhalten hat, da hierzu die eigenhändige Unterschrift des Pfandleihers nötig wäre und eine mechanische Herstellung derselben nicht genügt. Da der Pfandschein keine eigenhändige Namensunterschrift zu tragen braucht, kann er schon aus diesem Grunde nicht als Inhaberpapier im Sinne des § 793 Abs. 2 BGB. angesehen werden (s. S. 195). Ob die im oben zitierten landesgerichtlichen Urteil verfochtene Ansicht über die Auslegung des Wortes „Namensunterschrift" noch angesichts des BGB. vertreten werden kann, erscheint zweifelhaft (vgl. hierzu RGZ. 74, 340, andererseits aber auch RGSt. 62, 54). Die Pfandscheinvordrucke mit Unterschrift sind vom Pfandleiher sorgfältig aufzubewahren. Geschieht dies nicht, und werden dadurch mißbräuchliche Benutzungen der Scheine ermöglicht, so macht sich der Pfandleiher unter Umständen schadenersatzpflichtig (RGZ. 73, 351; 81, 254; 92, 50; über die Wirkung der Namensunterschrift s. auch S. 190). Aus falschen oder gefälschten Pfandscheinen können Rechte überhaupt nicht hergeleitet werden.

6. Die Übergabe des Pfandscheins muß erfolgen an den Verpfänder. Der Verpfänder ist es auch allein, der den klagbaren Anspruch auf Aushändigung des Pfandes hat, nicht also auch der Schuldner, wenn Verpfänder und Schuldner nicht miteinander identisch sind. Erfolgt keine Übergabe des Pfandscheins, stiehlt z. B. der Verpfänder den Pfandschein, so äußert dieser überhaupt keine Wirkung (Nastvogel S. 71). Dasselbe gilt, falls der Pfandschein vor der Übergabe an den Verpfänder dem Pfandleiher verlorengeht oder sonst abhanden kommt. Beläßt der Verpfänder den Pfandschein dem Pfandleiher, so liegt eine Ersatzübergabe vor, und der Pfandleiher besitzt den Pfandschein lediglich als Verwahrer. Durch die Übergabe des Pfandscheins kommt nicht, wie Nastvogel S. 30 annimmt, ein dinglicher Vertrag zwischen Verpfänder und Pfandleiher zustande, sondern wie oben S. 177 dargetan, nur lediglich ein obligatorischer Vertrag.

7. Das Gesetz geht davon aus, daß der Pfandschein eine Beweisurkunde ist (s. S. 190; s. auch Grosser S. 8). Ihre Auslegung folgt den allgemeinen Grundsätzen. Der in der Urkunde niedergelegte Wille ist also nach Treu und Glauben auszulegen. Ähnlich dem Depotschein ist der Pfandschein eine Urkunde, die beweisen und legitimieren soll (RGZ. 118, 38). Beweisen soll er den wesentlichen Inhalt des Geschäfts, weil er sich auf diejenigen Vertragsbestandteile bezieht, welche gemäß § 5 des Gesetzes und Ziff. 2 der Bekanntmachung vom 16. Juli 1881 in das Pfandbuch eingetragen sind. Daraus folgt, daß aus den Angaben in dem Pfandschein keine Willenserklärung herausgelesen werden kann, die sich an irgendeinen Dritten, außerhalb des Pfandvertrags Stehenden, wendet (s. oben über Leistungsversprechen und Gewährleistungsversprechen S. 178). Da der Pfandschein nur den Beweis für die Richtigkeit und Vollständigkeit derjenigen Angaben erbringen soll, die sich auf die eintragungspflichtigen Vertragsbestandteile beziehen, ist der Beweis für das Zustandekommen von Abreden, die nicht eintragungspflichtig sind und deshalb auch durch den Pfandschein nicht bewiesen werden können, anderweit zu erbringen. Ist z. B. verabredet, daß das Pfand im Safe einer Bank verwahrt werden soll, daß im Fall des Verlustes des Pfandes durch andere Ereignisse als Feuer oder Einbruch der Pfandleiher nur in Höhe des Taxwertes Schadenersatz zu leisten hat (s. S. 122, 144), so werden diese Abreden nicht ohne weiteres durch den Inhalt des Pfandscheins, der sie nicht enthält, widerlegt. Vielmehr muß derjenige, der sich auf solche Nebenabrede beruft, sie ihrerseits beweisen.

8. Bei einem Zwiespalt zwischen dem Inhalt des Pfandbuchs und dem Inhalt des Pfandscheins hat zunächst die Bucheintragung als primäre Erklärung die größere Beweiskraft. Denn einmal wirkt die Bucheintragung konstitutiv (s. S. 153), mit ihr wird der Pfandleihvertrag als letzter Willensakt perfekt. Sodann ist die Bucheintragung die Originalurkunde, während der Pfandschein nur eine „wörtliche Abschrift" darstellt.

9. Weicht der Inhalt des Pfandscheins vom Inhalt des Pfandbuches ab, so soll die „dem Pfandleiher nachteiligere Feststellung gelten". Was hierunter zu verstehen ist, ist von Fall zu Fall zu entscheiden. Ist im Pfandbuch die Darlehnsfrist auf 2 Monate, im Pfandschein aber auf 6 Monate angegeben, so ist die längere Frist die dem Pfandleiher nachteiligere, denn er darf vor Ablauf dieser längeren Frist nicht zur Versteigerung schreiten. Für den Verpfänder ist die Frist gleichgültig, da er gemäß § 7 jederzeit das Pfand einlösen kann. Ist im Pfandbuch eine niedrigere Darlehnssumme angegeben als im Pfandschein oder umgekehrt, so braucht der Verpfänder nur diese zu zahlen. Ist im Pfandbuch eine goldene Uhr als verpfändet angegeben, im Pfandschein aber eine Doublée-Uhr, so enthält die Pfandbucheintragung die dem Pfandleiher nachteiligere Feststellung.

10. Wie oben bereits dargetan, gilt Abs. 2 nicht für diejenigen Nebenabreden, welche gar nicht eintragungspflichtig sind. Sind diese auf dem Pfandschein enthalten, im Pfandbuch aber gar nicht eingetragen, so kann der Verpfänder sich nicht auf die Pfandbucheintragung berufen (s. oben S. 120, 134, 154, 178). Ist also durch besondere Urkunde oder durch Anerkennung der auf dem Pfandschein vorgedruckten Bedingungen dem Pfandleiher vom Verpfänder das Recht der Weiterverpfändung des Pfandes eingeräumt, so kommt Abs. 2 des § 6 nicht zur Anwendung (s. S. 101, 135, 144, 154, 178); a. M. mit nicht überzeugenden Gründen des S. 154 zitierten Urteils des RG. vom 6. März 1928.

11. Der Abs. 2 gilt auch nur im Verhältnis zwischen Verpfänder und Pfandleiher (Drucks. AH. S. 2061). Ist z. B. im Pfandbuch ein Taxwert angegeben, zu dem im Falle des Feuers oder des Einbruchs der Pfandleiher verpflichtet ist, dem Verpfänder das Pfand zu erstatten, so ist diese Taxe für die Versicherungsgesellschaft nicht maßgebend. War also bei einer goldenen Uhr die Taxe im Pfandbuch mit 500 M., im Pfandschein mit 300 M. angegeben, so ist der Verpfänder berechtigt, in Höhe von 500 M. den Wert erstattet zu bekommen. Die Versicherungsgesellschaft jedoch ist an diese höhere Taxe nicht gebunden. Über die Möglichkeit, irrtümliche Angaben, sei es im Pfandbuch, sei es im Pfandschein, anzufechten s. S. 113, 181. — Gibt der Pfandleiher einem Dritten gegenüber über den Inhalt des Pfandbuchs oder den Janhalt des Pfandscheins Auskünfte, so läuft er Gefahr, sich schadenersatzpflichtig zu machen. Zu derartigen Auskünften ist er nicht verpflichtet. Gibt er sie aber ab, antwortet er z. B. auf die Frage eines Dritten, ob das Pfand in Ordnung gehe, bejahend, so kommt ein Auskunftsvertrag oder Garantievertrag zustande (RGZ. 82, 337; 101, 301; 114, 289). War in dem Pfandbuch oder im Pfandschein das Pfand z. B. als goldener Ring angegeben, während er nur aus Doubléegold bestand, so würde, wenn der Pfandleiher auf Anfrage eines Dritten die Goldeigenschaft des Pfandes bestätigte, er die Garantie dafür übernehmen, daß im Falle der Einlösung des Pfandes durch den Dritten dieser einen goldenen Ring erhält.

12. Der Abs. 2 des § 6 enthält keine praesumptio juris et de jure zuungunsten derjenigen Urkunde, welche eine dem Pfandleiher nachteiligere Feststellung trifft. Enthielte er eine solche unwiderlegliche Vermutung, so müßte auch der Verpfänder sie gegen sich gelten lassen, wenn sich z. B. herausstellte, daß sowohl der Inhalt des Buches als auch der des Scheines falsch waren und der wahre Sachverhalt für den Verpfänder noch günstiger läge als der Inhalt der für ihn streitenden Vermutung. Beispiel: Im Pfandbuch lautet das Darlehn über 300 M., im Pfandschein über 200 M., tatsächlich hat der Verpfänder aber nur 100 M. erhalten. Auf einen solchen Fall ist in den Materialien ausdrücklich hingewiesen worden (StenBer. HH. S. 36 und 41). Es wurde in der JustKomm. mit Rücksicht auf diesen konstruierten Fall hervorgehoben, daß mit dem Abs. 2 des § 6 deshalb keine unwiderlegliche Vermutung geschaffen werden solle, die Bestimmung auch keine, übrigens mit dem damaligen § 259 ZPO. nicht in Einklang zu bringende, Beweisregel darstellen solle, und daß sowohl die Bucheintragung als auch der Inhalt des Pfandscheins durch jedes andere Beweismittel entkräftet werden können. Auch der Regierungskommissar hob hervor, daß den Rechten der Parteien durch den § 6 Abs. 2 nicht zu nahegetreten werden solle, wenn die Frage auftauche, ob der Pfandleihvertrag anders als er im Buche oder im Pfandschein beurkundet worden ist, abgeschlossen wurde. Der Pfandleiher kann also die gegen ihn sprechende Vermutung des § 6 Abs. 2 widerlegen, wie auch der Verpfänder nicht gehindert ist, darzutun, daß der Vertrag, wie er wirklich abgeschlossen worden ist, noch unter für ihn günstigeren Bedingungen zustande gekommen ist als es nach der Vermutung den Anschein hat. § 6 Abs. 2 ist also lediglich eine Auslegungsregel, die durch Gegenbeweise entkräftet werden kann (s. auch Dernburg 3. Aufl. 1908 Bd. III Anm. 6 zu § 278 S. 937). Er nennt den Abs. 2 § 6 eine „gesetzliche Fiktion". Da durch die genannte Bestimmung „den Rechten beider Parteien nicht zu nahegetreten werden sollte", sind auch Erklärungen im Pfandbuch oder im Pfandschein anfechtbar. Dernburg a. a. O. will in solchem Falle dem Pfandleiher die exceptio doli geben. Die Auslegungsregel kommt nur zur Anwendung, wenn ein ordnungsgemäßer Pfandleihvertrag zustande gekommen ist. Hat aber irrtümlich der Pfandleiher dem Verpfänder einen Pfandschein ausgestellt, ohne eine Eintragung in das Pfandbuch vorzunehmen, so kann keine wörtliche Abschrift der Pfandbucheintragung vorliegen. Gerät dann der Pfandschein in den Besitz eines Dritten, sei es, daß er verloren geht oder irrtümlich ausgegeben wird, so kann dieser sich nicht auf § 6 Abs. 2 berufen.

13. Weicht der Inhalt des Pfandscheins von dem des Pfandbuches ab und liegt eine nicht absichtlich vom Pfandleiher herbeigeführte falsche Abschrift der Bucheintragung vor, so wird stets ein Verschreiben, d. h. ein Irrtum im Erklärungsakte, vorliegen (s. S. 113ff.). Die Ausstellung des Pfandscheins ist eine Willenserklärung, welche die Gestaltung eines Rechtsverhältnisses herbeiführt, nämlich die Erfüllung der Verpflichtung aus § 6 Abs. 1. Sein Inhalt unterliegt also auch der Anfechtung; würde man die Anfechtungsmöglichkeit verneinen, so läge eine Art Zivilstrafe vor, die dem Pfandleiher auferlegt würde, die ohne Rücksicht auf Verschulden oder Fahrlässigkeit gegeben wäre. — Unterläßt der Pfandleiher überhaupt die Ausstellung und Übergabe eines Pfandscheins, so wird der Pfandleihvertrag als solcher dadurch nicht berührt, nur würde eine Übertretung nach § 360 Ziffer 12 StGB. vorliegen, die aber nicht die Nichtigkeit des Pfandleihvertrages herbeiführen kann (s. S. 177).

14. Über den Charakter des Pfandscheins als Legitimationspapier s. S. 194, 198. Über seine Aufgebotsfähigkeit s. S. 197. Über den Handel mit Pfandscheinen s. S. 200 f. Über Verpfändung des Pfandscheins s. S. 202 f..

15. Von dem außerpreußischen Recht schreibt **Anhalt** (§ 4) für den Pfandschein keine Form vor, weil die Eintragung in das Pfandbuch nicht die Voraussetzung für die Entstehung des Pfandrechtes ist. Im übrigen ist § 6 Abs. 2 in das anhaltische Gesetz aufgenommen. — **Baden** (§ 6), wo gleichfalls die Pfandbucheintragung nicht konstitutiv ist (Doerner-Seng S. 615), schreibt die wörtliche Übereinstimmung der Pfandbucheintragung und des Pfandscheins vor. Für Abweichungen zwischen beiden gibt es keine Bestimmungen; im übrigen sollen auf die Pfandscheine die gesetzlichen Bestimmungen über die Einlösung, den Verkauf des Pfandes und Überschuß des Erlöses abgedruckt und niedergeschrieben sein. — Ähnlich auch **Bayern** (§ 19). — **Braunschweig** (§ 3) gibt genaue Bestimmungen über Form und Inhalt des Pfandscheins. Bei einem Zwiespalt zwischen Inhalt des Pfandbuchs und Inhalt des Pfandscheins sind keine Bestimmungen vorhanden, dagegen darf der Pfandschein andere Zusätze oder Bemerkungen zu dem gesetzlichen Inhalt des Pfandgeschäftes nicht enthalten. — In **Bremen** (§ 1 Abs. 3) kann der Pfandleiher für die Ausstellung des Pfandscheins eine Gebühr nehmen, die in der Lager- und Schreibgebühr enthalten ist. Für die Ausstellung eines neuen Pfandscheins an Stelle eines verlorengegangenen steht ihm eine Gebühr von 50 Pf. zu (§ 10 Abs. 1 Satz 2). Im übrigen ist der § 6 des preuß. Gesetzes in das bremische wörtlich übernommen. — **Hamburg** (§ 13) schreibt den Inhalt des Pfandscheins durch Vordrucke vor, welche mit dem Eintragungsvermerk inhaltlich übereinstimmen müssen, und verbietet Zusätze darauf (Ziff. VI der VO. vom 27. April 1923). Eine dem § 6 Abs. 2 des preuß. Gesetzes analoge Bestimmung hat Hamburg nicht. Die Ausstellung des Scheines wirkt nicht konstitutiv für den Pfandleihvertrag (Nöldecke S. 615). — **Hessen** (§ 6) ähnlich wie Baden (s. Gauf-Fuchs-Wolff S. 104). — **Lübeck** (§ 6) ähnlich wie Preußen. — **Mecklenburg-Schwerin** (§ 9) schreibt den Inhalt des Scheines durch einen Vordruck vor; Abweichungen von der gesetzlichen Dauer der Darlehnsfrist sind auf dem Pfandschein zu vermerken (§ 10). Über sonstige Abweichungen des Pfandscheins vom Pfandbuch enthält das Gesetz nichts. — **Mecklenburg-Strelitz** kennt den Pfandschein überhaupt nicht (s. S. 177). Dagegen muß der Eintragungsvermerk in das Pfandbuch „den Beglaubigungsvermerk des Pfandleihers mittels dessen eigenhändiger Gegenunterschrift" enthalten (§ 2 Abs. 2 Ziff. g). — **Oldenburg** (§ 7) entspricht dem § 6 Abs. 1 des preuß. Gesetzes, eine dem § 6 Abs. 2 analoge Bestimmung kennt es nicht. — **Sachsen** (§ 5) schreibt nur vor, daß das abgeschlossene Pfandgeschäft in ein Pfandbuch einzutragen ist und dem Verpfänder ein Pfandschein auszuhändigen sei. Über den Inhalt des Pfandscheins gibt Ziff. 2 der VO. vom 21. April 1882 Bestimmungen, die den preußischen ähnlich sind (s. Fichtner S. 34). — **Schaumburg-Lippe** (§ 7) nennt den Schein einen Versatzschein, verlangt wortgetreue Abschrift aus dem Pfandbuch und sagt im übrigen bei Abweichungen von der Pfandbucheintragung nichts. — **Thüringen** (§ 8) verlangt eine Abschrift der Pfandbucheintragung im Pfandschein sowie einen Hinweis auf die Einlösungsrechte des Verpfänders, läßt eine Vervielfältigung der Namensunterschrift ausdrücklich zu und bestimmt sodann — im Wortlaut anders wie das preußische Gesetz —, daß, wenn der Pfandschein von dem Pfandbuch abweicht, die „dem Verpfänder günstigere Fassung" gilt. — **Württemberg** (§ 7) nennt den Schein auch einen Versatzschein und enthält ähnliche Bestimmungen wie in Schaumburg-Lippe.

§ 7.

Der Verpfänder ist berechtigt, das Pfand jederzeit bis zum Abschlusse des Verkaufs einzulösen.

Die Zinsen sind nur bis zur Einlösung zu berechnen.

Entgegenstehende Vereinbarungen sind nichtig.

E. § 8 Begr. S. 22; Drucks. HH. S. 278ff.; StenBer. HH. S. 34ff.; Drucks. AH. 2060ff.; StenBer. AH. 1750 und 1762.

1. § 7 entspricht dem § 8 des Entwurfes; er ist, da er in engstem Zusammenhang mit dem Wesen und den Funktionen des Pfandscheins steht, zusammen mit den jetzigen §§ 6, 8 und 17 beraten worden. Im Entwurf war gesagt, daß die Einlösung erfolgen sollte durch Zahlung von Kapital und Zinsen und der etwaigen Einschreibegebühr. Die Justizkommission des HH. fügte hinzu, daß die Einlösung erfolgen dürfe „jederzeit" (s. S. 121) bis zum Zuschlage gegen Rückgabe des Pfandscheins, ferner sah sie eine vierwöchige Frist vor mit der Wirkung, die jetzt der § 8 Abs. 2 des Gesetzes enthält, und fügte eine Bestimmung über die Zinsberechnung hinzu, welche aber von der Just.Komm. des AH. gestrichen wurde (Drucks. AH. S. 2060).

2. Der Verpfänder ist berechtigt.

Nachdem durch § 6 die Erteilung des Pfandscheins angeordnet ist, steht dem Pfandleiher nunmehr nicht bloß der persönliche Schuldner und der Verpfänder gegenüber, sondern auch der Pfandscheininhaber. § 6 spricht nur von dem Einlösungsrecht des Verpfänders. Der Schuldner hat ein solches Einlösungsrecht nicht, wenn er mit dem Verpfänder nicht identisch oder nicht sein Rechtsnachfolger ist (Wunderlich S. 109). Wohl aber hat er das Recht, jederzeit die Darlehnsschuld zurückzuzahlen. Das Gesetz unterscheidet nicht so streng wie das BGB. (§ 1223 BGB.) den persönlichen Darlehnsschuldner vom dinglichen Pfandschuldner und Verpfänder. Es geht davon aus, daß in der Regel Schuldner und Verpfänder in einer Person zusammenfallen. Auch in den gesetzgeberischen Materialien ist eine solche Scheidung nicht erkennbar. Nur in der Begründung S. 21 ist davon die Rede, daß der „Kreditsuchende" das Recht haben soll, „das Pfand einzulösen". So auch LG. III Berlin 32 S 467/26: „Der Verpfänder kann nicht gezwungen werden, den teuren Pfandkredit länger in Anspruch zu nehmen als er ihn braucht." Das Einlösungsrecht des Verpfänders steht auch dem Pfandscheininhaber zu. Dies Recht ergibt sich aus § 8 in Verbindung mit § 17. Über die Konkurrenz der Einlösungsrechte des Verpfänders mit denjenigen des Pfandscheininhabers s. § 8. Löst der Verpfänder das Pfand ein, so geht, wenn er mit dem persönlichen Schuldner nicht identisch ist, die gesicherte Forderung auf ihn über, soweit er den Pfandleiher befriedigt (§ 1225 BGB.). Gleichgültig ist es hierbei, ob der Verpfänder Eigentümer des Pfandes ist oder nicht. Beispiel: A. erhält vom Pfandleiher ein Darlehn, für das diesem B. eine Uhr verpfändet hat, die im Eigentum des C. steht. Über das Einlösungsrecht des Eigentümers sagt das preußische Gesetz nichts, so daß § 1225 BGB. zur Anwendung kommt, in dem von einem Ablösungsrecht die Rede ist, das aber RGZ. 83, 391 und 393 gleichfalls als Einlösungsrecht bezeichnet. Dasselbe Ablösungsrecht hat auch derjenige, der durch die Veräußerung des Pfandes ein Recht an dem Pfande verlieren würde. Die Rechtsbeziehungen zwischen derartigen Dritten hat das Pfandleihgesetz nicht geregelt und auch nicht regeln wollen (Drucks. AH. S. 2061). Es kommt also für diese Rechtsbeziehungen das BGB. zur Anwendung. Unter Umständen steht also der Pfandleiher verschiedenen Personen gegenüber, die das Recht auf Einlösung oder Ablösung haben. So kann es vorkommen, daß gleichzeitig als Prätendenten vorkommen können: a) der Verpfänder, b) der Eigentümer, c) der Inhaber des Pfandscheins. Jeder von ihnen kann die Rückgabe des Pfandes verlangen, der Pfandleiher aber ist verpflichtet, nur einmal zu leisten. In solchem Falle kann er nach seinem Belieben an jeden der Gläubiger das Pfand herausgeben (§ 428 BGB.; vgl. RGKomm. Anm. 3 zu § 1254; Staudinger Anm. zu § 1254; Martin Wolff § 171, 3e). In **Sachsen** (§ 4) ist stets nur der Verpfänder der Einlösungsberechtigte; erfolgt die Einlösung seitens eines Dritten, der im Besitze des Pfandscheines ist, so gilt er als legitimierter Rechtsnachfolger des Verpfänders.

3. Der Verpfänder ist berechtigt.

Durch das dem Verpfänder zustehende Recht kann er gegen den Pfandleiher auf Herausgabe klagen. Zur Klagebegründung gehört die Behauptung, daß er sich zur Befriedigung des Pfandleihers erboten hat (Staudinger Anm. 4a zu § 1223). Die Herausgabe des Pfandes an den Verpfänder hat Zug um Zug gegen Befriedigung des Pfandleihers zu erfolgen (RGZ. 92, 281). — Dagegen besteht eine Verpflichtung des Verpfänders zur Einlösung des Pfandes nicht, wenn er mit dem persönlichen Schuldner nicht identisch ist. Denn die Verpfändung einer Sache für eine fremde Schuld beruht auf einem Vertrage zwischen dem Verpfänder und dem Schuldner, nicht auf einem solchen zwischen dem Verpfänder und dem Pfandleiher. Der persönliche Schuldner, der nicht der Verpfänder ist, kann die Herausgabe des Pfandes an sich selbst überhaupt nicht verlangen, höchstens an den Verpfänder. Durch das Recht des Verpfänders, bis zum Abschluß des Verkaufs das Pfand einzulösen, wird das ihm auch sonst nach dem BGB. zustehende Recht des Mitbietens illusorisch. Sind jedoch Verpfänder und Schuldner nicht identisch, so gilt, falls der Schuldner mitbietet, dasselbe, was für das Mitbieten des Eigentümers gesagt ist, d. h. das von ihm gemachte Gebot muß bar erlegt werden (§ 1239 BGB.). — Wenn auch der Verpfänder keine Pflicht zur Einlösung hat, so bleibt doch die Verpflichtung des persönlichen Schuldners auf Zahlung von Kapital und Zinsen bestehen. Das Gegenteil darf aus dem Worte „berechtigt" nicht gefolgert werden (Meißner S. 31 und 33).

4. Die Vorschrift, daß der Verpfänder jederzeit bis zum Verkauf die Einlösung vornehmen kann, stellt sich gegenüber dem bürgerlichen Recht als eine Sonderbestimmung dar, welche also dem BGB. vorgeht (s. S. 140). Nach dem BGB. kann der Darlehnsgläubiger eine vorzeitige Rückzahlung des Darlehns zurückweisen. Dieses Recht steht dem Pfandleiher nicht zu (s. S. 98, 121, 150, 160); umgekehrt kann der Schuldner ohne Rücksicht auf die Dauer des Darlehns jederzeit die Rückzahlung vornehmen, eine Vergünstigung, die dem Schuldner bzw. Verpfänder eingeräumt werden sollte (Drucks. AH. S. 2062). Über die abwegige Auslegung des Wortes „jederzeit" durch das KG. s. die Ausführungen bei S. 121. Das Wort „jederzeit" darf nicht für sich allein genommen werden, sondern nur im Zusammenhang mit den Worten „bis zum Abschluß des Verkaufes". In dem Entwurf stand das Wort „jederzeit" allein. In der Just.-Komm. des HH. verlangte man eine Präzisierung (Drucks. HH. S. 280). Der Berichterstatter erklärte, daß man allgemein der Ansicht war, die Einlösung könne so lange stattfinden, als der Zuschlag nicht erfolgt sei, weshalb dann die Worte „bis zum Zuschlage" eingefügt wurden, welche später durch die Worte „bis zum Abschluß des Verkaufs" ergänzt wurden. Es sollte damit zum Ausdruck gebracht werden, daß auch dann, wenn der Verkauf des Pfandes bereits begonnen hatte, noch die Einlösung erfolgen kann (StenBer. HH. S. 35). Durch die Bestimmung des § 7 Abs. 1 ist das Recht des Verpfänders gemäß § 1217 Abs. 2 Satz 1 BGB. die Rückgabe des Pfandes gegen Befriedigung des Gläubigers zu verlangen, wenn der Pfandleiher die Rechte des Verpfänders in erheblichem Maße verletzt, gegenstandslos geworden. Wohl aber verbleibt dem Verpfänder auch das Recht, gemäß § 1217 Abs. 1 BGB. von dem Pfandleiher, der die Rechte des Verpfänders in erheblichem Maße verletzt, die Hinterlegung zu verlangen. Das jederzeitige Einlösungsrecht des Verpfänders hindert auch nicht den Pfandleiher ein Zurückbehaltungsrecht geltend zu machen. B i s z u m A b s c h l u ß d e s V e r k a u f e s kann der Verpfänder das Pfand einlösen, und zwar sowohl wenn das Pfand im Wege der öffentlichen Versteigerung, als auch wenn es durch freihändigen Verkauf gemäß § 10a veräußert wird. Unter Verkauf ist zu verstehen der Abschluß des obligatorischen Kaufvertrages. Auf den Übergang des Eigentums auf den Ersteher oder Käufer kommt es nicht an. Dieser erfolgt auch bei der Versteigerung nicht mit dem Zuschlage, sondern erst mit der Übergabe (RGZ. 35, 270; OLG. 18, 135). Der Verkauf ist aber abgeschlossen mit dem Zuschlage (§ 156 BGB.). Voraussetzung ist, daß der Verkauf ein rechtmäßiger ist, d. h. daß die Voraussetzungen für den Verkauf gegeben sind, und daß er auch in der gehörigen Form erfolgt.

5. Die Einlösung.

Einzulösen ist „das Pfand". Irreführend ist es, wenn Ziff. 6 Abs. 2 der ministeriellen Bekanntmachung vom 16. Juli 1881 von „eingelösten Pfandscheinen" spricht. Das BGB. kennt den Begriff des Einlösens nicht. Es spricht nur davon, daß der Verpfänder die Rückgabe des Pfandes nur gegen Befriedigung des Pfandgläubigers verlangen kann (§ 1223 Abs. 2 BGB.). Trotzdem wird man beide Begriffe gleichsetzen können, wie auch RGKomm. Anm. 3 zu § 1223 vom Einlösungsrechte des Verpfänders spricht, ebenso Staudinger vor Anm. 1 zu § 1223, Martin Wolff § 166 II, auch Biermann Anm. 2 zu § 1234, wo von der Einlösungsfrist die Rede ist. Durch das Wort „einlösen" wird die Konnexität der beiderseitigen Verpflichtungen, nämlich der Rückgabepflicht des Pfandleihers und der Zahlungspflicht des Verpfänders, stärker betont. Aus den Materialien ergibt sich, daß die Einlösung erfolgen sollte „durch die Zahlung des Darlehnskapitals und der Zinsen". Die Worte wurden aber dann als überflüssig gestrichen (Drucks. AH. 2062). Da in den Motiven zum AusfG. zum BGB. der § 9 des preußischen Gesetzes als eine besondere Abweichung vom BGB. nicht angesehen wurde (Drucks. AH. 1899 Bd. III N. 34 S. 1585), wird man das Einlösungsrecht des Verpfänders nach § 1223 BGB. beurteilen müssen. Es besteht hierbei die Kontroverse, ob es sich bei den Verpflichtungen aus § 1223 Abs. 1 BGB. um eine Zug-um-Zug-Leistung handelt oder nicht (Staudinger Anm. 4 zu § 1223; RGKomm. Anm. 3 zu § 1223 und Anm. 8 zu § 1249). Diese Kontroverse besteht jedoch für das Einlösungsrecht nach dem Pfandleihgesetz nicht; vielmehr wird man nach dem Wortlaut des Gesetzes und seiner Entstehungsgeschichte annehmen müssen, daß Leistung und Gegenleistung oder Einlösung Zug um Zug zu erfüllen sind. An welche sonstigen Voraussetzungen die Einlösung noch geknüpft ist, ergibt sich aus § 8 des Gesetzes.

6. Die Rückgabepflicht des Pfandleihers wird dadurch erfüllt, daß der frühere Besitzstand am Pfande wieder hergestellt wird (Goldmann-Lilienthal Anm. 18 zu § 87; Biermann Anm. 1 zu § 1223). Eine Übersendungspflicht besteht nicht (s. S. 133, 145). Zur Rückgabe des Pfandes Zug um Zug gegen Zahlung von Kapital, Zinsen und Kosten ist der Pfandleiher auch dann verpflichtet, wenn er aus anderen Pfandleihverträgen oder sonstigen Geschäften noch einen fälligen Anspruch gegen den Verpfänder hat. Der Pfandleiher darf wegen dieser nicht konnexen Gegenansprüche ein Zurückbehaltungsrecht nicht geltend machen. Dies gilt erst recht, wenn die Gegenforderung des Pfandleihers aus dem anderen Geschäft noch gar nicht einmal fällig ist. Beispiel: Verpfändete A. einen Ring gegen ein Darlehn von 100 *RM*, hatte er aber vorher schon eine Uhr für 30 *RM* verpfändet, so darf der Pfandleiher dem A. gegenüber die Herausgabe des Ringes nicht mit der Begründung verweigern, daß er aus dem Versatzgeschäft über die Uhr noch einen Anspruch habe oder einen Ausfall erleiden würde (S. 223). Ist der Pfandleiher in das Handelsregister eingetragen und seine Gegenforderung fällig und der Verpfänder gleichfalls Kaufmann, so liegt ein beiderseitiges Handelsgeschäft vor; in solchem Fall hat der Pfandleiher auch ein Zurückbehaltungsrecht für die Forderungen aus anderen Geschäften (§ 369 HGB.). Dieses kaufmännische Zurückbehaltungsrecht geht so weit, daß es auch wegen noch nicht fälliger Forderungen geltend gemacht werden kann, wenn der Schuldner in Konkurs gerät, seine Zahlungen einstellt oder die Zwangsvollstreckung bei ihm fruchtlos ausgefallen ist (§ 371 HGB.).

7. Zahlungspflicht des Verpfänders.

Sie besteht darin, daß der Verpfänder die Hauptsumme, die Zinsen und die entstandenen Kosten (s. S. 139f.) sowie die Versicherungsgebühren zahlt (s. S. 148). Teilleistungen des Verpfänders berechtigen ihn nicht zur Einlösung des Pfandes (§ 266 BGB.). Nur wenn sämtliche Haupt- und Nebenforderungen getilgt sind, liegt eine Einlösung vor. Welche Beträge für die Einlösung erforderlich sind, ersieht der Verpfänder aus dem Pfandschein. Nach BGB. muß der Pfandgläubiger dem Verpfänder eine Berechnung aufmachen über die Summen, die zur Einlösung erforderlich sind (RGZ. 92, 283). Eine Verpflichtung dazu besteht im Pfandleihgewerbe nicht, weil die Grundlage für die Berechnung sich eben aus dem Pfandschein ergibt. — Ist der Verpfänder mit dem persönlichen Schuldner nicht identisch, so geht, falls jener das Einlösungsrecht ausübt, die dem Pfandleiher gegen den Schuldner zustehende Forderung auf den Verpfänder über (§ 1225 BGB.). Steht dem Verpfänder, wenn er nicht auch persönlicher Schuldner ist, gegen den Pfandleiher eine Gegenforderung zu, so kann er mit ihm aufrechnen, ebenso wie er auch die Befriedigung des Pfandleihers dadurch bewirken kann, daß er den zur Einlösung erforderlichen Betrag unter denjenigen Voraussetzungen hinterlegt (§ 1224 BGB.), unter denen sich der Schuldner von der Schuld befreien kann (§ 372 BGB.). Wegen des Ortes, an dem die Zahlungen zu leisten sind, s. S. 133, 145. Bei der Einlösung des Pfandes hat der Pfandleiher dem Verpfänder eine Quittung zu erteilen (Ziff. 6 der Bekanntmachung vom 16. Juli 1881), jedoch nur dann, wenn der Verpfänder es verlangt. Seiner Einlösungspflicht genügt der Verpfänder nur dann, wenn er außer der

Zahlung seiner Schuld auch den Pfandschein dem Pfandleiher gibt, es sei denn, daß die im § 8 Abs. 2 erwähnte Frist verstrichen ist.

8. Erfolgt die Einlösung vor Fälligkeit des Darlehns, so hat der Pfandleiher nicht das Recht, die bis zum Ende des Darlehns laufenden Zinsen noch zu beanspruchen. Wohl aber kann er verlangen, daß die Zinsen mindestens für zwei Monate gezahlt werden. Durch Abs. 2 des § 7 ist die Bestimmung des § 1 Abs. 3 nicht ausgeschaltet (Drucks. HH. S. 280; Drucks. AH. S. 2062; s. hierzu auch S. 80 und 98). Ebenso wird das Recht des Pfandleihers, bei der Berechnung der Zinsen jeden angefangenen Monat als einen vollen zu berechnen (§ 2 Ziff. 3), durch § 7 Abs. 2 nicht berührt.

9. Vereinbarungen, durch die das jederzeitige Einlösungsrecht des Verpfänders beseitigt oder beschränkt wird, sind nichtig (s. S. 120, 136). Damit ist auch die Vereinbarung einer Verfallklausel verboten, und zwar auch dann, wenn sie nach bürgerlichem Recht zulässig wäre (§ 1229 BGB.); also auch nach Fälligkeit des Darlehns und Eintritt der Verkaufsberechtigung darf der Pfandleiher mit dem Verpfänder nicht eine Abrede treffen, die, falls die Befriedigung des Pfandleihers nicht bis zu einem weiter hinausgeschobenen Fälligkeitstermin erfolgt, ihm das Eigentum am Pfand zufallen läßt (a. M. Kraus S. 83). Anders **Bayern** (§ 11 Abs. 3), das den § 1229 BGB. wörtlich übernommen hat; ebenso auch **Baden** (§ 15), **Württemberg** (§ 14) und **Hessen** (§ 16).

§ 8.

Bis zum Ablaufe von drei Wochen nach der Fälligkeit des Darlehns erfolgt die Einlösung des Pfandes nur gegen Rückgabe des Pfandscheins.

Sind seit der Fälligkeit des Darlehns drei Wochen verflossen, so kann der Verpfänder das bis dahin nicht eingelöste Pfand auch ohne Vorlegung des Pfandscheins einlösen.

Drucks. HH. S. 279, 292; StenBer. HH. S. 34ff.; Drucks. AH. S. 2062 und 2177; StenBer. AH. S. 906ff., 1740 und 1762.

1. Eine dem jetzigen § 8 entsprechende Bestimmung ist in dem Entwurf überhaupt nicht enthalten. Abs. 3 des § 7 des Entwurfs enthielt nur die Vorschrift: „Der Verpfänder bedarf zur Ausübung seiner Rechte des Pfandscheins." Diese Worte wurden durch die JustKomm. HH. gestrichen (Drucks. HH. S. 279), und da die jetzigen §§ 7, 8 und 17 zusammen beraten wurden, wurde dem § 7 Abs. 1 ein Satz 2 hinzugefügt, welcher lautete: „Vier Wochen nach Fälligkeit des Darlehns kann der Verpfänder das bis dahin nicht eingelöste Pfand auch ohne Vorlegung des Pfandscheins gegen Zahlung des Darlehnskapitals und der Zinsen zurückfordern." Diese Worte wurden dann durch die JustKomm. AH., nachdem verschiedene Abänderungsanträge gestellt worden waren, gestrichen und als neuer § 7a zunächst ein Abs. 1 beschlossen, der lautete: „Bis zum Ablauf von drei Wochen nach der Fälligkeit des Darlehns erfolgt die Einlösung des Pfandes nur gegen Rückgabe des Pfandscheins"; und als Abs. 2 des § 7a wurde an Stelle des obengenannten § 7 Abs. 1 Satz 2 eine Bestimmung hinzugefügt, welche dem Abs. 2 des jetzigen § 8 entspricht (Drucks. AH. S. 2062). Die Verkürzung der Frist von vier Wochen auf drei Wochen ist erfolgt, weil das Recht des Verpfänders dadurch hätte leicht beeinträchtigt werden können, daß im § 11 Abs. 2 schon vier Wochen nach eingetretener Fälligkeit das Pfand hätte versteigert werden können (StenBer. HH. S. 37 und 41). Durch das Gesetz vom 11. Februar 1924 ist die Frist im § 11 auf zwei Wochen abgekürzt worden. Es ist dies geschehen, ohne daß man auch gleichzeitig die Drei-Wochen-Frist im § 8 Abs. 2 herabsetzte. Es besteht also z. B. die Anomalie, daß der Verpfänder, wenn seit der Fälligkeit des Darlehns drei Wochen verstrichen sind, ohne Vorlegung des Pfandscheins das Pfand einlösen kann; daß aber der Pfandleiher schon zwei Wochen nach Fälligkeit des Darlehns zur Versteigerung schreiten kann. Da die Verkürzung der Frist im § 11 auf dem jüngeren Gesetz beruht, ist diese die maßgebende und die Drei-Wochen-Frist des § 8 Abs. 2 muß hinter ihr zurücktreten. — Die Entstehungsgeschichte gerade des § 8 mit derjenigen des § 7 und § 17 ist für die Beurteilung des Pfandscheins und seiner Funktionen von besonderer Bedeutung, s. unten S. 191. Die hierzu gestellten Anträge und gefaßten Beschlüsse der gesetzgebenden Faktoren sind für die Begriffsbestimmung des Pfandscheins unentbehrlich, wenn auch der Gang der parlamentarischen Verhandlungen nicht immer ein klares Bild von dem geben kann, was gewollt wurde. Förster-Eccius, Preuß. Privatrecht Bd. III S. 542 Anm. 62/63, spricht deshalb auch von dem Pfandschein als „keinem glücklichen Erzeugnis parlamentarischer Gesetzgebungskunst", eine Ansicht, die Dernburg Pr. Privatrecht V. Aufl. 1894 Bd. I S. 920/21 nicht gelten lassen will. Das Nähere hierzu s. unten im Anhang zu § 8.

2. Bis zum Ablauf von drei Wochen nach der Fälligkeit.

„Bis zum" bedeutet, daß der letzte Tag der Frist mitzurechnen ist (RGZ. 95, 22; 105, 418ff.). Beispiel: Tag der Hingabe des Darlehns: 3. Februar 1928; Beginn des Laufes der Darlehnsfrist: 4. Februar 1928; Ende der Darlehnsfrist: Schluß des 3. April 1928. — Beginn der Drei-Wochen-Frist: Mittwoch, den 4. April 1928; Ende der Drei-Wochen-Frist: Schluß des Mittwoch, des 25. April 1928. Erst vom Donnerstag, dem 26. April 1928 ab, kann also der Verpfänder das Pfand auch ohne Vorlegung eines Pfandscheins einlösen. Die Frist ist eine Nachfrist zugunsten des Inhabers des Pfandscheins (StenBer. HH. S. 38). Meldet sich während des Laufes der Darlehnsfrist und der Nachfrist der Pfandscheininhaber nicht, so muß er damit rechnen, daß der Verpfänder selber die Einlösung vornehmen kann, weil zu erwarten ist, daß über den Pfandschein nicht disponiert ist. So StenBer. S. 38. Über Sperrung des Pfandscheins durch einstweilige Verfügung s. S. 197; vgl. auch Anhang zu § 8 IIIc a. E. Darüber, daß diese Drei-Wochen-Frist nunmehr durch § 11 Abs. 2 illusorisch geworden ist, s. oben Anm. 1. Über die Berechnung der Fristen auch an Sonn- und Feiertagen s. S. 98. Im Falle einer Prolongation rechnet die Drei-Wochen-Frist vom letzten Tage der verlängerten Frist (Förster-Eccius Bd. III § 196 S. 542 Anm. 62; Grosser S. 30; Dernburg Preuß. Privatrecht § 360 Ziff. 4). Über den Zweck der Frist s. S. 197.

3. Erfolgt die Einlösung des Pfandes nur gegen Rückgabe des Pfandscheins.

Diese Bestimmung ist dem § 165 ALR. I, 20 und dem § 111 des preuß. Pfandleihreglements nachgebildet (StenBer. HH. S. 41). Durch sie wird die Einlösung des Pfandes an die Voraussetzung der Rückgabe des Pfandscheins geknüpft, eine Voraussetzung, die nach Ablauf von drei Wochen fortfällt. Durch § 8 Abs. 2 wird der Charakter des Pfandscheins als einer bloßen Beweisurkunde verändert und seine

Bedeutung gesteigert. Das Nähere hierzu s. im Anhang weiter unten. — Es muß die Rückgabe des Pfandscheins erfolgen, s. S. 186, nicht bloß, wie es im Abs. 2 heißt, die Vorlegung. Mit der Rückgabe des Pfandscheins verliert dieser jede über seine Beweismitteleigenschaft hinausgehende Bedeutung (Nastvogel S. 75). Über die Aufbewahrung des zurückgegebenen Pfandscheins seitens des Pfandleihers s. S. 177. Hatte eine Übergabe des Pfandscheins nicht stattgefunden, wodurch der Bestand des Pfandleihvertrages nicht berührt wird (s. S. 177), so kann die Einlösung des Pfandes auch ohne Pfandscheinrückgabe erfolgen, und zwar auch schon vor Ablauf der Drei-Wochen-Frist. Behauptet der Pfandleiher, einen Pfandschein gegeben zu haben, so muß der das Gegenteil behauptende Verpfänder dies beweisen. Über die Quittungspflicht des Pfandleihers bei der Einlösung s. S. 139, 179, 186. § 8 gibt dem Einlösenden nicht nur ein Recht, sondern legt auch dem Pfandleiher die Pflicht auf, nur gegen Vorlegung des Scheins das Pfand auszuhändigen (StenBer. HH. S. 38; Grosser S. 17; Th. Markuse BlfRpfl. 1891, 73ff.). Einen anderen Ausweis als den Pfandschein kann der Pfandleiher von dem Verpfänder bis zum Ablauf der Drei-Wochen-Frist nicht verlangen. Bei der Rückgabe des Scheins innerhalb der Drei-Wochen-Frist braucht der Pfandleiher die materielle Berechtigung des Pfandscheininhabers nicht zu prüfen, vielmehr bezieht sich seine Prüfungspflicht nur auf die Echtheit des Scheines (Löffler S. 112; Grosser S. 24). Mit der Rückgabe des Pfandleihscheins erlöschen alle Rechte gegen den Pfandleiher (Drucks. AH. S. 2062). **Hamburg** (§ 22) läßt den Verlust aller Ansprüche des Verpfänders eintreten, wenn dieser „nach Empfangnahme des Pfandes den Geschäftsraum des Pfandleihers verlassen hat", es sei denn, daß arglistige Täuschung über den Zustand des Pfandes vorlag. Händigt der Pfandleiher das Pfand ohne Rückgabe des Scheines vor Ablauf der Drei-Wochen-Frist aus, so kann er vom Verpfänder die Urkunde mit der condictio sine causa zurückverlangen (Löffler S. 115).

4. Der Abs. 2 enthält eine Wiederholung des Abs. 1 in positiver Form. Hier ist das Verbot der Einlösung ohne Rückgabe des Pfandscheins ausgesprochen, dort ist dem Verpfänder ein Recht zur Einlösung auch ohne Rückgabe des Pfandscheins gegeben. Das Wort „kann" ändert nichts an der Verpflichtung des Verpfänders, das Pfand einzulösen (s. S. 183f.). Es entbindet ihn nur von der Verpflichtung der Vorlegung des Pfandscheins; und der Pfandleiher kann die Herausgabe des Pfandes nicht verweigern, wenn der Verpfänder ihm nach Ablauf der Drei-Wochen-Frist den Pfandschein nicht vorlegt. § 8 geht dem § 371 BGB. vor. Der Verpfänder kann also nicht, bei Verlust des Pfandscheins, gegen Vorlegung eines öffentlich beglaubigten Anerkenntnisses, daß die Schuld erloschen sei, während der Drei-Wochen-Frist die Herausgabe des Pfandes verlangen.

Anhang zu § 8.

Der Pfandschein.

I. Einleitung.

Über den Charakter und das Wesen des Pfandscheins herrscht lebhafter Streit. Versuche, ihn a priori zu erklären und zu klassifizieren, müssen scheitern, wenn man nicht seinen Zweck und seine gesetzlichen Grundlagen genau untersucht (Nastvogel S. 7). Hierbei ist insbesondere bei dem preuß. Pfandschein ein genaues Eingehen auf die gesetzgeberischen Materialien unerläßlich, wenngleich auch diese ein höchst verworrenes Bild vom Willen des Gesetzgebers geben (s. die oben S. 188 u. 191 f. wiedergegebene Kritik von Förster-Eccius). In den verschiedenen Ländern ist Inhalt und Zweck des Pfandscheins verschieden behandelt. **Mecklenburg-Strelitz** (s. S. 182) kennt ihn überhaupt nicht. Fernerhin ist er, je nachdem, ob er im Betriebe eines privaten Pfandleihers oder einer öffentlichen Pfandleihanstalt ausgegeben wird, verschieden, und die einzelnen öffentlichen Leihhäuser haben ihn in ihren Satzungen wieder ihrerseits besonders gestaltet (s. Nastvogel S. 7). Im nachfolgenden soll nur der im Betrieb eines preuß. privaten Pfandleihers auszustellende Pfandschein untersucht werden.

II.

Das preuß. Gesetz bestimmt im § 6, daß ein Pfandschein zu geben ist, und bestimmt dort auch seinen Inhalt. Es muß also ein Schein gegeben werden, d. h. eine Bescheinigung, die nach § 6 nichts weiter ist als die wörtliche Abschrift der Pfandbucheintragung. Die Verbriefung irgendeines Rechtsverhältnisses, wie Löffler S. 108, 109 annimmt, enthält also der Pfandschein zunächst nicht, ebensowenig das Versprechen einer Leistung oder das Bekenntnis über den Empfang des Pfandes, sondern eben nur einen Hinweis auf die Pfandbucheintragung (a. M. Grosser S. 8). Der Zweck des Scheins ist der, dem Verpfänder eine Urkunde in die Hand zu geben, aus der er ersehen kann, daß und was zwischen dem Pfandleiher und ihm vereinbart worden ist. Einen Schuldschein über das Darlehn stellt der Pfandschein gleichfalls nicht dar, was schon daraus hervorgeht, daß er in den Händen des Schuldners bleibt (vgl. Nastvogel S. 11 im Widerspruch zu S. 15 und 66). Der Pfandschein erhält erst schuldscheinähnlichen Charakter im Sinne des § 952 Abs. 2 BGB. dadurch, daß nur gegen seine Rückgabe die Aushändigung des Pfandes erfolgt (§ 371 BGB.), dessen Absatz 2 (s. oben S. 189) jedoch nicht zur Anwendung kommt, weil das Landesrecht hier vorgeht. Der Pfandschein wird nur „gegeben", nicht „ausgestellt" oder „begeben". Die nach § 6 erforderliche Namensunterschrift (s. S. 178 f.) hat nur die Bedeutung, daß mit ihr der Pfandleiher die Übereinstimmung des Inhalts des Scheins mit der Pfandbucheintragung bescheinigt, a. M. Nastvogel S. 71, der fälschlich in der Hingabe des Scheins eine „Kreation und Emmission" erblickt, während Grosser S. 8 und 31 annimmt, der Pfandschein „trage das Wesen eines Schuldscheins in sich". Demgegenüber ist zu betonen, daß man zunächst nur sagen kann, daß der Pfandschein seinem Zwecke (s. S. 178) und seiner Entstehung nach (§ 6) lediglich eine Beweisurkunde ist (s. S. 179; Frohnert S. 39). Durch den Pfandschein wird sowohl der Abschluß des Darlehnsvertrages als auch der des Pfandvertrages bewiesen (Löffler S. 109; Grosser S. 8; Kraus S. 73; und ebenso für **Hamburg** Goltdammer 48, 158; ebenso für den sächsischen Pfandschein Kloß S. 274). Ist der Pfandschein von einer öffentlichen Pfandleihanstalt ausgestellt, so ist er eine öffentliche Urkunde im Sinne des § 415 ZPO. (RGSt. 36, 363). Dagegen ist der Pfandschein keine Urkunde, auf Grund deren im Urkundenprozeß geklagt werden könnte (Spaett S. 77). OLG. Frankfurt a. M. nennt den Pfandschein des städtischen Pfandhauses in Frankfurt a. M. eine privilegierte Beweisurkunde (Sammlung von Entscheidungen in Rechts- und Verwaltungssachen aus dem Bezirk des OLG. Frankfurt a. M. 1898 S. 261).

III.

Viel umstritten ist die Frage, ob der Pfandschein ein Inhaberpapier, Namenspapier oder Legitimationspapier ist. Durch die §§ 8 und 17 des Gesetzes werden dem Pfandschein Funktionen beigelegt, die ihn als mehr wie eine Beweisurkunde erscheinen lassen.

a) Der Pfandschein in den gesetzgeberischen Vorarbeiten.

§ 7 Abs. 3 des Entwurfs lautet:

„Der Verpfänder bedarf zur Ausübung seiner Rechte des Pfandscheins nicht."

§ 15 des Entwurfs lautet:

„Der Inhaber des Pfandscheins ist dritten Personen, insbesondere dem Pfandleiher gegenüber zu Ausübung der Rechte des Verpfänders berechtigt, ohne die Übertragung dieser Rechte nachweisen zu müssen. Dem Verpfänder steht nur die dem Inhaber gewährte Befriedigung entgegen.

Die Übertragung der Rechte des Verpfänders erfolgt nach Maßgabe des in den einzelnen Landesteilen geltenden Rechtes."

Damit war der klare Wille, den Pfandschein als Legitimationspapier zu gestalten (Begr. S. 22), auch klar zum Ausdruck gekommen. Hinzu kommt noch, daß die Erhebung des Pfandscheins zum Inhaberpapier ausdrücklich in der Begründung abgelehnt worden war. Es wurde erwogen, daß derartige Scheine zwar häufig in andere Hände übergehen, jedoch ausdrücklich hervorgehoben, daß sie nicht dazu bestimmt seien, „Gegenstände des Verkehrs zu werden". Ferner sollte im Verhältnis zwischen dem Verpfänder und dem Pfandscheininhaber jener diesem stets vorgehen (StenBer. HH. S. 39). Der bloße Besitz des Scheins solle nicht schon als Beweis dafür gelten, daß eine Übertragung der Rechte des Verpfänders auf den Pfandscheininhaber erfolgt sei; daß aber der Inhaber des Pfandscheins dem Pfandleiher gegenüber die Übertragung der Rechte des Verpfänders nicht nachzuweisen brauche, und daß, wenn der Pfandleiher an den Pfandscheininhaber leiste, der Verpfänder diese Leistung gegen sich gelten lassen müsse. Die JustKomm. HH. schlug vor, den obenerwähnten Abs. 3 § 7 des Entwurfes zu streichen und dem § 15 des Entwurfes hinzuzufügen (Drucks. HH. S. 278). Auch die Kommission erklärte ausdrücklich, daß sie den Pfandschein zum Legitimationspapier machen wolle. Dagegen wurde von ihr bemängelt, daß durch Satz 2 Abs. 1 des § 15 des Entwurfes ein „Privileg des Verpfänders" geschaffen würde (a. a. O. S. 270). Die Kommission bestimmte deshalb, daß dieser Satz 2 Abs. 1 des § 15 des Entwurfes gestrichen werde. Diese Auffassung wurde vom Regierungskommissar bekämpft. Aus der Mitte der Kommission wurden sodann zwei Anträge gestellt, welche im direkten Widerspruch zum System des Entwurfs standen. Diese Anträge gingen dahin, daß die Herausgabe des Pfandes nur an den Besitzer des Pfandscheins erfolgen dürfe. Es sollte der § 15 des Entwurfs ganz gestrichen werden und § 7 des Entwurfes die Fassung bekommen:

Der Verpfänder bedarf zur Ausübung seiner Rechte des Pfandscheins.

Der Pfandschein ist übertragbar.

Der Pfandleiher ist nicht verpflichtet, die Legitimation des Inhabers zu prüfen.

Durch diesen Antrag sollte der im Regierungsentwurf steckende Dualismus beseitigt werden, der es dem Verpfänder ermöglichte, die Einlösung des Pfandes zu verlangen, obwohl er den Pfandschein einem Dritten übertragen hatte. Es wurde bemängelt, daß durch den Entwurf dem Betrug Tür und Tor geöffnet werde. Die Kommission verlangte, man solle, wenn man den Verkehr mit Pfandscheinen erhalten wolle, sie wie Sparkassenbücher behandeln. Von dem Regierungskommissar wurde erwidert, es sei nicht erwünscht, den Handel mit Pfandscheinen zu fördern und eine privilegierte Art der Übertragung der Verpfänderrechte zu schaffen; der Pfandschein gleiche, so führte der Regierungskommissar aus, dem Talon, insofern, als auch er nur ein bloßes Legitimationspapier Dritten gegenüber sei. Die Gefahr, daß, trotzdem der Verpfänder den Pfandschein an einen Dritten veräußert habe, er nachträglich die Rechte des Dritten dadurch vereiteln könne, daß er, der Verpfänder, das Pfand einlöse, bestehe auch bei der Übertragung aller anderen Forderungen. — Bei der ersten Lesung in der Kommission wurde Abs. 3 des § 7 des Entwurfs gestrichen. In der zweiten Lesung waren Anträge gestellt, welche darauf abzielten, den Verkehr mit Pfandscheinen zu erschweren. Es sollte die Übertragung der Rechte des Verpfänders nur nach allgemein bürgerlichem Rechte geregelt werden; nur für die öffentlichen Leihanstalten wollte man eine Erleichterung der Legitimationsprüfung einführen. Fernerhin war aber zur Verhütung des Mißbrauchs mit gestohlenen und verlorenen Pfandscheinen beantragt, daß, wenn der Verpfänder den Pfandschein dem Pfandleiher gegenüber sperrt, dieser das Pfand an den Inhaber des Pfandscheins nicht aushändigen dürfe (s. S. 188). Dieser richtige Gedanke fand jedoch keine Billigung, mit dem Hinweis darauf, daß in solchen Fällen der Verpfänder auf seine Kosten eine einstweilige Sperrung erwirken müsse. Im übrigen wurde anerkannt, daß der „einmal nicht zu beseitigende Verkehr mit Pfandscheinen, dieselbe durch bloße Hingabe zu übertragen", bestehen bleiben solle, und „indem man den Pfandschein als Legitimationspapier gelten läßt", der Verkehr mit Pfandscheinen rechtlich geschützt werden soll; daß er aber „doch kein eigentliches Privileg als lettre au porteur haben solle" (Drucks. HH. S. 279). Das Resultat der ersten Lesung wurde sodann bestätigt. Im Anschluß hieran wurde sodann auch bei § 8 des Entwurfs, welcher dem jetzigen § 7 des Gesetzes entspricht, erörtert, welche Wirkungen der Besitz des Pfandscheins habe. Auch hier traten die beiden einander entgegengesetzten Anschauungen scharf zutage. Während nach § 8 des Entwurfs nur der Verpfänder das Recht zur Einlösung des Pfandes haben sollte, sollte nach einem Antrage aus dem Schoße der Kommission dieses Recht nur dem Inhaber des Pfandscheins zustehen, womit das „prävalierende Recht des Inhabers des Pfandscheins in schärfster Weise betont werden sollte". Dasselbe geschah mit einem weiteren Antrag, der dahin ging, daß die Einlösung des Pfandes „nur gegen Rückgabe des Pfandscheins" erfolgen dürfe. Beide Anträge wurden lebhaft umkämpft, und es kam ein vermittelnder Antrag zur Annahme, welcher lautete:

„Vier Wochen (später abgeändert auf drei Wochen) nach der Fälligkeit des Darlehns kann der Verpfänder das bis dahin nicht eingelöste Pfand auch ohne Vorlegung des Pfandscheins zurückfordern."

Es wurde hierin die geeignete Lösung der Frage, wie die Begrenzung der Rechte der sich gegenüberstehenden Interessenten zu erfolgen habe, gefunden (Drucks. a. a. O.). Der Berichterstatter im Plenum des HH. hat auch dann die Tendenz der Kommissionsbeschlüsse dahin zusammengefaßt, daß der Pfandschein kein Papier au porteur sei (StenBer. HH. S. 34, 35). — Das Plenum des HH. erblickte in den Beschlüssen der Kommission eine Verbesserung des Entwurfs. Die Regierung bekämpfte sie auch im Plenum, sie ging davon aus, daß der Pfandschein „eine einfache Urkunde mit zivilrechtlicher Verpflichtung sei", daß aber zum Zwecke „der Erleichterung der Legitimation" des Einlösenden dem Inhaber des Pfandscheins das Recht einzuräumen sei, die Rechte des Verpfänders auszuüben;

daß aber der Inhaber des Pfandscheins „seinerseits dem Verpfänder oder dem, der seine Rechtsnachfolge nach dem Verpfänder nachweist, nachstehen müsse" (StenBer. HH. S. 37). Auch im Plenum des HH. wurde anerkannt, „daß der Verkehr mit Pfandscheinen im Interesse der ärmeren Klassen nicht zu vermeiden sei" (StenBer. HH. S. 40/41), da derartige Pfandscheine namentlich von kleinen Leuten für Miete und ähnliches in Zahlung gegeben würden (a. a. O. S. 41). Das Herrenhausmitglied Dr. Beseler charakterisierte den § 5 des Entwurfes dahin: „Erst erscheint der Pfandschein als Inhaberpapier, und zum Schluß kommt heraus, daß er ein reines Beweispapier sein will" (StenBer. HH. S. 40). Auch hier verfocht die Regierung den Entwurf mit dem Hinweis auf das Paradigma des Talons (StenBer. HH. S. 40 und 41). Der Berichterstatter stellte im Plenum fest, daß die in der Kommission vorhanden gewesene Tendenz, den Pfandschein zum Inhaberpapier zu machen, im Plenum nicht mehr hervorgetreten ist, und daß der Pfandschein ein Legitimationspapier sei, der aber nicht, wie der Entwurf gewollt habe, „dem Verpfänder gegenüber absolut bedeutungslos sei". — In der JustKomm. des AH. gab die Regierung ihre ablehnende Haltung gegenüber den HH.-Beschlüssen auf (Drucks. AH. S. 2062). Im übrigen war die Kommission der Ansicht, „daß die überaus einfachen und leichtverständlichen Beschlüsse des HH. sachlich der Verbesserung weder fähig noch bedürftig und vollkommen ausreichend wären" (a. a. O. S. 2061), und daß es keines besonderen Hinweises bedürfe, daß die Übertragung der Rechte des Verpfänders nach Maßgabe des in den einzelnen Landesteilen geltenden Rechtes erfolge. — Im Plenum des AH. wurde gleichfalls die Bedeutung des Pfandscheins lebhaft erörtert. Auch hier fanden in der ersten Lesung z. T. die Beschlüsse des HH. (StenBer. AH. S. 906), z. T. des Entwurfs (a. a. O. S. 908) Billigung; in der zweiten Sitzung des Plenums, nachdem der Bericht der JustKomm. vorgelegen hatte, wurde auf den Charakter des Pfandscheins überhaupt nicht eingegangen (StenBer. AH. S. 1744 ff.). Ebensowenig in der dritten Lesung (StenBer. S. 1762).

b) Mit der Erteilung des Pfandscheins genügt der Pfandleiher nur der ihm im § 6 auferlegten Verpflichtung. Ein Wille, mehr als eine Beweisurkunde zu geben, ist dabei nicht vorhanden, so daß von einem Kreationsrecht keine Rede sein kann. Siehe auch Großer S. 30, der aber irrtümlich eine Art Begebungsvertrag annimmt (S. 31 ebenda, s. S. 190). Erst durch die §§ 8 und 17 des Gesetzes wird ein solcher Wille gewissermaßen fingiert.

Nach seiner Entstehungsgeschichte möchte man annehmen, daß der preuß. Pfandschein ein Legitimationspapier ist. Nach den Materialien aber hat man den Eindruck, als ob zwar der Gesetzgeber deutlich den Pfandschein als Legitimationspapier bezeichnet hat, daß aber das Erklärte mit dem Gewollten in Widerspruch steht, und daß trotz des Bestrebens nach Klarheit sie in diesem Punkte nicht erreicht worden ist; s. auch Marcuse BlfRpfl. 1891 S. 73, dessen Ausführungen ergeben, daß schon vor dem Inkrafttreten des BGB. eine Subsumierung des Pfandscheins unter eine der damals bekannten Arten von Urkunden und Papieren streitig und schwierig war. Diese Schwierigkeit ist nun angesichts der Terminologie des BGB. noch größer geworden. Ob der preußische Pfandschein unter § 808 BGB. fällt, kann in doppelter Hinsicht zweifelhaft sein. Nach § 808 muß in der Urkunde eine Leistung versprochen sein. Ein solches Versprechen enthält aber der preußische Pfandschein nicht; er ist eben nichts weiter als eine wörtliche Abschrift der Pfandbucheintragung. Sein Inhalt ist zunächst unmaßgeblich. Er dient in erster Linie nur zur Konkretisierung des Pfandleihvertrags hinsichtlich der Persönlichkeit des

Verpfänders, des Pfandgegenstandes und der Pfandbuchnummer; andererseits dient er dem Verpfänder zur Kontrolle dafür, daß der Pfandleiher die Eintragung in das Pfandbuch vorgenommen hat. — Weiterhin bestimmt aber § 808 Abs. 1 Satz 2 BGB., daß der Inhaber nicht berechtigt ist, die Leistung zu verlangen. Das gerade Gegenteil folgt aber aus § 17 des Gesetzes (s. auch Marcuse a. a. O.). Auch die Motive ließen dies klar erkennen, als man den Fall erörterte, daß sowohl der Verpfänder als auch der Inhaber des Pfandscheins gleichzeitig die Herausgabe des Pfandes verlangen können (StenBer. HH. S. 34, 37, 39, 40; Drucks. HH. S. 279; Drucks. AH. S. 2061). Über diesen Fall der Forderungsprätendenz s. weiter unten zu IIId3.

1. Der Pfandschein ist also kein Legitimationspapier im Sinne des § 808 BGB. Schrifttum und Rechtsprechung stehen überwiegend auf dem entgegengesetzten Standpunkt. Aber namentlich in der Rechtsprechung vermißt man jegliches nähere Eingehen auf die Entwicklungsgeschichte des Gesetzes; und der Versuch, den Pfandschein den in § 808 BGB. genannten Papieren gleichzustellen, ist nirgends überzeugend gelungen. Wohl dagegen ist dies im Schrifttum geschehen (vgl. Marcuse a. a. O. und Großer a. a. O.). Eine Widerlegung der von Marcuse eingehend begründeten Ansicht, ist nirgends zu finden.

2. Eine Zusammenstellung der Rechtsprechung und des Schrifttums ergibt folgendes Bild:

RGKomm. Anm. 1 zu § 808 BGB. und Anm. 9 zu § 1205 BGB: Staudinger Anm. 2b α zu § 1205 BGB.; Biermann Anm. 1e zu § 1280 BGB.; Stein-Jonas Anm. II, 10 zu § 1003 ZPO. und Anm. I, 3 zu § 821 ZPO.; Hennerici S. 14 und die dortigen Zitate; Staub-Könige Anm. 10 am Ende zum Anhang von § 365 behandeln den Pfandschein schlechthin als Legitimationspapier, ohne den preußischen Pfandschein besonders hervorzuheben. Martin Wolff § 161 Anm. 5 und § 174 II hält ihn für ein hinkendes Namenspapier und bezeichnet im übrigen den § 8 des preuß. Gesetzes als verfehlt (a. a. O. Anm. 4). Die Entscheidung des OLG. 18, 193 behandelt den **bayrischen** Pfandschein, den sie gleichfalls als Legitimationspapier charakterisiert. Ebenso Ztschr. f. Rpfl. in Bayern 1905, 279. Vgl. auch Seuffert Bl. f. Rechtsanw. 73, 867ff. und Archiv Bd. 52 N. 160 S. 291, ebenso die Entscheidung des bayr. Oberst. LG. 16, 244, welche gleichfalls den **bayrischen** Pfandschein betreffen. Hinsichtlich des preußischen Pfandscheins sei verwiesen auf OLG. 36, 172 und die oben II am Ende genannte Entscheidung des OLG. Frankfurt a. M. RGSt. 20, 399 und 23, 27 behandeln den Pfandschein gleichfalls als Legitimationspapier, jedoch handelt es sich hierbei um einen solchen hamburgischen Rechtes. Die nähere hamburgische Judikatur gibt Großer S. 47 Anm. 7. Ebenso Goltdammer 48, 159. RGSt. 31, 438 scheint den preußischen Pfandschein für ein Legitimationspapier zu halten. Ebenso charakterisiert das KG. in BlfRpfl. 1894, 5 den Pfandschein als Legitimationspapier und spricht ihm den Inhaberpapiercharakter ab. Ebenso Löffler S. 114; Großer S. 14; Frohnert S. 41; s. auch JW. 22, 505; KG. vom 20. März 1926 ungedr. 30 U 9001/23, ohne jede nähere Begründung. Nastvogel S. 86/87 hält den Pfandschein für eine qualifizierte Legitimationsurkunde. OLG. Dresden in OLG. 4, 335 bezeichnet den sächsischen Pfandschein als eine Beweisurkunde. Dies mit Recht, da § 5 des **sächs. Gesetzes** über den Charakter des Pfandscheins überhaupt nichts sagt. Über das ältere Schrifttum s. Nastvogel S. 22 Anm. 1. Die preußische Geschäftsanweisung für Gerichtsvollzieher vom 21. März 1914 (JMBl. 343) verneint gleichfalls, daß der Pfandschein Inhaberpapier ist (§ 79). Das KG. bezeichnet in OLG. 36, 172 den Pfandschein als Legitimationspapier. Falkmann S. 741 Anm. 12 sowie LG. I Berlin in BlfRpfl. 1897, 74 verneinen, daß der Pfandschein Träger eines Rechtes sei. Gegen dieses auch sonst bedenkliche Urteil polemisiert Jacobi bei Ehrenberg 1917 IV S. 538 Anm. 85a. Seuffert Archiv 52 N. 160 S. 291 behandelt den Pfandschein einer Leihanstalt als Inhaberpapier, ohne daß zu ersehen ist, welchem Recht der Schein untersteht. Das oben erwähnte KG.-Urteil vom 20. März 1926, das den Pfandschein des staatlichen Leihhauses in Berlin anstatt nach der KabO. vom 23. Februar 1834, nach dem preußischen Gesetz beurteilt, obwohl dieses nach § 19 des Gesetzes nicht zur Anwendung kommt, bezeichnet den Pfandschein als qualifiziertes Legitimationspapier gemäß § 808 Abs. 1 BGB. Hetzer S. 23 unterscheidet, ob der Pfandschein auf den Namen ausgestellt ist oder nicht. Im ersten Falle hält er den Pfandschein für ein Legitimationspapier, im zweiten Falle für ein Inhaberpapier; gibt aber im übrigen zu, daß das Publikum den Pfandschein als Inhaberpapier behandelt (a. a. O. S. 48 Anm. 6). Andererseits bezeichnet das KG. im Urteil vom 12. Mai 1906 ungedr. 5 U 181/06 den preußischen Pfandschein als „ein eigenartiges Inhaberpapier"; eine weitere Entscheidung des KG. vom 26. Oktober 1911 ungedr. 22 U 8639/10 behandelt den Pfandschein so, als ob er ein Order- oder Inhaberpapier wäre. Auch Olshausen in Schmollers Jahrbuch 30, 172 bezeichnet ihn als ein reines Inhaberpapier; während das OLG. Frankfurt a. M., in den Entscheidungen in Rechts- und Verwaltungssachen Frankfurt a. M. 1898, 261 den Pfandschein des dortigen städtischen Leihhauses als eine „privilegierte Beweisurkunde" bezeichnet. — Aus dem Schrifttum sei hervorgehoben: Brunner Wertpapiere S. 235 hält den preußischen Pfandschein für ein Papier mit „alternativer Inhaberklausel". Hennerici S. 14 hält ihn für ein Legitimationspapier; Jacobi bei Ehrenberg IV S. 538 Anm. 85a gibt dem Pfandschein einen verschiedenen Charakter, je nachdem, ob die im § 8 Abs. 2 gesetzte Drei-Wochen-Frist verstrichen ist oder nicht; bis zum Ablauf der genannten Frist hält er den Pfandschein für ein Inhaberpapier. Staub-Könige Anm. 9 Anhang zu § 365 rechnet ihn zu den „Inhaberverpflichtungszeichen" des § 807 des BGB., eventuell auch zu den Legitimationspapieren (Anm. 1 zu § 368 und Anm. 40 zu § 1). Förster-Eccius 196 III meint, daß der Pfandschein ein „eigentümliches Inhaberpapier und kein glückliches Erzeugnis parlamentarischer Gesetzeskunst sei". Dernburg Preuß. Privatrecht V. Aufl. 1894 Bd. I S. 920 verneint die Inhaberpapiereigenschaft des Pfandscheins. Crome § 509 Anm. 11 ist der Ansicht, daß der Pfandschein regelmäßig kein Inhaberpapier ist, während Gierke 1905 S. 909 den Pfandschein für ein unvollkommenes Wertpapier hält, das nicht dauernd ein Legitimationspapier, aber für eine bestimmte Zeit ein Einlösungspapier sei (a. a. O. Anm. 140). Sehr eingehend beschäftigt sich Th. Marcuse in BlfRpfl. 1891 S. 73ff mit dem preußischen Pfandschein und kommt mit beachtenswerten Gründen zu dem Resultat, daß er ein Inhaberpapier sei.

3. Aus dem oben in Anm. IIIb 1 Gesagten ergab sich, daß der Pfandschein sich nicht unter die Kategorie derjenigen Papiere einreihen läßt, die im § 808 BGB. erwähnt sind und dort allgemein als Legitimationspapiere, Ausweispapiere oder hinkende Inhaberpapiere bezeichnet werden. Andererseits ist aber der preußische Pfandschein auch kein reines Inhaberpapier. Die Tatsache allerdings, daß in ihm der Name des Verpfänders genannt ist, stempelt ihn noch nicht zum Namenspapier, und nimmt ihm nicht den Charakter eines Inhaberpapiers (Enneccerus § 427 II, 2; Strohal in Jherings Jahrbüchern 33, 377). Hinzu kommt noch

folgendes: das BGB. regelt die Inhaberpapiere nicht schlechthin, sondern gibt nur Bestimmungen für die Schuldverschreibungen auf den Inhaber. Diese finden aber auch auf andere Inhaberpapiere entsprechende Anwendung (RGKomm. Anm. 1 vor § 793). Danach würde, wenn der preußische Pfandschein ein Inhaberpapier sein soll, eine „Ausstellung der Urkunde nötig sein", in welcher dem Inhaber der Urkunde eine Leistung versprochen wird. Ein solches Leistungsversprechen enthält aber der Pfandschein nicht (s. S. 178). Nimmt man aber selbst an, daß durch die §§ 8 und 17 des Gesetzes ein solches fingiert würde, so wird dadurch der Pfandschein immer noch nicht zu einem Inhaberpapier. Denn dieses gewährt dem Inhaber ein selbständiges, aus dem Papier hergeleitetes Recht, welches von dem Rechte des Vormannes unabhängig ist. Der Aussteller eines Inhaberpapiers kann deshalb dem Inhaber keine Einwendungen entgegensetzen, die ihm gegenüber dem Vormanne zustehen (§ 796 BGB.). Das gerade Gegenteil besagt aber § 17 des Gesetzes. Danach übt der Inhaber des Pfandscheins kein eigenes Recht aus, sondern nur dasjenige des Verpfänders, und der Inhaber des Pfandscheins ist nichts anderes als der Rechtsnachfolger des Verpfänders; und der Pfandleiher kann dem Pfandscheininhaber alle diejenigen Einwendungen entgegenhalten, die ihm dem Verpfänder gegenüber zustehen.

c) Will man nun aus diesem Dilemma zu einem praktischen Ergebnis kommen, indem man versucht, den preuß. Pfandschein unter die Urkundenarten des BGB. zu subsumieren, so muß man zunächst feststellen, daß er eine Urkunde sui generis ist, ein besonders geartetes Beweispapier (Kraus S. 75ff.), das sowohl inhaber- als auch legitimationspapierähnlichen Charakter hat (vgl. Förster-Eccius § 196 Anm. 62; Nastvogel S. 70 und 86). Insofern gleicht allerdings der Pfandschein dem Talon (s. S. 192), auf den auch in den gesetzgeberischen Vorarbeiten als Paradigma hingewiesen ist (StenBer. HH. 40, 41; StenBer. AH. S. 908). Auch der Talon gilt als Legitimationspapier (RGZ. 74, 341), kann aber auch Inhaberpapier sein (Enneccerus I, 2 § 434 Anm. 10; Staub-Pinner Anm. 14 zu § 213). Auch die Protokolle zum BGB. II 564ff. erkennen an, daß die Grenzen zwischen Inhaberpapier und Legitimationspapier beim Talon oft flüssige sind. Bei der Proteusnatur des preuß. Pfandscheins wird man sich fragen müssen, welcher Charakter prävaliert, der des Inhaberpapiers oder der des Legitimationspapiers. Unter Berücksichtigung der oben IIIa eingehend wiedergegebenen gesetzgeberischen Entwicklungsgeschichte des Pfandscheins wird man zu dem Resultat kommen müssen, daß der überwiegende Charakter des Pfandscheins der des Legitimationspapiers ist. Wie aus den Materialien ersichtlich, ging die Absicht aller gesetzgeberischen Faktoren dahin, in dem Pfandschein ein Legitimationspapier zu schaffen, dessen Wirksamkeit durch § 17 des Gesetzes nur „gesteigert" werden sollte. Andererseits ist der Gedanke, den Pfandschein zu einem lettre au porteur zu machen, zweifelsfrei und deutlich von den gesetzgebenden Faktoren abgelehnt worden. Man wird deshalb gut tun, den preußischen Pfandschein, ohne daß man ihn unter diesen oder jenen Urkundenbegriff des B.GB subsumiert, nach denjenigen Bestimmungen des bürgerlichen Rechtes zu beurteilen, die für die Legitimationspapiere gegeben sind (Nastvogel S. 65ff. und 86). Auch der Text des preuß. Gesetzes zwingt hierzu, denn nach § 17 erwirbt der Besitzer eines Pfandscheins, den dieser vom Verpfänder übergeben erhalten hat, nicht ohne weiteres dessen Rechte, sondern wird nur „zur Ausübung der Rechte" des Verpfänders berechtigt. Nach dem Gesagten dürfen also die für die Legitimationspapiere geltenden Bestimmungen sinngemäß und entsprechend auch auf den Pfandschein angewendet werden, d. h.: nur insoweit, als das Landesrecht nicht Abweichungen enthält. Solche Abweichungen bestehen aber in zweifacher Richtung für den preuß. Pfandschein.

1. § 808 Abs. 1 Satz 2 kann nicht zur Anwendung kommen, denn § 17 sagt das Gegenteil und gibt dem Inhaber des Pfandscheins das Recht, die Leistung, d. h. die Rückgabe des Pfandes vom Pfandleiher zu verlangen; ein Recht, das durch § 8 Abs. 1 des Gesetzes durch das Wort „nur" noch gesteigert worden ist. Der Inhaber des Pfandscheins hat also ein selbständiges Klagerecht (so auch Löffler S. 112; Nastvogel S. 71 und 86).

2. Nach § 808 Abs. 2 Satz 2 BGB. kann eine abhanden gekommene oder vernichtete Legitimationsurkunde im Wege des Aufgebotsverfahrens für kraftlos erklärt werden, „wenn nicht ein anderes bestimmt ist". Das preuß. Gesetz hat nun, ohne daß es im Gesetzestext klar zum Ausdruck gekommen ist, etwas anderes bestimmt, indem es ein Aufgebot von Pfandscheinen vermieden wissen wollte (Begr. S. 23; Drucks. HH. S. 279; StenBer. HH. 37, 39/40). Die Bestimmung des § 8, die dem Verpfänder das Recht gibt, nach Ablauf von 3 Wochen nach Fälligkeit des Darlehns das Pfand auch ohne Pfandschein einzulösen, hatte den Sinn und Zweck, eine automatisch wirkende Außerkraftsetzung des verlorenen oder vernichteten Pfandscheins eintreten zu lassen. Ein Aufgebotsverfahren sollte wegen der damit verbundenen Kosten, die in der Regel in keinem Verhältnis zu dem Objekte standen und die zu Lasten der Verpfänder hätten gehen müssen, unbedingt vermieden werden (Löffler S. 124 Anm. 46; Nastvogel S. 101, der auf die zeitlich begrenzte Kraft des Pfandscheins hinweist, ebenso Crome § 509 Anm. 11; Dernburg 1908 Sachenrecht S. 939; Dernburg Preuß. Privatrecht § 360, 4; Groß er S. 12). Das Gesetz geht allerdings hierbei davon aus, daß der Verlust oder die Vernichtung des Pfandscheins zu einer Zeit erfolgte, da der Verpfänder ihn besaß. Ist aber der Pfandschein vom Verpfänder weitergegeben worden, und verliert ihn der Dritte, so besteht, wenn seine Rechte dadurch gefährdet werden, daß der Verpfänder nach Ablauf der Drei-Wochen-Frist das Pfand widerrechtlich einlösen kann, für ihn nur die Möglichkeit, sich im Wege der einstweiligen Verfügung gegen den Verpfänder zu sichern oder eine solche gegen den Pfandleiher zu beantragen, deren Kosten stets zu Lasten des Antragstellers gehen müssen. Das Gesetz ging davon aus, daß der Käufer eines Pfandscheins weiß, daß nach Ablauf von 6 Monaten und 3 Wochen (jetzt 2 Monaten und 3 Wochen) der Verpfänder das Pfand auch ohne Vorlegung eines Scheines einlösen kann, daß, wenn der Pfandscheininhaber die Frist verstreichen läßt, eine gewisse Vermutung gegenüber dem Pfandleiher dafür spricht, daß der ursprüngliche Verpfänder über das Pfand nicht verfügt hat, und daß nach Ablauf der 3 Wochen sogar eine Gewißheit dafür vorhanden sei (StenBer. HH. S. 38). Endlich ist dort erwogen, daß, wenn der Pfandschein verlorengehe, dies auf einer Nachlässigkeit beruhe, deren Schaden der Verlierer auf sich nehmen müsse, und daß das Aufgebotsverfahren zu kostspielig sei (a. a. O. S. 39). Da der Pfandschein jedenfalls kein Inhaberpapier ist, kann auch ein gutgläubiger Erwerb an ihm, wenn er gestohlen, verloren oder sonst abhanden gekommen ist, nicht gemäß § 935 Abs. 2 BGB. stattfinden. Daß aber die Verkehrssitte und der Handelsbrauch den Pfandschein wie ein Inhaberpapier behandeln, erkennen auch die Motive an (s. Anm. 3a). Nur geht dieser Handelsbrauch contra legem, ist also unbeachtlich, s. S. 26. Über die Frage, ob der Pfandschein ein Wertpapier ist, s. unten Anm. III d 5 β. **Hamburg** (§ 16 B.) gibt besondere Vorschriften für verlorene oder abhanden gekommene

Pfandscheine. **Mecklenburg-Schwerin** (§ 18) schreibt ausdrücklich das Aufgebot des Pfandscheins gemäß § 799ff. BGB. vor.

d) **Die Wirkungen des Pfandscheins als Legitimationspapier.** 1. Das Recht des Pfandleihers, die Legitimation des Pfandscheininhabers zu prüfen, beschränkt sich darauf, ob der Pfandschein echt ist, sowie darauf, ob der Vorzeiger auch Inhaber ist. Inhaber ist nicht identisch mit Besitzer. Der Begriff des Inhabers ist teils weiter, teils enger. Inhaber ist, wer, wenn auch nur vorübergehend, die rein tatsächliche Gewalt über das Papier hat (Enneccerus § 427 Anm. 1); unter Umständen ist auch der Besitzdiener Inhaber. Andererseits ist der mittelbare Besitzer niemals Inhaber. Wie und wodurch der Pfandscheininhaber den Besitz des Pfandscheins erlangt hat, braucht der Pfandleiher nicht zu prüfen. Andererseits hat er auch kein Recht hierzu. Verfehlt ist die entgegenstehende Ansicht des LG. I Berlin in BlfRpfl. 1897, 74. Kennt der Pfandleiher die Nichtberechtigung des Pfandscheininhabers, weiß er z. B., daß der Pfandschein gestohlen oder verlorengegangen ist, und händigt er trotzdem unter Verstoß gegen Treu und Glauben ihm das Pfand aus, so wird der Pfandleiher nicht befreit (RGZ. 86, 86; 89, 403). Dagegen kommt es darauf, daß der Pfandleiher die Nichtberechtigung des Pfandscheininhabers kennen könnte oder müßte, nicht an (RGKomm. Anm. 2 zu § 808). Macht also der Verpfänder dem Pfandleiher davon Anzeige, daß ihm der Pfandschein gestohlen oder verlorengegangen ist (sog. Sperre des Pfandscheins), so genügt diese einseitige und für den Pfandleiher unkontrollierbare Handlung nicht, um ihn daran zu hindern, das Pfand mit befreiender Wirkung an den Pfandscheininhaber herauszugeben (KG. vom 12. Mai 1906 ungedr. 5 U 181/06; Großer S. 18); wie überhaupt eine bloße fahrlässige Pfandrückgabe an den nichtberechtigten Pfandscheininhaber dem Pfandleiher nichts schadet (Großer S. 25; Enneccerus § 435, 2). Auch die allgemeine Verfügungsfähigkeit des Pfandscheininhabers braucht der Pfandleiher nicht zu prüfen (RGKomm. Anm. 4 zu § 793 und Anm. 2 zu § 808). Nur wenn die Herausgabe des Pfandes an einen geschäftsunfähigen Pfandscheininhaber sich gleichzeitig als Unredlichkeit und offenbarer Verstoß gegen Treu und Glauben herausstellt, wird der Pfandleiher zwar befreit, bleibt aber dem Berechtigten aus § 823 Abs. 2 BGB. und § 826 BGB. schadenersatzpflichtig. Der vom RGZ. 89, 403 ausgesprochene Grundsatz, daß bei Legitimationspapieren die befreiende Leistung an den Inhaber nur ein Recht, aber keine Pflicht des Schuldners sei, daß dieser von seinem Rechte nach Gutdünken Gebrauch machen, also auch den Nachweis der Berechtigung vom Papierinhaber verlangen könne, trifft für den Pfandschein nicht zu. Denn § 17 des Gesetzes gibt gerade dem Pfandscheininhaber das Recht, die Herausgabe des Pfandes zu verlangen, „ohne die Übertragung dieser Rechte nachweisen zu müssen". Mit Rücksicht auf dieses Recht des Pfandscheininhabers wird man annehmen müssen, daß der Pfandleiher bei Aushändigung des Pfandes auch an einen nichtberechtigten Pfandscheininhaber freier gestellt ist, als der Aussteller anderer Legitimationspapiere, und daß der Pfandleiher überhaupt kein Recht zur Prüfung der Berechtigung des Pfandscheininhabers hat (so auch Löffler S. 112; Nastvogel S. 72/73; Großer S. 17, 24, 26ff.). Wo, wie in **Sachsen** (§ 4) — s. S. 184 — der Pfandschein nur Beweisurkunde ist, kann der Verpfänder auch durch einseitige Erklärung gegenüber dem Pfandleiher das Pfand sperren, d. h. ihm jede anderweitige Herausgabe untersagen.

2. Die Rechte des Pfandscheininhabers sind abgeleitete. Er übt lediglich die Rechte des Verpfänders aus, und zwar alle Rechte; also nicht bloß

das Recht auf Einlösung, Herausgabe des Pfandes sowie sonstige Nebenrechte, sondern er kann auch ohne und gegen den Willen des Verpfänders Stundungsverträge (Prolongation s. S. 137, 138, 152, 160) abschließen (Löffler S. 112; Nastvogel S. 72). Er kann auch Teile der verpfändeten Gegenstände einlösen sowie den Überschuß des Erlöses aus dem Pfandverkauf abheben (s. S. 230, 233) und ebenso frei gewordene Pfänder in Empfang nehmen (s. S. 233), sowie auch die Schadenersatzansprüche gemäß § 16 geltend machen (s. S. 236). Andererseits muß der Pfandscheininhaber sich alle diejenigen Einreden entgegenhalten lassen, die dem Pfandleiher gegenüber dem Verpfänder zustehen (Löffler S. 113). Dagegen besteht für den Pfandscheininhaber keine Verpflichtung gegenüber dem Pfandleiher, das Pfand einzulösen, denn in dem Erwerb des Pfandscheins vom Verpfänder liegt keine Schuldübernahme.

3. Nach Ablauf der Drei-Wochen-Frist des § 8 verliert der Pfandschein nicht etwa seine Wirkungen, wohl aber werden die Rechte aus ihm insofern gefährdet, als nunmehr neben dem Pfandscheininhaber auch der Verpfänder berechtigt ist, das Pfand einzulösen. Dem Pfandleiher stehen nunmehr zwei Gläubiger gegenüber, von denen jeder die Leistung verlangen kann. Es fragt sich, wie zu entscheiden ist, wenn beide Prätendenten das Pfand gleichzeitig einlösen wollen (vgl. hierzu Drucks. HH. S. 279; StenBer. HH. S. 34, 37, 39/40; Drucks. AH. S. 2061; für **Hamburg** s. S. 197). Unter der Geltung des preuß. Rechtes gingen die Ansichten hierüber auseinander. Tatsächlich ist durch die Einsetzung der Drei-Wochen-Frist dem Betrug Tür und Tor geöffnet (s. S. 191), denn der Verpfänder kann nach Ablauf der Drei-Wochen-Frist das Pfand einlösen, auch wenn er den Pfandschein schon weiterverkauft hat. Die Rechtsbeziehungen zwischen dem Verpfänder und dem Pfandscheininhaber hat aber das Gesetz nicht geregelt, und wollte es auch nicht regeln (BlfRpfl. 1897, 74). Dernburg Preuß. Privatrecht § 301 empfiehlt, falls der Pfandschein dem Verpfänder gestohlen oder verlorengegangen ist, ein gerichtliches Verbot an den Pfandleiher zu erwirken, daß er das Pfand nicht an den Scheininhaber aushändigen dürfe, und daß die Frage, wer der Berechtigte ist, durch eine Feststellungsklage des Verpfänders zu klären sei (ähnlich Crome S. 509; Gierke S. 909 Anm. 140). Förster-Eccius (§ 196 Anm. 62) gibt dem Pfandleiher ein Wahlrecht, an wen er das Pfand herausgeben will. Dieser letzteren Ansicht ist beizutreten. Sie entspricht auch den Bestimmungen des BGB. Verpfänder und Pfandscheininhaber sind dem Pfandleiher gegenüber Gesamtgläubiger; in solchen Fällen kann der Pfandleiher nach seinem Belieben an jeden von beiden mit befreiender Wirkung leisten (§ 428 BGB.), s. S. 184 Dies entspricht auch dem Willen des Gesetzgebers, der auch auf die Analogie mit dem Talon hingewiesen hatte (s. S. 192). Auch bei diesem stehen der Inhaber des Talons und der Inhaber des Grundpapiers nebeneinander als Forderungsberechtigte, und zwar als Gesamtgläubiger (Enneccerus § 434 Anm. 10). Endlich sei noch auf eine weitere Analogie verwiesen, durch welche die Streitfrage leicht und praktisch gelöst wird. Derselbe Fall der Prätendenz liegt auch vor, wenn Verpfänder oder Eigentümer auf Grund des § 1254 BGB. die Rückgabe des Pfandes verlangen können. Erheben sie beide den Anspruch, so kann der Pfandgläubiger an jeden von ihnen nach seinem Belieben leisten (RGKomm. 3 a. E. zu § 1254; Staudinger zu § 1254). Bei diesem Wahlrecht des Pfandleihers ist es gleichgültig, ob er die Nichtberechtigung des einen oder andern Prätendenten kannte oder nicht (Großer S. 29 Anm. 20; StenBer. HH. S. 35), es sei denn, daß in der Handlungsweise des Pfandleihers ein Verstoß gegen Treu und Glauben liegt (s. oben unter IIId 1). Über Sperrung des Pfandes s. S. 192, 197.

4. Gegenüber dem Verpfänder gewährt der Pfandschein dem Inhaber desselben überhaupt keine Rechte. Die Beziehungen zwischen beiden richten sich nach bürgerlichem Recht.

5. α) Die Verkehrssitte sieht in dem Pfandschein ein Inhaberpapier (s. S. 191, 194ff.). Er wird deshalb „gehandelt" (Nastvogel S. 63). Dies erkennen auch die gesetzgeberischen Faktoren an (s. auch S. 192, 193). Der Minister des Innern (MinBl. f. i. V. 1921 S. 337) hat die Behörden zum Einschreiten gegen den Pfandscheinhandel aufgefordert. Ebenso haben auch die Standesorganisationen der Pfandleiher gegen den Pfandscheinhandel Stellung genommen und auf den Pfandscheinvordrucken deshalb die Worte gesetzt: „Dieser Pfandschein ist kein Handelsobjekt. Wer Pfandscheine kauft, tut dies auf sein Risiko" (L. 1913, 3). Ein Verbot des Pfandscheinhandels im Umherziehen, wie es in einem Gesetzentwurf zur Novelle zur GewO. vorgesehen war, ist nicht Gesetz geworden (Landmann Anm. 9 zu § 56). Das alte bayrische Gesetz (§ 16 Abs. 3) hatte nur dem Pfandleiher selber den Pfandscheinhandel untersagt, eine Bestimmung, die in das neue bayrische Gesetz nicht übernommen wurde. **Braunschweig** hat den Handel mit Pfandscheinen der öffentlichen Leihhäuser schlechthin verboten (Hampe S. 133). Trotzdem hat er sich allenthalben als unausrottbar erwiesen (Bach S. 103). Der Pfandscheinhandel wird häufig von Verpfändern zu betrügerischen Manipulationen benutzt, sog. Pfandscheinschiebereien (s. S. 117, 148, 178ff. und 200). Die städtische Leihanstalt in München hat den Pfandscheinhandel dadurch unterbunden, daß sie in ihren Satzungen die Abtretung der Rechte des Verpfänders verboten hat (Spätt S. 50 und 99). Die obenerwähnte Verkehrsanschauung, die den Pfandschein wie ein Inhaberpapier behandelt, findet aber auch häufig ihre Stütze in der Rechtsprechung, ja sogar auch in der Gesetzgebung. Das Umsatzsteuergesetz (§ 5) behandelt den Pfandschein so, als ob er ein Traditionspapier wäre (vgl. Popitz Komm. zum Umsatzsteuergesetz S. 244). Häufig haben die Gerichte Pfändungen von Pfandscheinen für zulässig erklärt und auch gegen ihre Versteigerungen nichts einzuwenden gehabt (OLG. 36, 172). Hier wird dem Pfandschein von den Gerichten eine „gewisse Verkehrsfähigkeit" zugesprochen (Entscheidungen des Oberst. LG. von Bayern in Gegenständen des Zivilrechtes und des Zivilprozesses 16, 244). Ebenso KG. vom 26. Oktober 1911 ungedr. 22 U 8639/10, das von dem Pfandschein des staatlichen Leihhauses in Berlin sagt, „es ermangle ihm nicht an einem realisierbaren Vermögenswert" (s. S. 202). Dagegen RGZ. 16, 169 und ebenso RGRspr. 2, 162, das den Pfandschein über eine gestohlene Sache hinsichtlich der Beschlagnahme mit dem Pfand selber identifiziert (Löwe-Rosenberg Anm. 2 zu § 111).

β) Für die Frage, welche Bedeutung dem Kaufe eines Pfandscheins zukommt, ist es wichtig zu untersuchen, ob der Pfandschein ein Wertpapier ist. Hierunter ist zu verstehen eine Urkunde vermögensrechtlichen Inhalts, bei welcher der Bestand oder mindestens die Geltendmachung der darin bezeugten Rechte an den Besitz der Urkunde gebunden ist (RGKomm. Anm. 1 vor § 793; Enneccerus § 117 I 1d). Da der Pfandschein trotz seines zwiespältigen Charakters als Legitimationspapier zu behandeln ist (s. S. 193f., 196), kann er auch nicht als Wertpapier angesehen werden. Nach Brunner in Endemanns Handbuch S. 235 ist er ein „Wertpapier eigenartigen Charakters", jedoch für den Verpfänder nur „ein Wertpapier auf Zeit". So auch Löffler S. 110ff., der aber S. 115 zugeben muß, daß die Verknüpfung des Rechtes mit dem Papier nicht vollkommen durchgeführt ist und der Schein nicht als „Träger des Rechtes" angesehen werden kann. Auch Jakobi in Ehrenbergs Handbuch 1917 Bd. IV S. 538 Anm. 85a hält den Pfandschein bis zum Ablauf der Drei-Wochen-Frist für ein Wertpapier, läßt es aber dahingestellt, ob die Regeln über Wertpapiere auf den Pfandschein Anwendung finden können. Diejenigen Schriftsteller, die den Pfandschein als Inhaberpapier bezeichnen (s. oben S. 194), halten ihn auch konsequenterweise für ein Wertpapier. Die allgemeine Meinung geht jedoch dahin, daß der preußische Pfandschein kein Wertpapier ist (KG. ungedr. 30 U 9001/23; BlfRpfl. 1894 S. 5, 1897 S. 74; OLG. 36, 172; Staub-Bondi Anm. 40 zu § 1; Frohnert S. 46; JW. 1922, 505; s. hierzu auch die Vorbemerkung von Stein daselbst; Entscheidungen des OLG. Frankfurt a. M. 1898 S. 261; Stein-Jonas Anm. I 3 zu § 821; Staudinger Vorbemerkung zu § 1293 und Anm. 2bα zu § 1205; RGKomm. Anm. 9 zu § 1205; Martin Wolff § 161 Anm. 5). Das Publikum sieht in dem Pfandschein jedoch ein Inhaberpapier und behandelt ihn wie ein Traditionspapier (Löffler S. 116 Anm. 25; Nastvogel S. 93). Vgl. demgegenüber die Begr. S. 23: „Eine solche Erhebung des Pfandscheins zum Inhaberpapier entspricht nicht der Bedeutung desselben."

γ) Der Pfandschein ist vielmehr nur eine Urkunde im Sinne des § 952 Abs. 2 BGB., kraft deren eine Leistung gefordert werden kann. An sich ist er nur ein Stück Papier, das als Sache im Sinne des § 90 BGB. anzusehen ist. Besitz und Eigentum an einer Urkunde gemäß § 952 Abs. 2 BGB. richten sich nicht nach den sachenrechtlichen Grundsätzen, vielmehr folgt die Urkunde dem Rechte, das in ihr beurkundet ist. Danach steht das Eigentum an dem Pfandschein bis zur Aushändigung an den Verpfänder dem Pfandleiher zu; nach diesem Zeitpunkt dem Verpfänder. Tritt der Verpfänder seine Rechte gegen den Pfandleiher an einen Dritten ab, so geht das Eigentum an dem Pfandschein auf diesen über (RGZ. 51, 83), und zwar auch dann, wenn der Verpfänder im Besitz des Scheines bleibt (LZ. 1919 S. 7). Der Dritte kann die Herausgabe des Scheines von dem Verpfänder sowohl auf Grund des § 985 BGB. als auch des § 402 BGB. verlangen. Tritt der Verpfänder seine Rechte gegen den Pfandleiher an mehrere Personen ab, so erwerben sie Miteigentum am Pfandschein (RGZ. 59, 318; 69, 42). Pfändet ein Dritter den Anspruch des Verpfänders gegen den Pfandleiher nur zum Teil, so hat der Dritte einen Anspruch auf zeitweilige Überlassung des Pfandscheins (RGZ. 21, 364). Ist die Übertragung der Rechte des Verpfänders an den Dritten nichtig, so erwirbt dieser kein Eigentum an dem Pfandschein, auch wenn er gutgläubig war, da die Vorschriften des BGB. über gutgläubigen Erwerb von einem Nichteigentümer auf den Pfandschein keine Anwendung finden (RGKomm. 1 zu § 952). Da der Pfandschein kein Wertpapier ist, ist auch eine Aneignung desselben unmöglich, ebenso eine Spezifikation (Staudinger I, 1 zu § 952). Ebensowenig erwirbt der Finder eines verlorenen Pfandscheins das Eigentum an ihm (Nastvogel S. 96). Auch streitet die Vermutung des § 1006 nicht für den Inhaber des Pfandscheins (Recht 1901, 159; 1904, 335; DJZ. 1903, 348). Über den Fall, daß eine Urkunde im Sinne des § 952 BGB. „Erbschaftsgegenstand" ist und trotz Nichtberechtigung des durch Erbschein ausgewiesenen Erben die Forderung aus der Urkunde gemäß § 2366 BGB. erwirbt, s. Strohal in Recht 1901, 159. — Da der Pfandschein kein Wertpapier ist, unterliegt er auch nicht der Pfändung (BlfRpfl. 1894, 5; Spätt S. 66, s. unten 6γ).

6. Verkauf eines Pfandscheins stellt sich sonach lediglich als eine durch Übergabe des Scheins äußerlich in die Erscheinung tretende Abtretung der

Verpfänderansprüche dar. Insbesondere wird mit dem Verkauf des Pfandscheins der Herausgabeanspruch des Verpfänders gegenüber dem Pfandleiher an den Erwerber abgetreten. Es liegt hierin die Ersatzübergabe des § 931 BGB. Mit dem Verkauf des Pfandscheins ist der Verkauf des Pfandes selber gewollt (RGSt. 2, 162; 20, 399; 23, 28; OLG. 18, 193; Gruchot 28, 1046; Staudinger Anm. 2bα zu § 1205; Löffler S. 116; Großer S. 44; LG. III Berlin 25 O 12/18). Erwirbt jemand den Pfandschein weder von dem Verpfänder noch von dessen Rechtsnachfolger, z. B. der Dieb oder Finder des Pfandscheins verkauft ihn, so erwirbt der Käufer kein Eigentum am Pfande, da die Verpfändungsrechte nicht übertragen worden sind (s. jedoch den oben unter γ erwähnten Fall des Erben). — Der Erwerber eines Pfandscheins kann niemals mehr Rechte erwerben, als dem Verpfänder zustanden. Einreden, die der Pfandleiher dem Verpfänder gegenüber hatte, stehen ihm auch gegenüber dem Erwerber des Pfandscheins zu. Löst also der Erwerber eines Pfandscheins das Pfand ein, das ihm später als gestohlen vindiziert wird, so kann er sich nur an den Verpfänder halten. Kauft der Pfandleiher den von ihm selbst ausgestellten Pfandschein vom Verpfänder, so erwirbt er Eigentum an der Pfandsache, und das Pfandrecht an ihr erlischt mit den Einschränkungen des § 1256 BGB.

7. α) Was von dem Eigentum an dem Pfandschein gesagt ist, gilt auch vom Pfandrecht an ihm. Bei der rechtsgeschäftlichen Verpfändung des Pfandscheins ist zunächst zu prüfen, ob er überhaupt Gegenstand eines Pfandrechtes sein kann. Ein Gegenstand ist nur dann geeignet Objekt eines Pfandrechtes zu werden, wenn er verwertbar ist. Tatsächlich ist dem Pfandschein mit Rücksicht auf die Anschauungen des Verkehrs, die Eigenschaft der Verwertbarkeit zugesprochen worden (s. S. 200). Das Urteil des KG. vom 26. Oktober 1911 ungedr. 22 U 8639/10 läßt es dahingestellt, ob und in welchem Umfang der vom RGZ. 51, 86 für die Lebensversicherungspolice aufgestellte Grundsatz über Verpfändung von Legitimationspapieren auf den Pfandschein zutrifft, und fährt fort: „Jedenfalls mangelt es dem hier fraglichen Pfandschein (es handelt sich um einen solchen des staatlichen Leihamtes Berlin) nicht an einem realisierbaren Vermögenswerte, und es muß daher die Bestellung eines Faustpfandrechtes an ihm für zulässig erklärt werden." Es kommt dann zu dem Resultat, daß das Verhältnis zwischen dem Verpfänder eines Pfandscheins und dem Pfandgläubiger „so zu behandeln ist, als ob ein Pfandrecht an einem Order- oder Inhaberpapiere bestellt wäre", und wendet deshalb den § 1294 BGB. an. Ähnlich für den bayrischen Pfandschein auch OLG. München in Entscheidungen des Oberst. LG. für Bayern 16, 246. Für den sächsischen öffentlichen Pfandschein vgl. OLG. 4, 335 (s. auch JW. 22, 505; Gruchot 28, 1044ff.). Eine andere Meinung als die des KG. hat OLG. 18, 193. — Die allgemeine Meinung geht aber davon aus, daß der Pfandschein nicht zu denjenigen Gegenständen gehört, aus denen der Pfandgläubiger seine Befriedigung suchen könnte (Staudinger Anm. I 1ε zu § 1204 und Anm. 2bα zu § 1205; RGKomm. Anm. 9 zu § 1205; Löffler S. 117; Nastvogel S. 98; Großer S. 39; JW. 1922, 505 sub II und dazu die Anmerkungen von Stein; Martin Wolff § 161 Anm. 5; Spätt S. 66; BlfRpfl. 1894, 5; Kraus S. 76; Strohal in Recht 1901 S. 159; RGZ. 66, 24ff.; Biermann Anm. 5 zu § 1204; Goldmann-Lilienthal S. 617; Falkmann S. 182; preuß. Geschäftsanweisung für Gerichtsvollzieher § 89). — Wird von der Verpfändung eines Pfandscheins gesprochen, so kann damit entweder die Verpfändung des Herausgabeanspruchs des Verpfänders oder die zweite Verpfändung der Sache

selber gemeint sein. Die letztere Alternative wird, wenn nicht andere Indizien dagegen sprechen, als die gewollte angenommen werden müssen, da jede Bestellung eines Pfandrechts die Tendenz der größtmöglichen Sicherung des Gläubigers in sich trägt. Man wird davon ausgehen müssen, daß bei der Wahl zwischen zwei Sicherungsarten die dem Pfandgläubiger stärkere gewollt ist. Die stärkere aber ist das Pfandrecht an der Sache selber, denn durch ein solches wird es dem Pfandgläubiger leichter gemacht, sich aus dem Pfand zu befriedigen und sich den Rang am Pfande zu sichern. Da der Verpfänder nur mittelbarer Besitzer des Pfandes ist, erfolgt die Übergabe des Pfandes durch das Ersatzmittel der Übertragung des mittelbaren Besitzes auf den Dritten (§ 1205 Abs. 2 BGB.), das heißt: durch Abtretung des Anspruchs des Verpfänders gegen den Pfandleiher auf Herausgabe des Pfandes (§ 870 BGB.). Hinzutreten muß aber noch wegen des Publizitätsprinzips des Pfandrechtes, daß der Verpfänder eines Pfandscheins dem Pfandleiher die Verpfändung anzeigt. In der Übergabe des Pfandscheins kommt in der Regel die Abtretung bzw. Verpfändung zum Ausdruck. Notwendig ist die Übergabe des Pfandscheins jedoch nicht; der Dritte erwirbt an dem ihm verpfändeten Schein, da das Papier der Forderung folgt, ein Pfandrecht mit der Entstehung des Pfandrechtes am Herausgabeanspruch selber (§ 952 BGB.). Die Anzeige an den Pfandleiher muß vom Verpfänder ausgehen, er kann sich hierbei von dem Dritten bevollmächtigen lassen. In der Verpfändungserklärung allein jedoch liegt eine solche Vollmacht noch nicht (RGZ. 85, 431). Die Vollmacht darf sich nicht auf eine etwa schon bewirkte Verpfändung beziehen, sondern auf eine solche, die durch die Anzeige erst bewirkt wird. — Es ist zuzugeben, daß, wie bei Staudinger Anm. 2bα zu § 1205 und RGKomm. Anm. 9 zu § 1205 ausgeführt ist, die Verpfändung eines Pfandscheins auch anders ausgelegt werden kann, nämlich daß nur der Herausgabeanspruch des Verpfänders gegen den Pfandleiher dem Dritten verpfändet wird, oder daß dem Dritten die Ermächtigung eingeräumt werden soll, das Pfand einzulösen; daß aber erst mit der erfolgten Einlösung der Dritte ein Pfandrecht an der Sache selber erhalten soll. Diese Auslegungen haben aber etwas Konstruiertes an sich. Namentlich die letzterwähnte Ermächtigung wird meist nur dazu benutzt, um ein vielleicht gewolltes, durch Unterlassen der Anzeige aber nicht zur Entstehung gelangtes Pfandrecht an der Sache selber umzudeuten (KG. vom 20. März 1926 ungedr. 30 U 9001/23). Ist von den Parteien ein Verpfändungsvertrag über den Pfandschein weder erklärt noch gewollt, ist er z. B. dem Dritten nur zur Sicherheit übergeben worden, so liegt keine Verpfändung vor, sondern es wird dem Dritten lediglich das Recht zur Einlösung des Pfandes übertragen (KG. vom 12. Mai 1906 ungedr. 5 U 181/26). — Die hier vertretene Ansicht, daß in der Verpfändung des Pfandscheins eine zweite Verpfändung der Pfandsache selber liegt, wird auch vertreten durch Löffler S. 117, Nastvogel S. 99 und, wie es scheint, auch durch Großer S. 39. — Derjenige, der einen Pfandschein beleiht, ist nicht verpflichtet Aufwendungen dafür zu machen, daß das Pfand nicht verfällt; er braucht also das Pfand bei dem ersten Gläubiger, dem Pfandleiher, nicht zu verlängern oder die rückständigen Zinsen zu bezahlen (Seuffert Archiv 43 N. 8 und 263); a. M. KG. vom 26. April 1911 ungedr. 22 U 8639/10, das zur Anwendung der §§ 1285 und 1294 BGB. kam, da es den Pfandschein als Inhaberpapier behandelte; vgl. auch Seuffert Archiv 52 N. 160 S. 291, der einen bayrischen Pfandschein zum Inhaberpapier erklärte und dem Gerichtsvollzieher, der ihn gepfändet hatte, die Pflicht auferlegte, für die Erneuerung des Pfandscheins Sorge zu tragen. Hier sei noch der häufig vorkommende Fall erörtert, daß der Pfandleiher einen von ihm selbst ausgestellten Pfandschein beleiht. Beispiel: V. verpfändet am 24. April bei dem Pfandleiher P. eine Uhr und erhält darauf ein Darlehn von 50 RM. Am 1. Mai verpfändet V. den von P. ausgestellten Pfandschein demselben P. und erhält weitere 20 RM. Der Pfandleiher erwirbt hier für zwei verschiedene Darlehne zwei verschiedene Pfandrechte an derselben Sache. Einer Anzeige von der Verpfändung bedarf es hier nicht (RGZ. 116, 207). Eine Versteigerung des Pfandscheins wegen des zweiten Darlehns ist, da der Schein nicht Objekt der Zwangsvollstreckung sein kann, unzulässig (OLG. 36, 172), s. unten δ.

β) Ist mit der Verpfändung des Pfandscheins die Verpfändung der Sache selber oder diejenige des Herausgabeanspruchs gewollt, die nach § 1205 Abs. 2 und § 1280 BGB. erforderliche Anzeige aber unterblieben, so kann derjenige, dem der Pfandschein zur Sicherheit übergeben worden ist, an ihm ein Zurückbehaltungsrecht geltend machen (RGZ. 51, 83; Staub-Könige Anm. 16 zu § 369). Dieses Zurückbehaltungsrecht wirkt jedoch nicht dinglich (RGZ. 66, 26) und gewährt kein Recht auf Befriedigung aus der Pfandsache, sondern nur die Befugnis, die Herausgabe des Pfandes dem Schuldner vorzuenthalten (OLG. 18, 193). Soll hinsichtlich des Pfandscheins nur ein vertragsmäßiges Zurückbehaltungsrecht eingeräumt werden, so bedarf es der Anzeige nach § 1280 BGB. nicht (KG. vom 30. Mai 1906 ungedr. 5 U 181/1906).

γ) Aus denselben Gründen, aus denen ein vertragliches Pfandrecht am Pfandschein nicht begründet werden kann, ist auch der Erwerb eines gesetzlichen Pfandrechts, z. B. eines Vermieterpfandrechtes, an ihm nicht möglich (BlfRpfl. 1894 S. 5).

δ) Dasselbe trifft zu hinsichtlich des Pfändungspfandrechtes an einem Pfandschein. **Hamburg** (§ 17 Ziff. 2) kennt jedoch eine Versteigerung von Pfandscheinen. Die Pfändung eines Pfandscheins im Wege der Zwangsvollstreckung oder gar seine Versteigerung ist jedoch nicht möglich, es sei denn, daß man ihn, wie Marcuse BlfRpfl. 1891 S. 73 und Nastvogel S. 109 sowie KG. vom 26. Oktober 1911 ungedr. 22 U 8639/10 für ein Inhaberpapier ansieht. Da die allgemeine Meinung dies nicht tut, kommt auch § 821 ZPO. nicht zur Anwendung, der die Zwangsvollstreckung in Wertpapiere behandelt (Stein-Jonas I, 3 zu § 821; preuß. Geschäftsanweisung für Gerichtsvollzieher § 79; Löffler S. 117; Entscheidungen des OLG. Frankfurt a. M. 1896 S. 261; Falkmann S. 741; Hennerici S. 14; RGZ. 16, 169). Etwas unklar ist KG. in OLG. 36, 172, das unter Umständen auch die Versteigerung eines preußischen Pfandscheins für zulässig zu halten scheint. — Es kann also von dem Gläubiger eines Verpfänders nur dessen Anspruch gegen den Pfandleiher gemäß § 828 ZPO. gepfändet werden. Hat eine solche Forderungspfändung stattgefunden, so kann der Gerichtsvollzieher gemäß § 847 ZPO. die Herausgabe des Pfandscheins mit Gewalt erzwingen (Hennerici S. 64, 65); a. M. Jacobi in Ehrenbergs Handbuch 1917 Bd. 4 S. 538 Anm. 85a, der die Inbesitznahme des Pfandscheins durch den Gerichtsvollzieher für genügend hält, um den Anspruch des Verpfänders gegen den Pfandleiher zu pfänden, der aber zugibt, daß nach Ablauf der Drei-Wochen-Frist des § 8 das Pfandrecht erlischt. Nach anderer Ansicht wieder ist eine „Doppelpfändung" ähnlich wie nach § 830 BGB. möglich (Deumer S. 119 Anm. 3), und zwar auch dann, wenn der Pfandschein ein Legitimationspapier ist. Das LG. Leipzig als Beschwerdekammer hat sich auf den Standpunkt gestellt, daß der Gerichtsvollzieher den offenbar sächsischen Pfandschein nach den Grundsätzen der Sachpfändung (§ 808 ZPO.) wegnehmen kann, schon bevor die Pfändung des Herausgabeanspruchs erfolgt ist (JW. 1922 S. 505); eine Ansicht, die aber nicht die Billigung des OLG. Dresden gefunden hat, dessen Entscheidung aber wiederum von Stein mit beachtenswerten Gründen bekämpft worden ist (s. die Bemerkung zu JW. 1922 S. 505). Auf welche Weise auch immer die Pfändung der Ansprüche, die der Verpfänder gegen den Pfandleiher hat, vorgenommen wird, die Rechte des Pfandleihers gegenüber dem Verpfänder werden durch sie nicht berührt. Auch dem Pfändungsgläubiger gegenüber braucht der Pfandleiher das Pfand nicht ohne Zahlung von Kapital, Zinsen und Kosten herauszugeben; auch geht das Recht des Pfandleihers, das Pfand zur Versteigerung zu bringen, durch die Pfändung des Dritten nicht verloren. Hat der Verpfänder den Pfandschein anderweitig veräußert, und erfolgt danach die Pfändung des Herausgabeanspruches seitens eines Gläubigers, so stehen dem Pfandleiher drei Prätendenten gegenüber, nämlich: der Verpfänder, der Pfandscheininhaber und der Pfändungsgläubiger (s. S. 183f., 199). Bis zum Ablauf von zwei Monaten und drei Wochen wird der Pfandleiher, wenn alle drei auf Einlösung bestehen, das Pfand nur an den Pfandscheininhaber herausgeben, mit befreiender Wirkung gegenüber dem Verpfänder und dem Pfändungsgläubiger. Ist die genannte Frist verstrichen, so darf der Pfandleiher das Pfand auf keinen Fall an den Verpfänder herausgeben, im übrigen hat er die Wahl (s. S. 199), ob er es dem Pfandscheininhaber oder dem Pfändungsgläubiger ohne Pfandschein herausgeben will; in beiden Fällen ist er dem andern Prätendenten gegenüber befreit, denn der Pfändungsgläubiger verhält sich zum Pfandscheininhaber genau so wie im Falle der Prätendenz zwischen Verpfänder und Pfandscheininhaber jener zu diesem. Der in den BlfRpfl. 1897 behandelte Fall betraf das ALR.; die Entscheidung trifft mit Rücksicht auf § 428 BGB. nicht mehr zu.

Vorbemerkungen zu den §§ 9—16.

In den §§ 9—16 werden Bestimmungen gegeben über die Berechtigung zum Verkauf des Pfandes (§ 9), die Art des Verkaufs (§ 10), über den Verkauf von Pfändern, welche einen Börsen- oder Marktpreis haben (§ 10a), über Gold- und Silbersachen (§ 10b), über Ort und Zeit der Versteigerung (§ 11), über die Bekanntmachung der Versteigerung (§ 12), über die Auswahl mehrerer Pfänder (§ 13), über die Kosten der Versteigerung (§ 14), über die Behandlung des Überschusses (§ 15), über die Schadenersatzansprüche bei unrechtmäßigem Verkauf (§ 16).

Diese Bestimmungen sind oft wörtlich dem BGB. entnommen, oft sind sie weiter gegangen als das bürgerliche Recht, oft stehen sie im Gegensatz zu ihm.

Wo das preußische Gesetz, sei es ausdrücklich, sei es stillschweigend, wie aus den Motiven zu entnehmen ist, Bestimmungen gibt, welche denen des BGB. entgegengesetzt sind, gelten jene (s. S. 28). Im einzelnen ergibt sich folgendes Resultat, wobei darauf hingewiesen wird, daß durch § 16 Abs. 1 Satz 2 Abweichungen von den §§ 9—12, die sich auf den Verkauf des Pfandes beziehen, nichtig sind, es sei denn, daß das BGB. sie zuläßt.

a) § 1228 Abs. 1 BGB. findet keine Anwendung, weil er durch § 9 ersetzt ist.

b) § 1228 Abs. 2 Satz 1 BGB. findet Anwendung, weil das preußische Gesetz hierüber schweigt.

c) § 1228 Abs. 2 Satz 2 BGB. findet keine Anwendung, weil es sich im Pfandleihgewerbe immer nur um Geldforderungen handeln kann (s. S. 136).

d) § 1229 BGB. gilt auch für das Pfandleihgewerbe, jedoch wird er durch § 7 insoweit modifiziert, als die Vereinbarung einer Verfallklausel auch nach Eintritt der Verkaufsberechtigung im Pfandleihgewerbe nicht zulässig ist (s. S. 187).

e) § 1230 Satz 1 BGB. gilt nicht, weil § 15 Abs. 1 das Gegenteil sagt, ebenso § 1230 Satz 2 BGB., der durch § 13 Abs. 2 ersetzt ist.

f) § 1231 BGB. kommt zur Anwendung, weil das preußische Gesetz schweigt.

g) Ebenso § 1232 BGB.

h) § 1233 Abs. 1 BGB. ist nicht anwendbar, wohl aber Abs. 2.

i) § 1234 BGB. gilt nicht für das Pfandleihgewerbe (s. S. 208f.).

k) § 1235 Abs. 1 BGB. ist durch § 10 Abs. 1 ersetzt und der Abs. 2 daselbst durch § 10a.

l) § 1236 BGB. ist durch § 11 ersetzt (s. S. 218).

m) Ebenso § 1237 BGB. durch den § 12 (s. S. 220).

n) § 1238 BGB. kommt für das Pfandleihgewerbe nicht zur Anwendung, weil aus § 15 hervorgeht, daß das Gesetz nur von einer sofortigen Auszahlung des Versteigerungserlöses ausgeht (s. S. 227). A. M. Löffler S. 88 Anm. 167; Frohnert S. 50. § 1238 Abs. 2 BGB. findet subsidiär Anwendung.

o) § 1239 Abs. 1 BGB. ist, soweit er den Pfandleiher betrifft, durch § 10 Abs. 2 ersetzt; er gilt aber, ebenso wie auch der Abs. 2 des § 1239 BGB., soweit er sich auf den Eigentümer und den Schuldner bezieht (s. S. 212, 214, 215).

p) § 1240 BGB. ist durch § 10b ersetzt.

q) § 1241 BGB. findet aus denselben Gründen keine Anwendung, aus denen auch die Androhung und Benachrichtigung an den Verpfänder dem Pfandleiher erlassen ist (s. S. 208f., 229).

r) § 1243 BGB. ist durch den § 16 ersetzt. Wegen § 12 aber s. S. 217, 224.

s) § 1245 BGB. gilt für das Pfandleihgewerbe nicht (ebenso Löffler 92/94 Anm. 185; s. auch weiter unten S. 208).

t) § 1250 BGB. gilt für das Pfandleihgewerbe nicht (s. S. 119).

Im übrigen sind die §§ 1210 BGB. durch die §§ 9 und 14 des Gesetzes modifiziert (s. S. 210, 225), die §§ 1213 und 1214 BGB. durch § 3 des Gesetzes beseitigt.

Dagegen finden die nachfolgenden Vorschriften des BGB. auch im Pfandleihgewerbe volle Anwendung: die §§ 1204—1209, 1211, 1212, 1215—1221, 1222—1227, 1242, 1244, 1246 (s. S. 218), 1247, 1249, 1251—1256, 1258 sowie die weiteren Vorschriften des 9. Abschnitts des Sachenrechtes, also auch die §§ 1273ff., wenn es sich um die Verpfändung von Rechten und Forderungen handelt (s. S. 47ff.).

Auch nach der Geschäftsanweisung für Gerichtsvollzieher (JMBl. 1924, 343 § 124 Ziff. 20) und den Vorschriften über den Geschäftsbetrieb der Versteigerer vom 14. Juli 1902 (HMBl. 270 Ziff. 54) haben die Gerichtsvollzieher oder die öffentlichen Versteigerer die vom BGB. abweichenden Vorschriften der §§ 9ff. des Gesetzes bei Pfandleihversteigerungen anzuwenden.

Abweichungen von den Vorschriften über den Pfandverkauf sollen nach eingetretener Verkaufsberechtigung durch Vereinbarung zwischen Verpfänder und Pfandleiher zulässig sein. So wenigstens sagen die gesetzgeberischen Materialien (Begr. S. 22; Drucks. HH. S. 280). Dagegen spricht aber § 16 Abs. 1 Satz 1 deutlich (s. S. 234). Ebenso wie hier Löffler S. 92 Anm. 185 und S. 94 im Widerspruch zu S. 81. Frohnert S. 47 wendet ziemlich kritiklos alle Vorschriften des BGB. über den Pfandverkauf auf das Pfandleihgewerbe an.

In **Sachsen** gelten die Vorschriften über die Rechtmäßigkeit des Pfandverkaufs primär (Fichtner S. 44). **Hessen** (§ 17) schließt ausdrücklich die Anwendung der §§ 1228, 1229, 1234, 1237 Satz 2, 1241—1245, 1246 BGB. aus. **Mecklenburg-Schwerin** dagegen erklärt die §§ 1230, 1235 Abs. 2, 1236 und 1238—41 BGB. für anwendbar. Über **Lippe** und **Waldeck** s. S. 16, 21, 23. **Bayern** (§ 26 Abs. 3) erklärt das BGB. subsidiär für anwendbar.

§ 9.

Der Pfandleiher ist berechtigt, das Pfand zum Zwecke der Befriedigung wegen seiner Forderung an Kapital und Zinsen nach eingetretener Fälligkeit des Darlehns zu verkaufen.

Begr. S. 21/22; Drucks. HH. S. 281; StenBer. HH. S. 43ff.; Drucks. AH. S. 2062; StenBer. AH. S. 1750 und 1762.

1. Der § 9 des Gesetzes entspricht dem Abs. 1 des § 9 des Entwurfes. In der JustKomm. war hinter § 9 eine neue Bestimmung als § 9a aufgenommen worden, welche anordnete, daß die Pfandversteigerung nur auf Grund einer Liste erfolgen sollte (Drucks. HH. S. 281; StenBer. HH. S. 43). Die Bestimmung ist aber dann gestrichen worden, weil sie besser in die von der Zentralbehörde zu erlassende Bekanntmachung gehörte (Drucks. AH. S. 2062). Tatsächlich ist dann eine ähnliche Bestimmung auch durch Ziff. 7 der Bekanntmachung vom 16. Juli 1881 gegeben worden. — Ursprünglich enthielt der § 9 des Entwurfes noch einen Abs. 2, in dem bestimmt war, daß der Pfandverkauf ohne vollstreckbaren Titel oder gerichtliche Ermächtigung vorgenommen werden durfte. Dieser Abs. 2 ist aber durch Art. 41 Ziff. 1 AG. zum BGB. mit Rücksicht auf die §§ 1233ff. BGB. als entbehrlich gestrichen worden (Crusen-Müller Anm. II, 1 zu Art. 41). § 9 regelt die Verkaufsberechtigung ihrem Umfang und ihrem Zeitpunkt nach.

2. Das Wesen des Pfandrechtes besteht darin, daß der Pfandgläubiger sich aus dem Pfand befriedigen kann. Diese Befriedigung erfolgt im Wege des Pfandverkaufs (§ 1228 Abs. 1 BGB.). Einen vollstreckbaren Titel oder eine gerichtliche Verkaufsermächtigung, wie sie ALR. I, 20 § 198 kannte, braucht der Pfandleiher nicht mehr (s. oben). Der Pfandleiher hat die Wahl, ob er den Verkauf des Pfandes gemäß § 9ff. betreiben, oder ob er den Verpfänder verklagen und in sein sonstiges Vermögen vollstrecken will. Dies gilt jedoch nicht für die Pfandleiher derjenigen Länder, in denen Sachhaftung besteht (s. S. 141). Klagt der Pfandleiher, so steht aber dem Verpfänder der Rechtsbehelf des § 777 ZPO. zur Seite. Er kann den Pfandleiher auf das Pfand verweisen, soweit dessen Wert die Forderung deckt. Ebenso steht, wenn ein Dritter sich für die Pfandschuld verbürgt hat, dem Bürgen die Einrede der sachlichen Vorausklage zu (§ 772 Abs. 2 BGB. s. S. 141), und zwar auch dann, wenn der Verpfänder in Konkurs ist, oder wenn anzunehmen ist, daß die Zwangsvollstreckung in sein Vermögen nicht zur Befriedigung des Pfandleihers führen wird (§ 773 Abs. 2 BGB.). Im Falle des Konkurses des Verpfänders kann der Konkursverwalter beim Konkursgericht beantragen, daß dem Pfandleiher eine Frist zur Befriedigung aus dem Pfand gegeben wird. Nach Ablauf der Frist kann der Konkursverwalter das Pfand verwerten. Der Pfandleiher hat dann nur das Recht am Erlöse (§ 127 KO.). Andererseits kann, wenn Verpfänder und Schuldner nicht dieselben sind, der Eigentümer dem Verkauf des Pfandes nicht mit der Begründung widersprechen, der Pfandleiher solle sich erst an den Verpfänder halten (RGKomm. Anm. 2 zu § 1228).

3. Eine Pflicht des Pfandleihers, überhaupt das Pfand zur Versteigerung zu bringen, kennt das preußische Gesetz nicht. Die Ansicht von Löffler, S. 53 Anm. 6 und S. 90, das Pfand müsse spätestens ein Jahr nach Fälligkeit des Darlehns verkauft werden, findet nirgends ihre Stütze. Es kommen deshalb die allgemeinen Bestimmungen des BGB. zur Anwendung. Danach kann der Pfandleiher nicht gezwungen werden, seine Verkaufsberechtigung auszuüben, es sei denn, daß er aus Schikane oder zum Zwecke der sittenwidrigen Schädigung den Pfandverkauf unterläßt (RGZ. 58, 217; 98, 73). Gibt der Pfandleiher sein Geschäft auf oder wird ihm die Konzession entzogen, so wird man, obwohl dies nirgends vorgeschrieben ist, ihm die Pflicht auferlegen müssen, die Geschäfte rasch abzuwickeln und die Pfänder zu versteigern (s. S. 94). Nur **Hamburg** (§ 19) und **Thüringen** (§ 15) schreiben vor, daß der Pfandverkauf spätestens binnen sechs Wochen nach Verfall erfolgen muß. Ähnlich **Württemberg** (§ 16), das eine Verzögerung der Versteigerung über 2 Monate nach Fälligkeit des Darlehns verbietet. Ist jedoch ein Verderb oder eine Minderung des Wertes des Pfandes zu besorgen, so kann der Verpfänder auch in Preußen verlangen, daß das Pfand, wenn es einen Börsen- oder Marktpreis hat, verkauft wird, und daß der Pfandleiher am Erlöse oder an neu anzuschaffenden Sachen oder Wertpapieren seine Deckung sucht (RGKomm. Anm. 1 zu § 1218; RGZ. 101, 49). Da für den Pfandleiher eine Pflicht zur Versteigerung nicht besteht, kann, wenn er bei langem Warten dann in der Versteigerung infolge rückgängiger Konjunktur einen größeren Ausfall erleidet, als wenn das Pfand früher versteigert worden wäre, der Verpfänder den Pfandleiher deshalb nicht schadenersatzpflichtig machen (Löffler S. 81). Ebensowenig kann dem Pfandleiher ein Vorwurf daraus gemacht werden, wenn er sofort nach Eintritt der Verkaufsberechtigung und nach Ablauf der Wartefrist unter Innehaltung aller Verkaufsvorschriften zur Versteigerung schreitet. Dem Pfandleiher ist es nicht gestattet, sich aus dem Pfand in anderer Weise als gemäß § 9ff. zu befriedigen (über das Verbot der Verfallklausel s. S. 187, 206). Keine Abweichung von den Vorschriften über den Pfandverkauf stellt die Vereinbarung zwischen Pfandleiher und Verpfänder dar, daß der Pfandleiher bei der Verpfändung oder nach der Verpfändung beauftragt wird, namens des Verpfänders und als dessen Stellvertreter das Pfand freihändig zu verkaufen. Eine nach § 1245 BGB. zulässige, abweichende Art des Pfandverkaufes ist im Pfandleihgewerbe nicht gestattet (s. Vorbem. zu § 9s; vgl. auch Zach S. 94 Anm. 1).

4. Was den Zeitpunkt der Verkaufsberechtigung anlangt, so tritt dieser erst ein nach Fälligkeit des Darlehns (s. S. 150), und zwar ist es gleichgültig, ob es ganz oder nur teilweise fällig ist (§ 1228 Abs. 2 BGB.). Ist die Hauptforderung bezahlt, so kann der Pfandleiher trotzdem wegen der Zinsen zum Pfandverkauf schreiten. Eine Vereinbarung des Verpfänders und des Pfandleihers, den Pfandverkauf schon vor Fälligkeit des Darlehns vorzunehmen, ist nach § 4 nichtig, wenn dadurch die Zweimonatsfrist nicht gewahrt ist. War das Darlehn aber auf acht Monate gegeben, so kann nach Vereinbarung auch vor Ablauf dieser Darlehnsfrist, aber nicht vor Ablauf von zwei Monaten, das Pfand verkauft werden. Über die Verkaufsberechtigung beim Verderben des Pfandes (§ 1218 BGB.) s. oben Anm. 3. Einer Mahnung seitens des Pfandleihers vor dem Pfandverkauf bedarf es nicht (§ 284 Satz 2 BGB.), ebensowenig einer vorherigen Androhung, wie sie § 1234 BGB. vorschreibt. Diese wird vielmehr durch die öffentliche Bekanntmachung der Pfandbuchnummern (§ 12 Abs. 2) ersetzt (StenBer. HH. S. 46 und 56). Ferner hat man von einer solchen Androhung deshalb Abstand genommen, weil der Gesetzgeber die tatsächlichen Verhältnisse berücksichtigte; diese ergaben aber in der Praxis, daß die meisten von den Verpfändern angegebenen Namen und Adressen gar nicht stimmen (s. S. 159, 162, 169). Endlich hat der Gesetzgeber auch deshalb von einer Androhung Abstand genommen, weil durch sie sich leicht Streitigkeiten ergeben könnten, welche eine glatte Abwicklung des Pfandleihvertrages erschweren (StenBer. HH. S. 47; Drucks. AH. 1899 N. 34 S. 1585 und N. 227 S. 3011). Darüber, daß die Androhung im Pfandleihgewerbe nicht erforderlich ist, herrscht in Rechtsprechung und Schrifttum Einigkeit (Zach S. 74; Gierke S. 999 Anm. 141; Martin Wolff 1927 S. 645; LG. I Berlin 71 O 474 26; LG. III Berlin ungedr. 18 O 110/27; Hetzer S. 19 Anm. 2; Merkel S. 59; Stranz-Gerhard Anm. 5e zu Art. 41; Niedner Anm. 3 Ie zu Art. 94; KG. vom 20. März 1926 ungedr. 30 U 9001/23; Löffler S. 84; Frohnert S. 48; Crome § 509 Anm. 12; Kraus S. 82 und 88). Auch ein Handelsbrauch, der dem Pfandleiher die Androhung zur Pflicht machte, besteht nicht (Gutachten der Handels- und Industriekammer Berlin vom 27. Juli 1928 Aktenzeichen C 17144/28 in den Akten des LG. II Berlin 20 O 436/27). Dies gilt jedoch alles nur für die Androhung bei dem gewöhnlichen Pfandverkauf. Handelt es sich darum, daß der Pfandleiher das Pfand verkaufen will, weil es dem Verderben ausgesetzt ist oder eine wesentliche Minderung seines Wertes zu besorgen ist (§ 1219 BGB.), so kommt das preußische Gesetz gar nicht zur Anwendung, sondern das BGB. ausschließlich. In diesem Falle muß der Pfandleiher dem Verpfänder eine Frist zur Leistung einer anderen Sicherheit stellen und ihm die Versteigerung besonders bekanntmachen, es sei denn, daß Androhung, Fristbestimmung und Bekanntmachung untunlich sind (§ 1220 BGB.). So auch Löffler S. 78. Eine Androhung ist stets vorgeschrieben in **Bayern** (§ 26 Abs. 3), ebenso in **Braunschweig** (§ 10). **Sachsen** (§ 8) schreibt ausdrücklich vor, daß es einer Androhung nicht bedarf (Fichtner S. 42), ebenso **Mecklenburg-Schwerin** (§ 20) und **Hessen** (§ 17), das die Anwendung der §§ 1234 und 1237 Satz 2 BGB. ausdrücklich ausschließt. Ob die Voraussetzungen für den Verkauf des Pfandes vorliegen, hat der Pfandleiher unter eigener Verantwortlichkeit gegenüber dem Verpfänder zu prüfen; er wird dieser seiner Verantwortlichkeit nicht dadurch enthoben, daß die Polizeibehörde, gemäß Ziff. 7 der Bekanntmachung vom 16. Juli 1881, die Voraussetzungen nachzuprüfen hat (StenBer. HH. S. 44 und 45). Haben die Voraussetzungen für den Pfandverkauf nicht vorgelegen, so haftet im Falle eines unrechtmäßigen Verkaufes der Pfandleiher dem Verpfänder für den entstandenen Schaden (§ 16). Für die Ausübung des Verkaufsrechtes ist noch eine Respektfrist gegeben, welche jetzt mindestens zwei Wochen ist (§ 11). — Aus denselben Gründen, aus denen eine Androhung des Pfandverkaufs unterbleiben darf, ist auch eine Benachrichtigung gemäß § 1237 BGB. im Pfandleihgewerbe nicht erforderlich (Löffler S. 86). Auch beim freihändigen Verkauf nach § 10a und 10b Abs. 2 bedarf es einer Androhung und Benachrichtigung nicht.

5. Was den Umfang der Pfandhaftung anlangt, so schreibt § 1210 BGB. vor, daß das Pfand für die Forderung in deren jeweiligen Bestand, insbesondere für Zinsen, für Ersatz von Aufwendungen, die Kosten der Kündigung und der Rechtsverfolgung und des Pfandverkaufs haftet. Auch das preußische Gesetz spricht im § 9 von der Befriedigung wegen der „Forderung an Kapital und Zinsen". Im § 13 Abs. 2 ist dann die Pfandhaftung auch auf die Kosten ausgedehnt, was in § 14 Abs. 1 dann nochmals hervorgehoben ist. Es fragt sich nun, ob, soweit § 1210 Abs. 2 eine weitergehende Pfandhaftung ausspricht, diese für das Pfandleihgewerbe Geltung hat. Die Frage ist zu bejahen mit folgenden Einschränkungen: auch das Pfandleihpfand haftet für Kosten der Rechtsverfolgung (s. unten), wie für die Kosten für den Pfandverkauf. Denn bei der Anpassung des preußischen Gesetzes an das BGB. ist in den Motiven darauf hingewiesen, daß der § 14 Abs. 1 dem § 1210 Abs. 2 entspricht. Weiter ist dort auch ausdrücklich gesagt, daß, wenn auch einzelne Bestimmungen des BGB. in die §§ 9ff. des preußischen Gesetzes wörtlich aufgenommen sind, doch damit nicht die Anwendung der übrigen Bestimmungen über den Pfandverkauf ausgeschlossen ist (Begr. zum Entw. des AG. zum BGB.; Anl. zum StenBer. AH. 1899 Bd. III S. 1585). Nur insofern weicht bei der Pfandhaftung das preußische Gesetz vom BGB. ab, als das Pfand nicht für Verwendungen haftet (Frohnert S. 26). Denn zu solchen Verwendungen ist der Pfandleiher, da ihm keine Pflicht zur Erhaltung des Pfandes obliegt (s. S. 147), auch nicht verpflichtet; es sei denn, daß es sich um die aufgewendeten anteilmäßigen Prämien für Versicherung für Feuer und Einbruchsdiebstahl handelt (s. S. 148 und die daselbst zitierte Entscheidung des KG. vom 3. November 1884). Für diese Auslagen haftet also auch das Pfand. Ebenso für andere Verwendungen, soweit sie sich nicht auf die Aufbewahrung oder Erhaltung des Pfandes beziehen, z. B. Kosten für den Transport des Pfandes (KG. vom 30. November 1927 ungedr. 24 U 8358/27; Drucks. AH. S. 2063; s. auch S. 136). Die Bestimmung im § 1210 Abs. 1 Satz 1 BGB., daß das Pfand auch für die Vertragsstrafe haftet, gilt für das Pfandleihgewerbe nicht, da eine solche ausgeschlossen ist (s. S. 136). Dasselbe gilt für die Kosten der Kündigung, da eine solche im Pfandleihgewerbe nicht vorgesehen ist (s. S. 150, 184). Dagegen haftet das Pfand auch für die dem Pfandleiher zu ersetzenden Kosten der Rechtsverfolgung. Dies sind die Kosten für alle diejenigen Maßnahmen, welche erforderlich sind, um die Befriedigung des Pfandleihers herbeizuführen (Recht 1902 S. 232). Die Kosten, welche dem Pfandleiher dadurch entstehen, daß der Verpfänder seinerseits gegen ihn auf Herausgabe des Pfandes klagt, fallen also nicht unter die Kosten der Rechtsverfolgung, auch wenn der Pfandleiher in diesem Prozeß obsiegt (Sächs. OLG. 32, 78); in diesem Falle wird aber der Pfandleiher ein Zurückbehaltungsrecht am Pfande wegen der Kosten haben. Ebensowenig haftet das Pfand für diejenigen Kosten, die dadurch entstanden sind, daß ein Dritter in einem Prozeß gegen den Pfandleiher dessen Pfandrecht zu Unrecht bestritten hat. Im übrigen haftet das Pfand für die Darlehnsforderung in ihrem jeweiligen Zustand; wenn z. B. durch Prolongation (s. S. 137) der Zahlungstermin hinausgeschoben wird, oder wenn sonst infolge des Verzugs des Schuldners eine Entwertung der Forderung eintritt (RGKomm. Anm. 2 zu § 1210; Staudinger Anm. 1a zu § 1210). Hat z. B. der Pfandleiher noch ein Pfand aus der Inflationszeit liegen, so haftet es auch für den Betrag, zu dem die gesicherte Forderung aufgewertet werden muß (RGZ. 111, 62ff.). Hierbei ist aber auch zu beachten, daß, wenn der Verpfänder und Schuldner nicht identisch sind, durch eine Vereinbarung, welche der Pfandleiher mit dem Schuldner nach der Verpfändung vornimmt, die Pfandhaftung nicht erweitert werden kann (§ 1210 Abs. 1 Satz 2 BGB.). Sind für eine Forderung mehrere Sachen verpfändet worden, so haftet jedes Pfand für die ganze Forderung.

6. Ziff. 7 der Bekanntmachung vom 16. Juli 1881 bestimmt, daß der Verkauf nur auf Grund einer ortspolizeilich beglaubigten Liste erfolgen darf. In ihr sind die einzelnen Pfänder nach den Nummern des Pfandbuches unter Angabe des Tages der Verpfändung, der Fälligkeit der Forderung sowie des Betrages der Forderung an Kapital und Zinsen aufzuführen. Diese Vorschrift verfolgt den Zweck, eine Garantie dafür zu schaffen, daß nur ordnungsmäßig in das Pfandbuch eingetragene Pfänder versteigert werden (Drucks. HH. S. 280; StenBer. HH. S. 43). Soweit hierbei der Ortspolizeibehörde eine Prüfungspflicht auferlegt ist, ist die Bestimmung nur instruktionell und begründet keinen Schadenersatzanspruch gegenüber der Behörde, wenn diese ihrer Pflicht nicht genügt hat (StenBer. HH. S. 44 und 45). Die Beglaubigung der Liste ist nicht mehr nach Tarifstelle 22 Landesstempelgesetz stempelpflichtig; wohl aber wird eine Verwaltungsgebühr erhoben (VerwGebO. vom 29. Dezember 1923 GS. 1924 S. 1 sowie die hierzu ergangenen Erlasse des Min. d. Inn.). Schreibgebühren für die Aufstellung der Liste dürfen vom Pfandleiher dem Verpfänder nicht berechnet werden (s. Urteil LG. Stettin ohne Aktenzeichen in L. 1913 S. 2). Die Ortspolizeibehörde, und zwar in Berlin das zustehende Polizeirevier, hat von einem Beamten im Geschäftslokal des Pfandleihers durch einen Vergleich mit dem Pfandbuch die Richtigkeit der Liste prüfen zu lassen (L. 1928 N. 4; 1926 N. 5).

7. Eine Zuwiderhandlung gegen § 9 ist nicht bloß wegen § 360 Ziff. 12 StGB. strafbar, sondern macht den Pfandleiher auch schadensersatzpflichtig gemäß § 16.

8. Was das außerpreußische Recht anlangt, so verhalten sich hinsichtlich der Verkaufsberechtigung:

wie Preußen: **Anhalt** (§ 9), **Baden** (§ 13), **Bremen** (§ 11), **Hessen** (§ 13);

wie BGB.: **Bayern** (§ 7), **Hamburg** (§ 17), das von der Verkaufsberechtigung überhaupt nicht spricht, **Lübeck** (§ 12), **Mecklenburg-Schwerin** (§ 19), **Mecklenburg-Strelitz, Oldenburg** (§ 8), **Sachsen** (§ 6), **Schaumburg-Lippe** (§ 15), **Thüringen** (§ 15), **Württemberg** (§ 15).

Die Verkaufsberechtigung und die Pfandhaftung sind aber namentlich in den Ländern, in denen Sachhaftung besteht, modifiziert.

Über **Braunschweig** s. oben Anm. 4. Über **Lippe** und **Waldeck** s. S. 16, 21, 23.

§ 10.

Der Verkauf des Pfandes ist im Wege öffentlicher Versteigerung zu bewirken.

Der Pfandleiher kann bei der Versteigerung mitbieten. Erhält er den Zuschlag, so ist der Kaufpreis als von ihm empfangen anzusehen.

Begr. S. 22; Drucks. HH. S. 280; StenBer. HH. S. 46 und 57ff.; Drucks. AH. S. 2062; StenBer. AH. S. 907, 1750, 1769; Begr. zum AG. zum BGB. 1899; Drucks. AH. 1899. N. 34 und 227.

1. Der Abs. 1 des § 10 entspricht dem § 10 Abs. 1 des Entwurfes, der jedoch besagte, daß der Verkauf nur durch einen Gerichtsvollzieher erfolgen dürfe. Im AH. wurde diese Bestimmung beseitigt, weil auch die öffentlichen Versteigerer berechtigt sein sollten, den Pfandverkauf vorzunehmen (Drucks. AH. S. 2062). Abs. 1 des § 10 hat sodann durch Art. 41 Ziff. 2 seine jetzige Fassung erhalten.

Ebenso der Abs. 2 des § 10, der dem Satz 1 Abs. 3 des § 10 des Entwurfes entspricht. Die ursprüngliche Fassung des Gesetzes hatte die Vorschriften über den Verkauf des Pfandes denjenigen der ZPO. angepaßt (Drucks. HH. S. 220 u. 280; StenBer. HH. S. 46). Die jetzige Fassung ist eine Anlehnung an die Vorschriften des BGB. über den Pfandverkauf (StenBer. AH. 1899 Bd. III N. 34 S. 1585ff.; vgl. Stranz-Gerhard Anm. 4 zu Art. 41). Der § 10 Abs. 1 entspricht jetzt wörtlich dem § 1235 BGB. Abs. 1; der Abs. 2 Satz 1 ist dem § 1239 Abs. 1 Satz 1 BGB., und der Abs. 2 Satz 2 dem Abs. 1 Satz 2 des § 1239 BGB. nachgebildet.

2. Mit der z. T. wörtlichen Übernahme der Vorschriften des BGB. in das preußische Gesetz war beabsichtigt, eine bloße Verweisung auf das BGB. zu vermeiden, weil durch diese hätte der Anschein erweckt werden können, als ob nur die verwiesenen Stellen des BGB. zur Anwendung kommen sollten; es ist aber davon auszugehen, daß alle grundlegenden Bestimmungen dem BGB. zu entnehmen sind, und nur wo das Gesetz abweichende Normen enthält, hat das bürgerliche Recht zurückzutreten (Stranz-Gerhard Anm. 4 zu Art. 41 und die oben zitierte Begr. zum AG. zum BGB.). A. M. KG. im Urteil vom 20. März 1926 ungedr. 30 U 9001/23, das, jedoch ohne nähere Begründung, in den §§ 10 bis 12 des Gesetzes eine abschließende Regelung des Pfandverkaufs durch das preußische Gesetz sieht. Der Ansicht kann jedoch angesichts der Motive nicht beigetreten werden.

3. Der Verkauf hat im Wege der öffentlichen Versteigerung zu erfolgen. Der Begriff der öffentlichen Versteigerung ist den §§ 156 und 383 BGB. zu entnehmen, weil diese Vorschriften ganz allgemeiner Natur sind (s. S. 26). Zu der Frage, ob zwischen dem Pfandleiher und dem Verpfänder eine andere Art des Pfandverkaufs vereinbart werden kann, s. oben S. 206.

4. Wer die Versteigerung vorzunehmen hat. Ursprünglich schrieb das Gesetz vor, daß die Versteigerung nur durch einen Gerichtsvollzieher oder eine nach § 36 der GewO. angestellte Person auszuführen sei. Da die Bestimmungen des BGB. anzuwenden sind, kann sie nunmehr aber auch durch andere hierzu befugte Beamte oder durch öffentlich angestellte Versteigerer erfolgen (§ 383 Abs. 3 BGB.). Danach sind zur Versteigerung zuständig nur diejenigen Gerichtsvollzieher, welche für den Versteigerungsort bestellt sind (RGZ. 75, 182). Zu den Beamten, die in Preußen zur Versteigerung zugelassen sind, gehören die Notare sowie das Amtsgericht (Preuß. FGG. Art. 31 Abs. 1 Satz 3 und Art. 109). Über die Zuständigkeit von Maklern zur Versteigerung s. Staub-Könige Anm. 33 zu § 373. Von den Versteigerern sind nur die öffentlich angestellten zur Vornahme des Pfandverkaufs befugt. Wird die Versteigerung durch einen sog. freien Versteigerer vorgenommen, so macht sich der Pfandleiher nach § 16 schadenersatzpflichtig. Für die öffentlichen Versteigerer gelten in Preußen die Vorschriften über den Umfang der Befugnisse und Verpflichtungen sowie über den Geschäftsbetrieb der Versteigerer vom 10. Juli 1902 (HMBl. S. 279), abgeändert durch MinErl. vom 12. Dezember 1927 (HMBl. S. 449). Den öffentlichen Versteigerern ist der Betrieb des Pfandleihgewerbes untersagt (Ziff. 3 der Vorschrift für Versteigerer). Auch darf der öffentliche Versteigerer die Versteigerung nicht vornehmen, wenn es sich hierbei um Sachen handelt, die ihm selber, seiner Ehefrau, seinen Angehörigen oder seinen Angestellten gehören (Ziff. 4 der genannten Vorschriften). Weder derjenige, der die Versteigerung vornimmt, noch der von ihm hinzugezogene Gehilfe darf für sich persönlich noch als Vertreter eines anderen ein Pfand erstehen (Ziff. 12 a. a. O.). Dies gilt auch für Gerichtsvollzieher und andere, zur Versteigerung zugelassene Beamte (§ 456 und 457 BGB.; s. auch S. 120). — In Berlin sind die Gebühren der öffentlichen Versteigerer durch Taxe des Polizeipräsidenten vom 1. April 1926 festgesetzt (L. 1926 N. 5). Der öffentliche Versteigerer hat bei der im Pfandleihbetriebe vorkommenden Versteigerung die Vorschriften der §§ 9—16 des preußischen Gesetzes zu beachten (Ziff. 54 a. a. O.). Dasselbe gilt auch für die Gerichtsvollzieher (§ 124 Ziff. 20 der Geschäftsanweisung für Gerichtsvollzieher). Öffentliche Pfandleihanstalten können die Versteigerung durch einen ihrer beeidigten Beamten vornehmen lassen (§ 21 Abs. 2 des Gesetzes). Diese gehören aber nicht zu den „zu Versteigerungen befugten anderen Beamten" im Sinne des § 383 Abs. 3 BGB. Denn sie sind nicht allgemein und schlechthin zu Versteigerungen befugt (OLG. 4, 30). Die zu Versteigerungen berechtigten Beamten der kommunalen Leihhäuser dürfen nur für diejenigen kommunalen Leihanstalten Versteigerungen vornehmen, bei denen sie angestellt sind. Denn das Gesetz spricht (§ 21 Abs. 2) von einem „ihrer" angestellten Beamten. Auch das staatliche Leihamt darf nicht für andere kommunale Leihhäuser oder private Pfandleihanstalten Versteigerungen vornehmen. Denn § 15 der KabO. vom 25. Februar 1834 gibt dem Beamten des Leihhauses das Recht, „dergleichen Versteigerungen" vorzunehmen, d. h. solche, welche die bei dem staatlichen Leihamt versetzten Pfänder betreffen. Hinzu kommt noch, daß die Befugnis des staatlichen Leihamtes, Versteigerungen vorzunehmen, nicht einem besonderen Beamten übertragen ist, sondern dem Leihamte selber, daß die Leitung der Versteigerungen durch den Direktor stattfindet, und hierbei ein Notar oder ein „zu diesem Berufe" besonders zu verpflichtender Beamter hinzugezogen werden muß. Würde der staatliche oder der kommunale Beamte Versteigerungen vornehmen, welche außerhalb des Rahmens desjenigen Betriebes liegen, bei dem er angestellt ist, so läge ein unrechtmäßiger Verkauf vor (§ 1235, 1243 Abs. 1 BGB.), s. auch S. 242.

5. Was die Rechtsstellung des Versteigerungsbeamten anlangt, so erteilt dieser den Zuschlag nicht in eigenem Namen, er ist lediglich Erfüllungsgehilfe des Verkäufers (GewArch. 12, 49; JW. 1912, 696). Verkäufer ist der Pfandleiher, der das Pfand in eigenem Namen, aber für Rechnung des Verpfänders verkauft (RGKomm. Anm. 1 zu § 1233; Martin Wolff § 166 X; LG. I Berlin VII S. 44/87; Staub-Könige Anm. 33 zu § 373). Die Materialien des preußischen Gesetzes gehen jedoch davon aus, daß der Pfandleiher nicht der Verkäufer ist, daß er nur „Zwangsmandatar" des Verpfänders ist, der eigentliche Verkäufer aber der Verpfänder selbst ist (Drucks. HH. S. 281; Löffler S. 82). Deshalb ist auch dem Verpfänder im § 13 das Recht zugesprochen, die Reihenfolge der Pfänder zu bestimmen, in welcher sie zum Verkauf zu bringen sind. Den gerade umgekehrten Weg schlägt das BGB. ein (§ 1230 BGB.). — Nachdem aber gerade die §§ 10ff. dem BGB. durch Art. 41 angepaßt sind, wird man bei der Frage der Rechtsstellung der Versteigerer auch die Auffassung des BGB. als maßgebend ansehen müssen (s. S. 223), s. auch KGJ. 16, 313.

6. Durch die Versteigerung des Pfandes kommt ein Kaufvertrag zustande. Für ihn kommen die Bestimmungen des BGB. zur Anwendung, da das Pfandleihgesetz die Beziehungen zum Ersteher weder besonders regeln wollte noch geregelt hat. Für Mängel der in einer öffentlichen Versteigerung gekauften Sache haftet der Verkäufer nicht, wenn sie unter der Bezeichnung als Pfand verkauft worden ist (§ 461 BGB.). Ob dasselbe bei zugesicherten Eigenschaften gilt, ist streitig (RGKomm. Anm. 1 zu § 461; Enneccerus Bd. I, 2 § 332 Anm. 5) Bei arglistigem Verschweigen eines Mangels einer in der Versteigerung verkauften Sache kommen evtl. die §§ 826, 827 BGB. zur Anwendung. An die Voraussetzungen der Haftung für eine Zusicherung beim Pfandverkauf im Pfandleihbetriebe wird man besonders strenge Anforderungen stellen müssen, denn bei der Bezeichnung und Beschreibung des zum Verkauf gestellten Pfandes ist der Versteigerer verpflichtet, von der ihm überreichten Versteigerungsliste auszugehen. (§ 7 der Bekanntmachung vom 16. Juli 1881.) Dieser Liste (s. S. 207, 210f.) aber liegen wiederum die Eintragungen in das Pfandbuch zugrunde, welche ihrerseits gemäß § 5 Ziff. 6 die Bezeichnung des Pfandes enthalten muß. Ist im Pfandbuch z. B. ein Platinring eingetragen, so muß er auch als solcher zur Versteigerung gebracht werden. Hierin liegt aber nur die Individualisierung und Kennzeichnung des Pfandes, nicht auch die Zusicherung, daß der Ring aus Platin besteht (KG. vom 11. Oktober 1926 ungedr. 7 U 7319/26). Stellt sich also heraus, daß der Ring nur aus Gold bestand, so hat der Ersteher, wenn nicht Arglist vorliegt, keine Ansprüche gegen den Pfandleiher. Dies um so weniger, als sowohl nach den Bestimmungen der Geschäftsanweisung für Gerichtsvollzieher als auch der Bekanntmachung für die öffentlichen Versteigerer diese die Versteigerung nur unter der Bedingung überhaupt vornehmen, daß der erteilte Zuschlag ohne Gewährleistung für die Eigenschaften der Sache erfolgt (ebenso LG. II Berlin 6 O 176/26). Der Verkauf erfolgt durch Erteilung des Zuschlags (§ 156 BGB.). Eine Verpflichtung, dem Höchstbietenden den Zuschlag zu erteilen, besteht nicht. Der Zuschlag darf nur erteilt werden, solange nicht ein Übergebot abgegeben ist. Bei dem Übergebot sind etwa zu entrichtende Umsatz- oder Luxussteuern nicht zu berücksichtigen (RGZ. 101, 365). Dagegen ist der durch die Versteigerung erfolgte Verkauf des Pfandes kein Feilbieten im gewerberechtlichen Sinne (KG. vom 27. Dezember 1888; Strafsenat S 584/88). Über das Abhalten vom Bieten und das Kippemachen s. S. 120.

7. Das Mitbietungsrecht des Pfandleihers ist ihm im Abs. 2 des § 10 besonders gewährleistet. Eine ähnliche Bestimmung enthielt auch der Entwurf (Drucks. AH. S. 2062). Die jetzige Fassung des Abs. 2 schließt sich dem § 1239 Abs. 1 an. Das Mitbietungsrecht des Pfandleihers verhindert, daß der Händlerring Untergebote abgibt (Zach S. 74). Erhält der Pfandleiher den Zuschlag, so wird er Eigentümer des Pfandes (BlfRpfl. 1914 S. 136; Martin Wolff 1927 S. 625). Den Kaufpreis braucht er nicht in bar zu zahlen, sondern er gilt als von ihm empfangen. War das Gebot des Pfandleihers höher als die Summe seiner Haupt- und Nebenforderung, so hat er den Überschuß zu hinterlegen (§ 15). § 1242 (s. Vorbem. zu § 9) findet Anwendung, ebenso die Vorschrift des BGB. über die Rechte des Eigentümers des Pfandes. Das Gebot des Eigentümers kann zurückgewiesen werden, wenn er den Betrag bei Abgabe des Gebots nicht bar erlegt (§ 1239 Abs. 2 Satz 1 BGB.; s. Vorbem. zu § 9 unter o). Das gleiche gilt von dem Gebote des Schuldners, wenn das Pfand für eine fremde Schuld haftet. Ersteht der Pfandleiher das Pfand in der Versteigerung zu einem Gebote, das seine Forderung nicht deckt, so kann er den Ausfall gegen den Schuldner einklagen, wenn nicht Sachhaftung besteht (s. S. 141). Eine Vorteilsausgleichung findet nicht statt, wenn der Wert des Pfandes höher als das Gebot war, und wenn der Pfandleiher später das erstandene Pfand mit Verdienst verkauft (RGZ. 80, 154; Gruchot 57, 150; JW. 1919 S. 571[5]; LG. I Berlin 71 O 474/26).

Außerpreußisches Recht.

8. Wie Preußen § 10 so auch: **Anhalt** (§ 9 Abs. 1 und 2), **Baden** (§ 14 Abs. 1 und 2), **Bayern** (§ 7 Abs. 1), das im übrigen auf das BGB. verweist. **Braunschweig** (§ 10 Abs. 3 Satz 1, 3 und 4) und **Bremen** (§ 12 Abs. 1) wie Preußen. Letzteres noch nach dem preußischen Gesetz der Fassung vor 1900 (s. oben Anm. 1). In **Hamburg** (§ 17) darf jedoch die Versteigerung nur durch einen Gerichtsvollzieher oder durch das Gerichtsvollzieheramt erfolgen. **Hessen** (§ 13 Abs. 2), **Lübeck** (§ 12), und hinsichtlich des Mitbietungsrechts des Pfandleihers § 14 Satz 1 und 2, ähnlich wie Preußen. **Mecklenburg-Schwerin** (§ 20) gleichfalls wie Preußen, im übrigen unter Verweisung auf das BGB. **Mecklenburg-Strelitz** und **Oldenburg** geben hierzu überhaupt keine Sonderbestimmungen, ebensowenig **Sachsen** und **Thüringen**. In **Schaumburg-Lippe** (§ 15) kann außer dem Gerichtsvollzieher auch ein von der Polizei bestimmter Gemeindebeamte die Versteigerung vornehmen. Ähnlich **Württemberg** (§ 15).

In den Ländern, in denen das Mitbietungsrecht des Pfandleihers nicht ausdrücklich gestattet ist oder überhaupt kein Sondergesetz besteht (bei **Lippe** und **Waldeck**), ergibt sich diese Befugnis aus § 1239 Satz 1 BGB. (s. S. **16**, **21** und **23**).

§ 10 a.

Hat das Pfand einen Börsen- oder Marktpreis, so kann der Pfandleiher den Verkauf aus freier Hand durch einen zu solchen Verkäufen öffentlich ermächtigten Handelsmäkler oder durch eine zur öffentlichen Versteigerung befugte Person zum laufenden Preise bewirken.

Begr S. 22; Drucks. HH. S.280; StenBer. HH. S. 46 und 57ff.; Drucks. AH. S. 2062; StenBer. AH. S. 907, 1750, 1762; Begr. zum AG. zum BGB.; Drucks. AH. 1899 N. 34 und 227.

1. Über die Entstehungsgeschichte s. S. **411** f. Aus § 10a ergibt sich, daß der Gesetzgeber selber davon ausging, daß Gegenstände eines Pfandleihrechtes auch Wertpapiere sein können. Seine jetzige Fassung verdankt der § 10a dem Art. 41 AG. zum BGB. Sie entspricht dem § 1221 BGB. (s. hierzu Vorbem. zu § 9).

2. Die Vorschrift bezieht sich nunmehr nicht bloß, wie im § 821 ZPO., auf Wertpapiere, sondern auf Pfänder aller Art, nur müssen sie einen Börsen- oder Marktpreis haben (hierüber s. Staub-Könige Anm. 29 vor § 373). In Betracht kommt der Preis desjenigen Marktes oder derjenigen Börse, die für den Versteigerungsort maßgebend ist. Ob ein Pfand einen Börsen- oder Marktpreis hat, z. B. Felle, Pelzsachen, Metalle, Brillanten, ist Tatfrage (Endemanns Handbuch Bd. II S. 86). Ein Börsen- oder Marktpreis ist vorhanden, wenn Waren von der Art des Pfandes an der Börse oder auf dem Markte so häufig verkauft werden, daß sich Durchschnittspreise bilden können (RGZ. 34, 121; ROHG. 9, 129). Liegt ein solcher Börsen- oder Marktpreis nicht vor, so muß die Versteigerung stattfinden, andernfalls treten die strafrechtlichen Folgen aus § 360 Ziff. 12 StGB. und die zivilrechtlichen aus § 16 des Gesetzes ein. Erfolgt der Verkauf unter dem Börsen- oder Marktpreis, der aus Kurszetteln, Marktberichten oder ähnlichen Notierungen festzustellen ist, so ist der Verkauf zwar gültig, doch haftet der Pfandleiher für Verschulden (Löffler S. 87).

3. Es kann der freihändige Verkauf gemäß § 10a stattfinden; ein Zwang hierzu besteht nicht. Der Pfandleiher hat die Wahl, ob er ein marktgängiges Pfand durch Versteigerung oder durch freihändigen Verkauf gemäß § 10a realisieren will (Martin Wolff 1927 § 166 Anm. III, 6). Auch im Fall des freihändigen Verkaufes ist der Pfandleiher berechtigt, das Pfand zu erstehen.

4. Die Voraussetzungen für den freihändigen Verkauf sind dieselben wie bei der Versteigerung; namentlich muß die Wartefrist des § 11 auch hier eingehalten werden. Über die Bekanntmachung s. S. 221.

5. Der freihändige Verkauf muß jedoch stattfinden entweder durch einen zu solchen Verkäufen öffentlich ermächtigten Handelsmäkler oder durch eine der S. 212 erwähnten Personen, und zwar zu laufendem Preis (über diese Handelsmakler s. §§ 30 und 34 des Börsengesetzes sowie Art. 13 AG. zum BGB.). Laufender oder Tagespreis ist der von der bestehenden örtlichen Vereinigung festgesetzte Preis, namentlich die amtliche Preisfestsetzung (RGZ. 34, 121; über laufenden Preis s. Staub-Könige Anm. 30 vor § 373). Die Mindestgebotverordnung vom 8. Oktober 1914 (RGBl. 427) findet auf Pfandversteigerungen im Pfandleihgewerbe keine Anwendung, da sie sich nur auf Zwangsvollstreckungen bezieht.

Außerpreußisches Recht.

6. Wie Preußen: **Anhalt** (§ 9 Abs. 2), **Baden** (§ 14 Abs. 5), **Bayern** (§ 9) unter Verweisung auf § 1235 Abs. 2 und § 1221 BGB., **Braunschweig** (§ 10 Abs. 3 Satz 2). Etwas abweichend **Bremen** (§ 12 Abs. 1), das die börsen- und marktfähigen Pfänder wie Gold- und Silbersachen behandelt und entgegen dem preußischen Recht und dem BGB. (§§ 1235, 1240 BGB.) bei beiden Pfandgattungen, also auch bei den markt- und börsengängigen Pfändern, eine Versteigerung verlangt und sodann erst den freihändigen Verkauf zu einem dem zulässigen Gebot entsprechenden Preis gestattet, wobei der Handelsmakler nicht erwähnt ist. **Hamburg** (§ 17 Abs. 2) verweist auf § 1221 BGB. und trifft für Sparkassenbücher und Pfandscheine Sonderbestimmungen (s. S. 49). **Hessen** (§ 13 Abs. 3) und **Lübeck** (§ 15) wie Bremen. **Mecklenburg-Schwerin** (§ 21) verweist auf das BGB. **Sachsen** (§ 6 der AusfVO.), **Schaumburg-Lippe** (§ 15) und **Thüringen** (§ 18) wieder wie Preußen. **Württemberg** (§ 15 Abs. 2) macht den freihändigen Verkauf von einer Vereinbarung mit dem Schuldner abhängig.

Wo, wie in **Mecklenburg-Strelitz** und **Oldenburg** das Landesgesetz schweigt oder, wie in **Lippe** und **Waldeck** (S. 16, 21, 23), überhaupt kein Sondergesetz vorhanden ist, gilt für die Versteigerung von Pfändern mit Markt- oder Börsenpreisen das BGB.

§ 10b.

Gold- und Silbersachen dürfen nicht unter dem Gold- oder Silberwerte zugeschlagen werden.

Wird ein genügendes Gebot nicht abgegeben, so kann der Verkauf durch eine zur öffentlichen Versteigerung befugte Person aus freier Hand zu einem den Gold- oder Silberwert erreichenden Preise erfolgen.

Zitate über die Entstehungsgeschichte wie bei § 10a.

1. Der jetzige Abs. 1 des § 10b entspricht dem § 10 Abs. 2 des Entwurfes. Dieser schrieb jedoch vor, daß der Verkauf von Gold- und Silbersachen nicht unter ihrem „durch Abschätzung festzustellenden" Gold- und Silberwert stattfinden dürfe. Die Bestimmung entsprach den damaligen §§ 721 und 722 ZPO. Von dieser Abschätzung wurde aber dann Abstand genommen. Ebenso wurde ein Antrag, der nicht bloß Gold- und Silbersachen, sondern überhaupt Kostbarkeiten (s. S. 54) vor der Versteigerung abzuschätzen vorschlug, abgelehnt (Drucks. AH. S. 2662; Drucks. HH. S. 280). Seine jetzige Fassung hat der § 10b durch Art. 41 AG. zum BGB. erhalten. Er entspricht dem § 1240 BGB.

2. Gold- und Silbersachen sind solche Sachen, welche in ihrer Hauptmasse aus Gold oder Silber bestehen (Staudinger Anm. 1 zu § 1240). In Gold oder Silber gefaßte Gegenstände, z. B. Edelsteine, bei denen der Gold- oder Silberwert der Fassung zu dem Werte des gefaßten Gegenstandes in einem derartigen Verhältnisse steht, daß dafür nach der Verkehrsanschauung dieser gefaßte Gegenstand als Hauptsache, die Fassung aber als Nebensache anzusehen ist, unterliegen nicht den Bestimmungen des § 10b. Ein zweikarätiger Brillant, in vierzehnkarätiges Gold gefaßt, fällt nicht unter die Bestimmungen des § 10b, wohl aber ein goldener Ring mit einem halbedlen, unedlen oder synthetischen Stein (RGKomm. zu § 1240). — Auf andere Metalle als Gold und Silber, also namentlich auf Platin, darf § 10b nicht ausgedehnt werden (ebenso Polizeipräsidium Berlin 1927 in L. 1927 N. 9; RGKomm. a. a. O.; Falkmann S. 720; a. M. Stein-Jonas § 820 I). Auch auf sonstige Kostbarkeiten, wie Brillanten und Perlen, darf § 10b nicht ausgedehnt werden. — Auf die Höhe des Feingehaltes bei Gold- oder Silbersachen kommt es nicht an. Ist das beigemischte unedle Metall jedoch überwiegend, so ist eine Gold- oder Silbersache nicht mehr vorhanden. Ist die Gold- oder Silbersache infolge ihrer Bearbeitung ein Kunstwerk, dessen Wert hinter dem Metallwert zurückbleibt, so verliert das Stück nicht den Charakter einer Gold- oder Silbersache. Dasselbe gilt bei antiken Gold- und Silbersachen. Sachen, die mit Gold oder Silber beschlagen oder verziert sind, sind keine Gold- und Silbersachen.

3. Eine Abschätzung der Gold- und Silbersachen auf ihren Gold- und Silberwert ist nirgends vorgeschrieben (RGKomm. Anm. zu § 1240; s. auch oben Anm. 1 zu diesem Paragraphen; a. M. Staudinger 1b zu § 1240; anders in der ZPO. § 814, 820; anders auch **Thüringen** § 17 Abs. 2). Zieht der verkaufende Beamte einen Sachverständigen hinzu, so haftet für dessen Kosten das Pfand als Kosten des Verkaufs. Vorschriften über die Auswahl des Sachverständigen bestehen nicht. Siehe aber Geschäftsanweisung der Gerichtsvollzieher, § 123 Abs. 3 und 4, wo der Pfandverkauf im Pfandleihgewerbe überhaupt besonders geregelt ist, während in Ziff. 72 der Bekanntmachung für Versteigerer ausdrücklich gesagt ist, daß das Verfahren sich nach §§ 9—16 des preußischen Gesetzes richtet.

4. Während bei den Pfändern, die einen Markt- oder Börsenpreis haben, der Pfandleiher die Wahl der Verkaufsart hat, muß bei dem Verkauf von Gold- oder Silbersachen zunächst ihre Versteigerung versucht werden. Erst wenn in dieser ein den Metallwert erreichendes Gebot nicht gemacht wird, kann ein freihändiger Verkauf stattfinden. Dieser darf aber auch nur dann abgeschlossen werden, wenn der Kaufpreis den Gold- oder Silberwert erreicht. Erfolgt der Zuschlag oder der freihändige Verkauf unter diesem Werte, so greift gegenüber dem Pfandleiher § 16 ein; gegenüber dem Erwerber aber § 1243 Abs. 1 und § 1244 BGB. Wird das Pfand also unter dem Gold- oder Silberwert freihändig verkauft, so erwirbt auch der gutgläubige Ersteher kein Eigentum (Staudinger Anm. 1c zu § 1240; RGKomm. zu § 1240). — Ist das Pfand ein Gold- oder Silberbarren, so hat es einen Marktpreis und ist nach § 10a zu behandeln. Wird auch im freihändigen Verkauf kein Kaufpreis erzielt, der dem Metallwert der Gold- oder Silbersache entspricht, so bleibt nichts anderes übrig, als daß der Pfandleiher mit dem Verpfänder gemäß § 1246 BGB. sich über eine andere Verkaufsart einigt, und wenn eine Verständigung nicht zustande kommt, die Entscheidung des Gerichts anruft. Eines Prozesses bedarf es hierbei nicht, vielmehr erfolgt die Entscheidung im Rahmen der freiwilligen Gerichtsbarkeit (§ 166 FgG.; vgl. KGJ. 24 A S. 3; OLG. 6, 370).

Außerpreußisches Recht.

5. Wie Preußen: **Anhalt** (§ 9 Abs. 3), **Baden** (§ 14 Abs. 6), **Bayern** (§ 10), **Braunschweig** (§ 10 Abs. 4), **Bremen** (§ 12 Abs. 2). Siehe auch Anm. 6 zu § 10a auf S. 216. **Hamburg** (§ 17 Abs. 2) verweist auf § 1240 BGB., ebenso **Mecklenburg-Schwerin** (§ 21). Wie Preußen weiterhin: **Hessen** (§ 14), **Lübeck** (§ 15), **Sachsen** (§ 6 der AusfVO.), **Schaumburg-Lippe** (§ 15), **Thüringen** (§ 17), ebenso wird hier die Feststellung des Metallwertes durch einen Sachverständigen verlangt. Für **Mecklenburg-Strelitz** und **Oldenburg** gilt das in Anm. 6 zu § 10a Gesagte, ebenso für **Waldeck** und **Lippe**. **Württemberg** gibt über Gold- und Silbersachen keine Bestimmungen, es gilt also BGB.

§ 11.

Die Versteigerung muß in der Gemeinde, in welcher das Pfandleihgewerbe zur Zeit des Geschäftsabschlusses betrieben worden ist, erfolgen. Sie darf nicht früher als zwei Wochen[1]) nach eingetretener Fälligkeit des Darlehns ausgeführt werden.

E. § 11; Begr. S. 22; Drucks. HH. S. 280; StenBer. HH. S. 47; StenBer. AH. S. 1750 und 1762.

1. Der § 11 des Entwurfes ist ohne jede Veränderung Gesetz geworden. Durch § 3 der VO. vom 23. November 1923 (GS. S. 534) ist der Minister des Innern berechtigt worden, die Frist von 4 Wochen in eine solche von 2 Wochen herabzusetzen. Von dieser Ermächtigung hat der Minister im § 2 der VO. vom 11. Februar 1924 (GS. S. 114) Gebrauch gemacht.

2. § 11 schließt die Anwendung des § 1236 BGB., namentlich des Abs. 2, aus. Er ist an den § 717 Abs. 2 ZPO. a. F. angelehnt (Drucks. HH. S. 22).

3. Die Vorschrift ist für den Pfandleiher zwingend. Ob Abweichungen durch Vereinbarungen zwischen Verpfänder und Pfandleiher stattfinden können s. S. 206.

4. Die Versteigerung muß in der Gemeinde stattfinden, in der das Pfandleihgewerbe z. Z. des Geschäftsabschlusses betrieben wurde. Ein bestimmtes Lokal ist nicht vorgeschrieben. Ein Antrag in der JustKomm. des HH., dahingehend, daß die Versteigerung nur im Geschäftslokal des Pfandleihers stattzufinden habe,

[1]) Der gesperrt gedruckte Text beruht auf der VO. vom 23. November 1913, s. oben Anm. 1.

wurde abgelehnt (Drucks. HH. S. 280). Das schließt nicht aus, daß die Versteigerung im Geschäftslokal des Pfandleihers stattfindet, wenn dieses nur z. Z. der Versteigerung in derselben Gemeinde liegt, in der es sich z. Z. des Abschlusses des Pfandleihvertrages befand. Anders **Sachsen** (§ 7), das die Versteigerung in den Räumen des Pfandleihers verbietet. — Die Versteigerung muß ferner in der erwähnten Gemeinde stattfinden, d. h. in dem politischen Gemeindebezirk der gewerblichen Niederlassung des Pfandleihers (§ 42 GewO.). Anders BGB. § 1236, das von dem „Orte" spricht. Nicht nötig ist, daß die Versteigerung innerhalb desjenigen Polizeireviers zu erfolgen hat, welches die Versteigerungsliste beglaubigt. Groß-Berlin ist jetzt eine Gemeinde (s. S. 84). Es kann also der Pfandleiher, der im Bezirksamt Charlottenburg seine gewerbliche Niederlassung hat, seine Versteigerung im Bezirksamt Mitte vornehmen lassen. Verlegt der Pfandleiher seine gewerbliche Niederlassung nach einer anderen Gemeinde, so muß die Versteigerung der in der früheren Gemeinde angenommenen Pfänder auch in dieser stattfinden. Für den freihändigen Verkauf gemäß § 10a und 10b gilt § 11 Abs. 1 nicht.

5. Bei der Abkürzung der Frist von 4 Wochen auf 2 Wochen (s. oben Anm. 1) ist übersehen worden, daß die jetzt geltende zweiwöchige Frist schwer in Einklang zu bringen ist mit der Drei-Wochen-Frist des § 8 Abs. 2. Sie geht aber dieser zuletzt genannten Frist vor, weil sie auf dem späteren Gesetz beruht. — Verboten ist nur die Ausführung der Versteigerung innerhalb der Zwei-Wochen-Frist. Dagegen kann sie schon früher vorbereitet werden. Wegen der Frist zur Bekanntmachung der Versteigerung s. § 12 Abs. 3. Auch die Versteigerungsliste kann schon früher angefertigt werden. Beispiel: Versatztag: 4. Mai 1928; Fälligkeit des Darlehns: 4. Juli (Mittwoch); erste Versteigerungsmöglichkeit: 19. Juli (Donnerstag). Über Sonn- und Feiertage s. S. 98. Über die nicht erforderliche Androhung und Bekanntmachung der Versteigerung s. S. 208 Über Fälligkeit des Darlehns s. S. 150. Selbst wenn Pfandleiher und Verpfänder Kaufleute sind, gilt die Zwei-Wochen-Frist, nicht dagegen die einwöchige Frist des § 368 HGB.

6. Zuwiderhandlungen gegen § 11 ziehen Bestrafungen nach § 360 Ziff. 12 StGB. nach sich und Schadenersatzpflicht nach § 16 des Gesetzes; die Rechtmäßigkeit des Verkaufs jedoch berühren sie nicht. — Eine Abänderung der Zwei-Wochen-Frist durch das Gericht (§ 1246 BGB.) ist nicht angängig, weil der dem § 11 des Gesetzes analoge § 1234 Abs. 2 Satz 1 BGB. im § 1246 BGB. nicht angezogen ist.

Außerpreußisches Recht.

7. Wie Satz 1 des § 11 in Preußen: **Anhalt** (§ 10), **Baden** sagt über die Versteigerungsart nichts, **Bayern** (§ 7 Abs. 2), **Bremen** (§ 13). In **Hamburg** (§ 18 Abs. 3) kann die Versteigerung auch an einem anderen Orte vorgenommen werden; ebenso in **Lübeck** (§ 12). **Sachsen** (§ 7 Abs. 3) wie Preußen mit der oben Anm. 4 erwähnten Abweichung. Durch VO. vom 26. März 1924 (Sächs. GO. S. 232) ist die Frist jetzt auch auf 2 Wochen festgelegt. Wie Preußen dann wieder **Schaumburg-Lippe** (§ 16 Abs. 1) und **Thüringen** (§ 16). Die Vorschriften des BGB. über den Ort der Versteigerung gelten in **Baden** (§ 14) und in **Braunschweig** (§ 10).

Wie Satz 2 § 11 in Preußen: **Anhalt** (§ 10), nur daß die alte vierwöchige Frist geblieben ist, ebenso **Baden** (§ 14); in **Bayern** (§ 7 Abs. 1) beträgt die Frist einen Monat. **Bremen** (§ 13) wieder wie Preußen. **Hamburg** (§ 18 Abs. 1) setzt die geringste Verwertungsfrist auf 2 Monate nach Fälligkeit fest und zwingt den Pfandleiher zur Verwertung binnen 6 Monaten; die Frist kann auf Antrag durch die Polizei verlängert werden. Sie gilt nicht für die ohne Rückgabe des Pfandscheins eingelösten Pfänder. Mit dem Ablauf der Sechs-Monats-Frist hört der Zinsenlauf auf. **Lübeck** (§ 12 Abs. 2) wie Preußen, nur daß die alte vierwöchige Frist vorgesehen ist, **Sachsen** (§ 7) s. oben. **Thüringen** (§ 16) kennt überhaupt keine Frist. **Württemberg** s. Anm. 3 zu § 9 S. 208. Auch **Schaumburg-Lippe** (§ 16 Abs. 2) ebenda. In den Ländern, in denen keine Verwertungsfrist vorgesehen ist, aber auch keine Androhung vorgeschrieben ist, z. B. **Hessen** (§ 17), **Mecklenburg-Schwerin** (§ 20), kann der Pfandleiher sofort nach Fälligkeit des Darlehns zur Versteigerung schreiten, ebenso unter Einhaltung eventueller Bekanntmachungsfristen. In **Mecklenburg-Strelitz** und **Oldenburg** gelten die §§ 1234 und 1236 BGB., ebenso in den Ländern **Waldeck** und **Lippe** (s. S. 16, 21, 23).

§ 12.

Ort und Zeit der Versteigerung sind unter allgemeiner Bezeichnung der zu versteigernden Sachen in einem von der Ortspolizeibehörde für solche Bekanntmachungen zu bestimmenden Blatte bekanntzumachen.

In der Bekanntmachung ist zugleich der Name des Pfandleihers und die laufende Nummer des Pfandbuchs anzugeben.

Die Bekanntmachung muß wenigstens zwei Wochen und höchstens vier Wochen vor dem Tage der Versteigerung und darf frühestens am Tage nach der eingetretenen Fälligkeit des Darlehns erfolgen.

E. § 12; Begr. S. 22; Drucks. HH. S. 280; StenBer. HH. 47; Drucks. AH. S. 2063.

1. Der § 12 entspricht im wesentlichen dem des Entwurfes. Er ist angelehnt an § 717 ZPOaF. (Drucks. HH. S. 280). § 1237 kommt nicht zur Anwendung (s. S. 206 unter m).

2. In der Bekanntmachung sind nur die zu versteigernden Sachen anzugeben, nicht auch der Name des Verpfänders oder, wenn dieser vom Namen des Schuldners verschieden ist, dessen Name. Wohl aber ist der Name des Pfandleihers in der Bekanntmachung anzugeben (s. Abs. 2). Es muß sich aus der Bekanntmachung annähernd ergeben, um was für Gegenstände es sich handelt (OLG. 35, 130). Die Bekanntmachung kann allgemein gehalten sein im Interesse der Kostenersparnis. Sie unterliegt dem Ermessen des Versteigerungsbeamten. Es genügt, wenn es nur allgemein heißt: Möbel, Goldsachen, Musikinstrumente und ähnliches (Drucks. HH. S. 280/81).

3. Die Bekanntmachung muß in einem Blatte erfolgen. Ausrufen oder Maueranschläge genügen also nicht. Das Gesetz spricht davon, daß die Bekanntmachung in „einem" Blatte erfolgen muß. Dies schließt nicht aus, daß die Ortspolizeibehörde die Bekanntmachung in mehreren Blättern anordnet, weil der Zweck der Bestimmung ist, einem möglichst großen Leserkreis die Versteigerung bekanntzugeben (Drucks. AH. S. 2062). Das Wort „ein" ist hier nicht Zahlwort, sondern unbestimmter Artikel. Auch bei der Frage, ob die Anordnung zweier Pfandbücher zulässig ist, hat das KG. weniger Wert darauf gelegt, daß in § 5 nur von „einem" Pfandbuche die Rede ist; vielmehr hat es das Verbot der doppelten Pfandbücher darauf gestützt, daß die Eintragungen nach der Zeitfolge mit laufenden Nummern zu erfolgen hätten (KGJ. 31C 5); s. auch S. 153, 156. Der durch § 12 erstrebte Zweck wird nicht erreicht, wenn nur eine einmalige Bekanntmachung vorgeschrieben ist. Die im Abs. 3 erwähnten Fristen sind so lang, daß gerade die Reflektanten, auf die bei der Versteigerung am meisten zu rechnen ist, nämlich die Händler, den Versteigerungstermin nicht mehr kennen. Es läge also gerade im Interesse des Verpfänders, außer der im § 12 vorgeschriebenen Benachrichtigung eine weitere Bekanntmachung zu erlassen, die etwa zwei oder drei Tage vor dem Versteigerungstermin erfolgen müßte. Das Gesetz will, daß eine möglichst große Anzahl von Kauflustigen auf die Versteigerung hingewiesen wird, damit die Gefahr vermieden wird, daß der Pfandleiher selber in der Versteigerung das Pfand billig ersteht. In Berlin sind die amtlichen Blätter der „Berliner Lokalanzeiger" und die „Berliner Morgenpost" (Polizeipräsidium Berlin 1, II GV. 12/28; s. auch L.1928 N. 4). Die frühere Bekanntmachung vom 21. Dezember 1924 (Amtsblatt Potsdam 1925 S. 12) ist aufgehoben. Ändert das Blatt seinen Namen, so verliert es dadurch den Charakter des amtlichen Publikationsorganes nicht (KG. vom 20. März 1926, ungedr. 30 U. 9001/23). Erfolgt der Verkauf des Pfandes aus freier Hand (§ 10a, s. S. 215 f.), so muß auch der bekanntgemacht werden. Denn der freihändige Verkauf tritt an die Stelle der Versteigerung. Dies folgt aus der Analogie der §§ 1235, 1221 und 1220 BGB. (s. RGKomm. Anm. 1 zu § 1321; Anm. 1 zu § 1234; Staudinger Anm. 2 zu § 1235). Der nach § 1237 Satz 2 BGB. erforderlichen Bekanntmachung an den Eigentümer oder an Dritte bedarf es im Pfandleihgewerbe nicht (s. S. 209). Der Zweck der Bekanntmachung ist eine „letzte Mahnung" (StenBer. HH. S. 47) an den Verpfänder ergehen zu lassen, das Pfand einzulösen (a. a. O. S. 58). Der § 12 ist absichtlich nicht dem BGB. durch Art. 41 AG. zum BGB. angepaßt worden (Drucks. AH. 1899 N. 34 S. 1585; N. 227 S. 3011).

4. Der Abs. 2 verfolgt den Zweck, dem Verpfänder die Möglichkeit zu geben, bei der Lektüre des amtlichen Blattes festzustellen, ob sein Pfand zur Versteigerung gelangt. Hierzu ist erforderlich die Angabe des Namens des Pfandleihers. Über diesen s. S. 70, 178. Ferner ist anzugeben die laufende Nummer des Pfandbuchs (s. § 5 Abs. 2 Ziff. 1, s. S. 158). Diese braucht nicht besonders in der Bekanntmachung hervorgehoben zu werden; es genügt, wenn in der Bekanntmachung eine bestimmte Reihenfolge von Zahlen angegeben ist, in der die Pfandbuchnummer enthalten ist. Z. B. die Pfandbuchnummern 1001—1050 der im Pfandbuch eingetragenen Pfänder (MinErl. vom 10. April 1908; HMBl. S. 202 und Drucks. HH. S. 22). Zu dem Inhalt der Bekanntmachung gehört auch die Bestimmung des § 15 Abs. 2 Satz 1 des Gesetzes. Es muß also in der Bekanntmachung auf die Hinterlegung etwaiger Überschüsse oder frei gewordener Pfänder hingewiesen werden. Diese letztere Bestimmung ist aber, wie aus ihrer Stellung im Gesetz hervorgeht, nicht zwingend, da der § 15 in dem § 16 nicht angezogen ist. Unterbleibt also der Hinweis auf die Hinterlegung in der Bekanntmachung, so ist diese Unterlassung für die Versteigerung ohne Einfluß. Sie kann jedoch durch die Aufsichtsbehörde, d. h. durch die Ortspolizeibehörde, erzwungen werden (Drucks. HH. S. 22).

5. Der Abs. 3 gibt eine Mindestfrist von zwei Wochen und eine Höchstfrist von vier Wochen. Zwischen der erfolgten Bekanntmachung und dem Tage der

Versteigerung müssen mindestens zwei volle Wochen liegen. Die Zwei-Wochen-Frist beginnt mit dem Tage, welcher dem Tage der Fälligkeit des Darlehns folgt. Beispiel: Tag des Versatzes: Mittwoch, 9. Mai 1928; Fälligkeit des Darlehns: Montag, 9. Juli 1928; die Bekanntmachung darf frühestens am 10. Juli 1928, Dienstag, erfolgen; die Versteigerung ehestens Mittwoch, den 25. Juli. Andererseits darf zwischen der Bekanntmachung und der Versteigerung keine längere Frist als vier Wochen liegen. Die Höchstfrist ist gegeben, um den Verpfänder nicht zu zwingen, allzulange Zeit vorher den Versteigerungstermin sich zu merken. Andererseits aber auch im Interesse der Kaufreflektanten, die bei allzulanger Frist wohl auch häufig den Versteigerungstermin aus den Augen verlieren.

6. Sind die im § 12 Abs. 3 vorgesehenen Fristen nicht innegehalten, so muß das Pfand an einem anderen Versteigerungstermin versteigert werden, für dessen Bekanntmachung gleichfalls die Vorschriften des § 12 gelten. Eine bloße Vertagung des Versteigerungstermins auf einen anderen Tag ist unzulässig; vielmehr muß, wenn das Pfand an dem bekanntgegebenen Versteigerungstermin nicht versteigert ist, der neue Termin abermals gemäß § 12 bekanntgemacht werden (KG. vom 30. November 1927 ungedr. 24 U 8358/27; HansGerZtg. 15, 190; KGJ. 16, 313).

7. Verstöße gegen § 12 bewirken Strafbarkeit nach § 360 Ziff. 12 StGB. und Schadenersatzpflicht nach § 16 des Gesetzes.

Außerpreußisches Recht.

8. Wie Preußen Abs. 1: (wörtlich) **Anhalt** (§ 11 Abs. 1), **Baden** (§ 14 Abs. 3), **Bayern** (§ 8), **Braunschweig** (§ 10 Abs. 5), **Bremen** (§ 13) wörtlich wie Preußen; **Hamburg** (§ 19 Abs. 2) schreibt den Inhalt der Bekanntmachung vor. **Hessen** (§ 15) wieder wie Preußen, ebenso **Lübeck** (§ 13), **Mecklenburg-Schwerin** (§ 20 Abs. 1) ähnlich wie Preußen. **Oldenburg** (§ 8), **Sachsen** (§ 8), **Schaumburg-Lippe** (§ 17) wörtlich wie Preußen. Ähnlich wie Preußen: **Thüringen** (§ 16 Abs. 2), das nur die Mindestfrist von 2 Wochen kennt. In **Württemberg** (§ 17) sind die Fristen 1 bzw. 2 Wochen.

Wie Preußen Abs. 2: (wörtlich) **Anhalt** (§ 11 Abs. 2), **Baden** (§ 14 Abs. 3), **Bayern** (§ 8), **Braunschweig** (§ 10 Abs. 5), **Bremen** (§ 13), **Hamburg** (s. oben), **Hessen** (§ 15), **Lübeck** (§ 13) sagt nur über den Inhalt der Bekanntmachung nichts. Wie Preußen dann wieder **Mecklenburg-Schwerin** (§ 20 Abs. 1), **Oldenburg** (§ 8), **Sachsen** (§ 8 des Gesetzes und § 7 der AusfVO.). **Schaumburg-Lippe, Thüringen** und **Württemberg** s. oben.

Wie Preußen Abs. 3: (wörtlich) **Anhalt** (§ 11 Abs. 3), **Baden** (§ 14 Abs. 3), **Bayern** (§ 8), **Braunschweig** (§ 10 Abs. 5), **Bremen** (§ 13). In **Hamburg** (§ 19 Abs. 1) ist die Mindestfrist für die Bekanntmachung eine Woche, die Höchstfrist zwei Wochen. **Hessen** (§ 15) wie Preußen, ebenso **Lübeck** (§ 13), **Mecklenburg-Schwerin** (§ 20 Abs. 2), **Sachsen** (§ 8 Abs. 2). **Oldenburg** (§ 8) gibt überhaupt keine Frist. Über **Thüringen, Schaumburg-Lippe** und **Württemberg** s. oben. In **Mecklenburg-Strelitz** gilt für die Bekanntmachung, ihren Inhalt und die anzuwendenden Fristen das BGB. Ebenso wie in **Lippe** und **Waldeck** (s. S. 16, 21, 23).

§ 13.

Sind mehrere Gegenstände durch dasselbe Geschäft zum Pfande bestellt, so ist der Verpfänder berechtigt, die Reihenfolge zu bestimmen, in welcher dieselben zum Verkaufe auszustellen sind.

Der Verkauf ist einzustellen, sobald ein Betrag erlöst ist, welcher hinreicht, die Forderung des Pfandleihers an Kapital, Zinsen und Kosten zu decken.

Drucks. HH. S. 281; StenBer. HH. S. 47; Drucks. AH. S. 2063.

1. Eine dem § 13 ähnliche Bestimmung kannte der Entwurf nicht. Erst durch die Kommission des HH. fand der Paragraph Aufnahme in das Gesetz (Drucks. HH. 281).

2. Der § 13 des Gesetzes geht dem § 1230 BGB. vor, der gerade umgekehrt bestimmt, daß das Auswahlrecht dem Pfandgläubiger zusteht. Diese Anomalie ist damit begründet worden, daß der Verpfänder der „eigentliche Verkäufer" sei, während der Pfandleiher bei der Versteigerung nur dessen „Zwangsmandatar" sei (Drucks. HH. S. 281), s. S. 213.

3. Das Recht des Verpfänders, die Reihenfolge zu bestimmen, besteht nur bei mehreren Gegenständen, welche durch dasselbe Geschäft zum Pfande bestellt sind, d. h.: es müssen unter ein und derselben Pfandbuchnummer mehrere Gegenstände in das Pfandbuch eingetragen sein. Sind also z. B. Uhr und Ring für ein Darlehn von 100 *RM* verpfändet, so haftet zunächst jedes der Pfänder für die ganze Forderung (§ 1220 BGB.); und es handelt sich um Gegenstände, welche „durch dasselbe Geschäft" zum Pfande bestellt sind. Würde der Pfandleiher auf die Uhr 50 *RM* und auf den Ring gleichfalls 50 *RM* beliehen haben, und er über jeden der Gegenstände eine Pfandbucheintragung gemacht haben, so käme trotz des wirtschaftlichen und zeitlichen Zusammenhanges beider Geschäfte § 13 nicht zur Anwendung. Über Zerlegung von Darlehnsgeschäften s. S. 139 und 178. Die Worte „dasselbe Geschäft" sind enger als die Worte „dasselbe rechtliche Verhältnis" im Sinne des § 273 BGB. Bei diesem letzteren genügt schon ein einheitliches Verhältnis zwischen zwei Forderungen, bei denen ein natürlicher und wirtschaftlicher Zusammenhang besteht (RGZ. 57, 1; 72, 103; RGKomm. Anm. 1 Abs. 4 zu § 273). Ein solcher natürlicher und wirtschaftlicher Zusammenhang wird in dem obenerwähnten Beispiel, wenn ein und derselbe Verpfänder an demselben Tage über zwei verschiedene Gegenstände zwei Pfandleihverträge abschließt, anzunehmen sein; wenn z. B. der Pfandleiher nach Versteigerung des Ringes einen Ausfall erlitten hat, so kann er, wenn demnächst der Verpfänder die Uhr einlösen will, an dieser das Zurückbehaltungsrecht wegen seiner Ausfallforderung aus dem Ringe geltend machen (s. S. 186). Dieses Zurückbehaltungsrecht steht ihm jedoch nicht ohne weiteres zu, wenn ein und derselbe Verpfänder überhaupt verschiedene Pfandleihverträge abgeschlossen hat, bei denen kein wirtschaftlicher und natürlicher Zusammenhang bestand. Die bloße Identität des Verpfänders bei den verschiedenen Geschäften begründet noch nicht einen solchen Zusammenhang, wohl aber, wenn die mehreren Pfandleihgeschäfte auch zeitlich zusammenfallen. Wären Verpfänder und Pfandleiher in das Handelsregister eingetragen, so könnte der Pfandleiher auch ohne die Voraussetzungen des

§ 273, wenn ein beiderseitiges Handelgeschäft vorliegt, das kaufmännische Zurückbehaltungsrecht nach § 369 HGB. ausüben (s. S. 71, 186).

4. Das Recht des Verpfänders, die Reihenfolge der zur Versteigerung zu gelangenden Pfänder zu bestimmen, muß erklärt werden. Geschieht dies nicht, so liegt hierin ein Verzicht auf sein Auswahlrecht. Eine Aufforderung des Pfandleihers an den Verpfänder zur Ausübung dieses Rechts bedarf es nicht. Schweigt der Verpfänder, so bestimmt der Versteigerungsbeamte nach seinem Ermessen die Reihenfolge (s. Drucks. HH. S. 281).

5. Der Abs. 2 ist eine Konsequenz des im § 9 erwähnten Befriedigungsrechtes und des dort festgelegten Umfanges der Pfandhaftung. Letztere ist im Abs. 2 des § 13 noch erweitert, indem auch die Haftung für die Kosten ausgesprochen ist. Diese Kosten selber wieder sind im § 14 Abs. 1 als Kosten des Verkaufs nochmals hervorgehoben (s. S. 210). Der Abs. 2 entspricht dem § 818 ZPO. und dem § 1230 Satz 2 BGB. und geht diesen vor. Bringt der Verkauf eines von mehreren für dieselbe Forderung versetzten Pfandes dem Pfandleiher volle Deckung, so ist er einzustellen, die übriggebliebenen Pfänder werden vom Pfandrecht frei und sind dem Verpfänder zurückzugeben oder nach § 15 Satz 3 an die Ortsarmenkasse abzuliefern. Die Beschränkung des Abs. 2 tritt erst bei der Versteigerung ein, nicht schon bei ihrer Bekanntmachung. Der Pfandleiher kann also alle für eine Forderung bestellten Pfänder zum Verkauf ankündigen lassen, auch wenn zu erwarten ist, daß eines von ihnen schon zu seiner Befriedigung ausreichen wird. Wann die Übermäßigkeit des Verkaufes vorliegt, läßt sich erst bei der Versteigerung selber feststellen. Deshalb schreiben § 124 Ziff. 13 der Gesch. Anweisung für GV. und § 67 Abs. 4 Satz 2 der Vorschr. für die Versteigerer vor, daß der Versteigerungsbeamte die bereits erzielten Erlöse von Zeit zu Zeit zusammenzurechnen hat. Werden für ein und dieselbe Forderung zusammengehörige Sachen verpfändet, z. B. ein Paar Brillantohrringe, so handelt es sich nicht um „mehrere Gegenstände" im Sinne des § 13. Es braucht dann die Versteigerung nicht schon eingestellt zu werden, wenn der Erlös für einen Ohrring zur Befriedigung des Pfandleihers dienen würde, vielmehr können beide Ohrringe als zusammengehörig ausgeboten werden (RGKomm. Anm. 2 zu § 1230; Staudinger Anm. 2 zu § 1230).

6. Zuwiderhandlungen gegen § 13 werden nach § 360 Ziff. 12 StGB. bestraft. Dagegen schreibt § 16 keine Schadenersatzpflicht im Falle des Verstoßes gegen § 13 Abs. 2 vor. Da § 1230 Satz 2 BGB. keine Anwendung findet, kann auch bei einem Verstoße gegen § 13 Abs. 2 von einem unrechtmäßigen Verkaufe im Sinne des § 1243 Abs. 1 BGB. nicht die Rede sein.

Außerpreußisches Recht.

7. Dem Abs. 1 des preuß. Gesetzes entspricht wörtlich **Anhalt** (§ 12 Abs. 1), ebenso **Bremen** (§ 15 Abs. 1), **Lübeck** (§ 16 Abs. 1), **Schaumburg-Lippe** (§ 19 Abs. 1), **Thüringen** (§ 19) und **Sachsen** (§ 9), nur daß der Verpfänder hier sein Auswahlrecht spätestens eine Woche vor der Versteigerung erklären muß. — Dem preußischen Abs. 2 entspricht wörtlich **Anhalt** (§ 12 Abs. 2), **Bremen** (§ 15 Abs. 2), **Lübeck** (§ 16 Abs. 1), **Schaumburg-Lippe** (§ 19 Abs. 2), **Sachsen** hat keine analoge Bestimmung über die Einstellung des Verkaufes (**Thüringen** s. oben).

Das Recht, die Reihenfolge zu bestimmen, hat entgegen dem preuß. Recht nach § 1230 BGB. der Pfandleiher und nicht der Verpfänder in **Baden**, das hierüber keine Vorschrift gab, ebenso in **Bayern** (§ 26 Abs. 3), **Braunschweig**,

Hamburg (§ 8), **Hessen** (§ 17), **Mecklenburg-Schwerin** (§ 21), **Mecklenburg-Strelitz, Oldenburg** und **Württemberg,** welche schweigen, und **Lippe** sowie **Waldeck,** das überhaupt keine Sondergesetze hat (s. S. 16, 21, 23).

§ 14.

Das Pfand haftet auch für die Kosten des Verkaufs.

Von den gemeinschaftlichen Kosten mehrerer Verkäufe sind diejenigen der Bekanntmachung nach der Zahl der Pfandnummern, die der Versteigerung nach Verhältnis des Erlöses zu verteilen.

Begr. S. 22; Drucks. HH. S. 292; Drucks. AH. S. 2063.

1. Der Paragraph handelt von dem Umfange der Pfandhaftung nach eingetretenem Verkauf für die dadurch entstandenen Kosten. Im Entwurf war über die Haftung des Pfandes für die Kosten nur indirekt etwas gesagt, indem dort nur die Rede war von der Haftung für „Pfandschuld und Kosten". Erst durch die Beschlüsse der Justizkommission des AH. wurde der § 14 in seiner jetzigen Fassung Gesetz.

2. Der Sinn des § 14 ist durch Artikel 41 AG. zum BGB. erweitert worden. Abs. 1 des § 14 blieb absichtlich unverändert, indem darauf hingewiesen wurde, daß der „§ 14 Abs. 1 dem § 1210 Abs. 2 BGB. entspräche" (Drucks. AH. 1899 Bd. III S. 1585). Dies trifft zwar nun hinsichtlich des Wortlautes nicht zu. Da die genannten Materialien aber den Abs. 2 des § 14 als eine vom gemeinen, bürgerlichen Recht abweichende Sondervorschrift bezeichnen, den Inhalt des Abs. 1 jedoch nicht, wird man den letzteren im Sinne des § 1210 Abs. 2 BGB. auslegen müssen. Jedoch gilt für den Anspruch des Pfandleihers auf Ersatz von Verwendungen und die Haftung des Pfandes hierfür Besonderes (s. S. **210**). Die Kosten sind auch dann zu erstatten, z. B. diejenigen für die Bekanntmachung, wenn vor Erteilung des Zuschlages das Pfand eingelöst wird.

3. Eine Verpflichtung des Pfandleihers, die einzelnen Pfänder verschiedener Verpfänder zusammen zu verkaufen, besteht nicht. Im Interesse der Kostenersparnis aber finden Sammelversteigerungen statt. Die gemeinschaftlichen Kosten werden nach zwei Maßstäben auf die einzelnen Pfandgeschäfte umgelegt. Die durch die Bekanntmachung entstandenen Kosten werden dadurch berechnet, daß die gesamten Kosten der Bekanntmachung durch die Zahl der zur Versteigerung gelangenden Pfandbuchnummern dividiert werden. Für die weiteren, durch die Versteigerung entstandenen Kosten an Umsatzsteuer, Stempel, Verwaltungsgebühr, Transport, Miete für den Versteigerungsraum, evtl. Taxen usw. gilt als Verteilungsmaßstab nicht das Darlehn, sondern der Bruttoerlös, ohne Rücksicht darauf, ob dieser bar gezahlt ist oder nicht (**206** unter **n** und **227**).

4. Zuwiderhandlungen gegen § 14 sind nach § 360 Ziff. 12 StGB. strafbar. Wenn die Berechnung der Kosten auch durch den Versteigerungsbeamten vorgenommen wird, so ist doch der Pfandleiher hierfür strafrechtlich verantwortlich. Zivilrechtlich hat ein Verstoß gegen § 14 Abs. 2 keine Schadenersatzpflicht nach § 16 zur Folge, da jene Bestimmung in dieser nicht angezogen ist.

Außerpreußisches Recht.

5. Wie Preußen wörtlich **Anhalt** (§ 13) und **Bremen** (§ 16), ähnlich **Mecklenburg-Schwerin** (§ 23), **Sachsen** (§ 6) — Über den Umfang der Haftung ist nichts gesagt, so daß § 1210 BGB. gilt in folgenden Ländern: **Baden, Bayern** (§ 26 Abs. 3), **Braunschweig, Hamburg** (§ 8), nur sind dort die Verkaufskosten näher geregelt (§ 20), ähnlich **Lübeck** (§ 18), **Hessen** (§ 15 Abs. 2 und § 17), **Mecklenburg-Strelitz, Oldenburg, Schaumburg-Lippe, Thüringen** und **Württemberg, Sachsen** (Ziff. 8 der AusfVO.) überläßt es der örtlichen Regulierung, ob und in welcher Höhe der Pfandleiher die Verkaufskosten erstattet verlangen kann. Über **Lippe** und **Waldeck** s. S. 16, 21, 23.

§ 15.

Der Pfandleiher hat unverzüglich nach erfolgtem Verkauf des Pfandes den für den Verpfänder nach Abzug der Pfandschuld und der Kosten des Pfandverkaufs etwa verbleibenden Überschuß des Erlöses an den Verpfänder zu zahlen oder für denselben nach Ablauf einer vierzehntägigen Frist die nicht abgehobenen Beträge bei der Ortsarmenkasse, unter Beifügung eines betreffenden Auszuges aus dem Pfandbuche, zu hinterlegen. Diejenigen Geldbeträge, welche nicht binnen Jahresfrist von dem Berechtigten in Anspruch genommen sind, gehen in das Eigentum der Ortsarmenkasse über. Auf die gemäß § 13 Absatz 2 frei gewordenen Pfänder finden vorstehende Bestimmungen gleiche Anwendung.

Auf diese Hinterlegung ist in der Bekanntmachung der Versteigerung hinzuweisen. Ist dies unterblieben, so hat der Pfandleiher die erfolgte Hinterlegung in dem nach § 12 bestimmten Blatte auf seine Kosten bekanntzumachen.

Begr. S. 22 Drucks. HH. S. 281, 292; StenBer. HH. S. 48ff; Drucks. AH. S. 2063; StenBer. AH. 906, 1750, 1762.

1. Der Entwurf (§ 13) ordnete die Auszahlung des Überschusses an den Verpfänder oder die Hinterlegung bei der Hinterlegungsstelle des Bezirks an. Die Justizkommission ergänzte die Bestimmung dahin, daß die Hinterlegung innerhalb 14 Tagen erfolgen müsse, und daß die Auszahlung des hinterlegten Betrages nur gegen Rückgabe des Pfandscheins erfolgen dürfe. Im Plenum des HH. wurde die Ortsarmenkasse als Hinterlegungsstelle bezeichnet, ihr das Anfallsrecht gegeben und das Erfordernis der Rückgabe des Pfandscheins wieder gestrichen. Die Justizkommission des AH. stellte dann noch die frei gewordenen Pfänder dem Überschusse gleich, indem es den jetzigen Satz 3 des Abs. 1 hinzufügte.

2. Der Pfandleiher hat den Überschuß unverzüglich zu zahlen. Gemeint ist hier der Überschuß aus dem einzelnen Pfandleihvertrage; während die im § 20 Abs. 3 Satz 2 erwähnten Überschüsse natürlich die Betriebsüberschüsse darstellen. Die Zahlung des Überschusses hat zu erfolgen nicht durch den Versteigerungsbeamten, sondern durch den Pfandleiher. An diesen führt der Versteigerungsbeamte zunächst den Versteigerungserlös ab (Ziff. 53 der Vorschriften für die Versteigerer und § 117 der GeschAnw. f. GerVollz.). Die ebenda vorgeschriebene Benachrichtigungspflicht des Versteigerungsbeamten gegenüber dem Schuldner oder Eigentümer besteht bei der Pfandleihversteigerung nicht, da nach Ziff. 54 der Vorschrift für die Versteigerer und § 124 Ziff. 20 der Geschäftsanweisung für GerVollz. die besonderen Vorschriften des Pfandleihgewerbes gelten. — Der Überschuß ergibt sich aus dem Erlöse abzüglich der Pfandschuld, d. h. der Hauptsumme und der Nebenforderungen des Pfandleihers. So ist das Wort „Pfandschuld" auszulegen. Nach den Grundsätzen des Berliner Wohlfahrtsamts wird der Überschuß berechnet von dem Roherlöse, von dem abzuziehen sind:

1. Pfandschuld nebst Zinsen.
2. Versicherungsbeträge.
3. Umsatzsteuer.
4. Etwaige Luxussteuer.
5. Kosten des Pfandverkaufs.

Zu letzteren zählen:

a) Die Gebühren des Versteigerungsbeamten.
b) Die Transportkosten nach ortsüblichem Fuhr- und Tageslohn.
c) Lokalmiete, wenn die Versteigerung nicht im Geschäftslokal des Pfandleihers stattfand.
d) Taxgebühren, die nicht höher sein sollen als die Gebühren der gerichtlichen Sachverständigen.
e) Stempelkosten.
f) Bekanntmachungskosten.

3. Das Gesetz geht davon aus, daß der Erlös bar entrichtet wird (s. S. 206 unter n). Wird er nicht bar entrichtet, so gilt er als von dem Pfandleiher empfangen (§ 1238 Abs. 2 BGB.). Deckt der Erlös die Forderung des Pfandleihers ganz oder nur teilweise, so erwirbt der Pfandleiher an den einzelnen Geldstücken Eigentum. Übersteigt der Erlös die Forderung, für die das Pfand haftet, so haben Pfandleiher und Verpfänder Miteigentum am Erlöse. Aus ihm kann der Pfandleiher den zu seiner Befriedigung nötigen Betrag entnehmen; der dann übrigbleibende Überschuß steht im Alleineigentum des Verpfänders. Dies gilt jedoch nur dann, wenn das Pfand für sich allein und nicht zusammen mit den Pfändern anderer Verpfänder versteigert wird, was höchst selten vorkommt (s. oben S. 225). Über die in den Versteigerungen erzielten Erlöse rechnet der Versteigerer nicht im einzelnen ab, vielmehr werden die Summen aller Bruttoerlöse zusammengerechnet, die auf die einzelnen Pfandbuchnummern entfallenden Kosten umgelegt und abgezogen, und sodann wird der Gesamtnettoerlös vom Versteigerungsbeamten dem Pfandleiher ausgehändigt. Es hat also, wenn der Pfandleiher die Erlöse aus einer Versteigerung ausgezahlt erhält, eine Vermischung der Geldstücke stattgefunden; alle beteiligten Verpfänder stehen also hinsichtlich des Gesamterlöses in einem Verhältnis des Miteigentums (§§ 948, 947 BGB.). Die aus der Überschußberechnung für den einzelnen Verpfänder sich ergebenden Beträge hat der Pfandleiher bis zur Auszahlung an den Verpfänder oder bis zur Hinterlegung bei der Ortsarmenkasse zu verwahren (s. S. 229). — Eine getrennte Aufbewahrung ist nirgends vorgeschrieben. In Höhe des Überschusses besteht dann eine Forderung des Verpfänders gegen den Pfandleiher (Martin Wolff § 166 VII, 2).

4. a) Gegenüber dieser Forderung des Verpfänders auf Auszahlung des Überschusses kann der Pfandleiher mit einer Gegenforderung aufrechnen, die ihm gegenüber dem Verpfänder zusteht. Aus welchem Rechtsgeschäft diese Gegen-

forderung des Pfandleihers stammt, ist gleichgültig. Es ist also nicht erforderlich, daß sie gleichfalls aus einem Pfandleihvertrage herrührt oder gar aus einem solchen, der in derselben Versteigerung zur Abwicklung gelangte. Die Gegenforderung muß nur fällig sein, um mit ihr aufrechnen zu können. Der Versuch einzelner Ortsarmenverbände, dieses Aufrechnungsrecht dem Pfandleiher streitig zu machen, ist nunmehr, wie der Strafsenat des Kammergerichts entschieden hat, als unbegründet anzusehen (KG. vom 5. März 1928 ungedr. 3 S 5/28). Das Urteil stellt fest, daß der § 15 nicht materiell in die Rechtsverhältnisse dergestalt eingreift, „daß er dem Pfandleiher die ihm nach allgemeinem bürgerlichen Rechte offenstehende Möglichkeit, sich auf andere Weise als durch Zahlung von seiner Verpflichtung zu befreien, abschneidet, ihm zum Beispiel die Aufrechnung verwehrt". Der § 15 „will keineswegs den Pfandleiher unter allen Umständen zu Zahlungen verpflichten, welche ihm nach dem das Schuldverhältnis zwischen ihm und dem Verpfänder beherrschenden Rechte (mangels besonderer Vorschriften des Pfandleihgesetzes ist dies das BGB.) nicht obliegen". Will der Pfandleiher aufrechnen, so muß er die Aufrechnung gegenüber dem Verpfänder erklären (§ 388). Durch die Aufrechnung wird die Forderung des Verpfänders auf Auszahlung des Überschusses in Höhe der wirksamen Aufrechnung getilgt. Insoweit die Aufrechnung wirksam erfolgt ist, ist dann ein Überschuß überhaupt nicht vorhanden und infolgedessen auch die Verpflichtung des Pfandleihers zur Zahlung oder Hinterlegung desselben fortgefallen. — So auch das oben zitierte Urteil des KG. und Meißner S. 16 — In den Ländern jedoch, in denen Sachhaftung besteht (s. S. 141), ist die Aufrechnung gegenüber einer Forderung aus dem Pfandleihvertrage mit einer Forderung gleichfalls aus einem Pfandleihvertrage nicht möglich, weil eine solche persönliche Gegenforderung des Pfandleihers gegen den Verpfänder nicht besteht. Dasselbe gilt bei den öffentlichen Leihhäusern, die Sachhaftung haben. Dort jedoch, wo keine reine Sachhaftung besteht, sondern nur gesagt ist, daß der Pfandleiher keinen klagbaren Anspruch gegen den Verpfänder aus einem Pfandleihvertrage hat, wie z. B. **Sachsen** (s. S. 141), ist die Aufrechnungsmöglichkeit gegeben (vgl. hierzu Meißner S. 14); **Mecklenburg-Schwerin** (§ 24 Abs. 1) verbietet ausdrücklich die Aufrechnung. Ebenso **Hamburg** § 21 Abs. 1 Satz 2.

b) Auch ein Zurückbehaltungsrecht am Überschuß kann der Pfandleiher geltend machen. Dies jedoch nur dann, wenn die Forderung, die der Pfandleiher gegen den Verpfänder hat, auf demselben rechtlichen Verhältnis beruht, wie die Forderung des Verpfänders gegen den Pfandleiher. Ist z. B. beim Abschluß des Pfandleihvertrages vereinbart worden, daß der Pfandleiher außer dem Darlehn dem Verpfänder auch Brillanten zum kommissionsweisen Verkauf übergibt, und ist die Übergabe auch erfolgt, so kann der Pfandleiher den Überschuß aus dem versteigerten Pfande so lange zurückbehalten, bis der Verpfänder dem Pfandleiher die Kommissionsware zurückgibt oder den Erlös daraus zahlt. Immer hat der Pfandleiher ein Zurückbehaltungsrecht am Überschuß bei solchen Geschäften, die beiderseitige Handelsgeschäfte sind und bei denen sonst die Voraussetzungen des § 369 BGB. vorliegen (s. S. 223). Besteht ein solches Zurückbehaltungsrecht, so braucht der Pfandleiher nur Zug um Zug gegen Herausgabe dessen, was der Verpfänder ihm schuldet, den Überschuß zu zahlen oder zu hinterlegen (AG. Berlin-Mitte 71 C 820/26, so auch Drucks. HH. S. 278). — Sowohl das Aufrechnungsrecht als auch das Zurückbehaltungsrecht des Pfandleihers besteht auch der Ortsarmenkasse gegenüber. Denn diese kann niemals mehr Rechte erwerben als ihr Rechtsvorgänger, der Verpfänder, hatte. In **Sachsen** (§ 10 und Ziff. 5 der VO.

vom 31. März 1924) ist nur dann ein Überschuß zu hinterlegen, wenn dieser 1 Goldmark übersteigt.

5. Die Zahlung des Überschusses soll „unverzüglich" erfolgen, d. h. nicht etwa, daß der Pfandleiher die Geldstücke, die der Versteigerungsbeamte ihm als Überschuß aushändigt, an den Verpfänder abzuführen oder gar zu übersenden hat. Das Gesetz geht vielmehr davon aus, daß der Verpfänder, der durch die Bekanntmachung (§ 12) die Zeit der Versteigerung kennen muß, sich meldet (StenBer. HH. S. 48 und 52). Der Pfandleiher braucht aus demselben Grunde auch eine Benachrichtigung gemäß § 1241 BGB. (s. S. 206 unter q) weder an den Verpfänder noch an den Eigentümer ergehen lassen (vgl. auch S. 208, 209). Vielmehr hat der Verpfänder den Überschuß vom Pfandleiher abzuholen, da das Gesetz von den „abgehobenen" Beträgen spricht (Löffler S. 96). Unverzüglich heißt also, so rasch wie möglich, nachdem der Überschuß vom Versteigerungsbeamten festgestellt worden ist, und nachdem der Verpfänder bei dem Pfandleiher sich gemeldet hat (Drucks. HH. S. 281 und das Anm. 3 zitierte Urteil des KG.). Da bis zur Abrechnung des Versteigerungserlöses seitens des Versteigerungsbeamten bei den Hunderten von Pfändern, welche bei Sammelversteigerungen versteigert werden, häufig noch einige Tage vergehen, wollte der Gesetzgeber sogar das Wort „unverzüglich" streichen. Man nahm jedoch davon Abstand, um damit zum Ausdruck zu bringen, daß der Pfandleiher mit dem Überschuß nicht länger arbeiten sollte (Drucks. HH. S. 281). — Ebensowenig wie eine Benachrichtigungspflicht, besteht eine Abrechnungspflicht seitens des Pfandleihers. Will der Verpfänder sich vergewissern, daß der Überschuß richtig berechnet ist, so steht ihm das Recht zu, in das Versteigerungsprotokoll des Versteigerungsbeamten Einsicht zu nehmen. In dieses ist gemäß Ziff. 2 der Bekanntmachung vom 16. Juli 1881 in Spalte 10 der Betrag des Kaufpreises einzutragen. Über die Berechnung der vierzehntägigen Frist s. S. 96 ff.

6. Der Überschuß ist vom Pfandleiher zunächst an den Verpfänder zu zahlen. Liegt hinsichtlich des Anspruchs des Verpfänders auf Rückgabe des Pfandes ein gerichtliches Herausgabeverbot vor, so bezieht sich dieses auch auf die Auszahlung des Erlöses, der an die Stelle des Pfandes getreten ist. In diesem Falle darf die Zahlung an den Verpfänder nicht stattfinden. Dasselbe gilt, wenn hinsichtlich der Forderung des Verpfänders auf Auszahlung des Überschusses ein Pfändungsbeschluß oder Zahlungsverbot vorliegt. Wird demnächst die gepfändete Forderung dem Dritten überwiesen, so hat die Auszahlung anstatt an den Verpfänder an den pfändenden Gläubiger zu erfolgen. Meldet sich im Falle der Pfändung der Überschußforderung der Dritte innerhalb der 14 Tage nicht, so muß der Pfandleiher den Überschuß bei der Ortsarmenkasse hinterlegen, und zwar für den Verpfänder bzw. dessen Rechtsnachfolger. Die Hinterlegungspflicht aus § 15 als einer öffentlich-rechtlichen geht den auf bürgerlich-rechtlichen Ansprüchen beruhenden Verfügungsverboten vor. In dem der Ortsarmenkasse zu übergebenden Auszuge wird der Pfandleiher aber die hinsichtlich des Überschusses getroffenen behördlichen Verfügungen angeben müssen, wenn er sich vor Regressen schützen will. — Das gleiche gilt, wenn der Verpfänder seine Ansprüche an den Dritten abgetreten hat. Zur Auszahlung des Überschusses an den Verpfänder bedarf es der Vorlegung des Pfandscheins nicht (Drucks. HH. S. 281, s. auch oben Anm. 1), wie ursprünglich der Gesetzgeber beabsichtigt hatte (StenBer. HH. S 50 und 52); zumal die Drei-Wochen-Frist des § 8 meist bei Auszahlung des Überschusses verstrichen sein wird. Sollte diese Drei-Wochen-Frist aber noch laufen, so hat auch hinsichtlich des Über-

schusses der Pfandscheininhaber das Vorrecht der Auszahlung (s. S. 199). Im übrigen kann aber, da gemäß § 17 des Gesetzes der Pfandscheininhaber die Rechte des Verpfänders ausübt, der Pfandleiher dem Pfandscheininhaber gleichfalls den Überschuß auszahlen. Darauf deutet auch § 15 Abs. 1 Satz 2 hin, der im Gegensatz zum Satze 1 nicht mehr bloß vom „Verpfänder", sondern vom „Berechtigten" spricht. Will sowohl der Verpfänder als auch der Pfandscheininhaber gleichzeitig den Überschuß abheben, so hat der Pfandleiher das Wahlrecht (s. S. 199, 205).

7. a) Die Zahlung des Überschusses an den Verpfänder oder dessen Rechtsnachfolger ist eine der Arten, durch die sich der Pfandleiher befreien kann. Die andere Befreiungsart ist die der Hinterlegung. Die 14tägige Frist ist eine Höchstfrist. Eine Verpflichtung des Pfandleihers, 14 Tage lang den Überschuß bei sich aufzubewahren, besteht nicht; vielmehr kann er schon vor ihrem Ablauf die Hinterlegung vornehmen.

b) Das Gesetz bezeichnet selber die Abführung des Überschusses an die Ortsarmenkasse als Hinterlegung. Der Entwurf (§ 13) schrieb vor, daß der Überschuß bei der Hinterlegungsstelle des Bezirks (Gesetz vom 14. März 1879 GS. S. 49) erfolgen sollte (Drucks. HH. S. 22). Hieraus folgt, daß die Ortsarmenkasse nichts anderes als eine besondere Hinterlegungsstelle ist (so auch LG. III Berlin 32 S 310/27). An Stelle der Hinterlegungsstelle des Bezirks wurde dann die Ortsarmenkasse als Hinterlegungsstelle bestimmt, weil die Überschüsse meistens aus dem Vermögen der ärmeren Bevölkerung herrührten, man aber vermeiden wollte, daß bei ihrem Verfall der Fiskus sich bereichere, und weil man vielmehr die so verfallenen Gelder einer Behörde zuweisen wollte, die sie wieder der ärmeren Bevölkerung zuführen sollte (Drucks. HH. S. 292; StenBer. HH. S. 51). Da es sich um eine für das Pfandleihgewerbe spezifische Hinterlegungsart handelt, kommen sowohl für das formelle als auch für das materielle Hinterlegungsrecht die Vorschriften des BGB. zunächst nicht zur Anwendung. Nur soweit das preußische Gesetz keine besonderen Bestimmungen über die Hinterlegung trifft und die preußische Hinterlegungsordnung vom 21. April 1913 (GS. S. 225) mit ihren Novellen (GS. 1920 S. 385, 1923 S. 277; 1924 S. 19) zur Auslegung nicht hinreicht, kommt die für das Erlöschen der Schuldverhältnisse gegebene Bestimmung des § 372 BGB. subsidiär zur Anwendung. Auch ihrem inneren Wesen nach unterscheidet sich die Hinterlegung des § 15 Abs. 1 von der des BGB. Nach diesem begründet § 372 BGB. nur ein Recht, aber keine Pflicht des Schuldners zur Hinterlegung (RGZ. 61, 250); soweit das BGB. eine Verpflichtung zur Hinterlegung kennt, ist sie abhängig von dem Verlangen des Gläubigers (RGZ. 52, 141). Das preußische Gesetz aber legt dem Pfandleiher eine Pflicht zur Hinterlegung auf. Insoweit enthält § 15 öffentliches Recht, nach welchem auch die Beziehungen zwischen der Hinterlegungsstelle und dem Pfandleiher zu beurteilen sind. Insbesondere ergibt sich hieraus, daß die Hinterlegungsstelle keine zivilrechtlichen verfolgbaren Ansprüche gegen den Pfandleiher auf Vollziehung der Hinterlegung hat (s. Anm. 9). Durch die angeordnete Hinterlegungspflicht soll lediglich das Recht des Pfandleihers zur Verwahrung des Überschusses auf die Ortsarmenkasse übertragen werden (s. S. **229**), so daß zwischen ihr und dem Verpfänder die Vorschriften des BGB. über den Verwahrungsvertrag zur Anwendung kommen, denn die Hinterlegung erfolgt „für denselben", d. h. den Verpfänder.

c) Die Hinterlegung hat zu erfolgen durch den Pfandleiher, nicht etwa durch den Versteigerungsbeamten (s. S. 227).

d) Zu hinterlegen ist der erzielte Barüberschuß; es brauchen nicht dieselben Geldstücke zu sein, die der Versteigerungsbeamte dem Pfandleiher ausgehändigt hat (s. S. 227). Ist der Zuschlag ohne Barzahlung erfolgt, so ist er als von dem Pfandgläubiger empfangen anzusehen; insoweit muß dann der Pfandleiher aus eigenen Mitteln einen Überschuß hinterlegen. Ebenso wie der Barüberschuß sind auch die frei gewordenen Pfänder zu hinterlegen (Drucks. AH S. 2063). Auch Sachen, die nach BGB. nicht hinterlegungsfähig sind (Art. 146 EinfGes. zum BGB.), muß der Pfandleiher bei der Ortsarmenkasse hinterlegen, und diese hat sie zu verwahren. Ein Antrag, daß nur Gelder, Wertpapiere und Kostbarkeiten hinterlegt werden sollten, wurde ausdrücklich abgelehnt (Drucks. HH. 284, 292; StenBer. HH. S. 48 und 52).

e) Was den Ort der Hinterlegung anlangt, so hat sie stattzufinden bei der Ortsarmenkasse. Bei welcher Ortsarmenkasse dies zu geschehen hat, sagt das Gesetz nicht. Da in den gesetzgeberischen Vorarbeiten als die zuständige Hinterlegungsstelle diejenige „des Bezirks" angegeben wurde, wird man annehmen müssen, daß diejenige Ortsarmenkasse zuständig ist, in deren Bezirk das Pfandleihgewerbe z. Z. der Versteigerung betrieben wurde. Dies entspricht der Absicht des Gesetzes, welches die Realisierung des Pfandrechtes so kostenlos wie nur möglich gestalten wollte. Anderenfalls würden z. B. durch den Transport freigewordener Pfänder zwecks Hinterlegung unnötige Kosten entstehen.

f) Ortsarmenkasse ist die Kasse des Ortsarmenverbandes. An dessen Stelle ist jetzt der Bezirksfürsorgeverband getreten (§ 1 und 2 VO. vom 13. April 1924; RGBl. S. 100 und § 1 und 3 der Preuß. AusfVO. vom 17. April 1924; GS. S. 210). Der Bezirksfürsorgeverband ist eine Körperschaft öffentlichen Rechtes (§ 4 a. a. O.). Auch eine städtische Leihanstalt hat deshalb die Überschüsse und frei gewordene Pfänder an den zuständigen Bezirksfürsorgeverband abzuliefern. Die für diese Anstalten im § 20 Abs. 3 erwähnten Überschüsse sind Betriebsüberschüsse und nicht Versteigerungsüberschüsse.

g) Die Hinterlegung erfolgt in der Weise, daß der Bezirksfürsorgeverband den Besitz an dem vom Pfandleiher abgelieferten Gelde bzw. abgelieferten freigewordenen Pfande erwirbt, damit er die Verwahrung übernimmt. Diese erfolgt im Interesse des Verpfänders. Ebensowenig wie die Zahlung an den Verpfänder für den Pfandleiher eine Bringschuld ist (s. S. 133), ist sie es auch gegenüber der Hinterlegungsstelle. Auch hier sind die zu hinterlegenden überschießenden Beträge von dem Bezirksfürsorgeverband abzuheben und die frei gewordenen Pfänder abzuholen. Etwaige Transportkosten gehen zu Lasten des Verpfänders (§ 381 BGB.). Dem zu hinterlegenden Gelde oder Pfande ist ein Auszug aus dem Pfandbuch beizufügen, der sich auf den Überschuß oder das frei gewordene Pfand bezieht, nicht jedoch auch auf solche Geschäfte, welche keinen Überschuß erbracht haben. Eine Beglaubigung dieses Auszuges, wie bei der gemäß Ziff. 7 der Bekanntmachung vom 16. Juli 1881 vorgesehenen Liste, ist nicht vorgeschrieben. Die Anfertigung des Auszuges liegt dem Pfandleiher ob, für die ihm der Bezirksfürsorgeverband meist eine Schreibgebühr bewilligt. (Für Berlin s. Grundsätze des Berliner Magistrats für die Berechnung und Ablieferung der Überschüsse aus der Versteigerung verfallener Pfänder gem. § 15 des Ges. vom 17. März 1881; Journ. N. Wohlf. 15, 687; Wohlf. Gen. I, 22 vom 11. Dezember 1922). Über den Rechtscharakter dieser Grundsätze s. Anm. 9 a. E. Auf die Hinterlegung ist in der gemäß § 13 vorgeschriebenen Bekanntmachung hinzuweisen.

h) Was die **Zeit der Hinterlegung** anlangt, so kann sie erfolgen, sobald der Überschuß oder die freigewordenen Pfänder hinterlegungsreif sind (s. oben S. 229).

8. Die **Wirkung der Hinterlegung** ist die, daß der Pfandleiher von seiner Pflicht zur Rückgabe des Pfandes und Auszahlung des Überschusses befreit wird. Ein Recht, das hinterlegte Geld oder die hinterlegten Sachen zurückzunehmen, hat der Pfandleiher nicht, da die Hinterlegungspflicht eine solche öffentlich rechtlicher Natur ist.

9. Was die **Stellung der Hinterlegungsstelle zum Pfandleiher** anlangt, so hat sie einen zivilrechtlich verfolgbaren Anspruch gegen diesen nicht. Vielmehr wird zwischen ihr und dem Pfandleiher ein Verhältnis öffentlich-rechtlicher Art geschaffen (RGKomm. Anm. 1 zu § 372). Die Hinterlegungsstelle hat sonach kein Klagerecht gegen den Pfandleiher auf Hinterlegung. Auch die Anwartschaft darauf, daß ihr das hinterlegte Geld verfällt, gibt ihr ein solches Klagerecht noch nicht (LG. III Berlin 32 S. 310/27). Das Recht auf Hinterlegung hat höchstens der Verpfänder. Anderer Meinung ist das LG. I Berlin 16 O 89/22, welches der Hinterlegungsstelle einen Anspruch gegen den Pfandleiher gibt mit der merkwürdigen Begründung, daß es sich um ein Aneignungsrecht des Fiskus handle, das demjenigen analog sei, wie es im preußischen Jagd- und Fischereirecht (!) bestehe. — Irgendein Vertragsverhältnis zwischen der Hinterlegungsstelle und zwischen dem Pfandleiher wird durch § 15 nicht geschaffen. Eine Erzwingung zur Hinterlegung kann höchstens mit den Zwangsmitteln der Polizei vorgenommen werden. Der Fall liegt ähnlich dem des § 52 BGB., nur daß hier eine Sonderhinterlegungsstelle angeordnet ist. Die Anwartschaft darauf, daß nach Ablauf eines Jahres die hinterlegten Beträge oder Pfänder in das Eigentum der Sonderhinterlegungsstelle übergehen, gibt ihr um so weniger ein Klagerecht gegen den Pfandleiher, als ein solches auch die allgemeinen und ordentlichen Hinterlegungsstellen auch nicht besitzen, obwohl diese schon mit der erfolgten Hinterlegung Eigentum an dem hinterlegten Gelde erwerben (§ 6 Hinterlegungsordnung), während die im § 15 bezeichnete Hinterlegungsstelle erst nach Ablauf eines Jahres Eigentum an der Hinterlegungsmasse erwirbt. Ebensowenig hat die Hinterlegungsstelle das Recht, die dem Verpfänder zustehenden Ansprüche in dessen Namen gegen den Pfandleiher geltend zu machen (s. das oben zitierte Urteil des LG. III). — Die Ortsarmenkasse ist keine Behörde, die gegenüber dem Pfandleiher irgendwelche Befugnisse ausüben kann, insbesondere ist sie nicht berechtigt, irgendwelche Vorschriften zu geben, die der Pfandleiher befolgen müßte. Die oben Anm. 7i erwähnten „Grundsätze" haben deshalb weder Verordnungscharakter noch instruktionellen Charakter, sondern sind nur Vorschläge oder interne Geschäftsbedingungen über die Regelung des Verkehrs zwischen der Ortsarmenkasse und dem einzelnen Pfandleiher, die dieser zu befolgen nicht verpflichtet ist.

10. Was die **Stellung der Ortsarmenkasse zum Verpfänder** anlangt, so schreibt § 15 Abs. 2 vor, daß dem „Berechtigten" die Befugnis zusteht, die hinterlegten Beträge in Anspruch zu nehmen. Daraus, daß das Gesetz von einem Anspruch spricht, ist zu entnehmen, daß zwischen der Ortsarmenkasse und dem Verpfänder zivilrechtliche Beziehungen bestehen (vgl. auch für das frühere Recht RGZ. 48, 256; 51, 219; 67, 340). Dem Verpfänder steht sonach eine Klage gegen die Ortsarmenkasse zu. Passiv legitimiert ist der Bezirksfürsorgeverband (s. S. 231 unter f). Die bei dem Anspruche auf Rückzahlung einer Hinterlegungssumme gegenüber den ordentlichen Hinterlegungsstellen bestehende

Praxis (s. Rudolf Hagemann Die Hinterlegungsordnung Berlin 1914 S. 43ff.), den Rechtsweg nicht zuzulassen, ist von dem im RGKomm. Anm. 1 § 372 zitierten Urteil des RG. aufgegeben. Dies wird nach dem Wortlaut des § 15 Abs. 2 um so mehr für die Sonderhinterlegungsstelle der Ortsarmenkasse zu gelten haben. Im Verhältnis zwischen ihr und dem Verpfänder gelten die Vorschriften über den Verwahrungsvertrag sinngemäß (RGZ. 115, 421). „Hinterleger" im Sinne des § 688 BGB. ist also hier der Verpfänder, „für den" der Pfandleiher hinterlegt hat; entgegen § 6 der Hinterlegungsordnung geht das hinterlegte Geld nicht schon mit der Hinterlegung in das Eigentum des Bezirksfürsorgeverbandes über, sondern erst nach Ablauf eines Jahres. Aus dieser besonderen Betonung der Eigentumsverhältnisse durch das Gesetz geht hervor, daß die Ortsarmenkasse vor Ablauf eines Jahres auch keine Vermischung des Geldes vornehmen darf, weil es für sie fremdes Geld ist. Da die Ortsarmenkasse nur die Pflicht zur Verwahrung hat, ist sie nicht verpflichtet, etwas zur Ermittlung des Berechtigten zu unternehmen, sondern kann gleichfalls abwarten, bis dieser sich meldet (s. S. 225). Eine Verpflichtung zur Versicherung der bei der Ortsarmenkasse hinterlegten frei gewordenen Pfänder besteht für die Hinterlegungsstelle nicht (RGKomm. Anm. 3 zu § 688), ihre Pflicht erschöpft sich vielmehr in der Hingabe des Raumes und der Obhut, wozu auch die sachgemäße Behandlung gehört. — Ob analog § 40 der preuß. HinterlegungsO. man der Ortsarmenkasse das Recht auf Erhebung einer vom Verpfänder zu tragenden Verwahrungsgebühr zusprechen kann, ist zweifelhaft. Nach den Materialien des Gesetzes sollte die Abwicklung aller Pfandleihverträge möglichst frei von Kosten sein. — Zur Abhebung der hinterlegten Beträge oder frei gewordener Pfänder seitens des Verpfänders bedarf es der Vorlegung des Pfandscheins nicht, aber auch der Pfandscheininhaber ist berechtigt, die Abhebung vorzunehmen (Drucks. HH. S. 23; StenBer. HH. S. 53; StenBer. AH. S. 905). Im übrigen gilt das S. 229 Gesagte auch für die Ortsarmenkasse. Der Beginn der Jahresfrist ist nicht festgelegt. Sie beginnt mit dem Tage der erfolgten Hinterlegung (LG. III 32 S. 310/27); nach Ablauf der Frist wird der Verzicht des Verpfänders auf den Überschuß oder das frei gewordene Pfand vermutet; die hinterlegte Sache wird aber nicht herrenlos, sondern geht in das Eigentum des Bezirksfürsorgeverbandes über, ohne daß es eines besonderen Einigungsaktes bedarf (§ 983 BGB. findet keine Anwendung). — Das Eigentum der Ortsarmenkasse geht nur über an denjenigen Geldstücken und Sachen, welche tatsächlich hinterlegt sind, nicht auch an solchen, die hätten hinterlegt werden müssen (LG. III 32 S. 310/28); für die Behandlung des Überschusses beim Staatlichen Leihhaus in Berlin gelten besondere Vorschriften (s. S. 210).

11. Zuwiderhandlungen gegen § 15 sind nach § 360 Ziff. 12 strafbar. Zwangsbefugnisse der Ortsarmenkasse gegenüber dem Pfandleiher bestehen nicht (s. oben Anm. 9).

Außerpreußisches Recht:

12. Wie Preußen, so auch **Anhalt** (§ 14); ähnlich **Baden** (§ 14a) und **Bayern** (§ 11), wo das Amtsgericht Hinterlegungsstelle ist, über die Hinterlegung frei gewordener Pfänder aber nichts gesagt ist; **Braunschweig** (§ 10 Abs. 6) kennt keine Hinterlegung des Überschusses oder der frei gewordenen Pfänder. **Bremen** (§ 17) wörtlich wie Preußen. **Hamburg** (§ 21) gibt eingehende Vorschriften. Der Überschuß verfällt erst nach zwei Jahren dem Fiskus. Von einer „Hinterlegung" ist dort nicht die Rede, sondern von einer Ablieferung des Überschusses an die Polizeibehörde. **Hessen** (§ 15 Abs. 2) schreibt Hinterlegung des Überschusses bei der Bürgermeisterei vor, sagt aber nichts von frei gewordenen Pfändern. **Lübeck** (§ 19) vermeidet den Ausdruck „Hinterlegung", sonst aber ähnlich wie Preußen. In **Mecklenburg-Schwerin** (§ 25) ist der Überschuß an die Polizeibehörde abzuführen. Die Verfallfrist zugunsten der Armenkasse beträgt neun Monate. **Mecklenburg-Strelitz** und **Oldenburg** bestimmen über die Behandlung der Überschüsse und frei gewordenen Pfänder überhaupt nichts, so daß das BGB. gilt, ebenso wie in **Lippe** und **Waldeck** S. 16 21 und 23. **Sachsen** (§ 10 des Gesetzes und § 9 der AusfVO.) spricht auch noch von einer Ablieferungspflicht, nicht von Hinterlegung, innerhalb eines Jahres; dieses beginnt mit dem Schlusse desjenigen Jahres, in welchem der Verkauf stattgefunden hat. **Schaumburg-Lippe** (§ 20) schreibt lediglich die Abführung des Überschusses an den Verpfänder vor. **Thüringen** (§ 21) ordnet Hinterlegung an, im übrigen ähnlich wie Preußen; **Württemberg** (§ 19) kennt eine Ablieferungs- oder Hinterlegungspflicht gegenüber einer öffentlichen Kasse nicht.

§ 16.

Sind bei dem Verkaufe des Pfandes die Vorschriften der §§ 9, 10[1]), 11, 12 nicht befolgt worden, so hat der Pfandleiher die Kosten des Verkaufs selbst zu tragen und dem Verpfänder den durch den Verkauf verursachten Schaden zu ersetzen, insbesondere denjenigen Betrag mit Zinsen zu fünf vom Hundert vom Verkaufstage ab zu zahlen, um welchen der Verkaufspreis des Pfandes hinter dessen Wert zurückgeblieben ist. Entgegenstehende Verabredungen sind nichtig.

Der Anspruch des Verpfänders verjährt in fünf Jahren. Der Lauf der Verjährung beginnt vier Wochen nach eingetretener Fälligkeit des Darlehns oder, wenn der Verkauf des Pfandes später stattgefunden hat, mit dem Tage des Verkaufs.

E. § 14 Drucks. HH. S. 22, 281, 282, 292; StenBer. HH. S. 53; Drucks. AH. S. 2064; StenBer. AH. S. 1750, 1762.

1. Der § 16 gibt keine materiell-rechtlichen Vorschriften über die Voraussetzungen für die Rechtmäßigkeit des Pfandverkaufs, sondern nur solche über den Schadensersatzanspruch. Er ersetzt also nur den § 1243 Abs. 2 BGB., dem er vorgeht (Materialien zum preuß. AusfG. zum BGB. S. 125), soweit die im § 16 angezogenen Bestimmungen des Pfandleihgesetzes verletzt sind. Der § 1243 Abs. 2 BGB. kommt jedoch zur Anwendung, wenn es sich um die Verletzung weitergehender Vorschriften handelt, da die „Sätze, die mit den allgemein-bürgerlichrechtlichen Sätzen übereinstimmen, aus ihnen ergänzt werden müssen". (Martin Wolff § 174 III; s. auch S. 26.)

---

[1]) Im Gesetzestext sind nur die §§ 9, 10, 11, 12 angezogen; nach Art. 41 AG. zum BGB. sind an die Stelle des alten § 10 die neuen § 10, 10a, 10b getreten.

2. Im einzelnen ergibt sich für die Rechtmäßigkeitsvoraussetzungen des Pfandverkaufs folgendes Bild, wobei von der Grundvoraussetzung ausgegangen wird, daß überhaupt ein ordnungsmäßiges Pfandrecht entstanden ist:

a) Es muß die Pfandreife vorliegen (§ 9 des Gesetzes und § 1228 Abs. 2 BGB).

b) Der Pfandverkauf muß maßvoll sein (§ 13 des Gesetzes s. S. 223 f.). Dieser ist allerdings im § 16 nicht zitiert, so daß § 1230 Satz 2 BGB. ergänzend anzuwenden ist und infolgedessen auch § 1243 Satz 1.

c) Die Versteigerung muß eine öffentliche sein (§ 10 Abs. 1 des Gesetzes und § 1235 Abs. 1 BGB. s. S. 212).

d) Die Vorschriften über den Verkauf von Pfändern, welche einen Börsen- oder Marktpreis haben (s. S. 215 f.), müssen befolgt sein (§ 10a des Gesetzes und § 1235 Abs. 2 und § 1221 BGB.).

e) Die Vorschriften über die Versteigerung von Gold- und Silbersachen (s. S. 217 f.) müssen befolgt sein (§ 10b des Gesetzes und § 1240 BGB.).

f) Die Bekanntmachung von Ort und Zeit der Versteigerung muß (s. S. 220 f.) ordnungsmäßig erfolgt sein (§ 12 des Gesetzes und § 1237 Satz 1 BGB.). Soweit § 12 des Gesetzes weitere Vorschriften als § 1237 Satz 1 BGB. enthält, sind sie nicht Rechtmäßigkeitsvoraussetzungen, haben aber bei ihrer Verletzung Schadenersatzansprüche zur Folge.

Die dem § 1236 BGB. analoge Bestimmung des § 11 ist gleichfalls keine Rechtmäßigkeitsvoraussetzung, weil § 1236 im § 1243 BGB. nicht angezogen sind. Verletzung des § 11 begründet also nur Schadenersatzpflicht. Soweit das BGB. die Rechtmäßigkeitsvoraussetzungen für ersetzbar hält, wird es durch § 16 nicht berührt. Das Gegenteil kann insbesondere nicht aus § 16 Abs. 2 hergeleitet werden.

3. Die Verletzungen der §§ 9, 10, 10a, 10b, 11 und 12 ziehen die Schadenersatzpflicht des Pfandleihers nach sich. Werden andere Verkaufsvorschriften verletzt, ist also die Pfandveräußerung zwar nicht unrechtmäßig, aber ordnungswidrig, so greift § 1243 Abs. 2 BGB. Platz. Der Pfandleiher haftet dann nur bei Verschulden. — § 16 Abs. 1 kann zunächst nur Anwendung finden, wenn ein für den Ersteher wirksamer Verkauf des Pfandes stattgefunden hat. War also der Ersteher gutgläubig und lagen die unersetzbaren Rechtmäßigkeitsvoraussetzungen vor (s. Anm. 2 zu a—f), so erwirbt der Meistbietende Eigentum am Pfande. Im anderen Falle bleibt der Verpfänder Eigentümer des Pfandes und kann es vom Ersteher vindizieren. Trotz des Bestehens dieser Ansprüche des Verpfänders gegen den Ersteher kann jenem aber ein Schaden entstehen, wenn z. B. das Pfand oder der Ersteher nicht mehr aufzufinden sind. In diesem Falle gibt das bürgerliche Recht dem Verpfänder höchstens einen Schadenersatzanspruch aus der unerlaubten Handlung. (RG. 77, 201 RGKomm. Anm. 1 zu § 1243). Dieser Schadenersatzanspruch des Verpfänders besteht gegenüber dem Pfandleiher nach § 16, auch wenn die Voraussetzungen für die §§ 823 ff. BGB. nicht vorliegen, vielmehr gelten hier die allgemeinen Bestimmungen des BGB. (§ 276 ff.). Beim Verstoß gegen § 16 ist der Versteigerer als Erfüllungsgehilfe des Pfandleihers (s. S. 212 f.) anzusehen. Der Regreß richtet sich also immer gegen den Pfandleiher.

4. Für den Inhalt und Umfang des Schadenersatzanspruches gelten die allgemeinen Grundsätze des BGB. (§ 249 ff. BGB.), „insbesondere" gilt die Vorschrift über die Verzinsung des als Schadenersatz zu leistenden Betrages. In erster Linie ist der Schadenersatz durch Naturalrestitution zu leisten. War das Pfand z. B. eine Gattungssache, so kann der Verpfänder verlangen, daß ihm der Schaden durch Gewährung einer anderen Sache von gleicher Art und Güte ersetzt wird

(RGZ. 106, 88). Der Pfandleiher kann gegenüber dem Schadenersatzanspruch die Einrede entgegensetzen, daß auch im Falle der gesetzmäßigen Veräußerung des Pfandes der Erlös kein höherer gewesen wäre (RGZ. 77, 205). Dem steht auch § 16 nicht entgegen, der den Ersatz des „verursachten Schadens" vorschreibt. Gegenüber dem Schadenersatzanspruch des Verpfänders bleibt die Darlehnsforderung des Pfandleihers bestehen. Mit dieser kann er aufrechnen; anders in den Ländern der Sachhaftung (S. 141, 207, 214, 228). Ebenso behält der Pfandleiher bei Verstoß gegen § 16 seinen Anspruch auf die Zinsen. Der Entwurf (§ 14) hatte zwar bestimmt, daß der Pfandleiher der Zinsen verlustig gehen sollte (Drucks. HH. S. 22); diese Bestimmung wurde aber dann gestrichen, da berücksichtigt wurde, daß die Verstöße gegen § 16 oft ganz unschädliche und unabsichtliche seien und mehr dem Versteigerer als dem Pfandleiher zur Last fallen. (Drucks. HH. S. 281; StenBer. HH. S. 53). Dagegen geht bei Verstoß gegen § 16 dem Pfandleiher das Recht auf Erstattung der Kosten des Verkaufs (s. § 14) verloren. — Die Verzinsung der Schadenersatzsumme ist im Gesetz auf 5% festgelegt. Dieser Zinssatz ist jedoch durch Art. 10 AusfG. zum BGB. auf 4% herabgesetzt (Crusen-Müller Anm. 1 zu Art. 10; Stranz-Gerhard Anm. 3 zu Art. 10). — Aktiv legitimiert ist für die Geltendmachung des Schadenersatzanspruchs der Verpfänder. Der Vorlegung des Pfandscheins bedarf es nicht. Aber auch der Inhaber des Pfandscheins als Rechtsnachfolger des Verpfänders ist legitimiert. Für den Fall der Prätendenz beider gilt das S. 183, 199, 205 Gesagte.

5. Das Verbot der entgegenstehenden Abreden bezieht sich nur auf solche, welche vor der Entstehung des Schadens getroffen sind. Ein nach diesem Zeitpunkt vereinbarter Verzicht oder Vergleich ist wirksam (Drucks. HH. S. 22; so auch Löffler S. 94 Anm. 193).

6. Ursprünglich betrug die Verjährungsfrist für die Ansprüche aus § 16 nur drei Jahre (StenBer. HH. S. 53). Sie beginnt spätestens mit dem Verkauf des Pfandes (§ 10), frühestens mit dem Ablauf von 4 Wochen nach der Fälligkeit des Darlehns (über diese s. S. 150). Im übrigen erfolgt die Berechnung der Frist nach BGB. — Weitergehende Bereicherungsansprüche oder Eigentumsansprüche verjähren in 30 Jahren, die Verwendungsansprüche gemäß § 1226 BGB. in 6 Monaten. § 16 Abs. 2 bezieht sich nur auf die Schadenersatzansprüche des Abs. 1.

7. Ähnlich wie das preußische Recht: **Anhalt** (§ 15), **Bremen** (§ 18), **Lübeck** (§ 21), **Thüringen** (§ 20). — Dagegen kennen die übrigen Landesgesetze eine dem § 16 ähnliche Vorschrift überhaupt nicht. In diesen außerpreuß. Ländern richten sich die Folgen des unrechtmäßigen Pfandverkaufs also ausschließlich nach BGB. s. S. 31.

§ 17.

Der Inhaber des Pfandscheins ist dritten Personen, insbesondere dem Pfandleiher gegenüber, zur Ausübung der Rechte des Verpfänders berechtigt, ohne die Übertragung dieser Rechte nachweisen zu müssen.

E. § 15; Drucks. HH. S. 23, 278, 292; StenBer. HH. S. 34ff.; Drucks. AH. 2060ff., 2177; StenBer. AH. 906ff., 1750 und 1762.

Der § 17 ist im Anhang zum § 8 erläutert. Es wird deshalb auf die S. 189ff. verwiesen.

§ 18.

Auf Pfandgeschäfte, welche vor dem Inkrafttreten dieses Gesetzes abgeschlossen sind, finden die Bestimmungen desselben nicht Anwendung.

E. § 17; Druckſ. HH. S. 23 und 282; StenBer. HH. S. 54ff.; Druckſ. AH. S. 2064; StenBer. HH. S. 1750 und 1762.

Die Übergangsvorschrift des § 18 läßt diejenigen Versatzgeschäfte, welche vor dem Inkrafttreten des Gesetzes abgeschlossen waren, unberührt. Es geschah dies, weil man davon ausging, daß die alten Geschäfte in verhältnismäßig kurzer Zeit abgewickelt sein würden. Dieser Grundsatz dürfte auch auf die nach dem Erlasse des Gesetzes ergangenen Zinsverordnungen anzuwenden sein (s. hierzu S. 40ff.).

Vorbemerkungen zu den §§ 19 bis 22.

Vgl. hierzu die auf S. 1 angegebene Literatur sowie insbesondere die Abhandlungen von Hetzer, Gramkow, Roscher, Olshausen sowie Schachner in Soziale Praxis 1911 S. 1298ff.

I. Die §§ 19—22 handeln von den öffentlichen Pfandleihanstalten. Über deren geschichtliche Entwicklung und ihre sozialen Tendenzen s. S. 4ff.; über ihre Statistik s. S. 9, 15. Öffentliche Pfandleihanstalten sind solche Pfandleihbetriebe, die teils direkt vom Staate oder unter Staatsaufsicht von den Gemeinden oder von juristischen Personen des öffentlichen Rechtes auf Grund von Privilegien (N. 16 der KabO. vom 28. Juni 1826 GS. S. 81) betrieben werden. Vgl. auch RGSt. 8, 253. Da die KabO. vom 28. Juni 1826 durch den § 23 des Gesetzes aufgehoben worden ist, können solche Privilegien (s. auch S. 31, 175) an juristische Personen des öffentlichen Rechtes nicht mehr erteilt werden. Das preußische Gesetz kennt die auf Grund von Privilegien betriebenen Pfandleihanstalten nicht, sondern nur staatliche (§ 19) und solche, die von den Gemeinden oder weiteren kommunalen Verbänden betrieben werden (§ 20 Abs. 1; s. S. 75). Eine vom Staat in der Form einer Aktiengesellschaft (s. S. 75) betriebene Pfandleihanstalt ist keine öffentliche im Sinne des Art. 94 EG. z. BGB. In Stuttgart besteht eine solche Aktiengesellschaft, deren Aktien im Besitze der Stadt sind. Sie ist eine private Pfandleihe (ebenso Meißner S. 22; Hetzer S. 18 Anm. 2; Kraus S. 12 Anm. 27). Dies um so mehr, als **Württemberg** nur private Pfandleihanstalten kennt (Meißner S. 21).

Weder die staatlichen noch die kommunalen Pfandleihanstalten sind grundsätzlich juristische Personen, sondern lediglich stationes fisci (Hetzer S. 15). Dies gilt namentlich durchweg für die kommunalen Pfandleihanstalten. Denn nach § 20 Abs. 3 des Gesetzes haften die Gemeinden oder kommunalen Verbände für alle Verbindlichkeiten, die im Betriebe der von ihnen errichteten Anstalten entstehen (s. S. 241f.). — Bei den staatlichen Pfandleihanstalten ist im einzelnen zu prüfen, ob sie mit juristischer Persönlichkeit ausgestattet sind. Nach Hetzer (S. 18) besitzen die staatlichen Leihhäuser zu Blankenburg, Braunschweig, Gandershausen, Helmstedt, Wolffenbüttel, Detmold, Eisenach, Gotha und Weimar die juristische Persönlichkeit. Wegen der **Braunschwei-**

gischen Leihhäuser s. Hampe S. 169 und 370 sowie Braunschweigisches AusfGes. zum BGB. § 63 und LeihhausGes. vom 28. Januar 1870. — Auch dem Staatlichen Leihamt zu Berlin spricht Hetzer die juristische Persönlichkeit zu; ebenso Meißner S. 24. Dies muß aber nach der KabO. vom 25. Februar 1834 (GS. S. 23) angezweifelt werden. Danach ist das damalige „Königliche Leihamt zu Berlin von seiten der Seehandlung gegründet"; es führt zwar ein besonderes Siegel und einen Stempel (§ 4 a. a. O.), die Seehandlung, jetzt Preußische Staatsbank, hat aber das Recht, das Leihamt jederzeit aufzulösen (§ 21 a. a. O.). Auch im Abs. 3 der Einleitung zum Reglement heißt es, daß die Königliche Seehandlung unter ihrer Garantie und eigener Aufsicht das Amt errichten werde. Beschwerden gegen das Leihamt gehen an die Generaldirektion der Seehandlung (§ 3 Abs. 2 Satz 4 a. a. O.). Da eine ausdrückliche Belehnung des Amtes mit der juristischen Persönlichkeit weder in der genannten KabO. noch in dem Erlaß vom 12. August 1850 (GS. S. 370) zu erkennen ist, muß dem Königlichen Leihamt zu Berlin, das jetzt den Namen Staatliches Leihamt führt, die juristische Persönlichkeit abgesprochen werden. Das Nähere über das Staatliche Leihamt s. S. 240. — Zu den Ländern, die überhaupt keine öffentlichen Pfandleihanstalten kennen, gehören **Württemberg, Oldenburg** und **Lübeck** (Meißner S. 21 ff.). **Anhalt, Thüringen** (s. oben) und **Mecklenburg-Schwerin** (s. unten) kennen keine staatlichen, wohl aber kommunale Leihanstalten. **Baden** (Badisches AusfGes. zum BGB. Art. 29) regelt die öffentlichen und privaten Pfandleihanstalten getrennt (Löffler S. 22); daselbst bestehen die Pfandleihanstalten in Baden-Baden, Karlsruhe, Konstanz, Heidelberg, Freiburg und Mannheim (vgl. Dorner-Seng S. 616 und Meißner S. 27). Die Mannheimer Anstalt besitzt juristische Persönlichkeit (Hetzer S. 17 ff.). — Über die bayerischen „öffentlichen Pfandleihanstalten" s. Oertmann Bayerisches Landesprivatrecht S. 537 und Merkel in der Zeitschrift Die Rechtspflege in Bayern 1907 S. 36—39 und 58—60. **Bremen** besitzt seit 1927 ein öffentliches Leihhaus. — In **Hamburg** besteht für öffentliche Leihanstalten das Leihanstaltsgesetz vom 21. Oktober 1927 (s. S. 20). — Über die **hessischen** öffentlichen Leihhäuser vgl. Gauf-Fuchs-Wolff S. 511; insbesondere über das Mainzer Städtische Pfandhaus, Hetzer S. 16 und 17. — Eine eigenartige Stellung nahm bisher das einzige Leihhaus in **Mecklenburg-Schwerin** ein, von dem man überhaupt nicht weiß, ob es ein öffentliches war. Der Inhaber war öffentlich angestellt und unterstand der Disziplinargewalt des Magistrats (Hetzer § 18 Anm. 2; Meißner S. 22). Dieser Zustand ist durch § 36 des Gesetzes vom 22. November 1921 (s. S. 21) beseitigt. — In **Sachsen** gibt es keine staatlichen, sondern nur städtische Pfandleihanstalten. Es bestehen solche in Dresden, Leipzig, Chemnitz (Fichtner S. 21 und 22. Die hier gemachte Angabe, daß Bautzen und Löbau ein städtisches Leihhaus besitzen, trifft nicht zu). Über das Leipziger Leihhaus s. besonders das Werk von Hetzer. — Ob die von sonstigen Korporationen oder gemeinnützigen Vereinen betriebenen Pfandleihanstalten öffentliche sind, ist oft zweifelhaft. Z. B. die Pfandleihanstalt des Städtischen Hilfsvereins in Pforzheim, der Lombard der Gesellschaft freiwilliger Armenfreunde in Kiel und das Leihhaus der Flensburger Sparkasse (Kraus S. 40 Anm. 77; Hetzer S. 18). Über die preußischen staatlichen und kommunalen Pfandleihanstalten s. oben. — Einen Katalog der öffentlichen Leihanstalten gibt Cohn im Handwörterbuch für Kommunalwissenschaften unter dem Stichwort „Leihhaus". Rund 80% aller deutschen öffentlichen Leihhäuser sind städtisch

(Hetzer S. 12). Über außerdeutsche öffentliche Leihanstalten s. Meißner S. 38ff. und Würzburger S. 481.

II. Die öffentlichen Pfandleihanstalten sind Organe der vorbeugenden Wohlfahrtspflege. Sie sollen keinen Gewinn erzielen. Ihr Betrieb ist deshalb auch kein Gewerbebetrieb und untersteht deshalb auch nicht der GewO. (Reger 9, 418; 44, 13; Rohrscheidt Anm. 7 zu § 34; Landmann Anm. 3a zu § 34 und Löffler S. 20 Anm. 2). Jedoch ist auch hier, ähnlich wie bei den gemeinnützigen Sparkassen, von Fall zu Fall zu entscheiden (RGZ. 116, 228ff. und GewArch. 16, 181). Würde also eine öffentliche Pfandleihanstalt Überschüsse erzielen wollen und erzielen, die weder zur Bildung von Reserven noch zu Wohlfahrtszwecken verwendet und nicht an die Ortsarmenkasse abgeführt werden, wie dies nach Hetzer S. 14 in Görlitz und Hannover geschehen ist, so läge ein Gewerbebetrieb vor. Auch sei darauf hingewiesen, daß das preußische Gesetz (§ 19) selbst, indem es von dem „Betriebe des Pfandleihgewerbes seitens staatlicher Anstalten" spricht, in ihnen offenbar ein gewerbliches Unternehmen erblickt. Bisher waren nach § 34 des Preuß. GewSteuerGes. vom 24. Juni 1891 (GS. S. 205) die öffentlichen Pfandleihanstalten von der Gewerbesteuer befreit (s. S. 65 81). Die neue Gewerbesteuerverordnung vom 15. März 1927 (GS. S. 21) hat jedoch die Befreiung aufgehoben und gewährt den öffentlichen Pfandleihanstalten, deren Gewinn ausschließlich zu wohltätigen oder gemeinnützigen Zwecken verwendet wird, Steuerfreiheit, wobei die Verwendungen für Zwecke des Staates oder der kommunalen Verwaltung an sich noch nicht als eine gemeinnützige oder wohltätige anzusehen sind (§ 2 Abs. 1 a. a. O.). Die Anstalt kann die Steuerfreiheit beim Gewerbesteuerausschuß beantragen.

III. Nach § 19 des Gesetzes regeln sich die Rechtsbeziehungen zwischen dem Verpfänder und den öffentlichen Pfandleihanstalten, wenn diese staatliche Anstalten sind, nach den für sie gegebenen Sonderbestimmungen (Satzungen, Reglements und Statuten). Diese Sonderbestimmungen sind landesgesetzliche Vorschriften im Sinne des zum Art. 94 EG. z. BGB. und enthalten objektives Recht (Löffler S. 22); auf sie finden weder das Preuß. Pfandleihgesetz, noch die zu seiner Ausführung erlassenen ministeriellen Bekanntmachungen Anwendung. Soweit die Sonderbestimmungen der staatlichen Leihhäuser über einzelne Rechtsverhältnisse keine Vorschriften enthalten oder solche enthalten, die aber durch Art. 94 EG. zum BGB. nicht gedeckt sind, kommt nicht das Landesgesetz, sondern BGB. zur Anwendung (Spaett S. 28). Wegen des Lösungsanspruchs der öffentlichen Pfandleihanstalten s. S. 75 und 174f. — Ebenso wie auf die genannten staatlichen Leihhäuser findet das preußische Gesetz auch auf solche kommunale Pfandleihanstalten zunächst keine Anwendung, welche bereits vor seinem Erlasse bestanden haben (Alte kommunale Anstalten, s. S. 242; § 22 Abs. 1). Nur ist der Minister des Innern ermächtigt, die Anwendung des preußischen Gesetzes auch auf diese Anstalt anzuordnen und die bestehenden Ordnungen, Statuten und Reglements zu ändern. Hierüber, und ob von dieser Ermächtigung Gebrauch gemacht ist, s. S. 243. Für die nach Erlaß des preußischen Gesetzes errichteten Pfandleihanstalten (Neue kommunale Anstalten) gilt jedoch das preußische Gesetz und die zu ihrer Ausführung erlassenen Bestimmungen genau so wie für private Pfandleiher.

§ 19.

Die Bestimmungen über den Betrieb des Pfandleihgewerbes seitens staatlicher Anstalten werden durch dieses Gesetz nicht berührt.

E. § 18; Begr. S. 23; Drucks. HH. S. 282; StenBer. HH. S. 53ff. und 191ff.; Drucks. AH. S. 2064; StenBer. AH. S. 1750 und 1762.

1. In Preußen gibt es nur eine einzige staatliche Pfandleihanstalt. Dies ist das früher Königliche, jetzt Staatliche Leihamt in Berlin. Es beruht auf dem Reglement vom 8. April 1834, welches durch KabO. vom 25. Februar 1834 als Spezialgesetz landesherrlich bestätigt worden ist (GS. S. 23). Hierzu ist dann noch der Erlaß vom 12. August 1850 (GS. S. 370) ergangen, welcher die Revision des Staatlichen Leihamts betrifft. Für diese staatliche Anstalt gilt das Preuß. Pfandleihgesetz überhaupt nicht, sondern in erster Linie das erwähnte Reglement und ergänzend das BGB. Der private Pfandleiher kann sich nicht darauf berufen, daß seine Rechte nach dem preußischen Gesetze geringere sind als die des Staatlichen Leihamts auf Grund des Reglements (KG. vom 9. Juni 1887 ungedr. Aktenz. S. 278/87). Die Haftung auch des Staatlichen Pfandleihamts für Schäden richtet sich nach dem allgemeinen Vorschriften des BGB. (KG. in BlfRpfl. 1902 S. 116). Dem Staatlichen Leihamt steht gemäß Art. 94 EGzBGB. der Lösungsanspruch zu (s. S. 175). Andererseits besteht für das Staatliche Leihamt die Sachhaftung (s. S. 141). Der Finanzminister, im Einverständnis mit dem Minister des Innern, kann das Reglement abändern, soweit die Änderungen sich auf die §§ 1—4 der VO. vom 23. November 1923 (GS. S. 534) beziehen. Das Staatliche Leihamt ist zu gemeinnützigen Zwecken errichtet und verzichtet auf jeden eigenen Gewinn. Sein Betriebskapital ist mäßig zu verzinsen; der nach Erstattung der Verwaltungskosten und Deckung von Ausfällen verbleibende Überschuß ist für mildtätige Zwecke bestimmt. Zur Zeit fließt er der Rother-Stiftung für Beamten- und Offizierstöchter zu (KabO. vom 19. Juli 1849 GS. S. 187; Reger 9, 418). Das Staatliche Leihamt ressortiert zur Preuß. Staatsbank. Über den Pfandschein des Staatlichen Leihhauses gelten Sondervorschriften, insbesondere beim Widerstreit zwischen Verpfänder und Pfandscheininhaber (§ 10 und 13 des Reglements). Siehe hierzu S. 195, 200, 202. Die Entstehung des Pfandrechtes beim Staatlichen Leihhaus ist nicht von der Eintragung in das Pfandbuch abhängig (§ 8 a. a. O.). Über die Frage, ob das Staatliche Leihhaus die juristische Persönlichkeit besitzt, s. Anm. I der Vorbem. zum §§ 19—22 (s. S. 238). Andere staatliche Leihämter gibt es in Preußen nicht. Das früher öffentliche Leihamt der Freien Reichsstadt Frankfurt a. M. ist jetzt kommunale Leihanstalt. Es beruht auf dem Preuß. Gesetz vom 9. April 1873 (GS. S. 177), welches das Frankfurter Gesetz vom 19. April 1864 abänderte und die Anstalt zu einer kommunalen machte (vgl. die Schrift: Das Pfandhaus der Stadt Frankfurt a. M. von seiner Gründung bis jetzt. Frankfurt a. M. 1897, sowie die Pfandhausordnung vom 23. Oktober 1903, Amtsblatt für Frankfurt a. M. S. 510). — Die früher staatlichen Leihanstalten zu Kassel, Fulda und Hanau sind jetzt kommunale Anstalten (Gesetz vom 10. April 1872 GS. S. 373, vom 26. März 1886 GS. S. 58 sowie 5. Juli 1896 GS. S. 169); sie sind auf den kommunal-ständischen Verband des Regierungsbezirks Kassel übergegangen. Ebenso ist das früher gleichfalls staatliche Leihhaus zu Wiesbaden durch Vertrag vom 28. Februar 1849 auf die Stadtgemeinde Wiesbaden übergegangen (Begr. S. 23).

2. Das Staatliche Leihamt zu Berlin ist kein Unternehmen, das einen Gewinn zu erzielen beabsichtigt (Reger 9, 418), ist also gewerbesteuerfrei. Allerdings spricht § 19 selber von einem „Gewerbe", s. S. 239.

3. Der Zinssatz bei dem staatlichen Leihamt beträgt 2% pro Monat, die Darlehnsfrist 5 Monate, wozu noch eine Schonzeit von einem weiteren Monat tritt.

§ 20.

Die Errichtung von Pfandleihanstalten seitens der Gemeinden oder weiteren kommunalen Verbände bedarf der Genehmigung. Die Reglements dieser Anstalten bedürfen der Bestätigung.

Über die Genehmigung bzw. Bestätigung beschließt der Regierungspräsident, in Berlin, und soweit es sich um Pfandleihanstalten der Provinzialverbände handelt, der Oberpräsident. Im Geltungsbereiche des Organisationsgesetzes vom 26. Juli 1880 (GS. S. 291) darf die Genehmigung des Regierungs- bzw. Oberpräsidenten nur mit Zustimmung des Bezirks- bzw. des Provinzialrats versagt werden.

Die beteiligten Gemeinden bzw. weiteren kommunalen Verbände haften für alle Verbindlichkeiten der von ihnen errichteten Anstalten. Die bei der Verwaltung der letzteren sich ergebenden Überschüsse sind zu Zwecken der Armenpflege zu verwenden.

E. § 19; Begr. S. 23; Drucks. HH. S. 282; StenBer. HH. S. 53 ff, 191 ff.; Drucks. AH. S. 2064; StenBer. AH. S. 1750, 1762.

1. Der § 20 handelt von der Errichtung neuer Pfandleihanstalten durch die Gemeinden und weiteren Kommunalverbände. Um was für Gemeinden es sich dabei handelt, unterscheidet das Gesetz nicht, so daß auch die Errichtung von Leihanstalten durch Landgemeinden zulässig ist. Weitere kommunale Verbände sind die Kreise und Provinzen. Solange die Kommunalleihanstalten kein Gewerbe betreiben (s. Anm. II der Vorbem. zu den §§ 19—22), unterstehen sie nicht der GewO., bedürfen also auch nicht der behördlichen Erlaubnis (Konzession, s. S. 65, 81, 239). Dagegen bedarf der Beschluß über die Errichtung kommunaler Leihanstalten der Genehmigung und die zur Ausführung des Beschlusses erforderlichen Reglements bedürfen der Bestätigung. Hierbei entscheidet das freie Ermessen der genehmigenden bzw. bestätigenden Behörde, wobei die im § 20 genannten Beschlußbehörden mitzuwirken haben.

2. Aus Abs. 3 ergibt sich, daß die kommunalen Pfandleihanstalten keine juristische Persönlichkeit besitzen, sondern nur Zweige der kommunalen Verwaltung sind (Hetzer S. 14; s. S. 237 der Vorbem. zu §§ 19—22). Im Prozesse aktiv und passiv legitimiert ist nur die Gemeinde bzw. der weitere kommunale Verband.

3. Die im Abs. 3 Satz 2 erwähnten Überschüsse sind nicht mit denen des § 15 zu verwechseln. Im § 20 ist nur von den Betriebsüberschüssen die Rede (s. hierzu S. 226 f.).

§ 21.

Die §§ 1 bis 18 des gegenwärtigen Gesetzes gelten auch für die von Gemeinden oder von weiteren kommunalen Verbänden zu errichtenden Anstalten.

Dieselben sind berechtigt, die Versteigerung der Pfänder durch einen ihrer vereidigten Beamten bewirken zu lassen.

Begr. S. 23; Drucks. HH. S. 282; StenBer. HH. S. 53 ff. und 191 ff.; Drucks. AH. S. 2064; StenBer. AH. S. 1750 und 1762.

1. Über die Anwendbarkeit der §§ 1—18 auf die neuen kommunalen Pfandleihanstalten s. S. 239.

2. An Stelle der nach § 10 Abs. 2 zuständigen Versteigerungsbeamten (s. S. 213) kann eine neue kommunale Pfandleihanstalt die Versteigerung auch durch einen anderen Beamten vornehmen, jedoch ist dieser hierzu nur dann befugt, wenn er bei der betr. kommunalen Pfandleihanstalt angestellt ist, außerdem muß er beeidigt sein. Bei Verstößen hiergegen würde die Versteigerung durch einen „zur Versteigerung befugten anderen Beamten" (§ 383 Abs. 2 BGB.) nicht erfolgt sein, es läge dann keine öffentliche Versteigerung vor. Es würden dann die Folgen aus § 16 des Gesetzes und §§ 1235 und 1243 BGB. eintreten. Die hier gegebene ausdrückliche Sondervorschrift über die Stellung und Beeidigung des Beamten ist so wesentlich, daß ein Verstoß dagegen nicht mit denjenigen Gründen beseitigt werden kann, welche RGZ. 18, 91 ff. hinsichtlich der beeideten Makler niedergelegt hat. Über Versteigerungen, welche kommunale Beamte außerhalb des Rahmens der Anstalten, bei denen sie angestellt sind, vornehmen s. S. 213.

§ 22.

Auf die bereits bestehenden Pfandleihanstalten der Gemeinden oder der weiteren kommunalen Verbände finden die Vorschriften der §§ 1 bis 18 und des § 21 Abs. 2 vorläufig nicht Anwendung.

Der Minister des Innern wird jedoch ermächtigt, die Anwendung der §§ 1 bis 18 und des § 21 Abs. 2 auf die bezüglichen Anstalten anzuordnen und zugleich die bestehenden Ordnungen, Reglements und Statuten derselben zu ändern.

E. § 21, im übrigen wie zu § 19.

1. § 22 behandelt die Verhältnisse der alten kommunalen Leihanstalten. Auf sie finden zunächst die §§ 1—18 und § 21 Abs. 2 des Gesetzes keine Anwendung, sondern vielmehr die Sondervorschriften ihrer Reglements, Satzungen und Statuten (S. 239). Diese müssen den Bestimmungen der KabO. vom 28. Juni 1826 (GS. S. 81) entsprechen.

2. Von der im Abs. 2 erwähnten Ermächtigung hat der Minister des Innern in einem Zirkularerlaß vom 16. Juli 1881, die Regelung des Pfandleihbetriebes

betreffend, Gebrauch gemacht, welche jedoch nicht veröffentlicht ist. Auf diesen Erlaß wird in einem anderen Zirkularerlaß vom 4. November 1881 Bezug genommen (MinBl. f. i. V. 1881 S. 247). Dort ist bestimmt, daß in den Reglements für kommunale Pfandleihanstalten „jedesmal nur diejenigen Verhältnisse zu ordnen sind, welche — wie namentlich die auf die Verwaltung der Anstalten bezüglichen Modalitäten — in dem Gesetz vom 17. März 1881 nicht bereits ihre generelle Regelung gefunden haben". „Jede Modifizierung der §§ 1—18 und 21 Abs. 2 des Gesetzes vom 17. März 1881 sowie der dazu ergangenen Bekanntmachung ist unzulässig." Danach sind auch die alten kommunalen Pfandleihanstalten an die §§ 1—18 und 21 Abs. 2 gebunden. Wenn trotzdem vielfach Abweichungen vom Gesetz in den Reglements enthalten sind, z. B. besondere Gebühren für Klopfen von Pelzsachen, Einschreibegebühren usw. erhoben werden (s. S. 136), so verstoßen sie gegen § 3 des Gesetzes.

§ 23.

Alle bisherigen, den Gegenstand dieses Gesetzes betreffenden gesetzlichen Vorschriften, insbesondere das Pfand- und Leihreglement vom 13. März 1787, die Deklaration desselben vom 4. April 1803, die Allerhöchste Kabinetsorder vom 28. Juni 1826 und die Hannoversche Ministerialbekanntmachung vom 15. Oktober 1847 sind aufgehoben.

Urkundlich usw.

Bekanntmachung des preußischen Ministers des Innern betr. den Geschäftsbetrieb der Pfandleiher.

Vom 16. Juli 1881 (MBlfiV. 169).

Auf Grund des § 38 der RGO. vom 21. Juni 1869 in der Fassung des Ges. vom 23. Juli 1879 (RGBl. 267) werden hiermit über den Umfang der Befugnisse und Verpflichtungen sowie über den Geschäftsbetrieb der Pfandleiher im Anschluß an das Gesetz betr. das Pfandleihgewerbe vom 17. März 1881 (GS. 265) die nachfolgenden Vorschriften erlassen:

1. Das vom Pfandleiher nach § 5 des Ges. vom 17. März 1881 zu führende Pfandbuch muß dauerhaft gebunden und durchweg mit Seitenzahlen versehen sein. Dasselbe ist, bevor es in Gebrauch genommen wird, der Ortspolizeibehörde zur Prüfung und Beglaubigung vorzulegen. In demselben dürfen weder Rasuren vorgenommen, noch unleserliche Eintragungen gemacht werden. Das Pfandbuch darf ohne Genehmigung der Ortspolizeibehörde weder ganz noch teilweise vernichtet werden.

2. In dem Pfandbuch sind außer den im § 5 des Ges. vom 17. März 1881 vorgeschriebenen die folgenden Rubriken zu führen und prompt in bestimmungsmäßiger Weise auszufüllen:

sub 3b: Stand und Wohnung des Verpfänders, Angabe, wie er sich legitimiert hat;

sub 8: falls das Geschäft zur Verlängerung eines früheren Geschäfts dient: Hinweis auf die Nummer der Eintragung des früheren Geschäfts;

sub 9: Tag, an welchem die Einlösung des Pfandes erfolgte evtl. Hinweis auf die Nummer, unter welcher eine Verlängerung des Geschäfts bemerkt ist;

sub 10: Tag, an welchem der Verkauf des Pfandes erfolgte, Name, Stand, Wohnung des Erwerbers, Betrag des Kaufpreises.

3. Die Pfandstücke sind vom Pfandleiher gegen Feuersgefahr und gegen Einbruchsdiebstahl angemessen zu versichern und in einem besonderen Raume oder Behältnis getrennt von anderen Gegenständen aufzubewahren. Jedes Pfandstück ist mit einer der Eintragung im Pfandbuche korrespondierenden Nummer zu versehen.

4. Es ist an einer in die Augen fallenden Stelle des Geschäftslokals ein Exemplar des Gesetzes betr. das Pfandleihgewerbe vom 17. März 1881 sowie ein Exemplar dieser Instruktion und eine gedruckte Zinstabelle auszuhängen.

5. Alle dem Pfandleiher von Behörden oder Privatpersonen zugehenden Benachrichtigungen über verlorene oder dem Eigentümer widerrechtlich entfremdete Gegenstände sind nach der Zeitfolge geordnet aufzubewahren.

6. Bei Einlösung eines Pfandes ist dem Verpfänder auf Verlangen eine Quittung auszustellen. Die eingelösten Pfandscheine hat der Pfandleiher mindestens 1 Jahr lang aufzubewahren.

7. Der Verkauf von Pfandobjekten erfolgt nur auf Grund einer ortspolizeilich beglaubigten Liste, in welcher jedesmal die betreffenden einzelnen Pfänder nach den Nummern des Pfandbuchs unter Angabe des Tages der Verpfändung und der Fälligkeit der Forderung sowie des Betrages der Forderung an Kapital und Zinsen aufzuführen sind.

8. Der Ortspolizeibehörde bleibt vorbehalten, jederzeit Revisionen des gesamten Geschäftsbetriebes der Pfandleiher vorzunehmen.

9. Zuwiderhandlungen gegen vorstehende Bestimmungen werden, soweit nicht nach allgemeinen gesetzlichen Vorschriften eine höhere Strafe eintritt, gemäß § 360 Nr. 12 RStGB. mit Geldstrafe bis zu 150 M. oder mit Haft bestraft.

Berlin, den 16. Juli 1881.

Der Minister des Innern.

Im Auftrage: Herrfurth.

Sachregister.

Die hinter den Stichworten oder den Paragraphen befindlichen Zahlen sind die Seiten. Das außerpreußische Landesrecht ist in den Spezialregistern unter dem Namen des betreffenden Landes zu suchen, das auch ein Verzeichnis der kommentierten Stellen der Landesgesetze enthält.

Abhalten vom Mitbieten 119.
Abhandenkommen 171, 173, 174.
Abkürzungen 159.
Ablösung s. Einlösung.
Abrechnung 186.
Abreden, entgegenstehende, bei Schadensersatzpflicht 235, 236.
Abrundung von Pfennigen 99.
Abschätzung s. Taxe.
Abschrift des Pfandscheins 177; wörtliche — des Pfandbuchs 177, 179, 190; s. auch Interimsschein, Duplikat.
Abtretung der Konzession 88; — von Forderungen des Pfandleihers 88, 119, 125, 140; — der Rechte des Verpfänders 201ff., 229.
Abwesende, Vertragsabschluß unter — bei Kollisionsnormen 37.
Abzahlung, Pfandrecht an den auf — erworbenen Sachen 171, 174.
Adreßhaus in Berlin 4.
Aktien, Verpfändung von — 103.
Aktiengesellschaft, Firma der — 70, 178; Konzession der — 67, 81, 86; Ladenschild der — 71; — vom Staate betrieben 75, 237.
Aktivgeschäfte 66, 68.
Alphabetisches Register 68.
Alter 72, 82.
Androhung 208f.; s. auch Versteigerung und Handelsbrauch.
Anerkenntnis 129.
Anfallsrecht der Hinterlegungsstelle 226.
Anfechtung wegen Irrtums 113f.; Form der — 115; Unverzüglichkeit der — 115; Verzicht auf — 115; — der Konzession 94; — wegen Betruges 116ff.; Besitzverhältnisse bei — 171f.; — der Erklärungen im Pfandschein 181.
Angeld 134.
Angestellte des Pfandleihers 89; Diebstahl des — 144, 173.
Anhalt. § 3 149; § 4 182; § 6 162; § 9 211, 215, 216, 218; § 10 219; § 11 222; § 12 224; § 13 225; § 14 233; § 15 236; § 21 34.
Landesgesetze 18; Sachhaftung 141; ungültige Strafbestimmung 34; Pfandbuch 162; Inhalt der Eintragung 162; Pfandschein 182; Verkaufsberechtigung 211; Androhung 211; markt- und börsenfähige Sachen 216; Versteigerung 215; Gold- und Silbersachen 218; Mitbieten des Pfandleihers 215; Ort der Versteigerung 219; Frist zur Versteigerung 219; Zeit und Bekanntmachung der Versteigerung 222; Verkauf mehrerer Pfänder 224; Kosten der Versteigerung 225; Sammelversteigerung 225; Überschuß 233; Schadenersatzpflicht 236; öffentliche Pfandleihanstalten 238.
Annehmen einer weiteren Vergütung 135ff.
Annonce 101; — bei Beschränkung der Schlüsselgewalt 112; s. auch Bekanntmachung.
Anordnungen, polizeiliche 123f.
Antiquitäten 131.
Anzeige bei Errichtung des Gewerbes 73, 83, 91; — bei Verpfändung von Forderungen 103, 156, 170; — des Trödelgewerbes bei der Polizei 131;

— bei Pfandverderb 146; — bei Verpfändung durch Übertragung des mittelbaren Besitzes 153; — bei Verpfändung des Pfandscheins 203, 204; keine — bei Beleihung des eigenen Pfandscheins 204.
argentarii 1.
Arglist 116; — bei Pfandverkauf 214.
arglistige Täuschung 116ff.; Anfechtung bei — 116; — durch Verletzung der Offenbarungspflicht 116; — eines Dritten 117; dolus eventualis bei — 116.
Aufbewahrung der Handelsbücher und Belege 68; — des Pfandscheins 68, 179; — des Pfandes 77, 141ff.; — des Pfandes bei Dritten 122f., 145; vorläufige — 100, 143; — bei Beschlagnahme 128; Besitz bei — 142f.; — bei Mitbesitz und Mitverschluß 143; Kosten der — 143; Obhutspflicht bei — 143f.; — aus Gefälligkeit 143; Gefahrtragung bei — 143f., 171; Haftung bei — 143f.; Entgeltlichkeit der — 144; Gebühren der — bei öffentlichen Anstalten 136; Mottengefahr bei — 144; — von Pelzsachen 144; Haftungsbeschränkung bei — 144f.; Verwendungsansprüche aus der — 145; Ort der — 142, 144, 145; Übersendung bei — 146; Versicherung bei — s. Erhaltung; — des Überschusses 227, 229, 230, 231; Pflicht der Hinterlegungsstelle zur — 230, 231, 232; s. auch Safe.
Aufgebot des Pfandscheins 197f.
Aufrechnung, Recht des Verpfänders zur — 186; Recht des Pfandleihers zur — 227f.; Erklärung der — 228; — gegen Schadenersatzansprüche des Verpfänders 235f.; — bei Sachhaftung 141f.; s. auch dort.
Aufwertung 65f.; Pfandhaftung bei — 210; — von Eigentümergrundschulden 103; — der vom Pfandleiher aufgenommenen Darlehne 65f.
Auktionatoren s. Versteigerer.
Ausbedingen 76f.; — einer weiteren Vergütung 135ff.
Ausfall 128, 208, 214, 223; s. auch Aufrechnung, Zurückbehaltungsrecht.
Ausführungsbestimmungen 166.
Ausgleichung 214.
Aushang des Gesetzes, der ministeriellen Bekanntmachung und Zinstabelle 100; — von Vertragsbedingungen 144f.
Ausklopfen von Pelzsachen 144.
Auskünfte, Einholung von — 168; wahrheitswidrige — 117; — des Pfandleihers gegenüber Dritten 180.
Auslagen, bare 136; Versicherungsgebühren als — 147, 210.
Ausland, nichtdeutsches — 38; Kollisionsnormen 35f.; Verbotsgesetze des — 119.
Ausländer 74, 82; minderjährige — 73; Ehefrauen als — 74.
Auslegung des Pfandscheins 181.
Ausweis s. Legitimation.
Automobile 56, 60, 85.

Baden. AGzBGB. Art. 29, 238; § 2 149; § 5 162; § 6 162, 182; § 8 122; § 11 122; § 13 211; § 14 215, 216, 218, 219, 222; § 14a 233; § 15 187.
Landesgesetze 19; Weiterverpfändung 122, 123; Verfallklausel 187; Pfandbuch 162, 182; öffentliche Leihanstalten 176, 238; Pfandschein 182; Verkaufsberechtigung 211; Versteigerungsort 219; Versteigerung 215; Versteigerungsfrist 219; Androhung 208f., 211; markt- und börsenfähige Pfänder 216; Gold- und Silbersachen 218; Zeit und Bekanntmachung der Versteigerung 222; Verkauf mehrerer Pfänder 224; Pfandhaftung für Kosten 226; Sammelversteigerung 226; Überschuß 233; Schadenersatzpflicht bei Pfandverkauf 236.
Bankfach s. Safe.
Bankier als Pfandleiher 65, 169; s. auch Lombardgeschäfte, bankmäßige.
Bankzinsen 78.
Bayern. § 16 des alten Gesetzes 200; § 2 149; § 3 28f., 49, 99, 104, 107, 121; § 6 121; § 7 211, 215, 219; § 8 222; § 9 216; § 10 218; § 11 187, 233;

§ 12 32f., 85; § 13 162; § 19 162, 182, 194; § 26 209, 224.

Landesgesetze 18f.; Trödlerordnung 5; Verträge mit Jugendlichen 28f., 104, 107, 108; Sicherheitsleistung des Pfandleihers 33, 85; Beleihung von Pfandscheinen 49; Pfandvermittler 61; Bedürfnisfrage 87; Weiterverpfändung 121; Verfallklausel 187; Pfandbuch 162; Decknamen 162; Beleihung neuer Waren 164f.; Lösungsanspruch 175, 200, 202, 203; Pfandschein 182, 194; Handel mit Pfandscheinen 200; Verkaufsberechtigung 211; Androhung 209, 211; markt- und börsenfähige Pfänder 216; Versteigerung 215; Gold- und Silbersachen 218; Mitbietungsrecht 215; Ort der Versteigerung 219; Frist zur Versteigerung 219; Zeit und Bekanntmachung der Versteigerung 222; Versteigerung mehrerer Pfänder 224; Sammelversteigerung 226; Pfandhaftung für Kosten 226; Überschuß 233; Schadenersatzpflicht bei Pfandverkauf 236; öffentliche Pfandleihanstalten 238.

Bedürfnisfrage 87; — bei Stellvertretung 89.

Beglaubigung der Versteigerungsliste 210f.; — des Pfandbuches 156.

behördliche Erlaubnis s. Erlaubnis.

Bekanntmachung als Voraussetzung für die Rechtmäßigkeit des Pfandverkaufs 220f., 235; s. auch Pfandverkauf, Versteigerung.

Belege s. Aufbewahrung der Handelsbücher.

Benachrichtigung an Verpfänder oder Eigentümer 229.

beneficium excussionis realis 141, 207.

Berlin, Adreßhaus in — 4; Groß-Berlin 84; Statistik in — 12; Ortsstatut in — 87; amtliche Blätter in — 221; Überschußberechnung in — 227; s. auch staatliches Leihamt in —; Konzessionen in — 84, 87.

Beschlagnahme, strafprozessuale — 34; Verfahren bei — 125ff.; — durch freiwillige Herausgabe 125; Nichterlöschen des Pfandrechts durch — 125; Zwangsmittel bei — 126; Mündlichkeit der — 126; Rückgabe bei — 126, 127; nichtrichterliche — 126; richterliche — 126; Widerspruch und Beschwerde gegen — 127f.; Aufhebung der — 128; Ausfall durch — 128; zivilrechtliche Wirkungen der — 128ff., 171; Schadenersatzansprüche bei — 128; Besitzverhältnisse bei — 128f.; Strafbarkeit bei — 128; Klage und Zwangsvollstreckung des Eigentümers bei — 129, 171; — bei Fundsachen 128; — von Schußwaffen 118; — von Rundfunkgeräten 119, 129.

Besichtigung des Pfandes 146.

Besitz bei Beschlagnahme 128; — bei unechtem Lombardgeschäft 58f.; — bei Aufbewahrung 142f.; — bei Bestellung des Pfandrechts 153; unmittelbarer — 173f.; unfreiwillige Aufgabe des — 171, 174; redlicher — 171; —diener 173; — bei Inhaberschaft 198; — bei anfechtbaren Geschäften 174; Übertragung des mittelbaren — bei Pfandscheinverpfändung 203; s. auch Abhandenkommen.

Betrug des Geschäftsunfähigen 105; Anfechtung wegen — 117; zivil- und strafrechtlicher — 116f.; Pfandscheinschiebung als — 117, 148, 178; Pfandrecht an den durch — erlangten Sachen 174; — durch Bevollmächtigte 117.

Beweiskraft des Pfandbuches 161f.; — des Pfandscheins 179f.

Bezirksausschuß 94.

Bezirksfürsorgeverband 231; — im Prozeß 232f.; Eigentumserwerb des — 232f.; s. auch Ortsarmenkasse, Hinterlegungsstelle.

Bieten, Abhalten vom — 119f.

„bis — zu“ 96, 188.

Blätter für die Bekanntmachung der Versteigerung 220f.

Börsen- oder Marktpreis 215.
Bösgläubigkeit s. guter Glaube.
Boten, Kinder als — 107; beschränkt Geschäftsfähige als — 109; — als Verpfänder 169.
Braunschweig. § 63 AGzBGB. 237f.; § 1 162; § 3 154, 162, 182; § 4 164; § 7 77, 149; § 10 209, 211, 215, 216, 218, 219, 222, 233.
Landesgesetze 19; Verbot des Handels mit öffentlichen Pfandscheinen 200; anderweitige Vergütung 77; Konzession 98; Verbot von Nebenabreden 154; Pfandbuch 142; Verkaufsberechtigung 211; Beleihung neuer Sachen 164; Pfandschein 182; Androhung 209, 211; Versteigerung 215; markt- und börsenfähige Pfänder 216; Gold- und Silbersachen 218; Mitbietungsrecht des Pfandleihers 215; Ort der Versteigerung 219; Frist zur Versteigerung 219; Zeit und Bekanntmachung der Versteigerung 222; Verkauf mehrerer Pfänder 224; Sammelversteigerung 226; Pfandhaftung für die Kosten 226; Überschuß 233; Schadenersatzpflicht beim Pfandverkauf 236; öffentliche Pfandleihanstalten 237f.
Bremen. § 1 182; § 3 149; § 5 162; § 10 182; § 11 211; § 12 215, 216, 218; § 13 219, 222; § 15 224; § 16 225; § 17 233; § 18 236.
Landesgesetze 19; Entstehung des Pfandrechts 162; Pfandschein 182; Schreibgebühr 135, 182; verlorene Pfandscheine 182; Verkaufsberechtigung 211; Androhung 209, 211; markt- und börsenfähige Pfänder 216; Gold- und Silbersachen 218; Versteigerung 215; Mitbieten des Pfandleihers 215; Lagergebühr 135; Versteigerungsort 219; Versteigerungsfrist 219; Zeit und Bekanntmachung der Versteigerung 222; Versteigerung mehrerer Pfänder 224; Sammelversteigerung 225; Pfandhaftung für die Kosten 225; Überschuß 233; Schadenersatzpflicht beim Pfandverkauf 236; öffentliche Pfandleihanstalten 238.
Bringschuld 133.
Bruchteile von Pfennigen 99.
Bücher, gebrauchte — 131.
Buchführungspflicht 153; kaufmännische — 67f., 153; — aus steuerlichen Gründen 68; s. auch Pfandbuch, Handelsbücher.
Buchstaben des Pfandes 152.
Bürgerliches Recht und Landesrecht 25ff., 163.
Bürgschaft 114; Erfüllungsort bei — 133; — keine weitere Vergütung 135f.; — bei Pfandbuchvorlegung 161; — gegenüber dem Pfandleiher 207.

const. poss. 63; s. auch Sicherungsübereignungsverträge.

„darf — nicht" 76, 124.
Darlehn, Begriff des — 136ff.; wertbeständiges — 11, 136; Leistungswucher bei — 34; Geld- — 54, 136; Zinslosigkeit des — 62, 150; —vertrag 99f.; Widerrufsrecht bei — 102; Vorvertrag zum — 112f.; Freundschafts- — 131; partiarisches — als weitere Vergütung 135; Wirksamkeit des — bei Verstoß gegen die Eintragungspflicht 156; Vereinbarungs- — 137, 151; nichtiges — 137; Spiel- — 137; Prolongation des — 137f., 151, 160; Höhe des — 139, 160; Vertragsfreiheit bei — 139; Verteilung des — auf mehrere Pfänder 139; Hingabe des — 151; Zahlung des — 139f.; keine Zinsfreiheit bei — 140; Fälligkeit des — 140, 150; Kündigung des — 121; Unabtretbarkeit des — 140f.; Unpfändbarkeit des — 140; — im Konkurs 141; Sachhaftung bei — 141; — als Naturalobligation 141; Rückzahlung des — 150, 184; Verjährung des — 139; Handelsbrauch über die Dauer des — 150; s. auch Kreditwürdigkeit.
Decknamen 162.

Delegationsbefugnis 153.
Depotschein 179.
Dieb, Betrug des — 116.
Diebstahl unter Ehegatten 111ff., 129, 174f.; — des Angestellten des Pfandleihers 144, 173; — des Besitzdieners 173; s. auch gestohlen.
Dienstboten, Versatz durch — 173.
Dienstleistungen, weitere Vergütung in — 135.
Diskretion des Pfandleihers 52.
dolus eventualis bei arglistiger Täuschung 117.
Draufgabe 102, 134.
Duplikate des Pfandscheins 177.

Edelmetalle als Gegenstand des Lombardgeschäfts 53; Verkehr mit — 123; Bruch von — 131; — als Gold- und Silbersachen 217.
Edelsteine 217; s. Edelmetalle.
Ehefrauen, Schuldenhaftung der — 73f., 110ff.; unerlaubte Handlungen der — 106; Kenntnis von der Eigenschaft der — 110; Vorbehaltsgut der — 110; eingebrachtes Gut der — 110; voreheliche Schulden der — 111; Schlüsselgewalt der — 111f.; beschränkte Verfügungsmacht der — 130; Besitzverhältnisse der — 173f.; s. auch Witwen.
eheliches Güterrecht 110ff.; Vermutungen im — 111; Diebstahl bei — 111f., 129, 174f.; Besitzverhältnisse im — 173f.; s. auch Schlüsselgewalt.
Ehemann, Verwaltungsrecht des — 110f.; Zustimmung des — 110; Besitzrechte des — 173f.
eidesstattliche Versicherung 129.
Eigenschaften einer Person oder Sache 114.
Eigentümer des Pfandes bei Versteigerung 209, 214, 235.
Eigentümergrundschuld, Verpfändung einer — nach Aufwertungsrecht 103.
Eigentumsvorbehalt, keine Vermutung des — 169; guter Glaube bei — 174.
Einbruch s. Versicherung.
Einfuhrverbote 119.
eingebrachtes Gut 73f., 173f.; s. Ehefrauen.
Einigung über das Pfandrecht 153.
Einlösung 183ff.; Begriff der — 185f.; Jederzeitigkeit der — 120ff., 184f.; Eintragung der — 152; —recht des Verpfänders 183; —recht des Schuldners 183; —recht des Dritten 184; —recht des Pfandscheininhabers 183, 198f., 202; —recht des Eigentümers 183f.; Konkurrenz mehrerer —rechte 183, 194, 199; Übergang der Forderung bei — 183; Rückgabe des Pfandes bei — 185, 188; Zinsen bei vorzeitiger — 187; Zahlungspflicht des Verpfänders bei — 186; Quittung bei — 186; Rückgabe des Pfandscheins bei — 186; — ohne Pfandschein 188; Ermächtigung zur — 203.
Einschreibegebühr 135, 152, 183.
einstweilige Verfügungen 129, 172; — zum Zwecke der Sperrung des Pfandscheins 192, 197; s. Aufgebot, Sperrung.
Eintragung s. Pfandbucheintragung.
Einzelkaufmann 67.
Einziehung 125; s. Verbotsgesetze, Rundfunkgeräte.
Emballage 160.
Entmündigung des Pfandleihers 93; — des Verpfänders 105f., 109; Schadenersatzpflicht des Verpfänders im Falle seiner — 106f.
Erben 72, 89f.; — als Konzessionsberechtigte 91ff.; Veräußerungsverbot des — bei Testamentsvollstreckung 130.
Erfüllungsort, Kollisionsnorm 36ff.; — bei Pfandleihverträgen 132ff.; — als Handelsbrauch 133; — bei Bürgschaften 133; Vereinbarungen über — 133f.; Gerichtsstand und — 134; keine Pfandbucheintragung des — 154.
Erhaltung des Pfandes auf dem Transport 146; keine Pflicht des Pfandleihers zur — 147f.; s. auch Versicherung und Aufbewahrung.

Erlaubnis, behördliche, Begriff der — 81; — bei Firmen 67; — bei Frauen 73; Ersitzung der — 81; — bei öffentlichen Leihanstalten 81, 241; — bei offenen Handelsgesellschaften 81 f.; — bei Aktiengesellschaften 82; — bei Kommanditgesellschaften und G. m. b. H. 67, 81, 86; räumliche und zeitliche Wirkung der — 83 f.; — in Groß-Berlin 84, 87; — für ein bestimmtes Lokal 85; Erteilung der — 86; Bedingungen und Auflagen bei Erteilung der — 85, 90; Sicherheitsleistung bei Erteilung der — 85; Versagung der — 86, 90; Bedürfnisfrage bei — 87; Ortsstatut für — 87; Verfahren bei Erteilung oder Versagung der — 93 f.; Rechtsweg bei Erteilung der — 93 f.; Nichtausübung der — 87 f., 90, 91; — als Vermögensrecht 88, 90; Unübertragbarkeit der — 88; Vor- und Notkonzession 88; Einbringung der — in eine Gesellschaft 88; — im Konkurs 88 f., 89; — für Stellvertreter 89 f.; — für Pächter 89; Widerruf der — 90; Erweiterung der — 93; Einfluß des Todes auf die — 91 f.; — der Witwe 91 f.; — der minderjährigen Erben 91 f.; — des Nachlasses 92 f.; — einer Kuratel 93; — einer Pflegschaft 93; Erlöschen der — 90 ff.; Verzicht auf die — 90; Zurücknahme der — 90 ff., 93 f.; Urkunde über die — 94, 95; Stempel für die — 95; Verwaltungsgebühr für die — 95; Anfechtung der — 94; Strafen bei Verletzung der — 94 f.

Erlös, Barentrichtung des — 227; Eigentumsverhältnisse am — 227; Brutto- — 227; Aufrechnung mit dem — 227 f.; Zurückbehaltungsrecht am — 228 f.; Abrechnung des — 229; Behandlung des — beim staatlichen Leihamt 233, 240; s. Überschuß, Hinterlegung.

Erlöschen der Ansprüche des Verpfänders durch Rückgabe des Pfandscheins 189.

Erwerbsgeschäft eines Minderjährigen 109.

Erwerbsverbote 130.

Essentialien des Pfandleihvertrages 154, 177; s. Nebenabreden und Pfandleihvertrag.

Etablissementsname 69.

Fahndungsblatt 69.

Fahrlässigkeit bei Gewerbevergehen 94 f.; — bei Aufbewahrung des Pfandes 143 f.; — bei Prüfung der Legitimation 159 f.; — bei gutem Glauben 169; — bei Verzug 172.

Fahrräder 169; gebrauchte — 131.

Faksimile 178 f.

Fälligkeit von Zinsen 78; — des Darlehns 140, 150, 160.

falsche Bezeichnung 113.

Familienangehörige des Pfandleihers 33.

Faustpfandurkunde 177; s. Pfandschein.

Feiertage 98.

Feingehalt 217.

Felle 215.

Fernsprecher 101.

Feuer s. Versicherung.

fiduziarische Übereignung 64.

Filialen s. Zweigniederlassung.

Firma 69 ff.; — als Namensunterschrift 178 f.

Fiskus, Schadenersatzansprüche gegen — 128.

Flügel 56.

Forderungen als Gegenstand des Pfandleihvertrages 51 ff., 163; Verpfändung von — 103; Verpfändung von Pfandschein- — 202 ff.

Forderungsprätendenten 183 f., 199, 205.

Form bei Vorverträgen 102 ff., 104; — des Pfandleihvertrages 102 ff.; vereinbarte — 103; Pfandbucheintragung keine — 154.

Formulare s. Vordrucke.

Frauen als Pfandleiher 73, 82, 86; s. auch Ehefrauen, Witwen.

freihändiger Verkauf 215, 217, 219, 221.

Freizügigkeit des Pfandleihgewerbes 83f.
Fristen 96f.
Früchte 154.

Garagenmiete 136, 143, 172.
Garantievertrag bei Auskünften 180.
Gebrauch, unbefugter, des Pfandes 120.
Gebühren für die behördliche Erlaubnis 96; unzulässige — als weitere Vergütung 136; — für Aufbewahrung bei Mitverschluß 143; — der öffentlichen Leihanstalten 136; — für Versicherungen 147f.; s. auch dort.
Gefahr des Unterganges oder der Verschlechterung des Pfandes 143f., 147, 149, 171f.
Gefälligkeit, Aufbewahrung aus — 100, 143; Darlehn aus — 131.
Gegenforderungen s. Aufrechnung, Zurückbehaltungsrecht.
Gegenstand als Pfand 45, 50f., 119, 152, 163, 178.
geklebte Steine 116.
Geisteskranke 104f., 174.
Geld als Darlehn 136, 205; gestohlenes — 178; Geldverleiher 51, 66.
Gemeinden s. öffentliche Pfandleihanstalten, kommunale Leihhäuser.
Gemeinschuldner 130; s. auch Konkurs.
Genehmigung des Ehemannes 73; — der vorgesetzten Behörde 241; s. auch Vormundschaftsgericht.
Genossenschaft 65.
Gerichtsstand 134; s. auch Erfüllungsort.
Gerichtsvollzieher 206, 211, 212f.; s. auch Versteigerer.
Gesamtgläubiger 199.
Geschäft 154, 178; Ort und Tag des — 158; Veräußerung des Pfandleih- — 88; Zerlegung des — 139; s. auch Pfandleihvertrag, Nebenabreden und Essentialien.
Geschäftsbesorgung 145.
Geschäftsfähigkeit 72; beschränkte — 107ff.; guter Glaube hinsichtlich der — 170; s. auch gute Sitten.
Geschäftsführer ohne Auftrag 147.
Geschäftslokal maßgebend für Kollisionsnorm 36, 38, 71; Verlegung des — 83ff.; Schließung des — 85; Revision des — 85f.; — und Pfandlager 142; Versteigerung im — 218f.
Geschäftsunfähigkeit 104ff., 115, 174; — des Pfandscheininhabers 198.
Geschäftszeit 97f., 127.
Geschichte des Pfandleihgewerbes Griechen 1; Römer 1; montes pietatis 4; Luther 4; private Pfandleiher 4, 5f.; Neuzeit 5ff.; Organisation 6; neueste Zeit 8ff.; ethische Entwicklung 9; Inflationszeit 10f.; Zinsverordnungen 11.
Geschlecht 73, 82.
Gesellschaften mit beschränkter Haftung s. G.m.b.H.
Gesellschaftsverträge zur Verschleierung von Pfandleihverträgen 118.
gestohlene Sachen 168f.; Beschlagnahme von — 127f., 129; einstweilige Verfügungen wegen — 130; Pfandbucheinsicht bei — 161.
gestohlen, verloren oder sonst abhanden gekommen 168, 170; — bei Pfandscheinen 197; s. guter Glaube.
Gewährleistung 115; keine — aus dem Pfandschein 178; keine — bei Pfandverkauf 213.
Gewährsmängel des Pfandes 117, 118; bei Pfandverkauf 213.
Gewahrsam s. Besitz.
Gewerbe 65; Betrieb des — durch Kinder 72; Pfandleih- — als stehendes — 82; — der öffentlichen Anstalten 239; —freiheit 81; —steuer 67.
gewerbliche Niederlassung maßgebend für Anwendung des örtlichen Rechts 36; s. auch Erfüllungsort, Geschäftslokal.
Gewinnbeteiligung als weitere Vergütung 135f.
Gewohnheitsrecht 25.
G.m.b.H., behördliche Erlaubnis für eine — 67, 81, 86; Firma der — 70, 178; Verpfändung von —anteilen 103.

Gold- und Silbersachen 217ff., 235.
Grundschuldbriefe s. Hypothekenbriefe.
Gütergemeinschaft 74; s. eheliches Güterrecht und Ehefrauen.
Güterstand, gesetzlicher 110, 173f.; s. auch eheliches Güterrecht und Ehefrauen.
guter Glaube 65, 168ff.; Begriff des — 168; — an die Geschäftsfähigkeit 104, 108, 170; — an die Ehefraueigenschaft 110, 171; — hinsichtlich des Güterrechts 111; Fahrlässigkeit bei — 169; wer muß den — haben? 170; worauf muß sich der — beziehen? 170ff., 173; — des Vertretenen 170; — des Vertreters 170; Zeitpunkt des — 170; — bei Orderpapieren und Wechseln 170; Rechtsirrtum bei — 170; — des Kaufmanns 170; — bei gestohlenen, verlorenen und sonst abhanden gekommenen Sachen 170; — bei auf Abzahlung erworbenen Sachen 171, 174; — des Erstehers 235; — bei Versteigerung 128f.
Gütertrennung 73f.; s. auch eheliches Güterrecht und Ehefrauen.
gute Sitten, Verstoß gegen — bei Verträgen mit Geschäftsunfähigen 107, 116, 118; Verstoß gegen — beim Abhalten vom Bieten 119f.; Verstoß gegen — bei Spiel und Wette 137; Verstoß gegen — bei Pfandverkauf 208; s. auch Wucher, Schleichwege, Verbotsgesetze, verschleierte Pfandgeschäfte, Umgehung des Gesetzes.

Haftung bei Verderb oder Untergang des Pfandes 143f.; Beschränkung oder Ausschluß der — 144f.; — bei Übersendung des Pfandes 146; — bei unredlichem Besitz 171f.; s. auch Sachhaftung.
Hamburg § 1 68, 85; § 4 83; § 5 162; § 7 68; § 8 141, 225, 226; § 9 104, 107, 108; § 13 182, 225f.; § 15 138; § 16 197; § 17 48, 204, 211, 215, 216, 218; § 18 219, 220; § 19 208, 222; § 21 228, 233; § 22 145, 148, 189; Z. 5 Bekanntmachung 148; Z. 6 Bekanntmachung 182.
Landesgesetze 20, 36f., 48, 80, 156, 158, 162; Sachhaftung 31, 141, 228; Sprache im Pfandbuch 68, 156; Nebengeschäfte 83; örtlich anzuwendendes Recht 36f.; Pfandbucheintragungen 36f.; Beleihung von Lagerscheinen und anderen Urkunden 48, 49; Definition des Pfandleihbegriffes 49; Geschäftsnamen 71; Zinsen in Friedenszeiten 77; jetzige Höhe der Zinsen 80; Geschäftslokal 85; Geschäftsverkehr mit Kindern und Hausangestellten 104, 107, 108; Prolongation 138; Pfandversicherung 148; Ausschluß und Beschränkung der Haftung 145; Pfandbuch 162; Beschreibung des Pfandes 162; Persönlichkeit des Verpfänders 162; Pfandschein 182, 190, 194, 197; Beleihung von Sparkassenbüchern 48; Versteigerung von Pfandscheinen 204; Androhung der Versteigerung 211; Pflicht zur Versteigerung 208, 215; Verkaufsberechtigung 211; Gold- und Silbersachen 218; börsen- und marktfähige Sachen 216; Mitbieten des Pfandleihers 215; Frist zur Versteigerung 208, 219; Ort der Versteigerung 219; Zeit und Bekanntmachung der Versteigerung 222; Verkauf mehrerer Pfänder 225; Sammelversteigerung 226; Kosten des Pfandverkaufs 226; Aufrechnung 228; Überschuß 233; Schadenersatzpflicht beim Pfandverkauf 236; öffentliche Pfandleihanstalten 238.
Handelsbrauch 133; — bei Prolongationen 138; Sachhaftung nicht als — 141; — bei Vergütung der Versicherungsgebühren 147f.; — bei Dauer des Darlehns 150; — bei Prüfung der Legitimationsurkunden 159; — bei Eintragung der Taxe 148; — bei Umfang der Nachforschungspflicht 168f.; Ausstellung des Pfandscheins als — 177; — hinsichtlich der Klassi-

fizierung des Pfandscheins 197, 200; kein — hinsichtlich der Verpflichtung der Androhung 209.
Handelsmäkler 216.
Handelsbücher 67ff.; Aufbewahrung der — 68; Vorlegung der — 161.
Handelserlaubnis 123.
Handelsgeschäft, beiderseitiges 186.
Handelsgewerbe Minderjähriger 72.
Handelsregister, Eintragungszwang des Pfandleihers in das — 67.
Händlerring 214, 221.
Handlungsreisende 82.
Hehlerei 100, 127, 172; s. guter Glaube.
Herausgabe, unentgeltliche — 111, 171; Unmöglichkeit der — 174; — Zug um Zug 184; —anspruch des Verpfänders 201f.; —verbote 229.
Hessen § 2 135, 149; § 5 162; § 6 182; § 7 49; § 8 122; § 13 211, 215, 216; § 14 218; § 15 222, 226, 234; § 16 187; § 17 209, 220, 225.
Landesgesetze 20; Faustpfanddarlehn 49; Bedürfnisfrage 87; Weiterverpfändung 122; Verfallklausel 187; Pfandbuch 162; Lösungsanspruch der öffentlichen Pfandleihanstalten 176; Verkaufsberechtigung 211; Pfandschein 182; Versteigerung 215; Androhung 209, 211; Mitbieten 215; Gold- und Silbersachen 218; börsen- und marktfähige Sachen 216; Schreibgebühr 135; Versteigerungsfrist 220; Zeit und Bekanntmachung und Versteigerung 222; Verkauf mehrerer Pfänder 225; Sammelversteigerung 226; Kosten des Pfandverkaufs 226; Überschuß 234; Schadenersatz bei Pfandverkauf 236; öffentliche Pfandleihanstalten 238.
Hilfspersonal s. auch Angestellte.
Hinterlegung, Recht des Verpfänders auf — des Pfandes 185; Befreiung durch — 186, 230; Bekanntmachung der — 221; Wesen der — bei der Ortsarmenkasse 230, 231; anzuwendendes —recht 230; Pflicht des Pfandleihers zur — 230; Gegenstand der — 230; — freigewordener Pfänder 230; Ort der — 231; Zeit der — 232; Wirkung der — 232.
Hinterlegungsstelle, Ortsarmenkasse als — 230; kein klagbarer Anspruch der — gegen den Pfandleiher 230; zuständige — 231; Stellung der — zum Pfandleiher 232; „Grundsätze“ der — 232; Stellung der — zum Verpfänder 232f.; Stellung der — zum Pfandscheininhaber 233.
Holschuld 133, 145.
Hypotheken, Verpfändung von — 47f., 103; —zinsen 103.
Hypothekenbriefe, Verpfändung von — 103.

„jederzeit“ im Sinne der Ziffer 8 der Bekanntmachung 86; — im Sinne des § 7 des Gesetzes 121, 183, 184.
Immobiliarkredit 52.
Inflation 10f.
Inhaber 198; s. auch Pfandscheininhaber.
Inhaberpapiere als Pfand 168, 170; s. auch Pfandschein.
Interimsscheine des Pfandscheins 177.
Internationales Privatrecht 35ff.
Irrtum 113ff.; Beachtlichkeit des — 113; — im Beweggrund 113; — bei Schätzung 113; — in der Kalkulation 113; — über Eigenschaften 114; Rechts- — 170; — bei Erklärungen im Pfandschein 181; — bei Schreibfehlern 113, 181.
Juden 2, 74; — unter dem Pfandleihreglement 5; Feiertage der — 98.
jugendliche Personen 28f., 107, 108.
juristische Personen als öffentliche Pfandleihanstalten 237f.; s. auch Aktiengesellschaften, G. m. b. H.

Kalendermonat 98.
Kalkulation 113.
Kapitalertragssteuer 79.
Karatgewicht 113.
katholische Kirche s. Zinsverbot.
Kaufmannseigenschaft des Pfandleihers 8, 64ff.; — als Sollkaufmann 67; guter Glaube bei — 170.

Kaufmannsware 53, 58, 164ff.
Kaufpreis, Eintragung des — in das Pfandbuch 152.
Kaufvertrag, Zustandekommen des — bei der Versteigerung 213f.
Kawertschen 3.
Kennzeichen des Pfandes 152.
Kinder 72; — unter 15 Jahren 104; Pfandleihverträge mit — 107f.; Schadensersatzpflicht der — 106; s. auch jugendliche Personen, Minderjährige.
Kippemachen 120.
Klage des Eigentümers bei Beschlagnahme 129; — des Pfandleihers gegen den Verpfänder 141, 207; s. auch Erfüllungsort, Gerichtsstand, einstweilige Verfügung.
Klaviere 56, 169.
Kleider, alte 131.
Knebelungsverträge 60.
Kollisionsnormen 35ff.
Kommanditgesellschaft 67, 70, 71, 81.
Kommissionsware, Pfandrechtserwerb an — 171.
kommunale Leihhäuser 75, 239; alte — 239, 242; neue — 239, 240; — als juristische Personen 237, 241; Konzessionspflicht der — 241; Überschüsse der — 231, 238, 241; Errichtung der — 241; Legitimation der — im Prozeß 241; Gewerbebetrieb der — 239; Gewerbesteuerpflicht der — 239; s. auch Gemeinden, öffentliche Pfandleihanstalten, staatliche Anstalten.
Kommunalverbände s. Gemeinden.
Kompetenz der Landesrechte 25ff.
Konfektionsgeschäft 132.
Konfession 115.
Konkurrenz mehrerer Einlösungsrechte 183f., 194, 199, 205; s. auch Einlösung, Forderungsprätendenten.
Konkurs, Zinsenlauf bei — 78; die Konzession im — 88f., 90; Verfügungen im — 110; die Darlehnsforderung des Pfandleihers im — 141, 207; das zur —masse gehörige Pfandbuch 162; kaufmännisches Zurückbehaltungsrecht im — 186.
Konnossemente 58.
Konservierungskosten 77f., 172f.
Konsumptivkredit s. Kredit.
Kontrahierungszwang 101, 139.
Kontrolle 153; s. auch Revision.
Konventionalstrafe s. Vertragsstrafe.
Konzession s. Erlaubnis, behördliche.
körperliche Sache 45, 51ff., 163.
Kostbarkeiten 54, 217.
Kosten der Pfandbeförderung 136, 210; Verrechnung einer Zahlung auf — 139; — der Rechtsverfolgung 209f.; — des Pfandverkaufs 186, 224, 227; — der Kündigung 210; — der Taxe 217; — bei Sammelversteigerungen 225; — bei unrechtmäßigem Verkauf 236; s. auch Gebühren.
Kredit, Immobiliar- — 52; Produktiv- — 8f., 53; Konsumptiv- — 8f., 53; Schnelligkeit der —befriedigung 30, 52, 62; Personal- — 114f.; —unwürdigkeit 102, 114, 116, 139; — beim Kaufpreis 64.
Kreisausschuß s. Stadtausschuß.
Kriminalität der Pfandleiher 10.
Kündigung 210.
Kundschaft des Pfandleihers 8.
Kunstwerke, verbotene Verträge über — 119.

Laden 71; s. auch Geschäftslokal.
Ladenschild 71.
Lagergeld als Zinsen 56ff., 60f.; handelsrechtliches — 145, 173; unerlaubtes — 56ff., 136.
Lagerhalter 56ff., 60f.; — als verschleiertes Pfandleihgeschäft 59, 118, 136.
Lagerspeicherei 56.
Landesgesetze 124, 163ff., 239; Katalog der — 18ff.; s. auch Landesrecht.
Landesgewohnheitsrecht 25.
Landesrecht, Verhältnis des — zum privaten Reichsrecht 25ff., 163ff., 205ff., 212, 239; zum öffentlichen Reichsrecht 32ff.; zum Strafrecht

33; räumliche Wirkung des — 35ff.; zeitliche Wirkung des — 40ff.
Landeszentralbehörde 15, 123, 165.
laufende Nummer 158, 221.
laufender Preis 216.
Lebensversicherungspolice 48.
Legitimation, Prüfung der — 159f., 169, 197f.; — des Verpfänders 152, 159, 169, 178, 189.
Legitimationspapiere 48; s. auch Pfandschein.
„Leihamt" 69.
Leihhaus als Firma 69; s. auch Pfandleihanstalten.
Leistungsort s. Erfüllungsort.
Leistungsversprechen, kein — im Pfandschein 178, 196.
Leumund 86.
lex commissoria s. Verfallvertrag.
Lippe. Landesgesetzgebung 16, 21, 80, 207; Versteigerung 215; Androhung 209, 211; Mitbieten 215; börsen- und marktfähige Sachen 216; Gold- und Silbersachen 218; Verkaufsberechtigung 211; Versteigerungspflicht 220; Versteigerungsort 220; Zeit und Bekanntmachung der Versteigerung 222; Verkauf mehrerer Pfänder 225; Kosten des Pfandverkaufs 226; Überschuß 234; Schadenersatzpflicht bei unrechtmäßigem Verkaufe 236; öffentliche Pfandleihanstalt 237f.
Liste s. Versteigerungsliste.
„Lombardbank" 59, 69.
Lombardgeschäft, bankmäßiges — 52ff., 56f.; — unechtes 56ff., 59, 118, 136, 167.
„Lombardhaus" 69, 81.
„Lombard- und Lagerhaus" 59.
Lösungsanspruch 18, 31, 77, 174ff.
Lübeck. § 5 162, 163; § 6 182; § 8 122; § 11 99, 141; § 12 211, 215, 219, 220; § 13 222; § 15 216, 218; § 16 224; § 18 226; § 19 234; § 21 236.
Landesgesetze 21; Sachhaftung 31, 141; „Pfandleihgeschäft" 99; Weiterverpfändung 122; Pfandversicherung 148; Entstehung des Pfandrechts 162; Pfandschein 182; Verkaufsberechtigung 211; Versteigerung 215; Androhung 211; börsen- und marktfähige Sachen 216; Gold- und Silbersachen 218; Mitbieten 215; Lager- und Schreibgebühr 135; Versteigerungsort und -frist 219; Zeit und Bekanntmachung der Versteigerung 222; Verkauf mehrerer Pfänder 224; Kosten des Pfandverkaufs 226; Sammelversteigerung 226; Überschuß 234; Schadenersatz bei unrechtmäßigem Verkauf 236; öffentliche Pfandleihanstalten 238.
Luxussteuer 214, 227.

Mahnung 208, 221.
mala fides superveniens 170; s. auch guter Glaube.
Mangel des Pfandes 116f., 118, 213.
Marktpreis s. Börsenpreis.
Massenversatz 165.
Materialien zum preußischen Gesetz 23f.
Mecklenburg-Schwerin. § 1 101; § 9 182; § 10 182; § 14 101, 138; § 19 141, 211; § 20 209, 215, 220, 222; § 21 216, 218, 225; § 23 225; § 24 228; § 25 234; § 26 162; § 28 149.
Landesgesetze 16, 21, 49, 207; Beleihbarkeit von beweglichen Sachen 49; Höhe der Zinsen 80; Kontrahierungszwang 101; Prolongationszwang 101, 138; Verbot der Beleihung bestimmter Gegenstände 118; Sachhaftung 141, 228; Pfandbuch 162; Pfandschein 182; dessen Aufgebot 198; Versteigerung 215; Androhung 209, 211; Mitbieten 215; Gold- und Silbersachen 218; börsen- und marktfähige Sachen 216; Verkaufsberechtigung 211; Versteigerungsort 220; Versteigerungsfrist 220; Zeit und Bekanntmachung der Versteigerung 222; Verkauf mehrerer Pfänder 225; Pfandhaftung für Kosten 225; Sammelversteigerung 225; Aufrechnung 228; Überschuß 234; Schadenersatz bei unrechtmäßigem

Verkauf 236; öffentliche Pfandleihanstalten 238.
Mecklenburg-Strelitz. § 2 162, 163, 182, 216.
Landesgesetze 21; Pfandbuchunterschrift 162, 163; Pfandbuch 162 f.; Pfandschein 177, 182; Versteigerung 215; Androhung 209, 211; Mitbieten 215; Gold- und Silbersachen 218; börsen- und marktfähige Sachen 216; Verkaufsberechtigung 211; Versteigerungsort 220; Versteigerungsfrist 220; Zeit und Bekanntmachung der Versteigerung 222; Verkauf mehrerer Pfänder 226; Kosten des Pfandverkaufs 226; Überschuß 234; Schadenersatz bei unrechtmäßigem Verkauf 236.
Mehrheit von Gläubigern 184; — von Pfändern 123; s. auch Forderungsprätendenten, Konkurrenz mehrerer Einlösungsrechte.
Metalle, unedle 123; Trödelhandel mit — 131 f.; Marktpreis der — 215 f.; s. auch Edelmetalle.
Metallbruch 131.
Metallgerät 131.
Militärgut 118, 168.
Minderjährige 72, 82, 107 ff.; — im Edelmetallgesetz 123; Kontrahieren mit — im Trödelgewerbe 132; — als Verpfänder 160; s. auch Erben, Geschäftsfähigkeit, Studenten, Verträge.
Minderkaufmann 71 f., 162.
Mindestgebot 216.
ministerielle Bekanntmachung vom 4. Februar 1907 s. den Text der Bekanntmachung 243 f.; Gültigkeit der — 165 ff.; die — obsolet 167; Aushang der — 100; s. auch neue Sachen.
Mitbesitz, Einräumung des — 153; — bei Aufbewahrung des Pfandes 142 f.
Mitbieten des Pfandleihers 214; — des Verpfänders 185; — des Eigentümers 185; keine Ausgleichung beim — 214.
Miteigentum am Erlöse 227.
Mittelalter 1 f.
Mitverschluß 142 f.
Möbel 56, 58, 131.
Monatsfrist 96 f.
montes pietatis 4.
Mottengefahr 144.
Munition 118.
„muß" 155.

Nacherbe s. Vorerbe.
Nachforschungspflicht nach der Persönlichkeit des Verpfänders 159; — nach der Herkunft des Pfandes 168 ff.; s. auch Handelsbrauch.
Nachfrist 188.
Nachlaßkonkurs 93.
Nachlaßverwaltung 93.
„nachteiligere Feststellung" 180 f.
Nähmaschinen 169.
Name 81; — des Verpfänders 159 162, 209, 220; Deck- — 162; — des Pfandleihers 220, 221; — des Erwerbers des Pfandes 152; s. auch Firma, Ladenschild, Etablissementsname.
Namensunterschrift 70; — durch Faksimile 178; — auf dem Pfandschein 178 f.
Naturalien als Vergütung 135.
Naturalobligation 141.
Nebenabreden 99, 101, 134, 144 f., 154, 177 f., 180; — im Pfandscheinvordruck 180; s. auch Essentialien, Pfandleihverträge.
Nebengeschäfte des Pfandleihers 33, 82 f., 131 f.; s. auch Trödelgewerbe.
negatives Vertragsinteresse 115, 118, 225.
neue Sachen 17, 83, 164 ff., 167; — als Trödelware 132; s. auch ministerielle Bekanntmachung.
Nichtberechtigte 109; Verpfändung seitens eines — 153; — Pfandscheininhaber 197 ff., 199; s. guter Glaube, gestohlene, verlorene und sonst abhanden gekommene Sachen.
Nichtigkeit bei unterbliebener Form 102 f.; — bei Verträgen mit Geschäftsunfähigen 104 f.; — wegen

Wuchers 135; — bei Verbotsgesetzen 123ff.; — bei Beschlagnahme 128f.; — bei Mehrzinsen 75f.; — des Darlehns 137.
Niederlassungsort 36, 83f.
Notkonzession 88.
Novation 137.
Nutzungspfand 135.

Obhutspflicht des Pfandleihers 143; — der beschlagnahmenden Behörde 128; — der Ortsarmenkasse 230.
Offenbarungspflicht 116; s. auch arglistige Täuschung.
Offene Handelsgesellschaft 67, 70; Ladenschild der — 71; Konzession der — 82.
Öffentliche Pfandleihanstalten 75, 237ff.; Geschichte der — 5f.; Statistik der — 14f.; Begriff der — 237, 239; Konzessionspflicht der — 81; unzulässige Gebühren der — 136; Lösungsanspruch der — 174ff.; Pfandschein der — 189f.; Privilegien der — 237f.; juristische Persönlichkeit der — 237; — als Gewerbebetriebe 239; — als Organe der Wohlfahrtspflege 239; Gewerbesteuerpflicht der — 65, 239; Satzungen der — und ihre Beziehungen zum Reichs- bzw. Landesrecht 239; Aufzählung der — 238f.; s. auch kommunale Leihhäuser, Gemeinden, staatliche Anstalten.
Öffentliche Pfandleiher 75.
Öffentliches Recht 25, 32ff., 124, 230; — bei Hinterlegung 230.
Oldenburg. § 2 162; § 3 163; § 7 182; § 8 211, 222; § 3 der Bekanntmachung vom 3. September 1895 149.
Landesgesetz 22; Pfandbuch 162; Pfandschein 182; Versteigerung 215; Androhung 209, 211; Mitbieten 215; börsen- und marktfähige Sachen 216; Gold- und Silbersachen 218; Verkaufsberechtigung 211; Versteigerungsort 220; Versteigerungsfrist 220; Zeit und Bekanntmachung der Versteigerung 222; Verkauf mehrerer Pfänder 225; Kosten des Pfandverkaufs 226; Überschuß 234; Schadenersatz bei unrechtmäßigem Verkauf 236; öffentliche Pfandleihanstalten 238.
Orderpapiere s. Wechsel.
Ort der Verpfändung s. Erfüllungsort, Niederlassungsort, Geschäftslokal.
Ortsarmenkasse 231; — als Hinterlegungsstelle 230; Rechtsnachfolgerin der — 231; — im Prozeß 232f.; Eigentumserwerb der — 233; s. auch Hinterlegungsstelle, Bezirksfürsorgeverband.
Ortsstatut 87.

Pacht 88, 89.
pactum de non licitando 119f.
Partiewaren 164.
Passivgeschäfte 66, 68.
Pelzsachen 77f.; Konservierung der — 122, 144; Aufbewahrung der — 144; Marktpreis der — 215.
Perlen, Natur- und Zucht— 113; Verkehr mit — 123; Versteigerung von — 217.
Personalstatut 36.
Pfand, Begriff des — 45ff., 50ff.; unbefugter Gebrauch des — 120f.; Weiterverpfändung des — 120, 135, 145, 154; Vorlegung des — 146f.; Mehrheit von — 139, 210, 223ff.; Untergang oder Verschlechterung des — 144f., 185, 208, 209; Rückgabe des — 145f., 184, 185f.; Übersendung des — 145; Besichtigung des — 146; Bezeichnung des — 160; Eintragung des — 161; Früchte des — 154; mehrere Berechtigte am — 183f., 199, 205; zweite Verpfändung des — 203; Verkauf des — 207ff.; Übergabe des — 142f., 153f., 158; s. auch Erhaltung, Versicherung, Aufbewahrung, Pfandbucheintragung, Sachen, Versteigerung.
„Pfandamt“ 69.
Pfandbuch als Bestandteil der Handelsbücher 68, 161; Aufbewahrung und Vernichtung des — 68, 156f., 158,

162; Vorlegung des — 161; kein doppeltes — 156; Pflicht zur Führung des — 153f., 156; — als Beweisurkunde 156, 161; äußere Form des — 156; Rasuren im — 156; Sprache im — 156; Verlust des — 156f.; die einzelnen Rubriken im — 158ff.; Einsicht in das — 161; beglaubigte Auszüge aus dem — 161; Unpfändbarkeit des — 162; Auszug aus dem — 231; Widerspruch zwischen Pfandschein und — 180f.; außerpreußisches — 162; s. auch Pfandbucheintragung.

Pfandbucheintragung 26, 37; — bei Vorverträgen 102, 157f.; — keine Formvorschrift 102; — bei Verpfändung von Hypotheken 103; Widerspruch zwischen — und Pfandscheininhalt 180f.; — bei Weiterverpfändung 121, 154, 180; — bei pfandlosen Darlehn 139; — bei Prolongation 137f., 152, 160; Wirkung der — auf das Darlehn 151; — der Rückkaufsgeschäfte 157, 160; — als Essentiale für die Entstehung des Pfandrechts 153, 163; — und kaufmännische Buchführung 67f., 183; Ort und Tag der — 158f.; — bei Früchten 154; — bei Nebenabreden 154, 179; — als Formvorschrift 154; Wesen der — 153ff., 179f.; Auslegung der — 155f.; Abkürzungen, Nachlässigkeiten und Unrichtigkeiten bei — 153f.; Zweck der — 155f.; unleserliche — 156; Zeitpunkt der — 157; — der Legitimation 159; — von Vor- und Zunamen 159; — im außerpreußischen Recht 162; wörtliche Abschrift der — 177; — des Pfandverkaufs 229.

Pfandgegenschein 177; s. auch Pfandschein.

Pfandgegenstand 44ff., 54ff., 58f.; Forderungen und Rechte als — 51; s. auch Sachen, körperliche Sachen, neue Sachen, Geld, Edelmetalle, Kostbarkeiten, Schmucksachen, Kleider, Möbel, Bücher, Pelze, Automobile.

Pfandhaftung, Umfang der — 209f.; — für Kosten der Rechtsverfolgung 210; — für Verwendungen, Versicherungsgebühren, Auslagen 210; — bei Prolongationen 210; — für Kosten der Taxe 217; — bei mehreren Pfändern 224; — bei Sammelversteigerung 225; — für Versteigerungskosten 225.

Pfandlager 142; Beschaffenheit des — 144; Verkauf des — 162; s. auch Versicherung.

Pfandleihanstalten, Geschichte der — 3f.; Statistik der — 15; Privilegien der — 31; staatliche und kommunale — 75, 237ff.; s. auch Lösungsanspruch, öffentliche Pfandleihanstalten, staatliche Anstalten, kommunale Leihhäuser.

Pfandleiher, Begriff des — 44ff., 55; — als Kaufmann 64ff.; — als Bankier 65; — im Sinne des Aufwertungsrechts 65ff.; private und öffentliche — 75; Hilfspersonen des — 89, 144; Gestehungs- und Werbungskosten des — 78.

Pfandleihgewerbe 65, 81; verbotenes — 59, 94, 119; s. auch Pfandleiher.

Pfandleihgeschäft 99; verbotenes — 59, 94, 119.

Pfandleihvertrag 99ff.; anzuwendendes Recht beim — 36ff.; Begriff des — 99f., 136f.; Zustandekommen des — 100; Form des — 101; präsumptiver — 130f., 137; Stillschweigen beim — 77, 80, 99, 101, 130f., 134; Erfüllungsort beim — 132ff.; Nebenabreden zum — 77, 80, 99, 101, 130f., 134, 144; Zerlegung des — 139, 178; Zurückbehaltungsrecht aus mehreren — 186, 223f.; Unübertragbarkeit der Forderungen des Pfandleihers aus dem — 88, 125, 140f.; s. auch Aufrechnung, Nebenabreden, Vorvertrag, Pfandbucheintragung, Pfandrecht.

Pfandrecht, Begriff des — 163; Entstehung des — 26, 153f.; Vermutung des — 173; Verzicht auf das — 139.

Pfandreise 235; s. auch Pfandverkauf.

Pfandschein im allgemeinen 189ff.; — als bewegliche Sache 45; Verpfändung eines — 47f., 160, 202ff.; Namensunterschrift unter dem — 178; Widerspruch zwischen — und Pfandbuch 113, 180f., 181; Kauf eines — 114, 200f.; Handel mit — 191ff., 200f.; Bedingungen auf den —vordrucken 134, 144, 148; —inhalt als Zusicherung 148f., 178, 190, 193, 196; — als Abschrift der Bucheintragung 155, 190f.; verlorener oder gestohlener — 161, 181, 197, 198, 199, 201f.; Ausstellung und Übergabe des — 176ff.; Vorlegung des — 188f., 229, 233, 236; Abschrift vom — 177; Interimsschein und Duplikate vom — 177; Verzicht auf Ausstellung und Übergabe des — 177, 179, 182; Aufbewahrung des — durch den Pfandleiher 177; — als Urkunde 177, 178, 179; —vordrucke 177, 179; Inhalt des — 177f.; Nebenabreden im — 77, 80, 99, 101, 130, 134, 144, 179f.; Rückseite des — 178; Zweck des — 178, 190, 193; — als Quittung 179; gefälschter — 179; Auslegung des — 179ff.; Beweiskraft des — 180, 190; Vermutung der Richtigkeit des —inhalts 181f.; Irrtum im —inhalt 181f.; Rückgabe des — 186, 188f.; gesetzgeberische Entstehungsgeschichte des — 187f., 191ff.; — keine Verbriefung 190; — kein Schuldschein 190, 201f.; — der öffentlichen Leihanstalten 190; — als öffentliche Urkunde 190; — im Urkundenprozeß 190; — als Legitimationspapier 191f., 193f., 196; — als Inhaberpapier 179, 191ff., 195f.; — als Wertpapier 200f.; — in Verkehrssitte und Handelsbrauch 193f., 194, 198, 200; Rechtsprechung über den — 194f.; Schrifttum über den — 194f.; Miteigentum am — 201; Besitz und Eigentum am — 200ff.; Sperrung des — 192, 198; Aufgebot des — 197; Übertragung der Rechte aus dem — 191f.; gutgläubiger Erwerb am — 197; Konkurrenz zwischen —inhaber und Verpfänder 183, 194, 199f., 204f.; Wirkungen des — 198f.; Verkauf des — keine Schuldübernahme 199; Vermögenswert des — 200; — als Erbschaftsgegenstand 201; Verkauf des — 114, 200f.; Kauf des eigenen — durch den Pfandleiher 202; Verpfändung des — 202f.; Beleihung des eigenen — durch den Pfandleiher 203; Versteigerung des — 204; Zurückbehaltungsrecht am — 204; gesetzliches Pfandrecht am — 204; Pfändungspfandrecht am — 201, 204.

Pfandscheininhaber, Begriff des — 198f.; Einlösungsrecht des — 183ff.; Stellung des — 191ff., 196, 198; Einreden gegen den — 196, 198, 202; Klagerecht des — 196f.; Prüfung der Legitimation des — 198; nichtberechtigter — 197f., 199; Verfügungsfähigkeit des — 198; — als Gesamtgläubiger neben Verpfänder 199f.; Eigentum des — am Pfandschein 201; Anspruch des — auf den Überschuß 229f.; Schadenersatzanspruch des — 236; s. auch Forderungsprätendenten, Konkurrenz mehrerer Einlösungsrechte.

Pfandscheinschiebung 117, 148, 178, 200.

Pfändung der Forderungen des Pfandleihers aus dem Pfandleihvertrage 119, 140f.; der Forderungen des Verpfänders 229.

Pfändungsbeschluß 229.

Pfandverkauf 205ff.; Grundlagen des — 153, 212f.; Abweichungen vom — 206; — und vollstreckbarer Titel 207; Wahlrecht beim — 207; — im Konkurse des Verpfänders 207f.; Eigentümer beim — 208; Pflicht zum — 208; Schikane bei — 208; Wartefrist bei — 208, 209; Mahnung bei — 208; keine Androhung oder Benachrichtigung bei — 208f.; Verantwortung des Pfandleihers für den —

209; Bekanntmachung des — 209; Kosten des — 210; Stellung des Versteigerungsbeamten bei — 212f.; Verkäufer im — 213f.; Bestimmung der Reihenfolge des — bei mehreren Pfändern 223f.; Mängelhaftung bei — 213; freihändiger — 215, 217, 219; Rechtmäßigkeit des — 219, 224, 234ff.; Bekanntmachung des — 220ff.; Zeit des — 221; Mehrheit von — 223ff., 225, 227; Kosten des — 225, 227f.; maßvoller — 224; s. ben. exc. realis, Mitbieten, Erlös, Versteigerung, Versteigerer, Versteigerungsliste, Überschuß, Zuschlag.
Pfandvermittler 61, 118.
Pfandvertrag, Entgeltlichkeit des — 115; Unwirksamkeit des — 155; s. auch Pfandleihvertrag.
Pfandzettel 177.
Pflegschaft des Pfandleihers 93.
Polizei, Revision durch die — 85f., 127; Anordnungen der — 123; Beschlagnahme durch die — 126; Orts— 127; Aufsicht der — 153; Prüfungspflicht der — 210f.
Prämie s. Versicherung.
präsumptive Pfandleihverträge 130f.
Prätendenten s. Forderungsprätendenten.
Preistreiberei 34, 135.
preußische Landesgesetze 16ff.
Privileg öffentlicher Pfandleihanstalten 18, 32, 175, 237.
Produktivkredit s. Kredit.
Prolongation, Begriff der — 137ff.; Zinsen bei — 78, 80; —zwang 101, 138; Handelsbrauch bei — 138; Eintragung der — in das Pfandbuch 138, 152, 160; Berechnung der Fristen bei — 138, 188; — durch den Pfandscheininhaber 199; Pfandhaftung bei — 210; — bei verpfändeten Pfandscheinen 203.
„prompt“ 157.
Provision als weitere Vergütung 135.
Prüfungspflicht s. Nachforschungspflicht, Legitimation.

qualifizierte Stellvertreter 72f.
Quittung 139, 179, 186.

Rasuren 156.
Raum 142, 143f.
Recherchen 52, 109, 168.
Rechtmäßigkeit des Pfandverkaufs 234ff.
Rechtsverfolgung 210; s. auch Kosten.
Referenzen 168.
Registerpfandrecht 55.
Reichspfandleihgesetz 35.
Reichsverband der Pfandleiher Deutschlands 6, 13.
Reihenfolge der Pfänder bei Pfandverkauf 223ff.
Religion 74.
Rentenschuldbriefe s. Hypothekenbriefe.
Revision 85; — des Geschäftsbetriebes 127.
Rückgabe des Pfandes 184, 185, 186; — des Pfandscheins 186, 188f.; s. auch Pfand.
Rückkaufsgeschäfte 32, 62f.; — im Mittelalter 4; — in der Neuzeit 6f.; Konzessionspflicht der — 83; Anfechtung der — 113; verbotene — 118; — als Darlehnsverträge 137; Verwahrungspflicht bei — 142; Eintragung der — 157, 160.
Rückwirkung des Gesetzes 40f.
Rundfunkgerät 119, 129.

Sachen, körperliche — 45f., 51f., 163; bewegliche — 45f.; unpfändbare — 47, 163; Verkehrsfähigkeit der — 118; — von geschichtlichem, wissenschaftlichem oder künstlerischem Wert 119; unversteuerte oder unverzollte — 119; gutgläubiger Erwerb an — 170; neue — 164ff.; unverarbeitete — 166f.; auf Abzahlung gekaufte — 171; hinterlegungsfähige — 231; Gattungs— 235; s. auch Gegenstand, gestohlene Sachen, Pfand.
Sachhaftung 141, 207, 214, 228, 236.
Sachsen § 2 163; § 4 184, 198; § 5 162, 182; § 6 211, 225; § 7 219; § 8 209, 222; § 9 224; § 10 234; § 12 141,

149; § 13 149; Ausführungsbekanntmachung: § 2 182; § 5 228; § 6 216, 218; § 7 222; § 8 222; § 9 234; Altes Gesetz: § 4 15.
Landesgesetze 22; Beleihung von Sparkassenbüchern 49; Sicherungsübereignung 62, 63 f.; Zinssatz 80; Zinsberechnung 184; Bedürfnisfrage 87; Konzession 93; Sachhaftung 141, 228; Tragung der Gefahr 149; Pfandbuch 162; Lösungsanspruch 176; Pfandschein 162, 194; Pfandscheinsperre 198; Versteigerung 215; Androhung 209; Verkauf mehrerer Pfänder 224; Aufrechnung 228; Überschuß 228 f., 234; Schadenersatz bei unrechtmäßigem Verkauf 236; öffentliche Pfandleihanstalten 238; Mitbieten 215; Gold- und Silbersachen 218; börsen- und marktfähige Sachen 216; Ungültigkeit örtlicher Regulative 153; Pfandverkauf 207; Verkaufsberechtigung 211; Geschäftslokal 219; Zeit und Bekanntmachung der Versteigerung 222; Pfandhaftung für Kosten 225; Sammelversteigerung 225.
Sachstatut 36.
Safe, Miete 172, 180; s. Aufbewahrung.
Sammelversteigerung 225, 229.
Schadenersatzanspruch gegen Geschäftsunfähige 105; — gegen beschränkt Geschäftsfähige 109; — aus Diebstählen unter Ehegatten 111; — bei Anfechtung 115, 118; — wegen Mängel des Pfandes 117; — wegen Abhaltens vom Bieten 119 f.; — bei verbotswidrigen Geschäften 124 f.; — gegen den Fiskus 128; — gegen den Verpfänder 145; — bei Vorlegung des Pfandes 146 f.; — bei Pfandscheinschiebung 148 f.; — bei Unmöglichkeit der Herausgabe 171; — bei unrechtmäßigem Pfandverkauf 235 ff.
Schätzung, Irrtum bei — 113 f.; s. auch Taxe.
Schaumburg-Lippe § 1 und § 2 85; § 3 144; § 6 162, 163; § 7 182 ff.; § 13 122; § 15 211, 215, 216, 218; § 16 220; § 17 222; § 19 224; § 20 234.
Landesgesetze 22; Pfandbuch 162; Versatzschein 182; Versteigerung 215; Androhung 209, 211; Gold- und Silbersachen 218; börsen- und marktfähige Sachen 216; Mitbieten 215; Verkaufsberechtigung 211; Versteigerungsort 219; Versteigerungsfrist 220; Zeit und Bekanntmachung der Versteigerung 222; Verkauf mehrerer Pfänder 224; Pfandhaftung für Kosten 226; Sammelversteigerung 226; Überschuß 234; Schadenersatz bei unrechtmäßigem Verkauf 236.
Schikane bei Pfandverkauf 208.
Schleichwege, rechtsgeschäftliche — 59, 63.
Schließung des Geschäfts 94.
Schlüsselgewalt 111 f.
Schreibfehler 113, 181.
Schreibgebühr 211; — bei Herstellung des Pfandbuchauszuges 231.
Schreibmaschinen 169.
Schriftform s. Form.
Schuld, fremde 184.
Schuldenhaftung der Eheleute 73.
Schuldner, mehrere — 184 f.; persönliche und dingliche — 100, 184, 186.
Schuldschein s. Pfandschein.
Schuldübernahme 199.
Schußwaffen 118, 132.
Schutzgesetz 125, 168.
Sequestration 140.
Sicherheitsleistung 33; — bei Erteilung der Konzession 85.
Sicherstellung s. Beschlagnahme.
Sicherungsübereignungsverträge 63 f., 118, 137.
Silbersachen s. Goldsachen.
Sonntag s. Feiertag.
Sonntagsruhe 67.
Sorgfalt 71; — bei Aufbewahrung 143; — bei vorläufiger Aufbewahrung 101.
Sparkassen 5, 53; —**bücher** 47, 51; Gewerbebetrieb der — 239.
Spediteur 59, 61, 118, 136.
Sperrung des Pfandscheins 192, 198; s. auch Aufgebot.

Spielschuld 137.
Sprache der Handelsbücher 68; — des Pfandbuches 156; — des Trödelbuches 132.
staatliche Anstalten 75, 237 f.; Anwendung des Gesetzes auf — 239; Verzeichnis der — 238, 240; s. auch öffentliche, kommunale Pfandleihanstalten, Gemeinden.
staatliches Leihamt in Berlin 240; Geschichte des — 6; Statistik des — 11 ff.; Prolongation beim — 138; Sachhaftung beim — 141 f., 240; Lösungsanspruch des — 175; Pfandschein im — 195, 200, 202, 240; Höhe der Zinsen im — 241; Dauer des Darlehns im — 241; Behandlung des Überschusses im — 233, 240; das — als juristische Persönlichkeit 238, 240; Unanwendbarkeit des Gesetzes auf das — 240; Name des — 238, 240; Haftung des — 240; Staatsbank und und — 240; Entstehung des Pfandrechts im — 240; das — kein Gewerbebetrieb 241.
„staatlich konzessioniertes Pfandamt" 69, 72.
Staatsangehörigkeit 74, 82.
Stadtausschuß 93 f.
Stand 159.
Standesorganisation der Pfandleiher 6, 13.
Statutenkollusion 35 ff.
Statistik 11 ff.
Stellenvermittler 82 f.
Stellvertreter 89 ff., 93, 178; s. auch Erlaubnis, behördliche.
Stempel 95, 227.
Stillschweigen als Vereinbarung 77, 80, 99, 101, 130 f.; — bei Beschlagnahme 125; — gegenüber Pfandscheinvordrucken 134.
Strafbestimmung als Verbotsgesetz 124; Verjährung der — 161.
Strafen bei Gewerbevergehen 94 f.
Strafrecht 33 f.
Strafzinsen 135.
Studenten 108.
Stundung s. Prolongation.
synthetische Steine 217.

Tagespreis 216.
Talon 192, 196, 199.
Taxe bei Haftung des Pfandleihers 145; — bei Versicherung 148 f., 180; — nicht eintragungspflichtig 154, 178; — bei Schadenersatz 172; — bei Gold- und Silbersachen 217; — als Kosten des Verkaufs 217, 225, 227; zu hohe — 117, 149.
Teilzahlungen 139, 186.
Terminologie 124, 141, 155, 193.
Thüringen. § 3 165; § 7 162 f.; § 8 182 f.; § 11 76, 149; § 15 141, 211; § 16 219, 222; § 17 217 f.; § 18 216; § 19 224; § 20 236; § 21 234.
Landesgesetze 22; Sachhaftung 31, 141; Pfandbuch 162; neue Sachen 164; Pfandschein 182; Namensunterschrift 182; Widerspruch zwischen Pfandbuch und Pfandschein 183; Versteigerung 215; Androhung 209, 211; Mitbieten 245; börsen- und marktfähige Sachen 216; Gold- und Silbersachen 218; Verkaufsberechtigung 211; Versteigerungsort und -frist 219; Zeit und Bekanntmachung der Versteigerung 222; Verkauf mehrerer Pfänder 224; Pfandhaftung für Kosten 226; Sammelversteigerung 226; Überschuß 234; Schadenersatz bei unrechtmäßigem Verkauf 236; öffentliche Pfandleihanstalten 237, 238.
Tod 72, 91.
Transportkosten des Pfandes 116, 146, 186, 210, 227; — bei Hinterlegung 231.
Treu und Glauben 116; — bei Pfandscheinvordrucken 134; s. auch Stillschweigen.
Trödelgewerbe, Begriff des — 131 f.; — mit Schußwaffen 118; Gegenstand des — 131; Anzeige des — bei der Polizei 131; Untersagung des — 131; Führung eines Buches im — 68, 131; Strafen im — 132.

Übergabe 63, 100; — des Pfandes 153, 158; Ersatz- — 142; — des Pfandscheins 177f., 179; — bei Versteigerung 185.
Übergangsvorschrift 42, 237.
Übermaß, unerlaubtes, bei Zinsen 76; — jeder weiteren Vergütung 134ff.; — des Pfandverkaufs 223f., 235; Verjährung des — 76.
Überschuß 226ff.; — bei Gebot des Pfandleihers 277; keine Benachrichtigung vom — 226f.; Berechnung des — 226f.; Aufrechnung mit — 227f.; Zurückbehaltungsrecht am — 228; Zahlung des — an Verpfänder und Rechtsnachfolger 229, 230; — beim staatlichen Leihamt 233; — der öffentlichen Pfandleihanstalten 239.
Übersendung des Pfandes 116, 132f., 146, 186; s. auch Transportkosten.
Umdeutung 104, 203.
Umgehung des Gesetzes 59, 60, 63, 118f.; s. Schleichweg, rechtsgeschäftlicher, Verbotsgesetze, Lombardgeschäft, unechtes; gute Sitten.
Umsatz 65, 67; —steuer 79, 214, 225, 227.
unerlaubte Handlung, Schadenersatzansprüche aus — gegen Geschäftsunfähige 105; — bei Zusammenwirken von Eheleuten 111; — bei Verfügungen über beschlagnahmte Pfänder 128f.; — bei unrechtmäßigem Pfandverkauf 235; s. auch Diebstahl, Betrug, Unterschlagung, gute Sitten, Schutzgesetz.
ungerechtfertigte Bereicherung bei nichtigen Verträgen 105; — bei unwirksamen Verträgen 109; — des eingebrachten Gutes 111; — bei Anfechtung 113; — bei verbotswidrigen Geschäften 124f.; — bei redlichem Besitz 171; Verjährung der — 236.
unlauterer Wettbewerb 83, 132, 164.
unpfändbare Sachen 47, 163.
Unrichtigkeiten im Pfandbuch 155f.
Untergang des Pfandes 144f.
Unterschlagung 173f.
Unterschrift s. Namensunterschrift.
Untreue 173.
Unübertragbarkeit der Konzession 88f.; — der Forderungen aus dem Pfandleihvertrage 119, 125.
unverzüglich 229.
Unzuverlässigkeit 73, 86f.
Urkunde, der Pfandschein als — 177; als öffentliche — 190.
Usancen 25; s. auch Handelsbrauch.

Valuta s. Darlehen.
Verbotsgesetz 118ff., 124f., 130; — bei Mehrzinsen 75ff.; Nichtigkeit bei Verstößen gegen — 123f.; s. auch Militärgut, Schußwaffen, Sachen, Edelmetalle, unedle Metalle, Unübertragbarkeit, Abhalten vom Mitbieten, Verfallvertrag, Weiterverpfändung, Rundfunkgerät, Beschlagnahme.
Verfallvertrag 120, 136, 187, 205.
Verfügungsberechtigung 170.
Verfügungsmacht 109f., 114; — des Pfandscheininhabers 198.
Vergleiche 236.
Vergütung 77, 135.
Verjährung des Anspruchs aus unerlaubtem Übermaß 76; — rückständiger Zinsen 78; — von Strafen 96, 161; — der Schadenersatzansprüche und sonstigen Ansprüche des Verpfänders 236; — der Verwendungsansprüche des Pfandleihers 236; — aus ungerechtfertigter Bereicherung 236; — des Anspruchs aus dem Eigentum 236.
Verkauf s. Pfandverkauf.
Verkaufsberechtigung 207ff.
Verkaufsgeschäft 83.
Verkehrssitte 25; — bei Fristenberechnung 96; — bei gesetzlichen Mindestgrenzen 80; — bei arglistiger Täuschung 116; — bei Gold- und Silbersachen 217; — bei Behandlung des Pfandscheins 200; — bei Abschluß des Pfandleihvertrages 99; s. auch Handelsbrauch.
„verloren" 168f., 170f.
Vermögensbeschädigung bei Betrug 116.

Vermögensverhältnisse der Verpfänder 116.
Vermutung als Besitzer 127; — bei Zwiespalt zwischen Pfandschein und Pfandbuch 181; — im ehelichen Güterrecht 110; — für den Pfandleihvertrag 130.
Verpfänder, Stand und Wohnung des — 155, 159f.; Legitimation des — 159; Persönlichkeit des — 159f., 162, 169; — als Bote 169; Vertreter des — 169; Recht des — auf Pfandschein 179; Zahlungspflicht des — 186f.; Übertragung der —rechte 191, 204; — und Pfandscheininhaber 199; — bei unrechtmäßigem Verkauf 235.
Versagungsgründe s. Erlaubnis, behördliche.
Versatzamt 69.
Versatzgeschäft 99; s. auch Pfandleihvertrag.
Verschlechterung des Pfandes 185.
verschleierte Pfandgeschäfte 59ff., 81; s. auch gute Sitten, Schleichweg, rechtsgeschäftlicher, Verbotsgesetze, Umgehung des Gesetzes.
verschreiben 113; — im Pfandschein 181.
Verschulden, konkurrierendes — 171, 172.
Versicherung bei Übersendung des Pfandes 146; — gegen Feuer und Einbruch 147ff.; Erstattungsfähigkeit der —gebühren 136, 147; Höhe der —prämie 148; Höhe der —summe 148; Berechnung der anteiligen —prämie 148; Taxe bei — 148f., 180; — als Geschäftsführung ohne Auftrag 147; Haftung des Pfandes für —gebühren 210; —gebühren bei Berechnung des Überschusses 227.
Versicherungspolice, Beleihung einer — 103, 156.
Versicherungsverträge 103.
Versprechen der Leistung zugunsten eines Dritten 77.
Versteigerer 83; Verbot des Mitbietens des — 120, 212f.; Vorschriften für die — 206; öffentliche — 211f., 242; Gehilfe der — 212f.; Gebühren der — 212f., 227; Rechtsstellung der — 213; Abführung des Erlöses durch die — 226f.
Versteigerung, Abhalten vom Bieten bei — 119; Mitbieten des Pfandleihers bei — 214; in der — veräußerte Sachen 168, 171; Übergang des Eigentums bei — 185; Frist zur — 187f.; Begriff der öffentlichen — 212, 235; Beamte zur Vornahme von einer — 212; — öffentlicher Pfandleihanstalten 213, 223; — mehrerer Pfänder 213; Mängelhaftung bei — 213f.; — kein Feilbieten 214; Luxus- und Umsatzsteuer bei — 214; Gebote bei — 214; Gold- und Silbersachen in der — 216, 235; Lokal der — 219; Ort der — 215, 218ff.; Bekanntmachung der — 220ff., 235; Börsen- und Marktpreis bei der — 215, 235; Zeit der — 221f.; — mehrerer Pfänder 223f., 235; Sammel- — 225f., 227, 229; Kosten der — 225, 227; keine Benachrichtigung vom Ausfall der — 229; Rechtmäßigkeit der — 234ff.; s. auch Zuschlag, Androhung, Pfandverkauf, Mitbieten, Überschuß, Erlös.
Versteigerungsliste 125, 207, 210f., 214.
Versteigerungstermin 221f.
Verträge 99ff.; Zustandekommen der — 101, 130; Nebenabreden bei — 99, 101, 134, 144, 154, 177f., 180; Vor- — 102; Kontrahierungszwang bei — 101, 139; — mit Geschäftsunfähigen 104ff.; Nichtigkeit der — 104ff.; — mit Boten 107, 109, 169f.; Unwirksamkeit der — 108; — mit beschränkt Geschäftsfähigen 108f.; — mit Ehefrauen 110ff.; Anfechtung der — 112ff.; Gewährleistung bei — 115; Rücktritt von — 115; verbotene — 118f.; Stillschweigen bei — 72, 80, 99, 101, 130f., 134; Erfüllungsort bei — 132ff.; s. auch Darlehen, Pfandleihvertrag.
Vertragsfreiheit 32; Ausnahme von — 118f.; — bei Darlehen 139.

Vertragsstrafe 136, 210.
Vertreter des Verpfänders 170; s. auch Stellvertreter.
Verwahrung s. Aufbewahrung.
Verwaltungsstreitverfahren 98.
Verwechselungsgefahr 69f.
Verwendungsansprüche 136, 145, 172f. 210.
Verzicht auf Ausstellung des Pfandscheins 177; — auf Bestellung eines Pfandrechts 139; — auf das Wahlrecht bei mehreren Pfändern 223; — des Verpfänders auf Schadenersatz 236.
Verzugszinsen 78.
Vollstreckungstitel 207.
Vorausklage 141, 207.
Vorausnehmen von Zinsen 149.
Vorbehaltsgebiet des Landesrechts 15, 25ff.
Vorbehaltsgut 74, 110ff., 173.
Vordrucke, Aufbewahrungspflicht der — 179; — auf dem Pfandschein 101, 134, 144, 178.
Vorerbe 92, 110; s. auch Erben.
Vorlegung 146ff., 161f.; Erfüllungsort bei — 132f., 146, 161; — des Pfandbuches 146ff., 161; — gegenüber Dritten 146f.; — gegenüber den Polizeibeamten 86, 147; — des Pfandscheins 189; — der Pfandsache 146ff.
Vormundschaftsgericht, Genehmigung des — bei Errichtung des Pfandleihgewerbes 72; Genehmigung des — bei Geschäften des Verpfänders 109.
Vorschuß 61, 137.
Vorspiegelung 116.
Vorstrafen 86.
Vorteilsausgleichung 214.
Vorvertrag 102, 112; Form des — 102; Unübertragbarkeit der Rechte aus dem — 102; Draufgabe beim — 134.

Waffen, gebrauchte — 131; —schein 118f.; s. auch Schußwaffen.
Wahlrecht bei mehreren Forderungsberechtigten 199, 205; — bei mehreren Pfändern 207, 223; — bei Auszahlung des Überschusses 230.
Waldeck 16, 23, 80, 211, 215, 216, 218, 220, 222, 225, 226, 234, 236.
Waren s. neue Sachen.
Warenlager 58.
Wartefrist beim Pfandverkauf 208, 209, 216.
Wechsel 103, 170.
Weiterverpfändung 120, 135, 145, 154, 180.
Wertbeständigkeitsklausel 17, 81, 136.
Wertpapier, Pfandschein als — 200f.; — als Gegenstand der Pfandleihverträge 53, 163, 215.
Wettbewerb, unlauterer 31, 83, 132, 164.
Wette 137.
Widerrufsrecht 108; s. auch Darlehen.
Widerspruch bei Beschlagnahme 126; — bei einstweiligen Verfügungen 130.
Witwe 91ff.
Wohnung des Verpfänders 152, 155; — des Erwerbers 152.
Wucher 7; Leistungs- — 34; — bei unechtem Lombardgeschäft 60; —zinsen 76, 77; Sozial- und Individual- — 78; — bei Annahme einer weiteren Vergütung 134f.; s. auch gute Sitten, unerlaubte Handlung, rechtsgeschäftlicher Schleichweg, Umgehung des Gesetzes, verschleierte Pfandgeschäfte.
Württemberg § 1 85; § 3 149; § 6 154, 162, 163; § 7 183; § 12 122; § 13 122; § 14 187; § 15 48, 49, 211, 215, 216; § 16 208; § 17 222; § 18 135, 152; § 19 234.
Landesgesetze 23; Beleihung von Forderungen 48, 49; Zinssatz 80; Sicherheitsleistung des Pfandleihers 85; Weiterverpfändung 122; Einschreibegebühr 135, 152; weitere Vergütung 149; Nebenberedungen 154, 163; Pfandbuch 162; Versatzschein 183; Verfallklausel 187; Versteigerungspflicht 208; Androhung 209, 211; Verkaufsberechtigung 211; Ver-

steigerung 215; Mitbieten 215; börsen- und marktfähige Sachen 216; Gold- und Silbersachen 218; Versteigerungsort und -frist 220; Zeit und Bekanntmachung der Versteigerung 222; mehrere Pfänder 225; Pfandhaftung für Kosten 226; Überschuß 234; Schadenersatz bei unrechtmäßigem Verkauf 236; öffentliche Pfandleihanstalten 237, 238.

Zahlen zur Bezeichnung des Pfandes 152.
Zahlung von Geld 136, 139; Verrechnung der — 139f.; —pflicht des Verpfänders 186; s. auch Aufrechnung.
Zahlungsunfähigkeit des Verpfänders 114f.
Zahlungsverbote 229.
Zeitfolge des Geschäfts 157.
„Zentralleihhaus" 69.
Zerlegung des Darlehns 139, 157, 178, 223.
Zinsen als Vergütung 7f., 9, 136; Lagergeld als — 61, 77ff.; Mehr- — 75ff., 135; wucherliche — 76; Vereinbarung über — 77, 95ff.; Pfandleih- — keine gesetzlichen — 78; —tabelle 78, 100; Verzugs- — 78; Fälligkeit der — 78; Verjährung der — 78f.; Zusammenstellung der — 79; Mindestlauf der — 80, 96ff., 187; — bei Prolongation 78, 80; Berechnung der — 96ff.; Beginn des -laufs 96; Zinses- — 135; Straf- — 135; zum Kapital geschlagene — 135; Verrechnung einer Zahlung auf — 139f.; —freiheit 140; Vorausnehmen von — 149; — bei vorzeitiger Einlösung 187; — bei unrechtmäßigem Verkauf 236; — bei Schadenersatz 236; s. auch Zinsverordnungen.
Zinsverbot der katholischen Kirche 1f.
Zinsverordnungen 11, 17, 41ff., 79; rückwirkende Kraft der — 40ff., 237.
Zug um Zug 184, 185f., 223, 228.
Zurückbehaltungsrecht bei Pfandvermittlung 62; kaufmännisches — 71, 186, 223, 228; — am Hypothekenbrief 103; umgedeutetes — 104; — bei ungerechtfertigter Bereicherung 104f.; — bei unerlaubter Handlung 105; — bei Verwendungsansprüchen 136, 172f.; — bei Unwirksamkeit des Pfandleihvertrages 156; kein — bei nicht identischen Geschäften 186; — am Pfandschein 204; — trotz des jederzeitigen Einlösungsrechtes 185; — bei mehreren Pfandleihverträgen 223; — am Überschuß 228f.
Zuschlag 185, 213, 214.
Zusicherung, keine — im Pfandschein 178; — beim Pfandverkauf 213.
Zwangsvollstreckung gegen Ehefrauen 110f.; — in eine beschlagnahmte Sache 129; s. auch benef. exc.
Zweigniederlassung 85, 89.

FSC
www.fsc.org
MIX
Papier | Fördert
gute Waldnutzung
FSC® C083411

Kolibri 360 GmbH
Ferdinand-Jühlke-Straße 7
99095 Erfurt, Deutschland
produktsicherheit@kolibri360.de